ADRIAN LEVY/
CATHY SCOTT-CLARK

Stein des Himmels

Buch

»Ihr geht das völlig falsch an. Und wenn ihr noch so viele Fakten und Geschichten ausgrabt – solange ihr sie nie gesehen und selbst in der Hand gehalten habt, versteht ihr gar nichts! Ihr müsst sie fühlen – die Faszination der Jade!«
So präsentierte ein Händler den beiden Europäern ein Taschentuch voller Steine, die gekochten Bonbons ähnelten. Der Effekt war verblüffend: Das Journalisten-Paar, das ausgezogen war, die Geschichte der Kaiserlichen Grünen Jade zu recherchieren, begann genau in diesem Moment zu begreifen, weshalb dieses unscheinbare grüne Mineral über Jahrhunderte unzählige Menschen in ihren Bann gezogen hatte.

»Die Autoren können froh sein, lebend aus Burma herausgekommen zu sein. Dank ihres mutigen Einsatzes erfährt die Welt nun das blutige Geheimnis dieses herrlichen Edelsteins.«
Simon Reeve, Focus Magazine

Autoren

Die britischen Journalisten Adrian Levy und Cathy Scott-Clark lernten sich in der Redaktion der Londoner »Sunday Times« kennen, für die sie gemeinsam als Auslandskorrespondenten nach Asien gingen. Sie berichteten über das aktuelle Geschehen vor Ort – von Kaschmir bis zum Libanon. Heute veröffentlichen sie regelmäßig Beiträge in renommierten Blättern wie »Sunday Times Magazine«, »Observer« und »Guardian«. Darüber hinaus produzieren sie Auslandsreportagen und Fernseh-Dokumentationen für die BBC, Channel 4 News und den History Channel.

Adrian Levy
Cathy Scott-Clark

Stein des Himmels

Die geheimnisvolle Geschichte der grünen Jade

Aus dem Englischen
von Thorsten Schmidt

GOLDMANN

Die Originalausgabe erschien unter dem Titel
»The Stone of Heaven«
bei Weidenfeld & Nicolson, London.

Deutsche Erstveröffentlichung

Umwelthinweis:
Alle bedruckten Materialien dieses Taschenbuches
sind chlorfrei und umweltschonend.

Der Goldmann Verlag ist ein Unternehmen
der Verlagsgruppe Random House

1. Auflage
Deutsche Erstausgabe Dezember 2003

First published by Weidenfeld & Nicolson,
an imprint of The Orion Publishing Group Ltd., London
Umschlaggestaltung: Design Team München
Satz: Uhl + Massopust, Aalen
Druck: GGP Media, Pößneck
Verlagsnummer: 15217
Redaktion: Doris Bampi-Hautmann
KF · Herstellung: Sebastian Strohmaier
Made in Germany
ISBN 3-442-15217-8
www.goldmann-verlag.de

Für all jene,
denen der Zaun zur Falle wurde.

Ich dringe in die seltsame Welt des Gräbers ein. Man stelle sich vor: Gelbes Erdreich, wie vernarbt von Schächten, die sich gleich denen eines Fuchsbaus winden, und an jeder Schachtöffnung ein Haufen Schutt. Über dem Kopf dichtes Gezweig von Bambus, und in der Ferne blaues Hochgebirge, das wie Stahl in der Sonne glänzt. Verstreut in dieser Szenerie die Bergarbeiter, Männer in blauer Kleidung mit gelben schirmartigen Hüten, unter deren weiten Hosen Beine mit tätowierten Tigern und Drachen sichtbar werden.

Eine Totenstille liegt über dem Ort, an dem jeder menschliche Gemütszustand anzutreffen ist. Der Grubenarbeiter, der plötzlich reich geworden ist, der Spieler, der zwischen den Fügungen des Schicksals verharrt, der Sortierer, der von seinem England träumt, der müde Gräber und die leichtfertige Schönheit – sie alle liegen hier im Dunst begraben.

So abgelegen der Ort auch ist, treibt es doch die seltsamsten Gestalten aus den fernsten Winkeln der Erde hierher. Strandgutjäger und andere Abenteurer, Australier, die auf Thursday Island kein Glück hatten, ausgemusterte Soldaten, die im halben Empire dienten, oder es zumindest behaupten, zungenfertige Mischlinge mit ruhelosem Blick. Sie werden wie von einem magischen Zauber gelockt, ... gänzlich unbeeindruckt von der Warnung der Company, die in Maschinenschrift von sämtlichen Rasthäusern auf dem Weg zu den Minen verkündet, »die unerquickliche Mühsal, die Sie sich auflasten, ist vergeblich«.

Aus *The Silken East* von V. C. Scott O'Connor, 1904

Inhalt

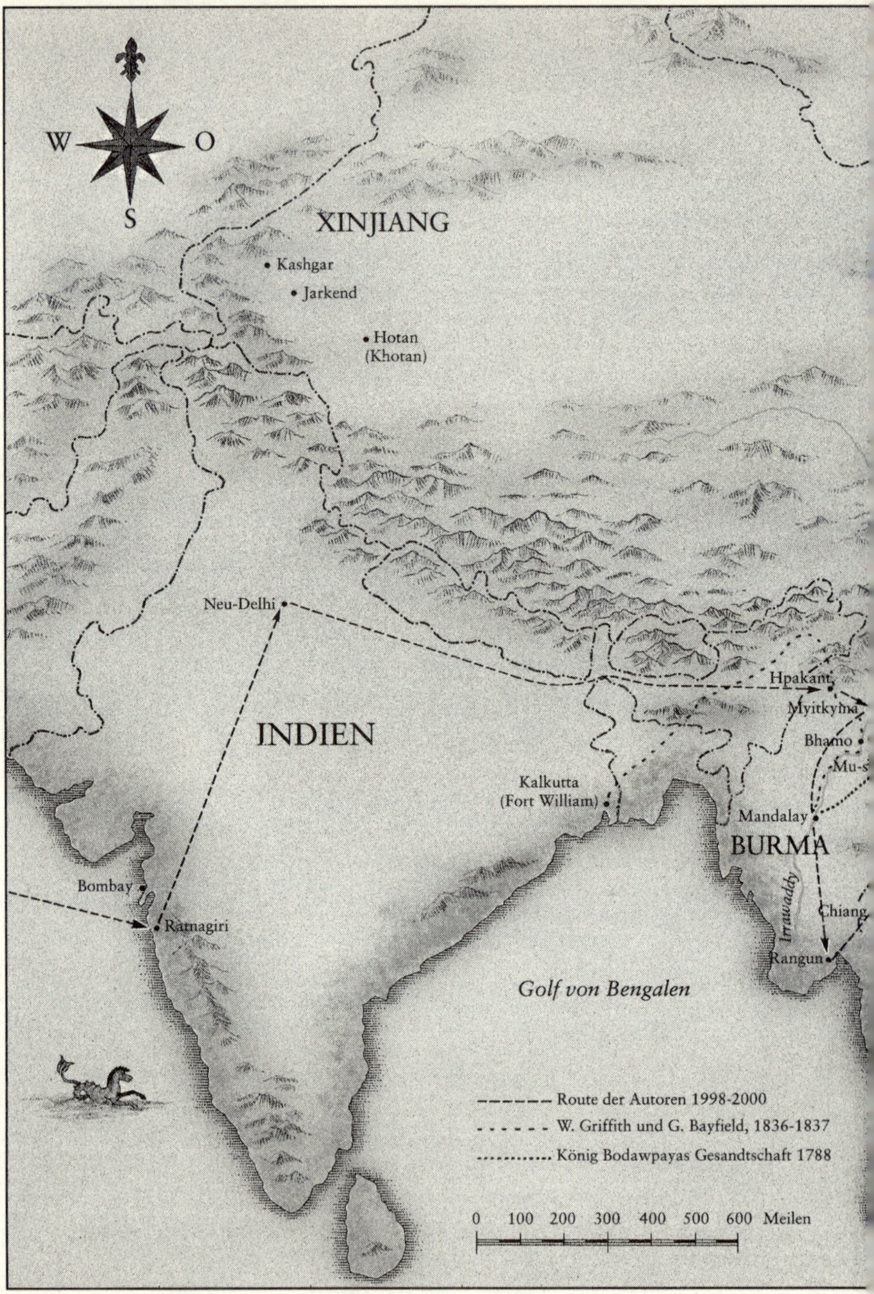
W
O
S
XINJIANG
Kashgar
Jarkend
Hotan
(Khotan)
Neu-Delhi
INDIEN
Hpakant
Myitkyina
Bhamo
Kalkutta
(Fort William)
Mandalay
BURMA
Irrawaddy
Bombay
Ratnagiri
Rangun
Golf von Bengalen
Route der Autoren 1998-2000
W. Griffith und G. Bayfield, 1836-1837
König Bodawpayas Gesandtschaft 1788
0 100 200 300 400 500 600 Meilen

Harbin
Shenyang
Chengde
(Jehol)
Große Mauer
Peking
(Peking)
Tianjin
(Tientsin)
SHANXI
SHAANXI
Xi'an
CHINA
HEBEI
ANHUI
Suzhou
Schanghai
Yangzi
Chongqing
Kunming
Guangzhou
(Kanton)
Hongkong
Taipeh
TAIWAN
Philippinensee
HAILAND
angkok
Südchinesisches
Meer

Anmerkung der Autoren

In diesem Buch wird zur Transkription des Chinesischen soweit möglich das Pinyin verwendet, ausgenommen Personen- und Ortsnamen, die unter ihrer Wade-Giles-Version besser bekannt sind. Einige der zitierten Quellen orientieren sich jedoch am Wade-Giles-System und wurden von uns unverändert übernommen.

Um die Identität unserer Gesprächspartner in Burma zu schützen, haben wir in vielen Fällen ihre Namen geändert.

Einleitung

Wir könnten davon erzählen, dass ihn vor Jahrmillionen eine Laune der Natur in Südostasien erschuf an einer Stelle, an der verschiedene Erdplatten aneinander stießen und einen Magmastrom, reich an Aluminium, Natrium und Silizium, durch die Erdkruste emportrieben, wodurch sie eine Kettenreaktion auslösten, welche die Erde mit Adern eines einzigartigen Stoffes marmorierte. Dabei hatten wir nie die Absicht, die Geschichte eines Steins zu erzählen.

Das Ganze begann im November 1997 mit einem Zeitungsausschnitt. Auf einer Auktion bei Christie's in Hongkong bezahlte ein anonymer Sammler fast sechs Millionen Pfund für eine Halskette aus einem Material, das die Chinesen mit dem Namen *fei cui* umschreiben, dem Farbton der Halsfedern des Eisvogels. Dieser Stein, der wie ein leuchtend grünes Gummibärchen strahlt und sich prall und kühl anfühlt, wurde zum begehrtesten Stein der Welt. Er erzielte sensationelle Preise und stellte selbst Rubine, Saphire, ja sogar Diamanten in den Schatten.

Als Nächstes stießen wir auf das Notizbuch. Ein britischer Forschungsreisender hatte »25°/26° nördlicher Breite und 96°/97° Ost« hineingekritzelt – die Koordinaten eines »verschwundenen Tals« in Nordburma, von wo er am 5. April 1837 mit Fieber und leeren Händen geflohen war. Ein »X« markierte die Stelle in seiner von Hand skizzierten Karte. Dieses »X«, das sorgsam in das riesige, unwirtliche Urwaldgebiet in den Falten des Himalaya eingetragen war, kennzeichnete den Standort einer Mine, in der angeblich tief im Grundgestein eines der bemerkenswertesten Edelsteinvorkommen der Welt verborgen lag.

Ein paar Wochen später befanden wir uns in Thailand und recherchierten für einen Artikel über den Aufruhr in Burma. An einem ruhigen Sonntag saßen wir mit einem neuen Bekannten in Chiang Mai am Ufer des Ping River beim Mittagessen, als ganz unerwartet die Rede auf den Stein kam. Unser Gesprächspartner, ein französischer Arzt mit einer Liebe zu Asien, hatte Flüchtlinge untersucht, die über die Grenze gekommen waren, und dabei verstörende Berichte über eine geheime Mine aufgeschnappt, die seinen Worten zufolge in den Bergen Nordburmas lag – Berichte, in denen es um grüne Steine und ein Straflager ging.

Wiederum sechs Monate später begegnete uns der Stein erneut, diesmal in Neu-Delhi. Wir durchforsteten im Nationalarchiv gerade zerfledderte Karteikarten und warteten auf Dokumente, die nie auftauchen sollten, als wir auf den Vermerk über ein Tagebuch stießen, das ein Vertreter der Ostindischen Kompanie 1795 geschrieben hatte. Er war von Fort William in »ein barbarisches Land« geschickt worden, um Berichten über ein verborgenes Tal voller Edelsteine und einen König, der »wie die Sonne strahlte«, nachzugehen. Es dauerte nicht lange, bis wir die ausgeblichenen rosa Bänder um diverse Pakete mit der Aufschrift »Ausländisch & Geheim« aufschnürten und über kaum lesbaren Auszügen aus einem Fundus fast vergessener Pali-Schriften brüteten, die einst auf lackierte Bambustafeln gepinselt worden waren.

In den nach Pfeifentabak riechenden Schriften offenbarte sich nach und nach eine unglaubliche Geschichte: Es ging um ein legendäres Königreich, einen Dschungel, in dem sich Kriegsherren befehdeten, und eine Mine, die von Geistern – halb Mensch, halb Schlange – heimgesucht wurde. Wir stießen auf eine mit zitternder Hand verfasste Warnung, wonach die Mine von wilden Stämmen umzingelt sei, die ihre Toten in Kokons an Bäume hängten. Wir entdeckten die Reisetagebücher unbedarfter Schatzsucher, die sich in den malariaverseuchten Urwald aufgemacht hatten, um sich später mit nichts weiter nach Hause zu schleppen als einem flüchtigen Anblick dessen, was jenseits des dichten Bambusvorhangs lag – ein nebliges Dickicht, das »von wilden Beschwörungen widerhallte«, wie sie berichteten. Aus den Sammelmappen fielen lange nicht mehr gelesene Briefe mit den persönlichen Überlegungen britischer Bürokraten und ihren Berichten über drei blutige Kriege, die das Ziel verfolgten, die Herrschaft über ein Königreich und ein geheimes Bergwerk zu erringen, dessen Lage bislang weder Mineralogen noch Kartografen zu lokalisieren vermochten.

Die mürben, durch die Feuchtigkeit vermoderten Manuskripte drohten zu zerfallen und mit ihnen eine vergessene Geschichte, bevor wir sie vollständig entschlüsselt hatten. Aber wir waren so fasziniert von dem, was wir lasen, dass wir eine Kiste nach der anderen bestellten. Wir stießen auf die Berichte hochtrabender Militärs, die das Raubgut aus Burma prüften und Register ganzer Schiffsladungen mit Beutestücken erstellten, die nach London transportiert wurden, wo man die besten Stücke insgeheim der britischen Königsfamilie zum Geschenk machte. Doch plötzlich und unerklärlich brachen die Eintragungen ab.

Wir wandten uns wieder den Aktenverzeichnissen zu und fischten fieberhaft weitere Dokumente heraus, die jedoch nichts hergaben. Aber schließlich entdeckten wir die chinesischen Annalen, Fragmente der kaiserlichen Chroniken, die 1860 in einem Palast erbeutet worden waren. Die mit den tintenschwarzen Daumenabdrücken eines längst verblichenen Übersetzers verzierten Seiten berichteten von einem in China unbekannten Edelstein, der einen Kaiser dermaßen in seinen Bann schlug, dass er ihn seinen »Stein des Himmels« nannte und Hunderttausende Männer in vergeblichen Feldzügen opferte, nur um dessen Fundort, eine Mine in den Dschungeln Nordburmas, unter seine Gewalt zu bringen. Die Annalen waren indes unvollständig, und so schoben wir an einem frostigen Oktobermorgen unsere Fahrräder zwischen den Süßkartoffelverkäufern und den Straßenhändlern mit ihren Mao-Feuerzeugen hindurch zu den Archiven der Verbotenen Stadt in Peking.

Dort stießen wir auf einen Bericht, verfasst in zinnoberroter und schwarzer Tinte und in Seide eingeschlagen, über einen kleinen Brocken jenes Gesteins, der eine 4800 Kilometer lange Reise durch die roten Berge von Yunnan zum kaiserlichen Hof überstanden hatte. Auf Befehl des Kaisers wurde daraus ein kostbarer Anhänger gefertigt, bei dem sich zarte Ranken um einen Stängel wanden und dessen vollendete Oberfläche angeblich wie von Tau benetzt schimmerte. Um diesen Anhänger rankte sich eine der pikantesten und tragischsten Liebesgeschichten aus dem Reich der Mitte.

Die Briten nannten den Stein »Edelserpentin« und verglichen ihn mit grünen Magnesiumkristallen. Für die Franzosen ähnelte er dem quarzähnlichen Chalzedon. Bei den Spaniern galt die *piedra de la ijada*, der »Stein für die Flanke«, als Heilmittel für alle bekannten Nierenleiden. Selbst die Chinesen waren sich anscheinend nicht ganz im Klaren. Worum handelte es sich also bei diesem glänzenden Stein aus Burma?

»In China dauert alles eine Ewigkeit«, hatte uns ein Freund gewarnt, und unweigerlich versiegte die Spur aus Manuskripten, die von Kriegen und Revolutionen in alle Winde zerstreut, in Höhlen eingemottet und auf Truppentransportern vom Festland weggeschafft worden waren. Nun blieb uns nichts anderes mehr übrig, als per Taxi über Stock und Stein zu holpern und uns auf dem Fahrrad den Weg durch Reisfelder zu bahnen, auf der unermüdlichen Suche nach privaten Erinnerungen, an denen uns niemand teilhaben lassen wollte.

Nichts ist schwerer zu fassen als eine Geschichte, die nur ungern erzählt wird, und so wurden unsere Telefonanrufe monatelang höflich, aber bestimmt abgewiesen – auf Kantonesisch, Mandarin, Französisch und im schleppenden Tonfall der Upper Eastside –, bis wir uns in einem schmuddeligen Büroblock in Kowloon wiederfanden.

»Sie packen das falsch an. Alles fängt mit dem Tastsinn an«, erklärte uns der Händler, bevor er ein Taschentuch entfaltete und uns eine Hand voll Steine zeigte, die wie Bonbons aussahen. »Sie können so viel Historie ausgraben, wie Sie wollen, aber haben Sie den Stein schon einmal gesehen oder in der Hand gehalten? Sie müssen begreifen. Sie müssen Bescheid wissen«, sagte er beinahe verschwörerisch und drückte jedem von uns ein paar Steine in die Hand.

Es war das erste Mal, dass wir Jade aus nächster Nähe betrachteten. Bisher hatten wir bei Jade bloß an einen exotischen Schmuckstein gedacht, der bei Straßenhändlern in Chinatown herumliegt oder als vergessenes Souvenir aus Hongkong oder Peking verstaubt. Doch diese Steine schimmerten in einem sirupartigen Glanz, und ihre Farbe wurde um so intensiver, je länger sie sich in unseren Händen erwärmten. Sie betörten uns immer mehr, während wir den Geschichten des Händlers lauschten, der einst die schönsten Exemplare an First Ladys, Drogenbosse, Militärmachthaber und Filmstars verkauft haben wollte. Innerhalb kürzester Zeit schlug uns der Stein in seinen Bann. Vielleicht lag es an der Art, wie die Steine in dem durch zerrissene Rouleaus einfallenden Sonnenlicht förmlich pulsierten. Vielleicht lag es daran, dass sie in unseren Händen immer neue lebhafte Schattierungen von Grün, von saftigem Grasgrün bis zu fahlem Whiskygrün, annahmen. Vielleicht beeinflusste uns auch das Wissen, dass wir Steine im Wert mehrerer Millionen Pfund in den Händen hielten.

Erst ab diesem Augenblick gelang es uns, gleichsam bewaffnet mit den Anfangssymptomen einer Sucht, die Türen zu einem engen Kreis von Sammlern und Händlern in Hongkong und Taiwan, London und New York aufzustoßen, die uns durch die Kapitel einer Geschichte führten, an der sie selbst mitgeschrieben hatten. Unsere Recherchen führten uns zu einer Saga ihrer Lebensgeschichten, zu Abenteurerschicksalen, Bargelächter und Maskenbällen, Gier, Verrat und Dünkel. Wir begegneten Republikanern und Kommunisten, die sich eines Steins bedient hatten, um politische Parteien an die Macht zu bringen und Staatsstreiche zu finanzieren. Wir stießen auf Forscher und Juweliere, die den Stein auf Reisen aus der Alten in die Neue Welt begleitet hatten. Wir trafen auf High-Tech-Millionäre, die sich in seine Vergangenheit eingekauft hatten und Steine sammelten, die von den Toten zurückgekehrt waren. Wir lernten illustre junge Erbinnen kennen, die sich ebenso strahlend glaubten wie der Stein, den sie so bewunderten, deren Freunde aber unzuverlässig und deren Liebhaber gewöhnliche Diebe waren.

Sie alle fragten uns, ob wir die Geschichte jenes unbezahlbaren Anhängers gehört hätten, den einst ein Kaiser hatte anfertigen lassen. Einige erzählten, der Stein habe einst schwer am Dekolleté einer unglückseligen Konkubine gehangen, die von Geburt an nach der gelben Jujubeblüte geduftet habe. Andere behaupteten, er sei von einer Dame des kaiserlichen Hofs auf der Flucht vor britischen Soldaten eilig versteckt worden. Einer erzählte uns, wie der Edelstein vom letzten chinesischen Kaiser in der Halle zur Wahrung der Harmonie wiederentdeckt, mit ins Exil genommen und zum begehrtesten Juwel der Welt geworden war.

Jahrhundertelang hatten Muslime mit Lapislazuli aus Afghanistan, Türkis aus Persien, Katzenauge aus Ceylon und Mondstein aus Syrien gehandelt. Auch heute sind es in der Canton Road in Hongkong meist Muslime, die mit feinem Kristallstaub auf den Wimpern die Schleifräder antreiben und unbearbeitete Steinbrocken unter geschickter Ausnutzung von Farbe und Struktur in erlesene Kleinodien verwandeln, deren Silhouette sich im Licht vielfältig zu wandeln scheint.

Und jene, die diesen bearbeiteten »Stein des Himmels« finden, kaufen oder stehlen und ihn polieren, neu fassen und in anderer Gestalt darbieten – sie verleihen dem Alltäglichen den imperialen Nimbus, versehen neue Steine mit alten Geschichten und verfälschen mit chirurgischer Präzision die Historie, um ihre Juwelen in einen neuen Rahmen zu stellen, der jede unangenehme Realität überdeckt.

Auf unserer gesamten Reise sind wir niemandem begegnet, der mit uns über die Gerüchte sprechen wollte, die aus dem burmesischen Dschungel drangen. Niemand wollte sich über das skrupellose Regime äußern, das angeblich in kalter Berechnung einen Akt der Unmenschlichkeit beging, der fast unglaublich schien. Als wir ein Jahr nach unserem letzten Besuch in Chiang Mai wieder am Ufer des Ping saßen, berichtete unser Freund, er habe gehört, das geheime Bergwerk sei inzwischen ein Tal des Todes, in dem das »Treibgut der Drogensüchtigen und Infizierten« eingekerkert sei; sie würden manchmal einfach bei lebendigem Leibe in überfluteten Schächten abgeladen und versenkt, manchmal auf abgelegenen Urwaldlichtungen geknebelt und hingerichtet. Diese Geschichte stellte selbst die der Blutdiamanten Afrikas in den Schatten, doch niemand wusste Genaueres, denn niemand konnte die Bataillone von Soldaten durchbrechen, von denen die Minen hermetisch abgeriegelt wurden. »Es ist unmöglich. Versuchen Sie es erst gar nicht«, warnte uns unser Freund. Aber wer hört schon gerne Spannendes von einem Ort, den man nicht besuchen darf?

Adrian Levy und Cathy Scott-Clark
November 2000

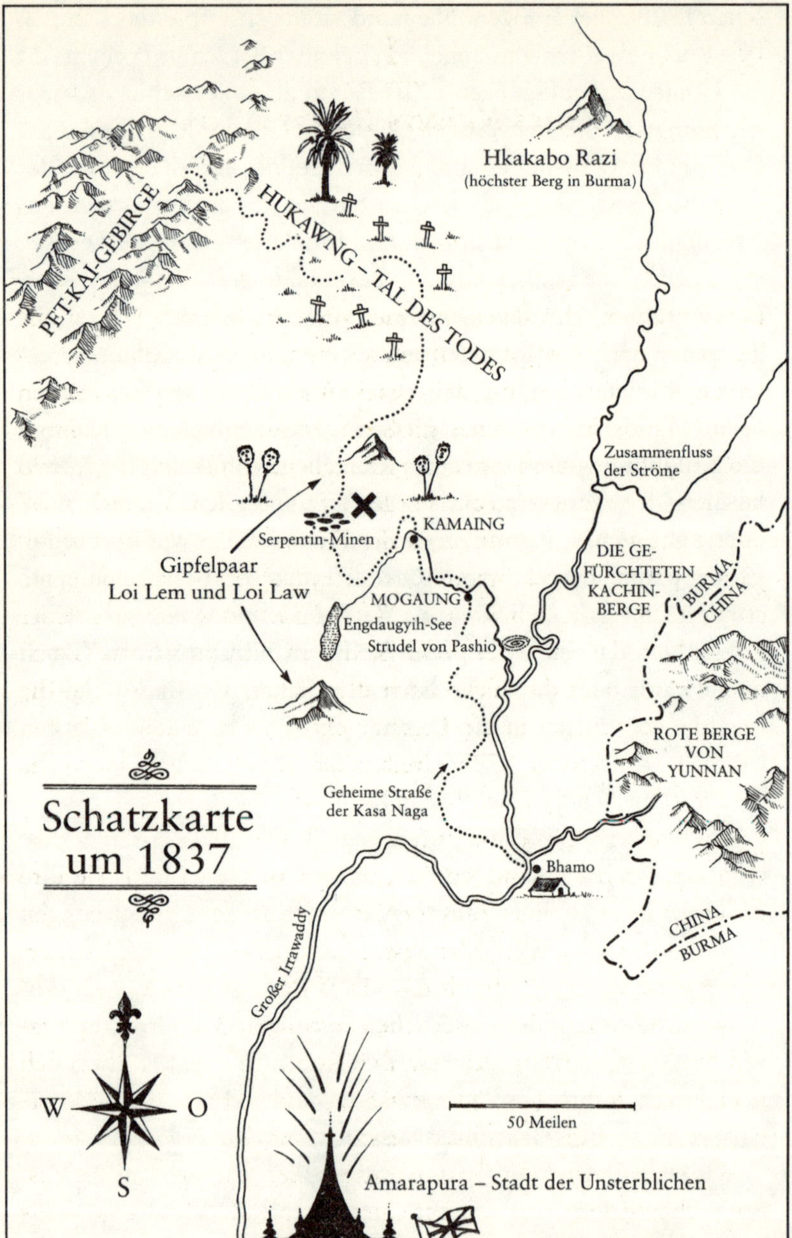
Hkakabo Razi
(höchster Berg in Burma)
PET-KAI-GEBIRGE
HUKAWNG – TAL DES TODES
Zusammenfluss
der Ströme
KAMAING
Serpentin-Minen
Gipfelpaar
Loi Lem und Loi Law
DIE GE-
FÜRCHTETEN
KACHIN-
BERGE
MOGAUNG
BURMA
CHINA
Engdaugyih-See
Strudel von Pashio
ROTE BERGE
VON
YUNNAN
Schatzkarte
um 1837
Geheime Straße
der Kasa Naga
Bhamo
CHINA
BURMA
Großer Irrawaddy
W
O
S
50 Meilen
Amarapura – Stadt der Unsterblichen

1

Eines Kaisers Besessenheit

In verstaubten Chroniken, in einer alten, verblassten Schrift, die heute nur noch wenige entziffern können, haben Erzähler festgehalten, wie alles begann. Mit präzisen Pinselstrichen berichteten sie in Mandschu von einer großen schwarzen Schale, die ihren Worten zufolge vom Hofe eines Kriegers gestohlen und irgendwo im Reich der Mitte versteckt worden war. Diese Schale war so groß und fühlte sich so kalt an, dass sie all jene, die sie zu Gesicht bekamen, an den umgekippten Rückenschild einer Riesenschildkröte erinnerte. Sie galt, so hieß es, als Weltwunder und war von solcher Erlesenheit, dass sie »vier große Städte an Wert übertraf«.[1] Doch irgendwann fand die Suche nach dem Schatz ein Ende, und die Erzählungen gingen in die Legende ein – bis zu einem eiskalten Morgen im Oktober 1745, dreihundert Jahre nachdem sich die wundersame Schale scheinbar in Luft aufgelöst hatte.

Das Flüstern der Fackelträger wurde von der Finsternis verschluckt, doch niemand war da, um sie anzufeuern, als sie ihre Leuchten in den Schnee rammten, der sich an den spitzgiebeligen Pavillons des gewaltigen Mittagstors auftürmte. Mehrere hundert Laternen schwärmten durch das »Fünf-Phönix-Tor« aus den abweisenden Mauern der kaiserlichen Festung hervor; doch die braven Bürger verharrten dicht um ihre Kohlenpfannen, hüllten sich noch enger in ihre Kaschmirgewänder und Steppjacken und verbargen die spröde Haut ihrer Gesichter vor dem eisigen Nebel.

Das enge Gewirr der Gassen und Straßen, die sich um die Festung schlängelten, war wie mit einer dampfenden Schicht von Eis lackiert. Dieser Eisfirnis überzog auch die Teiche und Saumpfade, umhüllte jeden Turm und jeden Baum, ließ das Geplapper der Reichshauptstadt verstummen und verwandelte Peking gleichsam in einen versteinerten Wald. Es war zu kalt für Geschichten.

Doch hätte irgendjemand an diesem bitterkalten Morgen den Kopf aus der Tür gereckt, hätte er Trommler, Trompeter und Fahnenträger gesehen, »zwölf in einer Reihe, [mit Stangen,] die acht Fuß lang, rot bemalt und mit Goldfolie geschmückt waren«, in einem langen Zug, der die fahle Allee des Lichts hinabmarschierte.[2] Berittene kaiserliche Garden, königliche Prinzen und Offiziere folgten »mit Waffen und geharnischten Pferden. Und man sah nichts als Seidengewänder, goldene und silberne Stickereien und edle Steine«.[3] An den Prunkuniformen funkelten endlose Reihen von Messingknöpfen im Laternenlicht, und Helmfedern zitterten im Nordwestwind, der von der bereits schneeverwehten Wüste Gobi herüberblies.

Es folgte eine Abordnung ziviler und militärischer Würdenträger in überdachten Sänften mit dicken Samtvorhängen, die den beißenden Wind abhielten. Dahinter klapperte der Tross überdachter kaisergelber Wagen. Fahnenträger, Schreiber, Buchhalter, Kämmerer, Gelehrte und Historiker der Hanlin-Akademie schlitterten durch den Schnee. Unter Trommelschlag und Horngekrächze bahnte sich der Konvoi, der mit einer höchst heiklen und geheimen Mission betraut war, den Weg aus der Verbotenen Stadt, der unzugänglichen Residenz des Kaisers von China. Eine Vorhut hatte die Route im Voraus gesäubert, hatte Fensterläden und Türen zugeschlagen, unansehnliche Hindernisse aus dem Weg geräumt und war zurückgekehrt, um den kaiserlichen Zug durch die Stadt zu lotsen – wie ein Schlepper einen Dampfer durchs Eismeer.

Zum Halt kam der Zug schließlich vor dem Chen Wu Miao, dem Tempel des Himmlischen Herrschers, einem daoistischen Schrein unweit des Westlichen Blumentors. Die Tore wurden aufgestoßen, sehr zur Überraschung der Tempeldiener, die gerade das Frühstück bereiteten, Kiesel aus dem Reis siebten und eingelegtes

Gemüse umrührten. Innerhalb weniger Minuten versammelte sich eine Schar aufgeregter Mönche vor dem kaiserlichen Gefolge. In ihren Baumwollroben fröstelnd, rieben sie sich den Schlaf aus den Augen und lauschten ungläubig den Worten des Herolds, der bekannt gab, Kaiser Qianlong wünsche das Gefäß, in dem ihr Kohl lagerte. Der Sohn des Himmels biete dafür eintausend Tael (fünfzigtausend Gramm) Silber – für einen religiösen Orden ein Vermögen. Was konnten sie schon dagegenhalten? Sie gossen die Salzlake aus, wickelten das dreieinhalb Tonnen schwere Behältnis in Seide und Rosshaarmatten und hievten es auf einen Wagen, der im Triumph zurück zur Verbotenen Stadt schlitterte.

Den morgendlichen Raubzug betrachteten alle als den exzentrischen Akt eines Kaisers, der bereits alles besaß, was er irgend brauchen konnte, doch der Küchenbottich barg ein Geheimnis, auf das Qianlong zufällig gestoßen war. Heute liegt der Bericht über diesen Vorfall in den Archiven der chinesischen Kaiserdynastien begraben, einer riesigen Bibliothek mit zehn Millionen Dokumenten, in denen das Alltagsleben der Verbotenen Stadt in allen Einzelheiten festgehalten wurde. Unter diesen Erlassen, Verfügungen, Gesuchen, Haushaltsbüchern, Speisekarten, Geschenkverzeichnissen, Bestandslisten und Ahnentafeln – den kaiserlichen Familienchroniken, in denen die Namen der Lebenden rot und die der Verblichenen schwarz vermerkt waren –, unter all diesen Bänden, die allesamt in gelbe Seide eingebunden waren und nur von zwei Beamten mit vereinten Kräften aufgeschlagen werden konnten, befindet sich auch eine Beschreibung dessen, was sich unter der jahrhundertealten Schmutzschicht damals verbarg.

In seinem kaisergelben wattierten Wintergewand, das mit Drachenfiguren bestickt und mit weißem Fuchsfell gefüttert war und dessen lose herabhängenden Ärmel die Hände vor der Kälte schützten, stellte sich der ein Meter achtzig große Kaiser hinter seinen Handwerkern auf, als diese die Kruste aus Salz von dem Gefäß ablösten. Er dürfte wohl wie versteinert dagestanden haben, als in dem Einlegebottich dunkelgrüne und schwarze Linien zu schimmern begannen – eine märchenhafte Menagerie aus Drachen, Riesenfischen, Seekühen, Fröschen und einem Einhorn, die sich alle in einer stürmischen See tummelten, die im Lampenlicht zum Vorschein kam. Der Kaiser triumphierte. Dies war eine der berühmtesten Jadeschnitzereien der Geschichte – ein Objekt, das viele seiner Zeitgenossen für einen reinen Mythos gehalten hatten.

Das kunstgewerbliche Produkt besaß schon in seiner eigenen Zeit einen legendären Ruhm. Es fiel auch Marco Polo ins Auge, als dieser zwischen 1275 und 1292 durch China reiste. Wie der venezianische Geschichtenerzähler in seinen Tagebüchern erwähnt, erblickte er die Schale in einem Bankettsaal in Khanbalik, Kublai Khans »Schatzhort voller Gold- und Silbermünzen, Edelsteinen und Perlen«, von wo aus der Khan ein Drittel der Erde beherrschte.[4] Ein Jahrhundert später erspähte ein zur Rührseligkeit neigender Mönch das Jadegefäß im selben wundersamen Khanbalik, diesmal jedoch angeblich bis obenhin mit Wein gefüllt. Der italienische Mönch Oderich von Pordenone, der um 1320 als Begleiter des Franziskaners Giovanni de Montecorvina, des Erzbischofs von Peking, China bereiste, staunte über ein Gefäß, das mehr als »zwei Schritt in der Höhe« maß. Oderich, der dafür bekannt war, dass er »einen Kettenpanzer trug und sich häufig selbst geißelte«, erfuhr, dass die Schale aus einem geheimnisvollen Stein geschnitten war, den er als *merdacas* bezeichnete.

> Sie ist ringsum mit Gold eingefasst, und in jedem Winkel ist ein wild wütender Drache dargestellt. Und von dem Gefäß hängen zudem Flechtwerke aus großen Perlen, ein Besatz, der eine Spanne breit ist. In dieses Gefäß werden durch gewisse Leitungen aus dem Hof des Palastes Getränke geleitet …[5]

Als die Ming-Dynastie im Jahr 1368 die Yuan-Dynastie bezwang, wurde Kublais Khanbalik von chinesischen Plünderern völlig leer geräumt, die nichts zurückließen, außer Erzählungen. Es ist nicht ganz klar, auf welche Weise Qianlong eines der wenigen Jadekunstwerke wiederentdeckte, die den Untergang des Reichs des Großkhans überlebt hatten.[6] Den Annalen der Verbotenen Stadt zufolge setzte sich der damals 34-jährige Kaiser von China indes mit Papier und Schreibpinsel vor seine Trophäe und verfasste ein außergewöhnliches Gedicht. Es klang beinahe wie eine Serenade, dieser linkische Versuch des gefürchtetsten Herrschers eines ganzen Kontinents, einen kalten Klumpen Jade zu besingen. Das »Lied der Jadeschale«, in zehn dunkelgrüne Jadetafeln eingraviert und mit fünfkralligen Drachen verziert, wurde 1746 auch in die Schale selbst eingeritzt. Das Gedicht beginnt damit, wie sich der Kaiser in die Strömungen des Schnitzwerks hineingesogen fühlt:

> Der unermessliche Geist der Schöpfung durchdringt ein unendliches Chaos. Furchterregende Wogen wallen und brausen durch eine Wüste gurgelnden, verwirbelten Wassers, doch die Erde hält sicher stand inmitten eines Meeres von Gefahren … Alle Monstren der Tiefe sind hier vertreten. Korallenes Schildpatt und die Perlentränen von Meerjungfrauen, ein Schoß voller Schätze in unendlicher Fülle, alle dazu bestimmt, Unten und Oben in Einklang zu bringen und den Segen des Himmels zu gewährleisten.[7]

Qianlong steigerte sich in eine fast peinliche Schwärmerei hinein, und wenn irgendjemand bei Hofe diese rührseligen Ergüsse gelesen hätte, wäre er sicherlich um den Geisteszustand des Herrschers besorgt gewesen. Der Kaiser schien sogar darüber nachzusinnen, ob die hehre Jadeschale nicht auch Gefühle besaß:

> O wehe, dass solch uralter Schatz zu Staub zerfallen muss … Schabet das Moos ab, waschet den Schmutz weg, enthüllet den strahlenden Glanz! Welch Zweck mag es dienen, in solches Gut Verse zu schneiden, wenn sie der Natur preisgege-

ben werden? … Der Mensch hegt Gefühle und Neigungen – wieso nicht auch alles übrige Stoffliche?[8]

Qianlong war immer noch nicht zufrieden. Er beauftragte einen Kunsthandwerker, große Teile des Gefäßes neu zu gestalten, und so wurden mit dem Geschick eines Schönheitschirurgen die Ozeane noch mehr zum Brausen und Wallen gebracht und mit weiteren wirbelnden Strömen umgeben, und erstmals erhielten die Leiber der Drachen und Seeungeheuer naturgetreue Schuppen. Bald war am Gefäß alles getilgt, das an die Yuan erinnerte, und aus der Schale war ein Wunder des Hofes von Qianlong geworden.[9]

Der Kaiser ließ überall in Peking Repliken aufstellen, so dass er die Schale betrachten konnte, wohin seine Schritte ihnauch lenkten. Das Original wurde in einem Schrein verwahrt. Seine Handwerker schufen eine marmorne Säulenplatte mit gemeißelten Felsen, Wolken und Glück bringenden Swastikas für den Ehrenplatz im Beihai-Park in Peking, wo die Schale bis heute steht. Qianlong muss die Stelle in dem Wissen ausgewählt haben, dass dort einst auch die Hallen, Tempel und Pavillons von Khanbalik gestanden hatten. Dann setzte er sich hin und pries das unschätzbare Kunstwerk immer wieder aufs Neue und kerbte eine verwirrende Fülle kaiserlicher Gedanken hinein.

Die Gedichte auf der Weinschale zählen wohl zu den über achthundert Dichtwerken, die er auf die Jade verfasste. Es waren hinkende Verse, die seine Mandarine insgeheim für Besorgnis erregende Anzeichen einer krankhaften Besessenheit hielten, chinesische Gelehrte in den Pekinger Teehäusern als holpriges Gereime abtaten und die ein britischer Diplomat sogar als pures Gewäsch verspottete. »Sie fallen weniger durch Einfallsreichtum als durch philosophische und moralische Wahrheiten auf und gleichen mehr den Versepen Voltaires als denen Miltons«, schrieb George Staunton, der Sekretär einer Delegation, die 1793 nach China kam.[10]

Kein Einziger dieser Kommentatoren erkannte jedoch, dass Qianlong mit seiner Jadedichtung etwas andeutete, das nirgendwo in den nüchternen Annalen des kaiserlichen Hofes festgehalten worden war: wie eine Tragödie sein Herz in einen Stein verwandelte und wie der Stein zu einem Sinnbild der Liebe wurde.

Qianlongs Ahnen waren Nomaden aus der Mandschurei, einer Provinz 950 Kilometer nordöstlich von Peking. Sie hatten ihre chinesischen Nachbarn im Jahre 1644 gestürzt. Qianlongs Vorfahren stürmten durch das große Mittagstor in die Stadt, die der Ming-Kaiser Yongle 1407 erbaut hatte. Mit der Errichtung dieser Stadt durch ein Heer von 200 000 Arbeitern sollte dem Sieg über die Yuan ein Denkmal gesetzt werden. Yongle ließ sie etwas weiter nördlich des legendären Khanbalik erbauen. Als die Qing-Dynastie an die Macht kam, veränderte sie kaum etwas. Das Mittagstor blieb von den vier Pforten in den Haupthimmelsrichtungen der wichtigste Zugang zu der uneinnehmbaren Stadt in der Stadt. Die vier Tore waren damals noch durch eine 3400 Meter lange Wehrmauer verbunden, die nirgendwo niedriger als zehn Meter war und ein mehr als 720 000 Quadratmeter großes Labyrinth von Gärten und miteinander verbundenen Höfen, Hallen und Kammern schützte. Die Zitadelle, die sich über Peking erhob, sollte in ihrem Grundriss die komplexe Kosmologie der Ming widerspiegeln. Von den nachfolgenden Qing wurde diese einfach en gros übernommen. Die neuen Herrscher bestanden darauf, wie einst Yongle als Gebieter über ein zehntausend Jahre altes Reich verehrt zu werden, als göttliche Vermittler, als Söhne des Himmels, die über das Reich der Mitte herrschten, jene majestätische Achse, um die sich die Welt drehte. Doch von ihren chinesischen Untertanen wurden die Qing, die den uralten chinesischen Brauch des Füßebindens verboten, insgeheim als Usurpatoren verachtet.

Im Jahre 1711 kam in der Verbotenen Stadt ein Knabe zur Welt, der den Namen Hongli erhielt. In seiner Kindheit erzählte man ihm immer wieder Geschichten seiner Vorfahren, die einst über die Steppe gestürmt waren. Die Angehörigen seines Clans der Niuhuru wappneten sich mit Vlies und Fell gegen die eisigen Winde und krallten sich in die Flanken ihrer mongolischen Ponys, wenn sie ihre Beute jagten. Auch der Junge erwarb solche kriegerischen Fertigkeiten. Eine Episode in den Qing-Chroniken berichtet, Hongli habe bereits eine Vorliebe für die Legenden der Steppe gezeigt, als er noch keine zehn Jahre alt war. Im Alter von zwölf Jahren ritt er nach Mulan, einem Waldgebiet nördlich von Jehol, wo das alljährliche Ritual der königlichen Jagd stattfinden sollte. Ein knurrender Bär versperrte ihm den Weg, doch Hongli blieb ruhig in seinem Sattel sitzen, während das Tier in die Enge getrieben und erlegt wurde. Damit gewann er die Bewunderung des Kaisers Kangxi, seines Großvaters, der in ihm einen zukünftigen Herrscher von China sah.[11]

Kangxi erkannte, welchen Problemen eine Mandschu-Dynastie gegenüberstand, die Anspruch auf ein chinesisches Königreich erhob, und meinte, wenn Hongli mit Autorität über den Drachenthron gebieten solle, müsse er intensiv mit den chinesischen Traditionen vertraut gemacht werden. Die Qing-Archive berichten, wie ein illustrer Kreis han-chinesischer Gelehrter, darunter auch Fu Min, den man im Reich der Mitte als einen der klügsten Köpfe verehrte, zusammengerufen wurde, um das auserwählte Kind zu unterrichten.[12] Es war eine schwierige Aufgabe. Die Lehrer beklagten sich über die entsetzliche Handschrift des Jungen. Hongli war sich seiner Unzulänglichkeiten offensichtlich bewusst. In einem Brief an seinen Lehrer Chi Tseng-Yun gab er zu: »Ich muss leider gestehen, dass meine Schönschreibkünste nicht besser geworden sind.«[13]

In diversen Denkschriften pries Kangxi seinen Schützling für dessen »bemerkenswerte soldatische und akademische Begabungen« und zeigte sich wenig besorgt über die Berichte seiner Lehrer. Sehr zur Überraschung des Großen Rates lud der Kaiser das Kind in den Palast der Himmlischen Reinheit ein, wo er dem innenpolitischen Tagesgeschäft beiwohnen sollte. Bald wurde Hongli unter Zurücksetzung seiner Brüder heimlich zum gesetzlichen Erben ernannt. Als der zukünftige Kaiser im Alter von sechzehn Jahren heiratete, hatte er den Kopf voll mit einem jahrtausendealten Fundus chinesischer Philosophie und Kosmologie, der sich ganz auf die Legenden um einen Stein gründete, welche die Wurzeln dieser uralten Kultur bildeten.

Der künftige Kaiser dürfte das Wort »Jade« nicht gekannt haben, denn es ist ein europäisches Wort, das im 16. Jahrhundert der Arzt Nicholas Mondardes aus Sevilla geprägt hat. Der Mediziner verwendete das Mineral, um Nierenleiden zu kurieren, und bezeichnete es als *piedra de la ijada*, »Stein für die Flanke«. Hongli bemühte sich unterdessen, das Schriftzeichen *Yü* zu vervollkommnen; es hatte die Form dreier Perlenschnüre und ging auf das Jahr 2953 v. Chr. zurück, als China der Legende nach von Fu Hsi beherrscht wurde, einem sagenhaften Kaiser, der in Gestalt einer Schlange zur Welt gekommen sein soll. Das Perlenschnur-Schriftzeichen stand für »Tugend, Schönheit und Kostbarkeit«, Themen, die den gesamten Lehrplan des künftigen Kaisers beherrschten; im Mittelpunkt des Unterrichts standen die Schriften des Konfuzius, für den die Jade den Wesenskern des tugendhaften Menschen verkörperte.[14] Die Kommentare des Philosophen zu den Fünf Klassischen Büchern – dem Buch der Riten, den Frühlings- und Herbstannalen, dem Buch der Geschichte, dem Buch der Lieder und dem Buch der Wandlungen, allesamt kanonisierte Texte, die Hongli studiert haben dürfte – enthielten zahllose Hinweise auf die beinahe menschlichen Eigenschaften der Jade.

Hongli lernte, dass Jade weit mehr war als nur ein Silikat aus Kalzium und Magnesium, das man in den fernen Ödländern fand, wo Uiguren, Kasachen und Mongolen herrschten. »Sie ist eine warme Flüssigkeit und hat eine feuchte Erscheinung wie die Wohltätigkeit. Sie ist fest, stark und beständig wie die Weisheit, rein und wie die Rechtschaffenheit nicht leicht zu versehren«, rühmte Konfuzius. »Wie die Loyalität, so erhellt auch ihr Glanz alles, was in der Nähe ist, ähnlich wie die Wahrheit.« Jade galt als »Geschenk, das den Menschen zur Tugend führt«, und »auf der ganzen Welt gibt es niemanden, der sie nicht wie die Einsicht willkommen heißt«.[15]

Während sich Hongli in der Palastbibliothek mit weit aufgerissenen Augen über sein hölzernes Lesepult beugte, wird er wohl auch erfahren haben, dass der Stein der Einsicht auch wundersame Kräfte besaß. So wie der legendäre Ring König Salomos jedem, der ihn trug, seinen Herzenswunsch erfüllte, so konnte der Herr über die Jade die Toten erwecken, die Treulosen niederschlagen und die Seele auf dem Weg ins Leben nach dem Tode beschützen. Seit Tausenden von Jahren hatten die Chinesen die Jade zu einem Pulver zermahlen, das als Lebenselixier gegessen oder getrunken wurde. In Verbindung mit Hirse machte man daraus *fan yü*, einen essbaren Teig, der Unsterblichkeit verlieh. Aus der Feder des daoistischen Gelehrten Ko Huang, der sich im vierten Jahrhundert n. Chr. mit dem Okkulten befasste, könnte Hongli Folgendes gelesen haben: »Befinden sich Gold und Jade in den neun Körperöffnungen, so wird ein Leichnam nicht verwesen.« Ebenso berückend klangen die Annalen aus dem fünften Jahrhundert n. Chr., die von dem Höfling Lui Yu berichteten, der in einem Acker auf hundert Jadestücke stieß. Er zermahlte die Jade zu Pulver und verzehrte dieses. »Als er starb, behielt sein Körper seinen natürlichen Zustand bei, trotz der Hitze und Feuchtigkeit des Sommers«, schrieb ein Chronist des Hofes.[16]

Jade galt als »Schlüssel zum ewigen Leben«, und die Chinesen glaubten, sie stamme direkt von den Göttern.[17] Als Hongli 22 Jahre alt war und zum Prinzen Ersten Grades ernannt wurde, war er sicherlich auch mit dem *Buch der Wandlungen* (*I Ging*) vertraut, dessen 64 Hexagramme als Orakel befragt werden konnten. In dem Buch hieß es, der Himmel sei aus Jade, einem Stein, der aus einem Regenbogen gehauen sei. Und die Jade sei ein Geschenk, das der Kaiser von China, der Sohn des Himmels, schätzen und hegen solle.

Am 18. Oktober 1735 bestieg der 24-jährige Hongli den Drachenthron. Er tauschte seine weiße Trauerkleidung gegen zeremonielle Seidengewänder und eine Schleppe ein, die ihm die Leopardenschwanzgarde auf dem Weg zur Halle der Höchsten Harmonie nachtrug; dort nahm er den Herrschernamen Qianlong, »der Unermüdliche und Hohe«, an.

Den neuen Sohn des Himmels umgaben alsbald die schönsten und begehrenswertesten Mädchen Chinas, die sorgfältig aus adeligen Familien ausgewählt wurden. Sie waren in schimmernde Seide gekleidet und mit Jade geschmückt, hatten sich Pfingstrosen und Schmetterlinge ins Haar geflochten und erfüllten die Westlichen Paläste mit ihrem Lachen. Keine von ihnen war jedoch so schön wie Fucha, Qianlongs Frau. Die wenigen flüchtigen Hinweise in den Palastschriften legen die Vermutung nahe, dass der Kaiser sie anbetete und mit »samtenen und wilden Blumen« bekränzte.[18] Sie erscheint auf einem Rollbild, das er in seinem zweiten Amtsjahr anfertigen ließ. Gekrönt mit einem winterlichen, mit Pelz eingefassten Kopfschmuck, trägt sie einen mit Nerz besetzten Kragen und nimmt stolz die erste Stelle neben dem Herrscher ein; ihre gelben Gewänder zeigen ihren Rang an. Zu ihrer Linken finden sich Abbildungen der elf höchsten Konkubinen Qianlongs, neben deren Gesichtern die Eigenschaften jeder einzelnen vermerkt sind: »edel«, »fröhlich«, »empfindsam«, »löblich«, »ausgezeichnet«, »freundlich«, »unbeschwert«, »vornehm«, »ehrlich« und »folgsam«.[19] Der Kaiser hielt das Rollbild in einer roten Lackarbeit unter Verschluss, das die Inschrift trug: »In meinem Herzen liegt die Macht, friedfertig zu herrschen.« Er war zufrieden, aber auch besitzergreifend. Wer das Siegel der Dose brach, war dem Tod durch tausend Messerschnitte geweiht.[20]

Qianlongs Glück sollte jedoch nicht lange währen. Mit nur 36 Jahren erlag Fucha 1748 unerwartet einem Fieber. Noch unerträglicher wurde ihr Tod dadurch, dass sie in Dezhou verschied, einer Stadt in den nördlichen Ebenen der Provinz Shandong, während der Kaiser in Peking weilte. Als man Fuchas Leichnam in die

Hauptstadt überführt hatte, krönte der Kaiser die Verblichene posthum zu seiner Kaiserin Xiao Xian Chun und bestattete sie in einem zinnoberroten Lacksarg in einer reich mit Lotosblüten und Seerosen aus Jade geschmückten unterirdischen Kammer in Qing Dong Ling, der kaiserlichen Nekropole nordöstlich von Peking. Und immer wenn er das Grab besuchte, setzte er sich nieder und verfasste Gedichte an die Liebe seines Lebens. Die Verse wurden auf Lacktafeln geschrieben und in ihrer Seelenhalle aufgestellt.

Nichts konnte Qianlong aus seinem Gram aufrütteln. Jede Nacht wurden Konkubinen an sein Drachenbett geschickt, doch allen blieb der Zutritt verwehrt. Und jeden Tag wies die Mutter des Kaisers die Köche an, Delikatessen zuzubereiten. Aber von dem mit Friedensfrüchten garnierten gehackten Chinakohl, der in Schalen aufgetragen wurde, die mit roten Wellen verziert waren, den geräucherten Schwalbennestern mit Entenbraten und gefüllter Wurst, den Kuchen aus gebratenem Weizen und Reis, die auf silbernen Servierplatten angerichtet wurden, rührte er nichts an.[21] Tagelang schloss er sich in seine Privatgemächer ein, beschäftigte sich mit einem chinesischen Geburtsritus, den er in Versen rühmte, und goss seine Gefühle in winzige Reihen von Schriftzeichen, die in kalten, harten Stein geschnitten wurden. Bald bestand Qianlong darauf, in einem Jadebett zu schlafen und von einem Jadeservice zu essen. Er wusch sich mit Wasser aus einer Jadeschüssel und kämmte sein Haar mit einem Jadekamm. Alles, von der Spitze seiner Reitpeitsche bis zum Griff seines Spazierstocks, von den Scheiden seiner Dolche bis zu den Griffstücken seiner Pistolen, war mit Jade eingelegt. Wenn Qianlong seine Jadegedichte schrieb, wurde die Tinte in einem Jadefass angerührt, und bevor er zu schreiben begann, lockerte er seine Hände mit Hilfe einer Jadekugel. Der Stiel seines Pinsels war aus Jade geschnitten, und seine Unterarme ruhten auf Jadesockeln, damit die Tinte nicht verwischte. Qianlong spielte Mah-Jong, Schach und Dame mit Figuren, die aus dem Stein geformt waren; seine Eunuchen kühlten ihn mit Fächern, deren zarte Blätter aus kunstvoll geschnitzten Jaderauten bestanden. In den langen, öden Wintern versuchten die Eunuchen, die trübe Stimmung ihres gramerfüllten Herrn aufzuheitern, indem sie überall in seinen Gemächern immergrüne Blumen mit Blättern aus grüner Jade aufstellten. In der chinesischen Geschichte war das Leben der Kaiser schon immer auf das Engste mit der Jade verknüpft gewesen, doch Qianlongs Mutter zeigte sich über das zwanghafte Verhalten ihres Sohnes zunehmend besorgt.

Knapp zwei Jahre, nachdem Qianlong Fucha begraben hatte, arrangierte die Mutter seine Heirat mit Ula Nala, die sich die Phönixkrone mit den Perlenquasten und filigranen Goldbändern aufsetzte, um ihren Aufstieg in den Rang der Kaiserin sichtbar zu machen. Aber wusste Ula Nala, worauf sie sich einließ? Qianlong nahm fast keinerlei Notiz von seiner neuen Frau. Stattdessen umgab er sich mit einem Stein und stürzte sich auf ein ehrgeiziges Bauprojekt: er hatte vor, einen Palast »im Stil der europäischen Barbaren« zu erbauen.[22] Dort wollte er in Ziergärten unter Singvögeln wandeln, sich an Teichen niederlassen und Gedichte an Fucha und seine große Passion schreiben.

Giuseppe Castiglione, ein Missionar aus Mailand, der bereits in Qianlongs Kindheit an den chinesischen Hof gekommen war, übernahm nun eine einflussreiche Rolle im Leben des Kaisers. Er wurde sogar mit einem chinesischen Namen, Lang Shih-ning, geehrt. In glücklicheren Zeiten hatte Castiglione Qianlong bei der Jagd in Jehol und in strahlender Rüstung gemalt, auf einem weißen Schlachtross in einem jadeverzierten Sattel, mit einer Dolchscheide und Pfeilspitzen, die aus demselben Stein gearbeitet waren. Aus Briefen, die Castigliones jesuitische Assistenten in die italienische und französische Heimat schickten, geht hervor, dass der Missionar nun damit betraut wurde, eine »europäische Fantasiewelt« zu erschaffen, einen »Palast, in dem [der Kaiser] von Zeit zu Zeit lustwandelt und ruht«. Dieses Wolkenkuckucksheim war auch gedacht als »Magazin« für Qianlongs »Kabinett europäischer Kuriositäten« – Stand- und Taschenuhren, Gläser und astronomische Instrumente, Gobelins, Globen und andere Geschenke ausländischer Mächte, die mit China Handel anstrebten.[23] Vor allem aber sollte der Palast als Ausstellungsort für die üppige Jadesammlung des Himmelssohnes dienen.

Auf einer Parzelle neun Kilometer nordwestlich von Peking, neben Kangxis bevorzugtem Sommerpalast Yuanming Yuan, entstand ein chinesisches Versailles, das mit Wandteppichen – Geschenken Ludwigs XV. – geschmückt wurde. Die hölzernen Säulen und glasierten Kacheln waren fernöstlich, doch die überreiche Verzierung, die Embleme und Nischen, die Brunnen und die »Blumenschau« waren westlich. Dieser großartige »Palast der Wonnen der Harmonie« war bis ins Kleinste einem italienischen *casino* nachempfunden. Dahinter schlossen sich eine Voliere und der Garten der Laternen der Gelben Blumen an, ein Labyrinth mit einem Thron in der Mitte, den »am fünfzehnten Tag des achten Monats« die Konkubinen mit »Seerosenlaternen« umkreisten, wie »Myriaden von Sternen, die zwischen tausend grünen Kiefern leuchten«.[24] Zur Rechten lag ein Bambus-Belvedere, und gegenüber wölbten sich die Kuppeln der Fangwai-Moschee. Der Jesuitenpater Michel Benoist, der sich mit Hydraulik auskannte, schuf mit der Wasseruhr vor dem Palast der Ruhigen See ein Meisterwerk der Wasserbaukunst. Zwölf bronzene Tierköpfe, darunter ein Ochse, ein Tiger und ein Affe, die in einem Halbkreis angeordnet waren, spien täglich zwei Stunden lang Wasser. Tatsächlich waren die europäischen Paläste eine imposante Vergnügungsstätte und bildeten nach ihrer Vollendung die Krönung der *sheng-shih*, der Goldenen Ära Qianlong.

Zu Beginn seiner Regierungszeit hatte Qianlong erfahren, dass viele Länder, die sein Reich umgaben, den *Pin-Li* vernachlässigten – jenen »zeremoniellen Brauch, wonach Besucher dem Hof Tribut zollen«. Turkestan, Sungarien, Tibet, Laos, Korea, Vietnam, Siam und eine ferne, wilde Region, die in den Chroniken als Mien-Tien bezeichnet wurde, hatten ihre uralten Gelöbnisse gebrochen, dem Drachenthron »Früchte der Erde« darzubringen.[25] Kaum war Qianlong an die Macht gekommen, kündigte er an, sein Reich solle so regiert werden wie sein Palast. Dort hatte er 36 Grashalme in ein Cloisonnégefäß stecken lassen und seine Eunuchen angewiesen, sie jeden Tag zu zählen; dieses Ritual hieß »das Gras zum Maße nehmen«.[26] Die abgefallenen tributpflichtigen Staaten sollten nacheinander wieder in den Schoß des Reiches zurückgezwungen werden. Dabei standen die militärischen Zielsetzungen des Kaisers ganz im Zeichen der Jade.

Im November 1999 stießen wir auf die Geschichte einer bemerkenswerten Schmuckdose, die angeblich zu Beginn dieser Feldzüge für Qianlong angefertigt worden war. Den Hofchroniken zufolge befahl der Kaiser 1757 seinen Schreinern, ein rundes Holzbehältnis von der Größe einer Sonnenblume zu fertigen. Dieses Schatzkästchen wurde an den Lackierer weitergegeben, der es wiederholt in den mit Quecksilbersulfid versetzten Milchsaft des Lack-Sumachs (*Rhus verniciflua)* – ein leuchtendes zinnoberrotes Gel – tauchte, der nach dem Trocknen so fest wurde wie gebranntes Porzellan. Ein Meistergraveur ritzte in den Zinnoberlack Karpfen und Kirschblüten, die in den Wellen eines Teiches kreisten. Als die geschnittene Lackarbeit dem Kaiser übergeben wurde, verfasste dieser ein Gedicht, das in goldenen Schriftzeichen auf die Rückseite des Deckels graviert wurde: »Jade ist hart und unnachgiebig. Sie ist glatt und glänzend und zeigt die Höhe des zeitgenössischen Kunsthandwerks.«[27]

In der Dose befanden sich sieben Stifte, auf denen schließlich sieben glatt geschliffene Jaderinge Platz finden sollten – Ringe, wie der Bogenschütze sie verwendete, um bei der Jagd seine Daumen zu schützen. Diese sieben Ringe sollten die Siege des Kaisers symbolisieren. Und, verborgen unter einer Holzverkleidung, schrieb er heimlich ein Gedicht hinein:

Fünfzigtausend Schritte sind nötig, um die Kunlun-Berge zu erklimmen.

Dort findet sich Jade in den Bächen.
Die Jadesteine werden zu feinen Objekten geschnitten
Und dem Hof als Tribut geschickt.
Einige werden zu Schützenringen gearbeitet, auf dass der Bogen sich leichter spanne.
Mit Bogen und Pfeilen braucht man nicht vor dem Feind sich zu fürchten, wie es der Han-Kaiser Guangwu tat…
Sie helfen auch, die Barbaren außerhalb des Landes zu besiegen.
Nie darf ihre Bedeutung vergessen werden.[28]

Am Ende des Gedichts stand, in Gold abgesetzt, das Wort *xinsi*, woraus sich ablesen lässt, dass das Gedicht 1761 vollendet wurde und sich auf den ersten Feldzug des Kaisers gegen die »Barbaren« bezog. Im Jahre 1755 hatten sich seine Truppen aufgemacht, die von den Muslimen beherrschten Schneegipfel und Sanddünen von Sungarien und Ostturkestan zu erobern. Unter dem Westgeneral Zhaohui waren die Soldaten mit »Bogen und Pfeilen« bis in die entlegensten Gebiete marschiert, hatten gefährliche und völlig unerforschte Gegenden durchquert, hatten Eisstürme und Sandhindernisse überstanden, die sie zu Kannibalismus zwangen, und hatten dennoch einen wilden Muslimaufstand niederzuschlagen vermocht. Das Kunlun-Gebirge lag einst weit außerhalb der Einflusssphäre Chinas, doch vier Jahre nachdem kaiserliche Bogenschützen einen Pfeilhagel über das »Land des Blauen Himmels« hatten niedergehen lassen, konnte Qianlong voller Stolz sagen, dass seine Soldaten wussten, wie viele Schritte nötig waren, um die Berge zu erklimmen. Durch den siegreichen Westfeldzug wurde das Gebiet der rebellischen Uiguren, Kasachen und Mongolen wieder in das chinesische Großreich eingegliedert, wodurch sich dessen Territorium verdoppelte. General Zhaohui eroberte den Stützpunkt Kashgar, zwischen der riesigen Wüste Taklamakan und den steilen Gipfeln der Karakorum-Kette gelegen, und sicherte Qianlong damit das Recht, alte Handelsrouten zu kontrollieren und zu besteuern. Vor allem aber nahm er Jarkend und Khotan ein und übertrug damit seinem Herrscher die uneingeschränkte Kontrolle über die einzige Fundstätte konfuzianischer Jade, die den Chinesen bekannt war. Qianlong war hocherfreut. Als General Zhaohui schließlich mit einem hellhäutigen Uiguren-Mädchen als Kriegsbeute nach Peking heimkehrte, wurde er in einer beispiellosen Bezeugung von Dankbarkeit vom Sohn des Himmels persönlich vor den Toren der Verbotenen Stadt begrüßt.

Die unmittelbaren Folgen des Sieges werden in den zehntausend verzeichneten Tributlieferungen an den Kaiser konkret fassbar. Die kaiserlichen Geschenklisten aus gelbem Satin, eingelegt zwischen Blättern von rotem und gelbem Papier, die sechsmal gefaltet werden mussten, bevor sie in einen gelben Seidenumschlag gesteckt wurden, tragen einen Datumsstempel, eine Seriennummer und den Namen des Vornehmen, der die Abgabe schickte. Der Vizekönig von Kanton beispielsweise sandte dem Hof vor 1760 dreiunddreißig Artikel: importierte emaillierte Schnupftabakdosen, eine Gaze aus Gänsefedern, einen Paravent aus Zitan-Holz, Schreibpulte und einen mit Schnitzereien verzierten Thron, importiertes Glas, ein Korallenhalsband und eine goldene Statue. Nach dem Westfeldzug überreichte der Vizekönig seinem Kaiser Jadezepter, Räuchervasen und eine Parfümflasche aus Jade, Jade-Paravents, einen Dreifuß, eine Jadeglypte mit dem Bild eines Berges, eine Teeschale aus Jade und sogar ein mit Pfingstrosen verziertes jadenes Toilettenetui.

Qianlong holte aus der eroberten Region, die er Sinkiang beziehungsweise Neue Territorien nannte, jedes Frühjahr und jeden Herbst achttausend *jin* (mehr als vier Tonnen) Rohjade, die mit schier endlosen Kamelkarawanen nach Peking geschafft wurde. Um den »klebrigen Fingern« der örtlichen Fürsten zu begegnen, schickte er seine Amtswalter in die Region. Ch'i-shih-i, dessen Name »der Einundsiebzigjährige vom Zederngarten« bedeutet, war einer der ersten Beamten, die nach Sinkiang kamen. Das »ganze Flussbett ist bedeckt mit großen und kleinen Steinen, unter die Jadesteine gemischt sind«, berichtete er. Manche Jade-Findlinge waren »so groß wie ein Eimer, andere so klein wie eine Faust oder eine Kastanie«. Einige waren »schneeweiß…, andere bienenwachsgelb, zinnoberrot oder schwarz wie chinesische Tinte«. Am seltensten fand man jene, die »hammelfettweiß mit roten Tupfen und spinatgrün mit bronzener Maserung« waren.[29]

Qianlongs Beamte übernahmen einen uralten Brauch: An beiden Ufern standen zwei Beamte Wache, während »erfahrene einheimische Mohammedaner« zu dreißigst mit eingehakten Armen nebeneinander barfuß durchs eisige Wasser des Pai yu Ho und des Lu yu Ho, des Weißen und des Grünen Jadeflusses, wateten. Die Menschenketten tasteten mit den Zehen nach Jade, wobei sich Frauen angeblich besser für diese Aufgabe eigneten, weil das weibliche *Yin* das von den Steinen ausgehende männliche *Yang* anzog.[30] Wenn sich die Jadefischer bückten, schlug ein Soldat einen Gong; daraufhin machten die Qing-Beamten »ein rotes Zeichen in der Kontrollliste, und der Einheimische lieferte die Jade ab«.[31]

Unmengen großer und kleiner Brocken landeten in Pekings Ruyi Guan, der Halle der Erfüllten Wünsche, die von den Kunsthandwerkern Yao Renzong und Zhou Jingde, den so genannten Südlichen Meistern, beaufsichtigt wurde. Qianlong stand jeden Morgen um vier Uhr auf, gönnte sich nie mehr als fünfzehn Minuten für ein Frühstück aus Schwalbennestern, die in Kristallzucker gewendet worden waren, erledigte seine täglichen Regierungsgeschäfte und eilte dann in die Halle, um zu sehen, was über Nacht aus Sinkiang eingetroffen war.[32] Jene Steine, die seine Aufmerksamkeit weckten, wurden in Pferdehaar gewickelt und umgehend in eine der acht Werkstätten geschickt, die über das gesamte Reich der Mitte verstreut waren.

Die angesehenste Steinschneiderwerkstatt lag in der Zhuanzhu-Gasse, einem Viertel von Suzhou in der Küstenprovinz Jiangsu unweit von Schanghai. Suzhou erzeugte nicht nur die feinsten Jadeplastiken in ganz China, sondern war auch eine idyllische Gartenstadt mit Kanälen und Parks, wie ein berühmtes chinesisches Sprichwort bezeugt: »Im Himmel gibt es das Paradies, auf Erden Suzhou.« Die hoch bezahlten Handwerker, die alle den Jadegeist Qiu Chuji verehrten, erhielten 5,6 Gramm Silber pro Tag, um Qianlongs Verse in Jade zu schneiden. Sie wussten, dass der Meißel nur einmal ausrutschen musste, um ein Stück zu ruinieren, an dem man vielleicht zehn Jahre lang gearbeitet hatte. Die Steinschneidekunst und die Opferrituale wurden vom Vater an den Sohn weitergegeben. Im Laufe der Geschichte »schliffen Tausende über Tausende kunstfertiger Handwerker still vor sich hin, bis sie altersgrau und ausgelaugt waren; schliffen, bis die rohen Steine in unbezahlbare Kunstwerke von berückender Schönheit verwandelt waren«.[33]

Nach dem Sieg über Khotan hatten die Steinschneider alle Hände voll zu tun, doch ihr Arbeitspensum sollte sich noch steigern. Qianlong trieb uralte chinesische Steinplastiken auf, die nach seinem Geschmack umgearbeitet werden sollten. Wie schon mit Kublai Khans Schale, so verfuhr er nun mit Tausenden weiterer uralter Jadearbeiten: Er ließ sein Siegel und seine Verse in den Stein bossieren und nahm auf diese Weise die Herstellung klassischer Werke der chinesischen Kunst für seine Regierung in Anspruch. Manchmal jedoch schien dieser hybride Kaiser die Lektionen vergessen zu haben, die Fu Min ihm in der Jugend eingebläut hatte. Hofchroniken schildern, wie eine 4700 Jahre alte chinesische *cong*, eine längliche Röhre, die einst in religiösen Ritualen zur Anbetung der Erde verwendet worden war, in eine Blumenvase für den Kaiser umgeformt wurde. Aus einer 8000 Jahre alten *bi*-Scheibe, wie sie die chinesischen Kaiser in der jährlichen Zeremonie im Himmelstempel verwendeten, wurde eine mit Qianlongs Versen bekritzelte Tisch-Blende.[34] Chinesische Gelehrte am kaiserlichen Hofe müssen insgeheim vor Wut gebebt haben.

Doch was kümmerte das den Kaiser? Pater Jean-Denis Attiret, einer von Castigliones Stellvertretern, bemerkte in einem Brief nach Frankreich, Qianlong »weiß alles, oder zumindest suggeriert ihm das die Schmeichelei, und zwar sehr laut, und vielleicht glaubt er es ja auch; er handelt stets so, als wäre er überzeugt davon«.[35]

Als dem Kaiser die Antiquitäten ausgingen, begann er, Falsifikate anfertigen zu lassen. Die Südlichen Meister mussten alte Kataloge studieren, die darin beschriebenen Stücke kopieren und neue Jadesteine beizen oder versengen, damit sie wie Altertümer aussahen. In einem Hofdokument erteilte Qianlong präzise Anweisungen: »Backt den Unsterblichen und das Pferd aus weißer Jade, damit Flecken entstehen, die ihnen das Aussehen von Han-Jade verleihen, und fertigt eine elegante Stellage für sie an.« In einem anderen Erlass wurden die Handwerker angewiesen, eine neue Glypte mit der Inschrift zu versehen: »Hsuan-ho yu wan«, »zur Freude Hsuan-hos«, eines Kaisers der Song-Dynastie.[36] Qianlong war so sehr darauf erpicht, als der größte Sammler Chinas gefeiert zu werden, dass er sogar Hofkünstler damit beauftragte, alte Porträts berühmter Gelehrter zu kopieren oder vielmehr zu fälschen, indem sie seinen Kopf auf deren Körper pfropften, wie in dem so genannten »Doppelporträt« aus der Zeit der Fünf Dynastien von Chou Wen-chü, das heute im Nationalpalastmuseum in Taiwan hängt.[37]

Ein Stein aber war unerreichbar für ihn, und er wusste noch so wenig darüber, dass er sich kaum einen Reim darauf machen konnte. Als er sich einmal in seiner Bibliothek in die Bücher vertieft hatte, war er auf rätselhafte Hinweise auf eine Jadesorte gestoßen, die allgemein als der erlesenste Edelstein der Welt galt. Als Junge hatte er vom Schatz der Wei gelesen; die Erzählungen stammten aus der Zeit der Östlichen Zhou-Dynastie, in der ein feindlicher Staat im nördlichen Zentralchina einen fantastischen grünen Stein verehrte, der wenig mit der wächsernen Jade des Konfuzius gemein hatte.[38] Doch der Stein kam im Norden nicht vor.

Qianlong hatte sich in die *Verse über die Westliche Hauptstadt* des Dichters Ban Gu vertieft, der zur Zeit der Han-Dynastie einen

Edelstein beschrieben hatte, welcher zu leuchten schien, »als werde er von einer verborgenen Flamme erhellt«.[39] Bang Gu bezeichnete ihn als *fei cui* – nach dem schillernden grünen Ton der Halsfedern des Eisvogels, dessen Heimat die südchinesische Provinz Guangxi war. Diese Federn waren angeblich der einzige Gegenstand auf der Welt, der eine ähnlich durchschimmernde Färbung aufwies wie der Stein. Doch auch in Guangxi war der Stein nicht zu finden.

Allerdings tauchte der Name auch in der *Ku'ei T'ien Lu* auf, der »Kleinen Sammlung von Episoden am kaiserlichen Hof«, die ein Song-Staatsmann 1067 verfasst hatte. Das Buch schilderte Ou-yangs Verwirrung beim Anblick einer Schale aus einem glänzenden Stein, der mit keinem der Jadesteine vergleichbar war, die er bisher gesehen hatte. Verblüfft hatte er sie einem alten Eunuchen, Têng Pao-chi, gezeigt, der ihm Folgendes erklärte: »Das ist die wertvolle Jade, die *fei cui* genannt wird. Unter den Preziosen des Yi-Sheng-Schatzes, die im Palast aufbewahrt wurden, befand sich ein Weinkelch aus *fei cui*, bei dem ich zum ersten Mal von dessen Existenz erfuhr.«[40] Doch hier versiegte die Spur in den Archiven.

Qianlong durchforschte seine Geschichtsbücher nach weiteren Hinweisen, die ihn zur Quelle dieses geheimnisvollen Steins führen konnten, nachdem Suchtrupps, die er zu den Minen von Khotan geschickt hatte, immer wieder mit leeren Händen zurückgekehrt waren. In den chinesischen Chroniken hatte der Kaiser sicherlich einmal gelesen, dass Kublai Khans Horden nach ihrem Einfall im Lande Mien im fernen Südwesten Soldatengeschichten über ein Tal voll grüner Edelsteine mit nach Hause gebracht hatten. Im folgenden Jahrhundert hatte der König von Mien in Ava eine neue Hauptstadt gegründet, einen glänzenden Herrschersitz am Ostufer eines großen Flusses, die in der alten buddhistischen Sprache Pali »Ratanapura« hieß, was so viel bedeutete wie »Stadt der Edelsteine«. Im *Buch der Südlichen Barbaren* aus der Ming-Zeit war ebenfalls von geheimen Schätzen in den südlichen Ländern die Rede; es erwähnte unter anderem die Existenz einer »Schatzgrube«, die übersät war mit grünen Steinen. Qianlong dürfte auch gelesen haben, dass wiederholte Versuche von Soldaten und Händlern der Ming, den Hort ausfindig zu machen, stets verhängnisvoll endeten, da »von zehn Männern acht oder neun an Malaria starben«.[41]

Hätte der Kaiser das Geographiebuch von Sü Ki-yü, dem Direktor der Ausländischen Universität in Peking, konsultiert, so hätte er erfahren, dass Mien ein »sengend heißer Winkel« fünftausend Kilometer südwestlich von Peking war. Es war ein vor Gift strotzendes Land »wilder Freibeuter«. Dort befand sich, verborgen in einem undurchdringlichen Dschungel, ein Bergwerk, das angeblich von grausamen Kannibalen bewacht wurde. Das Königreich, in dem die geheime Edelsteingrube lag, war für seinen Reichtum bekannt. Sicherlich fühlte sich Qianlong von den Berichten in den *Momein-Annalen*, die in der Hanlin-Akademie aufbewahrt wurden, verspottet:

> In den Gemächern des Königs sind die Gefäße aus Gold, die Schatzkammer ist mit silbernen Fliesen bedeckt, wohlriechendes Holz wird zum Kochen verwendet, und die Halle ist mit farbenfrohen Juwelen und Perlen geschmückt. Es gibt zwei Teiche mit goldenen Ufern, und die Boote und Ruder sind allesamt mit Gold und Edelsteinen besetzt. Wenn der König in seiner Sänfte ausgeht, ruht er auf einem Diwan von goldenem Rippstoff, aber bei größeren Entfernungen reitet er auf einem Elefanten.... Die Mauer rund um seine Stadt besteht aus grünlich glasierten Ziegeln und misst achtzig Kilometer im Umfang... Gold und Silber werden als Zahlungsmittel verwendet... Den Handel mit benachbarten Staaten bestreitet man mit Delphinen, Baumwolle und grünen Steinen.[42]

Doch seit Jahrhunderten hatte dieses wohlhabende Land den Brauch des *Pin-li* missachtet und den Drachenthron schamlos beleidigt. Mien beziehungsweise Mien-Tien, wie die Qing das Land nannten, hatte 1567 zum letzten Mal »Früchte der Erde« nach China geschickt, als der Ming-Kaiser Longqing herrschte. Es musste ein Grund für eine Expedition nach Süden gefunden werden.

Als Qianlong 1765 erfuhr, dass chinesische Händler bei dem Versuch, die Grenze zwischen Yunnan und Mien-Tien zu überqueren, in einen Hinterhalt gelockt und geköpft worden waren, hatte er einen Anlass für eine Invasion. Diese Barbaren im Süden sind »ein bestialisches Volk, sind Ungeziefer, das sich von widerlichster Kost ernährt«, wütete Qianlong in roter Tinte und Schrift, die über die Seiten der Palastannalen raste. Des Kaisers Wut fing auch der Hofbibliothekar Jiang Liang Ji in dem Geschichtswerk *Tung Hua Lu* ein, das heute im Archiv der Verbotenen Stadt aufbewahrt wird:

> Ich bin nicht großtuerisch und würde die ganze Sache gern auf sich beruhen lassen, aber ich werde nicht zulassen, dass der Speichel eines anderen auf meiner Wange trocknet. Daher habe ich angeordnet, dass jährliche Expeditionen Mien-Tien so wüst und unsicher wie möglich machen sollen.[43]

Dies bedeutete Krieg. Qianlongs Militärhistoriker Wei Yüan dokumentierte sorgfältig die Rekrutierung einer chinesischen Invasionstruppe. »Ende August [1765] wurden die Fahnen entrollt und das Marschsignal gegeben.«[44] Zu dem ersten Kommando, das über die Grenze geschickt wurde, einem Verband von 30 000 bis 40 000 Mann, gehörten »geschickte Magier aus Sichuan, Musketiere aus Peking, Grenadiere aus Henan« mit dem modernsten Arsenal, das der Kaiser aufzubieten hatte. Seine Truppen führten »Messingkanonen« mit, »eiserne *chevaux de frise* [Spanische Reiter] aus Hunan« sowie eine Geheimwaffe – »Giftmunition« aus Yunnan. Der Feldzug sollte China 13 Millionen *Tael* kosten – umgerechnet 3,25 Millionen britische Pfund –, zu einer

Zeit, als die Staatskasse nur 30 Millionen Pfund enthielt.[45] Der Kaiser war offensichtlich entschlossen, für einen Sieg jeden Preis zu zahlen.

Qianlong nahm die Koordination in der Verbotenen Stadt selbst in die Hand. Jeden Tag eilten Dutzende von kaiserlichen Eilboten nach Peking und überbrachten Kriegsberichte; umgehend kehrten sie mit seinen neuesten Befehlen an die Grenze zurück. Der Dschungel und die überlegene Taktik der barbarischen Armee lichteten indes bald die Reihen der Chinesen. »Die Gebiete sind unzugänglich und können nicht mit Leitern und Seilen erklommen werden, und das Wasser ist anscheinend nicht tief genug, um Boote zu tragen«, klagte ein chinesischer General, der einen Angriff überlebte.[46] Die Südlichen Barbaren prahlten in ihren Kriegschroniken damit, wie leicht sie Qianlongs »250 000 Männer und 25 000 Pferde« bezwungen hätten. Die Angreifer versuchten, auf größeren Flüssen vorzustoßen, und zwar mit sperrigen Sampans, die Hunderte von Männern durch den Dschungel schleppen mussten und sofort in den strudelnden Katarakten zerschellten. Die Chinesen waren auf Pferde angewiesen, die sich keinen Weg durch das dichte Unterholz bahnen konnten, während die feindlichen Truppen das Dickicht auf Elefanten lichteten, die auch als bewegliche Geschützbatterien eingesetzt wurden, indem auf Traggestellen auf dem Rücken der Tiere Kanonen befestigt und von diesen abgefeuert wurden. »Der Lärm, der auf einmal losbrach, war so groß wie zehn riesige Feuerwerke und übertönte jedes Wort.«[47] Die Barbaren des Südens, die aus Tierkot Schießpulver gewannen, vernebelten den Urwald mit Rauch und errichteten Palisaden, von denen sie die wie blind herumtastenden Chinesen mit geschmolzenem Blei übergossen. Qianlongs tapferste Krieger wurden verbrüht, versprengt und »wie Kühe in einen Pferch«[48] in Senken getrieben, wo sie den Chronisten der Barbaren zufolge »reihenweise umkamen«.

Die Zahl der Gefallenen auf Seiten der Chinesen stieg rapide an, doch der Kaiser schickte immer wieder neue Truppen in den

Kampf, und es dauerte nicht lange, bis Frontoffiziere aus Angst um ihr Leben anfingen, Niederlagen als Siege auszugeben. Es war nur eine Frage der Zeit, bis Qianlong ihnen auf die Schliche kam. »Wie ich sehe, sind diese Siege reiner Schwindel. Ist es nicht absurd, dass uns auf der Höhe unserer Macht, nachdem wir eben erst Sungarien und Kashgar zermalmt haben, ein unbedeutender Staat wie Mien-Tien so unverschämt die Stirn bietet?«, wetterte Qianlong. Als die Schuldigen feststanden, zeigte er keinerlei Erbarmen:

> Marschall Akwei mag den Tod verdienen, aber wenn er hingerichtet werden soll, dann öffentlich. Ich werde nicht zulassen, dass die Barbaren im Süden die Würde dieses Landes noch mehr in den Schmutz ziehen. Ich habe Akwei jede Chance gegeben und sehe nun, dass es hoffnungslos ist, irgendetwas von ihm zu erwarten. Er wird hiermit in den Rang eines gewöhnlichen Soldaten degradiert und wird durch eifrigen Dienst in den Mannschaften Buße tun. Seine beiden Söhne werden verbannt und verlassen Peking noch am heutigen Tag.[49]

Als Têfuh, der Vizekönig von Yunnan, vorsichtig zu verstehen gab, dass die Chinesen nicht gewinnen konnten, verbannte Qianlong ihn an einen abgelegenen Militärposten in Ili an der russischen Grenze, wo er als kleiner Beamter ohne Salär dienen musste. »Ach je, ach je«, brachte der Kaiser seine Klage zu Papier, »ich habe wieder einmal die falsche Entscheidung getroffen. Ihr Schwachköpfe. Wem kann ich trauen?« Dutzende von Generälen wurden nach Peking zurückbeordert, wo sie sich »das Leben nehmen durften«. Qianlongs Misere verschlimmerte sich noch. Im Jahre 1766 starb Giuseppe Castiglione, woraufhin der Kaiser ihm in den westlichen Vororten von Peking ein Stück Land widmete und auf einem Grabstein zwei chinesische Schriftzeichen eingravieren ließ, die seinen Respekt vor Castigliones Werk bezeugten.

Zwei Jahre später wurde Qianlong auch von seiner Familie herb enttäuscht. Der jüngere Bruder des Kaisers und sein Schwiegersohn wurden 1768, während eines dritten Feldzugs, an die Front geschickt. Der Erstere nahm sich das Leben, als er vom vorrückenden Feind eingeschlossen wurde, und der Letztere ließ seine Verbände im Stich und sah untätig zu, wie seine Männer abgeschlachtet wurden. Mehr als 50 000 chinesische Soldaten starben an Malaria und 22 000 weitere fielen in einer einzigen der vielen Schlachten, die mitunter länger als achtzig Stunden wüteten.[50]

Der Kaiser forderte seinen treuesten und zuverlässigsten General auf, in dem blutrünstigen Feldzug für eine Wende zu sorgen. Ming Jui war in Anerkennung seiner Tapferkeit im Eroberungskrieg um Sinkiang der Titel »uneingeschränkt frohlockender, vorbehaltlos tapferer Herzog des ersten Grades« verliehen worden, hatte mit seiner Dichtung *Skizzen für Lieder, die am nördlichen Fenster gemurmelt werden* zahlreiche Verehrerinnen gewonnen und eilte nun an die Front. Zunächst gelang es dem General, die chinesischen Truppen wieder zu sammeln. Dem Chronisten der Barbaren zufolge sorgte das Vorrücken der Chinesen bei seinem König für immer größeres Entsetzen. »Meine Generäle sind ein Witz. Dass ja niemand die Chinesen aufhalte. Lasst sie bis zu meinem Palast vordringen. Wenn die Chinesen einfallen, werde ich mit meinen vier Brüdern den Fluss überqueren und wie einst meine Vorfahren den Feind schlagen, auch wenn er noch so überlegen sein mag, und ihn in den Irrawaddy werfen«, erklärte König Sinbyu-shin.

Aber schon bald unterlag auch Ming Jui dem Dschungel. Als der General sich umzingelt sah, zog er das Schwert. »Bevor er sich entleibte, schnitt er sich den Zopf ab und ließ ihn dem Kaiser als letztes Zeichen der Ergebenheit schicken«, hieß es im *Shêng Wu Chih*.

Qianlongs Höflinge, die in den Klassikern bewandert waren, konnten nicht glauben, wie weit ihr Monarch offensichtlich zu gehen bereit war, um in den Besitz eines schimmernden grünen

Steins aus einem fremden Land zu gelangen, der keinerlei Ähnlichkeit mit dem chinesischen Stein des Himmels aufwies. Den Westlichen Feldzug hatten sie rückhaltlos unterstützt, weil damit der Stein des Konfuzius aus den Klauen der Ungläubigen befreit worden war. Doch nun plünderte der Kaiser den Staatsschatz für nichts als Tand. Chi Yun, ein Gelehrter und Staatsmann des Qing-Hofes, bemerkte bissig: »Ich weiß noch, als ich jung war, galt *fei cui* gar nicht als Jade, sondern als Stein, der den Namen Jade unrechtmäßig für sich in Anspruch nahm. Heute gilt er anscheinend als rares Luxusgut, das die echte Jade im Preis noch übersteigt.«[51]

Das Gebaren des Kaisers wurde immer unberechenbarer. Er gelangte zu der Überzeugung, China sei von einer »seelenraubenden« Krise beherrscht. Er ließ »Hexenmeister« ergreifen und beschuldigte sie, loyalen Anhängern des Qing-Hofes die Zöpfe abzuschneiden, um ihre Macht zu rauben, die sie dann gewisslich einer Geisterarmee zuführen wollten, mit dem Ziel, ihn zu zerstören. Auch in seiner privaten Jadepoesie erschlaffte die schöpferische Potenz des Kaisers. In einen der sieben Jade-Schützenringe, die er in seinem zinnoberroten Schatzkästchen aufbewahrte, ließ er eine viel sagende Strophe eingravieren:

> Einst schrieb ich ein Gedicht über »das Klären von Zweifeln«... Ich nannte mich den Meister der Vorsehung... Viele Male hatte [ich] Erfolg, wenn ich dicht vor dem Scheitern stand... [Aber] zu vieles ist in der Vergangenheit geschehen, an das ich mich gar nicht erinnern will. Da immer noch ein langer Weg vor uns liegt, müssen wir vorsichtig und sorgfältiger sein. Wir können uns nicht auf die Vorsehung verlassen...[52]

Qianlong konnte sich nicht mehr auf den Himmel allein verlassen, doch im Jahre 1769 zeichnete sich ein überraschender Ausweg ab. Die Südlichen Barbaren hatten der Macht des chinesischen Reiches zwar standhalten können, aber nicht ohne Preis.

Nun bot König Sin-byu-shin von Mien-Tien als Gegenleistung für eine Handelserlaubnis einen Waffenstillstand an. Und so gelangte Qianlong schließlich doch noch in den Besitz der grünen Steine aus der »Schatzgrube«. Dafür gewährte er Händlern aus Mien-Tien Zugang zu chinesischen Märkten. Der Kaiser entsandte sofort General Kwese zur Unterzeichnung eines Friedensvertrags; der Vertreter des Hofs kehrte 1770 mit der Zusicherung nach Peking zurück, dass mit Steinen beladene Maultierkarawanen unterwegs seien. Der Kaiser war außer sich vor Freude. Er wies seine Chronisten an, mehrere Bände über seinen »großen Sieg« zusammenzustellen, und wartete ungeduldig auf das Eintreffen des Tributs.

Ihm blieb nur wenig Zeit zu feiern. An der Grenze von Sichuan brachen Unruhen aus, und es kostete den Hof umgerechnet zwanzig Millionen Pfund, die anhaltenden Aufstände niederzuschlagen. Und während die kaiserlichen Truppen im Westen kämpften, wurde die Provinz Shandong im Norden von einer Kungfu-Horde bedroht. Im Jahre 1774 stellte sich der Fremdherrschaft der Qing ein rätselhafter Heilkräuter- und Kampfsportspezialist namens Wang Lun mit einer Horde von »Bauern, Wanderschauspielerinnen und Fischhändlern« entgegen, die glaubten, sie seien mit magischen Kräften gesegnet.[53] Sechs Jahre später wurde Formosa zum Unruheherd; die »Himmel-und-Erde-Gesellschaft« ergriff die Waffen gegen den Kaiser, den sie der Gier und des Nepotismus zieh. Als diese Aufständischen besänftigt waren, legten sich die Muslime in der Provinz Gansu, nördlich der Neuen Territorien, mit Qianlong an. Und immer noch ließ der Tribut aus Mien-Tien auf sich warten.

Stattdessen ließ Qianlong immer größere Plastiken aus Sinkiang-Jade anfertigen. Im Jahre 1778 hörte er von einem gewaltigen Jadeblock, der aus dem Berg Mirtagh gehauen worden war. Diese 5350 Kilogramm schwere und 224 Zentimeter hohe Jadeplatte überragte die Männer, die sie nach Peking schaffen sollten. Sie wurde auf einen besonders verstärkten, über zehn Meter langen Wagen geladen, der von hundert Pferden gezogen und von tausend Helfern geschoben wurde. Sie gruben sich Hohlwege durch das Gebirge, schlugen Schneisen durch den Wald, bauten Brücken über die Flüsse und überspülten im Winter den Weg mit Wasser, um eine Eisrutsche für ihren primitiven Schwertransporter zu bilden. Im günstigsten Fall legten sie fünf *li* (25 Kilometer) am Tag zurück, so dass sie drei Jahre für die 1100 *li* (5520 Kilometer) bis Peking gebraucht haben dürften. Dort wurde der Ruyi-Guan-Künstler Chia Ch'uan auserwählt, ein dreidimensionales Modell nach einem Gemälde aus einem alten Song-Katalog zu gestalten.

Sieben Jahre, nachdem die Steinschneider begonnen hatten, den Jadeblock zu bearbeiten, war das Werk vollendet. Es stellte hoch aufragende Gipfel dar, von denen Bäche und Wasserfälle herabstürzten. Man sah winzige Figuren, die mit Hammer, Spaten und Pickel den Fels behauten, um den Lauf eines Sturzbachs zu verändern, der sie zu überfluten drohte. Diese Szenerie symbolisierte die Geschichte des Mannes, dem die Gründung der ersten chinesischen Kaiserdynastie zugeschrieben wurde und der angeblich von 2205 bis 1766 v. Chr. herrschte. Der große Yu, so hieß es, habe die Flüsse reguliert, das Land entwässert und eine Flut alttestamentarischen Ausmaßes eingedämmt, die China zu überschwemmen drohte. Der Jadeblock wurde wieder nach Peking geschafft und im Palast des Ruhevollen Alters in der Verbotenen Stadt aufgestellt, wo er auch heute noch steht. Es wurden auch ganze Reihen von Schriftzeichen eingraviert – Jadegedichte Qianlongs zum Lobpreis des großen Yu. Nur ein Stein solch monumentalen Ausmaßes war eine angemessene Huldigung an einen chinesischen Kaiser, der das Land durch seine Findigkeit und Genialität errettet hatte. Ein Kunstwerk solcher Qualität und Größe – es kostete 15 000 *Tael* (750 000 Gramm) Silber – bezeugte zugleich aber auch öffentlich die wirtschaftliche Macht und Einflusssphäre Qianlongs, der sich nun mit aller Kraft bemühte, sich einer Woge von Kritik und Aufständen entgegenzustemmen.[54]

Eines Morgens im Jahre 1785 weckte man den Kaiser mit der Nachricht, ein Bote mit Geschenken sei angekommen. War der Tribut aus Mien-Tien endlich eingetroffen? Ohne seine in Kristallzucker getunkten Schwalbennester anzurühren, eilte der Kaiser in seinen Audienzsaal. Er malte sich prall gefüllte Packtaschen aus, doch nur einen einzigen kleinen Lederbeutel legte man ihm zu Füßen. Es war das Geschenk eines chinesischen Händlers, der aus dem Grenzgebiet von Yunnan zurückgekehrt war, und nicht die versprochene Karawane aus Mien-Tien. Qianlong zog sich an seinen bevorzugten Schattenplatz im Garten des Ruhevollen Alters zurück, in dem Eunuchen jeden Abend eine Bronzeschale aufstellten, um »Tau, der die Jugend erhält«, zu sammeln. Er saß im Mittelteil der Gartenanlage, in einem schlicht verzierten Holzpavillon, in dem sich ein Wasserlauf in Form einer endlosen Spirale dahinwand. Auf diesem schmalen Kanal ließ er zum Andenken an das uralte Fest der Frühlingsläuterung Weinschalen treiben. Hier öffnete Qianlong den Beutel und fand darin zwei kleine Steine, die in einem warmen hellen Grün erstrahlten und sich gläsern anfühlten. Als er sie an die Laterne hielt, leuchteten sie in einem seltenen Glanz, der ihn an Smaragde erinnerte.

Qianlong wies seine Südlichen Meister umgehend an, aus einem der Steine einen Schützenring zu schneiden, der in die Mitte seines zinnoberroten Schmuckkästchens gesetzt werden sollte. Als der Ring vor ihm lag, tauchte Qianlong seinen Pinsel in sein Tintenfass aus Jade und verfasste eine Elegie in acht Versen, die um den Ring herum eingraviert werden sollte:

Grüne Jade ist selten und tiefgrüne sogar noch seltener,
Sie ist der Schatz unter den Schätzen.
Der Schützenring aus dieser Jade ist herrlicher als dunkelgrüner Lauch;
Seine Farbe ist so hell wie Bambussprossen.
Dieser Schatz soll nicht nur von den Song genutzt worden sein,

Und er soll auch nicht allein der Schatz der Wei gewesen sein.
Schade, dass ich alt und nicht mehr fähig bin, einen Bogen zu spannen.
Ich halte den Ring und bin zutiefst betrübt.[55]

Deutlich ist die Freude des Kaisers darüber, endlich selbst kleine Stücke von diesem »Schatz unter den Schätzen« zu besitzen. Im *Buch der Wandlungen* heißt es, der »Himmel ist Jade«, und so war diese seltenste und durchscheinendste aller Jadevarietäten sicherlich der absolute Inbegriff eines »Steins des Himmels«. Ebenso unverkennbar ist jedoch die Enttäuschung des 71 jährigen Kaisers darüber, dass Mien-Tien noch immer keinen Tribut geleistet hatte. War er inzwischen zu alt, um die widerspenstigen Barbaren des Südens zu zwingen, ihr Versprechen einzuhalten? War er nicht mehr fähig, einen siegreichen Feldzug gegen sie zu befehligen? Oder verbarg sich noch etwas anderes in seinen morbiden Schlusszeilen?

Als wir 1998 auf den Spuren Qianlongs über den Karakorum Highway fuhren, stießen wir auf eine tragische Geschichte, die den Kaiser gequält haben soll. Demnach erschien ihm im Garten des Ruhevollen Alters der Schatten eines ätherischen Mädchens aus einer beinahe vergessenen Legende:

Unweit der Oasenstadt Kashgar, einem Rastplatz an der alten Seidenstraße, wo einst Uiguren neben Tadschiken Felder bebaut und Kirgisen mit usbekischen Nomaden Handel getrieben hatten, stießen wir auf ein ramponiertes Exemplar der *Sinkiang-Gedichte*, Poesie nach Volkslegenden aus Qianlongs Neuen Territorien, die 1892 veröffentlicht wurden. Eines dieser Gedichte – »Xiang Niang Niang Miao« (»Der Tempel der Duftenden Frau«) – schildert, wie Qianlong von einem Mädchen aus den Bergen betört wurde – einem Mädchen »mit Haut wie Seide und Augen wie Saphiren«.

In den Jahren nach dem tragischen Tode Fuchas wurde die Legende von einem Kind, das von Geburt an nach der gelben Jujubeblüte duftete, wie Seidenstoff vom Pamir bis in die Levante exportiert, durch das »Land des blauen Himmels« und entlang der Wüstenebene mit ihrem Saum von schneebedeckten Gipfeln. Der Sage nach hieß das Mädchen Xiang und stammte aus einer Familie, die seit zwanzig Generationen über die örtlichen Clans herrschte. Als der Westliche General Zhaohui in Sinkiang kämpfte, hörte er von Xiang. Ihre Familie hatte eine Armee zur Unterstützung Qianlongs rekrutiert, dessen erschöpfte Streitmacht mit fast aufgebrauchten Rationen in den Sanddünen lagerte. Den Dichtern aus Sinkiang zufolge belohnte General Zhaohui seine Verbündeten mit einem Verrat – er verschleppte das Blumenmädchen als Geschenk für den Kaiser. Xiang hatte zuvor die Bergwelt, »wo sie wilde Pilze und seltsame eiförmige Steine sammelte«, noch nie verlassen. Bevor Xiang sich auf die folgenschwere, fünftausend Kilometer lange Reise machte, die sie aus ihrem Dorf zu Füßen der Kunlun-Berge nach Peking führte, ließ sie ihren Bruder wissen, die Verbotene Stadt »werde ihr Gefängnis sein«, in dessen Mauern sie »ihre Freude begraben« werde.

Es dauerte zwei Jahre, bis General Zhaohui mit seinem Tross in Peking ankam, und als er Xiang vor den Toren der Verbotenen Stadt dem Sohn des Himmels darbot, war jener von ihrem Duft, ihren wie Amors Bogen geschwungenen Lippen und ihrem herzförmigen Gesicht hingerissen. Als einzige muslimische Frau am Hof unterschied sich Xiang Fei, die Duftende Kaiserliche Gemahlin, wie sie fortan genannt wurde, deutlich von den dunkelhäutigen Mandschu-Frauen und den plattgesichtigen Han-Frauen in den Westlichen Palästen. Im Gegensatz zu den Konkubinen im Palast der Gesammelten Schönheit, die ihre Gesichter mit dicken Schichten von Schminke aufhellten, war Xiang Feis Haut rein und natürlich, und – so fügten die Dichter aus Sinkiang hinzu – »ihre Wangen erblühten im Glanz der Berge und Täler«. Der Kaiser war so bezaubert von der jungen Frau aus Kashgar, dass er sie in einem rotseidenen Mandschugewand von seinem Lieblingsmaler porträtieren ließ. Castigliones Bild zeigt Xiang Fei in glänzender Jade, mit Armreifen um die Handgelenke, mit Jadespangen im geflochtenen Haar, dreigliedrigen Ohrgehängen und einem an ihre Robe gesteckten Rosenkranz. Den Dichtern aus Sinkiang zufolge setzte sich die stolze Xiang Fei indes über die Avancen des Kaisers hinweg; sie sah reglos einer uigurischen Akrobatengruppe zu, die sie erheitern sollte, und verschmähte die gewürzten Speisen, die ein uigurischer Koch zubereitete.

In der Verbotenen Stadt war überall davon die Rede, dass in Qianlongs Romanze mit dieser wohlriechenden Gemahlin aus der Wüste im fernen Westen eine tausend Jahre alte Liebesgeschichte ihr Echo fand. In der Tang-Dynastie war ein Kaiser ganz vernarrt in eine Frau namens Duftende Perle gewesen, die als Kind angeblich mit Rosenblättern, duftenden Kräutern und wertvollen Essenzen ernährt worden war und einen himmlischen Odem ausströmte, wenn sie das kaiserliche Schlafgemach betrat.[56] Doch Qianlong gelang es angeblich nicht, Xiang Fei in sein Drachenbett zu locken.

Hinter dem Rücken des Kaisers verspottete man das Blumenmädchen wegen ihrer uigurischen Tracht und ihrer vorspringenden Nase; außerdem hatte sie, den Dichtern zufolge, große Mühe, Mandarin und Mandschu zu lernen. Sie fühlte sich in der kalten, fremden Welt der Verbotenen Stadt eingesperrt und von ihren Mitkonkubinen gemieden und verfiel in eine tiefe Depression. Im *Xiang Qi Lou Wen Ji*, einer »Geschichte der Gebäude der Duftenden Frau«, heißt es, der Kaiser habe den Jesuiten befohlen, seinen Sommerpalast im europäischen Stil als Residenz für Xiang Fei umzubauen. Sie malten Friese an die Wände der Fangwai-Moschee und errichteten einen neuen Pavillon, den »Anblick des fernen Sees«.[57] Im Inneren boten Spiegel Ausblicke auf eine Reihe von Gemälden mit Ansichten von Kashgar, dem Kunlun-Gebirge und der Pamir-Hochebene; die Bilder waren auf Schienen montiert, so dass sie wie Prospekte der Laterna magica bewegt werden konnten. Qianlong hoffte, Xiang Fei mit diesem prächtigen Lustschloss zu erfreuen. Und wie es hieß, beauftragte er Castiglione immer wieder damit, sie zu malen. In einem zweiten Porträt ist sie in Rüstung dargestellt, in einem dritten als europäische Schäferin; und in einem vierten stehen Xiang Fei und Qianlong wie ein beglücktes Liebespaar vor dem Bambus-Belvedere.

Je mehr Qianlong seine Gefangene aus Kashgar verherrlichte, desto mehr zog sie sich zurück. Im Jahre 1785 brach sie zusammen – den Dichtern zufolge aufgrund einer geheimnisvollen Krankheit, gegen die die Palastärzte machtlos waren. Dachte Qianlong, als er die Zeilen über den »Schatz unter den Schätzen« niederschrieb, auch an das Blumenmädchen, das an seiner Verzweiflung erstickte – an sein amouröses Werben, das bislang kläglich gescheitert war? »Schade, dass ich alt und nicht mehr fähig bin, einen Bogen zu spannen. Ich halte den Ring und bin zutiefst betrübt.«

Der niedergeschlagene Kaiser wandte sich dem zweiten grünen Stein zu, der sich noch in seinem Lederbeutel befand, und wies seine Handwerker an, ein herrliches Erinnerungsstück an Xiang Feis uigurische Heimat daraus zu machen. Was dabei herauskam, war die exakte Nachbildung einer Pfefferfrucht, wie die Nomadenhirten sie verzehrten, die entlang der Seidenstraße von Persien nach Kashgar zogen. Dieser vollendete Pfefferfruchtanhänger mit der zarten Ranke, die von der drallen Oberfläche abstand, schien wie von Tau bedeckt zu schimmern und war ein beredtes Zeichen für Qianlongs Liebe. Die Pfefferfrucht galt seit Urzeiten als Symbol für die Kaiserin Chinas. Gab der Herrscher dem duftenden Blumenmädchen Xiang Fei mit diesem Geschenk nicht zu verstehen, dass er sie ebenso liebte wie seine tragisch verschiedene Fucha?

Der Anhänger erinnerte Xiang Fei indes nur noch mehr daran, dass sie in der Fremde weilte. Den Dichtern aus Sinkiang zufolge starb das duftende Blumenmädchen nach einem letzten Mahl von zehn Mandarinen am 19. April 1788. Der trauernde Kaiser ließ sie mit all dem Prunk bestatten, der einer Kaiserin von China gebührte. Ihr Leichnam wurde mit Perlen, Diamanten, Rubinen,

Katzenaugen und *fei-cui*-Jade geschmückt und in einen Lacksarg gebettet, der mit goldenen Koranversen beschriftet war. Xiang Feis sterbliche Überreste wurden in einer letzten epischen Reise, die drei Jahre dauern sollte, in einem Tross von hundertzwanzig Gefolgsleuten in ihre Heimat überführt. Sie wurde oberhalb des Tuman-Flusses hinter dem Sonntagsmarkt in einer mit grünen Kashi-Ziegeln verkleideten Familiengruft beigesetzt. Noch heute bezeichnen die Händler des Ortes das windumheulte Grab als *Xiangfei Mu*.

Die *Sinkiang-Gedichte*, die viele chinesische Leser entzückten, deuteten an, Xiang Fei sei an gebrochenem Herzen gestorben. Der Persische Pfeffer aus Jade, das erlesene Liebeszeichen eines Kaisers, wurde in einer Schatztruhe in der Verbotenen Stadt weggeschlossen. Er war und ist ein Symbol dessen, was Qianlong nicht erobern konnte – das zarte Herz der Gemahlin, das unter seinem stürmischen Drängen zerbrochen war. So jedenfalls stellen es die Geschichtenerzähler dar.

2

Der Herr der Minen

Amarapura. Früher hieß es, wenn die Sonne über den purpurroten Bergen von Yunnan aufgehe, dann steige von der Hauptstadt eines fernes Reiches im Südwesten eine Fontäne des Lichts empor. Glitzernde Strahlen, von unzähligen Goldblättchen gebrochen, flirrten über einem Kreis steinerner Zinnen und wurden von Mosaiken verstärkt und reflektiert, die die Zeremonienhallen schmückten. Die Sonne kroch an juwelenbesetzten *htis* empor – Kreuzblumen, verziert mit Tausenden winziger Diamanten und silberner Glöckchen, die im Hauch aufsteigender Hitze die Paläste der Erde, des Feuers, des Wassers, des Glases und der Elefanten mit einem silbernen Klingeln überrieselten. Diese glänzende neue Tropenhauptstadt, die sich aus der Ebene des Irrawaddy erhob, war weit und breit als die Stadt der Unsterblichen bekannt.

Jede Facette, Farbe und Spiegelung machte den Bewohnern bewusst, dass dies die Hauptstadt Burmas war, eines Landes, in dem »der Herr der Rubin-, Saphir- und Spinellminen« herrschte.[1] Wer Amarapura nicht selbst gesehen hatte, der hatte von seiner protzigen Pracht zumindest gehört, denn König Bodawpaya, ein Spross der Konbaung-Dynastie, sandte gerne hochtönende Sendschreiben an die Häupter der Welt, in denen er seine Bastion zu einem der größten und uneinnehmbarsten Wunder Asiens verklärte. Kurz nachdem die Stadt der Unsterblichen 1783 von einem Heer von Sklaven errichtet worden war, teilte man dem Generalgouverneur von Indien in einem solchen Schreiben mit, Burmas strahlende neue Hauptstadt sei »leuchtend und erleuchtend«. Bodawpaya prahlte darin von seinem »Wohnsitz der Engel, so unvergänglich wie das Firmament und geschmückt mit Gold, Silber, Perlen und den neun Edelsteinen«. »Der Goldene Thron«, schrieb er, sei »der Sitz der Erhabenheit, von dem der König seine Vollmacht empfängt und der die Menschen beschützt.«[2] Doch, so wurden die Briten gewarnt, »kommt nicht ungeladen zu Besuch«.

Bodawpayas Land lag eingezwängt zwischen den Großreichen Indien und China und verborgen in den Falten des Himalaya, doch es war reich an Schätzen. Im Süden gab es Rubine und Saphire so groß wie Taubeneier, im Osten Gold- und Silberadern und im Westen Bernstein, Kohle und Öl. Doch der kostbarste Schatz, der unter dem undurchdringlichen Dschungel des Nordens verborgen lag, war eine geheime Mine, die kein Außenstehender je gesehen hatte. Dies war angeblich der Fundort eines exotischen, leuchtend grünen Edelsteins, der glühte, wie von einer verborgenen Flamme erleuchtet. Der Legende nach wurden die Juwelen von vielköpfigen *nagas* bewacht, sagenhaften Kobras, die die Steine bebrüteten, als wären es ihre Eier.

König Bodawpaya, der Erbauer der Stadt der Unsterblichen und der Herr dieser Minen, hatte im März 1782 seine Brüder und deren »Königinnen und Konkubinen, die ihre Kinder in den Armen hielten«, bei lebendigem Leibe verbrannt, um sich den Löwenthron zu sichern.[3] Nach dem Blutbad, das seine Krönung begleitete, umgab sich der mordgierige Monarch mit brahmanischen Priestern und »Meistern des Okkulten«, die ihm rieten, seine Stadt mit einem undurchdringlichen übersinnlichen Kraftfeld zu umgeben. Bodawpaya schrieb kabbalistische Zauberformeln auf quadratische Silberplatten, die er an strategischen Punkten rund um die Befestigungsanlagen von Amarapura vergrub. Er beschwor die *nats*, die Schutzgeister des Landes, über seine Quellen, Wälder und Minen zu wachen. Und um ganz sicherzugehen, stellte er an allen Grenzen Armeen von Sterblichen auf und verwandelte sein Juwelenreich in eine wahre Festung, gespickt mit Speeren und *dahs*, jenen messerscharfen Macheten, die seine Soldaten im Dschungelkrieg verwendeten.

König Bodawpaya hatte allen Grund zur Sorge. Wenn er den Turm bestieg, der über seiner Stadt der Unsterblichen aufragte, um abergläubische Zaubersprüche auszurufen, so hallte seine Stimme über die Villen besiegter Könige, über zerstörte Paläste und Pagoden, die an fremde Eindringlinge gefallen waren, über Grabsteine von so mancher Schlacht und Felder uralter Ruinen, die sich stumm und öd bis in weite Ferne hinzogen. Unübersehbar waren die Zeugnisse der bewegten Vergangenheit Burmas, die Kunde davon gaben, dass die Schätze des Königreiches jahrhundertelang anderen Völkern quälende Träume bereitet und mongolische Krieger, Tataren, siamesische Fürsten und Großmoguln dazu verleitet hatten, die Grenzen Burmas zu stürmen, um dessen Reichtümer zu rauben.

An diesem Morgen im Mai 1788, knapp einen Monat nachdem Kaiser Qianlongs geliebte Gemahlin in Peking verstorben war, wimmelte es in den Königsgemächern in Amarapura von Bediensteten, die barfuß über die Teakholzflure trippelten, sorgsam darauf bedacht, die Prinzen von königlichem Geblüt und deren Prinzessinnen nicht zu wecken. Die Gassen draußen waren verstopft von Frauen, die ihre Wangen mit *thanaka*, einer Sandelholzpaste, vor Sonnenbrand schützten und mit Körben voller Mangos vorbeieilten. Auf den Straßen scharten sich Händler, die aus kleinen Tässchen grünen Tee schlürften, während sich Tausende von Soldaten und Hofbeamten, Mönchen, Priestern und Zauberern zum Palast der Erde, dem Audienzsaal des Königs, drängten.

Über die breite Ebene des gewaltigen Irrawaddy, der sich über 1500 Kilometer weit von der tibetischen Hochebene herabwälzte, an der Sanda-Muni-Pagode vorbei und durch das große goldene Tor (*pya-o*), das den südlichen Zugang zur Stadt einrahmte, galoppierten Reiter auf die Hauptstadt zu. Fürsten aus Burmas fernen Regionen wirbelten Staubwolken auf, als sie an schwerfälligen Elefanten und Akrobatengruppen vorbeipreschten, die alle auf die verschnörkelten Dächer des Palasts der Erde zuströmten. Eine außerordentliche Nachricht verbreitete sich in der Stadt:

Wenn auf der Baho-Sigyi-Trommel, der königlichen Zeitanzeige, der Neun-Uhr-Schlag ertönte, würde der König eine Ankündigung machen. Es hieß, eine Karawane mit Geschenken und einem Versöhnungsbrief solle losgeschickt werden, als Friedensangebot an den »Älteren Bruder« auf dem Drachenthron, als königliches Ersuchen, die seit Jahrhunderten tobenden blutigen Fehden zu beenden.

Ein Signal vom Wachturm hinter dem Palast der Erde kündigte die Ankunft dreier Beamter an, die, wie es hieß, auserkoren worden waren, König Bodawpaya in Peking zu vertreten. Ye-myauk Shwe-daung, Thiya Kyaw-gaung und Ngwe-lu-saya näherten sich der Kammer in einer beflaggten Kutsche, die von weißen Hengsten gezogen wurde.[4] Aus den Schriften eines britischen Offiziers, der den Hof zu jener Zeit besuchte, wissen wir, dass sie wallende Samtgewänder mit weiten Ärmeln und reichem Bortenschmuck, bestickte Sarongs und höfische Pantoffeln mit aufgerollter Spitze trugen. Ihre Köpfe zierten schlaff herabhängende konische Samtmützen, die von Kronen aus Blattgoldblüten gehalten wurden. An ihren Ohren hingen »Goldröhrchen, die ungefähr drei Zoll lang und so dick wie eine große Weberspule waren und sich an einem Ende trichterförmig verbreiterten.«[5] Sie waren behängt mit goldenen *tsalwen*, die ihren Rang anzeigten und ihre Verdienste als Männer von Mut, Stärke und diplomatischem Geschick bezeugten.[6] Gewiss brauchten sie in den bevorstehenden schwierigen Monaten all diese Eigenschaften, wenn sich die Gerüchte über die Reise, die sie unternehmen sollten, als wahr erwiesen.

Die drei Gesandten streiften an den Stufen des Palasts der Erde ihre Pantoffeln ab und schritten barfuß über den kühlen Marmorfußboden der riesigen offenen Halle mit 77 lackierten Pfeilern. Zahlreiche Höflinge, Prinzen, Prinzessinnen und Gemahlinnen folgten ihnen barfuß in das Kabinett. Den Zug beschloss der *Chaingeewoon*, der Gebieter über die geliebten weißen Elefanten des Königs, die seltensten Säugetiere Asiens und exklusiven Symbole Bodawpayas. Über ihren Köpfen ragte der prächtigste *hti* in ganz Amarapura auf – ein vergoldeter Schirm, der die kosmische Ordnung Burmas zum Ausdruck brachte, wonach der darunter stehende Löwenthron den Mittelpunkt der Welt bildete.

Als in der Audienzhalle Ruhe einkehrte, war nur noch das Rascheln der *htis* zu vernehmen, bis zwei große goldene Türflügel vor einer Öffnung auf halber Höhe der Rückwand zu ächzen begannen. Zu beiden Seiten standen Ritualgefäße, reich verzierte Betelnussdosen, bestickte Flaggen und prächtige Fliegenwedel. Darunter befanden sich die *chinthe* und die *camari*, Statuen von sagenhaften Tieren, die der König gezähmt hatte, dazwischen eine Gruppe goldener Pagen, die ihre hölzernen Arme in treuer Ehrerbietung zum Vater des Volkes erhoben. Als die Türen wieder zufielen, trat der König mit seiner gewölbten Stirn in Erscheinung, die ihn als wahren Nachkommen König Alompras auswies (des einstigen Gemüsehändlers, der die mittlerweile bedeutende Dynastie begründet hatte). Der König schien zu schweben und sich wie ein Phönix mit Blattgoldflügeln zum Firmament zu erheben.[7] »Seine Krone war eine hohe, spitz zulaufende Haube, die über und über mit Edelsteinen besetzt war; seine Finger waren bedeckt mit Ringen, und in seinem Gewand wirkte er wie ein Mensch in goldener Rüstung.«[8] Er trug juwelenbesetzte Pantoffeln, Ausdruck seiner königlichen Autorität, die einen seiner weniger geläufigen Titel – »Großer Goldfuß« – erklärten.

Seine Untertanen pressten ihre Gesichter gegen den Marmorboden und falteten die Hände über ihren Köpfen zur *wai*, zur Begrüßung eines unsterblichen Herrschers, der anscheinend wie durch Zauberei auf den Löwenthron geschwebt war. Während Bodawpaya sich auf einem dicken roten Kissen niederließ, bestätigte die »Königliche Stimme« – ein Amtsträger, der im Namen der königlichen Gottheit sprach – die Gerüchte, die sich an jenem Morgen verbreitet hatten. Bodawpaya hegte die Absicht, eine Delegation zu dem alten Feind zu schicken. Die drei Gesandten, die der König ausgewählt hatte, sollten sich auf eine zermürbende Reise begeben. Der Brahmanische Rat hatte die Route bestimmt, die nun bekannt gegeben wurde vom Seredaw, dem gefürchteten Hohepriester von Amarapura, der in einem weißen Gewand und einer mit goldenen Sternen besetzten Samthaube auftrat. Es handelte sich um die alte Thienni-Straße, die so genannte »Botschafterstraße« nach China – ein Name, der allseits bekannt war und panischen Schrecken einflößte. Die Gesandten des Königs vernahmen entsetzt den Befehl, sich einen Weg durch das feindliche und malariaverseuchte Urwaldgebiet nach Nordosten zu bahnen, die schroffen Täler der Kachin zu durchqueren, die donnernden Fluten des Irrawaddy und des Salween zu überwinden und schließlich die großen roten Berge von Yunnan zu erklimmen.

Die alten Chroniken Burmas wussten einiges über die Botschafterstraße zu berichten. Nach den Zeugnissen in den *parabaiks* (Büchern aus lackierten Bambusholzblättern, die später von Forschungsreisenden des 19. Jahrhunderts ins Englische übersetzt wurden) hatten sie 1700 Jahre zuvor die Gesandten König T'ans angelegt. Jener burmesische Monarch schickte im Jahre 97 n. Chr. auf diesem Wege »Zauberkundige, die ihre Glieder verwandeln und mit den Köpfen von Kühen und Pferden auftreten konnten«, sowie »Kleinodien« als Geschenke an Kaiser Ho von der Östlichen Han-Dynastie. Dreiundzwanzig Jahre später wurde König T'an vom Kaiser mit dem Titel »China-gefälliger Statthalter« geehrt und mit »prächtiger Seide, Gold und Silber« beschenkt.[9] Die Straße entwickelte sich zu einem regelrechten Labyrinth von Saumpfaden mit Trittsteinen und Bambusbrücken, die die Schluchten und Pässe der Kachin-Berge durchzogen und von burmesischen wie chinesischen Händlern benutzt wurden. Über sie zogen ganze Karawanen, beladen mit »Blei, Opium, Schinken, Honig, Birnen, kandierten Orangen, Litschis, Kastanien und Trockenfrüchten in kleinen Papiersäcken von jeweils etwa einem *viss*« (3,5 Pfund). Und es hieß: »Der Reisende fand den Weg anhand der abgerissenen Baumwollfusseln, die an den Maulbeerbüschen hingen«.[10]

Inzwischen, im Jahre 1788, war der Weg *terra incognita*, wie die drei Emissäre wohl nur zu gut wussten. Die Straße war seit Jahrhunderten von keinem Burmesen mehr bereist worden. Das Wegenetz, das sich nordöstlich von Amarapura ausbreitete, lag weit außerhalb des Hoheitsgebiets von König Bodawpaya und wurde von plündernden Stämmen und Banditen unsicher gemacht, die mystische Urwaldgeister verehrten. Selbst wenn die drei Gesandten es bis zur chinesischen Grenze schaffen sollten, so lagen noch die Gletscher und Schluchten von Sichuan vor ihnen, der mächtige Yangzi und der Gelbe Fluss sowie das trockene Ödland von Shanxi und Hebei. Die Sendboten dürften gewusst haben, dass ihre Reise Monate dauern würde, und sie waren zweifellos der Ansicht, ihr König verlange Unmögliches von ihnen.

Der Seredaw ließ einen geweihten Brief hereinbringen, den die drei Gesandten Kaiser Qianlong überbringen sollten, falls sie Peking erreichten. Die eigentliche Botschaft verblasste völlig neben den Titeln des burmesischen Monarchen: »Der Große Goldfuß, Herr der Rubin-, Saphir- und Spinellminen, Herrscher auf dem Goldenen Löwenthron, Herr der aufgehenden Sonne, Gebieter über den Chaddanta und andere weiße Elefanten und Oberherr aller schirmtragenden Könige, die über große Kaiser- und Königreiche im Westen herrschen.«[11] Während königliche Erlasse für gewöhnlich auf Palmblätter geschrieben wurden, ist überliefert, dass dieses Sendschreiben aus Blattgold bestand und zehn *tical* wog. Es war mit drei Reihen von insgesamt 192 Rubinen besetzt und mit mehreren großen ungeschliffenen *fei cui* verziert, die von Tausenden Saphiren und Perlen eingefasst waren.[12]

Draußen vor dem Südtor von Amarapura wartete die militärische Eskorte der Abordnung; mit ihren Waffen durfte sie den Palastbezirk nicht betreten, weil sich der König vor Putschversuchen fürchtete. In kürzester Zeit erreichte die Kunde von der bevorstehenden Mission die dreißig Infanteristen, die den Zug anführen sollten. Die drahtigen Hellebardiere waren bis zum Gürtel nackt und barfuß und trugen ihre langen Mähnen hochgesteckt zu Haarknoten. Bewaffnet waren sie mit alten französischen Musketen und burmesischen Säbeln. Diese Haudegen konnten täglich bis zu achtzehn Stunden durch den Dschungel marschieren, von dessen Pflanzen sie sich ernährten, doch selbst sie waren entsetzt über die Aussicht, die aufgegebene Botschafterstraße zu benutzen. Sie gaben die schlechte Nachricht gleich an die Mannschaften weiter, an die Kartografen, Pioniere und Astronomen. Schließlich erfuhren es auch die zwei Dutzend Kavalleristen aus Cassay, dem heutigen Manipur. Sie saßen in Musselinhemden und Samtjacken auf ihren stämmigen Pegu-Ponys – die bloßen Füße in kurzen Steigbügeln und die Zügel locker in einer Hand. Jeder von ihnen war nur mit einem Speer bewaffnet, der sieben oder acht Fuß lang war; sie waren bekannt für ihre Geschicklichkeit, aber selbst dieser gefürchtete Motor der burmesischen Kriegsmaschinerie wurde durch diese schreckliche Nachricht abgewürgt.

Acht Männer mussten mit anpacken, um den goldenen Brief zum Tor zu tragen, nachdem er zur Sicherheit in einen elfenbeinernen Zylinder gepackt worden war.[13] Die Gesandten Ye-myauk Shwe-daung, Thiya Kyaw-gaung und Ngwe-lu-saya folgten und stiegen auf die Rücken ihrer Elefanten. Die Burmesen mieden *howdahs* – Sitzgestelle – und positionierten sich lieber hinter dem Kopf des Tieres, wo sie es mit ihren Beinen lenken konnten. Hinter ihnen, auf dem Rücken des Elefanten, saßen Diener mit der undankbaren Aufgabe, sich an dem wankenden Tier festzuklammern und einen vergoldeten Schirm hochzuhalten, um ihre Herren vor der Sonne zu schützen.

Die Baho-Sigyi-Trommel dröhnte über die ganze Stadt, als die Geschenke für den Sohn des Himmels herausgebracht wurden. Acht junge grauhäutige Elefanten, vom Chaingeewoon gezähmt, wurden beladen mit unbezahlbaren Schätzen, die in Stroh verpackt waren: eine mit Gold eingelegte, aus *fei cui* geschnittene burmesische Miniaturpagode, kleine Feldsteine aus *fei cui*, Körbe voll grob behauener Steine, persische Teppiche und indische Seidenwaren. Schließlich schleppte sich ein Dutzend gefesselter chinesischer Gefangener, die zwanzig Jahre zuvor, während des Krieges von 1769 gefangen genommen worden waren, mühsam voran. Sie waren fieberkrank und unterernährt, und es war fraglich, ob auch nur einer von ihnen die Tortur der Reise überstehen würde.

König Bodawpaya zog sich auf den Turm seines Palastes zurück und sah von dort aus zu, wie seine Abenteurer neben dem kolossalen Gautama, einer riesigen Buddhastatue, kurz Halt machten; die Priester warfen sich neunmal vor der Statue zu Boden. Doch schon bald war der Tross in eine große gelbe Staubwolke gehüllt, die von der Ebene heranfegte, und der König stieg in seine Privatgemächer hinab.

Die Aufzeichnungen über die aufwändigen Vorbereitungen und die kostbare Fracht dieser Expedition gingen in den Umwälzungen, die den Kontinent alsbald erschüttern sollten, fast verloren. Als wir 210 Jahre später damit begannen, die Geschichte des Himmelssteins zu entwirren, entdeckten wir im Nationalarchiv von Indien einen vermodernden Fundus von Dokumenten, Tagebüchern, Akten, Protokollen und Telegrammen, die uns einen flüchtigen Einblick in Bodawpayas längst untergegangene Welt gewährten. Diese Zeugnisse eines expandierenden Reiches, die von den Briten in Neu-Delhi zurückgelassen wurden, als Indien 1947 seine Unabhängigkeit erlangte, liegen heute verschlossen in einem zerfallenden Gebäude etwas abseits des Janpath. Diese breite Allee zieht sich wie ein Fluss der Zeit mitten durch Luytens' Delhi. Gesäumt wird der Janpath von den weiß getünchten Bungalows der politischen Dynastien des Landes, der Zentrale von Jawaharlal Nehrus Kongresspartei und der weitläufigen Residenz deren derzeitiger Vorsitzenden, Indiens »Präsidentenwitwe« Sonia Gandhi, einer ehemaligen Stewardess aus dem italienischen Orbassano. Schließlich stößt man auf die schmiedeeisernen Tore, die zu dem Archiv führen.

Als wir die Pforte passierten, sahen wir, wie zwei verstaubte Arbeiter dabei waren, mit nichts weiter als einer verbogenen Eisenstange einen Büroblock abzureißen. Im Foyer lagen unter einem Schild mit der Aufschrift »Wissenschaftlerecke« vier Männer in Schals auf einer kaputten Bank und murmelten im Schlaf. Der Lesesaal wirkte ausgesprochen geräumig und geordnet, auch wenn es darin muffelte wie in einem Leichenschauhaus, in dem die Kühlung ausgefallen war.

»Sie wollen sicher die Akten über die Burmesen studieren.« Den Oberaufseher des Lesesaals juckte es unter seinem wollenen Pullunder. Man hatte ihn gewarnt, dass wir im Anmarsch seien. Er durchkämmte seinen Schnurrbart mit einem in *chai* getauchten Zeigefinger. »Als Forscher dürfen Sie ungehindert die Burmesen studieren, nur die Kaschmiris sind tabu. Sie beginnen Ihre Recherchen ohnehin beim Register«, erklärte er und deutete auf eine Wand mit zerfledderten Buchrücken, die an mutwillig zerstörte Telefonbücher in einer verkommenen Telefonzelle erinnerten. »Ich will Sie gleich warnen«, flüsterte er verschwörerisch. »Die Kataloge enthalten nur, was die Briten archiviert haben, und nicht, was wir Inder archivieren. Wir wissen nicht, was wir archiviert haben, und nur Sie als Forscher werden erfahren, was wir archiviert haben, wenn Sie die Dokumente anfordern.«

Wir, die verdutzten Forscher, sollten jeweils bis zu zehn Dokumente aus den abgerissenen Katalogen auf einem Bestellformular eintragen und dieses dann bei Kopisten abgeben, die sich hinter Dickens'schen Pulten verschanzten. Die Titel wurden in Gemütsruhe auf andere Formulare übertragen, welche wiederum an die Archivare weitergegeben wurden, die unsichtbar in den vier oberen Geschossen wirkten. Auf der Rückseite der Bestellformulare waren sieben Gründe genannt, weshalb ein Dokument unter Umständen nicht bereitgestellt werden konnte, und neben jedem befand sich ein großes Kästchen zum Ankreuzen. Es dauerte fünf Stunden, bis ein Karren hereinrollte, der mit losen Mappen und gebundenen Schwarten beladen war. Das Quietschen der Räder schreckte die Männer und Frauen auf, die an ihren Schreibtischen dösten. Ein ganzer Pulk stürzte sich auf die Bahre, zerrte an den

Leichenteilen des Britischen Empire und zerfledderte die papierenen Reste von Macht und Ruhm. Ein Student aus Madras ergatterte acht von zehn angeforderten Dokumenten und sonnte sich in neidischen Blicken. Für uns war jedoch nichts dabei. Auch am nächsten Tag nicht. Ebensowenig am übernächsten. Dreißig Zettel gab man uns wieder zurück, alle zerfetzt und mit einer unleserlichen Klaue bekritzelt.

Erst am Ende der zweiten langen Woche wurde schließlich eine Bestellung ausgeliefert – hauchdünne Mappen mit dem Stempel »Geheim«, die fast zerbröselten, als wir sie öffneten. Sie enthielten jedoch einen wahren Schatz an Informationen. Die mit Wachssiegeln, Behördenstempeln und tintigen Fingerabdrücken übersäten Seiten aus Papier und Pergament waren so porös wie die Haut einer Mumie. Die meisten der hier aufbewahrten Unterlagen über die Verwaltung Burmas bis 1937 waren nicht geöffnet worden, seit man sie den Indern en gros übergeben hatte. Hier fanden sich König Bodawpayas prahlerische Postkarte an den Generalgouverneur von Indien und Auszüge aus dem *New Burmese Chronicle*, die er in Auftrag gegeben hatte. Vor uns lagen die Memoiren von Pater Vincentius San Germano, einem italienischen Missionar, der im selben Jahr nach Burma gekommen war, in dem Bodawpaya den Löwenthron bestiegen hatte, und die Tagebücher von Michael Symes, einem Major im 76. Regiment Seiner Majestät, der 1795 nach Amarapura geschickt worden war. In einer engen, kaum leserlichen Handschrift, für deren Entzifferung wir Tage benötigten, hatten San Germano und Symes die Zeremonien im Palast der Erde und den Hof des Königs beschrieben. Hier fanden sich aber auch lange Auszüge aus den geheimen Annalen des Qing-Hofes, die im 19. Jahrhundert in den Besitz britischer Nachrichtenoffiziere gelangt waren und die Absicht hinter König Bodawpayas großer Expedition aus der Sicht Kaiser Qianlongs offenbarten.

Unmittelbar nach seiner Thronbesteigung im Jahre 1782 hatte Bodawpaya den Hofgelehrten Twinthin Mahasithu beauftragt, eine

Chronik zu erstellen. Der König wollte der höchste Herrscher Asiens werden und sich dabei der Lektionen der Geschichte für seinen Aufstieg bedienen. Im Jahre 1788 erfuhr Bodawpaya indes, dass seine Ambitionen durchkreuzt wurden. Der König von Siam, gegen den Burma in den vorangegangenen vier Jahren Krieg geführt hatte, hatte um Unterstützung durch den Drachenthron nachgesucht und diese erhalten. Qianlong hatte Rama I. (dem Großvater von König Mongkut, dessen Freundschaft mit der englischen Gouvernante Anna Leonowens die Vorlage für das Musical *The King and I* lieferte) den Titel »Prinz von Siam« verliehen und militärischen Beistand gegen den burmesischen Aggressor zugesichert.

Dies war nicht das einzige Problem, das Bodawpaya drückte. Die hohen Militärausgaben während seiner Herrschaft hatten Burmas Reichtum an Bodenschätzen weitgehend aufgezehrt: Die wiederholten Einfälle in Siam und die Niederschlagung von Aufständen im alten Königreich Arakan an der Westgrenze des Landes im Jahre 1784 hatten die Staatskasse geleert. Bodawpayas Truppen waren erschöpft, und sein Volk litt Hunger. In den beiden zurückliegenden Jahrzehnten hatte Burma keinerlei Handel mit der Außenwelt getrieben. Trotz des wahnhaften Glaubens an seine Unsterblichkeit sah Bodawpaya nun ein, dass auch er, der »Jüngere Bruder«, sich um die Freundschaft des »Älteren Bruders« der Region, Kaiser Qianlongs, bemühen musste.

Obgleich Bodawpaya nur ungern etwas von den kostbaren Schätzen seines Landes abgab, rang er sich dazu durch, einen Plan aufzugreifen, den sein Bruder entworfen hatte. Neunzehn Jahre zuvor, 1769, nach vier blutigen Kriegen gegen China, in denen auf beiden Seiten der pupurroten Berge von Yunnan Hunderttausende gefallen waren, hatte der burmesische König Sin-byu-shin, der zweite Sohn Alompras, dem Drachenthron einen »Freundschaftsbund« angeboten, den jener unverzüglich angenommen hatte. Qianlong hatte sich bereit erklärt, alle Feindseligkeiten gegenüber Burma einzustellen, wenn der König die alte Botschafterstraße als »Transitstrecke für Jade, Gold und Silber« öffnete, so dass grüne Steine in die Werkstätten des Himmelssohns strömen konnten. Am 13. Dezember 1769 hatte der König im Palast der Ehre außerhalb der burmesischen Hauptstadt einen Friedensvertrag unterzeichnet, der »dazu diente, beiden Völkern Wohlstand und Glück zu bescheren«.[14] General Kwese, der damals die chinesische Delegation anführte, meldete in Peking, die Burmesen hätten das Abkommen unterzeichnet und zugesichert, Kostbarkeiten aus der Schatzkammer seien bereits auf dem Weg.

Die Konbaung-Dynastie hatte jedoch ein Versprechen gegeben, das sie gar nicht halten konnte: Die berühmten *fei-cui*-Minen lagen außerhalb des von ihr kontrollierten Gebiets. Es war ein Glück für den burmesischen Monarchen Sin-byu-shin, dass Aufstände gegen die Qing in Sichuan, Formosa, Shandong und Gangsu den chinesischen Kaiser vorübergehend von seiner Jagd nach dem Stein des Himmels ablenkten. Unglücklicherweise erkrankte König Sin-byu-shin 1776 an Malaria, und sein Tod stürzte Burma in einen Bürgerkrieg. Sein 19-jähriger Sohn Singumin bestieg den Löwenthron und ließ sofort seinen jüngeren Bruder und seinen Onkel, den vierten Sohn Alompras, töten. Bodawpaya, der fünfte Sohn, wurde verbannt, kehrte aber 1782 mit einem eigenen Heer aus dem Exil in die Hauptstadt Ava zurück und proklamierte sich zum König. Er setzte Singu-min sowie dessen Frauen und Kinder fest und ließ sie zum Auftakt einer zwölfmonatigen Schreckensherrschaft allesamt hinrichten. Tausende von Mönchen und Kindern wurden auf riesigen Scheiterhaufen lebendig verbrannt. Doch die Asche war noch warm, als die Magier des Königs warnten, das Blutvergießen auf den Straßen der burmesischen Hauptstadt sei ein böses Omen, »so wie Geier auf dem *hti*«. Da beschloss Bodawpaya, acht Kilometer weiter nach Norden zu ziehen, und errichtete dort, am rechten Ufer des Irrawaddy, seine glänzende Stadt der Unsterblichen, Amarapura.

Jetzt, im Mai 1788, hatte Bodawpaya seine Abordnung über die Botschafterstraße zum Hofe Qianlongs entsandt, um jene

Fracht von *fei cui* zu liefern, die damals sein älterer Bruder versprochen hatte. Sehr zum Unglück der Gesandten hatte das Orakel des Seredaw sie nicht nur dazu verdammt, den Weg über die Botschafterstraße zu nehmen, sondern auch bestimmt, dass sie in der Dürrezeit aufbrechen sollten. Als die Expedition in die Hügel zog, lagen die Temperaturen bei über 55 Grad Celsius, und als sie in den Dschungel im Norden eindrang, gerieten sie unter dem dichten Blätterdach in eine siedend feuchte Waschküche, in der jeder Atemzug zur Qual wurde.

Doch sie zogen weiter auf die chinesische Grenze zu, zunächst durch den roten Kessel der Kachin-Berge, eine wilde Gegend aus parallelen Gebirgsketten und steilen Rinnen, die als »verbotene Zone« galt. Die Kämme zogen sich wie riesige Krusten durch die steinerne Ödnis, bevor sie auf einer Höhe von 4500 Metern bei den Kao-li-kung-Bergen zusammentrafen. Das ganze Gebiet war von einem düsteren Urwald überwuchert. Gigantische Teak- und Nadelbäume ragten wie Säulen in einer riesigen Krypta auf. Stellenweise war die Vegetation so dicht, dass die Gesandtschaft ihren Weg mit Laternen ausleuchten musste. Hätten sie die Berichte reisender Händler aus China gelesen, die jene Region im 9. Jahrhundert zu erkunden suchten, wäre ihnen wohl noch mulmiger zumute gewesen. Die traurige Geschichte dieser Händler, die monatelang orientierungslos in diesen gefährlichen Bergen umherirrten, entdeckten wir in dem *Buch der Südlichen Barbaren* aus der Zeit der Ming-Dynastie, in dem auch das Klagelied niedergeschrieben war, das die Abenteurer zu singen pflegten:

Im Winter sehnen wir uns nach Hause,
Doch Schnee liegt auf dem Kao-li-kung.
Im Herbst und im Sommer sehnen wir uns heim;
Aber ach! Die Hitze im Ch'iung-tan [-Tal].
Im Frühling sehnen wir uns nach Hause,
Aber wir haben kein Geld mehr in Händen.[15]

Bei Kublai Khans Invasion Ende des 13. Jahrhunderts hatten seine zähen Krieger einen Bogen um die Kachin-Berge gemacht, die sie als »unpassierbar« und »vom Tod überschattet« beschrieben.[16] Marco Polo, der behauptete, sie begleitet zu haben, schrieb: »Die Luft ist im Sommer so unrein und schlecht, dass jedem Ausländer, der sich ihr aussetzte, der Tod gewiss wäre.« In der chinesischen Chronik *Man-Shu*, die vermutlich auf die Zeit der Ming-Dynastie zurückgeht, wird nachdrücklich vor den Kachin-Bergen gewarnt; auch jene, die auf der Suche nach der Jade waren, sollten sie um jeden Preis meiden:

> Von den Ho-t'an-Leuten, die dorthin gehen und sich Malaria holen, sterben acht oder neun von zehn… Die ganze Gegend ist mit Malaria verseucht. Im Winter verwelken die Gräser und Bäume nicht. Die Sonne versinkt hinter Gräsern. Die verschiedenen Beamten der ummauerten Städte und Garnisonen fürchten Malaria und Infektionen. Einige verlassen ihren Posten und bleiben an anderen Orten und vernachlässigen ihre Amtspflichten.[17]

Qianlong selbst beschrieb das Gebiet in einem Qing-zeitlichen Geographiebuch »in Schreckensbildern, die so lebhaft waren, dass sie der Fantasie eines Vergil oder Dante entsprungen sein könnten«.[18]

Nachts summte der Dschungel von Stechmücken, die eine bösartige Form zerebraler Malaria übertrugen, die sofort Leber, Nieren, Lunge und Gehirn befiel, winzige Kapillargefäße verschloss und das Opfer innerhalb kürzester Zeit in ein Koma fallen ließ. Sie übertrugen auch Schwarzwasserfieber, das zu Anämie und schließlich zum Tod führte. Und wenn Reisende diesen beiden nächtlichen Gefahren entgingen, so drohten ihnen bei Tage noch weit schlimmere Fährnisse. Dann nämlich suchte sich die Gelbfiebermücke ihre Opfer: Sie übertrug den Erreger des Dengue-Fiebers, das qualvolle Schmerzen in den Gelenken und hinter den

Augen verursachte, bevor Blutungen einsetzten und Blut durch die Haut sickerte. Eine allgegenwärtige Pein war die Goldfliege, die sich durch Baumwolle und selbst durch Segeltuch fraß und winzige Stiche hinterließ, die bald zu Eiterblasen anschwollen. Der australische Arzt George Morrison, der die Botschafterstraße hundert Jahre nach Bodawpayas Gesandtschaft bereiste, schilderte, wie die »üppige Vegetation« von »Insekten aller Art surrte und brummte«, was »ungewohnte Ohren schier betäubte«. Wenn die ausgetrockneten Gesandten des Königs von Burma nach kilometerlangem Marsch, entkräftet von der Angst und entmutigt durch den Tod von Gefährten, endlich auf einen Urwaldteich stießen, dessen Wasser frisch und belebend erschien, so wimmelte es auch darin von lebensbedrohlichen Bakterien. Cholera, Ruhr und Typhus traten immer wieder auf und führten zu heftigen Durchfällen und Fieberattacken. Und unter jedem Stein lauerten im Schlamm Büffelegel – Parasiten so groß wie kleine Gurken, die in jede menschliche Körperöffnung einzudringen vermochten. Bodawpayas Trupp verfügte zwar über Magier und Quacksalber, hatte jedoch nichts im Gepäck, was zur Vorbeugung gegen die Gefahren des Dschungels gedient oder Linderung versprochen hätte.

In der grünen Hölle lauerten indes nicht nur Parasiten und Bakterien. Dass die Botschafterstraße nicht mehr benutzt wurde und dass sich die Gesandtschaft so sehr vor dieser Route fürchtete, lag nicht zuletzt auch an den Horden tätowierter Kachin, die den betreffenden Landstrich unsicher machten – plündernde und mordende Stämme, die ihr Gebiet von unsichtbaren Spähposten auf Baumwipfeln aus überwachten. Von größerem Körperwuchs als die Burmesen, waren sie dem *New Burmese Chronicle* zufolge »wild und störrisch« und berauschten sich an einer Mischung aus Opium und Reisschnaps. Die Chinesen nannten sie *Ye Jein* und hielten sie für Wilde, die seltsame animistische Rituale pflegten, einen Dialekt sprachen, den nur wenige verstanden, und bis auf einen Gurt aus lackiertem Bambus so gut wie nackt waren.

Diese Stämme waren so kriegerisch, dass sich Qianlong voller

Respekt über sie äußerte, als er während des Feldzugs gegen Burma durch seine Frontgeneräle von ihrer Existenz erfuhr. »Auf Kriegszügen waren sie, anders als die Chinesen, in keiner Weise durch Krankheiten und Distanzen eingeschränkt«, bemerkte der Kaiser über die Kachin und überlegte sich, ob er sie womöglich für sein Heer anwerben könne. Aus dem Krieg sei eines zu lernen, so legte Qianlong seinen am Leben gebliebenen Generälen mit einem Zitat aus Sun Tzus *Kunst des Krieges* nahe: »Große Aufmerksamkeit verdienen die Feinde deines Feindes. Setze Barbaren ein, um gegen Barbaren zu kämpfen. Verschwende keine Mittel in Plänkeleien.«[19] Doch inzwischen war sein *fei-cui*-Feldzug so gut wie verloren, und die Strategie, die er dem alten Handbuch entnommen hatte, kam nicht zur Anwendung.

Die Kachin lebten in strohgedeckten Langhütten, die mit Palisaden umzäunt waren. Gesichert wurden die Anlagen durch Fußangeln und Reihen scharfer Bambusspitzen, die mit Laub getarnt waren. Am wildesten war angeblich der Lahpai-Clan, der den Dschungel im hohen Norden besetzt hielt, wo der 5889 Meter hohe Hkakabo Razi, der höchste Berg Südostasiens, aufragte. Am stärksten war der Ithi-Clan, der den südlichen Urwald bevölkerte. Und die »heimtückischen Marip«, die die geheimen *fei-cui*-Minen bewachten, lockten Schatzsucher an und meuchelten sie dann auf dem Weg zu den Gruben.[20]

Nach der Überlieferung der Kachin beriefen sich die acht Clans auf eine Abstammungslinie bis hin zu einem der acht Urenkel des mythologischen Urwaldschöpfers Ning Gawn Wa, der ein weibliches Krokodil ehelichte. Ihre wahren Wurzeln lagen jedoch im mongolischen Ödland nördlich von China, von wo ihre Vorfahren vor Jahrtausenden den Strömen der Himalaja-Hochebene nach Süden gefolgt waren. Nun wurde der Nordosten ihres Territoriums vom *Hukawng*, dem Tal des Todes, begrenzt, das von Einäscherungshügeln und Opfergruben übersät war, die einen letzten, wenn auch unnötigen Beweis für ihr kriegerisches Geschick lieferten. Sie hatten sich schnell an das Leben im Urwald gewöhnt und verstanden es, Tropenkrankheiten mit einer Opiumpaste, einer bestimmten Technik des Schröpfens und einem Trank aus Urwaldkräutern abzuwenden.

Die Kachin hielten sich von der Außenwelt fern und bezogen ihre Kraft aus dem Urwald, der, wie sie glaubten, von *nats* bevölkert war. Diese allwissenden »Boten des Bodens« verbargen sich im Dickicht, spähten vom Himmel, fuhren in wilde Tiere und drangen in die Häuser der Stammesangehörigen ein.[21] Sie waren angeblich die Geister derjenigen, die gewaltsam umgekommen waren, und konnten Furcht erregende Gestalt annehmen und Krankheit und Unbill über all jene bringen, die sie nicht verehrten. Der Urwald hallte von wilden Beschwörungen wider, wenn die Kachin den Großen Geist, den Bösen oder den Herrlichen anriefen.[22] Und wenn ein Reisender die markerschütternden Schreie hörte, wusste er, dass sich die Kachin kurz danach auf den Kriegspfad begeben würden, um von den Baumwipfeln auf ihre Opfer herabzuspringen und ihnen die Ohren abzuschneiden, die sie als Trophäen sammelten.

In Anbetracht des Schreckens, den die Kachin verbreiteten, der Finsternis ihres Dschungels und ihrer Abgeschiedenheit sollte sich an der Lebensweise dieses Stammes selbst über einen langen Zeitraum so gut wie nichts ändern. Achtzig Jahre, nachdem Bodawpayas Gesandtschaft durch das Gebiet der Kachin gezogen war, führte Hauptmann Edward Sladen eine unglückselige britische Expedition in dasselbe Territorium, bei der er nur knapp mit dem Leben davonkam. Sladen kehrte mit schrecklichen Geschichten nach London zurück und beschrieb 1869 im getäfelten Vortragssaal der Royal Geographic Society vor geladenen Gästen die *Manau*-Zeremonie. Im Archiv der Royal Geographic Society befindet sich eine Abschrift des Vortrags. Darin wird geschildert, wie nackte Kachin, die sich dick mit Ruß und Kreide eingeschmiert hatten, vor der Hütte ihres Häuptlings zusammenkamen und den »Totentanz« vollführten, der in der Morgendämmerung begann und bis spät in die Nacht andauerte. »Sie sind keine Buddhisten, und es ist schwer zu sagen, welcher Religion sie angehören«, erklärte Sladen in seinem Gräuelbericht. Die Stammesangehörigen tanzten eng aneinander geklammert mit krebsartigen Bewegungen, wobei einige sangen und andere auf riesige Ochsenhauttrommeln schlugen. Dutzende von Ochsen, Ziegen und Hühnern wurden in den Kreis geführt, wo die funkelnde Klinge eines *dah* aufblitzte und das Blut spritzte. Sobald sich die Schreie der Tiere mit dem immer wilder werdenden Kreischen der Männer vermischten, fiel der Jaiwa, der Hohepriester der Kachin, mit seinem wild zitternden Kopfschmuck aus Federn und Bambuswedeln, unter krampfhaften Zuckungen in eine Trance:

> Er kauerte sich nieder und steigerte sich in eine wilde Raserei – strich sich mit beiden Händen über Kopf und Gesicht – raufte sich das Haar – schnaufte und stöhnte – ächzte – und schließlich schüttelten sich seine Beine von den Knien abwärts und erzeugten dabei auf dem Bambusboden ein kastagnettenartiges Klappern, das bis zum Ende der Zeremonie anhielt… seine grimmigen Äußerungen, die einiges an Gewalt verhießen, betrachtete man von da an als die Äußerungen von Dämonen und *nats*.[23]

Die Mitglieder der Royal Geographic Society (darunter Dr. David Livingstone, Richard Burton und Charles Gordon) erfuhren allerdings nicht, dass sich Sladen zum Rückzug gezwungen sah, als die Kachin wahr machten, was sie »an Gewalt verhießen«. In seinen privaten Aufzeichnungen, die wir im Archiv in Neu-Delhi aufstöberten, gab er zu, dass seine Expedition im März 1868 aus dem Hinterhalt überfallen wurde und zwei seiner »Panthay-Begleiter« ums Leben kamen.[24] Wäre Sladen überhaupt in den Dschungel eingedrungen, wenn er gewusst hätte, dass die Kachin ihn »Weißfleischhäuptling« nannten?

Bodawpayas drei Gesandte versuchten um jeden Preis, den Kachin aus dem Weg zu gehen. Sie schickten Späher voraus, die den

Urwald nach Rauchsäulen, Fußspuren oder frischer Asche absuchten. Sie legten unterwegs überall Stoßzähne von Elefanten, stumpfe Schwerter und Büffelfleisch als symbolische Friedensgeschenke aus.[25] Sie führten auch andere Präsente mit, mit denen sie einen sicheren Durchzug auszuhandeln hofften. Die britischen Forschungsreisenden verfuhren achtzig Jahre später ebenso; sie bepackten ihre Maultierzüge mit »Musketen, Kisten voll Schießpulver und Säcken voll Bleikugeln, Moschusbeuteln, Bernsteinperlen, Ballen von Samt und Seide, Teppichen sowie Nadeln, Faden und Scheren für die Häuptlingsfrauen«.[26]

Auch wenn Bodawpayas Emissäre die Kachin umgehen konnten, so begegneten sie im Dschungel doch zahllosen Spuren ihrer Existenz. Die Eingeborenen bestatteten ihre Toten als Opfergaben an die *nats* auf den Bäumen. Sie wickelten die Leichen in Bambus und schmückten diese riesigen Kokons mit bemalten Schädeln, geschnitzten Elefantenzähnen und Ochsenhörnern. Am Fuß der Bäume standen gedeckte Schreine, die übersät waren mit Knochen und Hörnern, verzierten hölzernen Totems und bemalten Schädeln. Die animistischen Urwaldtempel und Baumgräber mussten die buddhistischen Beamten aus Amarapura zu Tode erschreckt haben, denn sie glaubten, sie würden auf der Stelle erblinden, wenn sie einem *Manau* begegneten.

Bodawpayas Tross hatte alle Mühe, den einst berühmten Reiseweg König T'ans aufzuspüren. Immer wieder verloren sie in dem Gestrüpp aus Schlingpflanzen und Bambus den Halt und zerrissen sich an den Dornen ihre *Longyis*. Sie versuchten, Flussläufen zu folgen, doch auch dies bereitete Probleme. Aus den Exkursionstagebüchern britischer Offiziere, die dasselbe Gebiet Anfang des 19. Jahrhunderts erkundeten, wissen wir, dass sich Elefanten zwischen den großen Felsblöcken nur schwer fortbewegen konnten und nicht selten stürzten oder ihre Last verloren.[27] Wo die Flüsse zu tief oder die Strömungen zu stark waren, wurde der Trupp stundenlang aufgehalten und musste Bambusrohre schlagen und zu Flößen zusammenbinden. Ein einziges Bambusrohr mit einem Durchmesser von ganzen zehn Zentimetern vermag das Gewicht eines fünf Tonnen schweren Elefanten zu tragen. Doch auch wenn die Hellebardiere Äxte, Schwerter und Sicheln sowie Ketten und Haken dabeihatten, so brauchten sie Stunden, um eine Bresche in die schier undurchdringliche Mauer aus Bambusrohr zu schlagen, dessen tellerdicke Triebe dreißig Meter hoch aufragten.[28]

Es war auch ein Wettlauf gegen die Zeit, denn bald würde der Monsun einsetzen, der die dürftigen Reste des Pfades in einen schlammigen Strom verwandelte und bei Erdrutschen riesige Steinbrocken in die Flusstäler stürzen ließ. Doch nach einer zermürbenden Reise von ungefähr drei Monaten gab der Urwald schließlich die Männer verdreckt, halb verhungert und fieberkrank wieder frei. Der Oberchronist des chinesischen Kaiserhofes, Jiang Liang Ji, protokollierte später ihre lang erwartete Ankunft in der *Tung Hua Lu*, der Chronik der Qing-Dynastie:

> Im Sommer des Jahres 1788 tauchten plötzlich drei hohe burmesische Offiziere namens Ye-myauk Shwe-daung, Thiya Kyaw-gaung und Ngwe-lu-saya mit einer Ergebenheitsadresse auf Blattgold, einer Pagode, Rubinen, Jade, gezähmten Elefanten usw. am Ufer des Salween auf. Sie erklärten, König Meng Yun [Bodawpaya] habe sie geschickt, um Tribut zu leisten. Sie sagten, sie seien über die Thienni [die Botschafterstraße] gekommen, weil die Kaungton-Route für die Begehung mit Elefanten zu bergig und zu malariaverseucht sei.[29]

Was die Gesandten mitbrachten und welche Absicht sie verfolgten, wird bestätigt durch einen Eintrag im *Shêng Wu Chi*, einem zweiten chinesischen Hofbericht, der 1890 von William Warry, dem Adjutanten des britischen Konsuls in Schanghai, der fließend Mandarin sprach, übersetzt wurde:

Und so schickten die Burmesen 1788 einen goldenen Brief, eine Pagode aus Gold und Jade, acht abgerichtete Elefanten, Rubine, ausländische Teppiche, Jadeblöcke und andere Präsente über die Thienni zur Grenze. Sie brachten auch die restlichen chinesischen Gefangenen zurück. In dem Brief hieß es, der König habe vor kurzem den burmesischen Thron bestiegen und wisse, dass es ein Fehler seiner Vorgänger gewesen sei, Krieg gegen China zu führen, und er habe seit langem den Wunsch gehegt, Tribut zu schicken, doch Konflikte mit Siam hätten ihn davon abgehalten.

Ob Bodawpayas Brief so unterwürfig klang, wie in den Qing-Chroniken behauptet wird, ist fraglich, doch dass er Verwirrung auslöste, ist sicher. Als Vizekönig Fukang von Yunnan erfuhr, dass die drei Gesandten aufgetaucht seien, ritt er ihnen sofort bis zu ihrem Urwaldlager entgegen und stellte sie auf die Probe. Er erinnerte sich daran, welche menschlichen und finanziellen Opfer die Kriege zwischen China und Burma gefordert hatten, und wusste nur allzu gut, welches falsche Spiel frühere burmesische Könige gespielt hatten. Auf den Vizekönig wirkten die Männer »so verschlagen, dass er einen Offizier beauftragte, ihre Papiere übersetzen zu lassen und zu prüfen, ob der Tribut wirklich da war«.[30] Fukang gelangte zu der Überzeugung, dass die Tributgesandtschaft ein trojanisches Pferd sei, und sperrte die drei Gesandten in der Grenzstadt Shun-ning Fu ein. In einer Nachricht an den Sohn des Himmels brüstete er sich damit, ein geheimes burmesisches Militärkommando abgefangen zu haben.

Qianlong hielt sich in Jehol auf und betrauerte den Tod seiner geliebten Duftenden Gemahlin Xiang Fei, als er die Nachricht erhielt. Der Sohn des Himmels war fast außer sich vor Wut und bekundete seinen Unmut in einem kaiserlichen Erlass auf dickem gelbem Papier, der, zusammengerollt in einem Bambusrohr, in einen gelben Seidenbeutel gesteckt und einem Mandarin des fünften Grades wie ein Rucksack umgeschnallt, nach Yunnan geschickt wurde.[31]

> Ihr, der so genannte Vizekönig, seid ein lächerlicher Narr und ein Dummkopf. Ich beendete den Krieg in Burma…, weil das Klima so mörderisch war. Außerdem hatte die Burmesen bereits der Mut verlassen, und sie hatten mich gebeten, meine Truppen zurückzuziehen, weshalb ich es für geboten hielt, dem offenkundigen Wunsch des Himmels zu entsprechen und Menschenleben zu schonen. Meng Yun [Bodawpaya]… hat nichts mit den Verbrechen seiner beiden Vorgänger zu tun. Sein Entgegenkommen ist offenkundig ernst gemeint, und seine Botschafter hätten umgehend nach Peking geschickt werden sollen. Meine Vizekönige verfallen allesamt in Panik und Aufregung, wenn irgendetwas Schwieriges auftritt, verfallen aber ebenso leicht in Überheblichkeit, sobald ein Mensch sich ergeben zeigt. Ich erteile hiermit einen scharfen Verweis.[32]

Was für einen schrecklichen Fehler hatte Fukang begangen! Der Kaiser verfügte sofort, dass die drei Emissäre rechtzeitig zu seinem Geburtstag »zu Beginn des achten Mondes« nach Jehol eskortiert werden sollten:

> Die burmesischen Gesandten sollen die Gelegenheit haben, an den Hofbanketten teilzunehmen und die Prachtentfaltung zu erleben. Doch die Gesandten müssen sich schleunigst auf den Weg machen. Dieser Befehl soll mit zweihundert Meilen pro Tag zugestellt werden. Die Burmesen sollen sofort nach Peking aufbrechen, wie ich befohlen habe. Haltet mich über ihr Fortkommen auf dem Laufenden.[33]

Bodawpayas Männer entkamen dem Gefängnis und wurden nun mit höchst kaiserlichem Pomp weiterbefördert. In Sänften legten sie 5300 Kilometer quer durch China zurück. Diese Fortbewegungsart war im Vergleich zum Reiten im Sattel schleppend langsam, sorgte jedoch dafür, dass ihnen höchster Respekt gezollt und auf den Straßen Vorrecht gewährt wurde. Keiner, »der ein Gefühl der Selbstachtung besaß«, wäre auf eine andere Art gereist:

> Bar dieses unverzichtbaren Zeichens der Achtbarkeit muss er damit rechnen, dass er auf der Straße zur Seite gestoßen, an Fähren warten gelassen, in den übelsten Herbergen in die übelste Kammer gewiesen und insgesamt mit Geringschätzung behandelt wird oder – was mitunter noch schlimmer ist – mit Vertraulichkeit, wie ein gemeiner Straßenräuber ...[34]

Die Sänften der Gesandten schaukelten durch das »Land südlich der Wolken«, auf den schmalen gepflasterten Pfaden der *Wuchi Dao*, Chinas alter Seidenstraße nach Südwesten, durch »große Ehrenbögen, die den Weg überspannten und deren Säulen und Gebälk mit geschnitzten Elefanten und Hirschen, Blumen und Pfauen [sowie] dem siebenschwänzigen kaiserlichen Drachen Chinas verziert waren«.[35] Die chinesisch-burmesischen Kriege hatten aus Yunnan ein Land der Seuchen, Hungersnöte und Sklaverei gemacht. In der felsigen Landschaft fanden sich vereinzelt triste Weiler; die ungeschützten Hütten waren schwer mit Steinen bedeckt und von ausgehungertem Vieh umringt. Die Gesandten überwanden enge Schluchten und durchquerten Mohnpflanzungen und kahle Ebenen; sie begegneten in Käfigen eingesperrten Kindern auf dem Weg zum Sklavenmarkt, verwesenden Köpfen, die auf hohen Pfählen im Wind schwankten, sowie angeketteten Gefangenen auf dem Weg zur Hinrichtung, bestenfalls durch Enthauptung, schlimmstenfalls durch den »Tod der tausend Schnitte«. Der im Laufe von Jahrhunderten ausgetretene Weg zwischen steilen, bis zu dreihundert Meter hoch aufragenden Felswänden war übersät mit alten Grabhügeln, die von all jenen zeugten, die den gewundenen Weg nicht bewältigt hatten.

Schließlich gelangten die Gesandten in die Provinz Sichuan, die so groß war wie Frankreich und von den Chinesen als »Himmlisches Königreich« bezeichnet wurde. Es war ein wildes Land der Sagen und Geister, das im Westen von der tibetischen Hochebene begrenzt, von hohen schneebedeckten Gipfeln eingerahmt und von mehr als achtzig mächtigen Strömen durchzogen wurde. Die Burmesen müssen von der gewaltigen Ausdehnung der Provinz überwältigt gewesen sein. Als sie den Fuß des Emei Shan passierten (der zu den vier heiligen Bergen des Buddhismus im Reich der Mitte zählte und von einem goldenen Tempel gekrönt wurde) und den Yangzi, den »Strom des goldenen Sandes«, überquerten, dürften sie sich gefragt haben, ob sie Amarapura je wieder sehen würden.

Vor ihnen lag ein riesiger Landstrich mit bedeutenden Schauplätzen der chinesischen Geschichte: die Provinz Shanxi, die Schnittstelle der Handelswege von Ostchina nach Zentralasien mit ihren tiefen Schluchten und senkrecht abfallenden Steilwänden. Sie hatte einst das Herzland der Zhou-Dynastie gebildet, die bis zum dritten Jahrhundert v. Chr. den größten Teil Nordchinas erobert hatte; sie war aber auch das Hoheitsgebiet der Qin, die hier erstarkten und die erste Dynastie gründeten, welche im zweiten Jahrhundert v. Chr. Ostchina beherrschte. Die Gesandten dürften auch durch die alte Stadt Xi'an gekommen sein, bei der eine zweitausend Jahre alte Armee von Terrakottakriegern noch unentdeckt im Grab des ersten Qin-Kaisers Shihuangdi wachte.

Dann folgten sie dem Gelben Fluss weiter ins Innere der Provinz Shanxi, vorbei an alten Klöstern, die an steilen Felsen klebten, Tempeln, die man aus Berghängen gehauen hatte, und Höhlen mit den längst vergessenen Schreinen der Wei, die die Götter um Regen angefleht und einst einen Schatz besessen hatten, der in den Farben der Halsfedern des Eisvogels schimmerte. König Bodawpayas Tross bahnte sich den Weg durch die Taihang-Berge hinunter nach Hebei, der letzten Provinz vor Peking. Über die eintönigen Ebenen, die im Sommer versengt und im Winter vereist dalagen, fegten vielleicht gerade Staubstürme, als der Trupp im Herbst 1788 hier durchkam. Als sie auch die *shisan ling*, die Ming-Gräber, die angeblich Bruchstücke von *fei cui* enthielten, hinter sich hatten, trafen die erschöpften Reisenden endlich in Peking ein. Dort wurden sie jedoch gleich weitergeschickt und mussten noch einmal 250 Kilometer bis Jehol zurücklegen, wo Qianlong ungeduldig ihrer harrte.[36]

Sie folgten der Kaiserstraße, die quer durch die Große Mauer ins Tafelland um Chengde – heute eine heruntergekommene Bergwerksstadt – führte. Doch nur der Herrscher selbst durfte die Kaiserstraße benutzen, und so mussten die Kulis die Sänften in den letzten Wochen der Reise über eine morastige Piste schleppen. Als Bodawpayas Gesandte Anfang September 1788, wenige Tage vor dem 78. Geburtstag des Kaisers, endlich in den Gärten des kaiserlichen Jagdschlosses mit seinen seerosenübersäten Teichen und Trauerweiden anlangten, waren sie mehr als sechs Monate lang unterwegs gewesen.

Als Kaiser Kangxi, Qianlongs Großvater, 1703 erstmals nach Jehol gekommen war, fand er einen wilden, abgelegenen Ort vor; man sprach damals von der »Bergvilla zur Flucht vor der Hitze«. Inzwischen lagen zwischen den schlichten Pfaden, Hecken und Sträuchern zahlreiche Tempel, Paläste und Gärten, die den Hof, wenn nicht sogar ganz China, an Qianlongs Eroberungen und an das multikulturelle Gepräge seines Reiches gemahnen sollten. Hier standen ein kleiner Nachbau des Potala-Palasts von Lhasa, eines Symbols des tibetischen Aufstandes, den die Qing 1752 niedergeschlagen hatten, sowie eine Nachbildung des uigurischen Hochlandes, aus dem die Duftende Gemahlin, Xiang Fei, verschleppt worden war. Der einstige Urwald war inzwischen ein riesiger, kunstvoll gestalteter Garten mit zahlreichen Jagdhütten, Villen, 72 künstlich geschaffenen idyllischen Plätzen und einem Teich, in dessen Wellen sich dank einiger wohlplatzierter Felsen ständig ein Glück bringender Halbmond spiegelte.

Man führte die burmesischen Gesandten in ein kleines Gästehaus in der nordwestlichen Ecke der größten kaiserlichen Gärten Chinas. Ihre *fei-cui*-Geschenke wurden den Kämmerern übergeben und die Elefanten dem Stallmeister. Eine Audienz vor dem Kaiser wurde für den »fünften Tag des neunten Monats« anberaumt. An diesem Tag sollten sie sich mehrere Stunden vor Sonnenaufgang in den Gärten vor dem Kaiserpalast einfinden.

Als es so weit war, wurden die drei Gesandten um zwei Uhr früh geweckt. Sie zogen sich rasch ihre Samtmäntel an, setzten ihre konischen Hauben auf und folgten einem Diener in einen provisorischen Audienzsaal – ein großes Leinwandzelt auf lackierten Säulen, das man auf dem Rasen vor dem Mittelschloss, einer bescheidenen Nachbildung der Verbotenen Stadt aus duftendem Hartholz, aufgeschlagen hatte.[37] Daneben standen etliche weitere Zelte im Mandschustil, deren Bahnen mit Musketen und Säbeln behängt waren. Bodawpayas Vertreter warteten fröstelnd in der Kälte; ihre offenen Pantoffeln waren bereits vom Tau durchnässt. Um sie herum standen im Dämmerlicht kleine Grüppchen aufgeregter Prinzen, Mandarine und Hofbeamter, die eifrig tuschelnd die Köpfe zusammensteckten und sich ihre weiten Ärmel über die Hände zogen, um sich vor der frühmorgendlichen Kälte zu schützen. Man konnte mit Mühe die Umrisse des »Sprühregenturms« erkennen und die Lustbauten und Teiche, die sich dahinter erstreckten.

Als etliche Stunden später endlich die Morgenröte über dem Haus des Duftenden Gartens heraufzog, unterbrachen Musik und ferne Stimmen die Stille.

In einer zeitgenössischen Schilderung einer solchen Audienz in Jehol wird beschrieben, welcher Anblick sich den drei burmesischen Gesandten geboten haben dürfte:

> Er [Qianlong] tauchte bald hinter einem hohen, steilen, von Bäumen gesäumten Berg auf, als trete er aus einem heiligen Hain hervor. Ihm voraus gingen einige Leute, die laut seine Tugenden und seine Macht priesen. Er saß auf einer Art of-

fener Sänfte oder Triumphkarosse, die von sechzehn Männern getragen wurde. Begleitet wurde er von seinem Gefolge aus Leibwachen, Kämmerern, Flaggen- und Schirmträgern sowie Musikern. Er war in schlichte dunkle Seide gekleidet und trug einen Samthut…, der vorn mit einer großen Perle besetzt war.[38]

Der Kaiser stieg aus seiner »offenen Sänfte«, schritt in das Zelt und nahm auf einem zinnoberroten Drachenthron Platz. Die Burmesen, die mit weit aufgerissenen Augen dastanden, wurden in das Zelt geführt und zur Rechten des Kaisers dirigiert. Durch die Fenster, die man in die Zeltwand geschnitten hatte, fiel ein goldener Glanz auf das Antlitz des Monarchen. Die Burmesen warfen sich unterwürfig vor ihm nieder und verbeugten sich neunmal mit einem angemessen lauten Aufschlag der Stirn. Der Sohn des Himmels streckte seine Hand aus; die Finger zierten elegante lange Nägel, die Daumen Schützenringe aus Jade.

Dann riefen die Gesandten acht Diener herbei, die unter dem Gewicht von Bodawpayas Gold- und Jadebrief ächzten. Die Elfenbeinhülle wurde dem Kaiser krachend vor die Füße gelegt. Qianlong forderte einen ranghohen Mandarin durch einen Wink auf, das Sendschreiben des »Häuptlings von Burma« anzunehmen und verkündete majestätisch, Bodawpayas »Gebete seien erhört worden«. Dann zog er sich hinter eine gelbe Zeltplane zurück und verfasste mit zinnoberroter Tinte einen kaiserlichen Erlass.

Am folgenden Tag erhielt Bodawpaya den Titel »Prinz von Burma«, vorbehaltlich der »Zahlung eines zehnjährigen Tributs« in Form der beneidenswerten Bodenschätze Burmas. Der Handel war geschlossen: ein chinesischer Titel im Austausch gegen *fei cui*. Bodawpaya hatte nun denselben Rang inne wie der Monarch von Siam, und Qianlong konnte endlich der lang ersehnten Öffnung der Jadestraße entgegensehen. Mit der Erfüllung seines Jadetraums dürften die Gefühle der Reue und der Trauer über den Tod seiner Duftenden Gemahlin Xiang Fei verflogen sein. Der strenge

Wortlaut des jüngsten kaiserlichen Erlasses sollte König Bodawpaya jedoch an seine niedrige Stellung im größeren Weltenplan erinnern:

> Das Bezeugen von Treue und das Darbieten von Geschenken erfolgen in der Form, in der ein ausgedörrter, entlegener Landstrich seine Schuldigkeit als Huldigung erbringt. Die Förderung und Bewirtung der Gesandten von Vasallen sind das Zeichen, mit dem die Kaiserliche Regierung ihre erhabene Freundlichkeit beweist. In Anerkenntnis der Tatsache, dass das wilde Grenzland lediglich seine alte Ergebenheit fortführt, muss Seine Kaiserliche Majestät sie nun mit dem Tau neuer Worte erfrischen. Häuptling von Burma... Ihr habt mannhaft die Fehler der Vergangenheit getilgt... Wir halten mit Recht dafür, dass jeder Anlass zu Krieg für immer ausgeräumt sein möge. Ein Kaiserlicher Erlass erinnert Burma an seine Bedeutungslosigkeit und den Rang Chinas. Achtet dies und versäumt es nie, diese unsere Befehle zu befolgen.

Mehrere Tage lang ruhten sich die drei Gesandten im Gästehaus am Nordwesttor aus. Gelegentlich wurden sie von Hofbeamten besucht, die »Befehle mit Empfehlungscharakter« überbrachten. Andere lieferten kleine Geschenke für Bodawpaya ab: »Buddhastatuen, gemusterte Seidenstoffe, Juwelen, Kuriositäten und diverse Gefäße und Speisen, die das Oberhaupt des Landes ehrerbietig entgegennehmen möge, um noch emsiger danach zu streben, sich gehorsam zu erweisen.«[39] Es dauerte jedoch einige Tage, bis das kostbarste Geschenk fertig gestellt war, das die Gesandten mit nach Burma nehmen sollten. Als die drei Jehol schließlich wieder verlassen durften, wurden sie von einem Bevollmächtigten begleitet, der dem burmesischen König ein Gedicht überbringen sollte, das der Sohn des Himmels für seinen Vasallen geschrieben hatte. Yunghwei, ein Aufseher über die Kaiserliche Kornkammer, der Mandschu-Offizier Oberst Pehfuh und der kaiserliche Magistrat T'u Shu-lien wurden abgeordnet, die kostbaren Verse auf der langen Reise zu bewachen und als »Zeichen kaiserlicher Bevollmächtigung ein goldenes Siegel und ein *Ruyi*-Zepter aus [weißer] Jade« mitzuführen.[40]

Kaum hatte der chinesische Kaiser den König von Burma wieder in den Kreis tributpflichtiger Völker aufgenommen, stand er den vereinten Kräften König Georges III. und der Ostindischen Kompanie gegenüber. Seit der elisabethanischen Zeit hatte England wiederholt versucht, zum Kaiser von China Handelsbeziehungen anzuknüpfen, doch als sich das 18. Jahrhundert seinem Ende zuneigte, war Englands Präsenz in China noch immer auf den südlichen Handelshafen Kanton beschränkt. Während sich das Reich der Mitte die Ausländer und deren Waren vom Leibe hielt, schwelgte Europa in Chinoiserien und konsumierte begierig alles, was China zu bieten hatte. Der Ferne Osten beflügelte die Fantasie der westlichen Künstler, und der wachsende Einfluss Asiens zeigte sich inzwischen in den Gärten des englischen Adels, in ihren pagodenartigen Lustpavillons, ihrem mit Weiden bemalten Porzellan und der populären Literatur. Vor allem aber war es Englands maßlose Gier nach chinesischem Tee, die 1792 zu einer besonderen Mission Anlass gab.

Bis zum Jahre 1600 war das Getränk in Europa noch völlig unbekannt gewesen, doch inzwischen kaufte England von den Chinesen jährlich Tee im Wert von zwanzig Millionen Pfund. Die Chinesen hingegen erwarben nur für 800 000 Pfund Tuch aus Manchester, Blei aus Derbyshire und Zinn aus Cornwall. Der Ostindischen Kompanie ging buchstäblich das Silber aus. Zwischen 1760 und 1780 stieg die Menge an britischem Silber, das nach China floss, von drei Millionen *Tael* (150 Tonnen) auf 16 Millionen *Tael* (800 Tonnen); den größten Teil davon steckte Qianlong übrigens in seine Paläste in europäischem Stil. George Staunton, »Ehrendoktor der Rechte der Universität Oxford und

Mitglied der Royal Society in London«, der an der heiklen britischen Mission teilnahm, schrieb in einem Vorwort zu seinem Bericht über die Expedition nach China:

> So lange Teesorten von ähnlicher Qualität wie die chinesischen in gleicher Menge und zu einem vernünftigen Preis nicht aus anderen Ländern zu beziehen waren…, sollte keine Vorsichtsmaßnahme unterlassen werden, um die übliche Versorgung mit diesem Artikel von dort zu sichern.[41]

Die Briten brauchten einen Diplomaten von »bewährter Umsicht«, der dem chinesischen Kaiser das Anliegen überzeugend darlegte. Seine Exzellenz, der Earl of Macartney, Knight of the Bath, wurde auserkoren, die britische Krone zu vertreten. Lord Macartney war mit Edmund Burke, Voltaire, Samuel Johnson und Sir Joshua Reynolds befreundet, hatte sich bei schwierigen diplomatischen Missionen am Hofe Katharinas der Großen in St. Petersburg bewährt, die Gefangennahme durch die Franzosen während seiner Zeit als Gouverneur von Grenada überlebt und war bestens mit den Eigentümlichkeiten Asiens vertraut, da er sechs Jahre lang das Amt des Gouverneurs von Madras innegehabt hatte.

Die Mission gab in London den Anstoß zu einer Reihe satirischer Karikaturen, die sich darüber lustig machten, dass das verarmte England mit der Mütze in der Hand auf ein Volk von Wilden zuging. Qianlong porträtierte man als korpulentes Faultier mit katzenartigen Augen und die Männer hinter ihm mit gezogenen Säbeln, während der Dandy Macartney in Puder und Perücke mit einem abgerissenen Union Jack, einem Schaukelpferd und einem Heißluftballon im Schlepptau vor den Drachenthron trat.

»Der Sonderbotschafter und Generalbevollmächtigte Seiner Majestät beim Kaiser von China« wurde von König George III. beauftragt, »freien Austausch mit dem vielleicht einzigartigsten

Volk der Welt«[42] herzustellen, und stach am 26. September 1792 in Portsmouth an Bord des Kriegsschiffes *The Lion* in See. »Die chinesische Zivilisation und die Ausbildung der Künste«, schrieb der König, »hat über lange Zeiträume bestanden und dabei viel weniger Störung erfahren als die anderer Regionen.« Es war Macartneys Aufgabe, dies zu ändern – »im Streben nach Erkenntnis und zur Entdeckung und Betrachtung ferner Länder und fremder Sitten«. Er sollte sich um wichtige Handelskonzessionen bemühen, Zugang zu weiteren chinesischen Häfen erwirken und Großbritannien das Recht sichern, in Peking eine Gesandtschaft zu unterhalten.

Weil man wusste, welches Ansehen die Jesuiten aufgrund der Wasserbaukünste eines Pater Benoit und der Porträtmalerei eines Giuseppe Castiglione am chinesischen Hof genossen hatten, gab man dieser Gesandtschaft mit ihrem »höchst heiklen und schwierigen Ansinnen« die erlesensten »Früchte des englischen Bodens« mit.[43] Macartney füllte den Laderaum seines Truppentransporters *Hindostan* randvoll mit Geschenken des Königs. Darunter befanden sich »eine Weltmaschine, ein Teleskop, eine Himmelskugel mit silbernen und goldenen Sternen, ein Himmels- und ein Erdglobus und eine Vakuummaschine«, ferner »Messinghaubitzen, Mörser, Musketen, Pistolen und Schwertklingen«, Vasen aus einer neu entdeckten Substanz, »Platina beziehungsweise Weißgold«, Crown-Derby-Porzellanfiguren und Vasen, Standuhren, Porträts von Sir Joshua Reynolds, »Parkers Riesenlinse« und eine vergoldete Staatskarosse. All das sicher geeignet für Qianlongs »Kabinett europäischer Kuriositäten«.

Die *Lion* und die *Hindostan* liefen nach einer Reise durch Meere, »über die es keinerlei schriftliche Aufzeichnungen europäischer Seefahrer gab«, im August 1793 in die Bucht von Peking ein. Dreißig chinesische Dschunken wurden losgeschickt, um den Briten ihre Geschenke abzunehmen. Nachdem Lord Macartney Haifischflossensuppe und »trüben Wein« hinuntergestürzt hatte, machte er sich in einer englischen Staatskarosse auf dem ausgefahrenen Pfad, der neben der Kaiserstraße verlief, auf den Weg nach Jehol. Begleitet wurde er von einem riesigen Gefolge von 1200 Soldaten, Mandarinen, Trompetern und Scharen von Einheimischen, die ihm nachwinkten. Voller Stolz begrüßte Macartney die Bannerträger, die Fahnen mit Begrüßungssprüchen schwenkten, bis er erfuhr, was auf den Bannern stand: »Botschafter bringt Tribut aus dem Lande England.« Ma-ka-erh-ni, wie die Chinesen ihn nannten, und seine Geschenke wurden in *Ying-shih Ma-ka-erh-ni lai p'ing an* (»Lord Macartneys Audienz beim Kaiser«) verewigt. Darin wurden die Briten als Volk dargestellt, das sich wie Burma dem Drachenthron unterworfen hatte.[44]

Mut machte dem Lord die Freude, mit der die Qing-Beamten seine Geschenke entgegennahmen, doch umso erboster war er, als man ihm eine chinesische Zeitung vorlegte, in der die Präsente als lächerliche Posse abgetan wurden: »Sieben Zwerge oder kleine Männer, nicht einmal zwölf Zoll groß... ein Elefant, kleiner als eine Katze, und ein Pferd von der Größe einer Maus... ein Singvogel so groß wie eine Henne, der Holzkohle frisst«, und zwar scheinbar mindestens 50 Pfund am Tag. Die Engländer wurden als »Rotschädel« bezeichnet und galten als Inbegriff des »fremden Teufels«, als Könige der Unterwelt mit knolligen Nasen, Furcht erregenden Augen und haarigem Leib.[45]

All dies waren jedoch unbedeutende Irritationen, bis die Frage des »Kotau«, der ergebenen Unterwerfung, aufkam. Noch nie war jemand zum Sohn des Himmels vorgelassen worden, ohne sich neunmal zu prosternieren. Die Mandarine, die Macartney als »wunderbar bewegliche« Gesprächspartner bezeichnete, verstrickten ihn in artige Debatten über Knieschnallen und Strumpfbänder und rieten, es sei »besser, sich ihrer zu entledigen, bevor man den Hof aufsucht«. Als der britische Gesandte Ausflüchte machte, wurden sie nur um so beharrlicher und ließen sich noch eine weitere Geste der Unterwürfigkeit einfallen: Er solle dem Sohn des Himmels außerdem die Hand küssen. Der stets diplomatische Macartney willigte ein, dem Begehren nachzukommen, wenn ein

Chinese gleichen Ranges sich vor einem Abbild König Georges III. niederwerfen und dieses küssen würde.

Als Qianlong Macartney am 16. September 1793, einen Tag vor dem 83. Geburtstag des Kaisers, endlich empfing, war auf dem Rasen vor dem Vorderen Palast in Jehol wieder einmal ein Zelt aufgestellt worden. Nachdem der britische Gesandte in der Dämmerung mehrere Stunden lang warten musste und bereits Tau ansetzte, folgte er dem Kaiser in das Zelt und verbeugte sich kurz vor dem Drachenthron. Dann ließ sich Lord Macartney auf einem Kissen neben dem Thron nieder und hörte dem Sohn des Himmels zu; jener äußerte sich zufrieden darüber, dass »seine britannische Majestät ihm einen Beweis ihrer Wertschätzung und ihres Wohlwollens erbrachte, indem sie ihm einen Botschafter mit einem Brief und erlesenen Geschenken sandte«. Nach einigen anfänglichen Unstimmigkeiten schien sich alles recht gut zu entwickeln. Qianlong bekundete seine Hoffnung, »zwischen ihren jeweiligen Untertanen möge stets Harmonie obwalten«.[46] In Hinsicht auf Macartneys förmlichen Wunsch nach Handelsbeziehungen blieb der Kaiser jedoch eher vage. Anstatt Konditionen zu erörtern, verteilte Qianlong Geschenke:

> Seine Kaiserliche Majestät übergab als erstes Präsent an Seine Majestät [George III.] ein Juwel beziehungsweise einen edlen Stein, wie es die Chinesen nannten, der bei ihnen mit hohem Wert bedacht wird. Er war mehr als dreißig Zentimeter lang und in einer sonderbaren Form zugeschnitten, die an ein Zepter erinnern sollte. Dergleichen wird stets auf den Kaiserlichen Thron gelegt und gilt als Symbol des Wohlstands und des Friedens.[47]

Einer Skizze von William Alexander, dem Zeichner der Mission, lässt sich entnehmen, dass es sich bei dem Geschenk um ein kunstvoll geschnittenes Ruyi-Zepter handelte. Dieses Zeichen der Wertschätzung aus Khotan-Jade war ein symbolisches Geschenk, das bei den Chinesen bedeutete: »Mögen deine Wünsche in Erfüllung gehen.« Staunton erhielt ebenfalls ein Ruyi-Zepter aus Jade, das sich heute im Victoria & Albert-Museum befindet; Macartney nahm »ein paar sehr sonderbare und wertvolle Edelsteine« entgegen, die dem Kaiser zufolge von großem Wert waren und sich seit acht Jahrhunderten im Besitz seiner Familie befanden. Natürlich waren allen Geschenken »ein paar poetische Strophen« aus der Feder Qianlongs beigelegt.

Überraschenderweise taten die Briten die chinesischen Geschenke als unbedeutend ab; die Präsente waren »weniger wertvoll in den Augen des Empfängers als denen des Schenkenden«.[48] Macartney und sein Stellvertreter hatten offensichtlich keine Ahnung vom historischen Wert des chinesischen Steins, obwohl Sir Hans Sloane, ein Kolonialarzt und Präsident der Royal Society, in seinem Kuriositätenkabinett mit exotischen Nippes, das bei der Eröffnung des British Museum im Jahre 1759 dessen erste Sammlung gebildet hatte, auch eine chinesische Jadeschale gezeigt hatte.[49] Das Wort »Jade« war erst dreißig Jahre zuvor in England erstmals in der *Chambers Cyclopaedia* verzeichnet worden. Die Unkenntnis der Gesandten und die Annahme der Chinesen, jeder wisse um den unschätzbaren Wert ihrer Geschenke, veranschaulicht den Konflikt zwischen zwei unnachgiebigen Mächten, von denen die erste annahm, sie besitze die Welt, und die zweite glaubte, sie sei die Welt.

Macartney hatte es aber auch nicht unbedingt verstanden, sich die Sache leicht zu machen. Nur ein Mitglied seiner Delegation hatte sich überhaupt die Mühe gemacht, Chinesisch zu lernen, und so fiel die Aufgabe, ein paar Worte an den Kaiser zu richten, an George Stauntons zwölfjährigen Sohn. Qianlong winkte den Junior zu sich. »Entweder seine Worte oder sein bescheidenes Auftreten oder Gebaren erfreuten Seine Majestät dermaßen, dass er von seinem Gürtel einen Beutel nahm, der Betelnüsse enthielt, und ihm diesen schenkte.«[50] William Alexander nutzte den Augenblick, um heimlich ein Porträt von Qianlong mit seinen Schützenringen und seiner Prunkkette aus Jade zu skizzieren. Die Briten wussten, dass ihre Audienz beendet war, als »eine Gesandtschaft von Hindus [*sic*] aus Pegu [Burma] zur Rechten des Throns vor den Kaiser geführt wurde«. Staunton merkte selbstgefällig an, »sie warfen sich neunmal untertänigst zu Boden und wurden rasch entlassen«.

Macartney und seine Leute wurden mehrere Tage lang in Jehol bewirtet, nahmen an »prächtigen Banketten« teil, ritten mit dem Oberwesir des Kaisers aus, durften die mit Gedichten verzierten Berge von Jade bewundern und feierten des Kaisers Geburtstag mit, an dem »Meister in der Kunst des Balancierens auf einem Seil« den Hof unterhielten. Es gab auch Akrobaten, die »Saltos machten und Posen einnahmen... und in langen Gewändern mit plumpen Stiefeln rangen«, sowie Musiker, die »ganz langsame und getragene Weisen vortrugen, gar nicht so anders als die der Schotten aus den Highlands«. Den Höhepunkt bildete »ein Vulkan... aus künstlichem Feuer im grandiosesten Stil«.

Der eigentliche Knaller kam jedoch, als die britische Delegation wieder nach Peking zurückgekehrt war. Auf der verlotterten Piste, die parallel zur Kaiserstraße verlief, holperten sie in die Hauptstadt zurück, dicht gefolgt von der burmesischen Delegation. Kurz nach ihnen traf »eine Staatssänfte mit zugezogenen Vorhängen« ein, mit der ein vergleichsweise barscher Brief des Kaisers überbracht wurde. »Von Eurem bescheidenen Wunsch getrieben, an den Vorzügen unserer Zivilisation teilzuhaben,... hat Euer Gesandter die Meere überquert und meinem Hof seine Aufwartung gemacht... Als Zeichen Eurer Ergebenheit habt Ihr auch Erzeugnisse Eures Landes als Geschenke gesandt«, schrieb Qianlong an George III. »Das Anliegen, das Ihr in Eurem Schreiben vorbringt, werter König,... entspricht nicht dem Zeremoniell des Himmelsreiches. Diesem Wunsch kann in keiner Weise entsprochen werden. Das Reich des Himmels, das alle Gebiete innerhalb der vier Meere beherrscht,... schätzt keine raffinierten Erfindungen, und wir haben auch nicht den geringsten Bedarf an den Erzeugnissen Eures Landes.«

Nun hatte man es also schwarz auf weiß. Die Interessen der Briten entsprachen einfach nicht denen des chinesischen Kaisers, der das Ansinnen Georges III. wie mit einer Fliegenklatsche totgeschlagen hatte. Als Macartney den Brief las, wusste er, dass seine Mission gescheitert war, doch aus den privaten Tagebüchern des Botschafters geht hervor, dass die Reise keineswegs reine Zeitverschwendung gewesen war. Hinter der jadenen Hochglanzfassade hatte Macartney den schleichenden Verfall, der Qianlong inzwischen umgab, erkennen können. »Ich habe König Salomo in all seinem Glanz gesehen«, schrieb der Gesandte in Erinnerung an ein Marionettentheater aus seiner Kindheit. Was ihm als Kind als »wahres Abbild der höchsten Stufe menschlicher Größe und Glückseligkeit« erschienen war, erkannte er als Erwachsener allerdings als das, was es war – ein Possenspiel. China, so lautete sein Resümee, war »ein klappriges altes Kriegsschiff erster Klasse«, das seine Nachbarn inzwischen nur noch durch »seine Größe und Erscheinung« beeindruckte. Die Qing-Dynastie, so prophezeite Macartney voraus, war dazu verurteilt, »an den Klippen zu zerschellen«.[51]

3

Ein undurchdringlicher und finsterer Ort

Dem gefährlichen Dschungel, der die Kachin-Berge bedeckte, entkamen nur Legenden – die berauschendsten Märchen entschlüpften dem dunklen Landstrich und gingen langsam um die Welt. Ein Raunen, wonach sich geheime Gruben zwischen den Zwillingsgipfeln Loi Lem und Loi Law verbargen, fand seinen Weg von Eingeborenen zu Einsiedlern, die an den Ufern des Uru lebten. Elefantenjäger, die das *Hukawng*, das »Tal des Todes« der Kachin, durchstreiften, verbreiteten die Mär, der Weg zu den *fei-cui*-Minen liege im Schatten des *shwe-down-gyee*, des »Großen Goldberges«. Fabeln von den sagenhaften Hütern der Gruben – halb Mensch, halb Schlange – gelangten auf Bambusflößen durch den Strudel von Pashio bis ins Flusstal des großen Irrawaddy. Im Flussdelta gelangten die Legenden an Bord großer Schiffe, segelten in den Golf von Bengalen und gingen in Kalkutta oder Chittagong an Land. Die Sage über die wundersame Grube, die Abenteurer anlockte, von denen man nie wieder etwas hörte, wanderte mit der Ebbe und der Flut des Ganges gegen eine Woge des Zweifels bis in die staubigen Ebenen Zentralindiens. Die Geschichten galoppierten auf dem Rücken von Pferden nach Nordosten zur Karakorum-Straße und bahnten sich auf Kamelkarawanen ihren Weg durch die zentralasiatische Steppe. Längst umgab sie eine Aura des Schrecklichen und Übernatürlichen. Der Dschungel war zur Brutstätte einer vielköpfigen Schlange geworden, die jene grünen Steine wie ihre Eier bebrütete. Die Gerüchte wurden von Seiden- und Gewürzhändlern weitergetragen und verbreiteten sich wie der Samen einer Pusteblume über die gesamte Levante.

Und so kamen die Geschichten zwangsläufig auch den Vertretern der Ostindischen Kompanie in Fort William, Kalkutta, zu Ohren. Wiederholt wurden Trupps von Schatzsuchern aus Britisch-Indien an einen Ort geschickt, dem Ptolemäus als Erster den Namen *Survarna Bhumi*, »Großes Goldland«, gegeben hatte. Die Angestellten der Kompanie führten zahlreiche Geschenke mit sich, darunter englische Staatskarossen, Münzprägeapparate, Säcke voller Silber, Gurken, Äpfel und Orangen, mit denen sie sich den Weg zu den Schätzen im Norden zu bahnen hofften.[1] Die Details dieser Missionen wurden in kunstvoller Handschrift aufgezeichnet und in zahllosen riesigen Lederbänden dokumentiert, die später in Neu-Delhi archiviert wurden. In einer dieser Schwarten stießen wir auf einen Bericht vom Verkauf von Wollsocken, die der burmesische Adel in den Wintermonaten inzwischen gern in den Pantoffeln trug.[2] In einem anderen Band wurde zugegeben, dass die Handelsdelegationen der *kullas* (so die verächtliche Bezeichnung des Hofes für die Ausländer) nicht selten abgewiesen, ja sogar gedemütigt wurden. Vor den Toren der Königlichen Stadt mussten die Briten ihre Stiefel ausziehen und in Strümpfen gehen; sie mussten vor dem leeren Löwenthron niederknien und vor dem abwesenden König den *sheikoo* (Kotau) machen. Und in einem Band, dessen Seiten mit Wasserzeichen versehen und mit Garn zusammengeheftet waren – die rechte Seitenhälfte war eng mit einer geneigten Schrift beschrieben und die linke für Kommentare und Anmerkungen mit Bleistift freigelassen –, stießen wir auf die Geschichte von Michael Symes, einem Major des 76. Regiments Seiner Majestät, den man 1795 nach Amarapura entsandte.

Diesmal war König Bodawpaya wenigstens anwesend, als eine Abordnung der Kompanie in den Palast der Erde geführt wurde. Aber während die Höflinge mit scheuer Ehrfurcht bestaunten, wie ihr geflügelter Monarch auf seinen Löwenthron schwebte, sah Symes lediglich einen stattlichen Mann, der eine verborgene Treppe erklomm. »Er schien seine Glieder nicht frei bewegen zu können und musste sich mit den Händen an der Balustrade festhalten.« Symes folgerte, Bodawpaya habe Mühe »wegen des Gewichts des königlichen Staates, dem man ihn angelegt hatte. Er trug auf seinem Kostüm fünfzehn *viss* Gold, das heißt Gold im Gewicht von über fünfzig Handelspfund. In seiner Robe wirkte er wie ein Ritter in goldener Rüstung, [und] er trug an jeder Schulter einen vergoldeten oder wahrscheinlich goldenen Flügel«.

Der englische Major mochte zwar einen flüchtigen Blick auf den Herrn der Minen erhascht haben, doch innerhalb weniger Tage wurde er aus Amarapura ausgewiesen, und es sollte weitere sieben Jahre dauern, bis die Verhandlungen über seine Ruckkehr erfolgreich abgeschlossen wurden. Da lernte Symes die burmesische Diplomatie allerdings von einer ganz anderen Seite kennen. Bodawpaya verbannte ihn auf eine Insel im Irrawaddy, »auf der Leichen begraben und Verbrecher hingerichtet wurden«, während der König über das Ersuchen Englands nach einer Audienz nachsann.[3] In den drei Monaten des Wartens verschlang Symes gierig das, was er an Berichten früherer europäischer Forschungsreisender in seinem Gepäck mitgebracht hatte. Er vertiefte sich in den Reisebericht von Ludovico di Varthema, einem Kaufmann aus Bologna, der am 1. März 1505 Burma erreichte und vermerkte, »das einzige Handelsgut dieses Volkes sind Juwelen«. Ihr Monarch sei so sehr mit Edelsteinen behangen, dass er »bei Nacht im Licht dermaßen leuchtet, als wäre er eine Sonne«.[4] Hier »schüttet der großartige Osten mit reicher Hand Gold und Perlen über seine barbarischen Könige aus«. Symes brütete auch über den Tagebüchern von Ralph Fitch, dem ersten Engländer, der 1587 Burma durchquert hatte, und er muss auch dessen Bericht über die Edelsteinmärkte im Norden gelesen haben, auf denen es Steine in solcher Fülle gab, dass sie händeweise »zu den miesesten und billigsten Preisen« verschleudert wurden.

Vielleicht delektierte er sich auch an Fitchs Bericht über die exzentrischen Bräuche der Eingeborenen:

> Die Männer tragen Kugeln oder kleine runde Bälle in ihren Geschlechtsteilen … Sie schneiden die Haut auf und stecken sie hinein, eine auf der einen und eine auf der anderen Seite; dies geschieht, wenn sie 25 oder 30 Jahre alt sind … Die größten sind so groß wie kleine Hühnereier; manche sind aus Messing und manche aus Silber; doch diejenigen aus Silber sind dem König und seinen Vornehmen vorbehalten.

Als der Monsun einsetzte, kam der Herold Bodawpayas schließlich mit einer Nachricht des Königs heraus. Er »erledigt keine Geschäfte an nassen Tagen«. Symes musste sich auch weiterhin in Geduld üben.

Bodawpaya hatte es nicht nötig, ein Handelsabkommen mit den Briten zu schließen, denn bislang verdiente er durch seine Übereinkunft mit dem Kaiser von China ein Vermögen. Lord Macartney hatte sich 1793 während der Audienz vor Qianlong als derart erpicht gezeigt, Macht und Prunk Georges III. anzupreisen, dass ihm die Geschichte vom Stein des Himmels gänzlich entgangen war. Sein Assistent George Staunton hatte zwar beiläufig bemerkt, »eine Gesandtschaft von Hindus aus Pegu wiederholte neunmal höchst unterwürfige Fußfälle und wurde rasch verabschiedet«. Staunton entging jedoch, dass es sich bei diesen Männern um burmesische Emissäre mit einer Botschaft handelte, die den Drachenthron weit mehr interessierte als der Haufen mechanischer Spielzeuge, mit dem die Briten angerückt waren. Bodawpaya ließ die Kunde überbringen, seine Armee, die in die Urwälder im Norden aufgebrochen war, habe nach einer gefährlichen Reise durch ein Land der Legenden endlich eine Einigung mit den »tückischen Marip-Kachin« erzielt, die den Fundort des von Qianlong begehrten Steins des Himmels hüteten.

Die Marip-Kachin hatten in den Jahrhunderten nach den Mongoleneinfällen in Mien das Uru-Tal erobert, ohne zu wissen, dass sie sich damit einen kostbaren Schatz gesichert hatten. Der Kansi Duwa, der Anführer der Marip-Kachin, hatte die glatten Jadeblöcke, die er in den Flussbetten gefunden hatte, noch um seine Feuerstelle gelegt und Kochtöpfe darauf gestellt, bis Bodawpayas Soldaten ihm deren Wert enthüllten.[5] Der als Vermittler auftretende König informierte die Stammesangehörigen über die Jade-Besessenheit des chinesischen Kaisers, und innerhalb weniger Jahre kursierten Geschichten auf der geheimen Kasa-Naga-Straße, die zu den Gruben führte, wonach nun überall im Land der Dunkelheit Laternenlichter und Lagerfeuer aufflackerten.

Ein Wachtrupp der Marip-Kachin riegelte das Tal des Uru ab, doch zwischen den Bäumen und über die Palisaden konnte man fieberhafte Schattengestalten mit Stöcken und Pickeln huschen sehen. Elefantenjäger berichteten von Wilden, die im Unterholz brennende Bambusstöcke schwangen und mit gellenden Schreien über Lichtungen stoben, wobei die Stangen wie satanische Wünschelruten vibrierten. Neben den Feuerstellen lagen die Kadaver geschlachteter Tiere, die den Jade-*nats* als Opfer dargebracht wurden, die nach Meinung der Marip-Kachin das Tal bewohnten und als Rachegeister Geröll herabschleuderten. Im Halbdunkel tanzten Männer und Frauen um Erdspalten, die sie mit Reis und Ziegenblut besprengten und um die sie bemalte Schädel und Knochen legten.[6]

Es hieß, dass die »Schatzgrube« sich rasch in ein schreckliches Straflager verwandelt hatte, in dem Tausende umkamen. Weil die Marip-Kachin sich geweigert hatten, die Grube selbst auszubeuten, hatte Bodawpaya ihnen Trupps von Sträflingen aus Manipur geschickt, Geiseln eines Krieges mit seinen Nachbarn im Nordwesten. Die Gefangenen hoben im schlammigen Boden tiefe Schächte aus und wurden in die Dunkelheit hinabgelassen, um in den schwarzen und grünen Erzgängen Gestein herauszumeißeln. Am Grund der Gruben wurden Feuer entfacht, um die Wände auszutrocknen. Diejenigen, die ganz unten arbeiten mussten, wickelten ihre Gesichter und Leiber in Bananenblätter ein, um sich vor der sengenden Hitze zu schützen.[7] Bei Einstürzen wurden Hunderte von Arbeitern lebendig begraben. Ebenso viele starben an einem Fieber, das auch zahlreiche chinesische Händler dahinraffte, die in einem nahe gelegenen Dorf namens Mogaung auf die Elefantentrupps mit den Steinen warteten. An den zerbröckelnden Mauern eines chinesischen Tempels am Stadtrand von Amarapura stehen noch heute die Namen von mehr als sechstausend Kaufleuten, die beim Handel mit *fei cui* im Kachin-Gebirge ums Leben kamen.[8]

Die Briten ließen sich jedoch nicht lange fern halten. Nach Bodawpayas Tod im Jahr 1819 schickte sein missratener Enkel, Sagaing Min, halb nackte Soldaten mit Speeren und *jingals*, schwerfälligen Handkanonen chinesischer Bauart, entlang der Grenzen von Manipur, Assam und Chittagong in britisches Hoheitsgebiet. Der burmesische Oberbefehlshaber Maha Bandula prahlte, er werde den Generalgouverneur von Indien in »vergoldete Fesseln« legen, und der burmesische Kronprinz werde den Thron einer unbedeutenden kleinen Insel, die er *Bilat* (England) nannte, besteigen.[9] Lord Amherst, der Generalgouverneur von Indien, reagierte im März 1824 mit einer Kriegserklärung gegen dieses »eigensinnige und widerliche Volk«; er entsandte Kanonenboote in die südburmesische Hafenstadt Rangun und ließ Truppen entlang der indischen Grenze aufmarschieren.[10] Mit ihren scharlachroten Röcken und schwarzen Tschakos (Lederhelmen mit Bärenfellbusch) mögen die Briten wie für eine Truppenparade ausstaffiert gewesen sein, aber sie mähten die Burmesen mit Paget-Steinschlosskarabinern nieder und kartätschten ihre Linien mit den Geschützen des Artilleriekorps der Ostindischen Kompanie zusammen.

Am 24. Februar 1826 kapitulierte der perplexe Sagaing Min schließlich und unterzeichnete einen Friedensvertrag, in dem Assam, Arakan und die Südküste von Tenasserim an die Briten abgetreten und Manipur als unabhängiger Staat anerkannt wurde. Britische Soldaten nahmen Trophäen von dem Feldzug mit nach Hause. Captain Frederick Marryat etwa erbeutete eine eindrucksvolle »vergoldete Statue des sitzenden Gautama«, die er dem British Museum vermachte, sowie die *Rath*, die Staatskarosse des

Königs. Das von Elefanten gezogene Gefährt, das mit mehr als zwanzigtausend Edelsteinen verziert war, landete als Leihgabe in Bullock's Egyptian Hall am Piccadilly. Marryats Beute war so umfangreich, dass man ihr 1826 in den Räumen der Asiatic Society in London eine ganze Ausstellung widmete. Der eigentliche Preis der Sieger bestand jedoch in dem Recht, in der burmesischen Hauptstadt eine britische Vertretung einzurichten. Und so bekam Major Henry Burney vom 25. Regiment der Bengal Native Infantry am 22. August 1829, als das Dampfboot *Diana* um eine Schleife des Irrawaddy bog, zum ersten Mal die Paläste von Sagaing Min zu sehen. Der burmesische König hatte Amarapura verlassen, nachdem sich Geier auf dem *hti* niedergelassen hatten, und zog wieder nach Ava, der früheren Hauptstadt des Landes. Als die *Diana* anlegte, bemerkte Burney aus der Ferne, dass König Bodawpayas Stadt der Unsterblichen, die einst als so »unvergänglich wie das Firmament« gegolten hatte, längst vom Urwald verschlungen war.

Burney hatte jahrelang Erfahrung in Übersee gesammelt und beherrschte mehrere Sprachen, doch auch er stolperte sofort, und zwar über seine eigenen Schuhe. Der Major hatte Berichte früherer Gesandter der Kompanie akribisch studiert und herausgefunden, dass man die Fremden gezwungen hatte, die Schuhe auszuziehen – »im Dreck und Schmutz oder auf dem harten Schotter der öffentlichen Straßen, hundert Schritte von der Stelle entfernt, an der möglicherweise der König sitzen wird«. Burneys Einschätzung nach war die Weglänge, welche die Gesandten in Strümpfen zurückzulegen hätten, bereits verkürzt worden, nämlich vom Palasttor bis zum Fuß der Treppe vor der Audienzhalle, und nun hoffte er, dass »mit ein wenig Nachhilfe die übrige Strecke zwischen der Treppe und der eigentlichen Halle vielleicht auch noch erlassen wird«.[11]

Die Fixierung des Majors auf Fragen des Schuhwerks bewirkte auf der Stelle, dass sich Sagaing Min gegenüber dem neuen Repräsentanten der britischen Krone äußerst reserviert verhielt.

Zehn Monate lang blieb Burney nichts anderes übrig, als den Hof von einem Hügel aus mit einem Fernglas auszuspionieren. Tagelang beobachtete er, wie der König »Ponys und seinen weißen Elefanten durch die Straßen jagt«, und zur Schlafenszeit behielt er die langen ereignislosen Nächte der Burmesen im Blick. Unterbrochen wurde diese Monotonie nur durch Berichte, wonach der König allmählich dem Wahnsinn verfiel. Sagaing Min war dem Alkohol verfallen, litt am »ruhelosen Blick« und benutzte seine Diener als Zielscheiben für Speerwurfübungen.[12] Erst im Juni 1830, nachdem Burney mit der Abreise aus Burma gedroht hatte, erklärte sich der Hof endlich bereit, vor dem Elefantenpalast »einen kleinen Schuppen« aufzustellen, in dem Burney »diskret die Schuhe ausziehen« konnte. Am 17. Juni wurde der Major dem geistesgestörten Monarchen schließlich als »König der Kompanie« vorgestellt. Kaum war er in den Erdpalast getrottet, ersuchte er um die Erlaubnis, seine Offiziere in die Urwälder des Nordens zu entsenden, »einen von Europäern bislang völlig unerforschten Landstrich«.[13]

Die Ausführungen über Burneys Vorstöße in den unbekannten Norden lagen selbst in einem unerforschten Dickicht vergraben. Unsere heiße Spur im Nationalarchiv von Neu-Delhi war versandet. Wochenlang erhielten wir überhaupt keine Dokumente mehr, bloß Stapel zurückgeschickter Bestellzettel, die mit unentzifferbaren Zeichen voll gekritzelt waren. Die Frustration wurde noch verstärkt durch das dumpfe Hämmern der Stange, mit der das baufällige Bürogebäude draußen abgerissen wurde. Irgendwann spürten wir den Leiter des Lesesaals auf.

»Natürlich hat das einen Grund«, versicherte er uns, während er die zurückgegebenen Zettel wie die Teile eines Puzzles auf seinem Schreibtisch hin und her schob.

»Was hat das zu bedeuten?«, bellte er ins Bakelittelefon und schnauzte in breitem »Hindu-Englisch« die unsichtbaren Kreaturen im Magazin an. »Zu bedeuten, äh?«

Er versuchte es jedenfalls.

»Nicht noch einmal. Nicht wieder. Sie kommen zu mir. Und ihr seid dort. Sie gehen und …«

Doch der Hörer auf der anderen Seite war längst aufgelegt worden; selbst wir konnten das Brummen in der Leitung hören, während er weiter tobte.

»Verdammte Idioten. Das werd ich melden.«

Der Leiter des Lesesaals steckte einen Finger durch die Haut auf seinem Tee und strich sich seinen Schnurrbart glatt. Das Archiv verfügte nicht über genügend Glühbirnen, und so montierten die unsichtbaren Bediensteten in den vier Etagen über uns die vorhandenen Birnen jeweils für eine gewisse Zeit in den einzelnen Abteilungen. Zur Zeit saßen die Burmesen im Dunkeln. Ihre Schreibtische waren ein einziges Chaos, und sie hatten im Wust der Dokumente »den Faden verloren«. Vier der von uns angeforderten Schriftstücke standen »auf der Suchliste« – sie waren nicht verloren, aber »vielleicht verschollen«. Zwei waren »eventuell geheim« und durften nicht in den Lesesaal ausgeliehen werden. Auffallend war inzwischen, dass alles, was eine Landkarte, eine Skizze oder eine Abbildung enthielt, was irgendetwas mit Geographie, Topographie oder Geologie zu tun hatte, was Grenzen oder Territorien oder grenznahe Gebirge, Täler oder Wälder betraf, »nicht einsehbar« war. Da hatten wir es also. In den folgenden Monaten strampelten wir uns gehörig ab, und nur die Pedanterie von Archivaren, die noch vom alten Ethos indischer Staatsdiener durchdrungen waren, rettete uns. Jedes Dokument hatte eine Kopie und war durch Querverweise mit Dutzenden anderer Dokumente verknüpft. Bald lernten wir, diesen Fährten zu folgen und Material aufzuspüren, das die neuzeitlichen Zensoren übersehen hatten und das in sauber verschnürten und versiegelten Paketen abgelegt war.

Schließlich fanden wir einen Teil von Burneys Korrespondenz. Aus seinen Briefen ging hervor, dass er verschiedene als Besichtigungstouren getarnte Reisen flussaufwärts hatte unternehmen können und dahinter gekommen war, dass Bodawpayas »Gesandtenstraße« von den Chinesen noch immer eifrig benutzt wurde. Der Major beobachtete, wie »eine Karawane von tausend Mulis« mit »kleinen Körben aus Bambusgeflecht« in einer Siedlung am Oberlauf des Flusses eintraf. Beim Versuch, das abgelegene Tal des Flusses Chindwin nahe der Grenze zu Manipur zu erkunden, stieß einer von Burneys Offizieren, Leutnant McLeod, auf eine ergiebigere Ader. In einer Nachricht an seinen Vorgesetzten in Ava meldete er Erkenntnisse über einen Ort, den er als »die von Gerüchten umrankten Serpentingruben« bezeichnete:

> Ich habe beobachtet, dass täglich drei oder vier Boote den Fluss hinauf und hinunter fahren. Sie haben alle den Oroo [Uru] zum Ziel... Der Edelserpentin findet sich im Bett dieses Flusses bei Mogaung, und im Umkreis einer Meile liegen einige Berge, an denen er ebenfalls abgebaut wird... Chinesische Händler scheinen das Monopol für diesen Stein zu besitzen... Sie kommen alljährlich in den genannten Ort und zahlen große Summen Geld dafür... Seine verstorbene Majestät schickte dreitausend Männer mit dem Auftrag dorthin, einige Steine zu beschaffen, und tatsächlich brachten sie drei große Blöcke in die Hauptstadt zurück, aus denen Tassen und Ähnliches gefertigt wurden.[14]

Aus Burneys Aufzeichnungen wissen wir, dass er recht belesen war und sich sehr für die Geschichte des Landes interessierte. Es spricht also einiges dafür, dass er auch den Reisebericht von Ludovico di Varthema und Fitchs Aufzeichnungen über seinen Vorstoß nach Nordburma studierte. In McLeods Brief klangen jedenfalls deren Berichte über ein Flusstal voller Edelsteine an, und so gelangte Burney zu dem Schluss, dass es der »seltsame« Handel auf dem Chindwin verdiente, näher unter die Lupe genommen zu werden. Britisch-Indien war bereits in einen Streit zwischen zwei rivalisierenden Stammeshäuptlingen der »Kakhyen« – Kachin – im

Norden verstrickt, und eine bevorstehende Vermittlungsmission erhielt insgeheim den Auftrag, den Fundort des geheimnisvollen »Serpentinsteins« in Erfahrung zu bringen.

Im Dezember 1835 wurde Captain S. F. Hannay vom 40. Native Infantry Regiment in Begleitung von Sepoy Supahee Singh mit einem »vom Fürsten von Mukkhara geborgten Sextanten und künstlichen Horizont«[15] zu einer Erkundungsmission an die Grenze von Assam geschickt. Im Januar erreichten sie Mogaung; dort trafen sie Duffa Gam, einen der beiden verfeindeten Häuptlinge. Dieser erzählte, seine Familie sei von seinem Rivalen, Beesa Gam, ausgelöscht worden, der außerdem »einen Edelserpentin« geraubt habe, »so groß, dass nur zwei Männer ihn tragen konnten«.[16] Doch bevor Hannay weiter in den Norden vorstoßen konnte, wurde er von Mayouk Teza Naratta, dem örtlichen Gouverneur und Befehlshaber über eine Garnison von achthundert Soldaten, gefangen genommen und aufgefordert, sofort nach Ava zurückzukehren.

Als Burney von dem Zwischenfall hörte, war er zunächst ratlos, bis seine Spione herausbekamen, wer hinter dem Ganzen steckte. »Vor kurzem traf hier ein Brief der Provinzverwaltung von Yunnan ein, die dem Hof von Ava Vorhaltungen machte, weil dieser einem englischen Offizier erlaubt habe, sich in den Norden zu begeben und die Straße nach China auszukundschaften«, schrieb Burney an William MacNaghton, den Sekretär des Generalgouverneurs von Indien in Fort William. Dem Brief folgte eine Abordnung chinesischer Kaufleute, die am Hof Stimmung gegen die britische Expedition machte. »Dieser Protest entsprang der verständlichen Besorgnis, dass das Monopol, das sie seit langem über den gesamten Handel nördlich von Ava und über die Ausbeute der Serpentingruben besaßen, durch einen englischen Offizier, der das Land erkundete, in Gefahr geraten könnte.«[17]

Bald darauf fiel Burney die Abschrift eines weit bedeutenderen Dokuments in die Hände, das auf gelbem Papier geschrieben, mit vier Siegeln versehen und in einer gelben Seidentasche mit einem

Drachensiegel verwahrt worden war. Drei burmesische Händler, Nga Shue Ye, Nga Lo Tsan und Nga Lo-thank, hatten aus Yunnan einen Brief des chinesischen Kaisers mitgebracht. Darin hieß es:

> In Bezug auf das Reich des jüngeren Bruders: Es ist nicht angebracht, den Engländern zu erlauben, in der Stadt [Ava] zu bleiben, nachdem sie Krieg geführt haben und Frieden geschlossen wurde. Sie sind es gewohnt, sich wie der Heilige Bobaum zu verhalten. Lasst also nicht zu, jüngerer Bruder, dass die Engländer in Eurem Land bleiben, aber wenn irgendetwas vorfallen sollte, wird der Ältere Bruder angreifen, nehmen und geben.

Burney wusste nur allzu gut, was Kaiser Daoguang mit seiner Anspielung auf den Heiligen Bobaum meinte. »Wenn diese Pflanze Wurzeln schlägt, besonders auf alten Tempeln und Gebäuden, breitet sie sich aus und setzt sich dermaßen fest, dass sie kaum noch zu beseitigen ist«, vermerkte Burney am Rand in einem Hinweis an MacNaghton.

Doch die Warnung des Kaisers kam zu spät. Hannay hatte seine Häscher in Mogaung überreden können, Sepoy Singh allein durch das Tal des Todes der Kachin an die Grenze von Assam weiterreisen zu lassen, während der britische Offizier als Geisel zurückblieb. Die Burmesen bestanden darauf, dass Singh das Tal weiträumig umging, aber auf dem Rückweg brachte der Sepoy seine Führer durch Bestechung dazu, ihn weiter westlich durch die *Pet-Kai*-Berge zu führen, die von Naga-Stämmen bewohnt waren. »Supahee [Singh] fand sie ausgesprochen höflich, besonders den Oberhäuptling«,[18] schrieb Hannay an Burney. Und eben dieser Häuptling offenbarte Singh, er befinde sich auf der geheimen Kasa-Naga-Straße, die zum *shwe-down-gyee*, dem »Großen Goldberg«, und schließlich zu den »Serpentingruben«, wie die Briten sie nannten, führe. Sepoy machte minutiöse Aufzeichnungen:

> Die Entfernung insbesondere zwischen Mogaung und dem Khyendwen [Chindwin] ist viel größer, als auf der Karte angegeben, aber ich habe allen Grund zu der Annahme, dass die Straße sehr gewunden ist und bis Nampoung Tsekain nach Norden, von dort aber bis Kamain [Kamaing] Richtung Westen verläuft. In Nam Santa beginnt das alte Shan-Gebiet namens Tshay-yoma (was so viel heißt wie »zehn Städte«), das sich von Tainznoo bis Phaho am Khyendwen hinzieht – das Gebiet der Serpentinminen.[19]

Hannay war in Mogaung nicht weniger rührig gewesen. Er hatte einen Händler überreden können, Proben eines hellgrünen Steins herauszurücken, den die Burmesen als *kyouktsein* und die Bewohner Yunnans als *Yü* bezeichneten und den der Captain ebenfalls als Serpentin identifizierte. »Die Chinesen suchten sich Stücke heraus, die zwar eine raue und schmutzige Oberfläche hatten, aber im Inneren einen ungeheuren Glanz und sehr oft Flecken und Maserungen in einem wunderschönen hellen Apfelgrün aufwiesen«, schrieb Hannay nach Ava.

Burney schrieb sofort an MacNaghton und schlug vor, »einen Vorwand zu finden, um einen Offizier aus Assam hierher zu mir zu schicken«, damit eine britische Expedition die geheime Kasa-Naga-Straße kartografisch erfassen und die Gruben erkunden könne.[20] Captain Hannay, der im Juli 1836 unversehrt nach Ava zurückkehrte, wurde nach Fort William beordert, um Bericht zu erstatten. Seine Feldtagebücher, Kartenskizzen und Mineralproben wurden per Eilkurier vorausgeschickt. Aber kaum in Fort William angekommen, erhielt Hannay statt des wohlverdienten Urlaubs den Befehl, sofort wieder in den Dschungel aufzubrechen. Und dieser Auftrag klang sogar noch gefährlicher als der erste, der ihn beinahe das Leben gekostet hatte.

In Begleitung von Dr. William Griffith, einem »zähen und tatkräftigen« Wissenschaftler mit einer Passion für exotische Teebüsche,[21] sollte Hannay auf dem beschwerlichen Landweg das nordöstliche Grenzgebiet von Britisch-Indien durchqueren, vorbei an dem britischen Außenposten Guwahati, der Hauptstadt Assams, und dann ins Niemandsland vorstoßen. Dort im Dschungel sollten die beiden versuchen, mit dem britischen Diplomaten Dr. George Bayfield, dem Stellvertreter Burneys, zusammenzutreffen. Bayfield hatte den Auftrag, allein von der burmesischen Hauptstadt zu den alten chinesischen Steinpfeilern zu reisen, welche die Grenze zwischen Assam und Burma markierten. Sollte Bayfield, der fließend Burmesisch sprach und einigermaßen mit den Bergstämmen und der Tropenmedizin vertraut war, tatsächlich auf Hannay und Griffith stoßen, so sollten sie sich gemeinsam auf die Suche nach den Minen machen.

Bayfield, der früher als Sanitätsoffizier in Fort St. George in Madras gedient hatte, konnte fließend Pali lesen und hatte in den vorangegangenen drei Jahren den harten Dienst in Ava durchgestanden. Burney war dem findigen Doktor besonders zugetan, weil dieser ihn während mehrerer Anfälle von Dschungelfieber gepflegt und nebenbei die Zeit gefunden hatte, eine weitschweifige Geschichte der burmesisch-britischen Beziehungen zusammenzutragen, die dem Doktor eine Beförderung einbrachte und heute im Archiv von Neu-Delhi vergessen vor sich hin modert.

Falls die drei britischen Forscher angehalten würden, sollten sie sagen, sie hätten den Auftrag, im Streit zwischen Beesa Gam und Duffa Gam zu beschwichtigen und im Streitfall um die ermordete Familie, den gestohlenen Serpentin und das umstrittene Grenzgebiet zu vermitteln.

Die Unterlagen im indischen Nationalarchiv verraten nichts über die bösen Vorahnungen, die alle drei nach Erteilung ihrer Befehle gehegt haben müssen. Die Schreiber sprachen lediglich von einer Expedition, die von großartigem »Forschergeist« beflügelt war, und gingen mit keinem Wort auf die Gefahren ein, die eine Überquerung der sengenden Ebenen und spitzen Berge von Assam mit ihren Tigern, Schneeleoparden und Kopfjägern mit sich brachte. Ohne Karten und ohne die Möglichkeit, Kontakt zu Dr. Bayfield aufzunehmen, grenzte es an ein Wunder, falls sie sich tatsächlich bei den alten chinesischen Pfeilern trafen. Für den ganz auf sich gestellten Bayfield, der sich einzig und allein auf Sepoy Singhs Aufzeichnungen verließ, war die über tausend Kilometer lange Reise sogar noch anstrengender und bedenklicher, weil er zweifellos mit den »ungeheuer schmutzigen und trunksüchtigen Wilden« mit ihren seltsam gefransten Mähnen in Kontakt kommen würde – den gefürchteten Kachin.[22]

Aus den Quellen geht hervor, dass Hannay die »Einkaufsmärkte« von Fort William aufsuchte und diverse »Luxusartikel« im Wert von 1300 Rupien erwarb. Er folgte damit dem Rat von Major Arthur White, dem befehlshabenden Offizier der Briten in Guwahati. White war dafür verantwortlich, Hannay und Griffith bis an die Grenze zu bringen, und hatte vorgeschlagen, Geschenke zu kaufen, um »die Eingeborenen freundlich zu stimmen«:

> Ein paar kleine Haushaltsartikel – Klammern, Messer, große und kleine, Scheren, Nadeln, Glaskugeln, alles Dinge, die den Häuptlingen der Singhpo [Kachin] sehr wichtig sind … Es wäre auch ratsam, dass Captain Hannay etwa 12 rote Wollschals und ebenso viele Muslim-Turbane und etwas Rum mitnimmt.[23]

Hannay kaufte »einen Sextanten, einen falschen Horizont, ein nautisches Jahrbuch für 1837, einen großen Kompass und einen kleinen Taschenkompass«. White seinerseits stellte »150 Sepoys und fünf oder sechs Elefanten der Intendantur« zur Begleitung der Mission in ein Gebiet ab, in dem ein »barbarischer Gesellschaftszustand« herrschte.

In Ava ging der selbstbewusste Dr. Bayfield ebenfalls auf Einkaufstour. Er heuerte einen *moonshee*, einen burmesischen Schreiber, sowie zwei Kulis an und erwarb Geschenke für die Kachin, darunter ein »goldenes Schmuckstück in Form eines

Horns«.[24] Seine Männer sollten scharlachrot gekleidet sein, »damit sie wie die Soldaten der Ostindischen Kompanie aussahen und auf die Burmesen Furcht einflößender wirkten«. Außerdem brauchten sie Schuhe, da »spitze burmesische Bambuspflöcke ernsthafte Hindernisse für nackte Füße« darstellten. Jeder der Männer trug einen dreizehn Kilogramm schweren Tornister mit »zwei Campierwerkzeugen, zwei leichten *towrahs* – Dolchen –, zwei Äxten, sechs *dahs* und sechs kleinen einheimischen Haken«. In ihrem Gepäck verstauten sie zudem die Kleidung und Verpflegung für den Expeditionsleiter und seine Sepoys. Dazu gehörten:

> Ein loses Sackgewand aus leichtem Material, das bei der eigentlichen Überquerung der Berge oder bei anderen anstrengenden Verrichtungen getragen wird, zwei Decken, ein großer Mantel für die Nacht, ein Paar Moskitonetze, zwei Paar leichte Schuhe, zwei Paar weiße und zwei Paar farbige Hosen, zwei weiße Hemden und zwei Karohemden, Jacke und Hose der Regimentsuniform, eine Flanellweste, einen Tschako, Halstuch und wollene Nachtmütze, ein kleiner Metallteller, Messer und Gabel, Löffel und Trinkgefäß. Acht Seer Biskuits, acht Seer Reis, ein Quart Spirituosen, zwei Pfund Butter und Salz.[25]

In Begleitung der Sepoys des 40. Regiments der bengalischen Hilfstruppen, von Kulis, Bootsführern, Dienern und einem »befreiten Sklaven aus Assam, der im Gefolge eines Wanderfakirs seinen Weg nach Ava gefunden hatte«, brach Bayfield am 13. Dezember 1836 um 11.30 Uhr in Ava auf. Der Doktor beabsichtigte trotz der unerträglichen Feuchtigkeit, der Steife seines Gehrocks und des schweren Marschgepäcks seiner Männer mit seinem Tross – »ich, mein Hund und meine Spieldosen« – fünfundvierzig Kilometer pro Tag zurückzulegen (das Doppelte eines normalen Tagesmarschs). Wie wurde die Kolonne von Schärpen und Seidenkordeln wohl bestaunt, als sie, überragt vom Helmbusch des Offiziers, mit glänzenden Lackstiefeln und funkelnden Säbeln in mörderischem Tempo durch hohes Elefantengras die Ebene des Irrawaddy durcheilte, vorbei an burmesischen Dorfbewohnern, die gelernt hatten, in der unerträglichen Hitze bedächtig zu agieren?

Bayfield traf schließlich am 14. Januar 1837 kurz nach Tagesanbruch im Tal von Mogaung ein. Er »schnappte sich ein Gewehr und einen Führer« und marschierte noch einmal fünf Tage, bis er die Palisaden der Garnison erreichte. Dort waren »die hübsch herausgeputzten Elefanten und Ponys des Kommandanten« und mehr als zweitausend burmesische Kämpfer versammelt, die den Arzt in seinem schweißgetränkten und staubbedeckten Leinenhemd umringten. Ihre Gebärden verhießen nichts Gutes. Doch bevor der Arzt den Rückzug antreten konnte, umschloss ihn »eine Menschenmenge, die von der Anwesenheit eines fremden Weißen angelockt worden war« und drängte ihn zu der Stelle, an der der Kommandant von Mogaung wartete. Mayouk Teza Naratta, der durch die Festnahme Captain Hannays elf Monate zuvor deutlich an Reputation gewonnen hatte, »saß auf einer Matte und einem Kissen am oberen Ende seiner Empfangshalle«.

Der Kommandant wirkte nervös und hielt den Doktor tagelang davon ab, weiterzureisen. Mit Berichten über Hinterhalte im Dschungel und einem Gemetzel auf Bayfields geplanter Route versuchte er Zeit zu schinden. Die Garden des Kommandanten, die vorausgeschickt worden waren, um in den Dörfern die Versorgung mit Reis zu sichern, kehrten alle unverrichteter Dinge zurück. Anstatt die Reiseroute zu planen und den Doktor an die Nordostgrenze zu begleiten, verkroch sich der Befehlshaber. »Meine Bitten nützten nichts. Ich konnte ihn [den Kommandanten] nicht dazu bewegen, mir einen Teil der Truppe abzutreten, die ihm der König zur Verfügung gestellt hat – zu seinem Schutz und seiner Ehre und damit er sich bei den Singpho, vor denen er große Angst hatte, Gehorsam und Respekt verschaffen kann«, schrieb Bayfield wütend an Burney. Seine hingekritzelten Briefe, die er fast täglich losschickte, wurden jedoch von Fußboten überbracht und erreichten Ava erst nach Wochen.

Auch als der Kommandant wieder auftauchte, stellte er nicht etwa Kundschafter und sicheres Geleit bereit, sondern verstrickte den Doktor in zusammenhanglose Konversation. So fragte er Bayfield, ob er schon einmal mit dem Schiff »drei Tage lang durch einen engen Kanal hinter China zu einer großen Insel« gereist sei, »auf der ein ungeheuer starker Schlag von Menschen lebt, fünf Ellen groß, die Ohren acht Zoll lang und mit Schamgliedern, die sogar noch stattlicher proportioniert sind«. Der Doktor »gestand seine Unwissenheit« und packte stattdessen seine Sammlung von Spieldosen aus. Aber nichts bewahrte ihn vor der allabendlichen Ehre, an der hohen Tafel zu sitzen und mit anzusehen, wie sich sein Gastgeber über ein Schwein hermachte, und auf einem »wenig verlockenden, schwarz aussehenden Stück des erwähnten unreinen Tiers« kauen zu müssen, das der Kommandant zuerst »mit den Fingern in Stücke gerissen hatte [und] das bereits ein Dutzend Mal halb in einem Mund oder Schlund verschwunden war«.

Schließlich hielt Bayfield es nicht länger aus. Ohne eine Nachricht aus Ava abzuwarten, beschloss er am 26. Januar, auf eigene Faust weiterzuziehen. Er schlich sich aus den Palisaden in den Dschungel. Gepäck und Proviant sollten nachgeschickt werden. Teza Naratta bekam es mit der Angst. Der Doktor legte mit doppeltem Marschtempo los, um die verlorene Zeit aufzuholen. Die Männer marschierten bis tief in die Nacht, wenn in der dampfenden Stille die Gefahr dräute, von plündernden Kachin-Rebellen, die angeblich an dieser Route lauerten, aus dem Hinterhalt überfallen zu werden. Bayfield hatte sich sieben Tage verspätet und musste befürchten, Hannay und Griffith zu verpassen und ohne Proviant und Munition im Dschungel stecken zu bleiben.

Einen wichtigen Umstand hatte Burney seinem treuen Dr. Bayfield jedoch nicht übermitteln können, nämlich, dass sich der verrückte Sagaing Min eines anderen besonnen hatte, nachdem ihm zu Ohren gekommen war, dass Captain Hannay, den er einer Intrige mit Duffa Gam bezichtigte, an der Expedition zur Grenze von Assam teilnehmen sollte. Außer sich vor Wut hatte der König gedroht, Hannay auf der Stelle erschießen zu lassen, falls er je wieder einen Fuß auf burmesischen Boden setzte. Er hatte seine Befehle auch nach Mogaung weitergeleitet, wo der Kommandant wie gelähmt war vor Angst, der Zorn seines Herrschers könnte über ihn kommen. Burney sandte sofort einen Brief nach Fort William mit der Warnung, dass die Burmesen allmählich nervös würden und die wahre Absicht der britischen Expedition sicher bald durchschauten. In Fort William wurde umgehend ein Bote losgeschickt, der Hannays Trupp an der Grenze von Assam mit neuen Befehlen abfangen sollte: »Griffith und Bayfield müssen die Mission allein zu Ende bringen.« Der Brief sollte sein Ziel jedoch nicht erreichen.

Am 28. Januar fasste Dr. Bayfield Mut beim Anblick des »Großen Goldberges«, von dem Sepoy Singh gesprochen hatte, doch er wusste auch, dass er sich nun den gefürchteten Kachin näherte. »Um nicht überrascht zu werden, ließ ich alle unsere Musketen laden«, kritzelte Bayfield in sein Reisetagebuch. Er war sich durchaus bewusst, dass sich ohne die vom Kommandanten versprochenen Soldaten ihre Lebenserwartung im Dschungel um einiges verkürzte. Er hatte nicht einmal einen Führer, und man kann sich bestenfalls ausmalen, wie er durch das Unterholz stolperte und immer wieder Hügel erklimmen musste, um über das Blätterdach hinwegzusehen, in dem vergeblichen Versuch, die Täler von Assam zu erspähen.

Die Tagesmärsche begannen bei Morgengrauen und endeten meist weit nach Einbruch der Dunkelheit. Tagelang watete Bayfield, »nass bis zur Taille«, manchmal bis unter die Achsel, durch »gewundene Flüsse« und Sümpfe, um Zeit gutzumachen. Doch nun verlangsamte das Terrain das Vorankommen der Expedition. »Etliche in meinem Trupp, ich selbst eingeschlossen, haben schwere Erkältungen und Husten«, notierte Bayfield am 30. Januar. »Die Einheimischen führen es auf den Genuss von Flusswasser zurück, aber es rührt wohl eher daher, dass wir ständig darin waten.«

Die Kolonne quälte sich unter einem gezackten immergrünen Blätterdach hindurch, bahnte sich mit Bajonetten und *dahs* einen Weg durch Schlingpflanzen und Bambusdickicht und durchquerte Flüsse »voller Fische und Dschungel mit Elefanten und vielfältigen Wildarten«. Am 3. Februar erreichten sie das Gebiet der Marip-Kachin, und schließlich verließen Bayfield die Kräfte, obwohl er seinen Berechnungen nach mindestens zwei Tage aufgeholt hatte. »Letzte Nacht konnte ich mich gar nicht hinlegen«, schrieb er, gequält von dem Gedanken, Hannay und Griffith würden ohne ihn nach Fort William zurückkehren. »Ein Husten hielt mich fast die ganze Nacht wach.« Nicht einmal der Duft der wilden Orchideen, die sein Lager umsäumten, konnte den Doktor aus seiner Niedergeschlagenheit erlösen.

Am folgenden Tag kam keiner auf die Beine. Um zehn Uhr brachen sie endlich auf, marschierten jedoch nur fünf Stunden. Der giftige Dschungel forderte seinen Tribut. Die dumpfe Feuchtigkeit zerfraß die Kleidung und verstopfte die Lungen. Wilde Elefanten und Wildschweine, die aus dem Unterholz preschten, stellten ihre sichere Hand beständig auf die Probe. Die markerschütternden Schreie indischer Kuckucke zerrten an ihren Nerven. Ihre Nasen litten unter dem widerlichen Geruch der Bockkäfer, die sie unter ihren Stiefeln zermalmten. Auf ihrer Haut wimmelte es von Stechmücken und Zecken. Doch falls irgendjemand dieses Häufchen unter der Leitung eines verwahrlosten hellhäutigen Mannes in verdrecktem Hemd und zerschlissener Hose beobachtete, dann in aller Stille.

Es war nur eine Frage von Tagen, bis die Vorräte aufgebraucht waren, da der Kommandant ihnen keine Verpflegung nachschicken ließ. So blieb ihnen nichts anderes übrig, als nach Feigen zu suchen, die über ihren Köpfen hingen. »Wir haben noch keinen einzigen Korb Reis erhalten«, schrieb Bayfield am 8. Februar. »Die Leute sind buchstäblich halb verhungert… und ernähren sich von jungen Blättern, die sie im nahe gelegenen Wäldchen sammeln und mit etwas fauligem Fisch und Salz kochen, was dann hochtrabend als *gnapie* bezeichnet wird.« Innerhalb eines Tages wurden seine Eintragungen sogar noch ernüchternder. »Drei von den armen Burschen sind gestorben, viele haben Fieber… es ist wirklich entsetzlich, die ganze Nacht das unablässige Husten zu hören und das Leid und die Not mit anzusehen, die jetzt unter ihnen herrscht«, kritzelte der Doktor in sein Heft.

Die Kachin hielten zwar Abstand zu der karmesinroten Kolonne, ließen aber keinen Zweifel an ihrer Anwesenheit. »Becken und Trommeln« hallten durch die Nacht. Am 10. Februar musste selbst der stoische Bayfield zugeben, wenn auch nur gegenüber seinem Tagebuch, dass er inzwischen um sein Leben fürchtete. Der Doktor dachte voller Entsetzen an die wilden Kachin-Berge, in denen auf Schritt und Tritt die Gefahr eines leisen Todes durch einen Giftpfeil lauerte. Bayfield beklagte:

> die schreckliche Verderbtheit und absolute geistige Finsternis dieser Menschen, den Vernichtungskrieg, den manche von ihnen unentwegt führen, Stamm gegen Stamm, Dörfer derselben Sippe untereinander, Bruder gegen Bruder, die Starken gegen die Schwachen, weil ihnen die Bande der Freundschaft unbekannt sind, [und wegen der] verrohenden Auswirkungen von Opium und Alkohol.

Bayfield marschierte zügig weiter, um nur ja den Treffpunkt rechtzeitig zu erreichen, und konnte sogar weitere zwei Tage aufholen, doch der Dschungel war ein Labyrinth, und nicht selten landete der Trupp dort, wo er aufgebrochen war. »Um 13 Uhr wurde mein weiteres Fortkommen durch dichten Dschungel blockiert, und nachdem ich vergeblich nach einem Pfad gesucht hatte, sah ich mich widerwillig dazu gezwungen, denselben Weg zum nächsten Gewässer zurückzugehen, vier Kilometer, und für die Nacht Halt zu machen.«

Am folgenden Morgen meldete man dem Doktor, er habe die geheime Kasa-Naga-Straße überquert, von der »verborgene unterirdische Gänge ins Innere der Berge« abzweigten. Sein Trupp stieg immer höher und bezwang steile, gewundene Pfade auf den Ausläufern des *Pet-Kai*-Gebirges, das 2350 Meter hoch aufragt. Die jeweilige Höhe über dem Meer bestimmte Bayfield, indem er den Siedepunkt von Wasser maß. Am 4. März war von dem Pfad fast nichts mehr zu sehen, und die Expedition kam nur noch schleppend voran. Bayfield und seine Leute wussten, dass sie immer noch zwei Tage in Verzug waren, und quälten sich weiter. Alle »litten unter Blutegeln und Sandfliegenstichen; von diesen habe ich nicht weniger als 120 an den Füßen und Beinen, die geschwollen sind und schmerzen; das Jucken … ist unerträglich«, kritzelte Bayfield in sein Notizbuch.

Am nächsten Morgen trotteten sie schweigend vor sich hin. Einzelne Sonnenstrahlen durchbrachen das Blätterdach. Plötzlich hallte ein Schrei hoch oben von den Bäumen, wie ein krachender Schuss, durch das Unterholz. Bayfield ergriff seine Flinte, und der Trupp blieb wie angewurzelt stehen. Der Doktor befahl seinen Männern flüsternd, Deckung zu suchen, und so duckten sie sich hinter Maulbeerbüsche, einige das Gesicht an den schlammigen Boden gepresst, der von Getier nur so wimmelte und von dem ihnen der faulige Gestank der Verwesung in die Nase stieg. Einer von Bayfields Sepoys kam mit einer schrecklichen Meldung durch das Dickicht geprescht: »Man hat eine Gruppe von Nagas gesehen, die aus dem Wald kamen … sie trugen die Tasche eines europäischen Offiziers.« Es schien, als hätten die Kopfjäger einen britischen Skalp erbeutet, und Bayfield befahl seinen Leuten, den hinterhältigen Wilden »ein paar Salven« zu verpassen.

Man kauerte still im Unterholz, spähte nach tätowierten Gesichtern und lauerte auf das Zischen von Giftpfeilen. Plötzlich sprangen zwei zerlumpte Gestalten aus dem Bambusdickicht. Captain Hannay und Dr. Griffith preschten wie Elefantenbullen auf Bayfield zu. Sie waren am Leben. Falls sich der gute Doktor freute, nach mehr als siebzig Tagen endlich auf seine Kameraden gestoßen zu sein, so ließ er zumindest in seinem Tagebuch nichts davon anklingen. Stattdessen befasste sich der reservierte Engländer mit einem weiteren drohenden Unheil. Als sie ihre Erlebnisse austauschten, stellte sich heraus, dass sie alle nur noch Proviant für zwei Tage besaßen. Major White, der den Trupp für dessen Rückmarsch nach Ava mit neuen Vorräten hätte versorgen sollen, hatte behauptet, »der Proviant sei knapp und eine Horde Singphos sei ihm auf den Fersen«; er hatte daher auf dem Absatz kehrt gemacht und war nach Guwahati zurückgeeilt.

Während die Hungernden noch überlegten, was sie tun könnten, tauchte der Kommandant von Mogaung mit tausend burmesischen Soldaten in Begleitung einheimischer Kriegsherren auf. Und so kam es, dass sich am Lagerfeuer Captain Hannay und sein ehemaliger Kerkermeister gegenübersaßen, der den Befehl hatte, den Briten zu töten. Hannay musste sich auf britisches Territorium zurückziehen; Bayfield und Griffith durften allein weitergehen. Am 18. Februar brachen die beiden Richtung Ostsüdost auf, stiegen die steilen Hänge des südlichen *Pet-Kai*-Gebirges hinab und suchten Sepoy Singhs Markierung für die geheime Kasa-Naga-Straße.

Es war bereits Ende März, als sie die Umrisse des Großen Goldberges erblickten, doch vor ihnen lag ein riesiger Teakholzdschungel, über dem rauchiger Nebel hing. Sie befanden sich an dem »undurchdringlichen und finsteren Ort«, vor dem Hannay sie gewarnt hatte, im Gebiet der Marip-Kachin, die »äußerst heimtückisch und hinterhältig und bereit waren, aus jedem Grund zu morden, sei es aus Rache oder um zu rauben«. Während sich die Abenteurer mühsam vorwärts schleppten, erinnerten sie sich an Hannays Warnung:

> Wenn bei den Kakhynen ein Kind oder ein Angehöriger einer Familie durch einen Unfall ertrinkt, begibt sich der ganze

> Stamm geschlossen ans Ufer des Gewässers, und alle schlagen mit ihren *dahs* und Schwertern darauf ein, um ihre Tötungsabsicht zu zeigen. Wenn jemand von einem Baum herunterfällt und sich dabei verletzt oder umkommt, dann fällen sie jenen im selben Geist auf der Stelle und zerhacken ihn in kleine Stücke. Und so verstümmeln und zerstückeln sie auch die Körper ihrer Feinde, ohne Rücksicht auf Geschlecht und Alter.[26]

Langsam arbeiteten sich Griffith und Bayfield nach Südosten vor. Die schleichende Verfolgungsangst spitzte sich nächtens zu, wenn sie, innerhalb eines schützenden Kreises von Feuern lagernd, dem Gebrüll der Elefanten lauschten. Oder dachten sie an Sladens *Jaiwa* und die *nats*? Sie bahnten sich sechs weitere Tage mit der Machete einen Pfad durch den Dschungel und legten dabei 165 Kilometer zurück, bevor sie endlich in Kamaing landeten, einer Siedlung von sechzig Bambushütten, die den letzten Außenposten vor den Gruben darstellte, wie Sepoy Singh erfahren hatte. Es war ein »ärmlicher und schäbiger Ort«, und der Häuptling stellte ihnen nur einen kleinen Schuppen als Unterkunft bereit, und auch das nur widerwillig.[27]

In kürzester Zeit waren Bayfield und Griffith »von allen Männern, Frauen und Kindern des Dorfes« umringt, die mit weit aufgerissenen Mündern zuhörten, als die Briten ihre Absicht bekundeten, die »weithin berühmten Serpentingruben« aufzusuchen. Der Häuptling – dessen Gesicht von einem struppigen Bart wie zugewuchert war und der einen seidenen Turban trug – paffte an einer silbernen Opiumpfeife und blickte die Fremden mit Schlangenaugen an. Er hörte sich ihr Anliegen über eine Stunde lang an und stürmte dann aus heiterem Himmel wortlos davon. Mehrere Tage lang warteten Bayfield und Griffith auf eine Nachricht des Häuptlings. Die Zeit vertrieben sie sich mit Spaziergängen durch den armseligen Ort, in dem man alles, was es zu sehen gab, in einer Stunde gesehen hatte. Auf dem morgendlichen Markt kauften sie Reis und Trockenfisch und versuchten, griesgrämige Händler, Shan wie Chinesen, in Gespräche zu verwickeln, doch die saßen alle nur da, als hätten sie sich zum Schweigen verschworen, und fuchtelten mit den Händen, als tauschten sie geheime Zeichen aus, die keiner der beiden Briten verstand. Endlich fanden Bayfield und Griffith einen einsamen Händler, der im Schatten eines Heiligen Bobaums saß, ein paar Geschenke annahm und offen über Edelsteine sprach.

Er erzählte den beiden, dass Peesae Nong, ein Kachin-Kriegsherr vom Clan der Marip, die Gruben beherrschte und allen Ausländern und fremden Händlern, Shan wie Chinesen, den Zutritt verwehrte. Niemand kam weiter als bis Mogaung; dorthin wurden die Steinblöcke mithilfe von Elefanten und Bambusflößen transportiert, und dort wurden sie am Ufer versteigert. Vor der Versteigerung wurde von der Oberfläche jedes Steins eine dünne Scheibe abgeschnitten, und an dieses kleine »Fenster« hielten die chinesischen Händler eine Kerze, um zu erspähen, was im Inneren verborgen lag. (War das der Grund, weshalb die Dichter der Han-Dynastie *fei cui* als Stein beschrieben, der »leuchtete, wie von einer verborgenen Flamme erhellt«?) Dann begann das Feilschen. Bayfield erinnerte sich an die Tagebücher von Caesar Fredericke, der 1567 an der burmesischen Küste vor Anker gegangen war. Der venezianische Kaufmann hatte ein heimlichtuerisches Geschäftsgebaren unter Edelsteinhändlern beobachtet, die »die Hände unter einem Tuch verbergen und durch das Berühren von Fingern und das Kneifen von Knöcheln wissen, was geboten und was verlangt wird«.[28] Es hatte sich kaum etwas geändert.

Erst nach Abschluss der Auktion konnten die Händler ihre Blöcke aufbrechen; sie rösteten die Steine so lange über offenem Feuer, bis sie knackten und Risse bekamen. Eine Hand voll verließen die Feuergruben als wohlhabende Männer, doch viele andere suchten Trost im Alkohol. »Wenn die äußere Schale eines Jadesteins ein Zoll dick ist, können selbst die Unsterblichen nicht erraten, was sich dahinter verbirgt«, pflegten die Chinesen zu sagen.

Aber dies hielt Tausende von ihnen nicht davon ab, eine Kerze an den aufgeschnittenen Stein zu halten oder in berauschtem Zustand Amok zu laufen, wenn ihre Brocken zu Staub zerfielen.[29] Die Leidenschaft Chinas hatte die Kachin reich gemacht, wie es Bodawpaya 1793 versprochen hatte.

Endlich, nach scheinbar stundenlangem Palaver, verriet der Händler Bayfield und Griffith, was sie wissen wollten: wie man ins legendäre Tal der grünen Steine gelangte. Er zeichnete mit einem Stock die letzten Etappen des Weges in den Sand. Zwei Kreuze markierten die Zwillingsgipfel des Loi Lem und Loi Law, zwischen denen sie über eine sich schlängelnde Linie, die die Kasa-Naga-Straße darstellte, hindurchgehen mussten. Dort, wo dieser Pfad den »Ooroo-Fluß« kreuzte, den er mit Strichen im Sand andeutete – ein viertägiger Marsch über etwa 80 Kilometer in nordwestlicher Richtung –, würden sie auf den Eingang der »Schatzgrube« stoßen, den er ebenfalls mit einem Kreuz markierte.

William Griffith übertrug die Landkarte rasch in sein Notizbuch, und am 2. April, nachdem sie endlich einen willigen Führer aufgetrieben und den »schwachen Widerstand seitens des Dorfhäuptlings« überwunden hatten, brachen die beiden Männer auf. Kaum hatten sie sich in Bewegung gesetzt, wurden sie auch schon von ihren Kulis im Stich gelassen; die Aussicht, das von sagenhaften Geistern und Schlangen geschützte geheime Tal der Kachin zu betreten, versetzte sie in panischen Schrecken. Bayfield und Griffith zogen alleine weiter, wobei ihnen Scharen von Arbeitern begegneten. Tausende von Shan, Chinesen und Assamesen, die alle, so schnell sie konnten, in die entgegengesetzte Richtung zu eilen schienen, beladen mit riesigen Stücken Serpentin. Keiner von ihnen wollte anhalten, um Fragen zu beantworten.

Bayfield und Griffith brachen jeden Tag um 5 Uhr früh auf, und am dritten Morgen drangen sie in einen »dichten Wald aus wildem Pisang und herrlichen Teakbäumen ein«, durch den kreuz und quer »Elefantentrampelpfade« verliefen. Alle drei Kilometer gelangten sie an eine Kreuzung mit mindestens zwei Abzweigungen, und sie entschieden jeweils auf gut Glück, welcher Pfad wohl der richtige sei, um in das verborgene Tal zu gelangen. Als auch die wenigen ihnen noch verbliebenen Träger durch Hitze und Feuchtigkeit außer Gefecht gesetzt waren, legten sie ihr Gepäck neben dem Pfad ab.

In der Nacht des 4. April kampierten sie auf einer schmalen Ebene, die im Westen von den Kawa-Bhoom-Bergen begrenzt wurde, und standen vor Sonnenaufgang um 5.27 Uhr auf. Sie marschierten in nordwestlicher Richtung auf einen ausgedehnten lichten Wald zu; mit einem Mal scheuerten ihre Stiefel nicht mehr, und ihre klamme Kleidung rieb ihre Haut nicht mehr wund. Um 6 Uhr machten sie Halt, um zu frühstücken, sie stocherten in Reis und Schweinefett herum, wie sie es schon seit Monaten taten, doch an diesem Morgen war ihnen, als nähmen sie ein Festessen zu sich. Um 7.15 Uhr brachen sie wieder auf und »begannen den gewundenen Aufstieg« durch einen Bambuswald, um 8.36 Uhr erreichten sie den Gipfel. In einer Höhe von 854 Metern erblickten Bayfield und Griffith die Täler, die unter ihnen lagen, und im Süden die vagen Umrisse des »großen Sees Eng-dau-gyih«, dessen Fluten angeblich die Residenzstadt eines seit langem vergessenen Königs verschlungen hatten.

Es war, als folgten sie den Spuren Sindbads auf seiner zweiten Reise. Nach Auskunft des Geschichtenerzählers Abu 'Abd Allah ibn 'Abdus al Jashyari aus dem 10. Jahrhundert hatte der Seefahrer vom Gipfel eines solchen Berges das »Tal der Schlangen« erspäht, das »ungemein groß und breit und tief war und das riesige Berge umsäumten, die spitz emporragten«. Sindbads Tal war übersät von Diamanten und »wimmelte von Schlangen und Vipern, die so dick wie ein Palmbaum waren und einen Elefanten in einem Stück verschlungen hätten«. In seiner Geschichte voller »Gefahren und Schrecknisse« hatte Sindbad erfahren, dass einheimische Kaufleute »ein Schaf schlachten, häuten und in Stücke schneiden und die Stücke dann vom Gipfel hinab in die Talsohle werfen, wo einige der Juwelen an dem frischen, blutklebrigen Fleisch hängen bleiben«.[30] In späteren Zeiten hieß es, dass diese Erzählungen, die von den Kaufleuten von Basra erfunden wurden, an genau jener Stelle ihren Ursprung genommen hätten, an der die beiden Engländer jetzt standen.

Bayfield und Griffith strauchelten den westlichen Hang hinunter, vorbei an Bäumen, in denen riesige, mit bunt bemalten Schädeln geschmückte Kokons hingen. Schließlich erreichten sie eine alkalische Quelle, in der sich eine Hand voll Tagelöhner Krusten von gelbem Staub von der Haut wusch. Die beiden Männer streiften ihre Hemden ab und stürzten sich in das weiche Süßwasser. Um 10.30 Uhr, nach einem Fußmarsch von etwa 15 Kilometern, erreichten Bayfield und Griffith den Rand eines Tals und blickten hinab in einen »schmalen Streifen von etwa 32 Kilometer Länge und 200 bis 800 Metern Breite, der im Osten vom Kawa-Bhoom begrenzt wurde«. Ringsherum lagen Hügel, die bis zu 300 Meter hoch waren, und, nach der Landkarte in Griffiths Notizbuch zu schließen, war dies die »Serpentinmine«.

Aber wo war die große Arbeitersiedlung, wo die Kolonnen zwangsverpflichteter Bergwerksarbeiter, die Wahrsager mit ihrem brennenden Bambusrohr und die Trupps der Erdarbeiter, und wo waren die grünen Edelsteine, die doch angeblich die Hänge des Tals übersäten? Bayfield und Griffith hatten erwartet, den Ausgangsort der Legenden, den Ursprung der Mythen zu finden, aber alles, was sie sahen, war der klaffende Rachen einer heruntergekommenen Mine. »Tatsächlich gibt es hier nichts, was einer Grube oder einem Schacht auch nur ähnelte, und auch nichts, das anderweitig die Mühen des Fußmarsches von Kamein aufwiegen würde«, schrieb der betrübte Griffith in sein Notizbuch. »Ich sah weder die Technik, mit der sie arbeiten, noch die Werkzeuge, die sie gebrauchen.«

Die Träume der beiden Forschungsreisenden von großartigen Entdeckungen zerstoben, als sie in dem malariaverseuchten morastigen Tal standen. Während Bayfield halbherzig ihre Position bestimmte – zwischen dem 25. und 26. Grad nördlicher Breite und dem 96. und 97. Grad östlicher Länge –, warf Griffith ein paar unbehauene Steine in seinen Leinwandbeutel. Eine Handvoll schmuddeliger, halbwüchsiger Kachin, die einen Haufen Abraum durchwühlten, lachten höhnisch. Die Minen, so riefen sie, seien erschöpft. Es gebe keine guten Steine mehr. Alle gingen fort. »Die beste Sorte wird angeblich jedes Jahr seltener, und die Steine, die die Händler heute bereitwillig kaufen, hätten früher gar keinen Käufer gefunden«, notierte Bayfield und folgerte, dass die »weithin berühmten Serpentinminen« bis auf den letzten Stein ausgebeutet worden seien.

Es blieb nichts zu tun, als aus dem Tal hinauszuklettern und den langen Fußmarsch zurück nach Ava zu beginnen, der sich durch die bittere Enttäuschung noch unerträglicher gestaltete. Sie stapften zurück in den »ärmlichen und schäbigen Ort«, doch als sie an diesem Abend ihre Kanus für die Rückfahrt nach Mogaung beluden, tauchte der »vor Wut schäumende« Dorfhäuptling auf.

Er beschlagnahmte ihre Boote und den restlichen Proviant. »Während er sprach, bedrängte er mich in einer so bedrohlichen und unverschämten Weise, dass ich gezwungen war, ihn mit beiden Händen wegzudrücken«, schrieb Bayfield. »[Er] und einer seiner Gefolgsleute zogen sogleich ihre Schwerter und schwangen sie so drohend, wobei sie Gras und Erdreich zerhieben,... dass ich mich, da ich völlig unbewaffnet war, in einer nicht unbedrohlichen Lage wähnte.« Obgleich sie nicht das Geringste gesehen hatten, war der Häuptling dafür gerügt worden, dass er den Fremden erlaubt hatte, die Minen aufzusuchen.

Nachdem Bayfield und Griffith zur »Aushändigung« ihrer Kanus gezwungen worden waren, brachen sie »zu einem ermüdenden Marsch von 40 Kilometern [bis Mogaung] auf«, und während sie sich mit der Machete einen Weg durch das dichte Gestrüpp bahnten, fiel der Monsun mit einem Donnerschlag über Burma her. Die beiden Männer krochen nach fünf Tagen schlammverschmiert aus dem Dschungel heraus und schlitterten sogleich in eine andere Katastrophe. Mogaung stand teilweise unter Wasser, und die Bevölkerung wurde evakuiert. Burma versank in einem »Zustand der Rebellion«. In einem Staatsstreich war der geistesgestörte Sagaing Min von Prinz Tharawaddy, seinem Bruder, der jetzt zu seinem Kerkermeister wurde, vom Löwenthron gestürzt worden. Gerüchten zufolge hatte man Hunderte von Hofbeamten gekreuzigt und aufgeschlitzt. Angeblich durchstreiften Hunderte vom Prinzen gedungene Mörder das Land. Mister Kincaid, einer von Bayfields Kollegen in Ava, war »von umherziehenden Banden gefangen genommen und ermordet worden«. Und während der Wasserspiegel weiter anstieg und es in Strömen goss, dämmerte es Bayfield und Griffith, dass sie von der Außenwelt abgeschnitten waren. Tag für Tag saßen sie, durchnässt vom Monsun, am Ufer des Flusses, und warteten immer verzweifelter auf ein Boot. »11.: noch immer keine Nachrichten. 12.: noch immer nichts Neues. 13.: haben uns entschlossen, nicht nach Assam auszuweichen, sondern hier zu warten.«

Hinter den Palisaden verbreitete sich sogar das Gerücht, Prinz Tharawaddy habe seinen Söldnern befohlen, die Serpentinminen in ihre Gewalt zu bringen, und mittlerweile seien sie im Anmarsch auf Mogaung. Am 19. März entlud sich schließlich die Anspannung: Musketen wurden in »wildem Durcheinander« abgefeuert, auf den morastigen Straßen drängten sich die Menschen, und in diesem allgemeinen Chaos ergriffen Bayfield und Griffith ihre einzige Chance. Sie stahlen ein paar Ruder, flüchteten zum Ufer und sprangen an Bord des einzigen Bootes, das wartete. Doch der Bootsführer hechtete in den Fluss und rief ihnen noch zu, er wage es nicht, sie nach Ava zu bringen, bevor er in die Stromschnellen hineintrieb. So brachen die Forschungsreisenden allein von Mogaung auf. Der Regen prasselte auf sie nieder, der Irrawaddy schwoll ständig weiter an – sein Wasserspiegel »stieg stündlich um mehr als 18 Zoll« – und verbarg die rasiermesserscharfen Felsen, die ihr Kanu aufzuschlitzen drohten.

Sie wurden »mit einer Geschwindigkeit von 20 bis 25 Kilometern pro Stunde« durch die Elefanten- und Kuh-Schluchten gerissen. Alle Dörfer am Ufer waren mittlerweile verlassen, in jeder größeren Ortschaft am Fluss loderten die Flammen der Feuer empor, die von Brandstiftern gelegt worden waren, Leichen ohne Kopf trieben auf Bambusflößen an ihnen vorbei. Das arg mitgenommene Boot raste an den Ruinen von Amarapura vorbei, in denen Flammen knisterten, und am 5. Mai, dem Krönungstag von König Tharawaddy, trug die Strömung endlich die zerzausten Reisenden nach Ava hinein.

Der britische Regierungsvertreter Henry Burney war sprachlos, als Bayfield nach einer Abwesenheit von fünf Monaten und zwei Tagen wieder auftauchte. »Ich war angenehm überrascht, meinen Assistenten Dr. Bayfield und Dr. Griffith wiederzusehen«, bemerkte Burney in seiner gewohnt kühlen Diktion. Schon am nächsten Tag, nachdem Bayfield und Griffith dem König vorgestellt worden waren, »der uns in der einnehmendsten Weise empfing und sehr freundliche und liebenswürdige Worte für uns fand«, wurde die britische Delegation des Hofes verwiesen und nach Rangun verbannt, von wo aus man, selbst mit einem Fernrohr ausgerüstet, nichts von Belang ausspionieren konnte.

4

Die Plünderer des Sommerpalasts

Ein jähes Pochen an der lackierten Pforte, die mit Rissen übersät war, kündigte das Eintreffen einer kaiserlichen Eskorte in dem grauen eingeschossigen Haus in *Hsi-la hutong*, Pekings Zinngasse, an. Im Innern wartete Kleine Orchidee ungeduldig. Die würdevolle Sechzehnjährige mit ihrer kunstvoll drapierten Mähne, deren Locken ihr wie Melasse in Spiralen über den Rücken fielen, war schon vor Morgengrauen bereit für den Empfang der kaiserlichen Gesandten gewesen. Den Bogengang durchmessend und dabei immer wieder den Kotau übend, hatte sie ihre Familie stundenlang mit dem Klappern ihrer Porzellanpantoffeln, die auf den Steinplatten des Fußbodens widerhallten, wach gehalten.[1]

Von Kindesbeinen an hatte sie voller Neid beobachtet, wie Vornehme durch die mit blinden Zinnen versehene Ringmauer feierlich in die Verbotene Stadt einzogen. Diese befand sich etwa 800 Meter westlich ihres Elternhauses in der Tataren-Stadt, einem Labyrinth aus grauen Häusern, die nur mit matten Farben bemalt werden durften, damit der kaiserliche Hof, der in Gelb und Rot gehalten war, um so strahlender hervorstach. Doch an diesem Tag, der nun endlich anbrach, dem 14. Juni 1852, wartete ein kaiserliches Gefolge vor ihrer Tür, und eine einzigartige Gelegenheit lockte. Xianfeng, der saumselige neunzehnjährige Kaiser, dessen Name so viel bedeutete wie »Allumfassender Wohlstand«, war im Begriff, die 27-monatige Trauerzeit für seinen verstorbenen Vater, Kaiser Daoguang, zu vollenden. Die Hofetikette verlangte, dass der Sohn des Himmels bald sein sinnliches Leben wiederaufnahm. Der Festzug anlässlich des Fruchtbarkeitsfests stand kurz bevor.

Xianfengs Stiefmutter, die Kaiserinwitwe, hatte ein Dekret erlassen, das allen geeigneten Töchtern der Mandschu-Vornehmen gebot, sich in der Kaiserlichen Hofhaltung vorzustellen.[2] Mädchen mit vorstehenden Zähnen, deren »Haar in die falsche Richtung wächst«, waren gehalten, sich nicht zu bewerben, doch Hunderte von anderen, welche die Kriterien des Hofes erfüllten, sollten mit ihren Sänften schon bald die Straßen verstopfen.[3] Nur 60 von ihnen würden schließlich in die Zitadelle vorgelassen, und von diesen würde schließlich eine erlesene Gruppe von 28 übrig bleiben.

Kleine Orchidee war von ihren Mägden mit Schmuck und Seidengewändern herausgeputzt worden, die ihr Freundinnen und Verwandte geliehen hatten; sie alle hofften, ein Abglanz ihrer Pracht fiele auf sie. Wohlriechende Öle waren in die Kopfhaut des Mädchens massiert worden, um noch den letzten Küchengeruch zu übertönen, und ihre dichte, ungeschnittene Mähne war mit fetter Pomade gezähmt worden, bevor sie um den schmetterlingsförmigen Holzrahmen ihres Kopfputzes gewickelt worden war, der mit einem *bianfang*, einem flachen Jadespatel, im Haar befestigt war. Ihre hochgesteckte Frisur glich dem gefächerten Schwanz eines Pfaus, und die Mägde der jugendlichen Frau hatten sie mit juwelenbesetzten Früchten und den verheißungsvollen Symbolen der Langlebigkeit, des Glücks und der Fruchtbarkeit verziert: Pfirsichen und Granatäpfeln aus Perlen und Korallen, sich windenden Fischen, dreibeinigen Fröschen und schillernden Schmetterlingen, geschnitzt aus Qianlongs Stein des Himmels. Der erlesene Kopfputz zitterte bei jedem Schritt und betonte ihre vollkommenen Mandschu-Züge: ein anmutiger, langer Hals, eine hohe, breite Stirn und ein ovales Gesicht, das, gemäß einem chinesischen Sprichwort, »glänzte wie der Mond«.

Ihre junge Haut war verborgen unter einer dicken Schicht Bleiweiß, die Augen mit einem Hauch Rosa umstäubt und ihre Unterlippe mit einer glänzend zinnoberroten Träne bemalt, abschließend war die ganze Maske mit Glyzerin besprüht worden, um ihr

Halt zu geben. Man hätte sie für eine Sängerin der Pekingoper halten können. Die Türen wurden geöffnet, und Kleine Orchidee hob ihre Robe an, um über eine Rinne zu schreiten, die von Entenfett und Teeblättern verstopft war. Ihre schimmernde Seidenrobe, die über ihre Knöchel wallte und ihre zierlichen Hände hinter hufeisenförmigen Ärmeln verbarg, war mit einer Vielzahl von kleinen Edelsteinen und Staubperlen bestickt. Nachdem Kleine Orchidee mühsam in die Sänfte aus gelbem Satin geklettert war, wurde sie zügig zum Tor des Himmlischen Friedens gebracht, wo sie unter ihrem offiziellen Familiennamen Yehenara bei Hof vorgestellt würde.

Als die Sonne über der eintönigen Tataren-Stadt aufging, fegte eine gelbe Staubwolke aus der Mongolischen Steppe durch die Stadt: Durch die engen Gassen strebten zahllose gelbe Sänften dem Tor des Himmlischen Friedens zu.[4] Alle Türen und Fenster wurden aufgerissen, Tausende wollten unbedingt einen flüchtigen Blick auf das Gedränge der Sänften erhaschen, mit Feuerwerkskörpern besetzte Schnüre tanzten an Gesimsen und Giebeln, und Stichflammen des Schießpulvers und scharlachrote Papierschnitzel blendeten die Träger. Eunuchen riefen die Namen der Kandidatinnen aus, die in die engere Wahl gekommen waren; ihre Sänften arbeiteten sich durch das Gewühl zum prächtigen Mittagstor vor. Yehenara gehörte zu denjenigen, die mit dem Gesang »Li la, doula« (»Bin gekommen, bin eingetroffen«) begrüßt wurden.[5]

Sechzig Mädchen entstiegen blinzelnd ihren mit Vorhängen versehenen Sänften und eilten hurtig über die fünf Marmorbrücken, die den Inneren Goldwasserfluss überspannten; in ihren unbequemen Plateaupantoffeln, die mit Perlen und Jade besetzt waren, überquerten sie die weitläufigen, mit Kopfsteinen gepflasterten äußeren Höfe der Verbotenen Stadt.

Vorbei an bronzenen Räucherfässern in Form von Störchen, Drachen und Schildkröten, welche die Luft mit duftenden Rauchschwaden erfüllten, durch das Tor der Höchsten Harmonie hindurch und vorbei an den vergoldeten Säulen des Thronsaals des

Himmelssohns bewegte sich der feierliche Zug zu den Westlichen Palästen. Diese bestanden aus einem Gewirr von Wohnungen, Innenhöfen und mit Steinplatten belegten Fluren, die denjenigen, die hier Aufnahme fanden, ein geheimes Wohlleben verhießen. Die kaiserlichen Anwärterinnen betraten das Reich der feisten Eunuchen mit ihren geschminkten Gesichtern und grellbunten Gewändern, die sich sogleich in tuschelnder Geschäftigkeit ihrer annahmen.

Als sich die Türen hinter Yehenara schlossen, wusste sie wohl, dass sie, falls sie die kommenden Prüfungen bestünde, das Recht verwirken würde, sich mit irgendeinem anderen Mann als dem Kaiser zu verbinden. Als kaiserliche Konkubine würde sie den Bezirk der Westlichen Paläste nie mehr ohne Begleitung verlassen, und Peking würde für sie zu einer Stadt der Töne werden: das Zusammenstoßen zweier Karren, das Schrillen von Stimmen, das Lied eines Lotosverkäufers, das über die Mauern hallte. Tatsächlich waren die Westlichen Paläste ein Gefängnis, das die Eunuchen so eifersüchtig hüteten wie die Glaskrüge, die ihre abgeschnittenen Hoden enthielten – bittere Andenken an ein Leben, das ihnen vorenthalten worden war. Den Mandschu-Vornehmen galt die Zukunft, um die ihre Töchter jetzt wetteiferten, als das höchste Privileg, doch einem Ausländer, der von den Bräuchen am Hof erfuhr, erschienen die Westlichen Paläste wie ein »schrecklicher Traum, in dem sich für einen Augenblick eine Flucht von Korridoren öffnet und dann für immer schließt«.[6]

Wir wissen aus den Aufzeichnungen der *Nei Wu Fu*, der Kaiserlichen Hofhaltung, dass deren Angehörige jedes Mädchen auf seine astrologische, seelische und körperliche Tauglichkeit untersuchten. Auf der Suche nach günstigen Vorzeichen wurde gewiss Yehenaras Horoskop der fünf Glück verheißenden Schriftzeichen geprüft, ebenso ihre Ahnentafel und die Umstände ihrer Geburt. Man wird sie aufgefordert haben, Abschnitte aus den Klassikern in Mandschu und Mandarin laut vorzulesen, bevor Höflinge ihr Gesicht mit nassen Fingern abrieben, um sicherzugehen, dass sie keine »Himmelsblumen« (Pockennarben) unter ihrer Schminke verbarg.[7] Sie werden den Hals des Mädchens auf Anzeichen einer Kropfbildung untersucht haben – jene durch Jodmangel verursachte körperliche Entstellung, die im 19. Jahrhundert so viele Chinesen heimsuchte. Anschließend wird eine Hebamme sie aufgefordert haben, sich auf eine Pritsche zu legen. Die körperliche Untersuchung war eine gefürchtete und unangenehme Prüfung, und später sollten einige im Westen behaupten, dass Yehenara dabei ihre Findigkeit unter Beweis stellte:

> Yehenara trug ein Paar wertvolle Jadearmreifen. Klüger, als es ihrem Alter anstand, wusste sie, dass die erfahrene Hand einer Hebamme, sobald sie im Untersuchungszimmer auf einer Pritsche lag, binnen Sekunden herausfinden würde, ob sie noch jungfräulich war oder nicht. Als sie endlich an die Reihe kam, inszenierte sie einen Wutanfall und lehnte es entrüstet ab, sich abtasten zu lassen. Währenddessen… streifte sie flink die kostbaren Armreifen ab und ließ sie, ehe sich's die Eunuchen versahen, in die ungeduldig aufgehaltene Hand der Hebamme gleiten. Für einen Augenblick trafen sich die Blicke der beiden Frauen und leuchteten in heimlichem Einvernehmen auf. Schließlich nickte die Ältere; und [Yehenara] durfte sich zu den anderen auserwählten Mädchen stellen.[8]

Wir wissen aus den erotischen Ratgebern der Ming- und Qing-Dynastie, dass die Fähigkeit einer Konkubine, die richtige Menge an *Yin* abzusondern – jene Ursubstanz, welche die eine Hälfte des Fundaments bildet, auf dem das chinesische Weltbild ruht –, genauso wichtig war wie ihre Jungfräulichkeit. Der Ausdruck *Yin*, der wörtlich »verborgen« beziehungsweise »dunkel« bedeutete, soll 2700 v. Chr. von Kaiser Shen Nung erfunden worden sein, und zur Zeit der Qing-Dynastie bezeichnete er auch die weibliche Vagina und, noch spezifischer, die Fähigkeit einer Konkubine, sich geschlechtlich erregen zu lassen und ihrerseits zu erregen.

Das *Yü-fang-pi-chüeh* (»Geheime Anleitung für das Schlafgemach«), ein daoistisches Buch über Erotik, lehrte Hebammen, wie sie durch sorgfältige Prüfung der Vagina, der Brüste, des Haars, der Augen und der Redeweise einer Frau auf die Güte ihres *Yin* schließen können. »Ein Mann sollte junge Frauen, deren Brüste noch nicht ausgebildet sind und die eine üppige Statur haben, als Geschlechtspartnerinnen wählen. Sie sollten seidiges Haar und kleine Augen haben ... Gesicht und Körper sollten ebenmäßig gebaut und die Sprechweise sollte harmonisch sein«, heißt es dort.[9] Das *T'ai-ch'ing-ching*, ein altes Buch über Physiognomie, war sogar noch unverblümter:

> Geeignete Frauen besitzen ein zärtliches und fügsames Naturell und eine sanfte Miene. Sie sind weder zu groß noch zu klein, weder zu feist noch zu dürr. Die Schamlippen sollten wohlentwickelt sein. Sie sollten keine Schamhaare aufweisen, und die Vagina sollte feucht sein. Während des Geschlechtsaktes sollte ihre Vagina reichlich Sekret absondern, und ihr Körper sollte sich so stark winden, dass man ihn kaum bändigen kann.

Das didaktische *Yü-fang-pi-chüeh* verfügte auch, was im Schlafzimmer unerwünscht war: Frauen mit »zerzaustem Haar und derbem Gesicht ... vorstehendem Adamsapfel ... männlicher Stimme, großem Mund und langer Nase, blutunterlaufenen oder gelblichen Augen, langen Haaren auf den Oberlippen oder mit Wangen, die einen Backenbart tragen«.

Nachdem Yehenara betastet, gekniffen und vermessen worden war, gehörte sie schließlich zu den 28 vollkommenen Exemplaren, die in das Frauengemach des Mandschu-Herrschers getrieben wurden. Dort wurden sie der Kaiserinwitwe vorgeführt, die jeder Einzelnen einen bestimmten Rang im Serail des Himmelssohnes zuwies. Jedes Mädchen strebte danach, eine *huangguifei*, *guifei* oder *fei* (kaiserliche Gemahlin, hohe Gemahlin oder Gemahlin) zu werden, da nur Frauen dieser Ränge ein Kind des Kaisers gebären durften. Doch die meisten wurden *bing*, kaiserliche Konkubinen, die, wie die unter ihnen stehenden *guiren*, *changzai* und *daying*, die Nebenkonkubinen, nur selten mit dem Himmelssohn verkehrten, und dann auch nur, um ihn in Stimmung zu bringen, bevor eine der ranghöheren Angehörigen seines Harems ins Schlafgemach getragen wurde.

Yehenara hatte das Pech, in einem Palast, in dem 3000 Frauen und 3000 Eunuchen dem Kaiser zu Diensten waren, als eine *guiren* eingestuft zu werden. Yehenara erhielt nun Schmuck aus Katzenauge und *fei cui*, ein Paar dreigliedrige Ohrringe, zwei Armreife und eine Halskette aus 108 Perlen mit drei pflaumengroßen Prunksteinen. Ihr Name wurde auf eine Jadetafel geschrieben, die im Schlafzimmer des Kaisers hinterlegt wurde.[10] Der Himmelssohn drehte jeden Abend die Namenstafel seiner gewünschten Gespielin um, und seine Eunuchen wurden in die Frauengemächer geschickt, um seine Auserwählte splitternackt zu entkleiden und so sicherzustellen, dass sie keine Waffe bei sich trug. Anschließend wurde sie in wohlriechenden Ölen gebadet und enthaart.[11]

Yehenara und ihre Konkurrentinnen wurden in Fluchten zellenartiger kleiner Räume mit Papierfenstern, die um offene Innenhöfe lagen, eingepfercht und warteten dort unentwegt auf den Befehl, sich in der Östlichen Warmkammer einzufinden. Obgleich es Jahre dauern konnte, bis sie ihre Chance bekam (wenn überhaupt), hielt sie sich auf Abruf bereit, um dem gelangweilten jungen Kaiser die Zeit zu vertreiben.

Nach Ausweis der Qing-Annalen zog Yehenara schon wenige Monate nach ihrer Aufnahme in die Verbotene Stadt in den *Changchung Gong* (Palast des Immerwährenden Frühlings) um, eine alte Villa aus Teakholz mit geheizten Fußböden aus Steinplatten, wo ehedem schon Xiang Fei, Qianlongs Duftende Gemahlin, gewohnt haben soll. Zu der Zeit, als Yehenara als eine *guiren* aufgenommen wurde, hatte sich die Geschichte von Xiang Fei in einen Mythos verwandelt, der im Palast kursierte, ein Lehrstück für Konkubinen, die alle davon träumten, das Herz eines Kaisers zu erobern. Die Wertschätzung aller Dinge, die mit dem Blumenmädchen in Kashgar in Verbindung standen, war so groß, dass Damen der großen Gesellschaft nunmehr forderten, in dem Stil porträtiert zu werden, in dem Castiglione Xiang Fei gemalt hatte, und im gesamten Reich der Mitte übten sich Künstler eifrig an Kopien. Die Geschichte des duftenden Blumenmädchens wurde auch vertont. Die *Fahnentuch-Oper* war zu einem der beliebtesten der 1000 Stücke und Opern im Palastrepertoire geworden, und wir wissen aus Aufzeichnungen des kaiserlichen Hofs, dass Yehenara den *Chang-yin-ge* (»Pavillon der Angenehmen Klänge«) besuchte, wo sie sich an dem Märchen aus Liebe, Verrat, Eifersucht und Tod ergötzt haben dürfte.

Die *Fahnentuch-Oper* präsentierte eine ganz andere Geschichte über das duftende Blumenmädchen als die, die man sich zu Lebzeiten Qianlongs erzählt hatte. Diese Version, die behauptete, sich auf zeitgenössische historische Forschungen zu stützen, war eine rührselige Tragödie über ein muslimisches Mädchen, das von einer anderen Konkubine verraten wurde. Während die Becken im Pavillon der Angenehmen Klänge schimmerten und die Schauspieler einzogen, ergoss sich das Seufzen der siebensaitigen *ch'in* von der Galerie auf die Zuschauer im Parterre, die auf chinesischen *chaise longues* lagen. Man zählte das Jahr 1760: Das Mädchen vom Lande, das sich in den Westlichen Palästen einsam fühlte und dem die fremde, kalte Zitadelle Angst einjagte, wurde von Ying Fei, der Lieblingsgemahlin des Kaisers, die bestürzt war über die ätherische Schönheit und den lieblichen Duft ihrer neuen Gefährtin, unter die Fittiche genommen. Die eifersüchtige Ying Fei schmiedete ein Komplott; sie riet der Duftenden Gemahlin, stehen zu bleiben, wenn sich der Kaiser setzte, und das Wort zu ergreifen, bevor er gesprochen hatte. Sie war sich sicher, auf diese Weise Xiang Feis Verbannung zu erreichen. Doch Qianlong lachte über die Widerspenstigkeit des Mädchens vom Lande und mochte es umso mehr.

Als sich die Kaiserinwitwe anschickte, ihren siebzigsten Geburtstag zu feiern, schlug Ying Fei erneut zu. Sie riet der arglosen Xiang Fei, einen Kopfkissenbezug mit dem Motiv eines Phönix in einem Baum zu besticken. Dieses Geschenk enthielt jedoch eine verborgene Botschaft, denn der Phönix war das Symbol der Kaiserin, doch die Tatsache, dass er allein auf dem Baum hockte, konnte nur bedeuten, dass sie ungeliebt sterben würde. Xiang Fei wurde in Abwesenheit des Kaisers zum Tode verurteilt, und unter den anschwellenden Stimmen der Sänger der Pekingoper erklärte sie: »Wenn ich sterbe, wird der Kaiser die Wahrheit erfahren.« Sie ergreift ein Messer und rammt es sich ins Herz. Als sich der Vorhang senkte, konnte man auf der Bühne den Kaiser sehen, wie er seine geliebte Xiang Fei bitterlich beweinte; ihr Leichnam lag in einem Lacksarg, und ihr Kopfputz war mit Perlen, Diamanten, Rubinen, Katzenauge und *fei cui* geschmückt.[12]

Rangniederen Konkubinen boten sich nur ein paar flüchtige Augenblicke, in denen sie hell genug glänzen konnten, um die Aufmerksamkeit des Kaisers auf sich zu lenken. Wie Glühwürmchen verzehrten die meisten ihre Strahlkraft unbeachtet und wurden in den Palast der Vergessenen Favoritinnen abgeschoben. Dieses Melodram über den sagenhaften Aufstieg eines einfachen Mädchens dürfte also bei Yehenara, die wie Xiang Fei ihren langsamen Aufstieg von einer ungünstigen Position aus begann, eine Saite zum Schwingen gebracht haben.

Die kaiserlichen Chroniken schweigen sich über ihren Stammbaum und den gesellschaftlichen Status ihrer Familie aus, und wir wissen wenig darüber, auf welche Weise sie den Wettkampf um das Drachenbett antrat. Wir wissen jedoch, dass sie höchstwahrscheinlich am 29. November 1835 geboren wurde, vermutlich als Tochter eines Mandschu-Militärbeamten mittleren Ranges, der dem »Gesäumten Blauen Banner« angehörte und wohl Hui-cheng hieß.[13] Das Mädchen aus der Zinngasse wird in den kaiserlichen

Archiven unter dem Namen Yehenara geführt; dies bedeutete, dass sie dem Stamm der Yehe vom Nara-Clan angehörte. Abgesehen davon gibt es über ihr Vorleben die unterschiedlichsten Gerüchte. Einige behaupten, ein Wahrsager namens Fu habe ihre Geburt »in der Stunde des Tigers« überwacht und dabei ein »großes Leuchten« gesehen.[14] Der geheimnisvolle Fu untersuchte das Neugeborene und fand auf seiner Brust ein Mal, in dem er Umrisse eines Fuchses zu erkennen glaubte, der in China ein zweideutiges Symboltier ist, das sowohl das Gute wie das Böse, Klugheit und Verschlagenheit verkörpert.[15] Für diejenigen, die viel auf diese fragwürdige Geschichte gaben, verband das fuchsförmige Geburtsmal das Neugeborene mit einer uralten Prophezeiung. »Die [Qing-] Herrschaft... würde eines Tages von einer bedeutenden Frau aus dem Yehenara-Clan, die das Zeichen des Fuchses trug, beendet werden.«[16]

Andere behaupteten, ihr Vater sei gestorben, als sie drei Jahre alt war, und sein Tod habe ihre Familie in Armut gestürzt.[17] Nach einem Gerücht, das Lästermäuler, die den Mandschu feindlich gesinnt waren, verbreiteten, soll die halbwüchsige Yehenara in einem Bordell in Kanton als Sexsklavin für den Kaiser gekauft worden sein.[18]

Einige spannen dieses Thema der Zügellosigkeit weiter und behaupteten, Yehenaras Vater habe sich am Glücksspiel, an seiner Opiumpfeife und am Beschnüffeln der gebundenen Füße Han-chinesischer Prostituierter, einer erotischen Finesse der damaligen Zeit, ergötzt.[19] Um die Vielzahl seiner Laster zu finanzieren, habe er seine junge Tochter dazu gezwungen, auf der Straße zu singen, während ihre Schwester Passanten mit einer zerschlissenen mandschurischen Mütze in den Händen angebettelt habe. Noch fantastischer war eine Behauptung, die in Schanghai um 1930 kursierte, wonach die blassweiße Haut der Heranwachsenden belege, dass sie die Frucht eines heimlichen Techtelmechtels ihrer mandschurischen Großmutter mit einem weißrussischen Liebhaber gewesen sei.[20] Die einzige biografische Schilderung, die Anspruch auf Authentizität erheben kann, stammt von ihrer Hofdame. »Ich hatte von Kindesbeinen an ein sehr schweres Leben«, soll Yehenara ihrer Gefährtin geklagt haben. »Ich war kein bisschen glücklich, wenn ich mit meinen Eltern zusammen war, da ich nicht ihr Liebling war. Meine Schwestern hatten alles, was sie sich wünschten, während ich links liegen gelassen wurde.«[21] Es ist erstaunlich, dass Yehenara trotz der vielen obszönen Gerüchte, die über sie kursierten, überhaupt Einlass in das Tor des Himmlischen Friedens gewährt wurde. Es gibt keine Aufzeichnungen darüber, wie sie es anstellte, obgleich die Qing-Beamten damals gewiss bestechlich waren. Vielleicht hatte ihre Familie das Geld, um ihrer Tochter den Weg zu ebnen, wahrscheinlicher aber ist, dass ihre unbestrittene Ausstrahlung ihr den begehrten Platz in den Westlichen Palästen verschaffte. »Viele Leute beneideten mich, weil ich damals für eine schöne Frau gehalten wurde«, soll Yehenara sich gegenüber ihrer Hofdame gebrüstet haben.[22]

Die Konkubinen des Kaisers hatten wenig zu tun, außer Gänsen gleich in einem Cloisonné-Käfig zu schnattern, doch das immerwährende Ticken der englischen Uhren, die Qianlong überall in seinen Palästen hatte aufstellen lassen, dürfte Yehenara daran erinnert haben, wie wichtig hier die Zeit war. Die Aussicht, eingesperrt im Palast der Vergessenen Favoritinnen zu enden, wird ihr keine Ruhe gelassen haben. Also beschloss sie, sich zu bilden. Unter gemalten Mottos sitzend, die gemahnten: »Wenn du alle Bücher liest, wirst du Vergangenheit und Gegenwart erkennen«[23], begann sich Yehenara in die Geschichte der Qing-Dynastie, ihre Kalligraphie und die Fülle der kaiserlichen Kunsterzeugnisse, die sie umgaben, zu vertiefen. Gefesselt von den Geschichten, die man sich über die Fischer von Khotan erzählte, soll sie sogar geübt haben, mit verbundenen Augen den Himmelsstein mit ihren Fingern zu ertasten, wobei sie Gefallen fand an der glatten, harten Oberfläche des Edelsteins, der sich in ihrer Hand langsam erwärmte. Doch wirklich verzückt war sie von der Geschichte des *fei cui*, eines Edelsteins, der sich am Hof mittlerweile so großer Beliebtheit erfreute, dass er sogar den Probierstein des Konfuzius in den Schatten stellte und allgemein als »smaragdgrüne Kaiserjade« bezeichnet wurde.[24]

Yehenaras Studien und Nachforschungen über die Kaiserjade haben sie gewiss mit der Ikonographie Xiang Feis in Berührung gebracht, den unzähligen Porträts (darunter einige von Castiglione) eines Mädchens mit blassem Teint und durchdringenden blauen Augen. Vielleicht hat sie auch zu dieser Zeit die Geschichte von der Persischen Pfefferfrucht der Duftenden Gemahlin entdeckt. Sie wusste zweifellos, dass der Pfeffer (*jiao*) ein Symbol der Kaiserin war, deren Gemächer im Palast *Jiao Fang* (Pfefferräume) genannt wurden, und dass jede Frau, die grüne Kaiserjade besaß, insbesondere ein Stück, das mit dem Emblem der Kaiserin verziert war, immer näher an das Reich der Östlichen Warmkammer heranrücken würde.

Den Bewohnerinnen der Westlichen Paläste werden Gerüchte zu Ohren gekommen sein, wonach Kaiser Xianfeng ein Leben unfruchtbarer Ausschweifungen führte, obwohl er dringend einen Thronerben brauchte. Nach Auskunft aller Berichte war er ein kränklicher Mann, der bis zum Jahr 1855 nur eine Tochter mit Li Fei, seiner Favoritin, gezeugt hatte. Seine Kaiserin Niuhuru, ein tumbes Mädchen, das zwei Jahre jünger war als Yehenara, hatte keine Kinder zur Welt gebracht. Man munkelte, dieser Himmelssohn verkehre lieber mit Opernsängern als mit den Frauen des Hofes.

Yehenara, die die Frauengemächer nicht verlassen durfte, konnte sich glücklich schätzen, wenn sie auch nur einen flüchtigen Blick auf den Kaiser erhaschte. Doch ihre Detailversessenheit, ihre Beflissenheit und Ausstrahlung trugen ihr schon bald den Beifall des Hofes ein. Im August 1855 stieg Yehenara laut den Qing-Annalen zur *bing* auf, so dass sie fortan Anspruch auf je vier Eunuchen und Dienerinnen sowie auf die Anrede »Dame Yehenara« hatte.[25] Von nun an durfte sie durch die Gärten des Sommerpalastes schlendern, und nach einem blumigen Bericht fand hier im Sommer 1855 die erste Begegnung mit dem Kaiser statt, der von ihrem lieblichen Gesang angelockt worden sei:

> Aus einem nahen Gehölz vernahm er eine zarte Stimme, die eine südliche Weise trillerte. Sie bezauberte den Monarchen so sehr, dass er weiterging, um die Person kennen zu lernen, die so herrlich sang. Dies war seine erste Begegnung mit Yehenara … Sie erwies sich als geschickte Schmeichlerin und war so klug, sich nicht unterwürfig zu geben.[26]

Es dauerte nicht lange, bis Xianfeng Yehenaras Jadetafel umdrehte. Als ein Eunuch ihr eröffnete, man verlange nach ihr, sagte sie vermutlich die gut eingeübte rituelle Formel auf: »Der Wunsch des Kaisers sei gewährt.« In einen scharlachroten Umhang gehüllt, dürfte sie *bei gong*, auf dem Rücken eines Eunuchen, zum Kaiser getragen worden sein; dieser Brauch ging auf die Han-Dynastie zurück, als Konkubinen nicht ohne fremde Hilfe gehen konnten, nachdem man ihnen zum Geschlechtsverkehr die eingebundenen Füße gelöst hatte.

Die frohlockende Yehenara wurde nackt am Fuß des Drachenbetts abgelegt. Hinter einem Schleier aus Kreppvorhängen lag der Kaiser, ausgestreckt auf einem erwärmten *kang*, auf drei Matratzen aus gelbem Brokat, unter einem Regenbogen aus Seidentüchern, die mit einer Tagesdecke aus gelbem Satin drapiert waren. Es roch nach Lavendelkissen und Jujubeblüten. Eingerahmt wurde der Alkoven von roten Bannern, die von seinen Heldentaten im Krieg und in der Liebe, seiner Fruchtbarkeit und Langlebigkeit kündeten. Eunuchen standen innerhalb und außerhalb des Raums, der mittlerweile »Jade-Gemach« hieß.

Die Etikette verlangte von Yehenara, die Beine des auf dem Bauch liegenden Kaisers hinaufzukriechen und den Himmelssohn anzuflehen, sein »himmlisches Feuerwerk« mit ihr zu teilen. Die Szene, die sich angeschlossen haben dürfte, war geprägt von konfuzianischen Werten und dem Stein, dem der Philosoph die stärkste tugendsteigernde Wirkung zuschrieb. In den zahlreichen Handbüchern zur chinesischen Geschichte, die Xianfeng studiert haben dürfte, wurde der Penis als Jadestängel umschrieben, und die Vagina einer Frau als der Jadegarten, den ein Mann durch das Jadetor betrat, um ihre Jadeadern und ihre Juwelenterrasse zu stimulieren. Und sobald das Paar seinen Rhythmus gefunden hatte, erwartete man von der Konkubine, dass sie »flüssige Jade« aus ihrem Jadebrunnen absonderte, um das Schlafgemach mit dem Jadeduft der Liebe zu erfüllen.

Bei dieser ersten Begegnung wurde von Yehenara zweifellos erwartet, dass sie nur sehr wenig über *Fang-chung*, die »Kunst des Schlafgemachs«, wusste. Diese Sammlung von Erotika, Fruchtbarkeitsritualen und Mystizismus band die kaiserliche Fortpflanzung in komplizierte daoistische Sexualregeln ein, die von Xianfeng verlangten, sein *Yang*, seine »Lebensessenz« beziehungsweise seinen Samen, der Himmel, Sonne, Feuer und Licht repräsentierte, zu stärken. Je stärker das *Yang* des Kaisers, umso mächtiger war sein »Geist des Tales« (seine Fruchtbarkeit), der auch durch Zaubertränke gesteigert werden konnte. Im letzten Kapitel des *Tung-hsüan-tzû*, eines erotischen Nachschlagewerks aus der Epoche der Drei Reiche und Sechs Dynastien (221-558 n. Chr.), ist die Rezeptur für ein Elixier aufgeführt, dessen wichtigster Inhaltsstoff Jadepulver war. Der Stein wurde mit frischen Stängeln von *rehmannia lutea*, zwei Gramm Zimt, fünf Gramm *glycyrrhiza glabra*, zwei Gramm *atractylis ovata* und fünf Gramm *kan-ch'i* (trockenem Lack) vermahlen. Nachdem man das Ganze durchgesiebt hatte, wurde ein »Quadratzoll des Pulvers« in Wein aufgelöst und dreimal pro Tag getrunken. Andere Gebräue verwendeten *boschniakia glabra*, eine Pflanze, die einem erigierten Penis beziehungsweise einem Hirschhorn gleicht und die ebenfalls wegen ihrer phallischen Gestalt ausgewählt wurde.

Um den Kaiser zu erregen und die Kraft seines *Yang* zu steigern, studierte man eifrig erotische Leitfäden wie *Das Handbuch der*

Dame Geheimnis, *Geheimcodes des Jadezimmers* und *Rezepte zur Stärkung der Potenz*, die teilweise auf die Han-Dynastie zurückgingen. Sie alle beriefen sich auf das 63. Hexagramm des *I Ching*, in dem die wichtige Frage des *chi-chi* (Geschlechtsverkehrs), der Akt der Erfüllung, behandelt wurde. Doch obgleich der Kaiser mit möglichst vielen Konkubinen *chi-chi* haben sollte, durfte er dabei nicht ejakulieren. Jedes Mal, wenn es ihm gelang, sich zu beherrschen, aber zugleich seine Partnerin sexuell zu befriedigen, steigerte er sein *Yang* und verlängerte sein Leben um zwölf Jahre – zumindest behaupteten dies die Sexologen der Ming-Zeit.

Um einer Sache Würze zu verleihen, die wenigstens theoretisch eine recht langweilige Übung werden konnte, ermahnten die acht Handbücher, aus denen sich die *Kunst des Schlafgemachs* zusammensetzte, den Kaiser, zahlreiche exotische Stellungen auszuprobieren. Ausgeklügelte Variationen der Missionarsstellung waren etwa das »Abwickeln von Seide«, »Fliegende Seemöwen« oder »Sich windende Drachen«. Wenn der Kaiser seine Konkubine a tergo nehmen wollte, konnte er zwischen den Stellungen »Dreijähriger Esel«, »Springender Weißer Tiger« und »Dunkle Zikade, einen Baum spaltend« wählen. Wenn der Kaiser wollte, dass seine Konkubine oben blieb, konnte er sie bitten, »Katz und Maus in einem Loch«, »Flatternde Schmetterlinge« oder auch »Phönix, sein Küken haltend« zu spielen. Der Erzähler, ein gewisser Meister Tung-hsüan, gelangte zu dem Schluss, dass diese Stellungen »wahrlich die stärksten Wirkungen« entfalteten und »alle Möglichkeiten in sich bergen«. Er bat den Praktiker inständig, »ihre wundervolle Bedeutung in ihrer ganzen Tiefe zu ergründen«.

Yehenara wurde vermutlich ermuntert, eine aktive Rolle zu spielen, doch um sicherzustellen, dass Xianfeng sein *Yang* auskostete, legte man ihm gewiss den Rat aus dem *Klassiker der Unsterblichen* nahe, seinen Samenleiter kurz vor dem Höhepunkt zusammenzupressen und »tief einzuatmen und viele Male mit den Zähnen zu knirschen, ohne den Atem anzuhalten. Dann wird der

Samen in Bewegung versetzt, aber nicht ausgestoßen; er fließt aus dem Jadestängel zurück und gelangt ins Gehirn«.

Es gab weitere erfinderische und effektive Methoden für den Kaiser, sich zu zügeln, etwa einen weichen Ring aus Leder, der aus dem Lid eines Schafsauges geschnitten wurde und den der Kaiser über seinen Penis streifte. Die Wimpern, die nach wie vor an dem Lederring hafteten, strichen gegen die Klitoris seiner Partnerin und brachten sie zum Orgasmus, während der Ring den Penis gleichzeitig so fest umschloss, dass der Kaiser gar nicht ejakulieren konnte. Jaderinge spielten im *Yüang-yang-pi-pu*, einem Album erotischer Holzschnitte, ein wichtige Rolle: Eine Abbildung zeigt einen Mann, der an seinem Glied einen Jadering trägt, in Position gehalten von einen Baumwollgurt, der zwischen seinen Gesäßbacken verläuft und von seiner Konkubine immer fester angezogen wird.

Xianfengs Sexualleben wurde zudem durch die Regeln für das Frauengemach eingeschränkt, die vorschrieben, der Kaiser dürfe nur siebenmal pro Jahr ejakulieren: an drei (genau festgelegten) Tagen im Frühling, zwei Tagen im Sommer und zwei Tagen im Herbst. Nur an diesen Tagen durften ranghohe Konkubinen, Gemahlinnen und die Kaiserin von dem Samen des Kaisers geschwängert werden. Um einen Erben zu zeugen, musste die Glück verheißende Kopulation am ersten, dritten oder fünften Tag nach der Periode seiner Gefährtin stattfinden – wenn es der zweite oder vierte Tag war, würde seine Bettpartnerin ein Mädchen empfangen, und nach dem fünften Tag könnte sie gar nicht mehr schwanger werden. Das Ganze wurde noch komplizierter, denn der Kaiser musste seinen Orgasmus Schlag Mitternacht haben. Wenn er früher zum Orgasmus kam, würde sein Kind jung sterben. Wenn er nach der zugewiesenen Zeit zum Höhepunkt kam, würde der Säugling bald nach der Geburt sterben. Da grenzt es an ein Wunder, dass er überhaupt zum *chi-chi* kam.[27]

Es steht zweifelsfrei fest, dass sämtliche Regeln und Vorschriften, die das kaiserliche Sperma betrafen, im vorliegenden Falle übertreten wurden. Denn schon bei der ersten Begegnung des Kaisers mit Yehenara im Juli 1855 hatte er einen Orgasmus, und sie wurde schwanger. Es war ein gewaltiger Sieg für die rangniedere Konkubine, die sich sogleich ins Herz der Westlichen Paläste in der Verbotenen Stadt zurückzog. Dort unterzog sie sich dem neunmonatigen Regime der »Erziehung des Ungeborenen«; sie musste rohe, kalte, sauere und scharfe Speisen meiden, durfte weder in einer Rikscha fahren noch reiten und außerdem keinen Alkohol trinken.

Wir wissen aus den Qing-Archiven, dass die Mutter Yehenaras zwei Monate vor der erwarteten Niederkunft ihrer Tochter aus der Zinngasse herbeigerufen wurde, um die Betreuung Yehenaras zu beaufsichtigen. Vor dem Palast der Gesammelten Schönheit wurde eine symbolische »Glücksgrube« ausgehoben, in der die kaiserliche Nachgeburt begraben werden sollte, und Konkubinen brachten Yehenara das »Glückslied« als Ständchen.[28] Neben ihrem Bett lag ein Paar Essstäbchen, deren chinesischer Name *kuaizi* ein Wortspiel über den Ausdruck »sanfte Entbindung von einem Jungen« war, und unter ihr *kang* wurde ein symbolischer »Stein zur Beschleunigung der Niederkunft« gelegt, der vermutlich aus Jade war. Das Bekleidungsamt der Kaiserlichen Hofverwaltung bestellte 75 *Chih* gefärbten Pongé, 81 *Chih* gefärbte Luan-Seide und 3 Ballen koreanische Baumwolle, die zu 27 Jacken, 4 kurzen Kleidern, 75 Bettlaken, 4 Miedern, 18 Steppdecken und 12 Matratzen verarbeitet wurden. Das Amt für Allgemeine Angelegenheiten bestellte zwei Holzwannen, zwei Holzschüsseln, eine Holzschaufel und ein kleines Holzmesser. Das Beschaffungsamt besorgte eine schwarze Filzdecke und eine Glück bringende Wiege.[29]

Am 23. Tag des dritten Monats des Mondkalenders im Jahre 1856 (27. April) wurde Yehenaras Puls plötzlich »unregelmäßig und schwach«.[30] Gemäß dem *Yi Fei Yi Xi Da A Ge* im Ersten Historischen Archiv Chinas, einem Dokument, dessen Titel soviel heißt wie *Konkubine Yi [Yehenara] wurde glücklich von dem*

Knaben Tongzhi entbunden, brachte Yehenara einen großen, gesunden Jungen zur Welt, einen Erben für den Drachenthron.

Wir wissen, dass die Ärzte Luan Tai und Ying Wenxi bei der Geburt anwesend waren und, nachdem sie den Gesichtsausdruck des Neugeborenen geprüft hatten, ihm *fu shou dan* verordneten, eine Pille, die aus Zinnober, Soja und Honigwasser hergestellt wurde und Glück und ein langes Leben bescheren sollte. Ein Jademedaillon wurde um den Hals des Neugeborenen gebunden, und schon bald dürfte er auf den Herrschernamen Tongzhi (»Vollkommener Herrscher«) getauft worden sein. Die Mutter des künftigen Himmelssohns wurde zur Belohnung unverzüglich in den Rang einer *guifei* erhoben und rangierte damit unmittelbar hinter Niuhuru, Xianfengs kränkelnder und kinderloser Kaiserin. Yehenara, die neue Gemahlin der Weiblichen Tugend, vertraute ihr Neugeborenes unbekümmert einer Amme an und nahm einen »Absud zum Abstillen«.[31] Im Alter von 21 Jahren hatte sie sich durch ihre Liebeskunst und eine glückliche biologische Fügung eine einflussreiche Position im Staat gesichert. Ihr Aufstieg wurde in einem Gedicht gerühmt, das einer ihrer Höflinge anonym verfasste:

Am Firmament des Himmelssohns
Ist ein neuer Stern aufgegangen! –
Geschmeidig wie der Hals des Schwans
Ist der Liebreiz ihrer anmutigen Gestalt.

O höchste Schönheit! O funkelnder Stern,
der nur dem Himmelssohne scheint!
Aus deiner leuchtenden Seele strömen
Liebe, Wagemut, Hoffnung, Geisteskraft, Ehrgeiz, Macht![32]

Ehrgeiz hatte Yehenara bislang angetrieben, und nun erntete sie die Früchte ihrer neuen Macht. Laut den Aufzeichnungen der Zollabteilung bestellte sie sogleich große Mengen an Kaiserjade. Sie wollte eine Sammlung begründen, um die sie ganz China beneiden sollte. Die regelmäßigen Tributlieferungen grüner Kaiserjade aus Burma, die gegen Ende von Qianlongs Regierungszeit begonnen hatten, waren von muslimischen Aufständischen in Yunnan unterbrochen worden, die sich 1855 gegen die Qing erhoben hatten. Sie blockierten die Jade-Straße Qianlongs, und Tausende wurden von der kaiserlichen Armee hingerichtet. Für Yehenara war dies nur eine geringfügige Unannehmlichkeit. Statt Kaiserjade zu importieren, begann sie ihre Gemächer mit Artefakten zu füllen, die aus den versiegelten Schatzkammern Qianlongs stammten, und umgab sich mit überfütterten Pekinesen-Hündchen.

Ein solches Paradies des Müßiggangs konnte nicht immer währen. »Ich hatte das Glück, einen Sohn zu gebären, doch danach war ich vom Pech verfolgt«, soll sie ihrer Hofdame anvertraut haben.[33]

Qianlong und sein Nachfolger, Jiaqing, waren nach der schroffen Abweisung der britischen China-Mission im Jahr 1793 keinerlei Repressalien ausgesetzt. Doch während beide davon ausgingen, dies sei auf die unzweideutige Abfuhr zurückzuführen, die China Lord Macartney erteilt hatte, beanspruchten in Wirklichkeit die napoleonischen Kriege vorübergehend Großbritanniens ganze Aufmerksamkeit.

Kaum hatte der Herzog von Wellington Napoleon 1815 bei Waterloo eine verheerende Niederlage beigebracht, wurde Lord Amherst nach Peking entsandt, um das britische Ansuchen nach gegenseitigen Handelsbeziehungen zu erneuern. Während jeden britischen Frühstückstisch Tee, Porzellan und Seidendamast aus China zierten, gelangten britische Waren noch immer nicht ins Landesinnere Chinas hinein. Doch Amherst weigerte sich, vor Kaiser Jiaqing den Kotau zu machen, und wurde daraufhin umgehend des Landes verwiesen. Als Reaktion auf die chinesische Unnachgiebigkeit wandten sich die Briten einem unwiderstehlichen illegalen Handelsgeschäft zu. Die Ostindische Kompanie begann heimlich, Kisten mit indischem Opium in Kanton anzulanden. Die Qing hatten den Opiumhandel zuvor durch ein staatliches Monopol kontrolliert, doch binnen zwanzig Jahren stieg die Nachfrage auf 40 000 Kisten, für die 9 Millionen Tael an chinesischem Silber (450 Millionen Gramm) aufgebracht werden mussten.[34] Im Jahr 1834, als das britische Parlament das Monopol der Ostindischen Kompanie aufhob, stiegen Dutzende von Handelshäusern wie Jardine Matheson in das lukrative Geschäft ein und überschwemmten den chinesischen Markt mit einem Produkt, das, wie sie behaupteten, »keine Geißel [ist], sondern eine Erquickung und Labsal für die hart arbeitenden Chinesen«.[35]

Schon 1836 kam es in China aufgrund der grassierenden Opiumsucht und dem damit einhergehenden Raubbau an den Silbervorkommen zu einer schweren Finanzkrise des Staates. Zweifellos bezog sich Kaiser Daoguang auf diese Situation, als er an den geistesgestörten König Sagaing Min schrieb und den burmesischen Monarchen vor den britischen Eindringlingen warnte. In dem Bestreben, scharf gegen ein Rauschgift vorzugehen, mit dem sein Volk überschwemmt wurde, befahl Kaiser Daoguang die Beschlagnahme britischer Opiumkisten. Doch als 1839 eine wertvolle Ladung von 20 282 Kisten sichergestellt wurde, reagierten die Briten mit der Entsendung ihrer Flotte, die im anschließenden Ersten Opiumkrieg einen leichten Sieg errang. China musste das Abkommen von Nanking unterzeichnen, in dem es Hongkong an die junge britische Königin Victoria abtrat und fünf Häfen für den internationalen Handel öffnete. Die britische Regierung erhielt eine Entschädigung von 12,7 Millionen Pfund, und wie um das Maß der schmerzlichen Niederlagen voll zu machen, starb auch noch die Mutter von Kaiser Daoguang. Nachdem der Himmelssohn einen Monat lang keine Nahrung und kein Wasser zu sich genommen hatte, folgte er ihr 1850 ins Grab.

Der jugendliche Kaiser Xianfeng hatte ein Land geerbt, das eine schwere Krise durchmachte. Er aber zog es vor, sich zu verstecken und im Sommerpalast mit seinen Gemahlinnen und Opernsängern dem Müßiggang zu frönen. In dieser kritischen Situation überließ er die Leitung der Staatsgeschäfte seinem humor- und einfallslosen Bruder, Prinz Gong. Beide Männer waren den inneren Umwälzungen, von denen China heimgesucht wurde, nicht gewachsen. Zu jener Zeit, als Yehenara den Erben des Drachenthrons zur Welt brachte, befanden sich die chinesischen Volksmassen in Aufruhr. Angeführt von einem Mann, der die Mandarin-Prüfungen nicht bestanden hatte und von sich behauptete, der Bruder von Jesus Christus zu sein, erhoben sie sich zu einem Bürgerkrieg. Während Yehenara die Schatzkammern Qianlongs plünderte, trat der Rebellenführer Hong Xiuquan den Taiping-Aufstand los, eine Bewegung, die nach dem Himmlischen Reich des Großen Friedens benannt war, das er nach der Vertreibung der Qing errichten wollte. Die Horden seiner Anhänger fegten durchs Land, brannten Opiumhöhlen nieder, schlachteten Süchtige und Prostituierte ab, meuchelten Mandschus und all jene, die Verbindungen zur kaiserlichen Hofhaltung hatten. 25 Millionen Menschen fielen ihrer Raserei zum Opfer, und Zehntausende chinesischer Bauern mussten vor ihnen nach Java, Hongkong, Singapur und Amerika fliehen. Xianfeng klammerte sich an den Thron und wurde darin durch die Entschlossenheit der Personen in seinem unmittelbaren Umfeld bestärkt, insbesondere Prinz Gongs und Yehenaras, die immer mehr Einfluss auf den Kaiser gewann. Doch schon bald war allen klar, insbesondere den westlichen Mächten, dass der Kaiser ratlos war. »Xianfeng besaß keine einzige Stärke, die seine Schwächen hätte wettmachen können. Er war zu beschränkt, um zu erkennen, dass die Mandschu-Dynastie als ein Fremdkörper in einem Land, das ihr feindselig gegenüberstand, ihrem sicheren Verderben entgegenging, sofern sie ihre Politik nicht völlig neu ausrichtete«, schrieb der französische Orientalist Henri Cordier.[36]

Im Jahr 1856 spitzten sich die Schwierigkeiten des Kaisers zu. Chinesische Beamte gingen im Perlenfluss bei Kanton an Bord eines »Kriechenden Drachens« (ein Schiff, das Opium schmuggelte) und rissen den Union Jack herunter. Obgleich die *Arrow* nicht in Großbritannien registriert war, wertete London diesen Akt als chinesische Aggression und erklärte China den Krieg. Als ein französischer Missionar im Innern Chinas ermordet wurde – ein isolierter Vorfall unter fragwürdigen Umständen –, verbündete sich Frankreich mit Großbritannien gegen die Chinesen, und vor der Küste Kantons versammelten sich alliierte Kriegsschiffe. Bei dem zwei Jahre dauernden Zweiten Opiumkrieg wurden die Streitkräfte Xianfengs weitgehend aufgerieben, und der Kaiser sah sich gezwungen, den Vertrag von Tientsin zu unterzeichnen, in dem er Großbritannien und Frankreich das Recht gewährte, legal Opiumhandel zu betreiben und Gesandte nach Peking zu entsenden.

In London jubelten die Zeitungen. Die britischen Leser erfuhren, die eigentliche Macht hinter dem Drachenthron liege in den Händen einer Frau:

> Unter völliger Missachtung der konservativen chinesischen Vorstellungen von weiblicher Schönheit schloss Hien-Fou [Xianfeng] einen Ehebund mit der Tochter eines Mongolenführers – eine Dame, die sowohl wegen ihrer körperlichen Vollkommenheit als auch wegen der ungehinderten Entwicklung ihrer Gehwerkzeuge als ungewöhnlich gelten kann. Der Hof setzte sich schon bald aus Frauen gleicher Herkunft zusammen, die gänzlich jene armen verkrüppelten Schönheiten verdrängten, die dort früher das Sagen hatten und die nunmehr voller Neid einer Horde unverwüstlicher Amazonen weichen müssen, deren Vergnügungen – Reiten, Jagen, Schießen und selbst Wettläufe – vom Kaiser selbst geteilt werden. Die Gemahlin Hien-Fous ist Objekt seiner Zuneigung und Hochachtung, wird von ihm in die Staatsgeheimnisse eingeweiht und sitzt mit ihm am Ratstisch, wo ihre Beiträge mit der gleichen Aufmerksamkeit und Ehrerbietung aufgenommen werden wie die ihres königlichen Gemahls.[37]

Als 1859 die Ratifizierung des Vertrags von Tientsin anstand, entsandten die Briten und Franzosen Dutzende von Kriegsschiffen, die vor der chinesischen Küste vor Anker gingen und um die Erlaubnis ersuchten, flussaufwärts nach Peking zu fahren. Der nervöse Kaiserhof, der mittlerweile mit der Diplomatie der Alliierten nur allzu vertraut war, verlangte, dass die Delegationen auf dem Landweg anreisten. Die Briten und Franzosen sahen darin eine erneute Provokation und griffen an; doch bei der Schlacht um die Taku-Forts, die die Mündung des Peiho bewachten, verloren sie 400 Mann. Die Briten gruppierten sich neu und entsandten im März 1860 Lord Elgin, den vormaligen Gouverneur von Jamaika und Generalgouverneur von Britisch-Nordamerika, als Generalbevollmächtigten nach China. Elgin, ein verwegener Mann aus dem schottischen Hochland, wurde von seinen Männern »Big Barbarian« (Große Barbar) genannt. Ein Foto, das Felice Beato, der ihn auf seiner Mission begleitete, von ihm machte, zeigt ihn mit windzerzauster schneeweißer Mähne in einem Mantel mit Pelzkragen und Stulpen.

In jenem Sommer griff eine große britisch-französische Streitmacht das chinesische Festland an und legte die Hafenstadt Tientsin in Schutt und Asche. Im August schickte Beato Fotos von einem mächtigen britischen Truppenverband, der acht Kilometer östlich der Hauptstadt lagerte, in die Heimat. Seine Aufnahmen, die in der *Illustrated London News* veröffentlicht wurden, waren der erste flüchtige Blick, den der Westen vom sagenumwobenen chinesischen Kaiserreich erhaschte. Es war geschmacklose Effekthascherei: zerschossene chinesische Festungsmauern und die Leichen kaiserlicher Soldaten, die in den Trümmern von Taku lagen.

Eine kleine Abordnung britischer Emissäre begab sich nach Peking, um über sicheres Geleit für Lord Elgin zu verhandeln, doch am 18. September verbreitete sich die Neuigkeit, dass 20 000 chinesische Soldaten sie in einen Hinterhalt gelockt hatten, wie ein Lauffeuer im Lager der Briten. Harry Parkes, der inoffizielle britische Konsul in Kanton, Mister Bowlby, der Korrespondent der *Times* in Peking, Henry Loch, der Privatsekretär von Lord Elgin, und die Leutnants Anderson, Phipps und De Normann, Offiziere der Königlichen Dragonergarde, waren in Ketten gelegt worden. Der »Große Barbar« war außer sich und befahl den sofortigen Angriff auf Peking.

Nachrichten über einen blitzartigen Vorstoß der alliierten Truppen lösten am kaiserlichen Hof, der in den Sommerpalast umgezogen war, blinde Panik aus. Der zutiefst verängstigte Kaiser, dessen Eunuchen bereits zusammenpackten, kündigte an, er werde die Stadt verlassen, obwohl Prinz Gong ihn warnte, ein solcher Schritt werde ihn in den Augen seines Volkes diskreditieren. Als die alliierten Truppen am 22. September die Palikao-Brücke in den Außenbezirken der Hauptstadt erreichten, strömte eine acht Kilometer lange Karawane von Sänften aus gelbem Satin, Konkubinen, Flaggen und Bannern aus dem Sommerpalast. Während die Briten und Franzosen immer näher rückten, strebte der kaiserliche Zug den tatarischen Einöden jenseits der Großen Mauer zu, dem kaiserlichen Jagdschloss in Jehol. Yehenara hatte ihre Reisetruhen mit Schmuck voll gestopft, und wir wissen, dass sich darunter auch Xiang Feis kostbare Persische Pfefferfrucht befand. Doch die kaiserliche Gesellschaft nahm nur einen kleinen Bruchteil der Schätze des Drachenthrons mit; der Rest wurde zurückgelassen, bewacht von zwanzig feisten Eunuchen.

Die Franzosen und Briten rückten auf den Sommerpalast vor, in der festen Überzeugung, dass der Kaiser von China seinen Posten nicht verlassen habe. Am 5. Oktober teilten sich die Verbündeten auf und stießen unabhängig voneinander um die Mauern von Peking vor. Sie planten, sich vor den Toren des Sommerpalasts wieder zu vereinen. Die Franzosen, die in den frühen Morgenstunden des 6. Oktober eintrafen, gingen in Stellung: Hinter Karren, die mit Sandsäcken geschützt waren, lagen Infanteristen in Deckung, Geschütze waren auf die üppig verzierten Tore gerichtet, Scharfschützen hockten in den Bäumen. Doch über die

Mauern hagelte es nur Früchte. Die französischen Soldaten wurden von einem Haufen unbewaffneter draller Männer, die geschminkt waren und Seidenroben trugen und sich der versammelten Macht des französischen Imperiums unter gellendem Gekreisch und Gezisch entgegenwarfen, mit Litschis und Feigen attackiert. Ein paar Schüsse über ihre Köpfe genügten, um die kaiserliche Frontlinie zu zersprengen; anschließend befahl der französische Befehlshaber, General Comte de Montaubon, seinen Truppen vorzustoßen.

Vor ihnen lag, in all seiner geheimen Herrlichkeit, in den Schoß der Westlichen Hügel geschmiegt, der stattliche Lustpark des Kaisers, Yuanming Yuan, der Garten der Vollkommenheit und des Lichts, eine Gartenlandschaft, die sich über 350 Hektar erstreckte, mit versteckten Hainen, verschlungenen Pfaden, einer Jadebogenbrücke und Goldfischteichen, mit dem weiten, pittoresken Kunming-See in ihrem Zentrum. Und im Osten lag ein atemberaubender Themenpark, Qianlongs Versailles des Ostens, das Europa bislang nur aus den Briefen der Jesuiten kannte. »Jedes Tal hat sein Lustschloss, das zwar im Vergleich zu seinem zugehörigen Grund klein ist, aber ausreichend Platz böte für den bedeutendsten unserer europäischen Herren samt Gefolge«, hatte Jean-Denis Attiret im Jahr 1743 in die Heimat geschrieben.[38]

Hier soll Xiang Fei, die Duftende Gemahlin, zwischen den Zierbrunnen und dem kunstvoll beschnittenen Baumwerk geschlendert sein, in Gedanken an die wilden Ebenen ihres geliebten Sinkiangs versunken. Als die französischen Offiziere jetzt durch die Tore spähten, bekamen sie allerdings nur einen Wurf Pekinesenwelpen zu Gesicht.

General Comte de Montaubon, sein Sekretär, Comte d'Herrison, der französische Gesandte Baron Gros und sein Adjutant Monsieur Bastard gingen forschen Schritts über einen großen gepflasterten Hof, wo ihnen von allen Seiten das erregte Zwitschern Tausender von Vögeln entgegenschallte, deren Käfige an Kiefern hingen.[39] Durch eine Empfangshalle, die mit Marmor ausgelegt und deren Wände golden, azurblau und scharlachrot bemalt waren, schritten sie, ihre Karabiner im Anschlag, in den kaiserlichen Audienzsaal. »Unwillkürlich sprachen wir leise und begannen, auf Zehenspitzen zu gehen, als wir vor uns eine unglaubliche Fülle von Kostbarkeiten erblickten ... die ihr Eigentümer auf seiner Flucht so gleichgültig zurückgelassen hatte, wie ein Bürger die Tür seines Hauses schließt«, schrieb Comte d'Herrison in sein Tagebuch. Selbst den Soldaten des französischen Kolonialreichs, denen die üppige Pracht von Paris vertraut war, verschlug es angesichts des kaiserlichen Prunks die Sprache. »Die Wände, die Decken, die Toilettentische, die Stühle, die Schemel sind alle aus Gold und mit Juwelen besetzt ... In einem Nebenraum des Thronsaals waren alle Gegenstände versammelt, die der Himmelssohn täglich brauchte ... sein Teeservice, seine Becher, seine Pfeifen – mit Köpfen aus Gold und Silber – und mit langen Mundstücken, die mit Koralle, Jade, Rubinen, Saphiren und kleinen Quasten aus vielfarbiger Seide verziert waren«, schwärmte d'Herrison.[40]

Die Briten trafen erst am nächsten Nachmittag ein. Sie hatten sich an einer Landkarte orientiert, die Lord Macartneys Zeichner, William Alexander, entworfen hatte, der auf seiner Reise nach Jehol im Jahr 1793 den Sommerpalast nur flüchtig zu sehen bekommen hatte. Sein Plan hatte Lord Elgin in die Irre geleitet. Jetzt stürmten Sir Hope Grant, Elgins exzentrischer Oberbefehlshaber, der vor jeder Schlacht auf seinem Kontrabass spielte, und Sir Robert Napier, ein verwegener Draufgänger mit Koteletten, der drei Monate zuvor den Angriff auf die Taku-Forts geleitet hatte, in den Sommerpalast. Begleitet von dem Fotografen Beato, sprangen die Soldaten von ihren Pferden und gingen in Verteidigungsstellung, doch kein Schuss ertönte. Elgin, Napier und Grant waren verdutzt und befahlen, einen Salut von 21 Schuss abzufeuern, um ihre Ankunft anzukündigen. Aber es gab keine Reaktion, und die Briten gratulierten sich dazu, den Franzosen bei der Plünderung zuvorgekommen zu sein.

Grant führte sie stolz durch die riesigen Gemächer und hielt später in seinem spartanischen Tagebuch fest, dass der »Hauptpalast gespickt war mit schönen, wertvollen Jaden, die überaus kunstvoll geschnitten waren«.[41] Andere Mitglieder der Gruppe, insbesondere der Geistliche, Reverend McGhee, waren schwärmerischer:

> Man stelle sich Feen vor, so groß wie gewöhnliche Sterbliche, dann war dies hier das Feenland. Es war ein Anblick, wie wenn die Fantasien von einem Märchenland plötzlich Wirklichkeit geworden wären.[42]

Doch als sie den Audienzsaal des Kaisers betraten, bot sich ihnen ein Besorgnis erregender Anblick. »Ach, welch ein Anblick der Verwüstung!«, notierte Elgin voller Empörung über die Franzosen, die über 24 Stunden lang über die Schätze der Qing-Dynastie hergefallen waren.

Der »Große Barbar« verlangte mit Comte de Montaubon zu sprechen. »[Er] kam und protestierte. Er habe Plünderungen verhindert, damit die ganze Beute zwischen den Armeen aufgeteilt würde… Aber es gab keinen Raum, in dem nicht die Hälfte der Gegenstände weggenommen oder zerschlagen worden war«, schäumte Elgin.[43]

Dachte er vielleicht an den Skandal, in den sein Vater, der siebte Earl of Elgin, verwickelt worden war, der als britischer Botschafter im osmanischen Reich von den Türken die Erlaubnis erwirkt hatte, Marmorskulpturen und -friese vom Parthenon in Athen zu entfernen? Elgin sen. hatte sich dafür später öffentlich rechtfertigen müssen, und die britische Regierung kam nicht umhin, widerstrebend 35 000 Pfund für das geraubte Kulturgut zu zahlen. Obgleich das antike Weltwunder 1817 in gebührender Weise im British Museum ausgestellt wurde, war der ganze Vorfall sehr peinlich gewesen.

Nun wurde vor den Augen seines Sohnes ein weiteres großes Wunderwerk zerstückelt und heimlich fortgeschafft. Französische Soldaten rannten hin und her, schwer beladen mit praktisch allem, was nicht niet- und nagelfest war. Von Qianlongs geliebten englischen Standuhren, die größtenteils von George Clarke aus der Londoner City angefertigt worden waren, war nur noch funkelnder Schrott übrig. Soldaten schleuderten eierschalendünne Jadebecher von Balkonen und jubelten jedes Mal, wenn ein Becher zersprang. Ein dicker Teppich aus schimmernden Scherben – Jade, Glas und Porzellan – knirschte unter ihren Stiefeln. Vor dem Palast der Ruhigen See brach eine Gruppe einfacher französischer Soldaten an Pater Benoist' prächtigen Springbrunnen bronzene Tierköpfe ab und erbeuteten dabei einen Affen, einen Ochsen, ein Wildschwein, ein Tiger und ein Pferd.

Montaubons Stabschef, Oberst Schmidt, steckte einen Pinselhalter aus spinatgrüner Jade ein, den Qianlong 1788 in Auftrag gegeben hatte und auf dem die Gesandten von König Bodawpaya auf ihrer ersten Jadereise nach China abgebildet waren. Aus dem Park der Stille und des Lichts schafften Schmidts Offiziere eine zwölf Pfund schwere Jadeglypte in Form eines Doppeldrachens mit der Inschrift »Kaiserliches Siegel von Ching Ming Yuan« fort. In den Gemächern des Kaisers erspähte ein Offizier aus Paris eine exquisit verzierte Zinnoberlack-Schatztruhe, auf der ein Karpfen dargestellt war, der in einem aufgewühlten Teich zwischen Kirschblüten schwamm. Darin lagen sieben Ringe aus buntem Stein, die sich kalt anfühlten – vollkommene Serviettenhalter, ein schönes Geschenk für seinen Vater. In einem Kabinettschrank im Louis-XIV.-Stil funkelten Auslagekästchen mit Kleinodien aus Kaiserjade – Erbsenhülsen, Miniaturen von Auberginen, Drachen und Phönixen, Scheiben, dreigliedrige Ohrringe –, die darauf warteten, in Taschen und Hemden gestopft zu werden, als Geschenke für besorgte Ehefrauen und Freundinnen, die ihre Männer am Kai in Marseilles begrüßen würden. Graf Kleezkowsky, einer der Offiziere Montaubons, griff sich eine Hand voll funkelnder grüner Steine – einen in Stein geschnittenen Drachen, ein Paar dreigliedrige Ohrringe und einen ungewöhnlich großen Anhänger, der ihn an einen Tintenfisch erinnerte.[44]

Ein Kundschafter stieß einen Schrei aus: Er war in die kaiserlichen Lagerräume vorgedrungen und hatte Tausende schimmernder Bahnen Seide, Satin, Crêpe-de-Chine und Brokat gefunden. Binnen Minuten zogen und zerrten Dutzende von Soldaten an den Bahnen. »Die Männer warfen Hunderte davon auf den Boden und trampelten darauf herum; der ganze Fußboden war mit Stoffbahnen übersät. Sie warfen sich die Bahnen gegenseitig zu, und alle nahmen so viel, wie sie tragen konnten«,[45] kabelte Mister Wirgman von den *Illustrated London News* in die Heimat. »Man bekommt eine ungefähre Vorstellung von der Menge an Seide, wenn man sich vor Augen führt, dass selbst Geflügel, alte Töpfe und so weiter in die kostbarsten Seiden- und Satintücher gehüllt waren.«[46]

Lord Elgin stimmte der Anblick nachdenklich. In seinem schwarzen Gehrock hing der Staub uralten chinesischen Kulturguts, und in seinen Ohren hallten die Wünsche seiner hohen Offiziere wider, die um Erlaubnis ersuchten, sich ihren Anteil an der Beute zu nehmen. Verhalten seinen Widerstand bekundend, befahl er seinen Offizieren, nur »zwei bis drei Karren mit Wertsachen« zu füllen. Doch dann erspähte ein Offizier in einem der Vorzimmer des Kaisers Elgins Unterschrift unter einem weggeworfenen Schriftstück. Es handelte sich um den Vertrag von Tientsin, wegen dessen Ratifizierung sie nach China gekommen waren und der »von irgendjemandem achtlos auf den Boden geworfen worden war... und nun zwischen allen den Trümmern lag«.[47] Bedurfte es einer weitergehenden Rechtfertigung? Die Soldaten von Königin Victoria schwärmten durch das Observatorium des Unermesslichen Ozeans, die Halle der Wundervollen Harmonie sowie die Halle des Volksfriedens und stritten sich über alles, was ihnen gefiel, während Felice Beato in aller Stille seine Kamera weglegte.

Die Gemächer von Yehenara wurden leer geräumt und verwüstet; Soldaten schrieben mit der Zinnobertinte des Kaisers spöttische Sprüche auf die Wände. Zwei große Jadestatuen in der Form kniender Jungen, die Yehenara als Kopfstützen benutzt hatte, weckten das Interesse eines Soldaten. Die Lieutenants Carnac, Cattley und McGregor, die sich in der Schlacht ausgezeichnet hatten und dafür in den *Illustrated London News* lobend erwähnt wurden, weideten kaiserliche Polster aus und stürmten durch Federwolken.[48] Britische Kriegshelden trugen in einer Pantomime »eine umfangreiche Garderobe aller nur erdenklichen Kleidungsstücke [zur Schau]; Mäntel, verziert mit prächtigen Stickereien aus Seiden- und Goldfäden im kaiserlichen Drachenmuster; Stiefel, Kopfputz, Fächer und so weiter«, schrieb Wirgman.[49] Sie jagten sich gegenseitig durch Qianlongs Labyrinth, und Offiziere des 1. Königlichen Dragoner-Garderegiments zerschlugen in Qianlongs Spiegelkabinett die Spiegel, die an feines Sèvres-Porzellan erinnerten. In der Bibliothek verbrachte Mister Wade mehrere Stunden damit, »wertvolle Bücher und Schriftstücke... für das British Museum zu sichern«.[50] Eine der Serenaden Qianlongs an seine mongolische Weinschale, die er in fünf Jadebücher einritzen hatte lassen, wurde in einen Seesack geworfen. Sie landete schließlich in der Chester Beatty Library in Dublin.

Der plündernden Horde gehörte auch der 26-jährige Captain Charles Gordon von den Königlichen Pionieren an, der sich bei der Belagerung von Sewastopol durch besondere Tapferkeit ausgezeichnet hatte. Dieser junge Offizier steckte eine prächtige Arbeit aus weißer Jade ein, in die ein Grottenbild eingeschnitten war – ein Geschenk für seine Mutter, das er in Seide wickelte.[51] Für sich selbst wählte er ein kleines, kunstvoll gearbeitetes Pferd aus grüner Jade,[52] während Sir Hope Grants Stabsoffizier, Garnet Joseph Wolseley, der jüngste Oberstleutnant des Empires, der sich später als Modernisierer der britischen Armee hervortun sollte, die Beutestücke einpackte.

Wirgman konnte seine Aufregung kaum verbergen: »Keine Feder kann das beschreiben, was sich in den letzten beiden Tagen hier abgespielt hat. Die riesige Menge an Beute aller Art macht es einem schier unmöglich, eine Auswahl zu treffen. Die Jade und das Porzellan waren äußerst kostbar...«[53] Auch Comte d'Herrison fehlten die Worte: »Die zweite Nacht, die wir im Sommerpalast verbrachten, war unglaublich, verrückt, Schwindel erregend.«

Nur Sir Hope Grant, ein Mann, dem außer »Attacke!« nur wenige Worte über die Lippe kamen, beteiligte sich nicht an der Orgie. Stattdessen versuchte er, dem Chaos ein Ende zu setzen. »Es ist ein allgemeiner Befehl des britischen Oberbefehlshabers ergangen, wonach alle Gegenstände, die Offiziere und einfache Soldaten an sich genommen haben, zugunsten der Armee öffentlich versteigert werden sollen. Der Versteigerungserlös soll an Ort und Stelle als Prisengeld verteilt werden«, berichtete der *China Herald*.[54]

Alliierte Truppen aller Ränge marschierten hintereinander in einen Hof, wo sie ihre Taschen und Tornister ausleeren mussten. 70 000 Ballen Seide wurden den Sikh-Soldaten anvertraut. Britische und französische Offiziere türmten Pyramiden aus Jade, Porzellan, Taschen- und Standuhren, Schmuck, Pelzwerk, Emaillegeschirr, Teppichen und mechanischem Spielzeug auf. Bevor die öffentliche Versteigerung beginnen konnte, stellte Lord Elgin zwei spezielle Ladungen zusammen, eine für Henry Coles neues South Kensington Museum in der Old Brompton Road und eine weitere, die Jaden und kaiserliche Gewänder umfasste, für den Buckingham Palace.

Als die öffentliche Auktion begann, hallte im Hof das Schlagen eines behelfsmäßigen Auktionshammers wider – einer Pistole, die auf eine Teetruhe geschlagen wurde. Ein Pinselkasten aus grüner Kaiserjade, dessen Wanne mit einer kaiserliche Insignie versehen war, »viermal Zehntausend Menschenalter«, ging an einen »Mister Walkinshaw aus Peking«.[55] Captain Charles Gordon erstand einen der Throne von Qianlong, dessen »mit Golddrachen bestickte Polster allgemeine Bewunderung hervorriefen«, als ein Geschenk für das Hauptquartier seines Korps in Chatham, Kent, wo er noch heute aufbewahrt wird.[56] Eine Nachbildung von Qianlongs geliebtem mongolischem Weingefäß, das die Briten an ein

»großes Goldfischglas« erinnerte und das 143 Pfund wog, wurde an den chinesischen Kaufmann T'ien-pao verkauft. Er war wohl auf dieser Auktion die einzige Person, die die darin eingravierten Gedanken des Kaisers lesen konnte: »Ich rühme mir den wackeren Mann.«

Die *Daily News* berichtete, die Auktion habe mehrere Stunden gedauert, »Der Gesamterlös ... belief sich ungefähr auf 30 000 Pfund«.[57] Jeder Soldat erhielt eine Zahlung von vier Pfund, und Charles Gordon schrieb kurze Zeit später: »Obgleich ich nicht so viel bekam wie viele andere, bin ich gut gefahren.«[58]

Inmitten forsch zupackender Hände und rot erhitzter Gesichter schlug nur Reverend McGhee einen wehmütigen Ton an. »Es lag ein Frevel darin, Bauten, die vor vielen, vielen hundert Jahren errichtet worden waren, mutwillig zu zerstören. Jedes Gebäude war ein Museum kurioser Kunstwerke aus alter Zeit ... Gegenstände, die, ganz abgesehen von ihrem Wert, aufgrund ihrer Schönheit und Rarität von größtem Interesse waren.«[59]

Als Prinz Gong von der Plünderung erfuhr, versuchte er die Briten zu beschwichtigen, indem er seine Geiseln freiließ. Harry Parkes und Henry Loch verließen am 8. Oktober ihre Zellen, um sich sogleich zum Sommerpalast zu begeben, wo sie sich an der Plünderung beteiligten. Sechs Tage später trafen auch De Normann, Anderson und zwei Sikh-Soldaten im britischen Lager ein, sorgfältig in Kisten gepackt und reichlich mit Ätzkalk bedeckt. »Ihre Gesichtszüge waren zur Unkenntlichkeit entstellt«, schrieb Loch. »Den armen De Normann konnten wir an seinen Stiefeln und einem Ledermantel identifizieren, den er immer trug.« Phipps und Bowlby von der *Times* wurden nie mehr gesehen. Als Loch Lord Elgin von den barbarischen Haftbedingungen erzählte, von den Handschellen, die sich bis zu den Knochen ins Fleisch schnitten, von den Wunden, die brandig wurden, und von »Nägeln und Fingern, die unter den festsitzenden Stricken aufplatzten ... und von Maden besiedelt wurden«, wurde Chinas Akt der Beschwichtigung zu Lord Elgins Vorwand für einen letzten Racheakt.

»Nach ernsten Beratungen beschloss Lord Elgin, den Oberbefehlshaber zu ersuchen, alle erforderlichen Maßnahmen für die Zerstörung des kaiserlichen Sommerpalasts (Yuanming Yuan) zu ergreifen«, schrieb Henry Loch. »Gegen den natürlichen Widerwillen, den jeder gebildete Geist gegen die Zerstörung des Schönen empfinden muss, bleibt die Lage, die den Alliierten aufgenötigt worden war, in Anschlag zu bringen… Kein Schadensersatz in Geld könnte die Beleidigung, die ihnen zugefügt worden ist, wieder gutmachen.«[60] Captain Charles Gordon führte die Königlichen Pioniere durch die Hallen und Gemächer und ließ Sprengladungen an ihre Pfeiler legen.

Nur die Europäischen Paläste sollten zerstört werden, als wäre Lord Elgin erzürnt über den Prachtbau, der von einem chinesischen Kaiser in Auftrag gegeben worden war, der sich rücksichtslos über die Interessen des Westens hinweggesetzt hatte – ein Gesamtkunstwerk, das noch wenige Tage zuvor Comte d'Herrison in seinen Bann geschlagen hatte. »Um den ganze Prunk, der sich unseren sprachlosen Augen darbot, zu beschreiben, müsste ich Exemplare aller bekannten Edelsteine in flüssigem Gold auflösen und eine Diamantfeder in diese Tinte eintauchen, deren Spitze aus den Fantasien eines fernöstlichen Dichters bestünde«, hatte er kurz nach dem Betreten der Halle der Ruhigen See geschrieben. Jetzt gesellte er sich zu den Männern, die beobachteten, wie Balken brachen, lackierte Pfeiler einstürzten und Fontänen pulverisierten Mauerwerks in die Luft schossen. Als ein Feuersturm durch ein Gebäude fegte, das die Stein gewordene architektonische Vision Castigliones gewesen war, beschrieb Robert Swinhoe, der Dolmetscher von Sir Hope Grant, dass »die Sonne, die durch die Rauchwolken schien, allen Pflanzen und Bäumen ein kränkliches Aussehen gab«. Die blasierten Franzosen und Briten kamen ihm wie diabolische Voyeure vor: »Im Widerschein der roten Flammen wirkten die Soldaten wie Dämonen, die ihren Ruhm in der Zerstörung dessen suchten, was sie nicht ersetzen konnten«.[61]

Bei ihrer überstürzten Flucht hatte Yehenara ihre jungen Pekinesen vergessen. Jetzt liefen Meuten »kleiner Japanischer Hunde, die dem King-Charles-Spaniel glichen, verwirrt umher«, bis General J. H. Dunne vom 99. Regiment einen davon zu Gesicht bekam. »Ein französischer Soldat packte ihn beim Schwanz, doch weil er ihn mehrfach kräftig biss, gab er ihn in meine Obhut. Ich wickelte ihn in ein gelbes Satintuch und gab ihn einem meiner einheimischen Diener mit der Weisung, ihn ins Lager zu bringen«, schrieb Dunne nach seiner Rückkehr. Der Offizier schenkte den Hund später Königin Victoria, die ihr neues Schoßtier »Looty« [etwa »Plünderschätzchen«] nannte und Friedrich Keyl, einen Schüler von Sir Edwin Landseer, damit beauftragte, es zu porträtieren. Das Gemälde wurde 1863 in der Royal Academy ausgestellt.[62]

Reverend McGhee war in den Pavillon der Kostbaren Wolken hinaufgeklettert, einen spirituellen »Hochsitz«, von wo aus man die Sammlung europäischer Kuriositäten Qianlongs übersehen konnte, und was er sah, verschlug ihm die Sprache:

> Bald … sah man einen Kreis von Rauch, der zwischen den Bäumen hochstieg … innerhalb weniger Minuten stiegen weitere Rauchwolken von fünfzig verschiedenen Stellen auf … Bald schwoll der Rauch zu einer großen schwarzen Masse, aus der Hunderte Flammen stichelten, der Rauch verdunkelte die Sonne, und Tempel, Palast, Gebäude und alles, was durch sein Alter geheiligt ist, alle Monumente kaiserlichen Kunstsinns und Wohllebens … wurden mitsamt ihrem Inhalt in Schutt und Asche gelegt … Kein Auge wird je wieder jene Gebäude erblicken, die zweifellos von vielen Generationen bewundert wurden, Zeugnisse der Fertigkeit und des Geschmacks von einst … Du hast sie zum ersten und letzten Mal gesehen, sie sind zerstört und vergangen, der Mensch kann sie nicht wiedererstehen lassen.[63]

Während der Yuanming Yuan in Flammen stand, ritten Harry Parkes, Henry Loch und Lord Elgin, »ein Mann, der damals mächtiger war als ihr eigener Kaiser«, im Galopp nach Peking.[64] Doch Xianfeng verkroch sich noch immer jenseits der Großen Mauer, so dass es Prinz Gong zufiel, die britische Delegation zu begrüßen. Der 28-jährige unterzeichnete den Vertrag von Peking, erklärte sich bereit, als Entschädigung für den Tod einiger Briten 100 000 Pfund zu zahlen, und stimmte unter den Klängen von »God Save the Queen« der Ernennung von Frederick Bruce, Elgins jüngerem Bruder, zum ersten britischen Chargé d'Affaires in Peking zu.

Siegreiche Depeschen trafen in London ein. »Zwei der Tore von Peking sind in unserer Hand. Parkes und Loch wurden uns wohlbehalten überstellt. Capt. Anderson und De Normann sind an den Folgen von Misshandlungen gestorben … Der Verbleib von Bowlby ungeklärt. Haben den Sommerpalast des Kaisers erobert und geplündert, riesige Kriegsbeute. Der Kaiser floh in die Tatarei. Truppen verbringen den Winter in Peking und Tientsin«, berichtete Elgin.[65]

Doch diejenigen, die für die Plünderung verantwortlich waren, sollten ihre Taten bald neu bewerten. Elgin, der für seine chinesische Abenteuer mit dem Posten des Vizekönigs von Indien belohnt wurde, machte zwischen dem 14. und 26. Oktober keine Eintragungen in sein persönliches Tagebuch. In den zahlreichen ausführlichen Briefen an seine Frau in Großbritannien verliert er kein einziges Wort über die Brandschatzung. Stattdessen betrieb der Generalbevollmächtigte in späteren Jahren Geschichtsklitterung: »Einen Ort wie diesen zu plündern ist schon schlimm genug, viel schlimmer aber sind die Verwüstungen und Beschädigungen. Französische Soldaten zerstörten so gut sie konnten die schönsten Seidenwaren, zertrümmerten den Jadeschmuck und das Porzellan … Krieg ist ein abscheuliches Geschäft. Je mehr man davon sieht, umso mehr hasst man ihn.«[66]

Captain Charles Gordon, der über seine Rolle als Fackelträger nachdachte und dem seine Taten offenbar keine Ruhe ließen, gab zu, dass es »einem das Herz brach, sie [die Paläste] in Brand zu stecken«. In seinen persönlichen Tagebüchern war er bestrebt, die Schuld neu zu verteilen: »Man kann sich die Schönheit und Pracht der Paläste, die wir niederbrannten, kaum vorstellen. Tatsächlich waren diese Paläste so groß, und wir standen unter solchem Zeitdruck, dass wir sie nicht gründlich plündern konnten ... Die Franzosen haben alles in der brutalsten Weise zertrümmert. Es war ein Anblick völliger Zerstörung, der jeder Beschreibung spottet.«[67]

Innerhalb von vier Jahren sollte der junge Captain im ganzen Reich als »Chinesen-Gordon« berühmt werden, denn er half den Qing bei der Niederschlagung des Taiping-Aufstandes und kam der Internationalen Siedlung in Schanghai zur Hilfe. Die besiegten Banditen prangerte er dann wegen ihrer wahllosen Plünderungen an. »Städte dürfen nicht mehr gebrandschatzt werden: Ich befehlige Soldaten, keine Räuber«, lautete seine Order.[68]

Henry Loch, der sich wohl nie mehr völlig von den Folgen der Einkerkerung erholte, kehrte nach Schottland zurück. In seinen Memoiren behauptet er, die Streitmacht der Alliierten habe nichts Wertvolles gefunden. Er schrieb: »Werke der Kunst und Gelehrsamkeit wurden nicht vorsätzlich zerstört.« Loch, dessen große Sammlung von kaiserlichen Artefakten, Porzellan und Cloisonné bald bei Sammlern auf der ganzen Welt heiß begehrt sein sollte, meinte abschließend: »Im Yuangming Yuan wurden auch keine einzigartigen Bücher oder Handschriften aufbewahrt, und bei der Suche nach beiden vor dem Brand wurden nur sehr wenige gefunden und mit Sicherheit keine von exklusivem Seltenheitswert.«[69]

Auch in Paris wurde fleißig dementiert. Der *Moniteur* berichtete, General Montaubon wisse von keinen Plünderungen, die sich angeblich ereignet hätten. Im Jahr 1862 kündigte dasselbe Blatt jedoch eine außergewöhnliche Versteigerung von Gegenständen aus dem »Palais d'Été« im Hôtel Drouot an, wo unter anderem einige Bronzeartikel, darunter Teile eines Springbrunnens – ein

Affe und ein Ochse –, im Angebot waren. Auch eine ansehnliche Sammlung von Chinoiserien, die der vergessliche General requiriert hatte, wurde von Kaiserin Eugenie in ihrem chinesischen Salon in Fontainebleau ausgestellt.

Während die siegreichen alliierten Truppen in Peking überwinterten, überfluteten ihre Beute und ihre Berichte Europa – eine glanzvolle Fracht östlicher Kostbarkeiten und Sagen, die den Grundstock praktisch aller großen öffentlichen Ausstellungen chinesischer Kunst des ausgehenden 19. Jahrhunderts bilden sollten. Über 60 Prozent der geschätzten 1,6 Millionen Jadesteine, die im Yuanming Yuan ausgestellt worden waren, gelangten nach London, Paris und später New York.[70] Mit den Erlösen aus der Großen China-Ausstellung von 1851 eröffnete Henry Cole, ein Mitglied der Royal Society of Arts und Berater von Prinz Albert, im Jahr 1857 auf einem Gelände, das von Journalisten den Spitznamen »Albertopolis« bekam, das South Kensington Museum. Vier Jahre später wurde im Ostflügel des Museums ein kunstvoll gestalteter Fernöstlicher Fürstenhof eröffnet: Dort wurde der Inhalt der Packkisten ausgestellt, die Sir Hope Grants Männer abgeschickt hatten. *Harper's New Monthly Magazine* feierte die Exponate, die »den Zauber des Ostens« verströmten.[71] Es war eine Ausstellung, die »zu einer Neubewertung der kulturellen Überlieferung des Fernen Ostens führen sollte«,[72] obgleich der Museumskatalog darauf hinwies, dass die Chinesen »ein weibisches … degeneriertes Volk [sind], das durch sein Wohlleben und eine allzu große Empfänglichkeit für den Sinnengenuss verweichlicht ist«.[73]

Amerika folgte dem britischen Vorbild, und im Jahr 1870 wurden Museen in Boston, Washington, D.C., und New York eröffnet, die jeweils einen Teil der chinesischen Kunstwerke ausstellten, die einst Qianlongs Kabinettschränke im Yuanming Yuan geziert hatten.[74]

Nun begannen auch wohlhabende Privatpersonen damit, Sammlungen aufzubauen. Ein amerikanischer Möchtegern-Kenner, der auf einer Einkaufstour nach Europa kam, erinnerte sich: »Viele Objekte gelangten in die Läden von Antiquitätenhändlern ... aber viele befanden sich noch immer im Besitz von Mitgliedern der [China-] Expedition. Ich stellte fest, dass die nämlichen Objekte nach Frankfort [*sic*], Amsterdam, Dresden, Berlin und Wien gebracht worden waren. In St. Petersburg, Moskau und Konstantinopel trieb ich auch einige hübsche Exemplare auf, die aus China gekommen waren.«[75]

In Massachusetts gelobte Heber Bishop, ein junger Betriebswirt mit Ambitionen in der Zuckerindustrie, er werde, sobald er es zu Reichtum gebracht habe, die kostbare Jadesammlung Qianlongs wieder zusammenstellen.

James McNeill Whistler in London erstand sein erstes Exemplar aus dem Kaiserschatz im Jahr 1863. Die blauweiße Platte, dessen Siegel Kaiser Kangxi aus Besitzer auswies, regte den Maler dazu an, Kunstwerke aus dem Sommerpalast in seine Porträts aufzunehmen. Eine kaiserliche blauweiße Vase und ein zinnoberroter Lackbecher sind auf dem Kaminsims hinter Joanna Hiffernan, Whistlers Geliebter, zu sehen, die für seine *Symphony in White* Modell stand, die er 1864 vollendete und die heute in der Tate Britain hängt. Charles Freer, ein Geschäftsmann aus Detroit und ein enger Freund Whistlers, ließ sich von dessen Beispiel inspirieren und erwarb ebenfalls kaiserliche Jadeplastiken, die den Grundstock zu einer der größten Privatsammlungen fernöstlicher Kunst in Amerika bilden sollten. Auch Dante Gabriele Rossetti, der zu Whistlers Kreis in London zählte, begann, Schmuck aus dem Fernen Osten zu kaufen und in seinen Gemälden darzustellen. In *The Beloved* tragen die präraffaelitischen Schönheiten opulenten Kopf- und Halsschmuck, der zweifellos vom kaiserlichen Hof inspiriert wurde. Eine Frau scheint geradezu behängt zu sein mit Juwelen, die leuchtend grün glänzen.

Ein mysteriöses Paket, das mehrere Stücke exquisit verzierter durchscheinender grüner Steine enthielt – ein Paar dreigliedrige Ohrgehänge, ein Drachenklipp, ein großer tintenfischförmiger

Anhänger –, gelangte in die Schmuckwerkstatt von Eugène Fontenay in Paris. Der Juwelier, »ein Mann von außergewöhnlicher Intelligenz, sprühender Tatkraft und sehr sicherem Geschmack«,[76] war nur zu froh, als Graf Kleezkowsky, der gerade erst von seiner Expedition aus China zurückgekehrt war, ihm den Auftrag gab, die Edelsteine für seine Frau neu zu fassen. Fontenay schuf daraus die ersten westlichen Schmuckstücke aus dem burmesischen Stein. »Wie es heißt, soll der Stein mehr Leuchtkraft besitzen als jeder andere bekannte Schmuckstein ... Der Besitzer dieser Sammlung hat nicht seinesgleichen gesehen und hält ihn für einzigartig.«[77]

Der Himmelsstein des Kaisers gelangte auch in ein Labor in Lyon, wo Professor Alexandre Damour eine Hand voll leuchtend grüner Juwelen analysierte, die aus einem der Kabinettschränke im Louis-XIV.-Stil stammten. Damour hatte bereits über *jade impériale* gelesen. In einem Artikel, der sechs Jahre zuvor in *La Gazette des Beaux Arts* erschienen war, hatte der Künstler Alfred Jacquemart die Kaiserjade als ein »unvergleichliches Juwel, das fast an einen ungeschliffenen Smaragd heranreicht«, beschrieben. Der Mineraloge Damour, der sich seit 1846 mit chinesischen Jaden beschäftigte, erkannte sofort, dass dieser Stein sich völlig von den wächsernen Exemplaren unterschied, die er aus den Minen in Khotan erhalten hatte. Als er beide Steine unter dem Mikroskop verglich, entdeckte er, dass der leuchtend grüne Jadestein aus großen, ineinander greifenden Kristallen bestand und glatte Bruchkanten bildete, wenn man ihn zu spalten versuchte, während die wächserne Jade aus schnurartigen, faserigen Kristallen bestand, die wie ein Stück Würfelzucker brachen.

Im Jahr 1863 veröffentlichte Damour seine Erkenntnisse, wobei er dem Stein aus Khotan, dem Juwel des Konfuzius, der seit Jahrtausenden geschnitten wurde, den Namen »Nephrit« gab. Der leuchtend grüne Stein dagegen, den Qianlong so sehnlich begehrt und der Yehenara betört hatte, war kein »Serpentin«, wie die Briten fälschlicherweise geglaubt hatten, und auch kein

»Chrysopras«, wie die Franzosen ihn nannten, oder ein »Stein der Weiche«, als den ihn die Spanier 1565 bezeichnet hatten. Damour taufte seinen neu entdeckten grünen Stein auf den Namen »Jadeit«. Er gab bekannt, dass die weltweit einzige Fundstelle ein unbekanntes Bergwerk in Nordburma sei, auf das die Briten gerade vorrückten.[78]

5

»Das Ferne, das Fremdartige, das Wunderbare, das Ursprüngliche, das Wahre, das Prunkvolle, das Eroberte«

Dieses eine Mal blieb die Baho-Sigyi-Trommel stumm. Im Audienzsaal, einer prunkvollen Halle westlich des Glaspalasts, in der sich die Prinzessinnen der Zeremonie des Ohrendurchstechens unterziehen mussten, lag König Mindon im Fieber. Seine Töchter und Königinnen fächelten ihm, und murmelnde Astrologen und wehklagende Priester standen um ihn herum.

Im Juli 1878 hatte die Ruhr Burmas hochverehrten Monarchen niedergestreckt, und seine einstmals berühmten »strahlend schwarzen Augen, in denen echte chinesische Verschlagenheit aufleuchtete, wenn er lachte«, hatten ihren Glanz verloren.[1] König Mindon hatte sich einst seines üppigen Schnurrbarts und seines kräftigen Körperbaus gerühmt. Doch jetzt siechte der Architekt des Goldenen Zeitalters Burmas dahin und wand sich in Krämpfen, während sein graues Haar immer schütterer wurde und ihm die Baumwolltücher wie ein Leichentuch am Körper klebten. Nur seine hohe, gewölbte Stirn wies ihn zweifelsfrei als echten Nachfahren der von König Alompra begründeten Konbaung-Dynastie aus.

König Mindon hatte einem Reich Stabilität und Perspektive gegeben, das seit dem Tag, als Bayfield und Griffith aus den Jadeit-Minen geflohen waren, von Wirrnissen erschüttert wurde. Nachdem König Tharawaddy den geisteskranken Sagaing Min abgesetzt hatte, brach eine Welle des Terrors über das Land herein, und auch Tharawaddy war schließlich dem Wahnsinn verfallen: Er schlitzte seine Palastdiener auf und brachte ihre Leber den *nats* dar.[2] Sein Sohn, König Pagan, hatte den Thron 1846 an sich gerissen, nur um Burma in einen zweiten Krieg mit den Briten zu stürzen. Dieser gipfelte 1852 in einer demütigenden Kapitulation, nachdem Captain Tarleton, der Befehlshaber des Kanonenboots *Medusa,* einen britischen Sturmangriff auf die burmesische Hauptstadt angeführt hatte. Die südliche Hafenstadt Rangun wurde zusammen mit den restlichen Provinzen Unterburmas den Briten überlassen. Die Kriegsbeute, die nach und nach in London eintraf, umfasste auch eine mit Stickereien verzierte Jacke eines burmesischen Befehlshabers mit dem Spitznamen »Bandoolah-Junior«, der der Sohn jenes Generals war, der 1824 damit geprahlt hatte, er werde Lord Amherst in goldene Fußfesseln schlagen. Gefüttert mit gelber Seide, verziert mit Goldfäden, Ziermünzen und Tressen, tauchte sie 1993 auf dem Portobello-Markt in Ladbroke Grove, westlich von London, wieder auf, wo sie mit einem Etikett ausgezeichnet war, auf dem Tarletons Name stand.[3]

Im Gefolge dieses verheerenden zweiten britisch-burmesischen Kriegs hatte Mindon seinen Bruder, König Pagan, abgesetzt und 1853 ein Zeitalter der Aufklärung eingeläutet. Er schickte Friedensgesandte nach London, Paris und Rom. Er ersetzte das traditionelle burmesische System des Tauschhandels durch das Münzsystem, Maße und Gewichte, verband die größeren Ortschaften und Städte des weiträumigen Landes durch Straßen und Telegrafenleitungen und errichtete in seiner neuen Hauptstadt, Mandalay, ein quicklebendiges Zentrum der buddhistischen Gelehrsamkeit, das 1857 fertig gestellt wurde.

Die edelsteingeschmückten Pagoden und Pavillons waren am Fuße eines steil aufragenden Hügels erbaut worden, der nach burmesischer Überzeugung mit Juwelen gefüllt war. Die königlichen Paläste wurden von einer 2000 Meter langen, mit Zinnen versehenen Wehrmauer umfasst, an die sich nach außen ein 7,5 Meter breiter Graben anschloss, der von Bäumen gesäumt war. Zwölf gewaltige Tore, vier davon mit Ausrichtung auf die Haupthimmelsrichtungen, unterbrachen die karmesinrote Umfassung. Dazwischen lugten Dutzende von Wachtürmen mit Bekrönungen hervor, deren goldene Spitzen funkelten. Nördlich davon lagen die Gärten der Königin Alé-nan-daw, ihre von Palmen gesäumten Wasserwege und Grotten; im Westen befanden sich ihre Audienzsäle, der glitzernde Lilienthron der Königin und ihr im Schatten von Arkaden liegendes Mineralbad. Die Skyline wurde von König Mindons Palast beherrscht, dessen goldenes Dachgesims in der untergehenden Sonne rot aufflammte. Dieser Palast wurde von einem goldenen Stupa überragt, der sich gleich dem sagenhaften Berg Meru – die Achse, um die sich nach buddhistischer Überzeugung die Welt dreht – über Mandalay erhob. Obgleich Mindons neues Mandalay in Sichtweite von Ava und Amarapura lag, erbaute er die Stadt, um seine Herrschaft auch räumlich von den Auswüchsen und Niederlagen seiner Vorgänger abzugrenzen. Doch die königliche Stadt war zugleich ein sakrales irdisches Abbild des mit Sternen übersäten Firmaments, und man durfte sie nur barfüßig betreten.

Nichts aber konnte Mindon von seinem Fieber befreien, und am 1. Oktober 1878 »zog er ein ins Land der Götter«. Todesanzeigen, in Elfenbeinröhrchen gesteckt, wurden in die ganze Welt verschickt. Königin Victoria, die als »Königliche Freundin« der Konbaung-Dynastie tituliert wurde, empfing die Nachricht als Erste, gefolgt von ihrem Außenminister und dem britischen Vizekönig von Indien, den hochrangigen Amtsinhabern des »Volks der Hutträger«.

Innerhalb von drei Wochen ergoss sich eine weitere Flut von Depeschen über die »Königliche Freundin« in Großbritannien, in denen die Krönung eines unbekannten neunzehnjährigen Prinzen angekündigt wurde: »Seine Vortrefflichste und Erhabenste Majestät, der Oberste Gebieter aller schirmtragenden Herrscher von Thuna-paranta, Tampa-dipa und anderer großer östlicher Reiche und Länder. Der burmesische König, die Aufgehende Sonne, Herr des Saddan-Elefanten, Meister vieler Weißer Elefanten, Herr des Daseins, Großer Gerechter Herrscher etc. pp.« Daran schloss sich sein Lebenslauf an. Der neue Monarch hatte »zu drei verschiedenen Zeitpunkten glänzende Prüfungen über geistliche Literatur abgelegt. Er wünscht Euer Exzellenz etc. pp.«[4]

Wer aber war dieser neue König Thibaw, den kaum jemand in Burma und sicherlich niemand außerhalb des Landes je zu Gesicht bekommen hatte? Wir kehrten auf der Suche nach einer weiteren Spur in den Akten, die hoffentlich nach Mandalay führen würde, ins Nationalarchiv von Neu-Delhi zurück. Der Aufseher des Lesesaals benetzte seine Finger mit Tee und zwirbelte an seinem Schnurrbart, als er sah, wie wir mit ganzen Händen voll gekritzelter Bestellzettel auf ihn zukamen.

»Nein, nein, nein«, sagte er mürrisch und vertrieb uns von seinem Schreibtisch. »Ich werde Ihnen nicht helfen. Ich muss Sie an die DDNAI verweisen.« Kaum hatte er dieses rätselhafte Akronym ausgestoßen, eilte er auch schon in die Personalkantine.

Da sonst niemand da war, weckten wir die Männer, die auf der schmalen Bank in der »Wissenschaftlerecke« schliefen, und die müden Gelehrten deuteten auf einen Vorhang. Dahinter fanden wir den DDNAI – den Stellvertretenden Direktor des indischen Nationalarchivs –, einen melancholischen Gelehrten, der sich darüber beklagte, im »Labyrinth des Janpath« gefangen zu sein.

»Wie lange sind Sie schon hier?«, fragte er mit einem wohlwollenden Blick auf unsere Formulare. »Gott rette uns alle. Bitte erwähnen Sie das in Ihrer Zeitung, Ihrem Buch oder woran auch immer Sie schreiben«, flehte er uns an. »Es ist eine nationale Schande. Wir müssen leider Leute wie Sie missbrauchen. Wissenschaftler kommen von weither angereist, und wir schreiben Blödsinn auf ihre Formulare. Wir haben kein Geld und sollen Hunderttausende von Akten verwalten, die größtenteils noch nicht einmal erfasst sind, und viele davon sind in einer heillosen Unordnung. Was sollen wir tun?«

Er stand auf. »Wir machen keinerlei Fortschritte und können das Erbe der Vergangenheit nicht bewahren.« Sein rundes Gesicht leuchtete wie polierte Bronze. »Jeden Abend, wenn ich nach

Hause komme, sage ich zu meiner Frau: ›Ich bin förmlich überzogen vom Staub der Geschichte, und dabei sind mir die Hände gebunden.‹ Viele der Dokumente, die Sie anschauen werden – und ich verspreche Ihnen, dass wir sie Ihnen zugänglich machen –, werden, nachdem Sie sie gelesen haben, ruiniert sein. Puff, in Luft aufgelöst. Zerstört. Pulver und Staub.«

Er schlug mit der Faust auf einen Stapel Handschriften, Staub wirbelte durch die Luft und überzuckerte sein Haar und seine Hände mit einem dünnen Film aus Historie des Empire.

Innerhalb von Stunden hatten wir Dokumente auf unseren Schreibtischen liegen, die »als vermisst, aber nicht als verschollen« galten oder als »geheim, sofern nicht vermisst«, Manuskripte, die in der abgedunkelten Galerie des Schriftenarchivs gestrandet waren, und alsbald begannen wir, die Fäden der Geschichte von König Thibaw zusammenzuflechten.

Während König Mindon im verdunkelten Audienzsaal im Sterben lag, schmiedete seine Gemahlin, Alé-nan-daw, die Königin des Mittleren Palasts, Ränke, um seine Nachfolge zu sichern. Sie verschaffte sich die politische Rückendeckung des *Hlutdaw*, des burmesischen Ministerrats, und erklärte ihren Stiefsohn Thibaw öffentlich zum rechtmäßigen Erben. Dieser weltfremde Halbwüchsige, einer der jüngsten und blassesten der 82 Prinzen und Prinzessinnen, die Anspruch auf den Thron erheben konnten, litt an Epilepsie, und es ging das Gerücht, er sei ein uneheliches Kind. Er hatte den größten Teil seines Lebens versteckt in einem Kloster außerhalb der Stadt verbracht, in Gesellschaft eines verehrten buddhistischen Gelehrten namens Yanaung, und er wusste kaum etwas über die politischen Ränke im Palast. Andererseits stärkte ein schwacher Monarch die Macht einer verfassungsmäßigen Regierung, was den Mitgliedern des *Hlutdaw*, die auf Mindons Geheiß nach Europa gereist waren, natürlich gefiel. Kaum war Thibaws Anspruch anerkannt, gab Alé-nan-daw auch schon seine Vermählung bekannt. Der blässliche Mönch heiratete Prinzessin

Supayalat und Prinzessin Supayagyi, seine Halbschwestern, die Töchter Alé-nan-daws, in einer Doppelhochzeit, die deren Position als Königinwitwe festigte.

König Mindon hatte kaum sein Leben ausgehaucht, als Alé-nan-daw und die frisch gekrönte Königin Supayalat auch schon bei Maria Denigre, einer französischen Weberin, die in Mandalay arbeitete, einen mehrere Meter langen roten Samtteppich bestellten.[5] Einen Monat später, im Januar 1879, beobachtete der britische Repräsentant, Robert Shaw, einige von Mindons Kindern, wie sie »leuchtend grüne Steine« an den wohlhabenden Kaufmann Mulla Ibrahim verkauften. Am 15. Februar brach der Sturm schließlich in zwei Nächten der langen Messer los. Von der Königinwitwe gedungene Mörder machten Jagd auf die brüderlichen Thronrivalen von König Thibaw und steckten sie in eigens angefertigte Samtsäcke, bevor sie sie mit Sandelholzkeulen erschlugen. Es war ein Frevel, das Blut burmesischer Vornehmer zu vergießen, doch Marias dichter roter Stoff sog das Blut auf und dämpfte die Schreie.

Robert Shaw meldete Fort William, seine Spione hätten gesehen, wie Angehörige der königlichen Familie in eine große Grube geworfen worden seien, die man im Gefängnishof ausgehoben habe:

> Ihre Schreie wurden von ihren Henkern erstickt, die sie erwürgten. Andere wurden mit Keulen getötet, die in den Händen halb betrunkener Männer oft mehrfach benutzt werden mussten, ehe die Opfer von ihrer Pein erlöst waren. Säuglinge wurden aus den Armen ihrer Mütter gerissen und so lange mit dem Kopf gegen eine Mauer geschlagen, bis ihr Schädel zertrümmert war.

Im nächsten Bericht raste Shaws normalerweise ruhige Hand so hastig übers Papier, dass die Schreibfeder das Blatt durchbohrte. Die Grube war mittlerweile randvoll, so dass mitten in der Nacht

acht Fuhren mit Leichen aus Mandalay geschafft und in den Irrawaddy gekippt worden waren.

Das Massengrab im Gefängnishof wurde mit Erdreich aufgefüllt, doch einige Tage später durchstießen steif gewordene Hände und entstellte Gesichter den Boden. Panik erfasste den Palast, dabei gab es eine natürliche Erklärung: Hitze und Fäulnis hatten die verwesenden Leichname aufgetrieben und sie nach oben gedrückt, was den Eindruck erweckte, sie wollten ihrem Grab entfliehen. Königin Alé-nan-daw beorderte die königlichen Elefantentreiber herbei, die mit ihren Tieren so lange auf dem grotesken Tableau herumtrampelten, bis nur mehr blutrote Erde zu sehen war.

Die Briten waren beunruhigt über das Blutbad von Mandalay, denn sie befürchteten, Burma könnte bald von einer weiteren Welle der Gewalt erschüttert werden. Die britischen Interessen drohten hinweggefegt zu werden, noch ehe sie überhaupt Fuß fassen konnten, und das Leben Tausender von Briten, die sich gegenwärtig im Königreich aufhielten, schien in Gefahr. Doch das Militär war andernorts gebunden. Britische Truppen hatten im November Kabul besetzt: Über die hohen indischen Pässe waren sie in Afghanistan eingefallen, um dem Bestreben Russlands entgegenzutreten, politischen Einfluß in einem Land auszuüben, das im nordwestlichen Grenzgebiet Indiens lag. Fort William wollte nicht in einen weiteren militärischen Konflikt verwickelt werden und wies Robert Shaw an, sich auf das Sammeln nachrichtendienstlicher Informationen zu konzentrieren.

Doch der diplomatische Vertreter musste sich mit dem Erbe von Burney herumschlagen und hatte keinen Zugang zum König. Kein Vertreter Großbritanniens war seit 1876 mit dem König von Burma zusammengetroffen, denn die britischen Diplomaten weigerten sich noch immer, ihre Schuhe auszuziehen. In Hunderten von Depeschen, die zwischen Mandalay, Kalkutta und London hin- und hergekabelt wurden, ergingen sich die Briten in Ausflüchten, wie einst Michael Symes, bevor ihn König Bodawpaya empfangen hatte. Die britischen Schuhe seien schwer aufzuschnüren und wieder zu verschnüren. Bloße Füße seien entwürdigend. Das diplomatische Problem schien unlösbar zu sein, obgleich britische Kaufleute gern aus den Schuhen schlüpften. »Es ist wirklich nicht so schlimm, ein paar Meter in Strümpfen zu gehen«, schrieb Mrs Ellen Rowett im *Frazier's Magazine.* »Man kann sich zwei oder mehr Paar Strümpfe anziehen und sogar heimlich eine dicke Korkensohle einlegen.«[6]

Die Einschätzung des Empires von Mandalay beruhte auf Angaben von Mittelsleuten, und Shaw wies Fort William warnend darauf hin, dass eine Politik zu betreiben, die auf Informationen aus zweiter Hand basiere, so sei, als »präge man eine Münze auf dem Grund eines Teichs«. Während Großbritannien einen isolierten Ausguck auf einem Hügel außerhalb des Hofs unterhielt, der Gerüchte nährte, Thibaw sei ein blutrünstiger Tyrann, der bei der Ermordung seiner Brüder und Schwestern die Fäden gezogen habe, interviewte ein Reporter der *Times* den neuen König persönlich. Thibaw, ein begriffsstutziger Junge, dem nicht einmal ein richtiger Schnurrbart wuchs und bei dem die hohe königliche Stirn der Konbaung-Dynastie nicht einmal ansatzweise vorhanden war, schien von den Regierungsgeschäften völlig überfordert zu sein. Während der untersetzte Jüngling an seinem Zeremonialschwert herumspielte und unter seiner goldenen Rüstung schwitzte, lastete er alles seiner Schwiegermutter an. »Ihr Engländer glaubt, dass ich all meine Verwandten umbringen ließ, aber das stimmt nicht«, raunte er. »Ich stand selbst unter Bewachung. Ich wurde nur deshalb verschont, weil der König vor seinem Tod der Königin sagte, ich sei der gefügigste Sohn.«

Noch bevor sich Shaw die Gelegenheit bot, die Schuhfrage zu lösen und Thibaw selbst zu treffen, erkrankte er an rheumatischem Fieber und starb am 15. Juni 1879. Sein Tod kam zu einem denkbar ungünstigen Zeitpunkt und sollte für den neuen König verheerende Folgen haben, da Shaws Platz von Colonel Horace Browne eingenommen wurde, einem britischen Kriegstreiber, der es auf die Erdölquellen, Teakbaumwälder und legendären Edelsteinminen des Königs abgesehen hatte.

Browne verfolgte seine eigenen Pläne: Er wollte sich für seine vorangegangene Begegnung mit den Burmesen rächen, die mit Fanfaren begonnen und mit Enthauptungen geendet hatte. Sein Tagebuch über diese verhängnisvolle Expedition berichtet, dass seine Abteilung 1875 Bhamo, einen Binnenhafen nördlich von Mandalay, zur gleichen Zeit verließ wie eine burmesische Tributmission, die 2000 Viss (7000 Pfund) Jadeit nach Peking bringen sollte. Obgleich Browne entsandt worden war, um nachrichtendienstliche Informationen über die Wiedereröffnung der Jadestraße Qianlongs zu sammeln, verwandelten sich seine Berichte schon bald in Tiraden, in denen er seinen Vorurteilen freien Lauf ließ. Ein örtlicher Kriegsherr, dem der König von Burma einen Goldenen Schirm gewährt hatte und der sich erbot, Browne zu helfen, war der »niederträchtigste und abstoßendste Mann, der uns bis jetzt untergekommen ist«. Andere waren »Hunde« oder »Barbaren«. Ein Führer, der den Colonel an die chinesische Grenze geleiten sollte, erinnerte ihn an einen »verkleideten Affen in einem Zirkus«. Zum Glück hatte ein Mitglied seines Kommandos Kölnischwasser dabei, »ohne das es praktisch unmöglich gewesen wäre, in der Nähe dieser Leute zu sitzen«. Als die Bewohner eines Dorfes das Geld annahmen, das Browne ihnen anbot, waren sie »jüdische Knicker«, die ein Pfund Fleisch einsackten, und sie erinnerten an »eine Bestie wie Shylock mit der Nasenwulst eines Gibbons«.

Dann, am 22. Februar, wurde Brownes Expedition überfallen. Wiederholte Warnungen der Einheimischen ignorierend, war sein Kommando in gefährliches Territorium vorgedrungen. Sein Übersetzer, Augustus Margary, und fünf chinesische Diener wurden enthauptet und ihre Köpfe auf einer Mauer zur Schau gestellt. Während Margarys Leichnam nach Rangun überführt wurde, kehrte Browne nach Mandalay zurück. Dort meldete er im Juni Schadensersatzansprüche in Höhe von 918,12 Rupien wegen des

Verlusts seines Regenmantels und Regenschirms, seiner Parade-uniform und seines Kaschmirmantels an.

Fünfzehn Jahre später war der selbstgerechte Browne das Auge und Ohr der Briten, und er begann alsbald, sich zum Resonanzboden von Gerüchten und Fehlinformationen zu machen:

> Im Palast ist der beschränkte, hochmütige und ständig betrunkene knabenhafte König von einer Schar parvenügleicher Speichellecker umgeben, den Urhebern des Gemetzels und Blutvergießens, die alle so ungebildet und barbarisch sind, dass sie ihn zu weiteren Gräueltaten drängen werden.

Der Colonel behauptete, Thibaw verstecke hinter jeder Brustwehr Flaschen mit französischem Weinbrand. Er lasse Beamte hinrichten, die beim Murmelspiel erwischt worden seien. Er benutzte einen Vorfall in Afghanistan, der gar nichts mit der Situation in Burma zu tun hatte, um die Gefahren hochzuspielen. Sir Louis Cavagnari, sein Stab und 75 Soldaten wurden im Anschluss an eine Meuterei, die am 3. September ausbrach, in der britischen Residenz in Kabul niedergemetzelt. Browne, der eindeutig ein Ableger desselben Heiligen Bobaums war, vor dem Kaiser Daoguang 1836 gewarnt hatte, berichtete, auch in Mandalay könnten jederzeit solche Feindseligkeiten ausbrechen.

Innerhalb weniger Wochen wurde der britische Repräsentant in Oberburma zurückbeordert, und damit gab es keine Möglichkeit mehr, Brownes Einschätzungen von unabhängiger Seite bestätigen zu lassen, und auch keine direkten Kontakte zum Hof und zum König mehr, nur ein Vakuum, das mit Vorurteilen, Klatsch, Anspielungen und Eigennutz aufgefüllt wurde. Der durch Zufall auf den Thron gelangte Monarch geriet in einen Konflikt mit dem streitsüchtigen Moloch des Britischen Empires.

Die britische Spionage am Hof von König Thibaw lag fortan in den Händen von Giovanni Andreino, einem ehemaligen italienischen Postboten, den Robert Shaw als »einen ungebildeten Leierkastenmann, der nur mit Mühe seinen Namen schreiben kann«, beschrieben hatte. Und selbst Andreinos Informationen stammten aus zweiter Hand.

Mrs Mattie Calogreedy Antram, die Witwe eines Kapitäns der Irrawaddy-Flotillen-Kompanie, war zu einer inoffiziellen Beraterin von Königin Supayalat geworden, die ihr und zwei französischen Nonnen, Schwester Theresa und Schwester Sophia, einmal pro Woche im Lilienthronsaal eine Privataudienz gewährte. Mrs Antram hatte jede Menge Klatsch und Tratsch auf Lager: die Königin nenne ihren Gemahl »Maung Maung«, er sie »Su Su«. Die königliche Ehe hatte verheißungsvoll begonnen, nachdem Supayalat die Oberhand gewonnen hatte, indem sie ihre hässliche ältere Schwester zur Seite drängte. Doch dann fand Thibaw Gefallen daran, Zerstreuung durch einen Harem von Mädchen zu finden, die von elektrischen Summern, die in ihren Zimmern erschallten, in seine Gemächer befohlen wurden. Als Su Su entdeckte, dass ihr Gemahl sich in ein Mädchen des Harems, Mi Hkin-gyi, verliebt hatte, schritt sie mit brutaler Zielstrebigkeit zur Tat. Im März 1882 ließ sie Yanaung, den religiösen Erzieher Thibaws, dem sie vorwarf, ihrem Gemahl die Freudenmädchen zuzuführen, entführen, in eine Strohmatte rollen und von vier Betrunkenen totschlagen.[7] Zwei Monate später wurde Mi Hkin-gyi, die mittlerweile hochschwanger war, »in Gegenwart der Königin [Supayalat] erschlagen«.[8] Missionare, die durch die katholischen Schwestern von den Ereignissen am Hof erfuhren, schickten Telegramme nach London, in denen sie einen militärischen Angriff auf den burmesischen Hof forderten, diesen »Hort der Verderbtheit«.

Antram enthüllte auch, dass Thibaw das Geld ausging. Sie hatte Abschriften von Buchhaltungsunterlagen erhalten, aus denen hervorging, dass der König und die Königin über vier Millionen Rupien jährlich für chinesische Seidenwaren, französische Parfüms, Schmuck und Spirituosen ausgegeben hatten. Bald wurde ihre Armut einer breiteren Öffentlichkeit bekannt. Thibaw und Supayalat begannen, Touristen für 200 Rupien pro Eintrittskarte

Audienzen zu gewähren, und machten so aus der Monarchie eine Theatervorstellung. Felice Beato, der unlängst ein Atelier in Rangun eröffnet hatte, verkaufte Fotos des Königs mit seinen Herrscherinsignien, die Königinnen mit untergeschlagenen Beinen, wie »Schneider im Pandschab«, züchtig an seiner Seite sitzend. Die Schnappschüsse vom König waren so gefragt, dass Königin Supayalat ein Atelier im Palast einrichten ließ, das von einem französischen Fotografen geleitet wurde, der mit schwarzem Humor bemerkte: »Jedes Mal, wenn ich eine Aufnahme vom König oder der Königin machte, musste ich damit rechnen, entweder mit einer Hand voll Rubinen belohnt oder einen Kopf kürzer gemacht zu werden.«[9]

Auch wenn der Klatsch aus dem Palast einen gewissen Unterhaltungswert hatte, erbrachte er keine stichhaltigen Belege für die Behauptung von Colonel Browne, der burmesische König sei ein Tyrann, der es auf die Zerstörung des britischen Empires abgesehen habe. Doch im Mai 1885 suchte Mrs Antram, deren Gewand aus Satin und Krenolin feurig über den Boden rauschte, den »ungebildeten Leierkastenmann« auf und überreichte ihm ein Päckchen mit geheimen Dokumenten. Sie hatte sie ihrem Lebensgefährten gestohlen, einem französischen Ingenieur, nachdem er von einer Reise nach Paris mit einer neuen Frau zurückgekehrt war. Sie bewiesen angeblich, dass sich die Franzosen anschickten, den Briten in Burma den Rang abzulaufen. Die französische Regierung habe die Erlaubnis Thibaws erhalten, eine Bank in Mandalay zu gründen, Eisenbahnlinien zu bauen und, was am wichtigsten war, in den nördlichen Gebieten Burmas nach Edelsteinen zu suchen.

Andreino goss zusätzliches Öl ins Feuer, indem er den Inhalt eines weiteren Briefs durchsickern ließ, der enthüllte, der neue französische Konsul, Frederic Haas, habe sich heimlich – und mit ausgezogenen Schuhen – mit burmesischen Höflingen getroffen. Außerdem deckte der Brief ein Komplott auf. »Die französische Regierung ist in der Lage, jede beliebige Menge an Waffen und

Munition zu liefern ... Die Burmesen nahmen diese Nachricht mit großer Freude auf«, heißt es darin.

Der britische Hochkommissar leitete die Nachricht weiter, dass ein neues Kontingent von »Kapitalisten aus Paris« in Mandalay gesichtet worden sei. »Sie haben um die Erlaubnis gebeten, sich im ganzen Land frei zu bewegen und nach Erzlagerstätten zu suchen ... sie blähten sich auf wie ein Frosch in einer Fabel.«[10] Die Nachricht wurde von Edwin Streeter bestätigt, einem Uhrmacher und Diamantenhändler, der im City Bank Building, Holborn Viaduct, in London seinen Sitz hatte und der, »während er in seinem Pariser Hotel das Frühstück einnahm«, zufällig ein Gespräch zwischen französischen Kaufleuten mitanhörte, die behaupteten, von Thibaw Konzessionen zum Schürfen nach Edelsteinen erhalten zu haben. Burma war im Begriff, zwischen zwei imperialen Mächten, die sich gegenseitig auszustechen versuchten, wie ein Pfefferkorn zermalmt zu werden.[11]

Doch als die Briten schließlich mit Krieg drohten, geschah dies nicht wegen Schürfrechten für Edelsteine. Der burmesische Hof belegte eine britische Handelsgesellschaft wegen illegalen Holzeinschlags mit einer Geldstrafe in Höhe von 2,3 Millionen Rupien (153 000 Pfund), die das Unternehmen in den Konkurs zu treiben drohte, mit der Folge, dass ein französischer Konkurrent zum Zuge kommen würde. Daher stellte die »Königliche Freundin« König Thibaw ein Ultimatum. Es wurde am 23. Oktober 1885 mit dem Dampfer *Ashley Eden* losgeschickt und verlangte, die Streitigkeit über den Holzeinschlag der Bombay-Burma-Handelsgesellschaft einem unabhängigen Schiedsgericht zu übergeben. Noch wichtiger aber war, dass der neue britische Regierungsvertreter seinen Sitz direkt in Mandalay (mit angezogenen Schuhen) nehmen und uneingeschränkten Zugang zum König sowie Kontrolle über die Außenpolitik Burmas haben sollte.

Königin Supayalat, die im fünften Monat schwanger war, befahl dem *Hlutdaw*, auf Zeit zu spielen. Sie war überzeugt davon, dass sie einen Sohn unter dem Herzen trug, und sie hatte nicht die Absicht, sein künftiges Reich den *kullas* auszuhändigen. Doch die Briten setzten dieses bereits in Tabellen und Schaubilder um. Die Forstwirtschaft würde schätzungsweise 1 350 000 Rupien jährlich einbringen; der Verkauf königlicher Ländereien würde 800 000 Rupien abwerfen; 2,3 Millionen Rupien kämen an Steuereinnahmen herein, und der Erlös aus den legendären Jadeitminen würde sich auf 800 000 Rupien pro Jahr belaufen. Obgleich man in den ersten zehn Jahren mit einem Verlust von 2,3 Millionen Rupien rechnete, würde Burma danach zu einer profitablen hundertprozentigen »Tochtergesellschaft« des indischen Empire werden, wie Staatsdiener in geheimen Berichten folgerten.

Noch bevor die Burmesen antworten konnten, erhielt General Harry Prendergast, ein strenger britischer Befehlshaber und Afghanistan-Veteran, den Befehl, auf dem Irrawaddy flussaufwärts vorzustoßen. Die (britische) Konservative Partei musste im November 1885 Parlamentswahlen bestehen. Ein zügiger Sieg, so argumentierte Randolph Churchill, würde den Kolonien des Empires ein weiteres Gebiet und damit einen neuen Absatzmarkt hinzufügen, was in Anbetracht der wirtschaftlichen Stagnation im Inland eine erfreuliche Nachricht wäre. Prendergasts politischer Offizier war Colonel Edward Sladen, ein dekorierter Veteran des 2. Burma-Kriegs, der sowohl die Verwundung durch einen vergifteten Pfeil als auch den Entsatz von Lucknow im Jahr 1857 überlebt hatte (er hatte in Indien unter Sir Hope Grant gedient). Jetzt, am 14. November 1885, stand Sladen an Deck, während die Expeditionsstreitmacht den Irrawaddy hinauffuhr. Der Vorstoß erfolgte zügig und rücksichtslos. Telegramme gingen zwischen Fort William und Whitehall hin und her, als die burmesischen Grenzbefestigungen erst bei Minhla und dann bei Gwagyaung fielen. Burmesische Truppen ließen scharenweise ihre Stellungen im Stich, sobald britische Schiffe mit ihren am Bug angebrachten Maschinengewehren heranbrausten, die Thibaws Männern wie zornige, kugelspeiende *nagas* vorkamen.

Die Burmesen waren den Briten zwar zahlenmäßig im Verhältnis von über zwei zu eins überlegen, aber sie mussten ihre Steinschlossgewehre und Musketen mit einem Stock laden – eine Zeit raubende Prozedur –, während die britischen Hinterladergewehre acht Schuss pro Minute abfeuerten. Noch bevor General Prendergast Mandalays auch nur von Ferne ansichtig geworden war, kabelte er ein dringendes Gesuch an das Oberkommando des Heeres. Ob er Oberburma plündern dürfe? Das Foreign Office – das britische Außenministerium – erwog Prendergasts Gesuch, wobei der Krieg mit China das Denken noch immer bestimmte. »Es wird nicht zweckdienlich sein, dass unsere Truppen wahllos die Paläste plündern, wie es die Franzosen in Peking taten«, lautete das Fazit des Außenministeriums. Schließlich erklärte man sich aber doch einverstanden. Die Männer des Generals durften sich Beutegut aneignen, aber es sollte eine geordnete Operation sein, die durch Anweisungen und Präzedenzfälle geregelt werden sollte. Hohe Ministerialbeamte verwiesen Prendergast auf das kürzlich erschienene *Handbuch des Wehrrechts* und insbesondere auf das Kapitel »Gewohnheitsrecht im Krieg«:

> Das – öffentliche wie private – Eigentum des Feindes, das auf dem Schlachtfeld, in einem erstürmten Feldlager oder in einer Gemeinde, die zur Plünderung freigegeben wurde, vorgefunden wird, ist Kriegsbeute und darf rechtmäßig als Beutegut behandelt werden.

Sieben Tage später befand sich der General in Schussweite von Mandalay. Unter seinen Soldaten waren mehrere Amateurfotografen, unter anderem W. W. Hooper und Robert Blackall Graham, die sich über die Reling des Leitschiffs hängten, um den Fall Burmas für die Nachwelt festzuhalten. Ein Telegramm, das von einem Korrespondenten der *Times* gekabelt wurde, schilderte, wie ein goldenes Kriegsschiff mit 44 Ruderern aus dem dichten

Nebel, der über dem Irrawady lagerte, auftauchte; es hatte eine Parlamentärflagge gehisst und überbrachte einen Brief:

> Die burmesische Regierung kann nicht glauben, dass die britische Regierung Oberburma erobern will. Der Regierung von Burma liegt das Wohl und Gedeihen des englischen Volks am Herzen. Einer Besetzung des Königreichs Burma bedarf es nicht... Seine Majestät lässt sich herbei, im Kopf und im Herzen wohlgesinnt zu sein, freimütig und gerecht...

Wenige Stunden später ließ sich der Oberbefehlshaber von Thibaws Armee, ein Männchen mit einer kegelförmigen Samtmütze, die von einer Krone aus Blattgold gehalten wurde, und mit einem Fächer aus Palmblättern in der einen Hand, zu dem »Britischen Kriegsschiff« rudern und begrüßte die britischen Offiziere mit der Nachricht von König Thibaws bedingungsloser Kapitulation. Am 28. November gingen britische Truppen von Bord ihrer Dampfer, kletterten über die Wracks von Thibaws versenkter Flotte und marschierten auf die königliche Stadt zu, aus der ein fürchterliches Wehklagen ertönte. Auf dem Wehrgang des spiralförmigen Wachturms von Mandalay erspähten Soldaten des Hampshire-Regiments eine schwangere Frau, die schrie und auf ihren dicken Bauch einschlug. Edward Sladen wurde herbeigerufen und erkannte die verwirrte Königin Supayalat, doch vom König fand sich keine Spur.

Der Reporter der in Kalkutta erscheinenden *Daily News* begleitete die Soldaten, als sie in Mandalay einzogen. »Truppen landeten, marschierten mit fliegenden Fahnen, Kapellen spielten, drei Kolonnen, durch die Stadt zum Palast, der ohne Widerstand besetzt wurde«, meldete er. Den Rest dieses Nachmittags verharrten Prendergast und Sladen ungeduldig vor den Toren des Palasts und sandten den wenigen verbliebenen königlichen Bediensteten Schriftstücke, um den König dazu zu bewegen, herauszukommen. Um 13 Uhr am folgenden Tag öffneten sich schließlich die Tore, und Prendergast und Sladen betraten in Begleitung des allgegenwärtigen Reporters der *Daily News* als die ersten Briten seit neun Jahren den Palastbezirk.

Sie schritten zwischen umgekippten Karren und verwaisten Körben hindurch, aus denen Goldbarren, silberne Beteldosen, Jadeitblöcke, Rubinschatullen, Halsketten, Teeservice, Statuetten und Spiegel herausquollen. Thibaw hatte offensichtlich seine Sachen gepackt, und neben den Kisten mit den Kostbarkeiten standen fünfzig Elefanten und zweihundert Ponys, die die Königsfamilie in die Dschungel im Norden hätten bringen sollen, wenn sich Supayalat nicht geweigert hätte, fortzugehen.

Das unglückliche Ehepaar – der König in seinem Herrscherornat – saß einsam auf dem Löwenthron im leeren Audienzsaal. Vor ihnen standen die schützenden Reihen der *chinthe* und der *camari*, Statuen mythischer Tiere, die vom König gezähmt worden waren, und vergoldete Pagen, die ihre Waffen in einer Geste treuer Ergebenheit gegenüber dem Vater der Nation erhoben. Während die Königin auf Entgegenkommen drängte, schluchzte Thibaw. »Ich gebe mich und mein Land in Eure Gewalt«, sagte er Sladen, der Burmesisch und Hindi sprach. »Ich verlange nur, dass Ihr mein plötzliches Ableben verhindert.« Die *Daily News* veröffentlichte ein Telegramm ihres Reporters vor Ort:

> Briten hatten Unterredung mit König und Königin. Ich war anwesend. König recht würdevolles Auftreten, klein, beleibt, wirkt unintelligent. Königin mit zierlichem, jungem, recht klugem Gesicht, angenehme Erscheinung außer dem sehr harten, bösen Mundwerk. Während der Unterredung flüsterte sie Thibaw unentwegt Ratschläge zu.

Thibaw habe schreckliche Angst vor seinen eigenen Landsleuten, schrieb Sladen in sein Tagebuch, davor, von einer lynchwütigen Meute entführt zu werden. Er bat Sladen, eine europäische Wachmannschaft im Palast aufzustellen, die ihn und seine Habe beschützen solle. »Wachen wurden aufgestellt, während wir durch die verschiedenen Staatsgemächer des Palasts schritten«, schrieb Sladen, bevor er die Schlüssel einsteckte und Hooper aufforderte, ihn zu fotografieren, wie er unter einem goldenen Schirm neben einem verdutzten burmesischen Hofbeamten steht.

Ein junger Captain, Charles Adamson, der den Palast als einer der Ersten betrat, hielt frohlockend fest: »Wo sich einst barfüßige Minister ergingen, um dem Mittelpunkt der Welt zu huldigen, marschierten nunmehr britische Soldaten in schweren Stiefeln ein und aus.« Adamson wunderte sich über den chaotischen Zustand im Palast, »große Mengen Waffen und Helme, die einst den Soldaten des Königs gehört hatten, Handschriften aus Palmblättern, Jadeblöcke, riesige Spiegel, vergoldete und mit Juwelen besetzte Stühle … alles liegt wirr verstreut in den Zimmern und Korridoren.«

Das prachtvolle Mandalay, erbaut als Zeugnis der Allmacht der Konbaung-Dynastie, wirkte auf den Reporter der *Daily News* wie ein heruntergekommener Grabstein für das Königreich Burma:

> Königsfamilie fast völlig verlassen, selbst an Lebensmitteln soll es mangeln; sah weißen Elefanten in der Nähe in einer prächtigen Villa, ebenfalls unversorgt. Sehr gewöhnlich, mit nur zwei kleinen, kaum merklichen schmutzig weißen Flecken hinter den Ohren.
>
> Palast hinterlässt seltsamen Eindruck, eigentümlich, drückend, mit geschmacklosem Zierwerk. Hohe, mit Schnitzereien verzierte und üppig vergoldete Holzdächer; im Innern des Palasts eine Vielzahl kleiner, freistehender Gebäude, die von innen wie Goldkästchen wirken, auch viel Goldfarbe, wie bei den Asiaten üblich schmutzig, stellenweise verwahrlost. König gewöhnliche Kleidung; Königin herrliche Halskette aus Diamanten und Jade, keine endgültigen Absprachen über die Zukunft des Landes; am späten Nachmittag werden König und Königin von zwei Ochsenkarren abgeholt. Das Volk im Allgemeinen völlig teilnahmslos.

Ein kurzes Telegramm, das das Ende der mehrtausendjährigen burmesischen Monarchie in dürren Worten zusammenfasst. Woran Mongolen-Horden, die kaiserlich-chinesischen Armeen, siamesische Herrscher und Mogul-Kaiser gescheitert waren, das war einem kleinen Trupp von Männern in Khakiuniform und Helmen mit Gesichts- und Nackenschutz gelungen. Der »König aller schirmtragenden Völker etc. pp.« war mit seinen beiden untröstlichen Gemahlinnen, der Königinwitwe, fünf leitenden Staatsministern, sechzehn Prinzessinnen und Hofdamen sowie dreiundvierzig Gefolgsleuten auf Ochsenkarren ins Exil getrieben worden. Das königliche Gefolge (mit der in Tränen aufgelösten Königin Supayalat) hielt vor dem Landungssteg am Irrawaddy an und begleitete die klobigen Truhen und Frachtstücke ihrer Majestäten an Bord des Dampfers *Thooria*, der Kurs auf Rangun nehmen sollte. Sie stiegen das Fallreep hinauf, durch ein Spalier britischer Soldaten. Zwei Kompanien des Liverpool-Regiments folgten ihnen an Bord. Zurück blieben die beiden weißen Elefanten Thibaws – der eine verhungerte, nachdem sein Hüter geflohen war, und um den zweiten entbrannte ein Streit zwischen der Zoologischen Gesellschaft von New York und dem Londoner Zoo. Schließlich wurde er in den Phayre-Gärten in Rangun eingepfercht, gleichsam das öffentliche Symbol eines gebundenen Volks. Als die *Thooria* davonfuhr, wandte sich Thibaw um und sah, wie der Union Jack über seinem Großen Goldland flatterte, während britische Salutschüsse über das geheiligte irdische Abbild des sternübersäten Firmaments donnerten.

Eine Woche später war die Königsfamilie wieder unterwegs. Der verdrossene König und seine schwangere Königin wurden mitsamt ihrem unhandlichen Gepäck an Bord der *IGS Canning* aus Burma deportiert. Als Thibaw vier Tage später in Madras eintraf, wollte ein Empfangskomitee das Gepäck inspizieren. Auf die Bitte hin, all seine Habseligkeiten einzeln aufzulisten, schrieb der abgesetzte Monarch lediglich: »1 König, 2 Königinnen, 2 Tochter [*sic*], 2 Ammen, 2 Hilfsammen, 13 Hofdamen, 1 königlicher Herold, 1 Schreiber, 1 Kämmerer, 9 Dolmetscher«.

Thibaw und Supayalat, die vorübergehend in *The Mansion* – dem Sitz der britischen Kolonialverwaltung – in Madras untergebracht wurden, waren bemüht, sich an das neue Leben im Exil anzupassen, und sie glaubten, es wäre nur eine Frage der Zeit, bis man ihnen wieder die Rückreise nach Burma erlaubte. Als sie eines Morgens aufwachten, waren die Rohrleitungen aus Zink geplatzt, das Haus stand unter Wasser, und ein gläserner Lüster war zu Boden gestürzt. Dies waren ungünstige Vorzeichen, aber sie waren nicht so beunruhigend wie ein Brief, der mit unangenehmen Neuigkeiten eintraf. »Das Oberhaupt der schirmtragenden Völker etc. pp.« würde fortan als »Exkönig« firmieren und müsse sich mit einer monatlichen Apanage von 3000 Rupien begnügen. Der stellvertretende Inspektor der Polizei von Madras, Cox, berichtete, Thibaw habe sich eine Woche lang geweigert, das Haus zu verlassen, getobt und gejammert und über Schuhe gemurrt. Er klagte, »die Zeit werde ihm lang, und er fragte wiederholt, wann Sladen ihm sein Eigentum zurückerstatten werde«. Als Supayalat am 25. März eine dritte Tochter zur Welt brachte, muss das exilierte Paar schließlich geahnt haben, dass das Ende der Konbaung-Dynastie nahte.

Innerhalb von zwei Wochen befand sich die Entourage des Exkönigs erneut auf See. Auf Vorschlag von Sir Charles Bernard, dem Hochkommissar von Burma, wurde der König mit seinem Gefolge in ein entlegenes indisches Dorf deportiert, das in der Regenzeit schwer unter dem Monsun und im Sommer unter extremer Dürre zu leiden hatte. Der Gouverneur von Madras hielt es für einen unwirtlichen Ort. »Ratnagiri scheint sehr öde und trostlos zu sein, kein Ort, an dem man den Rest seines Lebens verbringen möchte, und ich glaube, dass das Klima Burmesen nicht bekommt«, schrieb er. Der Vizekönig von Indien, Lord Dufferin, musste erst darüber aufgeklärt werden, wo Ratnagiri lag. Doch am 10. April ging das königliche Gefolge, in Pelze gehüllt, an

Bord der *SS Clive*. Sie wurden zum Achterdeck geführt, das man mit Paravents abgeschirmt und mit Teppichen ausgelegt hatte. Der König und die Königin schlurften zu zwei Liegestühlen, doch als das Schiff auslief und in einer Bö krängte, fielen Jaden und Diamanten aus ihren Taschen, und die leuchtend grünen Steine rollten wie Murmeln übers Deck. Nach Aussage von Matrosen des Schiffes wirkten der König und die Königin völlig teilnahmslos und gelassen; sie waren kaum wiederzuerkennen, nur noch geisterhafte Silhouetten einer Monarchie, die ihrem Untergang entgegensegelte.

Die *SS Clive* traf sechs Tage später an der Westküste Indiens ein, und der Exkönig wurde mitsamt Gefolge zu einer Villa auf einem Steilhang gebracht, die einem gewissen Colonel Godfrey abgekauft worden war. Der Ruhesitz des alten Mannes am Ende eines tief gefurchten Feldwegs, der einen weiten Ausblick auf das Arabische Meer bot, sollte Thibaws Gefängnis werden. Das Haus war spärlich eingerichtet mit einer Hand voll Möbel aus Mandalay: einem Diwan, einem Hutständer aus Hirschgeweih, einem von verzierten Elefantenbeinen gestützten Teakholztisch. Alles andere waren gebrauchte Einrichtungsgegenstände, die man von Bombay hergeschickt hatte. Thibaw, der mittlerweile fest davon überzeugt war, dass die Briten ihn hinrichten würden, verbrachte seine Tage damit, auf dem Dach zu sitzen, und er weigerte sich, herunterzukommen. Er schrieb Briefe an seine »Königliche Freundin« in London. In einem Brief vom August 1886 bat der Exkönig um die Rückgabe der Kostbarkeiten, die er Edward Sladen anvertraut hatte, und er flehte Königin Victoria an, als wäre sie eine Schulmeisterin und er der auf Abwege geratene Schüler:

> Meine Stimmung ist gedrückt. Ich kann Ratnagiri nur mit den wilden Dörfern der Kachin und Karen vergleichen, es gibt hier viele Schlangen und Skorpione. Ich lebe in einem kleinen Backsteinhaus und werde von einem Trupp Sepoys bewacht. Ich möchte, dass man mir die Rückkehr in mein

> Land erlaubt, und erkläre mich mit allen Bedingungen einverstanden, die die britische Regierung dafür stellen mag. Sollte mein Betragen in irgendeiner Weise Anstoß erregen, bin ich bereit, mich erneut in die Verbannung schicken und in Haft nehmen zu lassen.

Dem Brief war eine fünfseitige Liste beigefügt, die in kindlicher Handschrift das Privatvermögen der Konbaung-Dynastie detailliert aufführte. Thibaw verlangte die Rückgabe seiner Insignien: Kronen, mit Diamanten, Smaragden und Rubinen besetzte *tsalwen*, die quer über beide Schultern getragen wurden. Dann listete er Prunkstücke auf, die »Su Su« gehörten: mit Jadeit besetzte Goldschatullen, goldene Waschbecken und zwanzig Halsketten aus Jade. Außerdem standen auf der Liste neun Rubinringe, goldene Armreife und ein Diamantgürtel, mit Edelsteinen besetzte Helmbüsche, seine mit Juwelen verzierten Mützen, Uhren und die Hoftracht der Königin. Es war ein Inventar erlesenster Kostbarkeiten: eine Wildente mit Augen aus Rubin; eine Wiege aus fadendünn ausgezogenem Gold; aufgeputztes Staatsgeschirr für königliche Elefanten und Pferde; sieben Schwerter, deren Hefte und Scheiden mit Jadeit und Rubinen eingelegt waren. Schließlich bat Thibaw um 21 Lackkisten, die seine Sammlung von Seidenwaren enthielten, und um sein königliches Bett. An die Inventarliste, die im Nationalarchiv in Neu-Delhi lange Zeit als verschollen gegolten hatte, war das originale maschinengeschriebene Antwortschreiben angeheftet: »Wir konnten die von Thibaw erbetenen Gegenstände nicht auffinden. Daher kann ihm sein Hab und Gut nicht rückerstattet werden, und wir haben uns ohnehin schon großmütig gezeigt, als wir dem Exkönig erlaubten, seinen jetzigen Besitz mitzunehmen.« Die Königinwitwe, die nach der erzwungenen Trennung von ihren beiden Töchtern und der Verbannung in die südburmesische Stadt Tavoy untröstlich war, verlangte ebenfalls Auskunft über den Verbleib der Kostbarkeiten, die sie dem einnehmenden Sladen anvertraut hatte. Ihrer mit Bleistift geschriebenen Inventarliste – fein ziselierte schnörkelige burmesische Schriftzeichen, die mit kurzen kontrollierten Strichen zu Papier gebracht wurden – war ein Brief an den Vizekönig von Indien vorangestellt, in dem sie Sladen bezichtigte, ihren Schmuck gestohlen zu haben:

> Ich vertraute sie ihm an. Colonel Sladen sagte: »Die Regierung wird das Eigentum der königlichen Familie nicht anrühren; wir wollen nur den König und sein Reich. Glauben Sie mir, diese Kostbarkeiten gehen mit Sicherheit nicht verloren, Eure Hoheit kann sie jederzeit zurückverlangen.« Mit diesen Worten verschloss er persönlich die Truhe, anschließend machte er die Tür zu und verriegelte sie.

Eine sechsseitige Inventarliste führte im Einzelnen den Inhalt von Truhen auf, die Diamant-Ohrringe, groß wie Türknöpfe, und weinrote Rubine enthielten. Außerdem standen auf der Liste drachenförmige Fußspangen aus Gold und eine Diamantschatulle, in der die Königinwitwe ein Porträt des Prinzen von Wales angebracht hatte. Brief und Verzeichnis gelangten schließlich auf den Schreibtisch von Sir Donald Mackenzie Wallace, dem Privatsekretär des Vizekönigs. »Die Ermittlung und Rückerlangung der Wertsachen der Königin ist ein hoffnungsloses Unterfangen«, teilte er London mit, und er schlug vor, die monatliche Apanage der Königinmutter um 50 Rupien zu erhöhen, »zwecks Abgeltung der Eigentumsansprüche«. Doch das Foreign Office lehnte dies aus zwingenden Gründen ab, die wir in den Akten des Archivs in Neu-Delhi ausfindig machten.

Am 11. Dezember 1885 hatte General Prendergast ein Telegramm nach Kalkutta geschickt, in dem er bestätigte, dass seine Männer »Kostbarkeiten und Wertgegenstände [in Gewahrsam genommen hatten], die aus Schmuck, großen Mengen Seide und anderem Zeug bestehen«. Als sich das Hampshire-Regiment am ersten

Weihnachtsfeiertag vor einem der königlichen Paläste zu einem »Gottesdienst« versammelte und »Horcht, die Engel der Verkündigung singen« anstimmte, einen Moment, den Hooper fotografisch festhielt, hatten die Männer allen Grund zu feiern.[12] Lieutenant-Colonel Budgen sollte einen Prisenausschuss einsetzen, und im neuen Jahr sollte er eine Serie von Versteigerungen in Burma und Indien abhalten. Die von Thibaw zurückerbetenen Kisten mit Seidenwaren wurden in Rangun für 14 000 Rupien verschachert. Eine unbekannte Zahl von Artefakten und Schmuckstücken, von den Briten als »Palastmüll« abqualifiziert, darunter Ikonen aus massivem Gold, die den Löwenthron eingefasst hatten, wurden zur Hamilton-Münze nach Kalkutta geschickt, wo sie eingeschmolzen wurden; die daraus gewonnenen Goldbarren erbrachten 211 000 Rupien. Selbst burmesische Gewehrkugeln wurden zu Barren eingeschmolzen, die für 19 906 Rupien verkauft wurden. Eine Ladung Jadeitblöcke, die die Briten zunächst irrtümlich für »einen Steingarten in den Südlichen Gärten des Palasts von Mandalay« gehalten hatten, wurde an Gillanders, Arbuthnot & Co. übergeben, die meldeten, eine Auktion in Hongkong habe nur 3170 Rupien erbracht.[13] Als der Juwelier später von Revisoren aufgefordert wurde, Rechenschaft über den kümmerlichen Erlös abzulegen, behauptete er, die Quittungen verloren zu haben, und die Sache wurde ad acta gelegt. Insgesamt schaffte die britische Streitmacht 99 Kisten mit Kriegsbeute aus Mandalay fort. Lieutenant-Colonel Budgen veranschlagte den Wert der Beute auf 900 000 Rupien, von denen 477 000 unter den Teilnehmern der Burma-Kampagne aufgeteilt wurden.

Während Thibaw auf dem Dach seines Hauses in Ratnagiri bittere Tränen vergoss, bemühten sich die Briten, die Bücher zu saldieren. Edward Grant, Oberinspektor im Büro des Präsidenten des Rechnungshofes in Rangun, setzte Kalkutta davon in Kenntnis, dass »eine große Menge« von Gegenständen, die als Prisengüter aufgelistet worden waren, verschwunden seien, bevor die öffentlichen Versteigerungen stattfanden. »Es gibt zahlreiche Artikel von erheblichem Wert, die ich nicht mehr auffinden konnte«, schrieb ein verdutzter Grant. Doch die Regierung von Indien weigerte sich, Nachforschungen anzustellen.

Trotz der Beteuerungen des Foreign Office, es werde eine Wiederholung des Sommerpalast-Debakels verhüten, hatten britische Soldaten im Anschluss an die Deportation des Exkönigs in Mandalay marodiert und sich die Taschen mit »Beutegut und Bizarrerien« voll gestopft. Sie hatten die Audienzhalle leer geräumt, königliche Schlafgemächer verwüstet, in der Mineralquelle der Königin geschwommen und die Klöster geplündert. Lieutenant-Colonel Raikes zerlegte einen vergoldeten Schrein und schickte die goldenen Bittsteller, die um eine Miniaturnachbildung des Löwenthrons herumsaßen, nach Somerset, wo sie bis nach dem Zweiten Weltkrieg blieben. Später erwarb sie das Victoria & Albert-Museum, in dem sie noch heute zu sehen sind. Captain Truscott ließ die Lackstatue eines sitzenden Buddha mitgehen, die er später der Kunstgalerie im Stadtmuseum von Exeter schenkte. Niemand weiß, wer den großen Rubin von der Stirn des »Gautama von der Unvergleichlichen Pagode« wegbrach oder wer die Schatzkammer mit Fackeln erleuchtete.[14] Doch Tausende einzigartiger *parabaiks* gingen auf Scheiterhaufen in Flammen auf; nur eine kleine Sendung, darunter zwei Kisten mit Handschriften, gelangte ins British Museum.

Man bemühte sich nicht einmal, die Kriegstrophäen zu verstecken, und Hooper wurde sogar beauftragt, Schnappschüsse zu machen. Offiziere des 2. Lanzenreiterregiments aus Madras, die ihr Quartier in einem Kloster aufgeschlagen hatten, stapelten goldene Statuen, Speere, mit Edelsteinen verzierte Betelkästchen und höfische Regalia auf Tischen, die neben ihren Feldbetten, Tropenhelmen und Pistolenhalftern standen. Auf die Rückseite eines Fotos schrieb Hooper: »Die Gegenstände in dem Zimmer, das hier abgelichtet ist, sind, wie man sehen kann, hauptsächlich Kriegsbeute.«[15]

Bei einer zweiten Serie von Schnappschüssen monierte man

einen eindeutigen Verstoß gegen die Regeln der Konvention. Hooper, ein Kommandeur der Militärpolizei, wurde von der *Times* dafür gerügt, dass er die Exekution burmesischer Plünderer abgelichtet hatte. Der Aufschrei der Entrüstung führte zu einem Kriegsgerichtsverfahren, in dem General Prendergast Hooper mit dem Hinweis zu entlasten suchte, dass die »Gefangenen eine Augenbinde trugen und nicht wussten, dass sie fotografiert wurden«. Hooper wurde zusammen mit seinen Sepiadrucken nach Hause geschickt, wo sie, von einem Verlag in vergoldetes und rotes Leder gebunden, zu einem Bestseller wurden.

Schon bald kamen Gerüchte über vergrabene Schätze auf. So viele hatten so viel geplündert, dass man glaubte, ein Teil der Beute aus dem gefledderten Mandalay sei in den Palastgärten versteckt worden. James Mobbs, ein Grundstücksmakler aus der Onslow Road, Southampton, setzte sich mit dem Earl of Kimberley in Verbindung und behauptete, im Auftrag eines Veteranen des Burma-Kriegs zu handeln, der gewillt sei, die genaue Lage seines geheimen Verstecks zu verraten. »Die Gegenstände wurden vergraben«, schrieb Mobbs. »Ich bin gern bereit, alles zu tun, was Sie wünschen, um ihre Wiedererlangung zu erreichen, doch zuerst würde ich gerne wissen, welche Belohnung Sie mir zu zahlen gewillt sind.«[16]

Er behauptete, William White, alias Jack Marshall, ein 30-jähriger Soldat, der während seiner Dienstzeit beim 2. Königlichen West Surrey Regiment in Burma verwundet worden war und der »zur Zeit als Landarbeiter in Kent beschäftigt ist«, könne die Briten zu den Schätzen führen. Doch das Foreign Office begrub Mobbs Vorschlag, da es ihm lieber war, Thibaws Schmuck zu verlieren, als für seine Rückgabe zu zahlen.

Viele der verschollenen Gegenstände waren heimlich an Königin Victoria gesandt worden. Auf Geheiß des Vizekönigs von Indien verließen am 27. März drei Kisten Rangun. Die Fracht wurde nach Liverpool verschifft, wo sie am 13. Mai eintraf, von dort wurde sie ins Indien-Depot im Londoner Stadtteil Lambeth geschickt, ehe sie schließlich nach Schloss Windsor geliefert wurde. Die Kisten selbst waren mit mehrdeutigen Etiketten versehen, und der Wert ihres Inhalts wurde irreführend mit nur 10 000 Rupien veranschlagt, es wurde auch keine Inventarliste erstellt.[17]

Owen Burne, der Leiter der Abteilung für Politische Angelegenheiten und Geheimoperationen des Reichsamts für Indien in London, erhielt eine zweite Warensendung mit über 120 handverlesenen Objekten, darunter Jadeitschnitzereien und mehrere mit Juwelen besetzte Schmuckdöschen. Sir Charles Bernard überwachte die geheimen Exporte mit großer Beflissenheit:

> Objekte für Ihre Majestät, die Königin-Kaiserin, Schloss Windsor, England: Thibaws beste Krone in einer großen vergoldeten Schachtel, drei Smaragde und andere Edelsteine einschließlich Jade aus Thibaws zweiter Krone, Kuverts, die Jade, lose Steine etc. enthalten, die von der Krone abgefallen sind, Halskette mit diamantbesetztem Pfau und Goldkamm. Zwei mit schönen Schnitzereien verzierte Elefanten-Stoßzähne aus dem Palast in Mandalay. Eine Buddhafigur aus massivem Gold aus dem Palast. Außerdem schicke ich Kästchen mit Rubinen, Jade, Diamanten und Saphiren, vielerlei Edelsteinen und so weiter. Diese sind zur Prüfung und zum Verkauf bestimmt.

Bernard vergaß zu erwähnen, dass er auch einen Teil von Mandalay selbst nach London verschifft hatte, nachdem der Generalgouverneur von Indien Gefallen an einem Pavillon gefunden hatte, der »ein rechtes Hindernis für den freien Durchgang und die Belüftung war«. Doch sein Schreiber vermerkte in den Akten:

> Als ein typisches Beispiel burmesischer Architektur schien er einen Platz im South Kensington Museum zu verdienen... Als der Prinz von Wales davon hörte, ordnete er an, ihn dorthin zu schicken... Sir C. Bernard hat aus eigenem Antrieb

einen weiteren kleinen Pavillon im selben Stil beigefügt, und beide befinden sich gegenwärtig auf dem Weg in die Heimat.

So viele Pakete trafen in London ein, dass der Auktionator und Juwelier Alfred Phillips und Edwin Streeter beauftragt wurden, den Wert der Fracht aus Burma zu schätzen. Sie wurde vorübergehend im South Kensington Museum gelagert. Einhundert Objekte einschließlich der Regalia des Königs wurden in einem Bericht, der die Einschätzung von Henry Loch bestätigte und zu dem Schluss kam, dass die Schätze aus Mandalay nur einen »geringen oder gar keinen Substanzwert besitzen«, auf 21 198 Pfund, 10 Schilling, 0 Pence veranschlagt. Kisten mit Armreifen aus Jadeit und Rohjade wurden eingelagert, da niemand ihren Wert erkannte. Burne ordnete an, ein Teil der Beute solle an den Meistbietenden versteigert werden, und der Rest wurde ergänzend in die Ausstellung über die Kolonien und Indien aufgenommen, die das »Ferne, das Fremdartige, das Wunderbare, das Ursprüngliche, das Wahre, das Prunkvolle und das Eroberte« zur Schau stellte.[18]

Am Dienstag, dem 4. Mai 1886, wenige Tage, nachdem der Exkönig von Burma in seinem indischen Exil eingetroffen war, eröffnete Königin Victoria persönlich die Ausstellung. Sie nahm dabei auf einem erbeuteten Thron aus getriebenem Gold Platz, der einst Ranjit Singh, dem Maharadscha von Lahore, gehört hatte. In der Albert Hall erklang die Nationalhymne, die in Englisch und Sanskrit gesungen wurde, und ein neues Gedicht von Alfred Lord Tennyson, in dem alle Söhne Großbritanniens beschworen wurden, »für dieses Reich so innig einzustehn, dass Seel' und Herz Britanniens nie vergehn«, wurde voller Pathos deklamiert.[19]

Erleuchtet von 9700 »elektrischen Glimmlampen«, schimmerte die Ausstellung über die Kolonien und Indien hinter der Albert Hall, auf einem Grundstück, das man mit dem Erlös aus der Großen Ausstellung von 1851 gekauft hatte. Ausgestopfte Elefanten spurteten durch Dschungel aus Pappmaché. Verwundete

Bären suchten Zuflucht in Höhlen aus Holz. Geparden mit Glasaugen pirschten sich an Gazellen heran, die auf einer Gipssavanne grasten. Und am britischen Hof war ein »Katalog der Volksgruppen« (des Empire) auf den neuesten Stand gebracht worden; er schloss fortan auch die Bewohner Oberburmas und ihre ausgedehnten und tückischen Dschungel ein, die geheime Schätze bargen und über denen mittlerweile der Union Jack optimistisch flatterte:

> Die Eroberungen der letzten Monate haben ... die britischen Herrschaftsgebiete erweitert. Unser Wissen über Oberburma ist jedoch allzu lückenhaft, als dass wir in diesem kurzen ethnologischen Verzeichnis den Versuch machen könnten, die Stämme einzubeziehen, die erst kürzlich britische Untertanen geworden sind.

In den Oberen Gärten befanden sich Thibaws Privatgemächer, die »Hormusjee, ein parsischer Zimmermann«, in Kensington rekonstruiert hatte. Darin waren »der Hut und die Pantoffeln des Exkönigs« ausgestellt, die »große Mengen von Schaulustigen anlockten«.

Der Ausstellungsprospekt zum Preis von einem Schilling, auf dem eine gebieterische Britannia über einen fügsamen Löwen herrschte, zollte dem Kustos des Indien-Museums und Architekten der Ausstellung, Caspar Purdon Clarke, Anerkennung. Er dankte auch »J. L. Kipling, dem Rektor der Mayo-Hochschule für Kunst in Lahore«, der Ranjit Singhs goldenen Thron beschafft hatte, während sein Sohn – Rudyard Kipling – vermutlich davon träumte, rittlings auf dem großen Geschütz Zam Zammah zu sitzen.[20] Er dankte den »eingeborenen Fürsten und Adligen«, dem Nizam von Hyderabad und dem Maharadscha von Mysore, König Thibaw dagegen wurde nicht erwähnt.

Als sich die große Ausstellung dem Ende zuneigte, wurde Alfred Phillips ein weiteres Mal gegen ein Honorar von 25 Pfund damit beauftragt, über die Zukunft der burmesischen Exponate zu befinden. Die meisten Ausstellungsstücke einschließlich der Regalia, der Pavillons und eines goldenen Betelkästchens in Form einer Gans wurden dem South Kensington Museum übergeben. Von den verbliebenen Gegenständen wurden zwei Kissen, die ein burmesischer Spaßvogel mit Pfauen bestickt hatte, die einen Löwen und ein Einhorn mit Füßen traten, Königin Victoria und dem Prinzen von Wales als Geschenke überreicht.

Zwei Jahre später tauchten Dutzende weitere verschollen geglaubte Objekte bei der Internationalen Ausstellung in Glasgow auf. Robert Gordon stellte Thibaws Teakbett mit Matratze, Polstern und Kopfkissen, dessen Rahmen »mit Gold, Spiegeln und roten Lackarbeiten verziert war«, zur Verfügung. John Conbraugh überließ den Organisatoren der Ausstellung leihweise eine Sammlung von Pali-Handschriften und einen vergoldeten Schirm. General E. H. Power steuerte Jadeit- und Goldgeschmeide bei. Das Fallreep von »Thibaws Königlicher Jacht« wurde von einem anonymen Leihgeber zur Verfügung gestellt, und Edward Sladen stellte die *tsalwen* aus, die König Mindon ihm in glücklicheren Tage geschenkt hatte.

Und was geschah mit Sladen? Nur Monate nach der Eroberung von Mandalay forderte die britische Regierung den Colonel auf, nach 40 Jahren im Dienst der Armee seinen Abschied zu nehmen, obwohl er um eine Dienstverlängerung ersuchte hatte. Im März 1886 fand zu seinen Ehren ein Abschiedsbankett im Palast von Mandalay statt, bei dem sich Dutzende von Offizieren an Lachs, Taube, burmesischem Hühnchen und Salami gütlich taten und die Speisenfolge mit einem *pouding à Sladen* schlossen, während das 1. Pionierregiment aus Madras Auszüge aus *Der Mikado* spielte. Sladens Tischrede, die er vor der Soiree offensichtlich mehrmals überarbeitet hatte, war ziemlich konfus. »Jetzt, da ich die Uniform ablege, meine Herren«, schrieb er, »bedauere ich vor allem, dass ich zu einer Zeit fortgehe, da die Dinge alles andere als geregelt sind... Ich verlasse Mandalay mit tiefem Bedauern.«[21]

Sieben Monate später wurde Sladen zum Ritter geschlagen, aber bereute er auch die Plünderung Mandalays? Nachdem die Regierung von Indien Briefe von Thibaw und seiner Schwiegermutter erhalten hatte, in denen diese Sladen des Diebstahls bezichtigten, mahnte Sir Charles Bernard den Colonel, »diskret zu sein«. Als der Exkönig und seine Schwiegermutter nicht locker ließen, verlangte ein zweiter Brief, der durch den United Services Club in Pall Mall überbracht wurde, höflich eine Antwort:

> Die Hofbeamten haben uns erzählt, sie seien am Morgen des 29. November zugegen gewesen, als Euch der Exkönig eine große Menge Schmuck und andere Wertsachen übergeben hätte. Sir Charles Bernard ist der Ansicht, dass Ihr uns vielleicht helfen könntet. Könnt Ihr uns irgendwelche Angaben zum Verbleib dieser Wertsachen machen? PS: Dürfte ich Euch zu Eurer Auszeichnung beglückwünschen, und ebenso Lady Sladen, der Ihr mich bitte empfehlen möget. Ich hoffe, Ihr habt Euren Erholungsaufenthalt in England genossen.

Sir Edward bestritt die Anwürfe und behauptete, Mandalay sei im November 1885 »im Chaos« versunken und er habe unter »außergewöhnlichen Umständen« arbeiten müssen. Doch obgleich man Sir Edward nun durch die Brille seines brillant eingefädelten Sieges betrachtete, war ihm nicht immer so viel Hochachtung entgegengebracht worden. Das Archiv in Neu-Delhi enthält eine Reihe von Geheimberichten, die ausführlich schildern, wie der damalige politische Agent Sladen 1869 aus Mandalay abberufen wurde, nachdem Zweifel an seiner seelischen Gesundheit aufgekommen waren. »Captain Sladen... leidet offenbar an nervöser Anspannung und Verstimmung mit bedrohlichen Symptomen einer Paralyse. Man sollte ihm dringend nahe legen, umgehend seinen Abschied zu nehmen«, lautet das Fazit eines ärztlichen Berichts. Er hatte Briefe von Mindon falsch übersetzt und behauptet, der König habe einen »Ton unverschämter

Ein Gemälde Kaiser Qianlongs von seinem europäischen Vertrauten, Giuseppe Castiglione; es zeigt den Sohn des Himmels in strahlendem Gewand aus Kaiserjade und Seide auf dem Höhepunkt seines Goldenen Zeitalters.

Diese drei Gemälde von Xiang Fei, Qianlongs Duftender Gemahlin, zeigen, wie sehr die Geschichte des Blumenmädchens die Fantasie des Volkes anregte. Das Originalporträt aus dem 18. Jahrhundert von Castiglione (unten links), das hier ein Päckchen chinesischer Postkarten ziert, das in Peking zum Verkauf angeboten wurde, hängt heute im Appartment von Frau Chiang Kai-shek in Manhattan. Am Ende des 19. Jahrhunderts wünschte sich jede chinesische Dame von Rang ein Porträt nach dem Vorbild der Duftenden Gemahlin, wie man an dem alten gefärbten Foto eines Malerateliers (links) und der Kopie aus dem 19. Jahrhundert ersehen kann, das unlängst in London zur Auktion kam.

Oben: Thomas Alloms sinnträchtiges Porträt der imposanten Westtore der Verbotenen Stadt vermittelt eine Vorstellung von der Beklommenheit, mit der sich die ersten westlichen Reisenden dem Reich des chinesischen Kaisers näherten.

Unten: Diese Karikatur eines stutzerhaften und unterwürfigen Lord Macartney, der eine jämmerliche Sammlung »mechanischer Spielzeuge« vor dem Drachenthron ausbreitet, enthüllt, dass einige Kreise des britischen Establishments die erste diplomatische Mission nach China mit großem Spott bedachten.

Rechts: Der Beginn der 5000 Kilometer langen Jade-Straße Qianlongs, die von der burmesisch-chinesischen Grenze in der Provinz Yunnan, dem »Land hinter den Wolken«, bis nach Peking führt.

Links: Felice Beatos Aufnahmen von der Erstürmung von Fort Taku in der Mündung des Peiho, waren die ersten Fotos von China, die im Westen zu sehen waren.

Die Überreste der burmesischen Verteidigungsanlagen bei Mindhla, nachdem die britische Expeditionsstreitmacht das am Ufer gelegene Fort ausgeschaltet hat; die am Bug der Dampfer von General Prendergast montierten Maschinengewehre erschienen »den Männern von König Thibaw wie flammende Nagas, die Kugeln aus Feuer spuckten«.

Die britischen Offiziere, die die Plünderung des Sommerpalasts im Jahr 1860 anführten (im Uhrzeigersinn von links oben): Lord Elgin, Sohn des Aristokraten, der das Marmorbildwerk des Parthenons stahl; Sir Hope Grant, der Geige spielte, bevor er in die Schlacht zog; Sir Robert Napier, dessen Statue heute auf dem Kensington Gore steht; Charles Gordon, »der Chinese«, der die Säulen der Europäischen Paläste von Qianlong mit Sprengstoff versah.

Links: Thibaw, der letzte König von Burma, mit seinen Königinnen Supayagyi und Supayalat (rechts), abgelichtet im Atelier des Palasts von Mandalay, das von einem französischen Fotografen betrieben wurde. Dieser erklärte später, er habe zu Tagesbeginn nicht gewusst, ob er am Abend einen Kopf kürzer gemacht oder mit einer Hand voll Edelsteinen überschüttet werde.

Rechts: König Thibaws kleinwüchsiger Oberbefehlshaber, der aus dem Nebel, der den Irrawaddy im November 1885 verhüllte, an Bord der Kriegsbarke des Königs auftauchte, um Burma dem Britischen Empire zu unterstellen.

Ein siegreiches Hampshire-Regiment, das 1885 vor dem Palast von Mandalay Weihnachtslieder singt, nachdem es Thibaw vom Löwenthron gestürzt hat.

Oben: Kachin-Jaiwas (Priester) führen bei der Manau-Zeremonie, die mit einem Blutopfer zur Besänftigung der Dschungelgeister endet, einen Totentanz auf. Edward Sladen war bei einem solchen Ritual zugegen, das die Reisenden damals in Angst und Schrecken versetzte.

Links: Ein Kriegsherr der Kachin lehnt sich, genüsslich an einer Opiumpfeife ziehend, in seinen Seidengewändern zurück.

Nach der Belagerung der ausländischen Gesandtschaften im Jahr 1900 übten chinesische und alliierte Soldaten Rache an Boxer-Rebellen, die die westlichen Bürger mit dem Ruf »Sha Kweitse« – »Tod den ausländischen Teufeln« – in Angst und Schrecken versetzt hatten.

Die Drachendame und Kaiserinwitwe Cixi ließ sich gern in ihrem kaiserlichen Atelier im Sommerpalast fotografieren, nachdem sie durch die Damen der ausländischen Gesandtschaften mit der Fotografie vertraut gemacht worden war. Im zweiten Bild schwebt über ihr eine Sprechblase, in der sie zur Göttin der Barmherzigkeit erklärt wird; an ihrer Seite ihr Obereunuch Li Lianying.

Die Kaiserinwitwe Cixi lud die Frauen der ausländischen Gesandten 1898 zum Tee ein, um ihr Image im In- und Ausland aufzuwerten. Hier posieren die Damen mit den Frauen von Hofmandarinen.

Widersetzlichkeit« angeschlagen, was jedoch nicht stimmte. Er hatte von einem unmittelbar bevorstehenden Krieg in Burma berichtet, der in Wirklichkeit nicht angedroht worden war und nie eintrat. Er hatte an Halluzinationen und extremem Verfolgungswahn gelitten. Ein heikleres Problem kam 1881 ans Tageslicht, als sich eine burmesische Frau an die indische Regierung wandte, die ehemalige Amme von Sladens Kindern, die beteuerte, ein uneheliches Kind von ihm zur Welt gebracht zu haben. Dieses Mal entging Sladen einer Maßregelung, indem er die Frau als Erpresserin darstellte.

Der vornehme und gestrenge Zuchtmeister war offenbar wiederholt unter Stress zusammengebrochen und Versuchungen erlegen. Eine Privatnotiz, die in einem Aktenbündel mit persönlicher Korrespondenz abgelegt ist, das der British Library vermacht wurde, bestätigt offenbar eine dritte Abirrung vom Pfad der Rechtschaffenheit. Auf einem undatierten Blatt Papier, das aus einem Notizbuch herausgerissen war, begann Sir Edward in derselben spinnwebartigen Handschrift, die seine Briefe und Tagebücher auszeichnete, eine Liste der Artefakte und Geschmeide aufzusetzen, die er »in den ersten Tagen der Kapitulation« erworben hatte. Sie stammten aus dem Palast selbst und auch »von meinen Gefolgsleuten, die diese von anderen Plünderern zurückgefordert hatten… Ich nahm diese Objekte nur deshalb an mich, um zu verhindern, dass sie geplündert wurden, und, wenn nötig, werde ich sie an den Prisenausschuss übergeben.« Die Notiz listet Karten, Schirme, Speere, Fächer, Silberschatullen, eine große, mit Edelsteinen verzierte Prunkkette, ein französisches Schreibpult, burmesische Gongs und drei Fotoalben auf, und bricht dann unvermittelt ab. Sie wurde nie vervollständigt oder Sir Charles Bernard vorgelegt.

Während Sir Edward sein Gewissen prüfte, schlüpften die Briten in die mit Juwelen besetzten Pantoffeln des Exkönigs und zerstörten sein Vermächtnis. Der Palast von Mandalay wurde umbenannt in »Fort Dufferin«, nach dem Vizekönig von Indien, dessen Titel erweitert wurde zu »Lord of Dufferin and Ava«. Die Baho-Sigyi-Trommel wurde ins Rangun-Museum verfrachtet, und die vergoldeten Throne aus den Palästen des Exkönigs wurden nach Kalkutta verschifft. Die *Hlutdaw*-Halle, die einst »Macht über Leben und Tod hatte und die einem Manne Glück oder Verderben bringen konnte«, beherbergte fortan »einen aufsichtsführenden Pionier und eine Horde schuftender Schreiber, die Formulare mit einer Inbrunst ausfüllten, als würden sie ein Reich aufbauen«.[22] In dem goldenen Kloster, in dem Thibaw unter der Vormundschaft des habgierigen Yanaung seine einzigen Lorbeeren errungen hatte, wurden jetzt Sonntagsmessen abgehalten. Die wenigen verbliebenen burmesischen Mönche im Kloster Salin Kyaung Daik beobachteten verdutzt durch ein Fenster, wie britische Reiter mit Schlägern Bällen nachjagten, während durch ein anderes der Knall eines Gewehrs drang, das auf einem behelfsmäßigen Schießstand abgefeuert wurde. Die Königliche Barke Thibaws, deren Schiffsschnabel eine zornig aufgerichtete *naga* zierte, wurde zum Rand eines neuen öffentlichen Sportplatzes getreidelt und in einen schwimmenden Erfrischungsstand umfunktioniert. In dem Raum, in dem der Lilienthron der Exkönigin gestanden hatte, hallten bei Einbruch der Dunkelheit Eiswürfel wider, die in Kristallgläser fielen, und kreidebleiche britische Damen saßen neben ihren Blazer tragenden Gatten, die im Upper Burma Club einen Toast auf das Empire ausbrachten. Eine Kapelle spielte scheppernd Serenaden, während hoch gewachsene Männer Billard spielten. Das »Zischen der Flasche Sodawasser und das Sirren von Ventilatoren« wurden übertönt durch großspurige Abenteurer in gestreiften Sportsakkos, die prahlten, sie würden in den Dschungeln des Nordens ihr Glück machen.[23] Ein gelangweilter Baronet, fest entschlossen, die sagenumwobenen Minen zu finden, suchte die Anschlagtafeln nach Nachrichten über eine demnächst aufbrechende Expedition ab.

Schließlich war Burma das Große Goldland, und jedem spukten

Schätze im Kopf herum. Als General Prendergast am 10. Februar 1886 ein Treffen auf dem Dampfer *Mindoon* einberief, um die Zukunft des 520 000 Quadratkilometer großen neuen britischen Territoriums zu planen, ordnete er an, dass unverzüglich eine Expedition in ein »zerklüftetes und unwegsames Gebiet« aufbrechen solle, das »reich an Minen« sei. Dank des französischen Mineralogen Alexandre Damour wussten die Briten mittlerweile, dass in den Bergen von Kachin Jadeit vorkam, ein »Stein des Himmels«, der von den Qing hoch geschätzt wurde, die angeblich bereit waren, für die kleinen Steine ein Vermögen zu bezahlen.

Sir Charles Bernard gemahnte zur Vorsicht: »Das Gebiet wird zu einem wichtigen Handelszentrum werden, aber es ist besiedelt von den Kachin, die selbst der burmesischen Regierung wenig Respekt entgegenbrachten.« Doch das respekteinflößendste feindliche Element, das in der Lage war, die britischen Truppen auszuradieren, war das ungesunde Klima. General White, der Leiter der Expedition, hatte davon abgeraten, während der Monsunzeit aufzubrechen, doch die britische Regierung, der viel an einem raschen Vorstoß lag, hatte sich über seinen Rat hinweggesetzt. Bis Juni hatte White eine Garnison in Bhamo errichtet, aber schon sehr bald war er von der Außenwelt abgeschnitten. »Die verfügbaren Truppen leiden an Ruhr oder erholen sich von der Cholera; wenn wir weitermarschieren, werden wir mehr Leute verlieren«, kabelte White, während der Regen gegen seine neue Palisade peitschte und ein Viertel seiner Männer vom Fieber hinweggerafft wurde. Als in Mandalay Informationen des Nachrichtendienstes eintrafen, wonach die Chinesen auf die Gruben vorrückten, erhielten White und seine dezimierte Truppe den Marschbefehl.

Kaum hatten sie Bhamo verlassen, machten sie auch schon Bekanntschaft mit Hannays »Kriegsmeistern«. Whites Männer, die in Schlammpfuhlen stecken blieben, in denen sich ihre Khakiuniformen mit Wasser voll sogen, wurden durch unsichtbare Heckenschützen festgenagelt, die sie Tag und Nacht verhöhnten und gellend schrien. Der General schickte Eilmeldungen los. Er brauche mindestens weitere 600 Schützen und 800 Ponys. »Die Straße ist ein Gebirgspfad, auf dem hinter jeder Windung Räuberpack lauert, das von Erpressung lebt... Ringsherum ist dichter Dschungel und Wald.« Nach einigen Wochen wurde Whites Expedition widerwillig zurückgerufen. Bernard schickte ein Eiltelegramm nach Kalkutta, um den Rückzug zu rechtfertigen: »Es wurde beschlossen, die Jade einstweilen den chinesischen Pächtern zu überlassen, bis Oberburma geologisch vermessen werden kann.«

Im November 1887 begann Captain Charles Adamson, der freudig notiert hatte, wie britische Stiefel über Burmas Kulturgut getrampelt waren, eine neue Expedition zusammenzustellen. Doch als wir die Dokumente des Nationalarchivs in Neu-Delhi durchstöberten, verlor sich plötzlich diese Spur in den Papieren. Jemand hatte die Archivunterlagen durchwühlt und jeden Hinweis auf Adamsons Unternehmen getilgt, bis hin zu den Anforderungen für Männer und Munition. Erst mehrere Monate später fanden wir im Archiv des ehemaligen Reichsamts für den Fernen Osten und Indien in London ein 63-seitiges Manuskript, das den Erfolg einer »großartigen Exkursion in den Norden« herausposaunte. Es entpuppte sich als Adamsons persönlicher Bericht über die Expedition, der in einer Kiste mit diversen Berichten über die Befahrung indischer Flüsse im 19. Jahrhundert abgelegt war.[24]

Er begann in einem triumphierenden Tonfall, der General Whites erbärmliche Kampagne verhöhnte: »Wenn wir den Schwierigkeiten und Gefahren, vor denen wir gewarnt worden waren, auch nur den geringsten Glauben geschenkt hätten, wäre unsere Expedition niemals aufgebrochen.« Doch trotz seiner aufgesetzten Tapferkeit überließ der Captain nichts dem Zufall. Er ersuchte darum, Captain Triscott, einen alten Freund und Veteranen des Burma-Kriegs, zu seinem Stellvertreter zu bestellen. Er forderte 50 Schützen vom Cheshire-Regiment an, 100 Schützen vom Kilat-I-Gilzais-Regiment, 25 Mann von der berittenen Infanterie und 500 Mann von der Militärpolizei. Außerdem verlangte er zwei berittene Artillerieabteilungen, 350 Lastmulis, 2 Elefanten, 3 dampfgetriebene Barkassen, 33 »große Landboote« und eine Abteilung Landvermesser, die sicherstellen sollten, dass sie wieder nach Mandalay zurückfinden würden. Er rekrutierte eine Sanitätseinheit und einen römisch-katholischen Geistlichen und nahm »Suffer Ally« in Dienst, »einen Muselmanen, der in jedem größeren Ort eine Frau hatte« und die Jademinen kannte; er sollte mit den Stämmen sicheres Geleit aushandeln. Adamsons Geheimwaffe aber war Po Saw, »ein Mann, der bei den Kachin über großen Einfluss gebot« und der »aus einer der Adelsfamilien von Mogaung stammte«; er erhielt einen Vorschuss in Höhe von neun Monatslöhnen, um die Öffnung einer Jadestraße zu erzielen. Schließlich war noch William Warry mit von der Partie, der China-Berater der britischen Regierung, ein ehemaliger Konsul aus Schanghai, der die Annalen des Qing-Hofes übersetzt hatte. Warry sollte unterwegs mit chinesischen Kaufleuten verhandeln.

Doch schon vor dem Aufbruch aus Bhamo sah sich Adamson mit Problemen konfrontiert. Suffer Ally gab verschämt zu, dass er die Minen seit vielen Jahren nicht mehr aufgesucht hatte, und behauptete, den Weg vergessen zu haben. Niemand sonst in Bhamo war bereit, die Briten zu begleiten. »Die Chinesen fürchteten um den gewaltigen Reichtum, den ihnen ihr Monopol einbrachte, die Burmesen wussten, dass sie ihre illegalen Gewinne verlieren würden, und die Kachin, die auf die Chinesen und Burmesen hörten, hielten die Engländer für leibhaftige Dämonen«, schrieb ein verzweifelter Adamson. Der Captain wandte sich zuverlässigeren Quellen zu. Doch die Aufzeichnungen des Sepoys Singh über die Kasa-Naga-Straße waren unvollständig. Die ständigen Kriegszüge der Kachin hatten viele der von ihm angeführten Orientierungspunkte zerstört. Bayfields Tagebuch war »mager«, seine Landkarte war verschwunden, und Griffiths Tagebuch erging sich in Ausführungen zur Botanik und Ethnographie.

So stieß der Captain, wie einst Bodawpayas Gesandte, mit Fanfaren und einer Demonstration der Macht in die Dunkelheit vor.

»Als die Kolonne am 27. Dezember [1887] Bhamo verließ, machte sie auf die Eingeborenen einen starken Eindruck. Da die Infanteristen in einer Reihe hintereinander marschierten, erstreckte sich der Zug über 3,2 Kilometer«, schrieb Adamson.

Ohne die Hilfe von Einheimischen dauerte es neun Stunden, bis sich die Männer des Captains durch den Taiping, einen 400 Meter breiten Nebenfluß des Irrawaddy, gekämpft hatten. Sie mussten das Gepäck von den Lastmulis abladen und sie mit Hieben dazu bringen, den Fluss zu durchschwimmen; es war eine kraftzehrende Operation, die am nächsten Tag wiederholt wurde. Zum Jahreswechsel erkletterte der Zug Hand über Hand einen Grat, von dem aus Adamson zum ersten Mal sah, was vor ihnen lag: Eine Kette dschungelbedeckter Berge und Täler, durch die anscheinend keine Pfade führten. Was war aus Po Saw und seinem Vorschuss für neun Monate geworden?

Adamsons Männer kämpften sich voran und stießen dabei auf den »furchtbaren Strudel von Pashio«, einen Sturzbach, der so reißend war, dass sie einen Tag lang anhalten mussten, um eine Behelfsbrücke darüber zu schlagen. Geier kreisten über ihren Köpfen, und die Trampelpfade wilder Elefantenherden erfüllten die Männer mit Furcht. In seinem Tagebuch machte sich der Captain mit der Vision europäischer Siedler, die eine wilde Landschaft in fein säuberlich abgegrenzte Weizen- und Maisfelder verwandeln würden, sobald er die Kachin erst einmal befriedet hätte, selbst Mut. Die Soldaten munterten sich am Lagerfeuer auf und sangen sich gegenseitig in den Schlaf. Ein Basssänger aus Cheshire erfüllte den Dschungel mit »The Farmer's Boy« und brachte dem Captain Varieté-Melodien bei, die dieser noch nie gehört hatte. »Zwei wunderschöne schwarze Augen, zwei wunderschöne schwarze Augen«, sangen sie, während sie durch das Land der Kopfjäger krochen und dabei oft tagelang die Sonne nicht zu Gesicht bekamen. Erst als Adamson auf einen kleinen Fluss stieß, in dem seine Männer angeln konnten, fand er die Zeit, sich ein wenig zu entspannen.

Schließlich zog die Expedition in Mogaung ein; die Einwohner – Shan und Chinesen – waren schwer bewaffnet und lebten in panischer Angst vor den Kachin, die gleich jenseits ihrer wackligen »Palisaden aus Teakholz« lagerten. Es verging keine einzige Nacht, ohne dass Stoßtrupps die Verteidigungsanlagen von Mogaung durchbrachen. »Die Dorfbewohner vergraben ihre Wertsachen und Edelsteine oder bewahren sie zur Sicherheit in ihren Booten auf«, notierte Adamson, als sich das Gerücht wie ein Lauffeuer durch die Ortschaft ausbreitete, dass die Stämme ihre Männer zusammenzögen. »Montag, der 16.: kalt und neblig, Thermometer sinkt bis auf 7°C«, vermerkt ein sehr kurzer Eintrag. »Wir hielten Kriegsrat.«

William Warry riet dem Captain, Mogaung nicht zu verlassen, ohne die Erlaubnis der Kachin einzuholen. Briefe mit der Versicherung, sie kämen in freundlicher Mission aus Mandalay, wurden an die Stämme der umliegenden Gebiete geschickt. Drei Tage lang paradierten die äußerst nervösen Briten um den Markt herum und »stellten [ihre] großen Geschütze zur Schau«. Doch als eine Botschaft von den Kachin zurückkam, war es eine Warnung und keine Einladung. Am 26. Januar beschloss der ungeduldige Adamson, nachdem er zehn Tage lang ausgeharrt hatte, sich über den Rat William Warrys hinwegzusetzen und durch ein Reisfeld in einen Sumpf vorzustoßen, in dem die Männer so tief einsanken, dass er für die Truppen mit Grasmatten überbrückt werden musste. Doch wenigstens waren sie wieder in Bewegung. »Die Männer waren gut gelaunt, und der Gedanke, ein gänzlich unerforschtes und unbekanntes Land zu betreten, verbunden mit der überaus reizvollen Aussicht auf einen Kampf, ließ den Marsch, den wir begannen, besonders verlockend erscheinen.«

Die Männer robbten über den Sumpf, doch ihre Lasttiere, die schwer mit Proviant und Munition bepackt waren, glitten in dem morastigen und verschlungenen Bambuswald aus und versanken im tückischen Schlamm. Drei weitere Tage folgten sie dem Fluss Endaw, durch weitere Sümpfe und Felder mit steifem Gras, das sie überragte. Zehn Mann gleichzeitig »stürzten sich auf die Grashalme« und hieben einen Pfad frei. Schließlich kamen sie zu einer Lichtung, wo Männer Steinblöcke trugen, die wie erlegte Wildschweine an Stangen hingen. Inzwischen war die schmutz- und schweißverkrustete britische Kolonne kaum mehr wiederzuerkennen. »Die Gesichter der Männer... waren so schwarz, als kämen sie aus einer Kohlenzeche herauf.« Jedes Dorf, durch das sie marschierten, zeugte von den Gräueltaten der Kachin: dem Erdboden gleichgemachte Hütten, abgefackelte Silos, blutgetränkte Baumstämme, an denen menschliche Skelette hingen.

Erst als der erschöpfte Captain schließlich den Uru erreichte, wurde er wieder munter. Der Anblick erinnerte ihn an die Heimat, an einen Tag, den er mit Freunden am Ufer eines Flusses verbracht hatte. Er war »kristallklar und wimmelte von Fischen, die abends zur Oberfläche stiegen wie Forellen in einem englischen Bach«. Doch Suffer Ally riss ihn aus seinen Träumereien, als er auf die Berge zeigte, die vor ihnen emporragten, und er schrie der Kolonne zu, abzusitzen. »Die Minen sind dort«, brüllte er, und deutete in Richtung Norden auf den nebelverhangenen Gebirgskamm. »Dort drüben, schnell, schnell.« Und aus dem Dschungel ertönte der Klang von strömendem Wasser, von Metallknütteln, die gegen Fels schlugen, und von Picken und Hämmern, die Steine zerbrachen; schwach glimmende Feuer leckten an riesigen Feldsteinen, und Rauch kroch durch die Bäume.

Adamsons Offiziere stürzten sich ins Unterholz. Die Legenden um den Juwelenhort Burmas – ein verborgenes Tal, angefüllt mit Edelsteinen –, die wie die Samen einer Pusteblume durch Zentralasien in Aristoteles' Studien und in die Bibliothek von Alexandria geweht worden waren, waren schließlich in britischen Tornistern in die Kachin-Berge zurückgetragen worden.

Doch noch bevor sie sich an der historischen Tragweite ihrer Entdeckung erfreuen konnten, kehrte die Vorhut zurück. »Bewaffnete« hatten sich ihnen in den Weg gestellt; »sie wurden nicht freundlich empfangen«, und »da sie dachten, Vorsicht sei der bessere Teil der Tapferkeit, kehrten sie zum Lager zurück«. Adamson machte sich bereit für die Schlacht. »Es war keine Kleinigkeit, für den Verlust von Menschenleben verantwortlich zu sein, der zweifellos zu beklagen wäre, wenn wir uns gewaltsam Zutritt zu den Jademinen verschaffen würden.« Captain Triscott ließ hundert Mann mit aufgepflanztem Bajonett vorrücken. »Dies war ein Tag äußerster Anspannung«, schrieb Adamson in sein Tagebuch. »Würden wir die Jademinen ohne Blutvergießen erreichen, oder würden wir uns den Weg freikämpfen müssen? Ich war zuversichtlich, dass wir diesen Kampf bestehen würden... aber wir waren uns alle bewusst, dass wir schwere Verluste erleiden konnten.«

Dann tauchte am gegenüberliegenden Ufer des Flusses »ein großer Trupp von Männern auf, der sich langsam fortbewegte und ein Paar Elefantenstoßzähne bei sich trug«. An der Spitze ging Kansi La, der Kachin-Kriegsherr, der die Jademinen verwaltete, und hinter ihm schritten zwölf *sawbwas* (Häuptlinge) einher, die von hundert Leibwachen begleitet wurden. Beide Seiten führten einen Schwenk aus. Die Briten legten die Gewehre an. Die Kachin waren in Felle und Pelze gehüllt und mit Musketen, Bogen und Speeren bewaffnet. Dann setzten sich alle langsam und gleichzeitig auf den Boden, vor dem Eingang von Adamsons Zelt. Adamson beschenkte die verdutzten Kriegsherren der Kachin, die durch den Jadehandel reich geworden waren, mit Spiegeln, einem Muli und einem Büffel. Anschließend teilte er ihnen mit, dass sie von nun an Untertanen der britischen Krone seien. Als sie die Geschenke zur Seite legten, befahl der Captain eine Demonstration der Feuerkraft. »Einer der Offiziere trug einen kleinen Martini-Henry-Karabiner bei sich und schoss damit auf einen großen Milan, der auf einem Baum am anderen Ufer des Flusses hockte... Wir alle – und insbesondere die Kachin – staunten nicht schlecht, als der Milan zu Boden fiel.«

Ein Raunen ging durch die Reihen der sitzenden Stammesangehörigen, und Suffer Ally setzte Adamson davon in Kenntnis, dass sein Trupp unbehelligt weiterziehen könne. Sie marschierten über einen verlassenen Basar und dann über eine offene Ebene, wo sie »auf der anderen Seite etwa ein Dutzend Männer erspähten …, die, als sie uns sahen, im Dschungel verschwanden«. Als sie weitergingen, stießen sie auf »Blöcke aus weißem Stein in allen Größen, von denen einige von grünen Masern durchzogen waren. Als wir ein paar Jaden zur Erinnerung an unsere Expedition kaufen wollten, weckten wir den Argwohn der Einheimischen, und sie versteckten die wertvollsten Steine.« Doch all dies konnte Adamsons Stimmung nicht trüben, und der Captain sann über den Erfolg seiner Mission nach, beinahe außer sich vor Freude.

> Wir hatten die berühmten Jademinen gefunden. Abgesehen von Leutnant Bayfield, der sie 1838 [*sic*] erreichte, waren wir die ersten Europäer, die hierher gelangt waren. Wir hatten zweifelsfrei die Minen vor Augen, die von den Chinesen seit undenklichen Zeiten als der kostbarste Besitz in der Welt betrachtet wurden.

Adamson hatte das Jadegebiet »nicht im Rang einer Person, der aus Gunst Zutritt gewährt wurde«, gesehen, sondern »als jemand, der sich mit vollem Recht hier aufhielt und der im Namen des britischen Volkes Besitz von dem Schatz ergriffen hatte«. Überwältigt von patriotischer Inbrunst, befahl er Suffer Ally, seine Botschaft von Königin Victoria zu übersetzen, wobei seine Worte dem ethnologischen Katalog entnommen zu sein schienen, der in der Ausstellung über die Kolonien und Indien am britischen Hof zur Schau gestellt wurde. Was für ein folgenschwerer Irrtum!

Geheimbriefe und -depeschen, die in den ersten Wochen nach Adamsons Treffen mit Kansi La zwischen Mandalay, Fort William und London hin- und hergingen, enthüllen, auf welche Weise der prahlerische Offizier einen Konflikt entfachte, der die Kachin-Berge verschlingen und die Briten in einen blutigen Krieg hineinziehen sollte. Das *Hukawng*-Tal legte Zeugnis ab vom Zorn der Kachin, denn es war mit Gräbern der eroberten Völker übersät. Aber hatte Adamson es je für notwendig erachtet, sich mit dessen Geschichte zu befassen?

Einen Tag, nachdem der Captain die Kachin zu Untertanen der britischen Krone erklärt hatte, fielen ihre Krieger nächtens mit Giftpfeilen und *dahs* von den Bäumen und vertrieben seine Kolonne aus den Bergen. Sie jagten ihnen nach bis Bhamo und töteten bei Geplänkeln, die den Dschungel mit Schreien erfüllten, vier Männer. Adamson war von seinem »einflussreichen Mann« verraten worden. Po Saw, der von den Briten für teures Geld als die Person gedungen worden war, die einen Weg zu den Jademinen öffnen sollte, hatte die Expedition in einen Hinterhalt der Marip-Kachin gelockt.

Niemals zuvor waren die Kachin so unmittelbar bedroht gewesen, und in den Monaten nach Adamsons Rückzug wüteten die *Ye Jein* wie Berserker. Sie griffen Händler an und nahmen Reisende aus, sie enterten und plünderten burmesische und chinesische Boote, die zwischen Bhamo und Mogaung verkehrten. Die Briten reagierten mit einem brutalen Vergeltungsfeldzug, der sich an den Säuberungsaktionen im schottischen Hochland Anfang des 19. Jahrhunderts orientierte. In 22 Schlachten wurden riesige Areale Regenwald in die Luft gesprengt, 639 Kachin-Häuser wurden dem Erdboden gleichgemacht, 46 Dörfer wurden ausgelöscht und Erdsilos, die 509 000 Pfund Reis enthielten, wurden zerstört. Dennoch kämpften die Kachin weiter; sie riefen die *nats* mit wilden Beschwörungen an, bevor sie 21 britische Offiziere und gemeine Soldaten abschlachteten.

William Warry beobachtete das Blutvergießen mit schwerem Herzen. Er hatte Qianlongs Kommentar über den Burma-Krieg gelesen, in dem der Kaiser, der sich gut in Sun Tzus Werk *Die Kunst des Krieges* auskannte, die Stärken dieser Volksstämme respektvoll anerkannte. Warry hatte Adamson immer wieder davor gewarnt, ihre Gebiete zu durchqueren. »Weder China noch

Burma ist diesen Kachin je wirklich Herr geworden. Wie ihre Vorgänger, die schottischen Hochländer im letzten Jahrhundert, und andere Wilde oder Halbwilde werden sie noch viele Jahre lang bald hier, bald dort rauben, Vieh stehlen, morden und plündern«, hatte Warry Kalkutta gewarnt.[25]

Sir Herbert Thirkell-White, Bernards Chefsekretär, räumte insgeheim ein, dass die Minen weiterhin jenseits des Einflussbereichs des Empire lagen. »Wir kontrollieren das Land nur bis zum Fuße des Gebirges, das von den Kachin bewohnt wird... Meines Erachtens wäre es unklug von uns, wenn wir versuchen würden, sie zu unterwerfen, und uns für ihr Treiben verantwortlich fühlten«, notierte er in seinem privaten Tagebuch.

Am Ende des Jahrhunderts war der Vorposten in Myitkyina, einem trostlosen Ort an der »Zivilisationsgrenze«, »ein vorgeschobener militärischer Stützpunkt mitten im Feindesland«, der am Ufer des Irrawaddy, hundert Kilometer nördlich von Bhamo errichtet worden war, die nächstgelegene britische Präsenz zu den legendären Jademinen. Der Monsun schnitt ihn jedes Jahr sechs Monate lang von der Außenwelt ab, und die britische Wachmannschaft »musste gelegentlich um ihr Leben kämpfen«.[26] Die dort stationierten vierhundert Soldaten waren zuständig für die Erhebung der Steuern auf den Jadehandel, doch das Empire kassierte lediglich fünf Rupien pro Jahr. Es lohnte sich kaum, die Garnison aufrechtzuerhalten, und als ihr William Warry einen Besuch abstattete, entdeckte er, dass chinesische und Kachin-Händler riesige Gewinne aus einem neuen Geschäft einstrichen:

Die Kachin und die Chinesen bringen Opium zu den Minen und verkaufen es den Bergarbeitern für 28 Rupien pro Viss [1 Pfund]... auf dem Rückweg befördern sie Jade, doch nur ein kleiner Prozentsatz passiert Myitkyina... unsere Kontrolle über diese Gebiete ist genauso schlecht wie im Jahr 1886. Meines Erachtens werden wir die Machenschaften der Kachin nie durchschauen und den Jadehandel niemals kontrollieren können.

6

Ein Bauer im Schachspiel des Empire

Yehenara trauerte. Ihr Haar hatte sie in weiße Baumwollbinden gehüllt, die Seidengewänder gegen Sackleinen getauscht und die zinnoberrote Träne auf ihrer Unterlippe weggewischt. Kaum hatte sie sich an ihre neue Rolle als Mutter des Erben des Drachenthrons gewöhnt, da verfiel ihr Kaiser in Krankheit und Siechtum. Als der verbannte Xianfeng in seinen Jagdgründen in Jehol hörte, dass sein geliebter Sommerpalast dem Erdboden gleichgemacht worden war, legte er sich krank in sein Drachenbett. Am 22. August 1861 »verschied er zur *Yin*-Stunde« (zwischen drei und fünf Uhr früh) in der »Halle der Erfrischenden Nebel und Wellen«. Nach Europa eilte sofort die Kunde, Lord Elgin habe ihm das Herz gebrochen.

In den medizinischen Akten des Kaiserhofes klingt sein Ableben indes weit weniger romantisch. Der 30-jährige Kunstliebhaber zog sich im Frühjahr eine Erkältung zu, »worauf er einen Rückfall in seiner alten Krankheit erlitt«. Den Sohn des Himmels plagte »schon im sechsten Monat eine Diarrhö, die seine Lebenskraft aufzehrte«. Keine Behandlung schlug an, und Xianfengs Zustand »verschlechterte sich am 16. Tag des siebten Monats ernstlich«. Der Kaiser klagte gegenüber seinen Ministern: »Ich huste immer häufiger und spucke Schleim mit Spuren von Blut.« Seine Symptome lassen vermuten, dass er in Wahrheit an Tuberkulose litt – einer Krankheit, die erst 21 Jahre später diagnostiziert werden konnte.[1]

Im Nu brach am kaiserlichen Hof Panik aus. In den Lauben und Pavillons von Jehol steckten zerstrittene Lager die Köpfe zusammen, schickten Spione in die Gänge des Palastes, suchten nach Unterstützung und belauschten andere, die ebenfalls nach der Herrschaft über den Drachenthron strebten.

In der »Kiefern- und Kranich-Halle« klammerte sich Kaiserin Niuhuru unter Tränen an Yehenara, während intrigierende Schattengestalten an den Papierfenstern vorbeihuschten. Die kaiserliche Gemahlin wusste, dass sie umgehend ihre Stellung als Mutter des Thronerben nutzen musste, wenn sie nicht von den schrecklichen Konsequenzen des verfrühten Todes des Kaisers überrollt werden wollte. Hinterbliebene Gemahlinnen wurden oft aufgefordert, sich zum Beweis der Trauer das Leben zu nehmen, und wenn sie diesem Schicksal entgingen, wurden sie in den »Palast der vergessenen Favoritinnen«, die bescheidensten Gemächer der Verbotenen Stadt, verbannt. Yehenaras Sohn war erst fünf Jahre alt, und so musste ein Regent bestimmt werden, der in seinem Namen regierte, bis er volljährig war. Wer auch immer diese Rolle des Regenten innehatte, beherrschte China und bestimmte das Schicksal von Yehenara und Kaiserin Niuhuru, die unter all den Trauernden an jenem Tag in Jehol wohl als einzige Tränen echten Schmerzes vergoss.

Yehenara deckte als Erste ihre Karten auf. Sie konfrontierte den Großen Rat des Qing-Hofes mit der unerhörten Behauptung, Kaiser Xianfeng habe sie auf dem Sterbebett zur Regentin bestimmt. Die acht Mitglieder des Großen Rats unter Su Shun lehnten ihre Forderung jedoch ab und konterten mit einem Gegenvorschlag. Su Shun bot Yehenara und Kaiserin Niuhuru als Gegenleistung dafür, dass sie seine Fraktion unterstützten, symbolische Titel und Zeremonialsiegel an. Doch kaum hatte Su Shun der ehrwürdigen Yehenara den Titel Kaiserinwitwe Cixi, Kaiserin des Westens, verliehen und Niuhuru zur Kaiserinwitwe Ci'an, Kaiserin des Ostens, gekürt, sperrte er die beiden ein und verlangte, dass sie auf die Vormundschaft über den jungen Thronerben verzichteten, andernfalls werde man sie verhungern lassen.

Prinz Gong, Xianfengs ehrgeiziger jüngerer Bruder, weilte in

Peking, als er von Su Shuns Putsch hörte. Er war wütend, weil man ihn nicht als Regenten in Betracht gezogen hatte, und brach sofort nach Jehol auf, wo er seine Brüder überredete, einen anderen Plan zu verfolgen. Die beiden Kaiserinwitwen sollten Ko-Regentinnen werden, er hingegen Prinzberater des Erben, der am 11. November auf den Thron gesetzt werden sollte.

Die Kaiserinwitwen Cixi und Ci'an wurden aus ihrem Hausarrest entlassen und brachen am 1. November in Begleitung Prinz Gongs mit dem Leichnam des Kaisers in Jehol auf; die strapaziöse Reise nach Peking, die normalerweise zehn Tage dauerte, schafften sie in einer knappen Woche. Am Morgen nach ihrer Ankunft wurde die Hauptstadt von schwer bewaffneten Soldaten gesichert, anschließend erging ein Erlass, in dem die Fraktion Su Shuns des Verrats beschuldigt wurde. Das Edikt erging im Namen des Thronerben und war mit den Zeremonialsiegeln der Kaiserinwitwen beglaubigt, die Su Shun diesen als Beschwichtigungsgeste überlassen hatte. Sechs Tage später versammelte sich in der Gemüsestraße von Peking eine Menge Schaulustiger, um Su Shuns öffentliche Hinrichtung mitzuerleben – ein demütigendes Ende für einen ehrgeizigen Adeligen. Am 11. November 1861 erschien der Thronerbe, mit schweren gelben Seidenroben behängt, in der Halle der Höchsten Harmonie. Seine ausgeschnittenen Ärmel baumelten bis zum Boden. Prinz Gong hob den Winzling auf den Drachenthron, wo er den Herrschernamen Tongzhi, »Vollkommener Gebieter«, erhielt. Durch die Verbotene Stadt hallten Glockengeläut, Trommelwirbel und das Knallen zeremonieller Peitschen.

Binnen weniger Tage wurde im Ostflügel der Halle der Geistigen Erbauung, die im Frühling vom Duft der Granatapfel-, Pfirsich- und Kirschbaumblüten aus dem benachbarten Hof erfüllt war, hinter einem gelben Vorhang ein doppelter Thron aus Java-Palisander errichtet. Hier saßen die Kaiserinwitwen, den Blicken der Öffentlichkeit entzogen, Seite an Seite, in völlig gleichen Gewändern und schwer mit Jadeschmuck behängt, und teilten sich die Macht. Vor dem Vorhang saß der Junge auf seinem kleinen Drachenthron, von wo er das Flüstern der Regentinnen vernehmen konnte, die dank sorgsam angeordneter Spiegel alles sehen konnten, was sich vor dem gelben Vorhang abspielte. Nur Cixis vertrauteste Hofdamen und altgediente Eunuchen durften ihr ins Gesicht sehen, doch schon bald munkelten die Besucher über die »raue Stimme«, die hinter dem gelben Vorhang zu hören war.

Während Kaiser Tongzhi den Drachenthron anwärmte, wurde der Qing-Hof heimlich in die direkt dahinter liegende Halle des Kaiserlichen Seelenfriedens verlegt. Dort ruhte die Kaiserinwitwe Cixi auf einem Ebenholzbett; ihren Kopf bettete sie auf Kissen, die mit Kräutern und Trockenblumen gefüllt waren; ein Ohr hatte sie stets an einem sauber ausgebohrten Loch, das sicherstellte, dass ihr nie wieder etwas entging, selbst wenn sie ein Nickerchen machte. Ci'an, die weder lesen noch schreiben konnte und in den Qing-Chroniken als »freundlich und reizend, aber ohne Tiefsinn« beschrieben wurde, zog sich in den Ostpalast zurück. Cixi hingegen genoss ihre neue Machtstellung. In der Halle des Kaiserlichen Seelenfriedens ließ sie überall Jadeschalen mit gezuckerten Lotossamen, eingelegten Walnüssen, Litschis und Dattelpflaumen aufstellen. Durch eine Zigarettenspitze aus Jade paffte sie englische Rauchwaren. Um ihr Bett eilten dienstbeflissene Beamte und legten ihr Erlasse und Dokumente vor, die sie mit ihrem Nagelschützer aus Jade überflog und im Falle der Gewogenheit mit Su Shuns schicksalhaftem Siegel absegnete.

Cixis Satingewänder waren nun kaisergelb, und ihren Kopfschmuck krönte »in der Mitte ein prächtiger Phönix aus reinster Jade«, der Unsterblichkeit und Unbezwingbarkeit symbolisierte und nur von einer Kaiserin getragen werden durfte.[2] Ihre Schultern bedeckte ein »durchscheinendes Cape mit 3500 Perlen so groß wie Kanarienvogeleier«, das mit vierzig Jadetropfen besetzt und am Hals von Schließen aus Jade zusammengehalten wurde; eine Hofdame bezeichnete den Umhang später als »das Prachtvollste und Kostbarste, das ich je gesehen habe«.[3] Cixi trug sechs zopfförmig geschnitzte Armreifen aus smaragdgrüner Kaiserjade, dreigliedrige Ohrgehänge aus Jade und eine Halskette mit 108 Perlen aus Qianlongs Stein des Himmels. Und an ihrer Schulter steckte die Persische Pfefferfrucht der duftenden Xiang Fei – das Symbol für die Liebe eines Kaisers und den Aufstieg einer kaiserlichen Gemahlin.

Während Cixi in ihrer Macht schwelgte, wuchs Kaiser Tongzhi bald aus seinen Krönungsgewändern heraus. Bereits in seinem frühen Jugendalter hieß es, er sei so zügellos wie Xianfeng, zeige dieselbe Schwäche für Opernsänger wie sein Vater und sei auch genauso schwächlich wie sein Großvater Daoguang, der sich zu Tode geweint hatte. »Er scheint schrecklich schnelllebig gewesen zu sein... Frauen, Mädchen, Männer und Knaben, einer nach dem anderen, so schnell er konnte«, schrieb der Ire Robert Hart, der kurz zuvor zum Generalinspektor des Seezollamtes ernannt worden war – einer Behörde, die Peking im Zuge des Vertrags von 1860 aufgezwungen worden war.[4] Prinz Gong, dessen eigener Sohn beschuldigt wurde, den sechzehnjährigen Tongzhi bei nächtlichen Streifzügen vor die Mauern der Verbotenen Stadt und in die Weidengasse, das Bordellviertel der Hauptstadt, zu begleiten, machte schließlich einen Lösungsvorschlag. Am 12. März 1872 gab die *Peking Gazette* bekannt, der Kaiser werde ein um zwei Jahre älteres mongolisches Mädchen vom Clan der A-lu-te heiraten. Nur ein Jahr später sollte Tongzhi volljährig werden, und Prinz Gong hoffte, die Ehe würde ihn zu einem soliden Lebensstil und zu ernsthaften Studien anhalten, bevor ihm die uneingeschränkte Macht eines Kaisers von China zufiel.

Cixis Gelüste nach dem Stein des Himmels waren inzwischen ebenso unersättlich wie die Gier Qianlongs, doch die Jadestraße nach Yunnan wurde nach wie vor von Panthay-Rebellen unsicher gemacht, und der Handelsverkehr mit Sinkiang, der den Hof mit Nephrit versorgt hatte, war ebenfalls zum Stillstand gekommen. Im Jahre 1865 hatte sich der moslemische Rebellenführer Yekub Beg zum Emir von Jarkend und Kashgar ernannt und sollte in den folgenden zwölf Jahren über die Nephritgruben herrschen. Cixi versuchte, den Stein des Himmels über Kanton zu importieren. Kaiserliche Erlasse aus den sechziger und siebziger Jahren des 19. Jahrhunderts belegen, dass sie ihre Zollbeamten im Süden wiederholt anwies, mit Steuergeldern, die von ausländischen Händlern eingezogen wurden, Jadeit zu kaufen.[5] Der Stein des Himmels wurde aber fast nie per Schiff aus Burma ausgeführt, und aus den Chroniken geht hervor, dass die Zollbeamten den Wünschen der Kaiserin nicht entsprachen.

In ihrer Enttäuschung ersann Cixi einen ehrgeizigen Plan. Im Archiv von Neu-Delhi befinden sich Abschriften der wenigen burmesischen *parabaiks*, die das Wüten der Briten in Mandalay überstanden und von William Warry, der sie vor dem Scheiterhaufen bewahrt hatte, übersetzt wurden. Als wir diese Schriften mit den Qing-Chroniken verglichen, welche die Briten aus dem Sommerpalast geraubt hatten, begriffen wir, auf welche Weise die findige Kaiserinwitwe daranging, die Jadevorräte der Verbotenen Stadt aufzufüllen.

Im Jahre 1873 entsandte sie eine kaiserliche Karawane nach Burma, in das Land der »wilden Freibeuter«[6], und erließ im Namen ihres missratenen Sohnes den Befehl, Qianlongs Jadestraße wieder zu öffnen. Cixis Botschafter überbrachten dem burmesischen König Mindon Briefe, die ihn über die neue Staatsordnung in China unterrichteten – »die Verleihung von Titeln an die zwei Königinwitwen, damit diese das Reich während der Unmündigkeit Kaiser Tongzhis regieren, ihn großziehen und heranbilden und eine Gemahlin für ihn auswählen«.[7]

Die kaiserlichen Gesandten mit ihrer Karawane von 1300 Maultieren, die »Früchte und Schinken« als Geschenke mitführten, sollten die alte Botschafterstraße benutzen. In den Chroniken der Chinesen findet sich kaum etwas über die Reise, doch am burmesischen Hof wurde die Ankunft von Cixis Karawane am 23. Februar 1874 in Mandalay dokumentiert. Die Botschafter Chinas reisten »in prunkvollen, mit Gold und Silber verzierten Sitzen auf dem Rücken von Elefanten und zwar in Begleitung von Artillerie, Kavallerie und Infanterie«. Sie kamen in »einem prächtigen Zug von den Ufern des Irrawaddy« herauf; »als die Gesandten den Palast erreichten,... wurden drei Kanonen abgefeuert und königliche Briefe verlesen, und Seine Majestät [König Mindon] war außer sich vor Freude, so als wären sich die beiden Gebieter persönlich begegnet«.[8]

Auch die Briten wurden Zeuge des feierlichen Einzugs der Chinesen. Captain Crawford Cooke, der Repräsentant der britischen Krone in Bhamo, unterrichtete seine Vorgesetzten in Fort William über Festlichkeiten, die am 26. März am Hofe abgehalten wurden und »weit aufwändiger waren als das, was je für europäische oder andere asiatische Gesandtschaften aufgeboten wurde«. Da Cooke von den Besprechungen ausgeschlossen blieb, meldete er nach London, Cixis Gesandte »gingen in den Palast, frönten dem Opium und kehrten sodann nach China zurück«.[9]

Tatsächlich wurden in Mandalay strategische Bündnisse geschmiedet, und Jadeit sollte den Pakt besiegeln. Wie einst Bodawpaya, erkannte auch König Mindon, dass er sein Reich vor den Nachbarn schützen konnte, indem er Burma der Einflusssphäre Chinas unterstellte. Zu Bodawpayas Zeit hatte sich Burma durch Siam bedroht gefühlt, und nun boten die Briten Grund zur Sorge. Am 4. November 1874 kam König Mindon Cixis Wunsch nach und schickte seinerseits eine Karawane los. Acht Diener waren nötig, um den schweren Brief an den Kaiser von China zu tragen; das Schreiben war in Gold gegossen und mit Rubinen und Jade besetzt und trug die glanzvollen neuen Titel des burmesischen Monarchen: »Herr der aufgehenden Sonne, Besitzer von Jade-, Gold- und Silberminen, etc. pp.« Mindon äußerte sich »beeindruckt von der tiefen Gunst, die Eure himmlische Dynastie uns erweist«. Er dankte dem Nachbarn für das Privileg, in den Kreis der Tributpflichtigen »des Gebiets der Yu«, des Königreichs der Jade, aufgenommen zu werden. »Alle innerhalb des Reichs«, schrieb er, »vereinen sich einstimmig in dem Ruf an seine Kaiserliche Majestät: Glück, langes Leben, männliche Nachkommenschaft«. Er ließ kein Schmeichelei aus und schloss mit der Beteuerung, er sei »überwältigt von angenehmen Gefühlen unendlicher Dankbarkeit. Ergebenst Euer etc. pp.«

Sieben ranghohe burmesische Offiziere unter Führung von U Tha Pu fuhren den Irrawaddy hinauf bis Bhamo. Auf dem Landweg folgten ihnen die Lasttiere mit Schinken, Walnüssen, Opium und vor allem »2000 Viss [7000 Pfund] Jade in drei großen Blöcken und 210 Katti Jade usw. usw«. Colonel Horace Browne und sein Übersetzer Augustus Margary, die im geheimen Auftrag die Jadestraße kartografieren sollten, stießen in Bhamo auf den Treck der Burmesen.

Die Burmesen hatten in dem Flusshafen einen Monat lang warten müssen, weil drei von den Kachin versprochene Elefanten nicht eintrafen. Colonel Browne vermutete zwar, dass der Tross des Königs Jade transportierte, doch der aufgeblasene britische Offizier hatte keine Ahnung, wohin U Tha Pu mit seiner Fracht unterwegs war.

Es folgte eine Verzögerung nach der anderen. Als die Burmesen endlich aus Bhamo aufbrachen, wurden sie sieben Tage lang in Momauk aufgehalten, wo 69 Kachin-Häuptlinge bewirtet werden wollten. Drei weitere Tage saßen sie in Mandaung fest, wo sie »damit beschäftigt waren, Spiegel, Glasgeschirr und Beteldosen unter den Frauen der Kachin-Häuptlinge zu verteilen«.[10] Nach einem weiteren »achttägigen Halt aufgrund von Differenzen zwischen Lasi und anderen Kachin-Häuptlingen bezüglich der Bewirtung und der Abreise der burmesischen Botschafter« erreichten U Tha Pu und seine Delegation schließlich den kleinen Grenzort Thantaya. Dort empfing man sie mit Salutschüssen und einer schrecklichen Nachricht: »Kaiser Tongzhi war gestorben.«[11]

Die widersprüchlichsten Gerüchte verbreiteten sich – bis Yunnan. U Tha Pu hörte, die Kaiserinwitwe habe beim Tod des Kaisers die Hand im Spiel gehabt; sie soll ihm ein vergiftetes Taschentuch auf das Kopfkissen gelegt haben. Dieses Gerücht erreichte auch die *New York Times*, die von einem »mysteriösen« Todesfall in Peking berichtete. Andere Quellen behaupteten, der missratene Sprössling sei als Folge seiner Streifzüge durch die Weidengasse der Syphilis erlegen. Den kaiserlichen Krankenblättern ist jedoch etwas anderes zu entnehmen. Der ranghohe Hofbeamte Weng Tonghe, der Tongzhi auf seinem Sterbebett pflegte, schilderte in seinem Tagebuch, dass das Gesicht des Kaisers »von einem dichten Ausschlag bedeckt war«.[12] Die medizinischen Protokolle des Hofes, die sich mit dieser Aussage decken, beschreiben nahezu täglich den allmählichen Verfall des »Vollkommenen Gebieters«, dessen Körper von aufbrechenden Eiterbläschen übersät war. »Versteckte Hautausschläge, Atemnot und Kopfschmerzen« stellten die Ärzte Li Deli und Zhuang Shouhe fest, bevor sie getrocknete Schilfwurzel verordneten. »Zustand äußerst ernst. Pockenerreger in den Körperkanälen.«[13] Am 12. Januar 1875 tat Tongzhi den letzten Atemzug. Er starb in einem Nebenraum des Palasts der Himmlischen Reinheit, weniger als zwei Jahre nach Erreichen der Volljährigkeit.

Abermals wurde der Kaiserhof erschüttert. Innerhalb von vierundzwanzig Stunden nach dem Tode ihres Sohnes berief Cixi Xianfengs Brüder ein und stellte sie vor eine vollendete Tatsache. Die Kaiserinwitwe verkündete, sie habe den dreijährigen Sohn einer Verwandten adoptiert, und dieser Knabe solle auf den Drachenthron gesetzt werden. Mit dieser Adoption ihres Neffen sicherte sich die Kaiserinwitwe den Fortbestand ihrer Regentschaft, auch wenn sie damit die heiligen Erbfolgeregeln der Qing mit Füßen trat.

Der Hof war empört, und eine rivalisierende Fraktion unter Xianfengs Bruder Prinz Tun reagierte mit einer überraschenden Meldung. Kaiserin A-lu-te, Tongzhis vergessene Witwe, war anscheinend schwanger, und so sollten sämtliche Entscheidungen über die Thronfolge neun Monate lang ruhen. Auch der burmesische Jadetribut an den Kaiser von China sollte so lange an der Grenze von Yunnan zurückgehalten werden, bis sich der Hof darüber einig war, wer denn nun König Mindons großzügiges Geschenk entgegennehmen sollte. Cixis Plan schien vereitelt worden zu sein.

Innerhalb weniger Tage kursierte in Peking ein weiteres Gerücht, das auch dem Zollchef Robert Hart zu Ohren kam. Kaiserin A-lu-te war ernsthaft erkrankt, nachdem sie anscheinend Goldstaub geschluckt hatte – eine uralte Methode des Selbstmords. Insgeheim verdächtigten viele die Kaiserinwitwe Cixi des Giftanschlags, doch mangels Beweisen wurde ihr Adoptivsohn, der unter dem Namen Guangxu, »Überwältigendes Licht«, regieren sollte, als Thronerbe bestätigt.

Cixi blieb also weiterhin Regentin. Sie sandte sofort eine Verfügung an die burmesische Grenze, an der U Tha Pu und sein Jadetransport fünfzig Tage lang festgesteckt hatten. »Es kam ein Brief mit der Nachricht von der Thronbesteigung Kaiser Kunsis [Guangxus]. Wir erhielten einen Begleittrupp vom Kommandanten und chinesische Elefantentreiber«, schrieb U Tha Pu.[14] Der Kommandant von Momein, der den kaiserlichen Erlass erhielt, befahl »General Lee-See-Tahi«, die vor ihnen liegende Strecke zu sichern.

Nun wurden auch die Briten in Cixis Jadeitträume verstrickt. Colonel Brownes unselige Expedition stieß nämlich ausgerechnet auf die chinesischen Verbände, die U Tha Pu beschützen sollten. Ein Augenzeuge der Ermordung Margarys und seiner fünf Diener, deren Köpfe auf einer Mauer zurückgelassen wurden, telegrafierte nach Mandalay und meldete: »Chinesischer Angriffstrupp war Vorhut eines Heeres von dreitausend Mann, das auf Befehl des Kommandanten von Momein in Marsch gesetzt wurde, um das britische Kommando auszulöschen, daran besteht kein Zweifel. Chinesen vom Neffen des Lee-See-Tahi befehligt.«[15] Die Briten sollten jedoch nie erfahren, dass die Hinrichtungen angeordnet worden waren, weil sich Margary – wenn auch unwissentlich – zu weit der unschätzbaren Jadeitkarawane Cixis genähert hatte.

Während London noch vergeblich Beschwerde in Peking einlegte, wurde Guangxu am 25. Februar 1875 auf den Kaiserthron gesetzt. Er versank förmlich in seinem gelben Seidengewand, und seine Ärmel hingen bis auf den Steinboden herab. Zum selben Zeitpunkt rang die vergiftete Witwe seines Vorgängers in einem entlegenen Winkel der Verbotenen Stadt mit dem Tod. Als schließlich einen Monat später A-lu-tes Verscheiden bekannt gegeben wurde, klang dies wie eine knappe Fußnote zu einem sicherlich langen, qualvollen Dahinsiechen.

Der Gesandte U Tha Pu traf schließlich nach einer mühsamen Reise im Palankin durch den zerfurchten Morast neben der Kaiserstraße am 6. September in Peking ein und wurde in der Halle der Eroberten Nationen empfangen, wo er dem kleinen Kaiser die Grußbotschaften König Mindons überbrachte. »Wie sich die Sonnenblume vor der Sonne verneigt, so wendet sich die ganze Menschheit mit Verehrung der kaiserlichen Autorität zu«, hatte der burmesische Monarch geschrieben.

Nachdem nun die kontinuierliche Belieferung mit dem Stein des Himmels gesichert war, ordnete Cixi innerhalb weniger Wochen an, in Qianlongs kaiserlichen Werkstätten den Betrieb wieder aufzunehmen, den dessen spartanischer Sohn, Kaiser Jiaqing, um 1820 eingestellt hatte. Die Handwerker begannen Tausende von kunstvoll geschnittenen und fein polierten Schmuckstücken und Nippes zu fertigen, viele davon aus dem Gesteinsbrocken, den Cixi besonders schätzte und der »seidiges Melonenschalengrün« genannt wurde.[16] Bald wechselte sie mehrmals am Tag die Garderobe, um ihre neuesten Erwerbungen zur Schau zu stellen, und überall, wohin sie ging, hatte sie ihr Rudel von Pekinesen und ein emsiges Gefolge im Schlepptau. »Jeder Eunuch trug etwas in der Hand... Kleider, Schuhe, Taschentücher, Kämme, Bürsten, Puderdosen, Spiegel unterschiedlichster Größe, Parfüm, Nadeln, schwarze und rote Tinte, gelbes Papier, Zigaretten, Wasserpfeifen... Diese Prozession... kam einem vor wie ein Damenankleidezimmer auf Beinen«, schrieb Yu Derling.[17]

Die Verfasserin dieser Zeilen war die erste Hofdame der Kaiserinwitwe. Yu Derling hatte eine Erziehung in Frankreich genossen, bevor sie in die kaiserliche Hofhaltung aufgenommen wurde. Später heiratete sie den amerikanischen Diplomaten Thaddeus White und wurde von neugierigen Freunden aus dem Westen bedrängt, sie an ihrem geheimen Wissen über das Leben hinter den Palastmauern teilhaben zu lassen. Als Verwalterin der kaiserlichen Juwelen war Derling die Erste, die der Außenwelt enthüllte, dass Cixi eine eigene Halle zur Aufbewahrung ihrer Himmelssteine bauen ließ. Der Saal war »an drei Seiten mit Regalen ausgestattet«, und auf diesen standen dreitausend »Ebenholzkisten, alle gefüllt mit Schmuckstücken, jede mit einer Nummer und einem gelben Etikett versehen, auf dem der Inhalt verzeichnet war«.[18] Niemand durfte ohne Erlaubnis der Kaiserinwitwe die verschlossene Kammer betreten; den Schlüssel trug sie um den Hals, wenn sie schlief.

Cixi ließ jedoch so viele Schmuckstücke anfertigen, dass sie bald den Überblick über ihre Preziosen verlor, was verschiedene Höflinge und Gefolgsleute, darunter Prinz Gong und ihr Obereunuch, weidlich ausnutzten. Der grüblerische Li Lianying, der sich angeblich Cixis Gunst gesichert hatte, indem er anbot, sich als Zeichen seiner Ergebenheit ein Stück Fleisch aus dem Schenkel zu schneiden – dieser eifrige Eunuch wurde in Cixis Diensten so reich, dass er sich draußen vor der Zitadelle heimlich einen Palast kaufte, den er mit gestohlenen Juwelen und – oh Wunder – einer Familie füllte.[19]

»Es ist schwieriger, sich vor einem Dieb in der Familie zu schützen als vor einem Außenstehenden«, lautet ein altes chinesisches Sprichwort. Li Lianying wurde bald zum wertvollen Mittelsmann chinesischer Agenten, die eine wachsende Zahl britischer Händler mit gestohlenen Schmuckstücken und Kunstwerken des kaiserlichen Hofs belieferten.[20] In den schmutzigen Gassenvierteln Liu-li-chang und Langfang vor dem Tor des Himmlischen Friedens schossen klapprige Buden und Läden aus dem Boden, in denen Hunderte von Kisten mit Jadeit und Nephrit, angeblich alles Diebesgut aus den kaiserlichen Palästen, verhökert und nach London, Paris und New York geschafft wurden. Dies war der Nachschub für einen Markt, der durch die Plünderung der Alliierten im Jahre 1860 überhaupt erst entstanden war. Der Seifenbaron William Lever, der 1879 in Manchester eine Ausstellung mit »diversen Stücken aus dem Sommerpalast« besucht hatte, war einer von Dutzenden wohlhabender Unternehmer, zu denen auch J. P. Morgan, Charles Freer und Alfred Nobel gehörten, die Kaiserjade sammelten. Lever, der später als Lord Leverhulme in den Hochadel erhoben wurde, vermachte seine ostasiatische Hinterlassenschaft später dem britischen Volk und übergab sie der Lady Lever Art Gallery, die er in seinem Musterdorf Port Sunlight in Merseyside erbauen ließ.

Das Erwachen des Interesses an asiatischer Kunst und Kultur fiel mit einer einschneidenden Wandlung in der britischen Lebensart zusammen. Die Große Ausstellung von 1851 hatte die breite Masse mit dem Raubgut des Empire vertraut gemacht. Nun wurde die Kunst selbst neu definiert – durch Bewegungen wie Whistlers »Aesthetes« und William Morris' »Arts and Crafts«, die, beeinflusst vom chinesischen Kunsthandwerk, dessen Arbeiten bald en masse in den Westen gelangten, den Kunstbegriff erweiterten und auch dekorative Objekte und Innenausstattung mit darin einbezogen.

Ein ehemaliger Lagerverwalter, der die steigende Nachfrage witterte, lieh sich 2000 Pfund, um 1875 – im selben Jahr, in dem Cixi ihre erste Jadelieferung aus Burma in Empfang nahm – an der Regent Street einen Laden zu eröffnen. Dieser Arthur Liberty lockte die Käuferschaft mit Zierrat, Stoffen und Kunstgegenständen aus dem Fernen Osten an, und es dauerte keine zehn Jahre, bis er in einen ehrwürdigen Tudorbau, den ehemaligen Sitz der Ostindischen Kompanie, umzog, in dem das Geschäft auch heute noch zu finden ist. Im »Östlichen Basar« im Untergeschoss wurden Raritäten und Jadeschmuckstücke aus Peking an eine modebewusste Klientel verkauft, der auch Dante Gabriele Rossetti,

Frederick Leighton und Edward Burne-Jones angehörten. Der wohlhabendste Kunde des Geschäfts war jedoch der Amerikaner Heber Bishop, der im Alter von 36 Jahren mit den Zuckerrohrplantagen auf Kuba ein Vermögen gemacht hatte und dieses sogar noch vervielfachte, indem er in die Eisenbahnen investierte, die Amerikas Ostküste mit dem Wilden Westen verbanden.

Im Jahre 1878 besuchte Bishop in Begleitung seiner Braut Mary Cunningham Libertys Geschäft in London. Er hatte bereits begonnen, seine Prunkvilla in Irvington über dem Hudson River mit Jade aus dem Besitz Qianlongs zu dekorieren.

> Ich hatte das Glück, ein paar außergewöhnlich feine Jadeobjekte aufzutreiben, die aus China nach New York und Boston gelangt waren… die Beute aus dem kaiserlichen Sommerpalast… Ich entschloss mich, England und dem europäischen Kontinent einen Besuch abzustatten, denn ich wusste, dass die meisten schönen Stücke von den Teilnehmern der englischen und französischen Expedition dorthin gebracht worden waren.[21]

Der Zuckermillionär zog nach Paris weiter, wo er unter anderem das Jadeschmuckset der Comtesse Kleezkowsky erwarb und eine große, von Drachen umschlungene Weinschale aus Jade, die er dem chinesischen Händler T'ien-pao abkaufte, der sie auf der Beuteauktion der Alliierten ersteigert hatte. »Nachdem ich mir sämtliche erlesenen Exemplare gesichert hatte, die in Europa erhältlich waren…, ging ich nach China«, schrieb Bishop. Und in China begegnete er Dr. Stephen Bushell, einem jungen Amtsarzt bei der britischen Gesandtschaft. Der autodidaktische Kenner chinesischer Kunst wurde von Bishop beauftragt, Jadeschmuckstücke aufzuspüren, die einst den Sommerpalast geziert hatten. Bushell durchstöberte die Antiquitätenläden in der Liu-li-chang, wo die Händler, trotz Androhung der Todesstrafe, mit Fabeln hausieren gingen und mit Artefakten handelten, die angeblich aus dem Erbe des Himmelssohnes stammten. Der beharrliche Bushell verschaffte sich Zutritt zur geheimen Welt der Jadewerkstätten und war der erste Ausländer, der die verschwiegenen Steinschneider von Peking zu Gesicht bekam, deren streng gehütete Techniken sich seit Jahrhunderten nicht geändert hatten. Später beauftragte er den Künstler Li Shih Ch'uan, zarte Aquarelle der Handwerker bei der Arbeit zu malen, und spielte bald eine zentrale Rolle im Export chinesischer Schätze.[22] Um 1880 verpflichtete ihn der Direktor des South Kensington Museum, Philip Cunliffe Owen, als Makler. Der Amtsarzt schickte Hunderte sorgsam verpackter Antiquitäten nach London, wo sie Caspar Purdon Clarke, der Verwalter der Oriental Collection, katalogisierte.

Cixi konnte zwar nicht verhindern, dass ihre Schätze aus der Verbotenen Stadt verschwanden, doch innerhalb dieser Mauern gelang es ihr, ihre Macht weiter auszubauen. Im April 1881 starb Kaiserin Ci'an im Alter von 44 Jahren. Wieder wurde von einem Giftmord gemunkelt. Die tödliche Dosis soll Cixi ihrer Mitregentin in einem Keks verabreicht haben. Und wieder konnte nichts bewiesen werden. Nachdem Cixi ihren Geliebten, ihren Sohn und dessen Frau überlebt hatte, erreichte sie nun durch das frühe Ableben der Mitregentin den Gipfel ihrer Macht. Die Kaiserin des Westens wurde zur alleinigen Regentin und Vertreterin des jungen Kaisers Guangxu ernannt, der gleichsam wie ein Gefangener in der Verbotenen Stadt festgehalten wurde und seine Adoptivmutter mit *Chin Baba*, »lieber Vater«, anreden musste. Von ihren Eunuchen wurde Cixi nun als »Seine Majestät« beziehungsweise als *Lao Fo Yeh*, »Großer Alter Buddha«, tituliert. Sie eignete sich dynastische Symbole an, die das alte Patriarchat des Kaiserreiches repräsentierten.[23] Während ihre Ming- und Qing-Vorgänger den Steinschneidern, Malern und Goldschmieden befohlen hatten, den Drachen über den Phönix fliegen zu lassen, um die Vorherrschaft des Kaisers über seine Kaiserin zu versinnbildlichen, ließ Cixi das Ganze umdrehen, so dass nun der Phönix die Verbotene Stadt beherrschte. Sie lud ihre Mandarine täglich zu einem Spiel,

»Acht Feen fahren über die See«, einem Würfelspiel, das mit Jadefiguren gespielt wurde und bei dem es darum ging, durch das Reich zu eilen, Anspruch auf den Drachenthron zu erheben und dabei einer Verbannung aus dem Reich der Mitte zu entgehen. »Ihr werdet meine Fee niemals erwischen«, beschimpfte Cixi ihre Gegner, und natürlich gewann stets sie.[24]

Täglich zog sie, als buddhistische Göttin der Barmherzigkeit verkleidet, durch ihre Paläste und verteilte kleine Jadestücke und Seide, gefolgt von ganzen Scharen junger Pekinesen, darunter auch ihr Lieblingswelpe *Shui Ta*, »Seeotter«, so genannt wegen seines feinen seidigen Fells; der Hund hatte denselben Stammbaum wie Königin Victorias Trophäe »Looty«.[25] Als Prinz Gong seinen Protegé vorsichtig darauf hinwies, dass ihr zunehmend exzentrisches Gebaren und ihre Verschwendungssucht außerhalb der Palastmauern Besorgnis erregten, verbannte Cixi ihn wie einen ihrer Jadespielsteine. Im folgenden Jahr verschönerte sie anlässlich ihres fünfzigsten Geburtstags den Palast der Gesammelten Eleganz, in dem sie ihren Sohn zur Welt gebracht hatte, für 630 000 Tael (drei Tonnen) Silber. Drei Jahre später unterschlug sie schätzungsweise weitere 30 Millionen Tael (150 Tonnen), die sie für den Bau eines Alterssitzes auf den Ruinen des Sommerpalastes verwendete, eine Summe, die der Qing-Adel zur Aufrüstung der Marine aufgebracht hatte. Das Reich wurde zunehmend von den »Zwergenpiraten« aus Japan bedroht, die schon 1882 und 1884 – also zu einer Zeit, als die Franzosen wegen Indochina mit den Qing in Konflikt geraten waren und einen Großteil der chinesischen Flotte versenkt hatten – versucht hatten, dem Drachenthron Korea zu entreißen. Während das Volk nach einer Streitmacht verlangte, ließ Cixi die Halle der Jadewellen, die Halle des Wohlwollens und des Langen Lebens und den Pavillon des Wohlgeruchs Buddhas bauen. Ihre Verschwendungssucht schien keine Grenzen zu kennen, denn zu ihrem sechzigsten Geburtstag vergeudete sie eine ungenannte Summe bei der Renovierung des Palasts des Ruhevollen Alters, in den sich schon 1796

Qianlong zurückgezogen hatte. In einem kaiserlichen Erlass, dessen Vollziehung der ranghohe Mandarin Fu Kan überwachte, gab Cixi bekannt, dass sie nur Geburtstagsgeschenke aus Jade annehmen werde.[26] Die Kaiserin des Westens wies, wie einst schon Qianlong, ihre Eunuchen an, in einer Bronzeschale Tau zu sammeln, um ihn mit zermahlener Jade zu einem Lebenselixier vermischen zu lassen.

Prinz Gong hatte Cixi vor den Problemen gewarnt, die außerhalb der Verbotenen Stadt anwuchsen, aber war sie sich überhaupt bewusst, dass sich südöstlich des Tors des Himmlischen Friedens ein ganzes Viertel mit ausländischen Gesandtschaften ausbreitete? Wusste sie, dass man über dem Grab ihrer Eltern am östlichen Ende des Ausländerquartiers inzwischen eine Rennbahn gebaut hatte?[27] Während die Kaiserin des Westens weiterhin ihrem Jadewahn frönte, brachten die Ausländer längst ihr Reich in Bedrängnis. 1898 hatten die Russen die Mandschurei erobert, die Franzosen hatten Indochina eingenommen, und Formosa sowie Korea befanden sich in der Hand der Japaner. Was übrig geblieben war, darbte elendiglich. Ein verschwörerischer Zirkel von Gebildeten tat sich zusammen und geißelte immer unverblümter die Auswüchse der Qing. Die *ming-shih* bombardierten die Bürger Chinas mit Propaganda, in der Cixi als »falsche Kaiserin« dargestellt wurde, als »mordende Diebin, die den Souverän absetzt und dessen Thron an sich reißt«, als Frau, die die Schatzhäuser des Reiches geplündert habe, um ihre krankhafte Gier nach Jadeit zu befriedigen.[28] Die Kaiserin des Westens sei eine liederliche Hure, die den Stein des Himmels benutze, »um ihren wollüstigen Begierden freien Lauf zu lassen«.[29]

Kang Youwei, der Kopf der Verleumdungskampagne, schickte auch Briefe an Edwin Conger und Sir Claude MacDonald, die Gesandten Amerikas und Großbritanniens in Peking, und wetterte darin gegen die »lasterhafte und verderbte Palastkonkubine«. Die Enthüllungen waren äußerst brisant. Als George Morrison, der Korrespondent der *Times*, von MacDonald davon erfuhr, konnte er nicht widerstehen, den sensationellen Tratsch nach London zu telegrafieren. Morrison war von Beruf Arzt und hatte erst spät zum Journalismus gefunden, nachdem er einen schwülstigen Bericht über eine Reise von Schanghai nach Rangun veröffentlicht hatte. William Warry hatte das Buch verrissen; er war der Meinung, Morrison habe »das Land praktisch mit Scheuklappen durchquert«.[30]

Trotzdem erregte der Reisebericht die Aufmerksamkeit des *Times*-Geschäftsführers C. F. Moberly Bell, der Morrison zum Tee in den Londoner Athenaeum Club einlud. Dort wurden Bell die tollsten Geschichten aufgetischt. So erzählte ihm der Doktor, wie er einmal fünf Monate lang einen neuguineischen Speer in seinem Schenkel stecken hatte, bevor ein Chirurg in Edinburgh seine »Fortbewegungsfähigkeit« wiederherstellte.[31] Bell war beeindruckt und schickte Morrison nach China – ein Land, das dem vorschnellen Urteil des Doktors zufolge lediglich ein Bauer im Schachspiel des Empire war. Er war zu faul, Chinesisch zu lernen, und prahlte damit, sein Vokabular beschränke sich auf die Mandarin-Ausdrücke für »Donnerwetter« und »zum Teufel nochmal«; und so heuerte er den Sprachwissenschaftler Edmund Backhouse an, der am Merton College in Oxford durch seinen Englischkurs gerasselt war. Backhouse behauptete, mit Ellen Terry und Oscar Wilde befreundet gewesen zu sein, doch hatten ihn angesammelte Schulden in Höhe von 20 000 Pfund gezwungen, die Universität und die Heimat zu verlassen.[32]

Und nun sollte Backhouse chinesische Klatschgeschichten übersetzen und ausschmücken, die Morrison als Tatsachen ausgab. Cixi, die keiner der beiden je gesehen beziehungsweise persönlich kennen gelernt hatte, wurde nun zur niederträchtigen Dompteuse eines chinesischen Lustzirkus, zu einer perversen Domina, die ihre Partner verschlang, an denen sie sich von hinten mit »Instrumenten« aus grüner Kaiserjade verging. In London, Paris und New York erregten die Palastgeschichten eine Öffentlichkeit, die angesichts jeglicher sexueller Doppeldeutigkeit schier erzitterte. Oscar Wildes Prozess von 1895 hatte das öffentliche Bewusstsein mit alternativen Vorstellungen von Männlichkeit konfrontiert, und die lauten Forderungen von Frauen nach dem Wahlrecht erschütterten die viktorianische Gesellschaft. Überraschte es da, dass männliche Schriftsteller und Künstler anfingen, Frauen als Vampire darzustellen? Bram Stoker brachte seinen Dracula in die Buchläden, und Edvard Munch vollendete eine Serie düsterer Ölbilder und Lithographien von lüsternen Mädchen, die ihren männlichen Eroberungen das Blut aussaugten. Und so wurde auch Cixi zu einer Blut saugenden Drachendame. In einer französischen Zeitschrift wurde sie als fernöstliche Hexe karikiert, die mit ihren knochigen, jadeberingten Fingern ein Messer schwang, während die blutigen Köpfe ihrer Feinde auf Spießen steckten und wilde Federn von ihrem schlichten schwarzen Kopfschmuck flogen.[33] Frauen wie die Kaiserinwitwe waren so gefährlich wie die amerikanische Tänzerin Loïe Fuller, die sich auf der Bühne in eine Fledermaus verwandelte, und so irritierend wie Sarah Bernhardt, die sich in einer Parodie auf den Chauvinismus ihrer Zeit als »Halb-Fledermaus« stilisierte.[34]

Derweilen feierte die *Times* den Korrespondenten Morrison für seine »unfehlbare Wahrheitstreue« und seine Fähigkeit, in dem, was der Westen als den unergründlichen Sumpf der chinesischen Lebensweise ansah, »zwischen dem Wahren und dem Unwahren« zu unterscheiden.

Cixi war blind und taub gegenüber all dem. Das Gegenteil galt für Kaiser Guangxu, der dem Qing-feindlichen Propagandisten Kang Youwei im Juni 1898 eine Audienz gewährte. Guangxu ließ sich überzeugen, dass Reformen notwendig seien, erließ Dutzende von Dekreten und billigte sogar den Plan, seine Adoptivmutter abzusetzen. Doch das Reformklima dauerte nur hundert Tage. Guangxus Pläne wurden von einem jungen General, Yuan Shikai, abgefangen und Cixis Verbündeten hinterbracht. Der Kaiser von China wurde von seiner Mutter gefangen gesetzt und gezwungen, ihr Abbitte zu leisten. Seine restlichen Lebensjahre verbrachte er unter Hausarrest. Die *New York Times*, die über die tatsächlichen Verhältnisse im Palast nicht unterrichtet war, beschuldigte Cixi, den Sohn des Himmels gefoltert, ja sogar vergiftet zu haben. Diese Form der Bestrafung blieb indes den Anführern der *ming shih* vorbehalten, die allesamt ergriffen wurden, außer Kang Youwei, der nach Hongkong entkam.

Die 63-jährige Cixi fühlte sich durch Guangxus Verrat zumindest so weit beunruhigt, dass sie eine versöhnliche Gegenoffensive startete. Nachdem sie bislang alle Ausländer als »langnasige Barbaren« verdammt hatte, beschloss sie, sich über eine weitere jahrhundertealte Tradition hinwegzusetzen, und schockierte im Mai 1898 ihren Großen Rat, indem sie Prinz Heinrich von Preußen, den Bruder des Deutschen Kaisers und Enkel Königin Victorias, empfing. Bald darauf kündigte sie an, die Gattinnen der ausländischen Gesandten zum Tee einzuladen.

Am 13. Dezember fanden sich die Frauen der Gesandten aus Japan, Russland, Deutschland, Holland, Frankreich und Amerika vor den Toren der kaiserlichen Stadt ein. Die Damen, angeführt von der stattlichen Lady MacDonald, waren alle in Korsetts geschnürt und mit Straußenfedern herausgeputzt, mit Ausnahme der japanischen Vertreterin, die einen Seidenkimono trug.

Nach allem, was wir wissen, war Cixi aufgeregt und überlegte angeblich zwei Stunden lang, welchen Jadeschmuck und welches Gewand sie anlegen solle. Schließlich entschied sie sich für ein Diadem mit Phönix und Drachen, einen Phönixhaarschmuck, Drachenhaarnadeln und ein pfauenblaues Kleid, das mit Hunderten von Phönixen bestickt war, an deren Schnäbeln jeweils eine fünf Zentimeter lange Perlenschnur hing. »Ich möchte schön aussehen und liebenswürdig erscheinen, aber diese Leute machen mich ungehalten. Ich weiß, [sie] werden nach Hause gehen und alles Mögliche über mich erzählen, aber ich will nicht, dass sie einen falschen Eindruck gewinnen«, gestand Cixi ihrer Hofdame Derling.[35]

Die Kaiserin des Westens saß in der Halle der Kaiserlichen Absolutheit auf einem riesigen zinnoberroten Lackthron; neben ihr, auf einem kleineren Thron, hockte der »traurig dreinblickende, zerbrechlich wirkende« Kaiser Guangxu. Aus Räuchervasen stiegen Schwaden zu einem großen geschnitzten Drachenkopf empor, der von der Decke herab die ausländischen Damen anzuknurren schien. Der Saal war »voll von farbenprächtig gekleideten und bunt geschminkten Hofdamen, deren Wangen und Lippen mit ihren Unterröcken wetteiferten, wobei Rosa und Gelb die vorherrschenden Farben waren«, bemerkte Lady MacDonald, deren blonde Locken auf ein Chiffonkleid herabfielen und deren Schilderung klang, als berichte sie vom Ladies Day in Ascot.[36]

Prinz Ching, Cixis Erster Minister, führte jede Dame vor den Thron. Lady MacDonald schilderte, dass die Kaiserinwitwe, die »in einem anderen Winkel der Erde auch als italienische Bäuerin durchgegangen wäre«, ihre Gäste »mit lebhaftestem Interesse musterte«. Was hätte die Gesellschaftsdame wohl gesagt, wenn sie Mandarin verstanden hätte? »Wie kommt es, dass diese ausländischen Damen so große Füße haben?«, wollte die Kaiserinwitwe wissen. »Ihre Schuhe gleichen Booten, und ich kann nicht behaupten, dass ich ihre komische Art zu gehen bewundere. Sie haben zwar weiße Haut, aber ihre Gesichter sind voller Haare. Wie schön sie auch im Übrigen sein mögen, haben sie doch hässliche Augen. Ich kann diese blaue Farbe nicht ausstehen; sie erinnert mich an Katzen.«[37]

Cixi spielte die huldvolle Gastgeberin und überreichte ihren ausländischen Besucherinnen Geschenke. »Mit ein paar Begrüßungsworten drückte uns Ihre Majestät die Hand und steckte jeder Dame einen schweren, mit einer großen Perle besetzten Goldring auf den Finger«, schrieb Lady MacDonald später im *Empire Review*.[38] Obwohl Morrison gar nicht eingeladen gewesen war, nutzte er sein forensisches Reportertalent, um festzustellen, dass Lady MacDonald besondere Gunst gefunden und Cixi der britischen Gesandten »neckisch die Wange getätschelt« habe. Nach einer 24-gängigen Teezeremonie, zu der eine Blaskapelle europäische Walzer spielte, verteilte Cixi Armringe und alte Anhänger aus Jade. Waren dies die einzigen Preziosen des Kaiserhofs, die rechtmäßig in den Besitz von Europäern gelangten? Sarah Conger, die Frau des bibelfesten amerikanischen Gesandten, deren Lieblingsfarbe schwarz war, erinnerte sich: »Ihre Majestät schien äußerst angetan und winkte uns zu dem reich behängten und dick gepolsterten *kang*. Im Hintergrund stand ein Regal voll wunderschöner Jade. Sie nahm einen kleinen Jadeknaben, drückte ihn mir in die Hand und tat so, als wolle sie sagen, ›nichts verraten‹.«[39]

Bis zu dem Zeitpunkt, als Madame Plançon der Kaiserinwitwe ein ungewöhnliches Geschenk überreichte, wusste abgesehen von Cixis Gefolgsleuten und diesen wenigen europäischen Frauen niemand, wie die Kaiserinwitwe überhaupt aussah. Aus einem Bericht, der kürzlich in einem Lagerraum in der Verbotenen Stadt wiederentdeckt wurde, geht hervor, dass die Gattin des russischen Gesandten Cixi einen gerahmten Sepiadruck von Zar Nikolaus II. und seiner Familie überreichte. In einer handschriftlichen Notiz, die man hinter dem russischen Rahmen fand, war festgehalten, dass Cixi von dem magischen Bild fasziniert war und Madame Plançon mit einem Jadeanhänger belohnte.[40] Cixi ordnete umgehend an, im Sommerpalast ein Fotostudio mit einem künstlichen Lilienteich einschließlich künstlicher Blumen einzurichten, in dem sie sich zu einer Aufnahme vor der gemalten Kulisse eines Bambuswalds und einer Kaskade auf einen Thron platzierte. Auf dem Bild ist Cixi als Göttin der Barmherzigkeit gekleidet; über ihrem Kopf schwebt eine Sprechblase mit diversen Glücksverheißungen. Links von ihr steht Li Lianying mit demütig gefalteten Händen und einem Kopfschmuck mit wippenden Quasten, wie ein Frauendarsteller ihn trägt.

Später wurde nicht mehr im Studio, sondern in freier Natur fotografiert. Auf einem Bild sieht man, wie Cixi auf einem Teich außerhalb der Verbotenen Stadt in einem Kahn durch echte Seerosen gestakt wird. Im Schatten eines riesigen Schirms sitzt sie unsicher auf ihrem roten Lackthron; Hofdamen und Eunuchen versuchen, das Boot ruhig zu halten. »Seeotter«, ihr geliebter Pekinese, hat sich fast in jedes Bild geschmuggelt, ebenso wie Li Lianying. Heute bilden diese Fotografien ein einzigartiges Dokument des Jadeschmucks von Cixi; sie zeigen ihre zwanzig Zentimeter langen künstlichen Fingernägel aus Jadeit, die Haarnadeln mit Phönix- und Drachenmotiven, die Anhänger an ihrem Hals und den Rosenkranz, den sie sich oft angesteckt hatte. Und binnen weniger Jahre waren diese Sepiabilder das Einzige, das Cixi noch an einen Schatz von Kaiserjade erinnern sollte, dessen Anhäufung fast ein ganzes Menschenleben erfordert hatte.

Während sich die Kaiserinwitwe in ihr imaginäres China zurückzog, in ein als Garten Eden ausgestaltetes Reich, in dem ihren Untertanen die Rollen der dankbaren Untergebenen zugewiesen waren, bildete die Realität einen starken Kontrast. In der Provinz Shandong, in der auch die 108 legendären »Räuber vom Liangshan-Moor« hausten, die wie Robin Hood und seine Bande die Reichen schröpften und die Not leidenden Bauern unterstützten, hatte die Armut zur Gründung einer Volksbewegung geführt, die sich nun gegen den Westen richtete. Die Missionare, die im Gefolge des von Lord Elgin erzwungenen Vertrags in das darbende China geströmt waren und gegen Reis Seelen kauften, wurden als Vorboten allen Übels herausgehoben. Das Christentum verursachte Störungen des Feng shui, denn die spitzen Türme, die gen Himmel ragten, warfen bedrohliche Schatten auf Glück bringende buddhistische Schreine und Kultplätze. Und bald waren abergläubische Bauern der Überzeugung, auch Hungersnot und Überschwemmung seien das Werk europäischer Magier.

Millionen schlossen sich der mächtigen Geheimorganisation *Yihequan* an, der »Gesellschaft der rechtschaffenen und friedfertigen Fäuste«, die im Westen unter dem Namen »Boxer« bekannt wurde. Diese Horden stürmten durch das ganze Land und verbreiteten Furcht und Schrecken. Sie trugen rote Turbane, die sie mit ihrem eigenen Blut getränkt hatten. Bewaffnet waren sie mit rostigen Steinschlossgewehren, Spießen, Dreizacken und zweischneidigen Schwertern. Unter dem gellenden Schrei »*Sha*! *Sha*!« – »Tod! Tod!« – schwangen sie Banner mit der Aufschrift: »Tod und Vernichtung dem Ausländer und all seinen Werken!«[41] Britische Zeitungen, die über »Die Krise in China« berichteten, veröffentlichten auch Werbung für »Foreign Devils Pioneer Cigarettes« (»Ausländische Teufel Pionier-Zigaretten«), deren Emblem ein Chinese in Sackhosen war, der mit seinem Zopf spielte.[42]

Was sollte Cixi tun? Sollte sie eine einheimische Bewegung unterstützen, die China von der fremden Geißel befreien wollte, oder sollte sie sich dem internationalen Druck beugen und die Boxer als Terroristen verdammen? Während sie noch schwankte, erzählte ihr Li Lianying Horrormärchen, wonach Missionare bekehrte Chinesen unter Drogen setzten und vergewaltigten und »armen chinesischen Kindern die Augen ausstechen, die sie als eine Art Medizin verwenden«.[43]

Es war eine schwierige Entscheidung, und so machte die Kaiserin des Westens erst einmal Urlaub. Während sie sich im Frühsommer des Jahres 1900 im Sommerpalast entspannte und über die Zukunft Chinas nachsann, berichtete der *North China Herald* von einer öffentlichen Hinrichtung in Taiyuanfu, die die ausländischen Gesandtschaften zutiefst verstörte. Eine britische Missionarsgemeinde einschließlich der Kinder war von einem Mob gefangen genommen und geköpft worden. Hundert Jahre später regte die katholische Kirche die Heiligsprechung dieser Opfer der Boxer an, woraufhin die chinesische Regierung erklären sollte, sie hätten »den Tod verdient..., weil sie das chinesische Volk tyrannisierten«.[44]

Das diplomatische Corps in Peking geriet in Panik. Als sich das Gerücht verbreitete, der Terror der roten Turbane nähere sich der Hauptstadt, wurden alle Ausländer in ihre Gesandtschaften zurückgerufen. Morrison weidete sich an diesen unsicheren Zeiten. Am 28. Mai rettete er zwei Frauen, die sich in der Sommervilla der amerikanischen Gesandtschaft in den Westbergen eingeschlossen fanden – Harriet Squiers, die Frau des Ersten amerikanischen Botschaftsrats, und Polly Smith, eine unverheiratete Erbin, die aus New York zu Besuch gekommen war. Anfang Juni ordnete Sir Claude MacDonald an, sich auf das Schlimmste gefasst zu machen. »Tiefe Gräben wurden ausgehoben, Erdwälle aufgeworfen und Stacheldraht verlegt. In der britischen Gesandtschaft sollte bis zuletzt die Stellung gehalten werden. Eine Kapitulation kam überhaupt nicht in Betracht, denn Kapitulation bedeutete Massaker«, schrieb Morrison, der wohl insgeheim auf einen Kampf brannte.[45]

Am 12. Juni »waren die schrecklichsten Schreie in der Stadt zu hören«; sie klangen »dämonisch und unvergesslich«. Unter den Schrei der Boxer »*Sha kweitze*« – »Schlachtet die ausländischen Teufel« – mischte sich »das Stöhnen der Sterbenden«. Morrison lud Mr und Mrs Squiers und Polly Smith zu einem Abendessen ein und tischte ihnen neben Sardellen, eingelegten kalifornischen Früchten, Makkaroni und Kaffee auch allerlei Geschichten auf und erzählte von »furchtbaren Anblicken [wie etwa] zerhackten Frauen und Kindern und wie Geflügel aufgehängten Männern, denen man Nase und Ohren abgeschnitten und die Augen ausgestochen hatte«.

Während Sir Claude versuchte, einen Trupp aus Söldnern und Waffen tragenden Diplomaten zusammenzutrommeln, klagte Edmund Backhouse über eine angebliche Fußverletzung und legte sich mit seinem chinesisch-englischen Taschenwörterbuch ins Bett.[46] Kurz darauf wurde der japanische Gesandte auf offener Straße niedergemetzelt, und der Vertreter des Deutschen Reichs, Baron von Kettler, der einen jungen Boxer totgeschlagen hatte, wurde erschossen. Am 29. Juni nahmen chinesische Verbände die Gesandtschaften unter Beschuss, und »neunhundert Menschen« versammelten sich in und um Sir Claudes Haus.

Der Karrieresoldat und Diplomat Claude MacDonald, der in Sandhurst studiert und in Kairo, Sansibar und Niger gedient hatte, ernannte sich selbst zum Oberbefehlshaber und Herbert Squiers zu seinem Stabschef. Sie requirierten den »strategisch wichtigen« Palast des Prinzen Su und beschlagnahmten »alle seine Schätze und seinen halben Harem«. Unter der Beute waren Kunstwerke, Jaden, Juwelen, Porzellan und Bargeldkassetten mit 20 000 Pfund, die sie beiseite schafften, um ein Mahnmal zum Gedenken an die Belagerung zu errichten, falls sie überlebten.[47] »Zum ersten Mal im Krieg war Kunst ein Bestandteil der Befestigungsanlagen. Seide und Satin, Vorhänge und Teppiche und Stickereien wurden rücksichtslos zerschnitten und in Sandsäcke verwandelt«, berichtete Morrison frohlockend.[48]

Auf Vorschlag des Journalisten machte man aus dem Garten Prinz Sus ein Flüchtlingslager für zweitausend chinesische »Christenbrüder und -schwestern«, die auf der Legation Street zusammengeströmt waren und Zuflucht suchten. Sie waren »halb verhungert und von Ruß und Asche verdreckt. Die Frauen drückten furchtbar kranke und sieche Kinder an ihre Brust«.[49] Man ließ sie nach »Zweigen und Blättern« stöbern, um ihren Hunger zu stillen, während die westlichen Staatsbürger nach einer raschen Befreiung der Gemischtwarenläden im Gesandtschaftsviertel mit »Büchsenfleisch, Liebigs Fleischextrakt und Stiltonkäse« versorgt wurden.[50] Auch der gut bestückte Weinkeller in Auguste und Annie Chamots Hôtel de Pékin wurde in entsprechender Weise trockengelegt, denn die Damen gewöhnten sich daran, Champagner zu schlürfen, »um die Nerven zu beruhigen«.[51]

Morrison bezog ein Zimmer im rückwärtigen Teil des Hauses von Lady MacDonald, direkt neben Mrs Squiers, deren neugeborenem Baby und den Kindern Bart, Herbert und Fargo. Besonders herzlich begrüßt wurde er von Polly Smith, die ebenfalls dort untergebracht war und die den »schmutzigen, munteren und fidelen Helden« inzwischen ins Herz geschlossen hatte. Als Ende Juni noch immer keine Rettung in Sicht war, erwogen die Alliierten, eine »unwichtige« Häuserecke abzureißen, die an die britische Gesandtschaft angrenzte und eine mögliche Schwachstelle in Sir Claudes Verteidigungskonzept bildete. »Eine derartige Entweihung, hieß es, würde die Gefühle der chinesischen Regierung verletzen«, schrieb Morrison, kurz bevor die Hanlin-Bibliothek, »das heiligste Gebäude in China«, in Brand gesteckt wurde. »Es war nötig, mit den Verwüstungen fortzufahren und die Bibliotheksgebäude abzureißen. Man versuchte, Exemplare der wertvolleren Manuskripte zu retten, doch nur wenige wurden geborgen, denn es bestand akute Gefahr«, behauptete der Journalist, während er und Edmund Backhouse sich selbst neue chinesische Bibliotheken zusammenstellten.

Am folgenden Morgen schickte Robert Hart einen Brief nach Tientsin: »Ausländergemeinde in Gesandtschaften belagert. Lage hoffnungslos. BEEILT EUCH!« Dies sollte die letzte Nachricht an die Außenwelt sein. Bald wurde London von Meldungen überflutet, wonach die Gesandtschaften »dem Verrat und den Gräueltaten der Chinesen zum Opfer gefallen« seien.[52] Am 17. Juli hieß es in der *Times*: »Die letzten heroischen Reste der westlichen Zivilisation in der verderbten Stadt gingen unter der erdrückenden Flut der asiatischen Barbarei zugrunde.« *The Illustrated London News* veröffentlichte Fotografien der Mädchen von MacDonald – der sechsjährigen Ivy in weißer Plüschmütze und der dreijährigen Stella in ihrem Lieblingskleidchen mit Stickereien –, und unter dem Bild stand zu lesen: »Mutmaßliche Opfer des Pekinger Massakers.« Die Sorge steigerte sich zu zorniger Empörung, und ein Gedenkgottesdienst in der St. Paul's Cathedral wurde anberaumt.

Doch die ausländischen Gesandtschaften in Peking waren alles andere als verstummt. Hunderte unschuldiger chinesischer Zivilisten wurden von den alliierten Verteidigungstruppen geköpft oder mit dem Bajonett niedergestochen, weil der Befehl galt, Munition zu sparen. Abends, wenn Stella und Ivy bereits artig schlummerten, gaben Sir Claude und Lady MacDonald gepflegte Dinerpartys, bei denen sie ihre Gäste mit Pony in Curry aus den Poloställen der Gesandtschaft und Arien aus der Kehle einer russischen Bankiersgattin verwöhnten. Das Leben hatte etwas höchst Surreales. Ein neugeborenes Baby wurde auf den Namen *Siege*, »Belagerung«, getauft. Lady MacDonald spielte Tennis, während

Sir Claude an seiner Schlagtechnik feilte. Der deutsche Botschaftsrat übertönte das mörderische Getöse der Chinesen mit seinem Flügel, und Polly Smith spazierte mit George Morrison durch die Gartenanlage der Gesandtschaft.

Als die Kaiserinwitwe im August erfuhr, dass die Alliierten mit 16 000 Mann auf Peking vorrückten, beschloss sie, gegen den Rat ihrer Minister, zu fliehen. Bevor sie die Verbotene Stadt verließ, fand sie jedoch noch Zeit, eine Rechnung zu begleichen. Li Lianying erhielt den Befehl, Kaiser Guangxus Lieblingskonkubine Zhen Fei gefangen zu nehmen. Im Fluchtkonvoi gab es keinen Platz für Zhen Fei, und da sie von den Alliierten vergewaltigt zu werden drohte, falls sie allein zurückblieb, musste sie sich einem althergebrachten Schicksal stellen. In Wahrheit war die gehässige Kaiserin des Westens eifersüchtig auf die Perlenkonkubine und neidete ihr den Einfluss, den sie auf Kaiser Guangxu ausübte. Als die Kaiserin mit ihrem Gefolge aus Peking floh, lag der Jadeschmuck des Mädchens verstreut um einen Brunnenschacht in der Nähe des Tors der Geistigen Tapferkeit.

Der Tross der Kaiserin zog erst entlang der Großen Mauer nach Westen, dann durch die Provinz Shanxi nach Süden und weiter nach Xi'an in der Nachbarprovinz Shaanxi. Cixi legte mehr als dreißig Kilometer am Tag zurück. Einmal musste sie bei einer heißen Quelle im Freien nächtigen. Hier erlebte die Kaiserinwitwe, die sich als Bäuerin verkleidet hatte, zum ersten Mal die Armut im Inneren Chinas, doch die Tränen, die sie vergoss, galten den Schätzen, die sie in Peking zurücklassen musste.

»Ich habe Schlimmes durchgemacht, reiste in einer Sänfte, von frühmorgens, vor Sonnenaufgang, bis es dunkel wurde«, klagte Cixi gegenüber Derling. »Einige der Sänftenträger liefen weg. Einige der Maultiere starben plötzlich. Es war sehr heiß, und der Regen prasselte auf unsere Köpfe.«[53]

Für die ausländischen Gesandtschaften kam die Rettung schließlich am 14. August, als eine Vorhut von Sikhs und Radschputs das Schleusentor des kaiserlichen Abwasserkanals sprengte.

Vor den Gesandtschaften »türmten sich die Leichen [chinesischer] Soldaten auf«, und Reverend Arthur Smith berichtete, »riesige Tümpel von Brackwasser stanken nach verrottenden Leichen und Kadavern«.[54] Als Polly Smith und Harriet Squiers dem Rettungstrupp zur Begrüßung entgegeneilten, sprang General Gaselee, der britische Kommandeur, vom Pferd und rief: »Gott sei Dank, Männer, zwei Frauen sind am Leben.« Die *Illustrated London News* meldete: »Als die Soldaten die britische Botschaft erreichten, fragten sie, ob sie gerade in eine Gartenparty geplatzt seien, denn vor ihnen stand der unbeugsame Sir Claude, frisch rasiert und in makelloser Flanellhose, an seiner Seite seine Frau und andere Damen in Sommerkleidung.« [55]

Die alliierten Streitkräfte »sahen Peking als Kriegsbeute an« und übten Rache. An jeder Straßenecke richteten sie Standgerichte ein und vollzogen Enthauptungen.[56] »Jene, die überlebten, kauerten wie geprügelte Hunde in ihrer Hütte« und hängten Schilder an die Tür: »Edle und gütige Herren, bitte erschießt uns nicht.«[57] Die befreiten Ausländer stürmten über die Hinrichtungsstätten, stolperten über die rollenden Köpfe und plünderten mit Begeisterung. Morrison berichtete, dass Backhouse, der auf wundersame Weise von seiner Fußverletzung genesen war, in der kaiserlichen Schatzkammer von japanischen Soldaten »wegen Erpressung, Plünderung und Raub« verhaftet wurde.[58]

»Lady MacDonald war mit der kleinen Truppe, die in Peking geblieben war, unterwegs und widmete sich höchst gewissenhaft dem Plündern«, schrieb ein britischer Soldat nach Hause.[59] Drei Jadesiegel mit verschlungenen Drachen aus dem Besitz Cixis und Guangxus wurden von betrunkenen Kosaken erbeutet und für eine Flasche Brandy an einen irisch-amerikanischen Journalisten verhökert. Als ein britischer Auktionator sie später als »Eigentum der Kaiserin von China« anpries, entbrannte im Unterhaus ein Streit darüber, ob sie an Peking zurückgegeben werden sollten. Als aber bekannt wurde, dass der Verkäufer kein britischer Staatsbürger war, lösten sich alle politischen Einwände in Luft auf. Im

Januar 1902 erwarb Oscar Raphael, ein wohlhabender Sammler ostasiatischer Kunst, die Siegel bei einer Versteigerung in Covent Garden und vermachte sie später dem Fitzwilliam Museum in Cambridge.[60]

Meyrick Hewlett, ein jüngerer Diplomat in Sir Claudes Stab, bezahlte einem britischen Soldaten einen Silberdollar für eine Replik des berühmten Weingefäßes von Qianlong, in dem der Landser seine Füße gewaschen hatte.[61] Überall in der Hauptstadt kamen Auktionen und Basare auf; auch im Garten der britischen Gesandtschaft gab es eine große Versteigerung, bei der Lady MacDonald erregt die Gebote entgegennahm. »Eine Sammlung chinesischer Objekte war auf dem Fliesenboden ausgebreitet … Alle Botschaftsangehörigen, unter ihnen Lady MacDonald, die auf einem Stuhl saß, und etliche weitere Engländer und Engländerinnen scharten sich um diese Auslage wertvoller Artikel … Ein Feldwebel hielt einen Gegenstand nach dem anderen hoch. Es wurde zwar sehr lebhaft geboten, aber die Preise blieben niedrig, der Markt war offensichtlich gesättigt«, schrieb der holländische Diplomat William Oudendyk, der bei der Auktion zugegen war.[62] »Der Wert der Schätze, die in Peking eingesammelt wurden, wird auf eine halbe bis eine Dreiviertelmillion veranschlagt«, verkündigte die *Illustrated London News*.[63]

Sir Claude legte sich zehn Jadebücher zu, die einst Qianlong gehört hatten, und Lady MacDonald erwarb eine erlesene Jade-Räuchervase aus dem 17. Jahrhundert, ein Räuchergefäß aus Jade in Form einer Ente, Jadespangen in Form von Wasserschlangen, Jade-Löffel mit eingravierten Vogelköpfen und eine mit Drachen verzierte zinnoberrote Truhe.[64]

»Ein großer Sikh« trat vor den Ruinen der amerikanischen Gesandtschaft auf Polly Smith zu und sagte: »*Mem-sahib* geben mir zwei Dollar, ich geben *mem-sahib* schöne Sachen.« Als Polly ihm das Geld aushändigte, überreichte ihr der Sikh »eine kostbare Cloisonné-Uhr mit Goldfassung und zwei große zappelnde Hennen«. Baron von Rahden, ein russischer Verehrer, erschien, schwer mit Zobelmänteln beladen, vor Polly, um ihr seine Aufwartung zu machen, und ein belgischer Soldat, der ebenfalls ein Auge auf sie geworfen hatte, schenkte ihr einen mit Perlen besetzten Schildpattarmreif, den er vom Arm eines toten Bannerträgers gehackt hatte. »Es geht das Gerücht, dass jetzt ganz Peking geplündert wird und noch Schlimmeres geschieht, und jede Gesandtschaft, die in ihrem kleinen Bezirk eingefriedet ist, fühlt sich wie ein kleines Fragezeichen der Ehrbarkeit auf einer ganzen Seite übler, böser Gräuel«, schrieb Polly fromm in ihr Tagebuch.[65]

In den folgenden Wochen rückten die Alliierten mit mehr als 20 000 Mann in Peking ein, General Gaselee ließ die Stadt in Zonen einteilen, damit die Plünderungen einigermaßen geordnet vor sich gingen. Die Russen etwa erhielten das Jagdgehege um die Südteiche zugewiesen. Dort erbeuteten sie einen von Qianlongs geschnitzten zinnoberroten Lackthronen, den sie dem russischen Botschafter Mikhail Girs übergaben, der ihn zusammen mit einer Unzahl weiterer Kunstschätze nach Moskau schaffen ließ.[66]

Am 18. August schlug Sir Claude den Alliierten vor, die Verbotene Stadt zu schleifen. Die japanischen und russischen Kommandanten erhoben jedoch Einspruch, und so wurde stattdessen eine Siegesparade angeregt, »damit die Chinesen mit ihrem ungeheuren Talent zur Missdeutung nicht glaubten, irgendeine übernatürliche Macht habe eingegriffen«, um die geheiligten Hallen vor den Flammen zu bewahren.[67] Vor den Augen einiger weniger Eunuchen, die zu alt oder krank gewesen waren, um zu fliehen, zog die Parade am 28. August durch das Mittagstor, angeführt von der »schwerfälligen, knochigen Gestalt Sir Claude MacDonalds in einem weiten grauen Tennisanzug und einem kecken Panamahut«.[68] Der französische Gesandte trug »eine Tracht, die die Anforderungen des Bois de Boulogne an einem Sonntag aufs Beste mit den Annehmlichkeiten tropischer Kleidung an einem Werktag verband«. An seiner Seite marschierte Edwin Conger »in weißer Baumwollkleidung und militärischen Gamaschen«. Und wer konnte es sich nach Betreten der gewaltigen ummauerten Stadt schon verkneifen, ein Andenken einzustecken?

Aus der Halle der Buddhaverehrung, in der Cixi gebetet hatte, schaffte ein hoher Offizier einen fünfteiligen Bronzealtar fort, der einst Qianlongs Vater gehört hatte. Im Jahre 1999 tauchte er auf einer Versteigerung bei Christie's in Hongkong auf und erzielte über 100 000 Pfund. Ein britischer Diplomat sackte drei Jadeplastiken ein, darunter einen ruhenden Wasserbüffel, die später dem Fitzwilliam Museum in Cambridge vermacht wurden.[69] Ein weiterer Diplomat schnappte sich das emaillierte Teleskop, das Lord Macartney 1793 Qianlong geschenkt hatte und das heute im National Maritime Museum in Greenwich zu sehen ist.

George Morrison versicherte seinen Lesern, dass die Kaisersuiten verschont geblieben waren, als er mit einer britischen Diplomatengattin in Cixis Schlafzimmer eindrang. Das Bild, das sie dort vorfanden, illustrierte die Eile, in der die Kaiserinwitwe geflohen war:

> Auf der prächtigen Tagesdecke lag ein bestickter Mantel aus schwarzem Satin, darunter ein Paar Mandschu-Schuhe. Daneben lagen, umgekippt, zwei große Kisten mit seidenen Taschentüchern… aus jeder war eilig eine Hand voll herausgerissen worden… Auf einem langen Tisch… standen Dutzende ausländischer Uhren, einige hübsche, einige hässliche, die alle munter vor sich hin tickten, ungeachtet der unheimlichen Stille ringsherum.[70]

Morrison ließ Cixis Gebetsbücher aus Jade und ein Kleinod, das neben ihrem Bett stand, mitgehen:

> Ich konnte mir eine wunderschöne Jadearbeit sichern, die mit Gold überzogen und in der Form einer Zitrone geschnitten war, das Emblem der Finger Buddhas… Saß auf dem Thron des Kaisers… Alles, was geplündert werden konnte, wurde

von Botschaftern und anderen weggeschafft... Kehrte also sehr müde mit meiner unbezahlbaren Jade nach Hause.[71]

Morrison hatte sich eine peinliche Verletzung zugezogen, nämlich eine Schusswunde am Gesäß, doch dies dämpfte kaum seine Gier. In seinem Tagebuch rechnete er aus, dass er Beutestücke im Wert von 3000 Pfund beiseite geschafft hatte. Am 13. Oktober füllte die *Times* eine ganze Seite mit seinem Bericht, wonach Cixi an der Zerstörung ihrer Paläste selbst schuld gewesen sei. »Ein uralter chinesischer Weiser sagte voraus, China würde von einer Frau in den Untergang getrieben. Die Prophezeiung nähert sich ihrer Erfüllung. Was soll man von einer Nation halten, die ihr heiligstes Gebäude zerstörte, um an Ausländern Rache zu üben?«, fragte Morrison mit Bezug auf die Hanlin-Akademie, ohne auch nur mit einem Wort die Rolle der Alliierten oder die Beute zu erwähnen, die er selbst aus den brennenden Regalen hatte mitgehen lassen.

Als die Ausländer ihre Beutestücke zusammenpackten, schrieb Morrison an Moberly Bell nach London: »Sir Claude bricht am Donnerstag auf. Ich persönlich bedauere das sehr. Er verhielt sich während der Belagerung äußerst vorbildlich und war all den anderen Gesandten ein Vorbild, besonders dem französischen Gesandten [Monsieur Pichon], der ein feiger Hund war.«[72]

An den Tagen nach der Siegesparade verschwanden so viele kaiserliche Kunstschätze, dass General Gaselee sich gezwungen sah, das Mittagstor zu schließen. Gleichwohl gewährte er einem steten Strom von Offizieren und Diplomaten Zutritt, und so wurde die kaiserliche Hofhaltung systematisch leer geräumt. Unter dem Diebesgut befanden sich auch Cixis dreitausend Schmuckdosen. Sarah Conger, die im September 1900 eine Eintrittskarte erhielt, schrieb: »Nichts ist angerührt worden.« Doch der russische Kommandant, Generalleutnant Lineiwitsch, der für seinen Einsatz bei der Befreiung Pekings mit dem Sankt-Georgs-Kreuz ausgezeichnet wurde, nahm »zehn Truhen voller Wertsachen aus den geplünderten Pekinger Palästen« zu seinem Standort in Amur mit.[73] Der französische Marineoffizier Julien Viaud, der immer eine Kiste Evian-Wasser im Gepäck hatte, um »einheimische Krankheiten« abzuwenden, erhielt ebenfalls einen Passierschein und beschrieb Cixis Westliche Paläste als einen »Alptraum, in dem sich unendliche Gänge auftun und wieder aufhören, so dass man überhaupt nicht mehr herausfindet«. Viaud, der seine Abenteuer unter dem Pseudonym Pierre Loti schilderte – die Geschichten brachten ihm die Aufnahme in die Académie Française ein –, offenbarte nur seiner Frau die Schätze, die er in dem chinesischen Labyrinth erworben hatte:

> Es macht Spaß, jeden Tag Schränke und Truhen zu öffnen und die Wunderdinge darin zu erkunden … Eine große Jadegöttin in einer goldenen Robe, die dem chinesischen Kaiser Sicherheit verbürgen sollte, leistet mir Gesellschaft. Ich reiste mit einem einzigen Koffer ab. Heimkehren werde ich mit einem Berg von Gepäck.[74]

In dem Chaos wurde der Sommerpalast zunächst ganz vergessen. Erst im Oktober wurde Major Noel du Boulay in einer symbolischen Geste gegenüber den Chinesen beauftragt, »eine Bestandsaufnahme zu erstellen«. Generalmajor E. G. Barron ordnete an: »Sollte er feststellen, dass sie mutwillig zerstört oder schamlos ausgeplündert wurden, wird er dies schriftlich melden.«[75] Du Boulay, der Fotos von den verlassenen Räumen machte, beklagte, er sei drei Monate zu spät geschickt worden:

> Wir fanden all diese Gebäude … vollständig ausgeräumt vor, Hunderte kleiner Gestelle waren noch da, auf denen vermutlich kleine Objekte wie Vasen oder Jaden platziert gewesen waren. In vielen Fällen waren kleine Schirme, Uhren, künstliche Blumen usw. durch das Herausbrechen eingelegter Jadestücke zuschanden gemacht worden. In allen Räu-

men, ich glaube ohne Ausnahme, standen Kisten, in denen man hastig einige Gegenstände verstaut hatte.[76]

Auch Mitglieder der multinationalen Truppe unter Du Boulays Befehl missbrauchten ihre Position, um den Sommerpalast weiter auszuplündern. Das italienische Kontingent, dem die Aufsicht über die Privatgemächer der Kaiserinwitwe zugeteilt wurde, bekritzelte die Wände mit obszönen Sprüchen, raubte die Kammern aus und hinterließ ein »völliges Chaos«.[77] Edmund Backhouse, der eigentlich ein Bestandsverzeichnis anlegen sollte, nutzte sein Amt, um sich eine Privatsammlung anzueignen, die sechshundert Artikel im Wert von 500 000 Tael, umgerechnet 80 000 Pfund, umfasste, wie er prahlte.

Mit Hilfe treuer Mandschus veranlasste ich den Abtransport von Bronze, Jade, Porzellan, Elfenbein, Malerei, Kalligraphie, Cloisonné-Gefäßen, Lackarbeiten, Gobelins, Teppichen und ungefähr 25 000 Bänden... Darunter war eine wunderschöne große Jadeplastik aus dem Jahre 1420, die die Kaiserin gehütet hatte wie ihren Augapfel.[78]

Backhouse meinte damit eine weitere Kopie der Weinschale Kublai Khans, die später verloren ging. Die Bücher und kalligraphischen Rollbilder, die 29 Kisten füllten und 45 Tonnen wogen, tauchten indes später in der Bodleian Library in Oxford auf, wo Backhouse versuchte, sich eine Professur für Sinologie zu erkaufen.[79]

Während Du Boulay die meisten Diebstähle habgierigen Landsern in die Schuhe schob, wurde ein endloser Strom illustrer Besucher in die kaiserlichen Gemächer eingelassen. Graf von Waldersee, der deutsche Kommandant, machte eine Stippvisite, gefolgt von Sir Ernest Satow, der Sir Claude als Leiter der Gesandtschaft abgelöst hatte. Satow dinierte im Palast mit General Gaselee, der vorschlug, »der Queen einen hübschen Paravent [aus

Jade] zu schicken, der hinter dem Thron stand«. Auch Edwin Conger inspizierte die Wohnräume. Und die Deutschen nahmen Präsente wieder mit, die sie Kaiser Guangxu überreicht hatten.

Das vollständige Bestandsverzeichnis von Backhouse erweckte den Eindruck, der Palastkomplex, der einst Millionen chinesischer Kunstwerke beherbergt hatte, habe lediglich 865 Gegenstände enthalten, darunter ganze 33 Jaden.[80] Fotografien, die Du Boulay zum Andenken an seine Zeit in China machte, bestätigen indes unbeabsichtigt, dass das Plündern während seiner Amtszeit weiterging. Viele der Bronzen, Uhren und Jaden, die auf den Fotos zu sehen sind, tauchen in seinem Inventar nirgendwo auf. Stattdessen wurden ganze Kollektionen kaiserlicher Kunstwerke, die den abgebildeten auffallend ähnelten, später vom Victoria & Albert Museum, der Wallace Collection und dem British Museum in London sowie dem Metropolitan Museum of Art in New York erworben.[81]

Dutzende öffentlicher und privater Sammlungen sollten von dieser zweiten chinesischen Vertreibung profitieren. Als Polly Smith schließlich mit der Familie Squiers Peking verließ, stopfte der Botschaftsrat seine Kabine an Bord des Schoners der US Army mit geplündertem Jade-Beutegut voll. Noch größere Mengen wurden ihm nachgeschickt. Am 3. September 1901 berichtete die *New York Times*:

> H. G. Squiers brach heute in die Heimat auf… Er bringt eine Kollektion chinesischer Kunstschätze mit, die mehrere Eisenbahnwaggons füllt. Kenner bezeichnen sie als eine der vollständigsten Sammlungen, die es überhaupt gibt. Mr Squiers möchte die Sammlung, die größtenteils aus Porzellan, Bronze und Schnitzereien aus den Palästen besteht und von Missionaren sowie bei Versteigerungen von Kriegsbeute erworben wurde, dem New Yorker Metropolitan Museum of Art vermachen.[82]

Als sich die *New York Times* an George Story, den Kurator des Metropolitan Museum, wandte und um einen Kommentar bat, ging dieser auf den Reporter los und behauptete, seine Institution »nimmt keine Beutekunst« an. Es sei eine »Ungeheuerlichkeit«, dass Squiers, ein Ehrenmann und Kunstkenner, mit dem schändlichen Vorwurf besudelt werde, Hehlerei mit Diebesgut zu treiben.[83]

Auguste und Annie Chamot, deren Weinkeller die Angehörigen der Gesandtschaften während der Belagerung über Wasser gehalten hatte, schmuggelten eine Ladung Jadeit nach Kalifornien, darunter einen Paravent, der einst Qianlong gehört hatte, und einen Kopfschmuck Cixis. Zur Schau gestellt wurden die Schätze in der Villa am Meer, die Madame und Monsieur Chamot mit der Entschädigung in Höhe von 200 000 Dollar bauten, die sie den Chinesen für die Beschädigung ihres Hotels abgepresst hatten, doch beim großen kalifornischen Erdbeben von 1906 sollten sie alles verlieren.

Als der amerikanische Armeetransporter *Grant* im September 1901 in San Francisco einlief und alliierte Einsatztruppen nach Hause brachte, entdeckten Zollbeamte eine versteckte Ladung. Mr L. A. Kent durchsuchte den Lederkoffer von Marineleutnant Wise und fand zehn buchgroße, in Seide eingeschlagene Jadetafeln mit eingravierten asiatischen Schriftzeichen. Kent erhielt die Auskunft, es handle sich um Seelentafeln, Gedenktafeln zur Erinnerung an Kaiser Shunzhi, den ersten Qing-Kaiser. Im darauf folgenden Juni traf auf dem Truppentransporter *Hancock* Leutnant J. B. Schoeffel ein. In dessen Gepäck fand man fünf Jadesiegel, von denen eines Kaiser Xianfeng, ein anderes der unglücklichen A-lu-te gehört hatte. Schoeffel hatte außerdem zehn jadene Seelentafeln sowie dreißig »Jadesteine« versteckt, darunter etliche Stücke aus dem Jadeschmuck der Kaiserinwitwe. Einige Tage später wurden an Bord der Transporter *Sherman* und *Sheridan* zwei weitere Seelentafeln entdeckt, die Qianlong seiner Mutter beziehungsweise seinem Vater gewidmet hatte. Eine dritte fand man an Bord der *Logan*, versteckt in einer Schreibmaschinenkiste, die einem gewissen Sergeant Bronson gehörte. Fünfzehn Monate später tauchten drei weitere Jadetafeln im Gepäck eines Captain A. V. P. Anderson auf, der behauptete, sie »in gutem Glauben« von einem russischen Offizier in China gekauft zu haben. All diese Tafeln waren aus dem Himmelstempel gestohlen worden, wo sie einst den Kaisern zur Verehrung ihrer Ahnen gedient hatten, und wo jetzt die Alliierten mit dreckigen Stiefeln durch die geheiligten Höfe und Hallen trampelten.[84]

Trotz unzähliger Zollberichte und Nachfragen seitens der chinesischen Botschaft in Washington verschwanden all diese Objekte, bis auf zwei. Und nur eines, die dem Kaiser Shunzhi gewidmete Ahnentafel, wurde jemals wieder nach Peking zurückgebracht.

Viele dieser Preziosen landeten in den Schaukästen von Abraham Livingstone Gump, einem Antiquitätenhändler in San Francisco. Gump wandte sich ostasiatischer Kunst zu, nachdem die Familienbestände an italienischem Marmor, französischen Golduhren und europäischen Bronzen beim großen Erdbeben von San Francisco vernichtet worden waren. Abe, wie seine Kunden ihn nannten, behauptete stets, Qualität und Herkunft von Jade allein durch Berührung ermitteln zu können – ein großes Glück, denn er war blind. Er protzte mit einem erlesenen Cabochon aus Jadeit, der angeblich aus der Halskette eines Kaisers stammte, und prahlte in seinen Memoiren damit, wie er seinen Ostasienraum aufgefüllt hatte:

> Soldaten und Marineinfanteristen, die von Einsätzen in China zurückkehrten, kamen in den Laden von Gump und legten Kostbarkeiten auf den Tisch, die sie während des Boxeraufstands erstanden hatten. Darunter waren Truhen aus Massivgold, die mit ungeschliffenen Juwelen besetzt waren, herrliche Stickereien und anderer Staat, der einen Luxus erahnen ließ, welcher mit dem Vorstellungsvermögen prakti-

scher Amerikaner fast nicht zu fassen ist. Weder die kurzzeitigen Besitzer noch die Käufer hatten eine Ahnung von ihrem wirklichen Wert. Doch allein ihre Fremdartigkeit lockte die Einwohner San Franciscos mit ihren plötzlich gefüllten Geldbörsen.[85]

Eine von Abes einträglichsten Erwerbungen war das Siegel von Xianfeng, das er 1935 an das Seattle Museum weiterverkaufte. Als Hugh Alexander Matier, ein »gelehrter Amateur unter den Ostasienkennern«, das Siegel zehn Jahre später in den Magazinen des Museums wiederentdeckte, gestand er in einem *Time*-Artikel mit der Überschrift »Yehonalas Beute«: »Ich hätte fast meine Brille fallen gelassen. Es war das lange verschollene Siegel des Kaisers.« [86] Aber Abe Gump behauptete zu diesem Zeitpunkt, sich nicht mehr daran zu erinnern, woher er es bezogen habe.

Bis zu seinem Tod im Jahre 1902 hatte Heber Bishop mehr als 900 kaiserliche Kunstwerke aus Jade und Jadeit zusammengetragen. Er vermachte seine Sammlung dem Metropolitan Museum of Art. Das Museum befolgte die Anweisungen in Bishops Testament buchstabengetreu und richtete eine Nachbildung des Ballsaals im Louis-XV.-Stil in Bishops Wohnung in der Fifth Avenue Nr. 881 ein, die die Sammlung beherbergen sollte. Sir Caspar Purdon Clarke, der für seinen Beitrag zur Kunst in Großbritannien in den Ritterstand erhoben worden war, bevor er Direktor des Metropolitan Museum wurde, überwachte persönlich die gewaltige Aufgabe, die Sammlung zu installieren. Die Auffassung des Kurators George Story teilte er offensichtlich nicht.

Alles an der Ausstellung war außergewöhnlich, auch der zweibändige Begleitkatalog. Von dem 125 Pfund schweren Werk mit dem Titel *Investigations and Studies in Jade* wurden nur einhundert Exemplare gedruckt, und zwar auf handgeschöpftem Papier aus »reinem weißem Baumwolltuch« und mit einer Type, die in Schottland hergestellt und unmittelbar nach Abschluss des Drucks vernichtet wurde. Der Drucker Theodore Devinne verkündete, es sei »das größte Einzeldruckwerk, das je in Angriff genommen wurde«. Die umfangreichen Bände, großzügig illustriert mit Li Shih Ch'uans handkolorierten Bildnissen, waren in kostbares Levanteleder gebunden; für jeden Band wählte man aus den neunhundert Häuten, die man gekauft hatte, zwei aus. Die Bände der limitierten Auflage, die hochzuheben ein Mann nicht ausreichte, gingen als Geschenke an den Prinzen von Wales, die Königin von Holland, den deutschen Kaiser, den Zaren von Russland, den japanischen Mikado und sogar an den Kaiser von China selbst. Guangxu dürfte es zweifellos interessiert haben, zu erfahren, wie sein Erbe gestohlen, verpackt und in die Vereinigten Staaten verschleppt worden war.

Hier war unter anderem die verkleinerte Nachbildung der Weinschale von Qianlong mit ihrer Inschrift »Ich schätze wackere Menschen« abgebildet. Bishop versicherte den Lesern, dies sei »die größte kunstvoll gearbeitete Jadeschnitzerei, die wir kennen«. Zu sehen war auch Colonel Schmidts Pinselhalter mit einer vollendet eingeschnittenen Szene von König Bodawpayas Tributgesandtschaft auf dem Weg nach China und das Doppeldrachensiegel, das seine Leute aus dem »Park der Ruhe und des Glanzes« gestohlen hatten. Hier waren die beiden knienden Jadeknaben, die Cixi einst als Ruhekissen benutzt und die britische Soldaten aus ihrem Schlafgemach geraubt hatten. Hier war der Pinselwaschbehälter aus Kaiserjade mit dem eingravierten Zeichen des Kaisers, »viermal zehntausend Alter«, der an einen »Mr Walkinshaw aus Peking« verkauft worden war. Hier begegnete man Comtesse Kleezkowskys Jadeitschmuck, von Eugene Fontenay in Paris neu gefasst. Und es gab Dutzende jadener Ruyi-Zepter, Gürtelschnallen, Halsketten und Ornamente Qianlongs. Nur zwei Gegenstände waren nicht der chinesischen Kriegsbeute zuzurechnen; eines davon war »ein Porträt von Mr Bishop, 1898, Nephrit, hergestellt in Frankreich von A. Berquin-Varangoz«.

Die Sammlung mit der Hinterlassenschaft von Bishop wurde

1906 der Öffentlichkeit zugänglich gemacht und entzückte ganz New York. George Frederick Kunz von Tiffany & Co. bezeichnete sie als »die erlesenste Jadekollektion auf der ganzen Welt«. Nachdem er Comtesse Kleezkowskys Juwelen gesehen hatte, nahm er ein paar neue Ideen mit in die Werkstatt der Firma Tiffany, die acht Jahre zuvor die erste westliche Kollektion von Jadeitschmuck hergestellt hatte.

Als Cixi im Herbst 1901 in die Verbotene Stadt zurückkehrte, wehte ein zerrissenes langes Farbband durch das wüste Gewirr von Schutt und Staub. Hat sie ihr Peking überhaupt wiedererkannt? Die Stadt, die einst vom Singen der Händler und dem Lärm der Märkte und Teebuden widerhallte, war wie ausgestorben. »Kein einziges Geschäft war geöffnet, und kaum ein Dutzend Menschen war zu sehen.«[87]

Hat die Kaiserin des Westens, als sie in ihrer Sänfte durch die rauchenden Reste des Reichs der Mitte zog, durch die dicken Samtvorhänge die Sternenbanner erspäht, die von den zerschossenen Mauern der Kaiserlichen Stadt hingen? Als Cixi das Vordere Tor passierte, hielten die Sänftenträger an, damit die Kaiserinwitwe an einem kleinen Schrein den Göttern ihre Ehre erweisen konnte – ein persönlicher Brauch, den einst nur heimkehrende Kaiser gepflegt hatten. Cixi war wie benommen von der Zerstörung, die ringsumher herrschte. Nur das Klicken einer Kamera machte sie auf die Gruppe stiller Beobachter über ihr aufmerksam – ein Heer von Diplomaten nebst Gattinnen, die von den Stadtmauern herabspähten. Einer schilderte die Szene:

> Die Kaiserinwitwe sah die rauchgeschwärzten Mauern hinauf und erblickte uns: eine Reihe von Ausländern … Die Eunuchen wollten sie anscheinend dazu bewegen weiterzuziehen,… [aber] sie hielt erneut an, sah zu uns hinauf, führte ihre gefalteten Hände an ihr Kinn und machte einige kleine Verbeugungen. Der Effekt dieser Geste war erstaunlich…

> überall entlang der Mauer erklang als Antwort ein spontaner Sturm des Beifalls. Die Kaiserinwitwe schien erfreut. Sie verharrte noch ein paar Minuten, sah hinauf und lächelte.[88]

Der Beobachter war ein Italiener, der zu dem Schluss kam, »die Rückkehr des Hofes nach Peking war ein Wendepunkt in der Geschichte«. Die Drachendame und ihr Gefolge, einst so unzugänglich gegenüber der Außenwelt, so gewinnsüchtig und unbezwingbar, waren nun nichts weiter als ein kleines Marionettentheater, das vor einem Haufen Ausländer eine unbedeutendes Stück aufführte. Nachdem Cixi wieder in ihre Sänfte gestiegen war, wurde sie zu den Fünf-Phönix-Türmen getragen. Zu ihrer Rechten flatterte ein Union Jack und markierte triumphierend die Villa von Claude MacDonald, die wie ein Grabstein über den verkohlten Resten der Hanlin-Akademie aufragte. Schon bald war Cixi gezwungen, die Schmach der chinesischen Niederlage noch zu verschlimmern, indem sie ein internationales Protokoll unterzeichnete, das China zu Entschädigungszahlungen in Höhe von 450 Millionen Tael, damals umgerechnet 67,5 Millionen Pfund, verpflichtete.

Yu Derling behauptete, Cixi habe nur einmal über die Plünderung Pekings gesprochen, als sie ein paar zerstörte Schätze in den Scherben entdeckte, unter anderem einen Jadebuddha, den ein burmesischer Mönch ihr geschenkt hatte. Gesicht und Arm des Buddhas waren von einem ausländischen Säbel abgehackt worden, doch Cixi bestand darauf, die Statue abzustauben und wieder auf ihren alten Sockel zu stellen. »Ich beabsichtige nicht, sie reparieren zu lassen, denn ich will die Lektion nicht vergessen, die ich gelernt habe, und dies ist eine eindringliche Mahnung«, soll Cixi gegenüber Derling geäußert haben, als die Heiligenfigur wieder auf ihren Sockel gestellt wurde. Doch für die Qing war es bereits viel zu spät für Lektionen.

7

Dämmerung über der Verbotenen Stadt

Als sich am buddhistischen Allerseelentag im September 1909 kurz vor Tagesanbruch die hohen Pforten des Östlichen Blumentors ächzend öffneten, glitt eine riesige Galeone mit geblähten Segeln an einem 99 Fuß hohen Mast in die von Nebel und Trauer verhangene Stadt. Das Schiff schwebte an den Adeligen und ihren Frauen vorbei, die ihre Doppeltüren weit aufgestoßen hatten und mit offenem Mund zusahen, wie schemenhafte Matrosen in Hofgewändern das Gefährt nordwärts zum Kohlenhügel lenkten. Sie schienen auf freiem Feld Anker zu werfen, doch dann stürmten Fackelträger vor, und innerhalb von Sekunden umloderten Flammen den Rumpf und ließen erkennen, dass die Galeone nichts weiter als eine Attrappe aus Stoff und Pappe war. Das Geisterschiff war erbaut worden, um die Seele der Kaiserinwitwe zum »Ort der neun Quellen« zu bringen, wo sie in den knallenden Funken und Rußflocken, die nun in Spiralen über Peking aufstiegen, in den Himmel getragen werden sollte.[1]

Einen Monat später verließen Cixis sterbliche Überreste die Verbotene Stadt. An jenem Tag lag die Hauptstadt unter einem kohlschwarzen Himmel. Diesmal brach die Kaiserinwitwe nicht in Hast auf, wie im Jahre 1860, und auch nicht als Bäuerin verkleidet, wie im Jahre 1900, sondern in einem goldenen Sarg, der in einem Triumphzug auf einer 125 Kilometer langen Reise zur kaiserlichen Nekropole im Nordosten überführt wurde. George Morrison berichtete akribisch genau über die Prozession, nachdem er es versäumt hatte, London über den Tod der Kaiserinwitwe am 15. November 1908 zu unterrichten, weil er damals gerade auf dem Land beim Jagen gewesen war.

Prinz Chun, der neu ernannte Regent, führte eine Leibgarde aus Qing-Prinzen und Mitgliedern des Großen Rates an. Hinter ihnen »ritt... ein eleganter Truppenkörper, gefolgt von einer großen Zahl von Kamelen, deren mongolische Treiber Zeltstangen und andere Gerätschaften mitführten, um unterwegs die Prunkzelte zu errichten, in denen der Sarg während der verschiedenen Etappen der viertägigen Reise zu den Gräbern in der Nacht ruhen soll«. Es folgte ein Zug von »farbenprächtigen Ehrenschirmen, die dem Alten Buddha anlässlich der Rückkehr aus dem Exil im Jahre 1901 überreicht worden waren«. Dem schlossen sich der Dalai Lama und seine kastanienbraun gekleidete Abordnung aus Tibet an, sowie der weinende Li Lianying, der, in Sackleinen gehüllt, den Abschluss bildete.

»Seit der Beisetzung von Kaiserin Wu«, schrieb Morrison, »gab es keine so prunkvollen Trauerfeierlichkeiten für eine Kaiserin von China.« Dies war eine der für Morrison so typischen unsinnigen Aussagen, denn die letzte Frau, die über China geherrscht hatte, war Kaiserin Wu gewesen, 1200 Jahre vor Cixi. Wu, die ebenfalls aus den Reihen der Konkubinen aufgestiegen war, hatte damals befohlen, Hunderte von Diener lebendig in ihrem Mausoleum zu begraben. Cixis Diener, die das Geisterschiff begleiteten, waren hingegen wie das Schiff selbst aus Papier und wurden in Peking neben ihrem Katafalk verbrannt.

Der Sarg folgte einem Pfad aus gelbem Sand, der sich durch die Ebenen von Hebei zu den Rücken der Changrui-Berge hinzog, wo die Qing ihre Totenstadt errichtet hatten. Der Katafalk wurde den Seelenweg hinaufgetragen, vorbei an den Statuen, die den Weg säumten: stumme Krieger, die die Bewohner der Qing Dong Ling bewachten, steinerne Mandarine, die den Toten zur Hand gingen, sowie eine ganze Menagerie kniender Drachen, Löwen, Kamele, Elefanten und Einhörner, die den Seelenweg seit mehr als dreihundert Jahren segneten. Der Weg führte schließlich zum kaiserlichen Grabbezirk, in dem fünf Kaiser, 14 Kaiserinnen und 136 kaiserliche Gemahlinnen bestattet waren. Hier befand sich zwischen Kirschbäumen und Zypressen der weitläufige unterirdische Palast des 86-jährigen Qianlong, dessen verschachtelte Gänge sich wie die Gruft eines Pharaos tief in die Changrui-Berge hineinbohrten, bis zur Marmorkammer, die Qianlong mit seiner geliebten Fucha teilte. Im westlichen Teil lag das Grab von Kaiser Xianfeng, der mit dreißig Jahren gestorben war, nachdem er Cixi einen Sohn geschenkt hatte. Tongzhi, der im Alter von 19 Jahren den Pocken erlegen war, war in den südöstlichen Randbezirk abgeschoben worden. Die Qing-Gräber, die als ein dauerhaftes Mahnmal der Macht und Langlebigkeit der Mandschu-Herrscher dienen sollten, waren nunmehr ein Zeugnis der Prunksucht und der Exzentrik der schwachen Nachkommen Qianlongs.

Cixis Katafalk wurde auf dem von ihr selbst neu angelegten Heiligen Weg durch das Drachen- und Phönixtor und über eine Sieben-Bogen-Brücke zu ihrer Kostbaren Zitadelle getragen, jener kunstvollen, mit Drachen geschmückten Festung, die sie als Schlussstein über ihrer unterirdischen Grabkammer hatte bauen lassen. Wie ihr Leben, so sollte nun auch alles, was mit ihrem Tod zusammenhing, in Glanz und Mystik gehüllt sein. Ihr Leichnam lag in ihrem goldenen Sarg auf einer Matratze aus Goldfäden. Edmund Backhouse behauptete später in der *Times*, die Matratze sei sieben Zoll dick und »mit Perlenstickerei verziert« gewesen. Ein mit Lotosblättern verziertes Jadeitkissen lag unter ihrem Kopf, und ein zweites mit Lotosblüten ruhte unter ihren Füßen. Um ihre Schultern war ihr berühmtes Perlencape geschlagen, und in der Hand hielt sie einen Zauberstab mit einem Schaft aus durchscheinendem Jadeit, der die Dämonen bezwingen sollte. In ihrem Mund, so behaupteten die Pekinger Juweliere, lag eine vollendete schwarze Perle von der Größe eines Briketts, welche die Verwesung verhinderte und ihre Seele auf der Reise ins Jenseits nährte. Um ihren Hals hing eine Prunkkette mit Zwischensteinen so groß wie Pflaumen, wie ein amerikanischer Millionär später prahlte. In ihrem Haar flatterten Schmetterlinge mit zarten Flügeln aus Eisvogelfedern und Jadeitsplittern, die Derling zufolge von der Kaiserinwitwe selbst entworfen worden waren. Insgesamt waren in Cixis Grabgewänder mehr als 33.560 Perlen und 3660 Rubine, Saphire, Smaragde und Katzenaugen eingearbeitet. Unmengen von Edelsteinen waren über ihren Leichnam ausgebreitet und füllten die Hohlräume in ihrem Sarg. Die Kaiserinwitwe war buchstäblich »unter Edelsteinen begraben«.[2]

Den Sarg selbst verschloss man in einem Gewölbe, in dem 350 Räuchervasen aus Jade Wohlgeruch verbreiteten. Altargefäße enthielten die Haare und Nägel der Toten. Buddhastatuen aus Gold und Jade standen neben Jadepferden, die durch immergrüne Gärten zu galoppieren schienen, die mit Blättern aus Koralle und Jade getüpfelt waren. Das Grab barg sogar eine kaiserliche Speisekammer voller Wassermelonen und Kohlköpfe aus dem Stein des Himmels – auf einer der Gemüsepflanzen hockte zwischen den Blättern eine winzige Grille aus Kristall. Zwei Paar schwere Steintüren verschlossen das Schatzhaus, das eine heilige Ruhestätte für Cixis Seele und ein ewiges Andenken an ihre Herrschaft bilden sollte. Aus den Qing-Archiven geht hervor, dass es 2,7 Millionen Tael (135 Tonnen) Silber kostete, Cixis sterbliche Überreste von der Verbotenen Stadt in die Nekropole zu überführen, während man nur »459 940 Tael, zwei Mes, drei Candereen und sechs Li« (23 Tonnen) ausgegeben hatte, als Kaiser Guangxu im Mai desselben Jahres in Xi Ling, einer weiteren Grabanlage der Qing in den Westbergen, in einer vergleichsweise spartanischen Feier beigesetzt worden war.[3]

Als am 16. November 1908 bekannt wurde, dass der Kaiser des »Überwältigenden Lichts« einen Tag vor seiner Adoptivmutter gestorben war, kursierte in den verfallenden karmesinroten Fluren das Gerücht, die giftige Kaiserinwitwe habe in einem letzten Akt der Bosheit abermals zugeschlagen. Die exotische Mär von Frevel und Verrat fesselte auch Großbritannien und Amerika, wo man selbst die allgemeinsten Grundlagen des chinesischen Hoflebens noch immer vollkommen missverstand. Die *New York Times* druckte einen Nachruf auf Cixi, in dem von Ci'an, der Kaiserin des Ostens, die Rede war und das Bild einer der Gemahlinnen Kaiser Tongzhis erschien. Weil Morrison nicht in Peking weilte, brachte die *Times* keine einzige Zeile über die Todesfälle, bis er das Versäumte sechs Wochen später nachholte.

Die wahren Umstände des Ablebens von Guangxu offenbarten sich in den vertraulichen Aufzeichnungen eines ungenannten Arztes, der sich wohl deswegen aufrichtig äußerte, weil er davon ausging, dass kein Fremder seine Zeilen lesen würde. Guangxu »träumt von Kämpfen, verfrühter Samenerguss [ist] ein Problem, geistige Unklarheit, spontanes Lachen ohne Grund, gelegentliches Murmeln zu sich selbst«. Hong Yu Gao, eine Jadesalbe, wurde verschrieben, um seine ausgetrockneten Nebenhöhlen zu befeuchten, und ein Kräutertee zur Beruhigung des Geistes wurde gebraut. Am 12. November gaben die Ärzte jedoch jede Hoffnung auf. War er also vergiftet worden? Das Krankenblatt des Kaisers zeichnet das Bild eines Dahinsiechenden, der möglicherweise durch eine Syphilis geschwächt war und mit 37 Jahren außerdem an chronischer Arthritis und unheilbarem Fieber litt. Vielleicht quälte ihn immer noch der Verlust seiner geliebten Perlenkonkubine, deren Leiche in jenem Brunnen versunken war. Vielleicht wurde der Kaiser, der nur knapp der Hinrichtung durch die Hand seiner Adoptivmutter entgangen war, Tag und Nacht von eingebildeten Attentätern verfolgt, die ihm den Schlaf raubten. Wenn Guangxu vergiftet worden war, dann von der Angst vor der Kaiserinwitwe und nicht durch die Hand *Chin Babas*.[4]

Cixis Sterben in einem benachbarten Gemach war eine unangenehme Angelegenheit. Die Hofärzte Zhang Zhongyuan und Dan Jiajyu diagnostizierten, dass der unverwüstliche »Alte Buddha« einen Harnwegsinfekt entwickelt hatte, dass »übermäßiger Schleim« ihren Rachen verstopfte und ihre eingefallene Zunge in den Löchern ihrer verfaulten Zähne festsaß. Sie verordneten eine Ginseng-Poria-Pille, die in Kinderurin aufgelöst wurde, und ein abgewandeltes kosmetisches Jadepuder gegen das anhaltende Muskelzucken, das Cixis Gesicht in heftigen Krämpfen verzerrte. Weil sie immer wieder das Bewusstsein verlor, beträufelte man ihre aufgesprungenen Lippen mit *Scorpio und Bombyx Batryticatus*, einer Mischung aus warmer Hirse und zwei zerdrückten Skorpionen, denen man das Gift entnommen hatte. Die Frau, die die Worte »Tod« und »erledigt« aus dem Vokabular des kaiserlichen Hofes verbannt hatte, schickte schließlich die Ärzte weg und ließ Prinz Chun rufen.

Guangxus hohlwangiger Bruder, ein gefügiger Qing-Loyalist, der nach Deutschland gereist war, um sein Bedauern über den Tod Baron von Kettlers nach der Belagerung Pekings auszusprechen, erinnerte sich später, wie er vom Hof zu seinem Landhaus Pei Fu im äußersten Norden der Kaiserlichen Stadt geeilt kam. Prinz Chuns alte Mutter brach zusammen, als sie vernahm, dass Cixi ihn zum Prinzregenten ernannt hatte. Seine Diener rafften ihre Gewänder hoch und stürmten los, um einen Arzt zu holen, während die Familie tassenweise Ingwertee konsumierte und ein weinendes Kind die Gäste verscheuchte. Der untröstliche Puyi, Prinz Chuns zweijähriger Sohn, hatte ebenfalls einen neuen Titel erhalten. Er war von der sterbenden Cixi zum gesetzlichen Erben ernannt worden und »sträubte sich nun gegen den kaiserlichen Erlass«.[5] Puyi erinnerte sich später, wie er die ihn umzingelnden Eunuchen anspuckte, ihnen die Haare ausriss und die wächserne Haut zerkratzte, als sie ihn in die Verbotene Stadt schleppten.

Der gesetzliche Erbe vergaß nie seine erste und einzige Begegnung mit der Kaiserinwitwe auf ihrem Sterbebett und den widerlichen Geruch von Krankheit, der mit Duftwolken überdeckt wurde und trotzdem den ganzen Raum erfüllte. Der Knabe wurde am 13. November 1908 in die Verbotene Stadt gebracht. Er trug ein neues gelbes Käppchen, ein knöchellanges Gewand und darüber eine zinnoberrote Jacke mit langen gelben Seidenärmeln, die bis zu den Knien hinabhingen. Er wand sich in den unbehaglichen Textilien, bis sich die Menge teilte und »ein düsterer Vorhang« sichtbar wurde, »durch den ich ein ausgezehrtes und furchtbar hässliches Gesicht sehen konnte«. Der Junge zitterte und begann zu keuchen; das nasale Glucksen steigerte sich schließlich zu einem gellenden Geschrei. Cixi verlangte bellend nach ein paar Bonbons. Der hysterisch heulende Puyi ließ sich jedoch nicht besänftigen und warf die Süßigkeiten zu Boden. »Was für ein ungezogener Balg«, krächzte die Kaiserinwitwe, »bringt ihn weg.«[6]

Puyi behauptete später, sich nicht mehr an jene Trauertage zu erinnern, an denen in Peking Grabesstille herrschte. Ebenso wenig erinnerte er sich an die Feier, die am 2. Dezember 1909 stattfand, zwei Tage nachdem Cixis Leichnam beigesetzt worden war. Die Hauptstadt schützte sich gerade vor einem eiskalten Sturm, als die Kommandeure der Palastwache und die Minister des Inneren Hofes rasselnd in die Verbotene Stadt marschierten. Der Sturm, der von der mongolischen Steppe herüberwehte, strich über das Gesicht des Dreijährigen, der in eine dicke pelzbesetzte Jacke eingepackt war. Er wurde in einer mit gelber Seide ausgeschlagenen Sänfte in die Halle der Höchsten Harmonie getragen und auf den Drachenthron gesetzt, der ihn um etliche Fuß überragte. Tausende von Gefolgsleuten und treuen Anhängern der Qing warfen sich in dunklen Reihen vor ihm nieder und riefen seinen Herrschernamen, Hsuan Tung, der durch die Gänge und Höfe der Verbotenen Stadt hallte.

Die Palasteunuchen erinnerten sich später, dass der Dreijährige nervös zu zappeln begann, als sich Prinz Chun vor ihm verbeugte. Vielleicht irritierten ihn die Segel aus kaisergelber Seide, die um ihn herum in der kalten Zugluft flatterten. »Ich will heim«, schrie Puyi und strampelte mit den Füßen in der Luft. Prinz Chun hob den Kopf und flüsterte seinem Sohn heiser zu: »Weine nicht. Es ist bald vorbei.« Ein entsetztes Murmeln ging durch die Halle, denn die Gefolgsleute erschraken über diese unbedachten und unheilvollen Worte.

Puyi war wie von einem »gelben Nebelschleier« umgeben. Alles war gelb – die glasierten Ziegel der Zitadelle, seine Sänfte und seine Kissen, das Futter seiner Mützen und Kleider, sein Hosenbund, die Teller und Schüsseln, seine Vorhänge und selbst das Zaumzeug seines Ponys. Wohin auch immer er stolperte, folgte ihm eine regelrechte Prozession. Ein Eunuch des Verwaltungsbüros, »dessen Funktion etwa der einer Autohupe gleichkam«, lief zwanzig Schritte voraus und klapperte mit einer Rassel, um das Nahen des Kaisers anzuzeigen. Zehn weitere Eunuchen flankierten »im Krebsgang« den Weg, und zwei hielten einen Baldachin hoch über das Haupt des jungen Kaisers. Dahinter wand sich eine ganze Schlange, bewaffnet mit einem Schirm, einem Stuhl, Fächern, Essen, Verbandszeug und einem tragbaren Arzneischrank mit »Pillen aus Betonienessenz zur Korrektur der Gase, sechs Harmoniepillen zur Stabilisierung der Mitte, goldüberzogenem Zinnober zur Zerstreuung des Herzens, Allzweckriegeln, Puder gegen die Pest und dem Trank der drei Unsterblichen zur Förderung der Verdauung«. Die Nachhut bildete schließlich der kaisergelbe Nachttopf.[7]

Von seinem Kinderzimmer aus konnte der Sohn des Himmels ein geisterhaftes Peking hören, das Schreien seiner Untertanen, das Rumpeln der Karren mit Holzrädern, das Singen seiner Garden, die um den Stadtgraben Patrouille gingen, doch der Junge in den zierlichen Socken mit goldenen Drachen hatte keine Ahnung, was das alles bedeutete. Der Kaiser wurde bis zum Alter von acht Jahren gestillt. Seine Amme entstammte einer Bauernfamilie aus Hebei, die, verarmt durch hohe Steuern, Überschwemmungen und Hungersnöte, nach Peking geflohen war. Nach dem Tod ihres Mannes hatte die Not Frau Wang gezwungen, ihre Milch für den kaiserlichen Haushalt abzupumpen. Jeden Tag wurde tellerweise ungesalzenes, fettes Fleisch in sie hineingestopft, bis sie sich »in eine Milchkuh verwandelt« hatte.[8] Nachrichten, was in der Zwischenzeit mit ihren eigenen Kindern geschah, erhielt sie nicht.

Indem Cixi ein Kind aus dem Geblüt Yehenaras auf den Thron setzen ließ, hatte sie ihrem Clan weiterhin die Herrschaft über

China gesichert, doch die Schwäche des Regenten hatte sie nicht mit eingerechnet. Puyis Vater war wie gebannt von seinem neuen Reichtum und gab das Geld mit vollen Händen aus. Er bestellte ausländische Automobile, mit denen er durch Peking raste, und ließ in seinem Landhaus ein Telefon installieren. Als er sich jedoch entschloss, dem 20. Jahrhundert gemäß sein Mandschu-Gewand gegen ein westliches Hemd und einen westlichen Kragen einzutauschen, musste ein Mitglied seiner Familie ihn darauf aufmerksam machen, dass seine flatternden Hemdzipfel in die Hose gehörten.[9]

Die Verbotene Stadt glich einem ruderlosen Schiff, aber immer noch verfolgte sie einen Kurs, als würde sie wie im konfuzianischen Staat des 18. Jahrhunderts von einer wohlhabenden und freigebigen Nation getragen. Das Machtvakuum füllte das *Nei Wu Fu*, die Kaiserliche Hofhaltung mit ihren 48 Ämtern und sechshundert Angestellten, die auf ihrem Zenit mehr als sechs Millionen Tael (dreihundert Millionen Gramm) Silber ausgab, um die 1100 Eunuchen des jungen Kaisers zu verhätscheln. Offiziell erhielten Chang Chien-ho, der Obereunuch Puyis, und seine ranghöchsten Kollegen lediglich acht Tael (vierhundert Gramm) Silber und acht Katti Reis pro Monat. Trotzdem verfügten sie irgendwie über die Mittel, täglich ein neues Pelzgewand zu tragen und sich Seeotter-Umhänge zu kaufen, die selbst für die Oberschicht zu teuer waren, deren Häuser rasch verfielen.

Den kaiserlichen Küchen waren die Überflutungen, Hungersnöte und die exorbitante Besteuerung unbekannt, die China lähmten, sie orderten jeden Monat zwei Tonnen Rind, Lamm und Schwein sowie 388 Hühner und Enten für den jungen Kaiser, seine Mutter, die Kaiserinwitwe Lung Yu, und deren vier schwächliche Gemahle. Doch selbst diese Vorräte genügten den Köchen anscheinend nicht, um die sechsköpfige kaiserliche Familie zu sättigen. Zur selben Zeit ließ die Küche eine Notration von 4786 Hühnern und einen ganzen Schwarm Fische und Garnelen kommen. Doch nicht nur die Köche waren korrupt, sondern auch die kaiserlichen Kleiderlieferanten. Innerhalb eines Monats nähten die Schneider für den Sohn des Himmels elf Pelzjacken, sechs Pelzuntergewänder, sechs Pelzübergewänder, zwei Pelzwesten, dreißig gefütterte Westen und ebenso viele Hosen. Die Rechnung für des Kaisers neue Kleider ging zwar verloren, doch es existiert noch eine Quittung über 2137 Tael (106 850 Gramm) Silber allein für Knöpfe, Garn und Taschen, die sehr tief gewesen sein dürften.[10]

Selbst George Morrison bemerkte die Fäulnis. In einem Brief an seinen Auslandsredakteur Valentine Chirol brandmarkte er »die Eunuchen und ihren Klüngel, die jetzt den gesamten Volkskörper mit ihrer Korruption, ihren Intrigen und ihrer verschwenderischen Zügellosigkeit vergiften«.[11] Das liederliche *Nei Wu Fu* und dessen Gefolgsleute und Eunuchen brachten die verstimmten chinesischen Steuerzahler immer mehr auf. In den südlichen und zentralen Provinzen kam es bereits zu Aufständen junger Bewegungen, die alle ein »Neues China« forderten.

Der Kaiserhof schlug wie ein gigantisches Ungeheuer um sich, und Prinz Chun hatte keinerlei Ahnung, wie dieses Ungeheuer zu bändigen oder wie die Stimmung des chinesischen Volkes zu deuten sei. Mehr denn je brauchte er einen Ratgeber und Verbündeten, doch eine seiner ersten Amtshandlungen als Regent hatte darin bestanden, Cixis treuen Leutnant Yuan Shikai aus dem inneren Machtzirkel zu verbannen. Der mächtige Kommandeur der Peiyang-Armee, die aus den dezimierten Reihen des chinesischen Heeres nach der Niederwerfung durch die Japaner in den Jahren 1894 und 1895 zusammengestellt worden war, hatte sich Cixis Gunst gesichert, indem er 1898 Kaiser Guangxu verraten und dessen Plan zur Absetzung der Kaiserinwitwe aufgedeckt hatte. Yuan Shikai war der erste Han-Chinese, der in den Großen Rat eines Mandschuhofes gewählt worden war, aber als Prinz Chun ihn in dem fehlgeleiteten Bemühen, seine Ambitionen zu dämpfen, zwang, »zurückzutreten und sich einer Beinverletzung zu widmen«, zog sich der General mit seiner Peiyang-Armee huldvoll vom Hof zurück.

Der Sohn des Himmels behauptete später, von seinen ersten drei Jahren auf dem Drachenthron erinnere er sich einzig und allein an einen Tag im Februar 1912 in der Halle der Pflege des Charakters, in der nach wie vor Qianlongs Cloisonné-Gefäß mit den 36 Grashalmen stand. Er erinnerte sich, wie seine Mutter, die Kaiserinwitwe Lung Yu, in ihr Taschentuch schluchzte und »ein feister alter Mann vor ihr auf einem roten Kissen kniete und sich Tränen aus dem Gesicht wischte«. Die aufgedunsene Gestalt war Yuan Shikai, der mit einer schrecklichen Nachricht an den Hof zurückgekehrt war. Rebellische Regimenter hatten diverse Waffenarsenale in ihre Gewalt gebracht, und etliche Provinzen hatten ihre Unabhängigkeit erklärt. Die erste chinesische Revolution hatte das Land ins Chaos gestürzt. Yuan Shikai, der sich großmütig bereit erklärt hatte, den Qing in ihrer Stunde der Not beizustehen, und der die Aufstände in der Yangzi-Region niedergeworfen hatte, vergoss reine Krokodilstränen.

Was Puyi in der Halle der Pflege des Charakters miterlebte, war seine eigene Absetzung. Yuan Shikai warnte Lung Yu, dass das Volk Puyi vom Drachenthron zerren werde, falls er die zerstörerischen Kräfte im Lande nicht durch seinen Rücktritt besänftigte. Und so geschah es, dass am 12. Februar 1912, mehr als zweitausend Jahre nach dem Amtsantritt des ersten chinesischen Kaisers, der Drachenthron geräumt wurde, um Platz zu machen für den Präsidenten der Republik.

George Morrison zufolge sah Yuan Shikai bei seiner Amtseinsetzung als Präsident »fett und ungesund aus, das Fleisch quoll über seinen Kragen«.[12] Chinas korpulenter neuer Führer zog sofort in die Verbotene Stadt und etablierte seinen Hof in den südlichen Gemächern; er beschlagnahmte die Überreste der Kaiserdynastie und präsentierte sie in den Thronsälen der Halle der Höchsten Harmonie, der Halle der Mittleren Harmonie und der Halle zur Wahrung der Harmonie. Nachdem er sich selbst zum Präsidenten auf Lebenszeit ernannt und George Morrison als politischen Berater angeworben hatte, ließ er die kaiserlichen Schatzkammern in Jehol und Mukden ausräumen. Ihre Pekinger Schätze hatte die Kaiserfamilie praktisch komplett an die Alliierten verloren, doch an diesen abgelegenen Orten gab es noch massenhaft Jadeit, Nephrit, Bronze und Keramik. Nachdem Yuan Shikai sein zahmes Parlament aufgelöst und die Opposition ausgeschaltet hatte, verwandelte er die Halle der Militärischen Tapferkeit (Wuying Dian) und die Halle der Literarischen Blüte (Wenhua Dian) in prachtvolle Museen, in denen er die gestohlenen Objekte ausstellte, die seine Legitimation symbolisieren sollten.

In den Gemächern der Paläste trafen so viele Schätze ein, dass ein Kurator eingestellt werden musste, um die Beute zu ordnen. Zwischen den Jaden und Bronzen, die der Kurator Zeng Guang Ling 1914 im Rehe-Xing-Palast in Jehol vorfand, stieß er auch auf das Gemälde einer hellhäutigen, blauäugigen Frau in Rüstung. Der Kurator identifizierte die Kriegerin als Qianlongs Duftende Gemahlin und schrieb auf die Rückseite der Leinwand eine neue Version der Geschichte Xiang Feis.[13] Das Mädchen aus den Neuen Territorien, das nach der Jujubeblüte duftete, habe den Qing-Gegner Hou Jing Zhan geheiratet, und als dieser auf dem Schlachtfeld fiel, sei sie als Beute nach Peking verschleppt worden, schrieb Kurator Zeng. Dort habe Qianlong mit Geschenken wie Honigmelonen und Trauben versucht, ihr Herz und ihre Hand zu gewinnen. Doch Xiang Fei habe insgeheim gelobt, den Tod ihres Mannes zu rächen, und als Qianlong sie auf einen Jagdausflug mitnahm, habe sie sich im Wald mit einem Schwert auf den Kaiser gestürzt. Doch Qianlong wich dem Stoß aus, und Xiang Fei kehrte nach Peking zurück, wo sie sich, zumindest Zeng zufolge, das Leben nahm.

Zwei Jahre nachdem der Präsident das Gemälde im Shu-De-Raum des Westlichen Blumentors aufgehängt hatte, schockierte er Peking, indem er das Fest der Wintersonnwende im Himmelstempel wieder einführte, bei dem die Kaiser Chinas einst für die Sühne ihrer Untertanen gebetet hatten. Yuan Shikai hatte sich bereits den Herrschernamen Hung Hsien, »Ewig Triumphierender«, zugelegt und hätte sich wohl auch zum Kaiser ausgerufen, wenn in den Provinzen Süd- und Zentralchinas nicht eine weitere Revolution ausgebrochen wäre. Warlords, die auf der Seite der Republikaner standen, zwangen ihn, sich mit dem Amt eines Präsidenten der Republik auf Lebenszeit zu begnügen.

Puyi war inzwischen fast vergessen. Man hatte ihn im nördlichen Bereich der Verbotenen Stadt eingeschlossen; der Zutritt zum kaiserlichen Garten und zur Bibliothek waren seine einzigen Privilegien. Er unterstand nun den »Artikeln zur Sicherung der wohlwollenden Behandlung des Großen Qing-Kaisers nach dessen Abdankung«. Noch ein Kind, war er doch schon Pensionär, der durch einen Acht-Punkte-Kontrakt in Schranken gehalten wurde. Der Staat ließ sich seinen politischen Gefangenen jährlich vier Millionen chinesische Dollar kosten. Es war vielleicht sein Glück, dass er zu jung und von der Außenwelt zu abgeschottet war, um die tragischen Neuigkeiten aus dem barbarischen Süden mitzubekommen.

Am 16. Dezember 1916 um Mitternacht war Exkönig Thibaw in Colonel Godfreys Alterssitz in Ratnagiri an Herz- und Nierenversagen gestorben. Thibaw hinterließ Exkönigin Supayalat, vier Töchter, einen Zweizylinder-DeDion und Schulden von 22 009 Rupien (damals umgerechnet 1467 Pfund). Um Thibaws Verbindlichkeiten gegenüber 45 Händlern und 23 Dienern zu begleichen, beschlagnahmte die indische Regierung seinen Wagen. Da der Motor abgenutzt und das Chassis verzogen war, wurde das königliche Automobil mit einem Ochsenkarren nach Bombay geschafft, wo es bei einer Versteigerung ganze fünfhundert Rupien (33 Pfund) einbrachte.

Was war mit den Nachkommen der Konbaung-Dynastie geschehen? In den Jahren nach ihrer Ankunft im Exil hatte Ratnagiri einen Goldrausch erlebt. Der Schneider, der einst Leinenhosen nähte, fertigte nun Anzüge aus chinesischer Seide. Die Mangoverkäuferin trug einen Rubinring an ihren schwieligen Händen.

Sadhus, einst in zerschlissene Lendentücher gehüllt, spazierten nun in neuem Ornat die Thibaw Palace Road auf und ab. Das Gepäck, das Thibaw aus Mandalay mitgebracht hatte und das die Briten als einen Haufen sentimentaler Erinnerungen abgetan hatten, war allmählich verscherbelt worden, um das Leben des Monarchen im Exil zu finanzieren.

Dank einer Inventurliste, die unter Thibaws Schlafzimmerboden versteckt war, wissen wir, dass der Exkönig ein kleines Vermögen aus Burma herausgeschmuggelt hatte: »flache Jaden«, Goldbarren, Säcke mit Diamanten, Pantoffeln mit Rubinen, Smaragdhauben, ein mit Diamanten besetztes Toilettenset. Selbst das Gepäck seiner Diener barg Schätze: hundert goldene Schöpflöffel, ein silbernes Kinderteeservice und 32 Jadeblöcke. Doch der Exkönig und seine Königinnen hatten nie gelernt, zu sparen oder zu feilschen, und nach zehn Jahren waren nur noch eine Perlenmatratze, ein halbes Dutzend Silbervasen und Rechnungen über mehr als 300 000 Rupien (20 000 Pfund) übrig. Nachforschungen der indischen Regierung ergaben, dass Thibaw zwischen 1885 und 1888 durch den Verkauf von Jadeit, Diamanten und Rubinen 40 004 Rupien (2666 Pfund) eingenommen und dafür bei Ludha Ebram & Co. in Bombay Seide, Anzüge und Schuhe, künstliche Blumen und Parfüm gekauft hatte. Von Treacher & Co. hatte er Zigarren, mehrere Exemplare einer Laterna magica, Kompendien für Spiele und Kölnischwasser bezogen. Bei Soundy & Co. hatte er einen Flügel bestellt. Aus Sorge über diese Verschwendung hatte die indische Regierung 1895 das »Exkönig-Thibaw-Gesetz« verabschiedet, das es ihm untersagte, mit irgendjemandem bindende Vereinbarungen zu treffen. Ganz Ratnagiri wurde mit Plakaten zugepflastert, auf denen einheimische Händler davor gewarnt wurden, sich auf Geschäfte mit dem Exkönig einzulassen.

Als er verarmt starb, zog sein Ableben eine endlose Farce nach sich. Exkönigin Supayalat ersuchte, man möge den Leichnam ihres Mannes und ihrer vier Jahre zuvor verstorbenen Schwester nach Mandalay überführen und in König Mindons Mausoleum beisetzen. Das lehnten die Briten jedoch kategorisch ab. Sie machten sich zunehmend Sorgen über die Young Men's Buddhist Association in Burma, die forderte, dass der Brutalität der Kolonialpolizei und der Voreingenommenheit der Justiz ein Ende bereitet werde. Die Burmesen mussten Briten und indische Beamte als *thakin*, »Herr«, anreden und in deren Gegenwart ihre Sandalen ausziehen und sich demütig zeigen, während die Briten selbst beim Besuch der heiligen buddhistischen Stätten in Rangun ihre Schuhe anbehielten. Die »Schuhe-aus-Kampagne« der YMBA hatte 1917 breite Zustimmung gefunden und markierte den Beginn einer Zeit politischer Agitation. »In Ratnagiri sind [die Leichen des] Exkönigs und der Königin ungefährlich, in Burma könnten sie einen landesweiten Aufruhr entfachen«, schrieb Denys Bray, ein britischer Bürokrat.[14]

Solange der Erste Weltkrieg wütete, blieb Thibaw in Vergessenheit. Drei Jahre lang ruhte sein einbalsamierter Leichnam unbestattet in einem bewachten Lagerraum, während seine Hinterbliebenen ihre Spiegel, Sessel und Schränke verkauften, um sich über Wasser zu halten. Die Sache wuchs sich allmählich zum Skandal aus, und so wurde der Leichnam des Exkönigs schließlich am 19. März 1919 innerhalb einer halben Stunde begraben. Supayalat verweigerte jedoch ihre Anwesenheit. Sie war empört darüber, dass ein burmesischer König in ungeweihtem Boden beigesetzt würde. Aus den Akten in Neu-Delhi geht allerdings hervor, dass sie gezwungen worden war, schriftlich der Freigabe des Leichnams zuzustimmen. An ihrer Stelle standen nun ihre dritte und vierte Tochter unter einem provisorischen Baldachin, umgeben von acht Ehrenschirmen und acht Trommlern, die einen düsteren Abgesang darbrachten. Die Prinzessinnen breiteten scharlachrote Samtdecken über die Särge des Exkönigs und der Exkönigin und folgten ihnen durch die Obstgärten, über denen wie ein klebriger Schleier der karamellartige Duft von Mangos hing. Thibaws Mausoleum war vom Amt für öffentliche Bauten errichtet worden, »fünf Achtelmeilen vom Palastgelände entfernt, nahe der Straße von Ratnagiri nach Kolhapur«, auf einem Armenfriedhof, den die indische Regierung kostenlos erhalten hatte. »Zum Glück sind sie nun sicher unter der Erde, und wir können nur hoffen, dass kein Unheil daraus erwachsen wird, dass sie nicht des vollen Zeremoniells teilhaftig geworden sind«, gestand Denys Bray erleichtert in einem Bericht an die Regierung in Bombay.

Die zweite Prinzessin schrieb, in gebrochenem Englisch, sofort einen Brief an die Behörden. Die vier Prinzessinnen des untergegangenen Königreiches seien »mit Fischern, wilden Tieren, weibischen Dienern und falschen Führern groß geworden«. Sie stünden knöcheltief im Odium ihres gescheiterten Vaters. »Muss ich mich auf der Straße verdingen oder irgendeinem Mann dienen, den ich für geeignet halte? Wir sind ungenügend versorgt, wir sind arm, wir sind den Gläubigern ausgeliefert«, schrieb sie, doch die Briten kürzten ihre jährliche Apanage auf dreihundert Rupien.

Und so rächten sich Thibaws Töchter an den selbstherrlichen Briten auf die einzige Weise, zu der sie fähig waren. Bombay wurde vor einem drohenden Skandal gewarnt. »Die dritte Prinzessin ist in einer höchst reizbaren und neurotischen Verfassung und darf nicht allein aus dem Haus gelassen werden, [wenn man verhindern will,] dass sie sich mit dem erstbesten Mann kompromittiert... Wenn sie nicht so schnell wie möglich verheiratet wird, verliert sie entweder den Verstand oder sie tritt in die Fußstapfen ihrer ältesten Schwester und verursacht einen weiteren Skandal«, warnte ein Bericht. Innerhalb weniger Monate hatten britische Ärzte bei der dritten Prinzessin Schizophrenie diagnostiziert und somit ihrem Zustand einen Namen gegeben, bevor dieser Schande über die örtliche Regierung bringen konnte. Bei Thibaws ältester Tochter Phayagyi hatten sie sich nämlich nicht aufmerksam genug gezeigt, und der in dem Schreiben erwähnte Skandal sorgte für große Bestürzung. Die unverheiratete Phayagyi hatte nach einer siebenmonatigen Affäre mit dem verheirateten Inder Gopal Bhaurao Savant, dem ehemaligen Chauffeur des Exkönigs, ein Mädchen namens Tutu zur Welt gebracht.

All das war zu viel für die Regierung Indiens. Thomas Cook & Sons wurden beauftragt, die inzwischen 57-jährige Supayalat und deren Töchter, außer der zweiten, die nicht aus Indien weg wollte, nach Rangun zu schaffen. Am 16. April 1919 wurden sie durchsucht, »um sicherzustellen, dass der Leichnam des Exkönigs nicht heimlich ausgeführt wurde«, und gingen dann an Bord des Dampfers *Arankola.* Sie durften nicht mehr als fünf Karren Gepäck mitnehmen. Das uneheliche Kind Tutu blieb zurück. Rechtzeitig vor ihrer Ankunft wurden in Rangun und Mandalay Plakate angeschlagen: »Die Regierung Indiens übernimmt keine Verantwortung und keine Hilfeleistung bei der Eintreibung von Schulden, welche die Exkönigin beziehungsweise deren Töchter machen.« Nach dreißig Jahren im Exil sollte es keine triumphale Heimkehr geben, der ihr Los erleichtert hätte. Als die einstige Königsfamilie in Rangun an Land ging, sorgte sie in der Bevölkerung kaum für Aufmerksamkeit, und die Presse widmete ihr keine einzige Schlagzeile. Im *Statesman* hieß es lediglich: »[Supayalats] Rückkehr wird nicht von echtem, sondern von falschem Pathos begleitet … Eine seltsame Begrüßung für eine Dame, die einst den Hof von Mandalay beherrschte, eine nominelle Herrscherin mit einem Zepter aus Eisen.«[15] Die feurige Königin eines ehemals Großen Goldlandes wurde nun zum Motiv für Kasernenlieder:

> Bei der alten Moulmein-Pagode sitzt ein burmesisches Mädchen;
> Sie blickt träge aufs Meer, und ich weiß, sie träumt von mir …
> Ihr Unterrock war gelb und ihr Mützchen grün,
> Und sie hieß Supi-yaw-lat – genau wie Thibaws Königin.[16]

In China hatten Yuan Shikais kaiserliche Ambitionen mittlerweile buchstäblich in einem Klo ihr Ende gefunden. Im Jahre 1917 entdeckte man die aufgedunsene Leiche des Möchtegern-Kaisers in seiner Toilette, scheinbar umgebracht durch die eigene Völlerei.

Die Royalisten stürmten sofort durch Peking und warben für die Rückkehr des jungen Kaisers. In diesem Machtvakuum wurde Puyi am 1. Juli wieder auf den Drachenthron gesetzt, aber bereits zwölf Tage später erneut abberufen, nachdem ein republikanischer General seinem Piloten befohlen hatte, die Verbotene Stadt zu bombardieren. Es explodierte zwar nur eine einzige Bombe, doch das genügte, um die monarchistische Schimäre zu vertreiben, und so wurde der verwirrte Himmelssohn wieder in die Abgeschiedenheit seiner Bibliothek zurückgeschickt.

Niemand wollte das Amt des Kaisers vollständig abschaffen, jenes »gelbe Seidenband, welches das republikanische China deswegen bewahrte, um seine Vergangenheit und seine Zukunft miteinander zu verbinden«.[17] Und so beschloss eben diese Republik, einen Privatlehrer für den Sohn des Himmels aufzutreiben, möglicherweise in der Hoffnung, aus ihm einen konstitutionellen Monarchen im europäischen Stil zu machen, für den Fall, dass ein solcher vonnöten war.

Am 3. März 1919 betrat Reginald Fleming Johnston die Verbotene Stadt durch das verfallende Tor des Göttlichen Kriegers, diesen Bezirk des »pompösen Scheins«. Der Oxford-Absolvent, der seit zwanzig Jahren in Asien diente, schlürfte in der Halle der Pflege des Charakters Tee und empfand keinen geringen Stolz bei der Aussicht, eine Sänfte begrüßen zu dürfen, die einen Kaiser von China trug. Als das Gefährt dann eintraf, erblickte Johnston einen vereinsamten dreizehnjährigen Jungen mit Schmolllippen und düsterem Antlitz, der kein Wort Englisch sprach und nur wenig Ahnung von Politik und Geographie hatte, aber begierig war zu lernen.[18] Puyi fielen an Johnston dessen kornblumenblaue Augen, sein ergrauendes Haar und sein makelloses Chinesisch auf. Er erinnerte ihn an die Anekdote des Generals, der den Kaiserhof im Jahre 1900 darüber aufklärte, dass die Engländer an ihren Gliedmaßen Eisenstäbe trügen und nicht wieder aufstehen könnten, wenn man sie umstieß.[19]

Puyi erwärmte sich jedoch für seinen Lehrer. In den folgenden vier Jahren begann er sich nach europäischer Mode zu kleiden, wählte sich aus Johnstons Liste britischer Monarchen einen Namen aus und besorgte sich eine Brille, trotz des Protests seiner Eunuchen, die beteuerten, Gottes auserwählter Herrscher könne unmöglich kurzsichtig sein. Henry Puyi lernte Englisch, schnitt sich seinen Zopf selbst ab, als ein Barbier sich weigerte, und ließ trotz lautstarker Einwände ein Telefon in der Verbotenen Stadt installieren – die Eunuchen behaupteten, dies erniedrige den Drachenthron. In Wahrheit fürchteten sie wohl, dass Henry Puyi Kontakt zur Außenwelt bekam. Johnston, der gegenüber Freunden gestand, er würde sich nicht sträuben, wenn er aufgefordert würde, vor seinem Schüler niederzuknien, tauschte seinen Cutaway gegen Zobelgewänder ein und trug schließlich auch Cape und Hut eines Mandarins des ersten Grades. Er freute sich über die Jadezepter, die leuchtend grünen Agraffen und die durchscheinenden Federhalter, die Henry Puyi ihm schenkte und die er später nach Schottland mitnahm, wo er in seinen Hofroben in einem Zimmer voller Jade saß und an seine Zeit mit dem Kaiser von China zurückdachte.

Außerhalb der Zeitkapsel, in welcher der Kaiser lebte, war China ein sich stetig wandelndes Gemisch halbautonomer Staaten, die von Warlords beherrscht wurden, deren Armeen aus den Meutereien der ersten chinesischen Revolution hervorgegangen waren. In der Mandschurei herrschte Chang Tso-lin, der Alte Marschall. In der Provinz Shanxi war es der christliche General Feng Yuxiang, der seit seinem elften Lebensjahr Soldat war und der seine Männer bedrängte, sich zum Protestantismus zu bekehren. Yuan Shikais mächtige Peiyang-Armee war inzwischen in zwei Lager zerfallen; das eine agierte im Yangzi-Tal und das andere im Norden. In Yunnan herrschte Lung Yun, und zwar mit Hilfe der Reichtümer, die er durch die Besteuerung des Jadehandels mit Burma erlangt hatte.

Während diese Warlords um das Reich kämpften, verarmten die *hutongs* des Qing-Adels um die Verbotene Stadt; »Unkraut wuchs in den großen Höfen, Dächer wurden undicht, und ihre Ställe wurden leer geräumt.«[20] Einige, wie die Familie des Prinzen Gong, des Vertrauten Cixis, zogen sich ganz aus der Hauptstadt zurück. Sein ummauerter Palast wurde verriegelt, und seine Schatzkammer den Verwaltern anvertraut. Andere, wie die Familie des Prinzen Ching, des obersten Ministers Guangxus, fingen heimlich an, kaiserliche Jadegeschenke zu verkaufen, und einige wenige, wie Prinz Chun, verwendeten das Geld, um insgeheim für die Wiedereinsetzung Henry Puyis zu kämpfen. Die erlesensten Jadestücke, die leicht in den herabhängenden Ärmeln eines Qing-Gewandes oder in der Seitentasche eines Armeerucksacks versteckt werden konnten, landeten auf dem freien Markt.

Wenn das Leben in der Verbotenen Stadt ganz normal weiterzugehen schien, dann nur, weil die Verwalter der kaiserlichen Hofhaltung begonnen hatten, den Stein des Himmels zu veräußern. In Ermangelung harter Währung kam Henry Puyi seinen Verpflichtungen mit Jadeit nach. Nach einem Erdbeben schickte er statt Bargeld Palastschätze im Wert von 300 000 chinesischen Dollar nach Japan; und eine Tierarztrechnung der Pekinger Polizeischule beglich er mit einem »Jadearmband«.[21]

Ein ehrliches Mitglied des Hofpersonals gestand Johnston schließlich, dass der Sohn des Himmels betrogen wurde. »Das *Nei Wu Fu* verkaufte nur an einen kleinen und exklusiven Kreis von Händlern, deren enge Verbindung zum Palastpersonal es beiden Seiten ermöglichte, sich zu einigen«, vertraute Johnston seinem Tagebuch an. Nichts wurde zum eigentlichen Wert verkauft, sondern nur nach Gewicht. Der vereinbarte Preis lag weit unter dem wahren Wert, und die Erlössumme, die in die Haushaltsbücher eingetragen wurde, lag sogar noch darunter. Der Gewinn wurde dann unter den Eunuchen aufgeteilt, von denen einige inzwischen mehr als eine Million Tael Silber, damals umgerechnet 200 000 Pfund, im Jahr verdienten.

Die Eunuchen verkauften auch gestohlene Wertgegenstände. Im April 1921 erlebte Johnston in den Gemächern von Chuan-

Ho, einer der Gemahlinnen Kaiser Tongzhis, die eben gestorben war, ein Handgemenge. Die Eunuchen, die ein paar Tage zuvor noch tränenreich um ihre Herrin getrauert hatten, waren in ihre Wohnräume eingebrochen, hatten ihre Jadesammlung gestohlen und stritten sich nun um die Aufteilung. »Die Affäre löste einen Skandal in der Stadt aus«, schrieb Johnston später, »nicht wegen des Diebstahls selbst, sondern weil sich die Diebe um die Beute gekeilt und Zetermordio geschrien hatten, was von den Hofbeamten für ein unziemliches Verhalten in einer Totenkammer erachtet wurde.«[22] Da das *Nei Wu Fu* keine Ermittlungen anstellte, kam Johnston zu dem Schluss, dass es bei dem Einbruch ebenfalls die Hand im Spiel hatte. Betrug und Diebstahl ließen sich in dem komplizierten Reigen aus Ritual und Etikette leicht vertuschen, und niemand wusste genau, was eigentlich gestohlen und verkauft worden war, weil man die kaiserlichen Wertobjekte nie katalogisiert hatte.

Johnston erzählte seinem Schüler, wie er einmal vor dem Tor des Himmlischen Friedens auf zahllose Antiquitätenläden gestoßen war, von denen einige von Palasteunuchen betrieben wurden, die sich nicht einmal bemühten, ihr Gewerbe zu tarnen. Wäre der Privatlehrer noch ein wenig tiefer in die Chinesenstadt vorgedrungen, so wäre er schockiert gewesen. Kaum eine Viertelmeile vom Tor des Himmlischen Friedens entfernt erstreckte sich zwischen der Zhengyangmen und der Dazhalan-Straße ein wahres Labyrinth von Budengassen. Langfang war inzwischen eines der blühendsten Viertel der Stadt. »Straßenhändler wetteiferten dort um Kunden, ihre großen Weidenkörbe voll gepackt mit Eis, Maulbeeren und Kirschen.« Eine chinesische Redensart besagte: »Die Ost- und Westseite von Langfang stehen für Wohlstand und Würde, der Süden für Fisch und Geflügel, Vögel und Blumen, aber das glanzvolle Zentrum ist ein Schmuckstück aus Jade.«[23]

In den ungepflasterten Gassen, die als Langfang Eins und Langfang Zwei bezeichnet wurden, hatten sich inzwischen mehr als sechstausend Steinschleifereien angesiedelt, aus deren Werkstätten das Surren und Kreischen der Schleifbänke weithin zu hören war. Muslime hatten seit Unzeiten Lapislazuli aus Afghanistan, Türkis aus Persien, Katzenauge aus Ceylon und Mondstein aus Syrien eingeführt und betrieben nun in Peking ihre Schleifräder, mit denen sie neue und alte Jade schliffen und umschliffen. In Spezialgeschäften wie dem *Tei Yuan Shieng* standen Glasvitrinen, die gefüllt waren mit alten und neuen Schmuckstücken aus Nephrit, der im unwirtlichen Khotan und in Jarkend gewonnen wurde. Die erlesensten Artikel verwahrte der Inhaber Tieh Bao Ting jedoch unter dem Ladentisch: kunstvolle Ornamente und Schmuckstücke mit einem seidenen Schimmer, bei denen es sich aufgrund ihres Glanzes und ihrer Klarheit eindeutig um Jadeit aus Burma handelte. Herr Tieh, dessen Vater 1895 die Landwirtschaft aufgegeben und das Geschäft gegründet hatte, trug dunkle konfuzianische Gewänder und galt unter seinesgleichen als »stark und streng wie die Weisheit«. Herr Tieh war der kompetenteste unter den vierzig Jadehändlern in Langfang, und sein Wort, so sagten die Chinesen, war mehr wert als Gold.[24] Und sein Name bedeutete »Der eiserne Pavillon der Schätze«.[25]

So viele verarmte Adelige und korrupte Beamte klopften an Herrn Tiehs Lacktür, dass seine Magazine bald von verpfändeten Jadeerbstücken überquollen, die dem Bauernsohn einen neuen Titel einbrachten, den des »Jadekönigs von Peking«. Herr Tieh verkaufte die Juwelen des Kaisers an die neue republikanische Elite, an die Warlords und gelegentlich auch an ausländische Antiquitätenhändler, die das Glück hatten, in seinen geheimen inneren Zirkel vorgelassen zu werden. Der Jadekönig und sein Kreis veräußerten 1913 im Auftrag von Yamanaka & Co., einer japanischen Handelsgesellschaft mit Filialen in London und New York, auch Prinz Gongs Hinterlassenschaft. Vor dem Verkauf ließ die Familie Gong, die nach dem Tod von Cixis Erstem Minister im Mai 1898 verarmt war, von ihren Dienern das verlassene Herrenhaus für potenzielle Käufer aufsperren, die dort laut Katalog alles so vorfanden, wie es die Familie bei ihrer Flucht zurückgelassen hatte, einschließlich einer halb gerauchten Zigarre. Später wurden Prinz Gongs Schätze, darunter smaragdgrüne Jadespangen, Schirme, Prunkketten und Pinselhalter sowie eine zierliche Vase in der Farbe von »Moos in schmelzendem Schnee« nach New York geschafft, wo sie in den American Art Galleries an der Madison Avenue versteigert wurden.[26]

Geschichten von Prinzen und Hofdienern, die durch die Nacht huschten, um sich mit Bankmanagern zu treffen und Reissäcke voll Jadeit gegen hartes Bargeld einzutauschen, lockten Dutzende von Agenten ausländischer Händler nach Peking. Einer der wenigen Männer aus dem Westen, der behauptete, Zugang zu der Hehlerware zu haben, war Ed Newell, der für Abe Gumps Ostasien-Museum in San Francisco einkaufte. Newell war fasziniert von Kostbarkeiten, die angeblich ihren Weg aus Salons und Frisierkommoden nach draußen fanden:

> Die Kaiserinwitwe hatte vielen Ausländern Audienzen gewährt, doch selbst jene, die ihr persönlich gegenübergetreten waren, hatten nur die Audienzsäle gesehen. Niemand hatte eine Vorstellung davon, was die Kunsthandwerker des Hofs während der Jahrhunderte absoluter Monarchie gefertigt hatten. Doch dies waren nur ein paar der Preziosen aus dem Plündergut, das auf dem Pekinger Markt feilgeboten wurde.[27]

Abe begleitete seinen Agenten manchmal, wenn dieser auf der Suche nach Rohjadeit durch China streifte. »Als Jadejäger hätte er sich gerne in die Kachin-Berge vorgewagt, aber das war natürlich unmöglich«, schrieb Gumps Biograf. Stattdessen durchkämmten die beiden Langfang. Newell und Gump bildeten ein ideales Gespann: Der Erste war mit dem riesigen Jadeitring seines Arbeitgebers bewaffnet, den er wie eine Pistole schwang und mit jedem Stein verglich, der ihm angeboten wurde, und der blinde Abe stützte sich auf seinen Ruf, scheinbar allein mit den Händen Alter und Wert eines Steins bestimmen zu können.[28]

Die Nachfrage nach Jadeit war indes so groß, dass dem Jadekönig schließlich nichts anderes übrig blieb, als sich in die Kachin-Berge zu wagen, damit seine 130 Steinschneider weiterhin Arbeit hatten. Er schickte Agenten los, um neu abgebaute Steine zu kaufen, die auf Elefanten aus dem Grubengebiet geschmuggelt wurden, um britische Steuereintreiber zu umgehen. Die Revolten gegen die Qing-Dynastie hatten zur Schließung der Minen geführt, doch der neue Markt ließ das Geschäft wieder aufleben. Inzwischen beherrschten jedoch Konsortien von Chinesen und Shan alle Gruben bis auf vier.[29] Die wilden *Ye Jein* von den Kachin-Bergen, die Blut vergossen und Legenden über Dschungelgeister und Dämonenheere verbreitet hatten, um Neugierige von ihrem Territorium fern zu halten, und deren wilde Gesänge einst durch das dunkle Herz Burmas hallten, hatten die Herrschaft über ihr Schatztal verloren.

Der Kachin-Kriegsherr Kansi La, der die Gruben kontrolliert hatte, als Captain Adamson sie 1888 erreichte, war trotz des Opiumbalsams, der die Stechmücken abwehren sollte, an Malaria gestorben. Sein Sohn Sinwa Nawng erbte zwar das Tal, verlor jedoch alles, außer seiner Opiumpfeife und einer Notiz, die Adamson seinem Vater aufgedrängt hatte. Der Captain hatte das zerfetzte Dokument unterzeichnet, von dem wir im Archiv von Neu-Delhi einen Entwurf entdeckten, dessen Tintenschrift noch klar zu entziffern war, obwohl das Papier bereits einem Mottenflügel glich. »Ihr werdet hiermit davon in Kenntnis gesetzt, dass Ihr dem Befehl der Vertreter des britischen Hofes untersteht, deren Anordnungen gemäß dem Brauch der Bergstämme ebenso befolgt werden müssen wie früher die des burmesischen Königs«, hieß es darin. Sinwa Nawng konnte jedoch nicht lesen und hatte längst die Erzählungen seines Vaters darüber vergessen, wie die Kachin sich gegen die Briten erhoben und Adamson gezwungen hatten, unter einem Hagel von Bleikugeln zu fliehen, worauf sich das große Empire gezwungen sah, seinen Kurs zu ändern. Inzwischen verkauften nur mehr zwei Kachin an die Agenten von Herrn

Tieh: Tingnan Kumjha, der Schwiegersohn des verstorbenen Kansi La, und Sao Krim, den seine eigenen Leuten mieden, weil er mit seiner Großmutter schlief.[30]

Als Henry Puyi mit siebzehn Jahren erstmals etwas von dem Handel in Langfang erfuhr, fing er an, durch die Paläste zu wandern und nach den legendären Schätzen zu suchen, von denen er als Kind gehört hatte. Als er eines Tages im Sommer 1922 durch die purpurroten Korridore streifte, schüttelte er sein Gefolge ab und fand sich ganz allein in den Gemächern. Am Ende eines verdunkelten Ganges entdeckte er mit einer Öllampe in der Hand hinter einem eigentümlichen Vorhang Türen aus Holz, »die mit Streifen von kaiserlichem Siegelpapier versiegelt waren«. Er hielt die Lampe hoch, fuhr mit dem Finger die rostfarbene Tintenschrift nach und entzifferte einige Worte der obskuren Mandschuschrift. Es schien sich um die Halle des Ehernen Glücks zu handeln, einen Lagerraum, den Kaiserinwitwe Cixi kurz vor ihrem Tode hatte versiegeln lassen. Der Sohn des Himmels brach die Tür auf. Er strich ganze Vorhänge von Spinngeweben von den Regalen, zog eine der zahllosen Lacktruhen, die dort lagerten, auf den Boden und knackte das Schloss. Sein Gesicht leuchtete, als er uralte kalligraphische Schriftrollen, goldene Statuetten, Elfenbeinschnitzereien und Jadeornamente herausnahm. Seine Hände glitten gierig durch die glitzernden Perlenschnüre. Er warf sich leuchtende Anhänger um den Hals. Er setzte den Kopfputz einer längst vergessenen Kaisergemahlin auf. Und in seine Tasche wanderten ein paar Haarnadeln aus durchscheinender Jade in Form von Drachenfiguren mit Perlenaugen und rubinroten Flammen vor den Nüstern sowie ein kleineres und schlichteres, aber umso glänzenderes Objekt – ein Anhänger in Form einer Pfefferfrucht, der glitzerte wie unter einer feinen Tauschicht. Dann packte er die übrigen Sachen wieder sorgfältig ein, schloss die hölzernen Türen hinter sich und stürmte in seine Gemächer zurück. Tränen liefen ihm über die Wangen. »Nach dieser Entdeckung fragte ich mich, wie viel ich wirklich besaß«, schrieb Henry Puyi. »Was sollte ich mit diesen riesigen Schätzen anfangen? Wie viel davon war gestohlen worden? Wie konnte ich weitere Diebstähle verhindern?« Es dämmerte dem jungen Kaiser, dass er der Sklave eines leeren Titels war.

Der untröstliche Monarch verlangte sofort, dass man ihn durch seine Zitadelle führe und ihm seine Schätze zeige, doch die kaiserliche Hofhaltung hielt ihn tagelang hin. Stattdessen ersann das *Nei Wu Fu* einen Plan, um Henry Puyi abzulenken. Es war an der Zeit, dass der Kaiser heiratete, und innerhalb eines Monats wurde eine Doppelhochzeit angekündigt. Henry Puyi sollte Wan Jung zu seiner Kaiserin und Wen Hsui zu seiner Gemahlin machen. Die Zeremonie sollte im Palast der Himmlischen Reinheit stattfinden, in dem 1875 Tongzhi gestorben war.

Die vierzehnjährige Wen Hsui betrat die Verbotene Stadt am 30. November 1922 mit dem Titel der *fei*, der einst Qianlongs inzwischen legendärer Duftgemahlin verliehen worden war. Dort wartete sie auf den Hochzeitszug und Wan Jung, die Kaiserin werden sollte. Am 1. Dezember schlängelte sich eine Karawane von Qing-Höflingen mit 72 Schirmen voller Drachen und Phönixen, dreißig Paar Palastlaternen und goldenen Zelten »mit dem kaiserlichen Patent für die neue Kaiserin und ihrer Kleidung« aus der Verbotenen Stadt. Die 17-jährige Wan Jung wurde in Begleitung einer republikanischen Kapelle und berittener Polizei von Eunuchen in der Phönixsänfte von ihrem Haus in der Hutgasse zur Zitadelle gebracht. Auf ihrem Haupt glitzerte eine Krone aus Jadeit und Eisvogelfedern. Henry Puyi, Wan Jung und Wen Hsui wurden von Republikanern und Qing-Aristokraten mit Geschenken überschüttet, von denen – wie sich später herausstellte – viele aus den kaiserlichen Magazinen stammten und einen Umweg über Langfang genommen hatten. Als Wan Jung in ihrer Hochzeitsnacht schlief, brachen Diebe in den Palast der Irdischen Ruhe ein, raubten die Steine des Himmels aus ihrer Hochzeitskrone und ersetzten sie durch grünes Glas.[31] Innerhalb weniger Tage bemerkte Henry Puyi, dass das Schloss am Lagerraum im Yu Ching

Palast und ein Fenster hinter dem Palast des Wolkenlosen Himmels aufgebrochen worden waren. Der Kaiser war empört über die Missachtung seiner Autorität seitens der Eunuchen; er verlangte eine Untersuchung und befahl dem *Nei Wu Fu*, ein Inventar aller Gegenstände im Palast zu erstellen.

Die Feuerwehr der italienischen Gesandtschaft entdeckte als Erste den rußigen Baldachin, der am 27. Juni 1923 über der Verbotenen Stadt hing. Doch als sie endlich die Hindernisse des Pekinger Verkehrs und des Hofzeremoniells überwunden hatten, war Cixis Schatzkammer, die Henry Puyi im letzten Sommer entdeckt hatte, nur noch ein Haufen schwelender Asche. Die Feuersbrunst griff auch auf benachbarte Räumlichkeiten über, die ebenfalls zahllose kaiserliche Kostbarkeiten bargen, und die italienische Mannschaft kämpfte stundenlang gegen die Flammen an. Als sich das Feuer durch die alten Giebel und Säulen fraß und Rauch in den Himmel über der Hauptstadt spuckte, eilten Hunderte von Europäern und Chinesen an den Schauplatz. Viele wurden von den Wachen in den Palast eingelassen, um mitzuhelfen, die Verbotene Stadt zu retten, doch viele bedienten sich in den ausgebrannten Räumen und steckten Souvenirs ein. Henry Puyi war untröstlich. Aus einer unvollständigen Inventarliste ging hervor, dass in der Halle des Ehernen Glücks mindestens 6643 Gegenstände aufbewahrt worden waren, wovon nur 387 das Feuer überstanden. Zu den Objekten, die nachweislich verloren gegangen waren, zählten 2685 goldene Buddhastatuen, 1157 religiöse Gemälde, 1675 Altarornamente aus Jadeit und Gold, 435 Keramiken und eine unbekannte Zahl von Jadeschnitzereien und Juwelen. Hier handelte es sich sicher um den wertvollsten Haufen glimmender Asche und durchnässter Schlacke in ganz China, und als ein Kaufmann, der sich das Recht erkaufte, die Stätte zu räumen, die Überreste nach wertvollen Metallen durchkämmte, wurden aus den Ruinen 17 000 Tael (850 000 Gramm) geschmolzenes Gold geborgen.[32]

Wan Jung und Henry Puyi waren nun – wie Edward V. und dessen 9-jähriger Bruder, die Richard III. in den Londoner Tower geworfen hatte, um den Thron zu usurpieren – Geiseln ihrer Gefolgsleute, und die kaiserliche Zitadelle war ihr Gefängnis. Die beiden wurden in ihr Schlafzimmer eingesperrt und waren von intrigierenden Eunuchen umgeben, die jeden ihrer Schritte beobachteten. Wan Jung wachte, mit einem Holzknüppel bewaffnet, über ihren schlafenden Gemahl, der nun eine geladene Pistole unter dem Kopfkissen versteckte. Sie waren verängstigt und völlig von der Außenwelt abgeschnitten. In ihrer Bedrängnis fassten sie einen Plan. Die Zhou-Dynastie hatte 1122 v. Chr. die Praxis eingeführt, Eunuchen zu beschäftigen, und am 15. Juli 1923 zog Henry Puyi einfach einen Schlussstrich unter diese Tradition. Die Eunuchen wurden zusammengerufen und von einer ausgeliehenen republikanischen Garde umringt, die sie aus der Verbotenen Stadt geleitete.

Der Kaiser und seine Frau wanderten durch die unheimliche Zitadelle. Staubige Winde fegten durch die Höfe und legten in sämtlichen Hallen und Kammern den Sand der mongolischen Steppe auf Tische und Kangs. Moos bedeckte die Pflastersteine, Unkraut wucherte über die marmornen Phönix- und Drachenfriese, und der Goldwasserfluss war ein modrig riechendes Rinnsal von Brackwasser. Zerrissene und befleckte Papierfensterscheiben flatterten im Wind, und seidene Rouleaus, die einst in den Westlichen Palästen Schatten gespendet hatten, waren zerschlissen und vermodert. Der Sohn des Himmels sammelte überall Wirtschaftsbücher, Rechnungen und Zettel und versuchte herauszufinden, was mit seinen Schätzen geschehen war. Das *Nei Wu Fu* hatte mit dem Diebstahl von Gold, Keramik, Bronze und Jade fünf Millionen chinesische Dollar eingesackt, doch inzwischen waren nicht nur die Kunstgegenstände, sondern auch das Geld spurlos verschwunden. Dutzende von Höflingen und Gefolgsleuten waren in die Diebstähle verwickelt, darunter auch Jung Yuan, der Schwiegervater des Kaisers.

Alle schienen sich seit dem Tag, als er auf den Drachenthron gehoben worden war, gegen ihn verschworen zu haben. Henry Puyi suchte nach einem Ausweg aus seinem Gefängnis und wandte sich an den einzigen Menschen, dem er traute. Reginald Johnston wurde gefragt, ob man dem Kaiser von China in der britischen Gesandtschaft Asyl gewähren könne, bevor man ihn nach England schmuggelte. Man hielt diesen Plan jedoch politisch für zu heikel; Johnston schlug vielmehr vor, sein Schüler solle sich in das ländliche Idyll des Sommerpalastes zurückziehen. Dort, bei den Kähnen auf dem Kunming-See, am Fuß der Westberge, in den heiligen Hainen und unter lauschigen Lauben, herrschte wenigstens ein Anschein von Freiheit. Henry Puyi willigte widerstrebend ein und schickte Johnston voraus, um seine Ankunft vorzubereiten, während er sich auf ein Leben außerhalb der Verbotenen Stadt einstellte.

Der Sohn des Himmels rief seinen Bruder Pu Chieh herbei, und während der nächsten sechs Monate schlichen sie sich, vorbei an den Palastwachen, in kaiserliche Lagerräume ein und durchsuchten heimlich die Schatztruhen der Qing. Sie suchten sich die kleinsten und wertvollsten Objekte aus, versiegelten die Kisten wieder und warteten bis Sonnenuntergang. Im Schutz der Dunkelheit stahl sich Pu Chieh in schwer herabhängenden Gewändern mit überquellenden Taschen aus dem Palast und schlich durch die leeren Straßen zum Haus seines Vaters, der Villa Pei Fu. Bald hatten sie »Antiquitäten, Kalligraphie, Gold, über eintausend Schriftrollen, zweihundert Wandbilder, zweihundert Bücher der Song-Dynastie und Kisten mit Jadeit« in das Stadthaus in Peking und in die Hafenstadt Tientsin geschafft. »Die Sachen, die wir mitnahmen, waren die erlesensten Schätze«, erinnerte sich Puyi.

Am 23. Oktober 1924 verbreitete sich in der Verbotenen Stadt die Nachricht, der christliche General Feng Yuxiang habe in Peking einen Staatsstreich verübt. Der Warlord löste das Parlament auf, ordnete die Hinrichtung des korrupten Schatzmeisters der Republik an und schlug den Adel und die republikanischen Minister in die Flucht. Die meisten, wie der Außenminister Dr.

Wellington Koo, retteten sich in eine der ausländischen Gesandtschaften, die ihre Weiterreise zu den Niederlassungen in Tientsin veranlassten. Nur Henry Puyi und Elizabeth (diesen Namen hatte Henry der Kaiserin Wan Jung gegeben) blieben ruhig. Am 4. November wurde Reginald Johnston in den Palast gerufen. Der Sohn des Himmels nahm eine kleine Schachtel heraus und forderte Johnston auf, sich ein Abschiedsgeschenk auszusuchen. Der Lehrer entschied sich für einen großen Cabochonring »mit einem erlesenen Stück grüner Jade«, das Tuan K'ang, der älteren Schwester von Guangxis unglücklicher Perlenkonkubine, gehört hatte. Am Abend darauf schlug der kaiserliche Lehrer sein Tagebuch auf und schrieb ein Klagelied auf das Haus Qing: »Die lange Dämmerung über der Verbotenen Stadt verdüsterte sich zur Dunkelheit.« [33]

Als am nächsten Morgen um neun Uhr ein Mitglied der Hofhaltung in den Palast der Gesammelten Eleganz stürzte und meldete, Soldaten des christlichen Generals hätten die Verbotene Stadt gestürmt und verlangten die Verhaftung des Himmelssohns, aßen Henry und Elizabeth gerade Äpfel. Sie beruhigten ihre Gefolgsleute und ließen den Bevollmächtigten des Generals eintreten. Der Kaiser erklärte sich seelenruhig damit einverstanden, eine Klausel zu unterschreiben, wonach sein Titel abgeschafft, seine jährliche Apanage auf 500 000 chinesische Dollar gekürzt und sein Wohnrecht in der Zitadelle aufgehoben wurde. Man gab dem Kaiser und seinem Gefolge nur ein paar Stunden Zeit, um gerade so viel zu packen, wie sie tragen konnten, und um drei Uhr nachmittags rauschte ein Konvoi von fünf Wagen durch das Tor des Himmlischen Friedens in die Straßen der Kaiserstadt. Der Sohn des Himmels blinzelte zunächst wie ein Maulwurf und bestaunte dann mit großen Augen die Hauptstadt, die er erst ein Mal zuvor gesehen hatte.

Als sich die Autokolonne durch die überfüllten *hutongs* schlängelte, blieben die Adeligen und die Straßenhändler wie angewurzelt stehen als sie den Kaiser von China sahen, der in die Vergessenheit geleitet wurde. Elizabeths einziger Trost war ein kleines, aber unbezahlbares Etwas, das in ihrem Gürtel verborgen war. In der Villa Pei Fu begegnete der Sohn des Himmels abermals dem Vertreter des christlichen Generals. Dieser fragte ihn:

»Herr Puyi, beabsichtigen Sie, in Zukunft Kaiser zu bleiben, oder werden Sie ein gewöhnlicher Bürger sein?«

»Als Kaiser genoss ich keine Freiheit, und nun habe ich meine Freiheit erlangt. Von heute an will ich ein gewöhnlicher Bürger sein«, erwiderte Henry Puyi, während Prinz Chun seinen Hut zu Boden warf. »Es ist alles vorbei, es ist alles vorbei. Den werde ich nicht mehr brauchen«, stotterte der ehemalige Regent.[34]

Schon nach wenigen Stunden schlich eine kleine Gruppe von Künstlern und Historikern in die Verbotene Stadt, um die Privatgemächer des Exkaisers zu durchsuchen. Keiner von ihnen hatte sich träumen lassen, jemals einen Fuß in Kaiser Yongles Zitadelle zu setzen. Der Kurator Chuang Shang-yen erzählte seiner Familie später, was er sah.

Im Jahre 1999 begegneten wir dem Sohn Chuang Shang-yens in einer kleinen Galerie in Taipeh, wo er gerade eine Ausstellung über die Kalligraphie seines Vaters abbaute. Der 1980 verstorbene Kurator hatte einen weltweiten Ruf als Kenner der chinesischen Kunst genossen; seine eigenen Pinselzeichnungen und Gedichte waren inzwischen höchst gefragt. Chuang Ling erinnerte sich an die Schilderungen seines Vaters von dem deprimierenden Verfall, der die königliche Achse, um die sich einst das Universum drehte, in einen Haufen Schutt verwandelt hatte.

Nachdem die Kuratoren den Schmutz weggewischt hatten, der die Fenster verkrustete, stießen sie auf Magazine, deren Türen aus den Angeln gehoben worden waren, und Räume voller fleckiger und ausgeblichener Seiden-, Satin- und Leinenbezüge, die an zerbrochenen Sesseln und Sofas hingen. Ein widerlicher Geruch von Urin und Moder durchzog die Räumlichkeiten. In den Höfen wucherte das Unkraut. Die Decken waren durchnässt, und von den

Wänden schälten sich die Malereien. Als Chuang Shang-yen den Palast der Gesammelten Eleganz betrat, fand er auf einem hölzernen Stuhl einen halb gegessenen Apfel liegen. Er roch heimlich an der braun gewordenen Frucht und fragte sich, ob sie wohl die Lippen des letzten Kaisers von China berührt hatten.

»Der Sturm des 5. November 1924 wehte mich aus der Verbotenen Stadt und warf mich an einen Scheideweg«, schrieb Puyi später. In den Wochen nach seiner Vertreibung kamen dem Exkaiser Gerüchte zu Ohren, wonach chinesische Radikale planten, ihn zu ermorden. In dem verwirrenden neuen Leben in einer fremdartigen Stadt hatte alles etwas Bedrohliches, und so entwischte Henry Puyi seiner eigenen Regierung und suchte Zuflucht in der japanischen Gesandtschaft. Er konnte es sich nicht verkneifen, sich ein Diplomatenfahrrad auszuleihen und mitten in der Nacht durch die Stadt zu fahren, die er kaum kannte. Als er aus seinem Palast vertrieben worden war, hatte er sich ungeheuer erleichtert darüber geäußert, den bedeutungslosen Titel losgeworden zu sein. Aufschlussreicher aber sind seine lebhaften Erinnerungen an jene einsamen mitternächtlichen Fahrradtouren zum Graben der Verbotenen Stadt, wo der Anblick der fernen Türme des Palasts der Pflege des Charakters und die verschwommene Silhouette der Pfeiler und Bögen eine unbeherrschbare Wut in ihm aufsteigen ließen. Tränen liefen ihm über die Wangen, und in seinem Herzen entbrannte »ein Wunsch nach Rache und Restauration«.

Am 23. Februar 1925 floh der Exkaiser ganz aus Peking. Ein Qing-General stellte ihm in Tientsin ein herrschaftliches Haus mit vier Morgen Land zur Verfügung und fegte persönlich die Auffahrt als Zeichen der Ergebenheit gegenüber dem Drachenthron. Henry Puyi fing sofort an, die Palastschätze, die sein Bruder in Tientsin versteckt hatte, zu Bargeld zu machen, das er bei ausländischen Banken deponierte und in Immobilien anlegte. Elizabeth Wan Jung erhielt ein Taschengeld von eintausend chinesischen Dollar im Monat, Wen Hsui achthundert Dollar. Beide Frauen erhöhten ihr Einkommen, indem sie dem Jadekönig in Langfang heimlich Jadeit verkauften.

Henry Puyi versetzte Kunstgegenstände des Kaiserhofs und gab »unermessliche Summen« für englische Autos, französische Standuhren, deutsche Taschenuhren und Diamanten aus. Mit Qianlongs und Cixis Himmelssteinen beglich er auch die Rechnungen für Anzüge von Whiteway, Laidlaw & Co. mit Fischgrätenmuster im Stil der sportlichen Männer, welche die Seiten des *Esquire* zierten. Verpfändete Armreifen, Schnitzereien und Haarschmuck erlaubten es Henry Puyi, sich parfümieren und pudern zu lassen und sich zwei importierte Schäferhundwelpen zu kaufen, mit denen er zum Country Club von Tientsin hinunterschlenderte, wo ihm das britische Komitee erlaubte, als »Sonderchinese« Golf zu spielen. Henry Puyi tauchte so sehr in die Modernität des Westens ein, dass er in die Scheidung von seiner Gemahlin Wen Hsui einwilligte, die in ihrer »unausgefüllten Ehe« todunglücklich geworden und während eines Einkaufstrips nach Peking verschwunden war. Nie zuvor war jemals ein Kaiser von einer Gemahlin verlassen worden. Als ein Richter das rechtskräftige Scheidungsurteil unterzeichnete, erließ Henry Puyi eine Verfügung, in der ihr der Titel aberkannt wurde. Wen Hsui wurde zur Ausgestoßenen. Sie hat nie wieder geheiratet und arbeitete bis zu ihrem Tod im Jahre 1950 als Volksschullehrerin.

Henry Puyi verfiel dem Konsumrausch in einem solchen Maße, dass er Dutzende von Opportunisten an seinen Hof lockte, die alle versprachen, den Drachen wieder auf seinen Thron zu setzen. Sie beschwatzten ihn, Dollars und Jade zur Finanzierung fiktiver Feldzüge herauszurücken, die bereits nach dem ersten Schuss – sofern die Waffe überhaupt geladen war – gleich wieder verpufften. Chang Tsun-ch'ang, ein Warlord aus Shandong mit »der Gestalt eines Elefanten, dem Gehirn eines Schweins und dem Temperament eines Tigers«, war einer der Ersten, die an den neuen Hof in Tientsin kamen.[35] Henry Puyi hörte von Changs Erfolgen beim Zurückdrängen der Streitkräfte des christlichen Generals und überschüttete ihn nun mit Geld und Juwelen, damit er das gute Werk fortsetzte. Leutnant Chang war jedoch eine unzuverlässige Gestalt. In Shandong rekrutierte er eine Armee von 100 000 Mann, der auch Kompanien weißrussischer Söldner angehörten, die man als »Soldaten des Missgeschicks« bezeichnete, sowie Bataillone von Kindern, die sein halbwüchsiger Sohn anführte und die mit verkürzten Gewehren bewaffnet wurden. Seine Truppen verbreiteten Schrecken, weil sie die Schädel ihrer Gegner spalteten und ihre Opfer dann an Telefonmasten aufknüpften. Der Mann, den Henry Puyi als Geißel des Nationalismus finanzierte, war den Chinesen bald vertrauter unter seinem Spitznamen – »Hundefleischgeneral«.

Als Nächstes trat ein zaristischer Offizier auf den Plan, der vor der Roten Armee nach China geflohen war und dort seine Dienste anbot. »Ich kann mich nicht erinnern, wie viel Geld ich ausgab oder wie viel Jade und Schmuck ich verschenkte, um die Freundschaft von Militärs zu gewinnen oder zu erkaufen«, schrieb Puyi später. »Aber ich weiß genau, dass der Weißrusse Semionov am meisten bekam.« Er hieß eigentlich Ataman Seminov und war ein Söldner, der keine richtige Truppe besaß, sondern einen kleinen Haufen von Landsern, die an der Grenze mordeten und vergewaltigten, während ihr Anführer durch Peking, Tientsin, Hongkong und Japan streifte und potenzielle Geldgeber betrog, darunter die britische, französische und amerikanische Regierung und auch Henry Puyi. Seminov begegnete dem Exkaiser erstmals im Oktober 1925 und muss ihn geschickt umgarnt haben, denn er zog mit 50 000 chinesischen Dollar in bar und in Schmuck aus Tientsin ab. Binnen weniger Wochen richtete Henry Puyi ein spezielles Bankkonto für ihn ein, auf das er 10 000 Dollar einzahlte. Dieselbe Summe in Form von Jadeit und Schriftrollen erhielt ein Militärstratege namens Liu Feng-Chih.

»Obwohl Liu Feng-Chih unendlich viele Kostbarkeiten mitnahm, machte er keinerlei Anstalten, dafür etwas zu tun«, schrieb Henry Puyi verärgert. So viele Menschen profitierten von seinen immer verzweifelter werdenden Akten der Großzügigkeit, dass er sich kaum an all ihre Namen erinnerte. Ein englischer Journalist, der möglicherweise Ross hieß, wurde bezahlt, um eine monarchistische Zeitung zu gründen. Ein namenloser Österreicher, der sich als Diplomat ausgab, wurde als Auslandsberater eingestellt. »Ganze Scharen besiegter Generäle und gescheiterter Politiker strömten an den vermeintlich reich gedeckten Tisch, und die Zahl meiner Protegés nahm ständig zu.«

Letztlich bedurfte es einer sehr persönlichen Geste der Ablehnung, um Henry Puyis Bindung an Chinas Drachenthron ein Ende zu setzen. Am 2. Juli 1928 riegelten bewaffnete Männer einen Teil des Bezirks Zunhua am Fuße der Changrui-Berge ab. Auf Plakaten, die man in den Dörfern anschlug, wurde die Bevölkerung aufgefordert, die Häuser nicht zu verlassen. Zehn Tage lang kursierten hartnäckige und beunruhigende Gerüchte, bis die Champagnerblase des Playboyhofs von Henry Puyi platzte. In Langfang tauchten plötzlich Unmengen von kaiserlicher Jade, Gold und Perlen auf, in einer Qualität, wie man sie auf dem freien Markt bisher kaum gesehen hatte. Die *Times* sprach von einem geheimnisvollen Kaiserschatz im Wert von 6,25 Millionen Pfund, der heimlich in den Kreisen der High Society und der Handelsagenten angeboten wurde. Der Exkaiser schickte sofort einen Trupp los, um der Sache nachzugehen.

Die steinernen Krieger, Mandarine und Sagenfiguren, welche die östlichen Kaisergräber zu bewachen hatten, standen nun in einem schwelenden Grasland. Ein Feuersturm schien über das Gebiet um die Nekropole hinweggefegt zu sein, und nur der Regen hatte die Flammen gelöscht. Die Ermittler eilten zu den Mausoleen und entdeckten den weit geöffneten Zugang zu Qianlongs unterirdischem Grab. Das Unwetter hatte die Katakomben überflutet, und so tauchten die Männer in das Dunkel ein und wateten durch den Schlick, der die marmorverkleideten Gänge bedeckte. Sie trugen Fackeln vor sich her und bangten dem entgegen, was sie wohl vorfinden würden. Sie drangen 54 Meter tief in die Changrui-Berge ein, in das Herz des Qing-Reiches. Schritt für Schritt tasteten sie sich durch die vier riesigen Marmorportale vor. Irgendetwas hatte die steinernen Stangen zertrümmert, die die Türen von innen verriegelt hatten. Die Männer rangen nach Luft, als sie in die Grabkammer schlüpften. Sie mussten sich Tücher um Mund und Nase binden, um sich des Gestanks von Urin und Kot zu erwehren, der ihnen in dem Gewölbe entgegenschlug. Ihre Lampen warfen einen flackernden Schein auf die tropfenden Wände. Sie erwarteten immergrüne Jadegärten und Grabschätze wie die legendären 99 Tonnen Silber, die der Kaiser geschmolzen hatte, um sein Grab auszukleiden, doch sie fanden nichts. Als sie sich in ihrer Furcht vor imaginären Rachegeistern behutsam zu Qianlongs Sarg vorschoben, entdeckten sie eine zertrümmerte Lackkiste, die mit roher Gewalt aufgebrochen worden war. Auf Händen und Knien durchsuchten die Beauftragten des Exkaisers die Kammer, bis sie auf Knochen stießen, die aus dem Sarg gezerrt und in dem ganzen Gewölbe verstreut worden waren. Das war alles, was von Qianlong noch übrig war.

Als sich die Ermittler Cixis Grab näherten, überkam sie ein Gefühl der Erleichterung: der Zugang war unbeschädigt. Als sie aber hinaufstiegen, um die Kostbare Zitadelle zu untersuchen, die das Mausoleum krönte, entdeckten sie, dass Steinplatten von der Terrasse weggestemmt worden waren und dass ein Seil in ein pechschwarzes Loch hinabhing. Widerstrebend kletterten sie in das Grab der Drachendame hinab. Auch hier waren die riesigen Marmorportale mit Gewalt aus den Angeln gerissen worden. Sachte tasteten sich die Leute in das Grabgewölbe der Kaiserinwitwe vor. Der schwache Strahl der Leuchten glitt über einen zerknüllten Haufen zerschlissener Leintücher, der in einer Ecke lag. Sie betasteten den Ballen und sprangen entsetzt zurück, als eine nackte Leiche herausrollte – ein verrunzeltes und ledriges, von Klingen und Knüppeln zerschundenes Etwas. Edmund Backhouse behauptete später, Cixis Haar sei von wütenden Händen, die sich um ihre jadenen Schmetterlinge stritten, ausgerissen worden. Die

Ermittler drehten die Leiche um und taumelten förmlich, als sie ein Gesicht mit einem klaffenden Mund anglotzte, aus dem die große schwarze Perle herausgestemmt worden war. »Das Gesicht hatte einen wunderschönen blassen Teint, doch die Augen waren tief eingesunken und wirkten wie zwei schwarze Höhlen. An der Unterlippe fanden sich Zeichen einer Verletzung«, hieß es in ihrem offiziellen Untersuchungsbericht.[36]

Puyi kamen vor Wut die Tränen. »Der Bericht versetzte mir einen schlimmeren Schock als meine Vertreibung aus dem Palast«, schrieb er. Gefolgsleute und loyale Anhänger der Qing und sogar Republikaner, die noch immer konfuzianische Werte vertraten, äußerten ihre Abscheu über die Entweihung eines Grabdenkmals für die Vorfahren einer Familie. Ermuntert durch den Rückhalt der Öffentlichkeit, schickte Henry Puyi einen Brief an die neue nationalistische Regierung in Nanking und forderte eine sofortige Untersuchung.

Es kam jedoch keine Antwort. Henry Puyi »glühte vor Hass«. Er gelobte, China ganz zu verlassen und die Dynastie wieder in ihr angestammtes Gebiet in den Ebenen und Gebirgen im Norden zurückzuführen, von wo aus sie die Ming im Jahre 1644 bezwungen hatte. Der Drache, wie Reginald Johnston ihn gerne nannte, suchte sich nun in der Mandschurei eine Höhle.

In der Nacht des 10. November 1931 stahl sich ein Wagen aus Tientsin und preschte zu einem Betonkai am Peiho-Fluss. Henry Puyi verließ China im Kofferraum eines Cabriolets, und die Wasserstraße, auf der Macartney und Elgin nach Peking gekommen waren, sollte nun den Nachkommen der Qing in die Steppenheimat seiner Vorfahren bringen. Der Exkaiser begab sich an Bord einer kleinen Motorbarkasse, die im Schutz japanischer Soldaten still und heimlich ablegte und in Richtung Meer tuckerte. Man wollte sich den Überraschungseffekt zunutze machen, stellte sich aber zudem auf alle möglichen Risiken ein. So war das Boot mit Sandsäcken und Panzerplatten ausgestattet, da es die nationalistischen Stellungen passieren musste, die am Ufer ausgehoben worden waren. Es dauerte auch nicht lange, bis die Mannschaft des Exkaisers durch Schüsse angehalten wurde. »Ich lag wie gelähmt auf dem Boden, als wären all meine Nerven durchtrennt gewesen«, erinnerte sich Henry Puyi später. Mit gelöschten Lichtern und voller Kraft schlingerte das kleine Schiff davon und entkam den nationalistischen Verbänden. Um Mitternacht hatte der Exkaiser die Ruinen der Taku-Festungen erreicht. Henry Puyi kletterte an Bord des japanischen Handelsschiffes *Awaji Maru*, das sofort die Anker lichtete, das Gelbe Meer durchquerte und drei Tage später in Liaoning, der südlichsten Provinz der Mandschurei, anlegte. Eine nervenaufreibende Woche lang musste Puyi warten, bis er mit dem Zug weiterfahren konnte, nicht aber nach Norden, in das Kernland der Mandschuren, sondern südwärts nach Lushun an der südlichsten Spitze der Halbinsel, wo er sich zwischen den Felsenklippen verstecken sollte, bis seine neuen Alliierten bereit waren, ihn aufzunehmen.

Henry Puyi tauschte seinen chinesischen Hof gegen einen Deal mit den Japanern ein. Am 24. Februar 1932, nachdem er sich drei Monate lang in dem beengten Yamato Hotel versteckt hatte, erfuhr er beim Abendessen, dass er wieder Oberhaupt eines Staates werden sollte. Der einstige Kaiser von China stieg in einen Zug, der durch die Jagdgründe von Mukden nach Norden fuhr, und kam am 8. März 1932 in der mandschurischen Bergstadt Changchun an. In Frack und Zylinder gekleidet, wurde er zum »Präsidenten von Mandschukuo« ernannt. Er ließ sich in das Gefängnis eines weiteren bedeutungslosen Titels einsperren und stand nun an der Spitze eines Marionettenstaates, den die Japaner im Jahr zuvor von China abgetrennt hatten. In der Zwischenzeit erstand Hunderte von Meilen weiter südlich aus den Trümmern der Qing-Dynastie eine Vision aus Chrom, die hell von Jadeit erleuchtet wurde.

8

Die Hure des Fernen Ostens

Eisenbahnarbeiter putzten die verrußten Scheiben, und Gepäckträger schlängelten sich mit ihren überladenen Karren durch die wartenden Passagiere. Unter den Reisenden befanden sich ein deutscher Opiumschmuggler, seinen Papieren nach Vertreter für westliche Pharmaprodukte, und eine englische Hotelbesitzerin, die ihren Pekinesen in einem Picknickkorb in ihr Zugabteil schmuggeln wollte. In einem Wagen der ersten Klasse machte es sich der brutale Warlord Henry Chang bequem, der plante, den Kampf gegen die nationalistischen Streitkräfte, die die alte Hauptstadt des Kaiserreiches besetzt hatten, aufzunehmen, und der inkognito reiste, weil eine Prämie von 20 000 chinesischen Dollar auf ihn ausgesetzt war. Im nächsten Abteil saß seine getrennt von ihm lebende Gemahlin Hui Fei in einem Seidengewand, und ihr gegenüber eine Blondine, die mit dunkler Haube und rabenschwarzen Federn um die Schultern auf dem Weg ins Schanghaier Grand Hotel war. Einen Wagen weiter schwitzte der eifrige Dr. Carmichael über einer Missionarsbibel und rang darum, das Bild der beiden verführerischen Frauen zu verdrängen, die er beim Einsteigen erspäht hatte. Und dann war da noch der britische Militärarzt Captain Donald Harvey, der durch das offene Fenster mit seinen ungezwungen auf dem Bahnsteig stehenden Männern plauderte und in letzter Minute den Gouverneur von Schanghai retten sollte.

Mit »einem Pfeifsignal und dem Stöhnen der gelösten Luftbremsen« setzte sich der Zug in Bewegung und verscheuchte Kühe und Hühner. Tafeln an den Waggontüren zeigten Strecke und Zielort an: Peking, Tientsin, Pukow, Schanghai. Als der Expresszug volle Fahrt aufgenommen hatte, sah sich Captain Harvey um und traf den Blick der geheimnisvollen Blonden. Beide schienen sich zu kennen. »Die Vergangenheit rührte beide an. Die Jahre waren wie Rauch verflogen.« Der Captain versuchte, sich zu erinnern, wann sie sich zuletzt begegnet waren. Irgendetwas stimmte nicht. Die Blonde schien sich verändert zu haben. »Hast du geheiratet?«, platzte er heraus. »O nein!«, versetzte sie barsch. »Für meinen neuen Namen Schanghai-Lily hätte ein einziger Mann nicht gereicht.«[1]

Es folgte eine stürmische Reise durch ein vom Bürgerkrieg zerrissenes China. Ein britischer Offizier, der gegen »das gelbe Schwein« antrat und die europäische Weiblichkeit verteidigte. Eine Gemahlin, die sich für das Leben rächen wollte, das sie ihrem sadistischen Gebieter geopfert hatte. Ein Geiseldrama, das in einem Blutbad enden sollte. Als sich der Zug schließlich mit vier Stunden Verspätung zu seiner Endhaltestelle schleppte, verkündeten die Zeitungsjungen bereits die sensationellen Schlagzeilen des Tages. »Alles zum Überfall auf den Schanghai-Express!«, schrien sie. »Rebellenführer von junger Chinesin getötet!« Und die Geschichte endete mit einem Hauch von Romantik vor einem Juweliergeschäft: Captain Harvey und Schanghai-Lily in diskreter Umarmung. Mit der Zusage eines Rendezvous. Im Grand Hotel. An jenem Abend. Um sieben Uhr.[2]

Das Drehbuch stammte von Jules Furthman, und der »Schanghai-Express« von der Santa Fe Railroad. Man hatte den Zug mit Tarnfarbe bemalt und mit zahllosen chinesischen Statisten bemannt, die in dem Tonstudio in Los Angeles mit hölzernen Gewehren und Bajonetten aus Stanniol herumfuchtelten. Der aus Österreich stammende Regisseur Josef von Sternberg hatte die Rolle seiner blonden Heldin mit Marlene Dietrich besetzt, der aus Deutschland emigrierten Tochter eines Polizisten. Sein chinesischer Warlord war der schwedische Schauspieler Warner Oland, der sein asiatisches Äußeres angeblich mongolischen Vorfahren verdankte. Und die Hui Fei spielte Anna May Wong, die in Kalifornien geborene Enkelin eines Einwanderers, der 1848 dem Lockruf der Vereinigten Staaten gefolgt war. »Wir bauten ein China aus Pappmaché und bevölkerten es mit schlitzäugigen Männern, Frauen und Kindern, die offensichtlich begeistert mitmachten«, erzählte der Regisseur den Reportern in Hollywood, nachdem der Film ein Kassenhit geworden war. Sternbergs *Schanghai Express*, der 1932 mit seiner bunten Mischung östlicher und westlicher Passagiere in die amerikanischen Lichtspielhäuser brauste, nahm das staunende Publikum mit auf eine faszinierende Reise in eine fernöstliche Oase fieberhafter Prosperität. Weder die Zuschauer noch der Regisseur hatten Schanghai je selbst gesehen, doch sie alle waren berauscht von den Geschichten über die Abenteurer, Debütantinnen, Playboys und Glücksritter, die inzwischen tatsächlich dorthin strömten.

Die Globetrotter kamen mit den Dampfern der Blue Star Line, der French Mail und der Peninsular and Oriental Line, die nach wochenlanger Schaukelei über den Pazifik oder durch den Suez-Kanal im Hafen von Hongkew ankerten. Sie legten in einer Stadt an, die sich der längsten Bar und der kürzesten Straße der Welt rühmte. Hier fischte die kalifornische Wanderpredigerin Aimée Semple MacPherson nach Sündern, während W. H. Auden und Christopher Isherwood einen Toast auf sie alle ausbrachten.[3] Eine nervöse Margot Fonteyn debütierte im Lyceum Theatre unter Anleitung George Gontcharews, eines weißrussischen Flüchtlings vom Bolshoi-Theater, während sich Mary Pickford und Douglas Fairbanks jr. nach Jade und Schuhen umsahen.[4] Bertrand Russell hielt Vorträge, George Bernard Shaw »verzehrte an einem Tag zwei Mittagessen«, Noel Coward holte sich eine Grippe und Aldous Huxley war fasziniert vom Tempo der Stadt, die keine Zeit zum Schlafen fand: »So viel Leben, so sorgfältig kanalisiert, so kraftvoll fließend – allein der Anblick erweckt so etwas wie Schrecken.«[5]

Den aktuellen Reiseführer *All About Shanghai* fest in der

Hand, wurden die Reisenden beschworen, Kostproben des »Bunten und Pikanten« zu nehmen, die »widersprüchlichsten Sitten und Moralvorstellungen« zu entdecken und das »Panoramabild des Besten und Schlimmsten von Orient und Okzident« zu studieren. Hier bot sich die Gelegenheit, in der »Großen Parade des Lebens« mitzumarschieren und eine »unvergleichliche Stadt« zu erleben. »Das also ist Schanghai! Dann wollen wir doch mal sehen!«[6]

Wenn die neuen Weltreisenden die Landungsbrücke hinabgeschritten waren, scharten sie sich um den »Bund«, die zwölf Kilometer lange Uferpromenade, die mit dem »Lichterhalsband der Queen« an der Hafenfront von Bombay konkurrierte. Oberhalb der Landestege tänzelten »die hübschesten chinesischen Fräulein mit ihren dunklen Mandelaugen, die sich kaum herablassen, einen wahrzunehmen, während sie wie ein Schwarm wundervoller Schmetterlinge vorbeihuschen«.[7] Am Kai stolzierten die Touristen auch an einem steinernen Bildnis des »Sonderbotschafters« Sir Harry Parkes vorbei, der 1860 die Haft in einem Gefängnis der Qing überlebt hatte. Ein Stück weiter bestaunte man das neue Cathay Hotel, das als »das Claridge des Fernen Ostens« bezeichnet wurde. Dann ging es zum Zollgebäude mit seiner Statue Sir Robert Harts, dessen verzweifeltes Sendschreiben an die alliierten Streitkräfte im Jahre 1900 man als seine letzten Worte missverstanden hatte, und zum Grand Hotel, in dem sich Schanghai-Lily zu ein Stelldichein mit ihrem Captain verabredet hatte.

Man spazierte an den hoch aufragenden Palästen des Überflusses vorbei, die von öffentlichen Parks flankiert waren, an denen Anschlagtafeln die wenigen Regeln der Enklave verrieten: »Kein Zutritt für Hunde und Chinesen.« Am Bund Nr. 3 erhielten die Glücklichen unter den Besuchern einen Zweiwochenpass für den Eintritt in die Bastion der inoffiziellen Regierung, den Schanghai Club, wo sich die Elite an der 33 Meter langen Bar drängelte und Gin und Champagner schlürfte, in dem sicheren Wissen, dass hier nicht einmal »Sonderchinesen« zugelassen waren. Andere begnügten sich mit dem Canidrome, wo Buck Clayton und seine Harlem Gentlemen, begleitet von »dunkelhäutigen Schnulzensängern«, den hawaianischen Hula, die russische Mazurka und den Pariser Can-Can spielten.[8]

»Bleiben Sie in Bewegung, wenn Sie nur eine Nacht haben; fangen Sie in der Love Lane an, und hören Sie in der Blood Alley auf«, empfahl der Reiseführer. Bis in die frühen Morgenstunden ging es in Schanghai prickelnd und lärmend zu, und es roch nach französischem Parfum und Jasminblüten. »Die Symphonie der Lust; das Wiegen der Körper; der Rhythmus der Hemmungslosigkeit; der heiße Rauch der Begierde; *Joy*, Gin und Jazz.«[9] Es war die Stadt der schrillen Nächte. Dieser Basar versprach »ein Leben, wie es selbst Harun al-Raschid nicht kannte, mit Episoden, wie Scheherazade sie Sultan Shariyar nie erzählte«.[10] Aber wenn die Dämmerung über der Stadt heraufzog, endeten »viele herumstreifende Seelen am bitteren Ende des langen Pfades«. Makellose chinesische Schönheiten und ihre erschöpften ausländischen Beaus stolperten über Opiumkinder, die für einen Dollar Sex anboten, verarmte Sklaven der »Hure des Fernen Ostens«. Hier war jede dreizehnte Frau käuflich, und ebenso viele Männer. Und wenn ein Tourist zu reichlich davon gekostet hatte, so empfahl ihm der Reiseführer einen gewissen Dr. J. Duncan, »Facharzt für venerische, urogenitale und hämorrhoidale Krankheiten«, der in seiner Praxis an der North Sichuan Road diskret seine Dienste anbot. Amerikaner, die der Prohibition entkamen, nannten Schanghai die »Stadt der Orgien«. Die Chinesen bezeichneten sie dagegen als »die Stadt mit 48-stöckigen Hochhäusern, errichtet auf 24 Etagen Hölle«; ihre Lebenserwartung betrug 27 Jahre, so viel wie im Europa des 13. Jahrhunderts.[11]

Hugh Lindsay, der eine Abordnung der Ostindischen Kompanie auf der Suche nach den »großen Warenmärkten des Ostens« anführte, war der erste Ausländer, der 1832 einen Haufen schmutziger, geduckter Häuser erspähte, die an den sumpfigen Niederungen der chinesischen Küste klebten und »sehr an Holland erinnerten«. Erpicht darauf, »die Einheimischen für Handelsgeschäfte zu gewinnen«, ließ Lindsay die *HMS Lord Amherst* vor Anker gehen, doch die Chinesen vertrieben ihn mit wehenden roten Bannern, die vor einem »Barbarenschiff vor der Küste« warnten. Mit »sechs großen Kanonen ... auf Schlammbänken zu beiden Seiten des Flusses« wurde die *Amherst* zurück auf die See gejagt, ganze sechzehn Jahre, nachdem der Namensgeber des Schiffes von Kaiser Jiaqing verabschiedet worden war.[12] Schanghai, »dessen Namen man in Europa bisher kaum gehört hatte«, so berichtete Lindsay nach London, war ein armseliges Fischerdorf, das Ankerplatz für Dschunken, Drachenboote und Sampans bot, die auf den chinesischen Meeren verkehrten.[13] Der Ort war jedoch an den Huangpu und den Yangzi angebunden. Letzterer war der drittlängste Strom der Welt, dessen schlammige Wassermassen auf ihrem Weg vom tibetischen Hochland durch zwölf Provinzen 6262 Kilometer zurücklegten und der den Briten einen lukrativen Handelsweg in Aussicht stellte. Zehn Jahre später zwangen die Briten Kaiser Daoguang nach der chinesischen Niederlage im Ersten Opiumkrieg dazu, den Vertrag von Nanking zu unterzeichnen, in dem sie sich ihre Siegesprämie sicherten. »Britische Staatsbürger sollen sich ... ohne Belästigung und Beschränkung niederlassen dürfen«, gebot der Vertrag.[14] Die neuen Siedler sollten keine Steuern entrichten müssen und dem chinesischen Gesetz nicht unterworfen sein. Nachdem am 17. November 1843 die Handelskonzessionen freigegeben worden waren, legten an den schlammigen Treidelpfaden entlang des Huangpu fünfzig britische Taipans an, allesamt Vertreter von Unternehmen wie Jardine, Matheson, Butterfield und Swire, den Opiumhandelshäusern in der neuen britischen Kronkolonie Hongkong. Bald gesellte sich auch eine Gruppe persischer Juden hinzu. Einer von ihnen, Elias Sassoon, erzählte jedem, der es hören wollte, er sei ein direkter Nachkomme König Davids.

Seit Hunderten von Jahren, so behauptete Elias, seien seine

Vorfahren Bankiers der Scheichs gewesen; sie trugen »Gewänder aus goldenem Tuch«, wenn sie den Palast des Paschas aufsuchten – bis zum Beginn des 19. Jahrhunderts, als Pogrome seinen Vater, David Sassoon, zwangen, Bagdad zu verlassen. Die Familie zog nach London, stieg in den Handel mit Gewürzen, Opium und Seide ein und erlebte einen glänzenden gesellschaftlichen Aufstieg: Sie hatte zwei Baronet-Titel und Söhne in Eton und Oxford vorzuweisen. Während Sassoon senior die gekrönten Häupter Europas in seine Residenz in Ashley Park lockte, einen neuen Ahnensitz in Surrey, der bereits Oliver Cromwell als Schlupfwinkel gedient hatte, fing Elias an, in den Sumpfebenen von Schanghai Agrarflächen für siebzig Pfund pro Morgen zu erwerben.[15]

In seinen wallenden persischen Gewändern war Elias der auffallendste Unternehmer in der Stadt, die in kürzester Zeit 50 000 Ausländer anlockte, die sich (vor Chinas »Kämpfen und Wirren«) hinter den Schutzmauern der Internationalen Siedlung und der Französischen Konzession versteckten. Wenige wagten sich je in die düsteren Durchgänge, in das Chinesenviertel, in dem es angeblich von »niederen Kreaturen und räudigen Hunden« wimmelte. Das Chinesenviertel war ein Ort, der geschmäht und gemieden wurde. Ein Besucher aus New York, der 1868 hier an Land ging, fand die Stadt »äußerst schmutzig, so sehr, dass ich nicht daran denken würde, eine Frau hierher zu bringen, nicht einmal in einer Sänfte«.[16] Doch Zehntausenden verarmter Bauern, durch Revolution, Hunger und Hochwasser heimatlos geworden, bot die Barackensiedlung Zuflucht und Arbeit. Die Neuankömmlinge, die arm und allein in die Stadt kamen und dem breiten örtlichen Dialekt hilflos gegenüberstanden, wurden in Geheimgesellschaften eingeführt. Fabrikarbeiter, Knechte und Kulis sorgten für massiven Zulauf bei der *Qing Pang*, der Grünen Bande, wie die Europäer sie nannten. Neue Mitglieder wurden angeblich in Tempelzeremonien aufgenommen, bei denen sie ihren Treueid mit Blut besiegeln mussten.

Einer derjenigen, die von der Grünen Bande umgarnt wurden,

war der Waisenknabe Du Yuesheng, ein schlaksiger Junge mit gewölbtem, kahl geschorenem Kopf, schmalen Lippen und abstehenden Ohren, der irgendwann nach 1888 über den Huangpu gekommen war, um der Armut und der Misshandlung durch einen Onkel zu entfliehen. Nach einer kurzen, erfolglosen Laufbahn als Gemüsehändler und einfacher Dieb leistete Du der Grünen Bande den Treueid, gab sich der obligatorischen Opiumsucht hin und lungerte fortan im Haus von »Pockennarben-Huang« herum, der Nummer eins der Grünen Bande. Der Boss führte ein bizarres Doppelleben – im Nebenberuf war er Polizeichef der Französischen Konzession.

Nachdem sich Du bei Huangs Mätresse, einer ehemaligen Bordellbesitzerin, eingeschmeichelt hatte, erhielt er die Aufgabe, Opium vom Schanghaier Hafen Hongkew in die Höhlen der Geheimgesellschaften zu befördern. Innerhalb weniger Monate weitete er die Geschäftsinteressen der Grünen Bande auf Glücksspiel und Schutzgelderpressung aus und schuf ein Monopol im geheimen Handel mit Jadeit. Er brachte seinem Arbeitgeber so viel Geld ein, dass er zur Nummer zwei befördert wurde. Du tauschte seinen Baumwollpyjama gegen die Seidenroben eines konfuzianischen Geschäftsmannes, feilte seine Fingernägel zu langen Krallen, hing sich einen Rosenkranz aus Jade um die Brust und trug Lackstiefel mit funkelnden Spitzen.

Europäer, die den Mann mit der sphinxartigen Stirn und der fahlen Haut eines Opiumkonsumenten erblickten, wenn sie in ihren Rikschas durch das Chinesenviertel ratterten, verbreiteten in der Internationalen Siedlung Geschichten von einer teuflischen Erscheinung, die seinem Ruf allerdings überhaupt nicht schadeten. Vielleicht sahen sie in Du Yuesheng das, was Sax Rohmer in seinem Dr. Fu Manchu sah. Der zweite Mann der Grünen Bande war durchaus »groß, schlank, katzenhaft und hochschultrig, mit einer Stirn wie Shakespeare und einem Gesicht wie Satan«. Auch besaß er »die langen, magnetischen Augen von wahrem Katzengrün«, und die westlichen Kaufleute und deren Frauen sahen in ihm »den Inbegriff der unmenschlichen Gerissenheit der gesamten östlichen Rasse«. Rohmer empfahl seinen Lesern: »Stellen Sie sich jenes schreckliche Wesen vor, dann gewinnen Sie eine Vorstellung von Dr. Fu Manchu, die in einem einzigen Menschen verkörperte gelbe Gefahr«. Bei den Schanghailändern – den in Schanghai lebenden Ausländern – bedurfte es keiner besonderen Überzeugungsarbeit, dass sie in Du das wahre Vorbild vor sich hatten.[17]

Rohmer, der als Journalist in der City of London gearbeitet hatte, fand seine Anregungen in den kleinen Gassen von Limehouse unter den frisch angekommenen Chinesen, die sich in den Docks von den Schiffen stahlen. Sein *Fu Manchu*, der in jede europäische Sprache übersetzt wurde, thematisierte die Angst der Abendländer vor den Fremden aus Fernost, deren »Finger und schmale weiße Arme mit barbarischem Schmuck beladen« waren.[18] Die chinesische Diaspora breitete sich in der ganzen Welt aus und brachte Unmengen eines unbekannten hypnotischen Steins mit, mit dem sie überall, wo sie Zuflucht suchte, ein deutliches Gepräge hinterließ. Einige der Flüchtlinge waren verarmte Bauern, einige rebellierende Soldaten, doch alle träumten von der Rückkehr mit Reichtümern, die es ihnen erlauben würden, ihre Heimatdörfer von dem korrupten Qing-Hof zurückzufordern.

Einer der Flüchtlinge, die als blinde Passagiere im Laderaum einer Dschunke über die Javasee entkamen, war Oei Tjie Sien, der Sohn eines kleinen Beamten aus der Hafenstadt Amoy, der mit den Taiping-Rebellen gekämpft hatte. Oei ging 1860 in der Hafenstadt Semarang in Nordjava an Land und hielt sich über Wasser, indem er den Holländern Reis verkaufte. Nach einigen Jahren hatte er genug Geld gespart, um zu heiraten und ein eigenes Geschäft zu gründen. Oei tat dasselbe in Java, was Heber Bishop in Kuba getan hatte: Er raffinierte Zucker und verdiente damit ein Vermögen. Als sein Sohn volljährig war, konnte Oei sich als reichen Mann bezeichnen. Er hatte sich am Rand von Semarang inmitten endloser Zuckerrohrplantagen das »Adlernest« erbauen lassen – ein Herrenhaus im fernöstlichen Stil mit Kangs und Jadeparavents aus China. »Es war riesig und düster, im chinesischen Stil erbaut, mit einer Reihe separater Pavillons, die durch scheinbar endlose Korridore miteinander verbunden waren, in denen sich dickbäuchige irdene Gefäße voller Reis und Tabak aneinander reihten – ein recht offensichtliches Zeichen des Wohlstands«, wie sich seine hochmütige Enkelin Hui-lan erinnerte.[19]

Einige andere Flüchtlinge, wie Charlie Soong, den zwölfjährigen Sohn eines Bauern von der Insel Hainan vor der Südküste Chinas, verschlug es von Java weiter in die Vereinigten Staaten. Im Jahr 1878, auf dem Höhepunkt antichinesischer Stimmungen und heftiger Ausschreitungen, die im ganzen Land tobten und vom Gerede weißer Arbeiter von der »gelben Gefahr« angeheizt wurden, kam er nach Boston. Die ersten Chinesen waren wie Anna May Wongs Großvater 1848 dem Lockruf des Goldes nach Amerika gefolgt, und als die Vorkommen erschöpft waren, suchten weitere Tausende Arbeit bei den Eisenbahnen, die sich von Kalifornien nach Utah und weiter Richtung Osten vorschoben. Die fleißigen Chinesen in Amerika wurden rasch zum Motiv für Karikaturen wie zuvor die Hafenarbeiter in London. C. W. Doyle, ein in Amerika lebender britischer Arzt, schuf die Figur des Quong Long, eines üblen Gangsters, dessen Name eine auffallende Ähnlichkeit mit einem Qing-Kaiser aufwies.

Charlie Soong hatte nicht die Absicht, sich verspotten, in eine Grube schicken oder in einen Bautrupp stecken zu lassen, und entdeckte prompt seinen eigenen Weg: Er verkündete, Gott entdeckt zu haben. Methodisten nahmen ihn sofort in ihrer Mitte auf und schickten ihn in Tennessee auf die Universität, damit er lernte, wie man Chinas verlorene Seelen rettete. Im Jahre 1886 kehrte Charlie mit einem dreiteiligen Anzug und modisch pomadisiertem Haar nach China zurück, fuhr den Huangpu hinauf und trat eine Stelle als Pfarrer in der Southern Methodist Mission von Schanghai an. Mit seinem Dixieland-Akzent fand er bald die Gunst einer der illustersten christlichen Familien Schanghais, deren Vorfahren im 17. Jahrhundert von dem Pionier und Jesuitenmissionar Matteo Ricci bekehrt worden waren. Es dauerte nicht lange, bis Charlie die jüngste Tochter seines Gönners heiratete, unweit des Hafens von Hongkew ein Haus im New-Orleans-Stil baute und drei Töchter zeugte – Ai-ling, Ching-ling und May-ling. Der Familienvater sicherte sich einen Kredit seiner reichen Schwiegereltern, überhäufte seine Töchter mit Jadeit und druckte in seiner Freizeit billige chinesische Bibeln.

Doch schon bald war er des Geschäfts, buddhistische Seelen für das Christentum zu gewinnen, überdrüssig, und so sah er sich nach einer anderen Möglichkeit um, sein unternehmerisches Geschick zu entfalten. Als Mitglieder der *Hung Pang*, der »Roten Bande«, an ihn herantraten, schied Charlie Soong aus der methodistischen Mission aus und nahm sofort eine führende Position in der Geheimgesellschaft ein. Im Gegensatz zu der rivalisierenden Grünen Bande, die ihre Mitglieder aus der Arbeiterschaft rekrutierte, war die Rote Bande eine elitäre monarchiefeindliche Gruppierung von Kaufleuten und Handelsagenten mit politischen Aspirationen. Durch sie lernte Charlie 1894 in der Kirche den Anführer einer der jungen republikanischen Bewegungen Chinas kennen. Sun Yat-sen, der zum Christentum bekehrte Sohn eines Dorfwächters aus Kanton, der in Honolulu zur Schule gegangen war, überredete Charlie, seine Revolutionäre Allianz finanziell zu unterstützen. Das Haus der Familie Soong wurde bald zur inoffiziellen Parteizentrale.

Charlies Töchter wurden nach Georgia ins Wesleyan College geschickt, wo sie sich den Lehrern zufolge in den unterschiedlichsten Fächern hervortaten; Ai-ling zeigte eine Begabung für Wirtschaftslehre, Ching-ling für Literaturwissenschaft, und May-ling vertiefte sich in die Geschichten von Peter Rabbit. Als Sun Yat-sen nach der Niederschlagung eines Aufstands gegen die Qing-Dynastie in Kanton ins Exil gehen musste, verband Charlie einen Besuch bei seinen Töchtern mit einer dringend notwendigen Fundraising-Tour durch die Vereinigten Staaten, um Gelder für den

Exilrevolutionär aufzutreiben, den Ching-ling im Studentenmagazin des Wesleyan College in den höchsten Tönen pries.[20]

Charlie kehrte nach China zurück, und wenig später traf auch sein Geheimfonds ein. Sun Yat-sen gewann inzwischen einen weiteren chinesischen Gönner. Im Jahre 1906 wurde er an Bord eines französischen Dampfers Chang Jen-chieh, dem verkrüppelten Sohn eines Seidenhändlers aus der chinesischen Küstenprovinz Zhejiang, vorgestellt. Während seiner Jugend von den Rebellionen in China abgeschirmt, hatten seine Eltern Chang nach monarchistischen Wertvorstellungen erzogen – nicht gerade der typische Werdegang für einen angehenden Revolutionär. Der kleine Chang, den ein Privatlehrer in Kalligraphie und klassischer Literatur unterwies, wurde wegen seiner unförmigen Füße verspottet, die ihn wie eine Ente watscheln ließen. Aus dem frühreifen Knaben machte dies einen aufrührerischen Jugendlichen, der Reiten lernte, um dem Spott zu entgehen, und hinter den Bauern auf dem Markt herjagte, bis ihm seine erschöpften Eltern im Alter von 25 Jahren den Posten eines Attachés bei der chinesischen Botschaft in Paris verschafften.[21] Chang war des eintönigen Diplomatenlebens bald überdrüssig und ärgerte sich über die falschzüngigen Europäer, die ihn hinter seinem Rücken »Quasimodo« nannten. Bei seinen Streifzügen durch die eleganten Viertel von Paris verweilte Chang des Öfteren vor dem Schaufenster der Rue de la Paix Nr. 13, und erkannte hier, in den mit Samt ausgeschlagenen Vitrinen, das neue Faible des Westens für den Osten. »Die Pariser Frauen werfen neidische Blicke auf die Auslagen von Cartier mit ihren neuen Kollektionen von Armbändern, bei denen Jade mit Lapislazuli, Jade mit Saphiren und Jade mit Topas kombiniert wird.«[22]

Chang überredete seinen Vater, ihm dreihunderttausend chinesische Dollar zu geben, mit denen er die Firma Ton Ying gründete, die Jadeschmuck verkaufte und ihm einen neuen Spitznamen, »Raritäten-Chang«, einbrachte.[23] Schon bald wurden Filialen in New York und Schanghai eröffnet. Das Geschäft brachte Chang in Kontakt mit einem Kreis europäischer Intellektueller und mit radikalem Schrifttum – und schließlich, an Bord eines französischen Dampfers, auch mit Sun Yat-sen. Der demagogische Anführer der Revolutionären Allianz begeisterte den Jadehändler mit seinen Parolen über freies Unternehmertum und ein neues, modernes China, so dass »Raritäten-Chang« sich bereit erklärte, die Hälfte seines Firmengewinns für Sun Yat-sens Sache zu spenden.

Während Chang Jen-chieh die Revolutionäre Allianz mit Jade unterstützte, wirbelte ein weiterer Außenseiter aus seiner Heimatprovinz gehörig Staub auf. Chiang Kai-shek, der linkische Sohn eines Salzhändlers aus einem Dorf in Zhejiang, war zu einem schier nicht zu bändigenden Kind geworden, nachdem sich die Dorfbewohner über seinen seltsam langen Kopf lustig gemacht hatten, der ihrer Meinung nach wie eine riesige Erdnuss aussah. Seine Mutter erinnerte sich daran, dass er in seiner Kindheit die meiste Zeit hysterisch geweint und den Kopf auf den Küchenboden geschlagen hatte, bis er Sun Tzus *Kunst der Krieges* entdeckte.[24] In dem Kriegshandbuch aus dem 5. Jahrhundert v. Chr. stieß Chiang Kai-shek auf die Empfehlung: »Wenn du Chaos vortäuschen willst, um den Feind weiter vorzulocken, musst du zuallererst absolute Disziplin beweisen. Wenn du Ängstlichkeit zur Schau stellen willst, um den Feind in die Falle zu locken, musst du über ungeheuren Mut verfügen. Wenn du deine Schwäche vorführen willst, um den Feind übermäßig selbstsicher zu machen, musst du außerordentliche Stärke besitzen.«

Chiang Kai-shek musste mit vierzehn Jahren eine arrangierte Ehe eingehen, zeugte einen Sohn, verließ seine Familie jedoch 1907 und setzte sich nach Japan ab. Dort nahm er sich eine Konkubine, zeugte ein zweites Kind und ließ sich von der Kaiserlich Japanischen Armee anwerben. Ein eifriger Anhänger Sun Yat-sens bewog den nonkonformistischen Chiang Kai-shek jedoch dazu, Republikaner zu werden. Während einer Reise nach Schanghai trat er 1908 der Revolutionären Allianz bei und begegnete keinem anderen als Du Yuesheng, dem Boss der Grünen Bande mit dem dämonischen Grinsen.

Die chinesische Diaspora beflügelte derweil die literarische Fantasie des Westens. Nachdem die westlichen Schriftsteller zunächst die Jadekunstwerke bewundert hatten, die in Rucksäcken und Teekisten aus Peking geschmuggelt worden waren, begegneten sie dem Fernen Osten nun von Angesicht zu Angesicht. Jules Verne hatte seine Leser bereits in einem Heißluftballon hoch in die Lüfte, dann zum Mittelpunkt der Erde, von der Erde zum Mond und 20 000 Meilen unters Meer und schließlich in achtzig Tagen um die Erde geführt. Doch erst 1883 entführte er sie in seinen *Leiden eines Chinesen in China* auf eine Reise an einen imaginären Ort, in den Palast der Reinheit der Jade, in dem Prinzessinnen und Gemahlinnen liebten, stritten und starben. Und ab 1902 stillte Pierre Loti das Fernweh im Westen mit Augenzeugenberichten aus dem Fernen Osten. Loti befand sich 1900 unter den alliierten Entsatztruppen und schilderte die Plünderung des chinesischen Kaiserhofes in *Die letzten Tage von Peking*. Seine Geschichte war so gefragt, dass sie fünfzig Mal neu aufgelegt wurde, was den Autor dazu bewog, sein fernöstliches Thema erneut aufzugreifen und ein Bühnenstück über die unerwiderte Liebe einer chinesischen Prinzessin zu verfassen, das 1912 unter dem Titel *The Daughter of Heaven* am Broadway Premiere hatte.[25] Schicke Weltreisende, die sich von der Literatur zu Reisen im Stil Jules Vernes anregen ließen, fielen auf der Suche nach einem Stück des »Himmelssteins« in das Paris des Fernen Ostens ein.

Einer dieser Reisenden war Elias Sassoons forscher junger Neffe Victor, dessen Dampfer kurz vor dem Ausbruch des Ersten Weltkriegs im Hafen von Schanghai anlegte, als die Zahl der Einwohner bereits auf über eine Million angestiegen war. Victor Sassoon, 1881 auf einer Bildungsreise seiner Eltern in Neapel zur Welt gekommen, hatte sich wenig ruhmreich durch Harrow und Cambridge laviert, wo er sich den Ruf eines Casanovas erwarb. Seine Familie war durch den Opiumhandel und Immobiliengeschäfte in

Schanghai reich geworden. Dank der regelmäßigen Partys, die die Eltern im Londoner Familiensitz an der noblen Adresse Grosvenor Place 46 gaben, entwickelte sich Victor rasch zum geselligen Gastgeber. In dem herrschaftlichen Haus voller Louis-XIV.-Möbel und chinesischer Kunst hatte er David Lloyd George, den Prinzen von Wales, Charlie Chaplin und T. E. Lawrence mit seinen Reiseerzählungen unterhalten. Nach seiner Ankunft in Schanghai entdeckte Victor Sassoon die Nanking Road und die reiche Auswahl an fremdartigen grünen Steinen in ihren Kaufhäusern. Von den politischen Ereignissen vor den verschlossenen Fenstern des Schanghai Clubs, in dem er abgestiegen war, bekam Victor indes nichts mit.

Nach Cixis Tod und Puyis Throneinsetzung hatten in Peking die Anhänger des jungen Kaisers um den Machterhalt gerungen. Sun Yat-sen, der den richtigen Zeitpunkt für gekommen erachtet hatte, war aus dem Exil zurückgekehrt und hatte sich im Dezember 1911 zum einstweiligen Präsidenten einer chinesischen Republik ernannt. Doch ohne Armee konnte er sich nicht den einmütigen Rückhalt der zersplitterten antimonarchischen Gruppierungen sichern, und so behauptete sich die Kaiserdynastie weitere zwei Monate – bis zu jenem folgenschweren Tag im Februar 1912, als Yuan Shikai, der Befehlshaber der Peiyang-Armee, in die Verbotene Stadt eindrang und den jungen Kaiser zur Abdankung zwang. Yuan Shikai verdrängte seinen Konkurrenten im Amt des Präsidenten und ernannte sich zum Oberhaupt der neuen chinesischen Republik.

Sun Yat-sen blieb nichts anderes übrig, als in Yuan Shikais Regierung den Posten eines Eisenbahndirektors anzunehmen, er bemühte sich aber gleichzeitig darum, seine politischen Verbündeten in der Guomindang (KMT), der Nationalen Volkspartei, neu zu sammeln. Zu seinem Berater ernannte er Charlie Soong, den ehemaligen Bibelverkäufer; Ai-ling, dessen älteste Tochter, wurde seine Sekretärin. Während sich Präsident Yuan Shikai mit gestohlenen Jadepreziosen aus Jehol und Mukden umgab, reiste das

Trio an der Spitze der Nationalen Volkspartei in einem beschlagnahmten kaiserlichen Zug, der einst für die Kaiserinwitwe Cixi gebaut worden war, in majestätischem Stil durch die Provinzen. Die Wände der Zugabteile waren mit gelber Seide bezogen, die Fußböden mit persischen Teppichen ausgelegt, die Toilette in Gold gegossen und alles mit grüner Kaiserjade verziert.[26] Ai-ling gab ihre Stellung jedoch auf, um zu heiraten, und bezog ein herrschaftliches Haus an der Route de Seiyes in der eleganten französischen Konzession von Schanghai. Unter den erlauchten Gästen bei ihren häufigen Gartenfesten war auch Du Yuesheng, inzwischen das offizielle Oberhaupt der Grünen Bande. Sein jüngster Rekrut und Kumpan war ebenfalls eingeladen: Chiang Kai-shek war 1912 nach Schanghai zurückgekehrt und hatte den geheimen Bluteid geschworen.

Erst eine Überraschungshochzeit im November 1914 machte dem festlichen Trubel ein Ende. Sun Yat-sen hatte Ching-ling, Charlie Soongs zweite Tochter, erobert und war prompt mit ihr nach Japan durchgebrannt, trotz eines Altersunterschieds von vierzig Jahren. Charlie kochte vor Wut und prangerte das Verhalten seines besten Freundes und seiner Tochter öffentlich an. Ab sofort richtete er seine ganze Aufmerksamkeit auf May-ling, seine Jüngste, die er wie seine Erbin heranzog. »Schöne Stimmung« – so ihr Name – begann ein Studium am Wellesley College in Massachusetts, wo sie sich einen englischen Mittelnamen, Olive, zulegte und ihre amerikanischen Freundinnen Florence, Hattie, Flossie und Eloise mit ihrem sonderbaren grünen Schmuck aus China betörte.[27]

Dem Zuckerbaron Oei Tjie Sien in Semarang entglitt mittlerweile die Kontrolle über seine ungeratene Enkelin, die eben vierzehn geworden war. Hui-lan machte sich einen Spaß daraus, barfuß durch die Gärten zu rennen und tausend Dollar teure Kleider an den Dornen zu ruinieren, während die vierzig javanischen Bediensteten der Plantage hinter ihr herjagten. Sie war bereits »schwerer zu lenken als tausend Männer«, doch ihre Mutter, Bing

Noi, förderte ihr ungebärdiges Verhalten. Bing Noi war in der Londoner Bond Street dafür bekannt, kiloweise Edelsteine zu kaufen, und sie überschüttete Hui-lan mit verschwenderischen Geschenken wie etwa einem achtzigkarätigen Diamanten, der »so groß wie eine Faust« war und »gegen meine Brust schlug und mir wehtat«, wie sich die undankbare Göre beklagte.[28] Als wohl Einzige übte Miss Elizabeth Jones, die englische Gouvernante, einen mäßigenden Einfluss auf Hui-lan aus. Miss Jones führte im »Adlernest« ein ganz neues Regiment ein: Kakao und drei Teebiskuits um elf Uhr, römische Geschichte, Shakespeare und Unterricht in gutem Benehmen vor dem Mittagessen, Lektüre des *Tatler* nach dem Abendessen. »Ich hockte voller Neugier über den Illustrierten. Ich wollte eine Debütantin sein, für die Feste und Bälle gegeben werden. Zum ersten Mal wurde mir richtig bewusst, wie reich Papa war, und ich dachte mir, was für ein Jammer, dass meine wunderschönen Kleider und Juwelen und meine Erziehung die reinste Verschwendung waren«, schwadronierte Hui-lan in ihren Memoiren.

Als Hui-lans Vater bekannt gab, dass er seine Frau wegen einer seiner sechzehn Konkubinen verlassen werde, nutzte die selbst ernannte »Erbin des Augenblicks« die Gelegenheit, ihre verstörte Mutter nach Europa zu locken. Im Alter von neunzehn Jahren traf Hui-lan auf dem vom Krieg verheerten Kontinent ein. In Paris erwarb sie eine Dänische Dogge, eine Bulldogge, eine »verschwenderische Garderobe« und einen Daimler – »strahlend weiß mit roten Polstern«. 1919 dockte sie in London an, wo sie zwischen einem »unerhört teuren« Haus am Berkeley Square, einem Herrenhaus in Wimbledon mit einem »überflüssigen Ballsaal in Weiß und Gold« und einer Villa in der Curzon Street hin und her sauste.

Zwischen den Partys musste eingekauft werden. Hui-lan besuchte die Ausstellung von Liberty's, bei der »einige der erlesensten und schönsten Exemplare [grüner] Kaiserjade auf der Welt« zu sehen waren. In dem Katalog, dessen Deckblatt ein Gedicht von Qianlong zierte, wurde der Stein des Himmels als »das wertvollste Geschenk der Unsterblichen« gepriesen.[29] London war inzwischen überflutet von Jadegeschichten. Mrs Delves Broughton, die für das Magazin *Connoisseur* schrieb, stellte der Gesellschaft einen Stein vor, der »so hell wie die Wahrheit« leuchtete, und behauptete, ein »moderner Mandarin« bezahle eintausend Unzen Silber für Jadeitanhänger, die wie Smaragde schimmerten.[30] Die *Illustrated London News* tönte: »Es ist der ultimative Chic.« Jadeit, so hieß es in dem Blatt, verdanke seine Beliebtheit »seiner romantischen Verbindung mit dem herrlichen Osten, der prähistorischen Kunst und der Schönheit seiner zarten Farbe«.[31] Eine andere gute Story in jener Woche war der Zeitung jedoch entgangen: Das Victoria & Albert Museum hatte gerade den Zinnoberlackthron Kaiser Qianlongs erworben, und zwar von George Swift, einem britischen Kartoffelgroßhändler, der ihn von Spink & Co. unter der Telegrammadresse JADEITE LONDON gekauft hatte. Spink wiederum hatte den Thron von Mikhail Girs, dem ehemaligen Botschafter des Zaren in Peking, der ihn nach Großbritannien gebracht hatte, als er vor der bolschewistischen Revolution von 1917 geflohen war.[32]

Das britische Establishment hatte die Jade zwei Jahre zuvor offiziell begrüßt, als der Burlington Arts Club die erste Londoner Ausstellung organisierte. Im Katalog dieser Ausstellung wurde Qianlongs Eisvogeljuwel zum »wertvollsten Stein überhaupt« hochgejubelt, und die Plünderung des Sommerpalasts und der Verbotenen Stadt wurde heruntergespielt. Gezeigt wurden hier unter anderem Sir Claude MacDonalds jadene Räuchervase, Zepter, gerillte Schalen, Spangen und Schnallen und ein Jadebuch mit einer Gravur Qianlongs. Zu sehen war auch Lord Allendales grünes Jadepferd, »das zuvor General Gordon gehört hatte«. Hier befand sich Cixis umstrittenes Jadesiegel, das für eine Flasche Brandy gekauft und 1902 an Oscar Raphael weiterverkauft worden war. Lady Sackville gab als Leihgabe acht Jadetafeln, die im Jahre 1900 aus Cixis Gemächern entfernt worden waren. Miss Ionides steuerte eine reiche Beute an Jadeschmuck bei, der einst, in Holzkisten verpackt, in einem Raum eingeschlossen gewesen war, dessen Schlüssel Cixi um den Hals trug. Die Ausstellung konnte sich sogar einer Legitimation durch das englische Königshaus rühmen. Der Buckingham Palace hatte als Leihgabe ein mit gelber Seide ausgelegtes kaiserliches Jadetablett, zwei Seidenjacken und ein mit Drachen besticktes Brokatkleid überstellt, die Königin Victoria 1860 als Geschenke empfangen hatte, eine königliche Sammlung, die im Jahre 1900 dank General Gaselee, dem britischen Kommandeur in Peking, weiter angewachsen war.

Während Hui-lans neuer Freundeskreis – Lord Brook, der Earl of Callodan und die Marquess of Dufferin and Ava – hingerissen war vom Stein des Himmels, zeigte sich die exotische Erbin, die all dies längst kannte, wenig beeindruckt. Hui-lan interessierte sich viel mehr für ein Angebot des *Tatler*, sich für dessen Gesellschaftsseiten fotografieren zu lassen.

Dr. V. K. Wellington Koo, der chinesische Botschafter in Washington, bekam das Magazin in die Hand, blätterte es durch und erblickte Hui-lans Antlitz. Vielleicht fesselte Dr. Koo der kurze Artikel unter dem Porträt, in dem Hui-lans enormer Reichtum angedeutet wurde. Das Werben war kurz und geschäftsmäßig. Im November 1920 schnappte sich Dr. Koo die Erbin in der chinesischen Gesandtschaft in Brüssel. Hui-lans Vater schickte ihr eine Halskette mit 65 Jadeperlen, die er in der Pekinger Langfang-Gasse bei Herrn Tieh, dem Jadekönig, erstanden hatte; man hatte ihm versichert, die Kette habe einst das Dekolleté der Kaiserinwitwe Lung Yu geziert, der Mutter des letzten Kaisers von China.[33] Um nicht zurückzustehen, kaufte Hui-lans Mutter ihrer Tochter »eine Rolls-Royce-Limousine und ein zehntausend Pfund teures Speiseservice aus Gold und Silber; beides hielt [Mama] für unverzichtbar für ein standesgemäßes Debüt in Diplomatenkreisen«. Der Wagen kam Hui-lans Vater teuer zu stehen: Seine ehemalige Frau »bestellte eiskalt einen weiteren für sich selbst und einen dritten für meine Schwester«, bevor sie die Rechnung ihrem geschiedenen Mann schickte.

Dr. Koo wurde bald an den britischen Königshof entsandt, und der silbergraue Rolls-Royce seiner Frau wurde in ganz London berühmt, und zwar wegen seiner ungewöhnlich großen sonderangefertigten Fenster, damit Hui-lan Koo und ihre Jadehalskette in um so hellerem Licht erstrahlen konnten. »Ist sie nicht goldig? Ist sie nicht ein Engel?«, sollen die Leute gesagt haben, die ihre Nasen gegen die Scheiben des »Kristallpalasts« pressten, während Frau Koo ihnen »Kusshände zuwarf«. Hui-lan bezog Quartier im Claridge Hotel, wo sie sich mit Prinzessin Alice von Monaco anfreundete, die seit längerem dort wohnte. Als die Chinesin erfuhr, dass sie bei Hofe vorgestellt werden sollte, unterwies Prinzessin Alice sie in Etikette. Aber an dem betreffenden Tag vergaß sich Hui-lan und hatte nur Augen für die Juwelen der Königin:

> Sie funkelte vom Saum ihres diamantenbesetzten Kleides bis zur Spitze ihrer Krone, an welcher der Kohinoor triumphierend blitzte. Bei jedem Atemzug, bei jeder Bewegung, die Königin Mary machte, ließ ihr Diamanthalsband winzige Regenbögen aufleuchten, die dann die Brillantenreihe hinunterschossen, die ihr königliches Dekolleté zierte.[34]

Hui-lan Koos Londoner Zeit fand ein plötzliches Ende, als ihr Mann 1921 zum chinesischen Außenminister ernannt wurde. Ihr grauer Rolls-Royce wurde nach Peking geschafft, wo sie Chen Yuan Yuans Palast erwarb, ein kaiserliches Herrenhaus mit zweihundert Räumen, das für eine Lieblingskonkubine des letzten Ming-Kaisers erbaut worden war. Hui-lan war ganz erpicht darauf, *Fu-jen*, First Lady von China zu werden. Ihr rosagoldener Ballsaal war angefüllt mit Qianlongs Jadeparavents, Lampenschirmen und Lackmöbeln, und in ihren Pavillons tummelten sich die Hunde und die Kinder. Hui-lan schwärmte für Pekinesen, und ihr Lieblingshund Pao-Pei und »sein Weibchen« Ching-Ming hatten eigene Wohngemächer, während Hui-lans zwei kleine Söhne in ein Haus im rückwärtigen Teil des Gartens verwiesen wurden.

»Die langweiligen Aufgaben der Mutterschaft« hielt sich Hui-lan weitgehend vom Leib; stattdessen frischte sie ihre Zucht mit Welpen auf, die ihr aus London ihr Freund Sir Hugo Cunliffe-Owen schickte, dessen Tiere die Nachkommen von Cixis erbeuteten Hunden waren. Als chinesische Zeitungen, die voll von Berichten über Krieg und Hungersnöte waren, erfuhren, welch beneidenswertes Leben Hui-lans »Schätzchen« genossen, gingen sie auf sie los. »Entsetzt las ich, dass das Essen, das ich den Hunden gab, drei chinesischen Dörfern das Überleben sichern würde«, erinnerte sich Hui-lan, und so verkaufte sie bis auf drei alle Tiere ihres Wurfs für eintausend chinesische Dollar pro Stück an amerikanische Touristen.

Doch schon bald sollte Hui-lan in ihrem gesellschaftlichen Streben ernsthaft Konkurrenz erhalten. Charlie Soongs jüngste Tochter May-ling war 1917 nach einem zehnjährigen Aufenthalt in den Vereinigten Staaten nach China zurückgekehrt. Zu diesem Anlass trug sie kaiserlichen Schmuck, den Raritäten-Chang für sie besorgt hatte. Im Haus ihres Vaters an der Avenue Joffre in Schanghai gab sie Partys, zu denen sie auch die Kollegen ihres Vaters aus der Grünen und der Roten Bande einlud. »Man wetteiferte in puncto Gastlichkeit. Damals feierten Familien die Geburtstage mit riesigen Festen, die mehrere Tage dauerten, und ließen berühmte Schauspieler mitsamt dem Ensemble kommen. Das eigentliche China schien sehr fern zu sein«, kommentierte Emily Hahn, die für den *New Yorker* schrieb. Doch nur sechs Monate, nachdem der festliche Reigen begonnen hatte, starb Charlie Soong an Magenkrebs. Von seinem Ableben erfuhren nur die engsten Freunde der Familie, und nach einer kurzen Zeit der Trauer war May-ling, nun um Millionen chinesischer Dollar reicher, wieder in den gesellschaftlichen Zirkeln zu sehen. Zur selben Zeit wurde Tausende von Meilen entfernt einer dritten Millionenerbin die Welt zu Füßen gelegt.

Eine der frühesten Erinnerungen von Barbara Hutton war der Tag, an dem sie ihre Mutter tot im New Yorker Plaza Hotel fand.

In einem goldweißen Abendkleid, um den Hals eine zweireihige Perlenkette, in der Hand ein leeres Fläschchen Strychnin, lag der leblose Körper neben einem Exemplar der New Yorker *Sun*, das auf einer Seite aufgeschlagen war, die ganz groß ein Foto von Barbaras Vater in Begleitung einer schwedischen Schauspielerin zeigte.[35] Ein paar Tage später wurde Barbara Hutton von ihrem Großvater, dem Kaufhauskönig Frank Winfield Woolworth, in einen weißen Hermelinmantel mit passender Mütze und Muff gepackt und mit seinem Expresslift in die Büroetage des neugotischen Woolworth Building mit seinen Tiffany-Lampen, Wasserspeiern und Blattgoldverzierungen mitgenommen. Auf der Galerie des obersten Stockwerks versprach »Woolie« der kleinen Barbara, dass sie eines Tages die Prinzessin seines riesigen Handelsimperiums sein werde. Als F. W. Woolworth zwei Jahre später, 1919, starb, erbte seine siebenjährige Enkelin Barbara Hutton sein Vermögen von 28 Millionen US-Dollar und wurde eines der reichsten kleinen Mädchen der Welt.

Mit ihren platinblonden Locken, schwarz-samtenen Brauen und ihren traurigen Augen wurde Barbara bald zum Liebling der illustren Gesellschaft. Mit vierzehn besaß sie eine mehrere Millionen Dollar teure Maisonette an der Fifth Avenue, einen Steinwurf entfernt von Heber Bishops einstiger Wohnung, sowie einen privaten Eisenbahnwagen für 125 000 US-Dollar mit Seidentapeten und Perserteppichen, begehbare Schränke voller *haute couture* und kistenweise Schmuck. Doch erst, als sich Barbara in San Francisco mit Abe Gump anfreundete, entdeckte sie die Welt der Jade. Einer Schulfreundin zufolge brachte Abe Gump ihr bei, »wie man ein echtes Stück des kaiserlichen Hofs von einer Fälschung unterscheidet, wie man Schmuck mit der Hand statt mit dem Auge prüft«.[36]

Im Internat brachte Barbara laminierte Landkarten von *National Geographic* an den Wänden ihres Schlafzimmers an, trug statt der Schuluniform lieber Chanel und vertiefte sich in die chinesische Kunst und die Illustrierten. In *House and Garden* wurde dem Leser verraten, Jadeit sei »ein verlockendes Gebiet für ein Hobby«.[37] Ein prächtiger Katalog animierte sie an der Fifth Avenue zum Besuch einer »Sammlung von Juwelen, kreiert von Messieurs Cartier nach dem Vorbild der Inder, Araber, Russen und Chinesen«.[38] Barbara las sicher auch etwas über die Versteigerung der Schlafzimmersuite Qianlongs, die Mrs Emelie De L. Havemeyer in Peking aufgetrieben und in ihre Wohnung an der Madison Avenue hatte einpassen lassen. Und natürlich hatte jeder vom Verkauf der Jadeerbstücke des Prinzen Gong gehört. Woche für Woche begegnete das Schulmädchen in *Harper's Bazaar* einer mit Bildern von den Ruinen des Sommerpalasts und der Verbotenen Stadt illustrierten Werbeanzeige für eine viermonatige Weltreise an Bord der *Empress of Britain* für 447 Guineen. Die Kleinanzeigen verrieten, was den Reisenden erwartete, wenn das Kreuzschiff in Schanghai vor Anker ging. Die Ton Ying Company und das Mei Tsung Hwa Kyi Schmuckgeschäft warteten nur darauf, Barbara kaiserliche Schätze zu verkaufen, und wenn sie sich in das Chinesenviertel wagte, standen ihr auch die drei Kaufhäuser in der Pferdegasse offen, »wo sich praktisch alle Jadehändler und Makler täglich außer sonntags von 9 bis 15 Uhr einfinden«.[39]

Auf den Seiten von *Harper's Bazaar* las Barbara dagegen sicherlich nichts über ein ganz anderes Schanghai, ein wahres Schlangennest, von dem auch viele in der Internationalen Siedlung vor Ort nichts mitbekamen. Im Juni 1916, kurz nachdem der korpulente chinesische Präsident Yuan Shikai in seine Toilette gefallen war, wurde ein schwer bewachtes Herrenhaus zwischen den Jadegeschäften an der Nanking Road zum geheimen Treffpunkt nationaler Revolutionäre. Während China von rivalisierenden Warlords auseinander gerissen wurde, fädelte Sun Yat-sen ein Comeback der Guomindang ein. Finanziert wurde die Kampagne von Raritäten-Chang, der seine Frau, seine fünf Töchter und eine riesige Sammlung kaiserlicher Preziosen aus Furcht vor den drohenden Wirren nach New York schickte.

Sun Yat-sen erkannte, dass er eine eigene Armee brauchte,

wenn er seine revolutionären Ziele verwirklichen wollte, und sah sich daher nach zusätzlichen Geldquellen um. Der Westen und Japan versagten jegliche Unterstützung, doch im Juli 1921 bot sich plötzlich eine ideale Lösung an. Spione im Dienste Du Yueshengs von der Grünen Bande erfuhren, dass in der Mädchenschule in der Straße der Unternehmungslust in Schanghai ein Bibliotheksassistent der Pekinger Universität, ein sowjetischer Agent, ein holländischer Kommunist und ein russischer Gewerkschaftsfunktionär heimlich die Kommunistische Partei Chinas (KP) gegründet hatten. Die Kommunisten, unter ihnen Mao Zedong, brauchten ebenfalls Verbündete gegen die feudalen Armeen der Warlords. 1924 gingen die KP und die KMT ein Zweckbündnis ein, und Moskau erklärte sich bereit, Sun Yat-sens Kampftruppe zu finanzieren.

Sun entsandte sofort »einen der angehenden Helden der KMT« zu einer Geheimmission in die Sowjetunion. Der junge Revolutionär war von seinem neuen Mentor, Raritäten-Chang, für diese Aufgabe empfohlen worden.[40] Chiang Kai-shek, der Sun-Tzu-Experte mit dem Erdnusskopf, war mittlerweile einer der engsten Freunde des Jadehändlers und hatte sich drei Jahre zuvor auf Changs Anraten eine neue junge Frau genommen. Chiang Kaishek, der sich von seiner ersten Frau hatte scheiden lassen und seine Konkubine verlassen hatte, heiratete im Dezember 1921 im Great Eastern Hotel in Schanghai die 15-jährige Jennie Ch'en. Raritäten-Chang nahm die Trauung vor, seine älteste Tochter Therese fungierte als erste Brautjungfer und ihre Schwestern Yvonne, Suzanne, Georgette und Helen reisten aus New York an, um Blumen zu streuen.[41]

Nach seiner Rückkehr aus Moskau gründete Chiang Kai-shek in Whampoa eine KMT-Militärakademie, aber schon wenige Monate später war Sun Yat-sen tot. Im März 1925 starb der Anführer der KMT auf einem Feldbett in Hui-lan Koos Pekinger Palast an Leberkrebs; Raritäten-Chang war an seiner Seite. Innerhalb von Stunden wurde die Koalition aus KMT und KP von heller

Panik ergriffen. Hinter verschlossenen Türen und in abgeschiedenen Höfen steckten diverse Fraktionen die Köpfe zusammen und schmiedeten Pläne, um die Herrschaft über China an sich zu reißen, während Sun Yat-sens Leichnam auf einem Katafalk zum Tempel der Himmelblauen Wolken in den Westbergen getragen wurde, wo er erst einmal vier Jahre lang in Vergessenheit geriet.

In Schanghai begann währenddessen einer der Koalitionspartner, heimlich einen Putsch zu planen. Die Grüne Bande war um 1925 weitgehend mit der Roten Bande fusioniert, wodurch Du Yuesheng über ein stehendes Heer von über 20000 Gangstern verfügte, die achtzig Prozent der Werktätigen in der Stadt kontrollierten.[42] Die KP, die die Arbeiter Schanghais gewerkschaftlich organisieren wollte, sorgte für ständige Irritationen, und Du war nicht bereit, sich das Imperium entreißen zu lassen, das er mit so viel Mühe aufgebaut hatte.

Der Boss der Grünen Bande war inzwischen Leiter der Black Stuff Company, eines Kartells von Erpressern, das jeder Opiumhöhle in der französischen Konzession bis zu zehntausend chinesische Dollar im Monat abknöpfte. Er war zudem Vorsitzender der Opium Pipe Company, die den pharmazeutischen Bedarf der Stadt deckte und einen Gewinn von hunderttausend Dollar im Monat einstrich.[43] Wenn eine Opiumhöhle sich ihm zu entziehen suchte, rief Du einfach die Polizei der französischen Konzession. Er war ein prominentes Mitglied des französischen Kommunalrats, Direktor zweier Banken und Vorsitzender der Cheng-Shih-Mittelschule; er zählte Baron Rothschild zu seinen Freunden und verkaufte über sein Schmuckgeschäft an der Rue du Consulat Jade an Ausländer.[44] Du Yuesheng, der in die Häuser seiner Feinde Särge schickte, wurde im Schanghaier *Who's Who* trotzdem als »bekannter öffentlicher Wohltäter« bezeichnet. Obwohl er mit seiner getönten Schildpattbrille beinahe leichenhaft und höchst unheimlich wirkte, fand er sogar Zutritt zu den elitären europäischen Kreisen, wo er ausländische Gäste mit seinem Ruf als »Killer von Tausenden« faszinierte.[45] Ilona Ralf Sues, eine Vertreterin des Anti-Opium-Informationsbüros, zählte zu den wenigen ausländischen Reportern, die je ein Interview mit ihm führten. Sie schrieb: »Solche Augen hatte ich noch nie gesehen. Augen, so dunkel, dass sie keine Pupillen zu haben schienen, verschwommen und stumpf – tote, unergründliche Augen… mich schauderte.«[46]

Die Gestalt des Du Yuesheng wurde bald darauf von Boris Karloff in Hollywood verkörpert; im Film erlebte man einen genialen Schurken, der die Leinwandheldinnen mit Drogen, Hypnose und diversen teuflischen Tricks bezwang. Der wahre Du Yuesheng schlug im Juli 1926 zu. Er katapultierte Chiang Kai-shek mit Changs Unterstützung auf den Posten des Parteivorsitzenden. Während der neue Oberbefehlshaber Chiang Kai-shek öffentlich eine Offensive der Nationalisten gegen die Warlords in Nordchina ankündigte, führte Du Yuesheng seinen geheimen Plan aus, die KP zu vertreiben. Als die Kommunisten im März 1927 zur Unterstützung der Militärkampagne der KMT zu einem Generalstreik aufriefen, wurde dieser von Chiang Kai-shek öffentlich befürwortet. Mehr als fünftausend bewaffnete Streikposten der KP gingen auf die Straße; weiteren Auftrieb gab ihnen die Meldung, dass nationale Verbände auf die Stadt vorrückten, um sie zu unterstützen.[47] Der Oberbefehlshaber drängte die Streikenden dazu, bis vier Uhr früh am 12. April auf den Straßen auszuharren. Zu diesem Zeitpunkt wurden die Schläger der Grünen Bande, die Armbänder als Erkennungszeichen trugen, losgelassen. Hunderte von Mitgliedern der KP wurden enthauptet und ihre Köpfe auf Bambuspfählen und Tabletts durch Schanghai getragen. An den folgenden Tagen wurden Tausende weitere Kommunisten getötet.

Hui-lan Koo bekam von all dem nichts mit. Sie tätigte gerade Einkäufe in Peking, einer Stadt, die von den Ausländern inzwischen als »der alte Trödelladen« bezeichnet wurde.[48] Sie durchkämmte Lin Li-chang in Begleitung von Senhora de Freitas, der Gattin des portugiesischen Botschafters, und Langfang zusammen mit Señora Garrido aus Spanien, Madame de Martel aus

Frankreich sowie Sir Ronald und Lady Macleay, dem britischen Botschafter und seiner Frau. »Alle ausländischen Einwohner in Peking sammelten wie besessen chinesische Kostbarkeiten, aber als Chinesin konnte ich sie gewöhnlich aus dem Feld schlagen«, prahlte Hui-lan. »Ich kaufte jede erlesene Jade, die ich finden konnte... Ich bombardierte die Händler mit Fragen.« Sie brachte ihren ausländischen Freunden bei, dass alte und neue Jade genauso leicht zu unterscheiden waren wie »eine kindhafte Jungfrau und eine alte Witwe«. In »Kramläden« kaufte sie Prunkketten, »bei denen jede der runden Perlen so groß war wie eine Nickelmünze«, und paarweise alte Jadeanhänger, die 30 000 chinesische Dollar pro Stück kosteten. Ihr Wagen »wurde von vier Soldaten bewacht, die bis an die Zähne bewaffnet waren, halsbrecherisch auf den Trittbrettern standen und sich an speziell angebrachten Griffen festklammerten«. Ihrer Limousine folgten acht Fahrzeuge, die »voll gepackt waren mit Hofdamen, Kindermädchen, jungen Dienerinnen und Butlern, die mitfuhren, um Tee und Delikatessen zu reichen«. Das Volk auf der Straße dürfte sicherlich geglaubt haben, es handle sich um einen kaiserlichen Konvoi.

War es also ein Wunder, dass sich Hui-lan Koo mit Yu Derling befreundete, die inzwischen eine neue Rolle als Prinzessin Yu, die »Jadeprinzessin«, angenommen hatte? Yu Derling hatte sich 1907 von der Verbotenen Stadt verabschiedet, in der sie als Hofdame der Kaiserinwitwe gedient hatte, und erzählte nun überall, ihr Vater sei Lord Yu Keng vom Weißen Banner. »Prinzessin Yu« wurde Hui-lans »Liebling« und »Patentante ihres jüngsten Sohnes«. Ihr Titel war zwar eher dubios, doch ihre Verbindungen zum Kaiserhof waren echt. Sie machte Hui-lan Koo mit einer Schwägerin des abgesetzten Kaisers bekannt, die »oft in unseren Palast kam und in ihrem schimmernden Mandschugewand und mit ihrem exotischen Kopfschmuck einen äußerst absonderlichen Anblick bot«. Mittels dieser Verbindungen zum Kaiserhof begann Hui-lan, ihre Schmuckschatullen zu füllen. »Als [die Mandschus] immer ärmer wurden, verkauften sie zuerst ihre Juwelen, dann die

Möbel, Gewänder und Pelze, aber nie, außer sie waren kurz vorm Verhungern, trennten sie sich von ihren herrlichen Pekinesen«, bemerkte Hui-lan Koo verständnisvoll.

Chiang Kai-shek hatte ebenfalls im Geheimen wichtige neue Beziehungen geknüpft. Im Sommer 1926, auf dem Höhepunkt seines Nordfeldzuges, wurden der Oberbefehlshaber und seine Frau Jennie eingeladen, mit Ai-ling und May-ling, den Töchtern Charlie Soongs, zu speisen. Jennie verstand nicht, weshalb sich ihr Mann so sichtbar darüber freute, bis er es ihr erklärte. »Du musst vernünftig sein und verstehen, wie wichtig es für mich ist, mit der Familie Soong näher in Kontakt zu kommen«, sagte der Generalissimus. »Ich habe eine Position, aber es mangelt mir an Prestige. Ich will, dass die Namen Sun, Soong und Chiang in eine enge Verbindung gebracht werden.«[49]

Eines wusste Jennie nicht, nämlich dass Chiang Kai-shek im Jahr zuvor Ching-ling, der Witwe Sun Yat-sens, heimlich einen Antrag gemacht hatte, der jedoch als geschmacklos und zeitlich unpassend zurückgewiesen worden war. Jennie war keine gute Partie in den Augen der »schicken und aristokratischen« Soong-Schwestern, die »aussahen, als seien sie einem Schanghaier Modejournal entstiegen«. Bei geschmorter Taubenbrust und geliertem Consommé wurde Jennie gnadenlos in die Mangel genommen. »Haben Sie viel Schmuck gekauft, Madame Chiang?«, fragte Ai-ling. »Sie können es sich doch leisten.« Als Jennie nach dem Essen durch den Garten schlenderte, hörte sie zufällig Ai-lings indiskrete Äußerungen: »Wie soll sie sich je als Frau eines angehenden Staatsoberhaupts qualifizieren? Da muss unbedingt etwas geschehen.«[50]

Wochen später machte Ai-ling dem Oberbefehlshaber ein lukratives Angebot. Falls er ihre kleine Schwester heiratete, würde sie dafür sorgen, dass sich sämtliche Bankiers von Schanghai hinter die Guomindang stellten. Chiang Kai-shek willigte auf der Stelle ein und ging nach Hause, um seine Frau einzuweihen. »Ich bitte dich, mir zu helfen. Wahre Liebe misst sich schließlich an der

Größe des Opfers, das man dafür zu bringen bereit ist! Verzichte für fünf Jahre, so dass ich May-ling Soong heiraten kann … Es ist nur eine politische Verbindung … Ich appelliere an deine patriotische Pflicht, dem Land zu dienen.«[51]

Fünf Monate später, am 19. August 1927, kehrte Jennie ihrem Heimatland den Rücken und begab sich freiwillig ins Exil. In Begleitung der Töchter Changs reiste sie an Bord der *SS President Jackson* nach Amerika. Während Jennie unter Deck blieb, traten May-ling und Chiang Kai-shek bei einer Gartenparty in Schanghai vor die Presse. »Der Generalissimus wird meine kleine Schwester heiraten«, verriet Ai-ling einem Reporter der *New York Times*, die gleich am nächsten Morgen die Story brachte. Als Jennie in San Francisco an Land ging, fiel eine wilde Meute über sie her. Zeitungen auf der ganzen Welt druckten eine Meldung der Associated Press, in der Chiang Kai-shek mit der Behauptung zitiert wurde, er »kennt die Madame Chiang Kai-shek nicht, von der in der Presse die Rede ist«. Jennie, so behauptete er, sei eine Hochstaplerin.[52]

Die Soongs luden am 1. Dezember 1927 im Schanghaier Majestic Hotel zum Hochzeitsbankett. Im Foyer filzten Handlanger der Grünen Bande die 1300 Gäste, bevor die Neuvermählten im Ballsaal vor einem riesigen Porträt Sun Yat-sens ihr Gelübde wiederholten. Die Braut trug ein silberweißes Georgettekleid und einen Schleier aus Chantilly-Spitzen. Als der amerikanische Tenor E. L. Hall, von einem weißrussischen Orchester begleitet, »Oh Promise Me« sang, fielen Tausende Rosenblätter von der Decke. Das gesamte diplomatische Corps erwies der dritten Madame Chiang Kai-shek die Ehre. Zugegen waren auch Du Yuesheng und Raritäten-Chang, der der Braut Jadegeschenke überreichte. Henry Luce, der Herausgeber von *Life*, feierte die Verbindung von »Gissimo und Missimo«, und die Lokalpresse bezeichnete May-ling als die neue und unbestrittene First Lady von China. Hui-lan Koo war außer sich vor Eifersucht. Und ihr Neid steigerte sich zur Raserei, als die KMT im Juni 1928 die Herrschaft über

Peking errang und in Nanking eine neue Regierung einsetzte. In dem neuen Regime bildete Chiang Kai-shek das Oberhaupt mit *Fu-jen* May-ling an seiner Seite.

Kaum einen Monat später machten sich der Generalissimus und seine neue Gattin über das kaiserliche Vermächtnis Chinas her. Eine Kolonne der KMT riegelte im Auftrag des Zentralkomitees die kaiserliche Nekropole im Bezirk Zunhua ab. Die Hinweise, die rings um das Qing Dong Ling angeschlagen wurden, waren vom kommandierenden Offizier Sun Dianying unterzeichnet, dessen Identität von Augenzeugen bestätigt wurde. Am 2. Juli um Mitternacht befahl Sun Dianying seinem Pionierkorps, den Eingang des Grabes von Kaiser Qianlong zu umstellen und Sprengladungen anzubringen. Den Aufsehern des Mausoleums zufolge bahnten sich die Soldaten dann den Weg in die Kostbare Zitadelle der Kaiserinwitwe Cixi, räumten unter Sun Dianyings wachsamem Auge die Gräber aus und luden die Grabschätze auf einen Lastwagen der KMT.

> Zuerst nahmen sie die großen Wertgegenstände … wie jadene Wassermelonen, Heuschrecken und Früchte, Jadelotos und Korallen. Sie schnappten sich auch Dinge, die sie unter dem Leichnam fanden, und schändeten sogar die Leiche selbst; sie nahmen das Gewand der Kaiserinwitwe Cixi, rissen ihr das Untergewand, Schuhe und Strümpfe vom Leib und sackten alle Perlen und Juwelen von ihren sterblichen Überresten ein. Sie brachen sogar Cixis Kiefer auf und stahlen die kostbare Perle aus ihrem Mund.[53]

Als die Ermittler des Exkaisers Puyi am Schauplatz eintrafen, erfuhren sie, dass Sun Dianying den Löwenanteil der Beute nach Nanking geschafft hatte. »Chiang Kai-shek beschloss, die Sache nicht weiter zu verfolgen … Sun Dianying schickte einen Teil der Beute Chiang Kai-sheks Neuvermählter, May-ling Soong. Die Perlen aus Cixis Phönixkrone zierten später Madame Chiang Kai-sheks Schuhe«, schrieb Exkaiser Puyi verbittert in seinen Memoiren.

Barbara Hutton verschlang die *Life*-Berichte über den kometenhaften Aufstieg der neuen Madame Chiang Kai-shek und war fasziniert von den Reportagen über die Diebstähle. Inzwischen hielt sie in New York, San Francisco und Long Island selbst Hof, und während die Wirtschaftskrise ihren Höhepunkt erreichte, feierte sie ausgelassene Partys. Zu ihren Gästen zählten Tallulah Bankhead, Fred Astaire, Arturo Toscanini und Jimmy Durante. Ihre beste Freundin wurde indes Doris Duke, die im Alter von dreizehn Jahren siebzig Millionen US-Dollars geerbt hatte. Die Zeitungen titulierten die beiden als »Goldstaub-Zwillinge«. Bing Crosby sang zwar »I Found a Million Dollar Baby (in a Five and Ten Cent Store)« – »Ich fand ein Millionen-Dollar-Schätzchen (in einem Billigkaufhaus)« –, aber Noël Coward zeigte mehr Einfühlungsvermögen und warnte: »Poor little rich girl, you're a bewitched girl, better beware! Better take care« – »Armes, kleines, reiches Mädchen, du bist ein verhextes Mädchen, nimm dich in Acht! Pass auf dich auf.« Doch Barbara verlor ihre Jungfräulichkeit mit sechzehn Jahren an ihren englischen Tennislehrer, lockte ihren Leibwächter in ihr Bett und hatte Affären mit David Niven und Howard Hughes. Sie sehnte sich verzweifelt danach, geliebt zu werden.

Ihr Gesellschaftsdebüt war eine 60 000 US-Dollar teure Inszenierung, die am 21. Dezember 1930 im Ritz-Carlton an der Madison Avenue stattfand und von über eintausend Gästen besucht wurde. Sternenbesetzte marineblaue Chiffonbänder hingen an der Decke, silberne Birken und rote Weihnachtssterne schmückten den Boden, und künstliche Schneeverwehungen dekorierten das Foyer. Die Tische zierten zehntausend Rosen und – trotz der Prohibition – zweitausend Flaschen Champagner, und am Eingang verteilte Maurice Chevalier, als Weihnachtsmann verkleidet, kleine Schmuckschatullen mit Edelsteinen. Selbst für Brooke Astor, die mit der Hutton um den Rang als Manhattans vornehmster Erbin konkurrierte, war es »der absolute Wahn«. Die New Yorker *Sun* betrachtete das Ganze eher als eine sinnlose Protzerei:

> Selbst die Decks jenes großen neuen Ozeandampfers, der *Titanic*, strahlten nicht so hell wie die Terrassenfenster des Hotel Ritz anlässlich des Debüts von Barbara Hutton … Wir wollen hoffen, dass es Miss Hutton besser ergeht als der *Titanic* auf ihrer Jungfernfahrt.[54]

Sechs Monate später wurde Barbara, bekleidet mit einem elfenbeinfarbenen, mit Staubperlen bestickten Seidenkleid, König George V. und Königin Mary vorgestellt. Bei der anschließenden Gartenparty tanzte sie mit Edward, dem Prinzen von Wales, den sie als »angeheitert« schilderte und so gar nicht wie einen künftigen König. Die britische Presse wiederum titulierte sie als »verwöhnte Göre« und behauptete, sie wolle »den Thron des britischen Empire stehlen«.[55] Die Hutton brauste indes nach Indonesien, wo sie sich in einem Akt der »Emanzipation« einer barbusigen balinesischen Tanztruppe anschloss, bevor sie nach Amerika zurückkehrte und sich wieder der ernsten Aufgabe zuwandte, ihr Erbe zu verpulvern.

Victor Sassoon, der bei einem Flugzeugunglück während des Ersten Weltkriegs schwer verletzt worden war, hatte sich in Schanghai niedergelassen, um den vollen Nutzen aus seinem Erbe zu ziehen: Er übernahm das Geschäft der Familie und den Titel seines Vaters. Sir Victor fuhr nun in einem goldenen Rolls-Royce den Bund auf und ab und wählte unter Elias Sassoons Ufergrundstücken einen Standort für ein ultramodernes Luxushotel aus, dessen Baukosten eine Million Pfund betragen sollten. Kurz zuvor hatte William Van Alen in Manhattan das Chrysler Building erbaut, einen Monolithen aus Glas und Stein, gekrönt von einer Edelstahlspitze, die gleichsam wie König Mindons Berg Meru über der New Yorker Skyline emporragte. Als 1930 das Cathay

Hotel seine Pforten öffnete, gaben diese den Blick frei auf »ein Riesenrad der Fantasie und der Realität«, die Verkörperung eines neuen Stils, der sich, ausgehend von den Pavillons der Pariser *Exposition des Arts Decoratifs* von 1925, über die ganze Welt verbreitet hatte.[56] Art Deco definierte den Geist der Zeit. Gemäß der dekorativen Ästhetik dieses kühlen Stils war das Cathay mit gewundenen und geometrischen Mustern verziert, die Opulenz und Exotik ausstrahlten und den Gästen einen geeigneten Rahmen boten, um ihrem Lebensrausch zu frönen. In Sir Victors »Art-Deco-Raketenschiff« war die östliche Gesellschaft gut gepolstert gegen Chinas »Kämpfe und Wirren«.

Wenn die Elite Schanghais in der achten Etage aus den Aufzügen stieg, wurde sie bereits auf dem Treppenabsatz von gelöstem Lachen aus der Horse and Hounds Bar begrüßt. Chinesische Diener führten die Gäste über einen Treppenaufgang mit edlen Lalique-Lampen in eine bunte Kostümwelt. Im Drachen-Phönix-Saal, an dessen lackierter Decke sich Meeresgetier wand und dessen Gitterfenster dem kaiserlichen China entlehnt waren, schlürfte alter und neuer Adel rosaroten Champagner. Manchmal wurde »Schiffbruch« als Motto für die Kostümierung ausgegeben. Ein Paar, das sich einen knappen Flanellanzug teilte und vorgab, »in der Dusche eingesperrt worden zu sein, als unser Dampfer unterging«, gewann an einem solchen Abend den ersten Preis. Durch die Abende führte Sir Victor, einmal als Kapitän oder Rädelsführer kostümiert, ein andermal als Kaiser oder Sonnenkönig. Sein Markenzeichen war ein Monokel, das er bereits zu Studienzeiten im Laientheater zu tragen pflegte. Er bewegte sich schwerfällig mit Hilfe zweier silberner Gehstöcke, und ein Schwarm hübscher Frauen hing ihm an den Lippen. »Ich bin ein schlimmer Mann und der Letzte, dem Tugendhaftigkeit vorzuwerfen wäre«, prahlte er, wenn er potenzielle Liebhaberinnen anlockte, indem er ihnen zwei Dutzend französische Seidenstrümpfe schenkte.[57]

Sir Victors weibliche Gäste, die der Modeschöpfer Paul Poiret erst kurz zuvor von ihren Korsetts befreit hatte, zeigten nun auch ihre Fesseln und zogen den großen plumpen Hüten flotte Herrenhaarschnitte vor. Ihre lose wallenden Gewänder von Chanel, Patou und Schiaparelli griffen auf die gewagten orientalischen Kostüme von Sergei Diaghilevs Ballets Russes zurück, die bei einer Aufführung von *Schéhérazade* im Juni 1910 ganz Paris begeistert hatten.[58] Léon Baksts erotische Kostüme hatten vor Jadeitsplittern nur so geglitzert, und so entsprach der Stein des Himmels inzwischen ganz dem Geist der Zeit. Die Pariser Juweliere Jean Fouquet und Boucheron verwandelten die Gürtelschnallen der Kaiserinwitwe Cixi in Jadeitanstecker, aus Kaiser Qianlongs Schützenringen wurden Broschen und Anhänger, Kaiser Xianfengs Jadeperlen wurden zu Cabochons umgearbeitet. Die Cathay-Clique, die die Freiheit genoss, sich scheiden zu lassen, Geliebte zu haben, zu rauchen, Shimmy zu tanzen und blutroten Lippenstift zu tragen, bezog ihre Accessoires bei Cartier, der Jadeit über Chinas Jadekönig, Herrn Tieh, bezog und daraus Lippenstifthalter, Zigarettenetuis und -spitzen und Puderdosen herstellte. »Der Geist der Jade gleicht einer schönen Frau, er ist das in Form gegossene Göttliche, der Stein der Steine, die Quintessenz der Schöpfung«, schwärmte Spink & Co.[59]

Jadeit erleuchtete ganz Schanghai, und die Wah Cehn Company an der Route St. Chevalier in der französischen Konzession lieferte die Schaufensterauslagen für Geschäfte in der Bond Street, an der Place Vendôme und an der Fifth Avenue. Im Jahre 1930 erzielte die Firma einen Jahresumsatz von 300 000 US-Dollars. Ihre Broschüren kündeten von der Ratlosigkeit der neuen Jadeklientel.[60] »Viele Ausländer wissen überhaupt nicht, woher Jade stammt. Manche haben hiesige Händler gefragt, ob sie auf Bäumen wächst oder künstlich erzeugt wird, weil sie noch nie ein Stück Rohjade gesehen haben beziehungsweise nichts über den Prozess der Verarbeitung wissen«, hieß es in einem Heft.[61] Die Kunden mochten keine Ahnung gehabt haben, aber die Vanderbilts, Astors, Hearsts und Rothschilds rückten Hunderttausende von Dollars heraus, um sich in eine magische Welt einzukaufen, die George Kunz von Tiffany & Co. schuf, der seinen Käufern erklärte: »Wenn man sie berührt, wird ein Teil der geheimen Wundereigenschaften der Substanz vom Körper aufgenommen.«[62]

Diese neu entdeckte Leidenschaft für den wundersamen Stein wurde von Chiang Kai-shek sofort erkannt und genutzt. Er führte einen uralten kaiserlichen Brauch wieder ein, indem er ankündigte, verdiente Bürger mit dem Orden der Leuchtenden Jade auszuzeichnen. Die ersten, die Chiang Kai-sheks Geschenk aus grüner Kaiserjade entgegennahmen, waren Sir Miles Lampson, der britische Gesandte in China und wichtigste Vermittler bei den Verhandlungen mit den Westmächten, und der ehrbare Ire Patrick Givens, der Leiter der Staatssicherheitspolizei in der Internationalen Siedlung in Schanghai, der rigoros gegen Rauschgift vorging.

Das Verlangen nach dem Stein des Himmels war allgegenwärtig. Cole Porter umwarb seine Frau mit Jadeit. Marlene Dietrich, Merle Oberon und Joan Crawford wetteiferten um die größten Cabochons. Hatten sie vielleicht die jüngste Ausgabe des Magazins *Fortune* gelesen? Darin wurde betont, der Stein des Himmels sei weit wertvoller als Perlen oder Aktien und es gebe »ebenso viele Farbtöne wie Sammler von Jade«. Nach Henry Luces »nüchterner Einschätzung« stand zu erwarten, dass sich der »Wert [der Jade] in den nächsten fünf Jahren durchaus verdoppeln« werde. Dessen war sich die KMT vollkommen bewusst. In *Fortune* erschien auch die Anzeige für eine ungewöhnliche Versteigerung, bei der ein einziger Posten von solch phänomenaler Qualität angeboten wurde, dass viele vermuteten, es handle sich um einen kaiserlichen Grabschatz. Der Verkaufsaktion sollten noch viele weitere folgen. »Das vielleicht wertvollste *fei-cui*-Schmuckstück, das sich zur Zeit auf dem Markt befindet, ist eine Kette mit 108 gleichförmigen [Jade]Perlen von jeweils sechs bis sieben Karat, die der Nationalistischen Regierung Chinas gehört. Die Kette ist 200 000 US-Dollars wert.«[63] In London galt es als so erstrebenswert, mit dem Stein des Himmels in Verbindung gebracht zu werden, dass es sogar zu einer Indiskretion am Königshof kam. Tancred Borenius, der Herausgeber des *Apollo*, verriet nämlich, wie umfangreich die geheime Sammlung erbeuteter chinesischer Jade war, die sich im Besitz der britischen Königsfamilie befand. Borenius illustrierte seinen Artikel mit Fotos von einer Glasvitrine voller Gürtelschnallen, Ruyi-Zepter und Pinselhalter, den einst geschätzten Besitztümern der Qing, und zitierte ohne jegliche Ironie aus dem alten chinesischen *Buch der Riten*, die Jade sei ein Stein der Reinheit, der »unbefleckt von einer Hand in die andere wandert«.[64]

Herr Tieh, der Jadekönig, besaß inzwischen das weltweit größte Handelsnetz für den Stein des Himmels. Im Oktober 1999 gelang es uns nach monatelangem Suchen und wochenlangem schwierigen Verhandeln, seinen öffentlichkeitsscheuen Sohn aufzuspüren. Frank Tieh war bereit, uns zu empfangen, sofern wir unverzüglich nach Taiwan flögen. Bei einem geradezu kaiserlichen Bankett mit teegeräuchertem Fisch und Frühlingsrollen mit Ente in einem Fünfsternehotel in Taipeh weihte uns Frank Tieh behutsam in die Welt seines Vaters ein. Er erinnerte sich, dass er als Kind zugesehen hatte, wie der Jadekönig um die besten Blöcke kämpfte, die frisch aus den Gruben in Burma eintrafen. Die Steine wurden nach ihrer Farbe beziehungsweise nach den Geschäften, die um sie getätigt wurden, benannt. Ein Herr Yang schob eine Fuhre voller Bargeld durch das Chinesenviertel von Schanghai und kaufte damit einen Stein, der fortan den Namen »Geldschubkarre« trug. Ein anonymer Händler ergatterte einen Stein, der wegen seiner einzigartigen durchsichtigen Farbe *lan shui lu* genannt wurde – »Meer, das einen blauen Himmel spiegelt«. Frank Tiehs Vater erwarb den »Dreiunddreißigtausender« und den »Vierundsiebzigtausender«, benannt nach dem Preis in Silbertael, den der Jadekönig für das jeweilige Stück bezahlte. Weil eine vierköpfige Familie in Schanghai bequem mit dreihundert Tael im Jahr auskam, machten seine Käufe in ganz China Schlagzeilen. »Ich weiß noch, wie ich die Blöcke im Lager meines Vaters sah, aufgeschnitten wie ein durchwachsener Schinken«, sagte Frank, während seine Frau

Charlotte, die Tochter eines reichen mandschurischen Generals, nervös mit ihrem Sattelring aus Jade spielte. »Die Händler in Hongkong reden heute noch von diesen Blöcken; es waren die besten, die je aus Burma kamen.« Die Publicity hatte ihren Preis. Der Jadekönig wurde erpresst, sein Bruder und seine Cousins wurden von einer internationalen Verbrecherbande entführt, an die schließlich ein Lösegeld gezahlt wurde, und wiederholt wurde in sein Lager eingebrochen, wobei die Diebe den »Vierundsiebzigtausender« für einen wertlosen Steinbrocken hielten und liegen ließen. Dann mischte sich Charlotte ein. »Sei vorsichtig, Frank«, mahnte sie. »Sei vorsichtig. Du hast genug gesagt.«

Im Jahre 1932 richteten Oberbefehlshaber Chiang Kai-shek und seine First Lady ihre Aufmerksamkeit auf das kaiserliche Magazin in Peking. Diesmal lieferten ihnen die Japaner den nötigen Vorwand, um das Schloss aufzubrechen. Im September 1931 war Japan in Mukden einmarschiert, und im Dezember war die gesamte mandschurische Provinz besetzt. Im Monat darauf griff die japanische Marine Schanghai an. Japanische Marineinfanteristen, die auf der North Sichuan Road vorrückten, kamen auch an Dr. Duncans diskreter Tripperambulanz vorbei.[65] Sir Victor Sassoon humpelte mit schussbereiter Kamera aus dem Cathay und hätte sich beinahe einen Kopfschuss eingefangen, bevor er sich flugs in die Horse and Hounds Bar zurückzog.[66] Als am 3. März 1932 eine Waffenruhe vereinbart wurde, waren 12 000 Menschen tot oder verwundet, 600 000 waren auf der Flucht, und neunhundert Fabriken und Geschäfte lagen in Ruinen. Die meisten dieser Gräueltaten hatte Sir Victor auf seinen Amateurfilmen festgehalten. Eine Woche später verkündete Japan die Gründung seines Marionettenstaates Mandschukuo, mit dem einstigen chinesischen Kaiser Puyi als dessen Oberhaupt. Chiang Kai-shek wurde massiv kritisiert, weil es ihm nicht gelungen war, der japanischen Aggression zu begegnen, doch das hatte seinen Grund gehabt. Er war zu sehr damit beschäftigt gewesen, geheime Telegramme an das Pekinger Palastmuseum zu schicken.

Der Kurator Chuang Shang-yen, der 1924 in der menschenleeren Verbotenen Stadt den braunen Apfelrest des ehemaligen Kaisers Puyi gefunden hatte, erhielt den Auftrag, Hunderttausende Wertgegenstände des Kaiserhofs in Seide, Stroh und Zeitungspapier zu packen. Beaufsichtigt wurde er von Raritäten-Chang, der praktischerweise der Direktion des Museums vorstand. Am 6. Februar 1933 krochen die ersten Ladungen in ungekennzeichneten Eisenbahnwaggons und Lastwagen, begleitet von Soldaten der Guomindang, aus der alten Hauptstadt. In den folgenden drei Monaten wurden 13.491 Kisten nach Schanghai geschafft. Während dieser Zeit überwachte Chiang Kai-shek den Bau eines von der Armee bewachten Geheimdepots am Rande von Nanking, hinter dem eine Höhle in das Grundgestein eines Berges verlief, in der die wertvollsten Stücke versteckt werden sollten.[67] »Um das chinesische Volk zu beruhigen«, stellte der Oberbefehlshaber die Schätze kurz in Schanghai aus, bevor sie in der Höhle bei Nanking verschwanden und teilweise nie wieder in der Öffentlichkeit auftauchten.[68]

Auch Barbara Hutton war sehr beschäftigt. In Europa erwarb sie einen Titel und ein Kronjuwel. Am 20. Juni 1933 heiratete die Hutton – in Spitzenunterwäsche aus der Werkstatt französischer Nonnen, einem Seidenkleid von Jean Patou und den Perlen Marie Antoinettes – im märchenhaften Ambiente der russischen Kathedrale von Paris den Prinzen Alexis Mdivani, einen weißrussischen Playboy mit einem unbedeutenden Titel. »Unseren Glückwunsch und was sonst noch angemessen sein mag für Miss Barbara Hutton, die wer weiß wie viele Millionen amerikanischer Pennies und Groschen für die Vermählung mit einem Ausländer verjubelt, dessen Name uns entfallen ist«, stichelte die New Yorker *Daily News*.[69] Im Hotel Ritz trafen so viele Geschenke ein, darunter auch eine goldene Toilette, dass eine ganze Suite dafür angemietet werden musste. Allen Geschenken stahl jedoch ein Geschenk von Barbaras Vater die Show – eine kostbare Jadehalskette mit 27 traubengroßen, makellosen smaragdgrünen Perlen aus dem *Lan-*

shui-lu-Block. Die Halskette, die auf 50 000 US-Dollar geschätzt wurde, landete in einem überquellenden Handtäschchen voller grüner Steine, darunter das Smaragddiadem Katharinas der Großen und eine Smaragdgarnitur, die Napoleon III. der Comtesse Verasis de Castiglione geschenkt hatte.

Barbara Hutton teilte der Presse mit: »Es wird Spaß machen, Prinzessin zu sein«, und begab sich mit ihrem Prinzen in einer Flotte von Rolls-Royce-Limousinen, eingezwängt zwischen siebzig Louis-Vuitton-Koffern mit einem dubiosen Wappen, auf Rundreise durch ganz Europa. Ihre Jadehalskette trug sie auch, als sie in dem Schnellboot »Ali Baba«, einem Geschenk an ihren Mann, den Canale Grande entlangdüste. Sie trug sie im Metropolitan Opera House und auch an ihrem einundzwanzigsten Geburtstag am 14. November 1933, als sie offiziell die Verantwortung über ihr riesiges Vermögen übernahm, das mittlerweile auf fünfzig Millionen US-Dollar geschätzt wurde.

In China empfing Hui-lan Koo ihre Partygäste mit ihrem Jadeschmuck und ihren Pekinesen. Auch sie hatte einen Titel erworben. Sie war Pekings überdrüssig geworden und endlich nach Schanghai gezogen, wo sie sich mit einer neuen Dauerwelle von Elizabeth Arden und falschen Wimpern ins Partygetümmel stürzte und in einem Seidengewand, das sie wagemutig bis zum Knie aufschlitzte, in Jimmy's Kitchen Charleston tanzte. Die Zeitschrift *Vogue*, der ihre Eskapaden aufgefallen waren, bezeichnete sie als »eine der bestgekleideten Damen der Welt«.

> Meine neuen Schanghaier Bekannten hielten mich für den Inbegriff alles Modernen und Ausländischen. Sie waren überrascht, als sie feststellten, dass ich Jade allen Diamanten vorzog. Kaiserjade wurde nur von der älteren Generation geschätzt. Und als ich mich anschickte, Jadearmreifen und Jadeschmuck zu tragen, fiel ich gerade dadurch auf, dass ich nicht funkelte.[70]

Hui-lan mietete eine Suite im Hotel Majestic und lieferte sich in ihrer berühmten silbergrauen Limousine am Bund Rennen mit Victor Sassoons Rolls-Royce. Ob sie gewann, wissen wir nicht, doch ihre wachsende Verärgerung über den Herrscher des Hotels Cathay lässt vermuten, dass die Konkurrenz verbissen war. »Frauen sind von Sir Victor fasziniert, weil sein Witz wie eine Peitsche knallt«, schrieb Hui-lan Koo über den Mann, den sie als »dunkelhäutig« und »grob« bezeichnete. Als er ihr in aller Öffentlichkeit mit zwei Paar französischen Seidenstrümpfen Avancen machte, verbreitete sie Gerüchte, er trage Gehschienen und »die Natur [habe] ihm nicht die Ausstattung für einen großen Liebhaber mitgegeben«. Bald weitete sich ihre Rivalität auf ein Gebiet aus, auf dem Hui-lan überzeugt war, die Oberhand zu haben. Als ihre Schwester zu Besuch nach Schanghai kam und – sehr zu Hui-lans Verdruss – im Cathay abstieg, schlug Sir Victor bei einem Abendessen einen Wettbewerb vor: Er wolle die Qualität zweier seiner Halsketten aus Kaiserjade mit jener vergleichen, die Hui-lans Schwester an jenem Abend trug. »Als [sie] ihre wieder umlegte, inspizierte Sir Victor seine beiden sorgfältig und zählte die Steine, um sicherzugehen, dass sie ihre nicht gegen eine der seinen ausgetauscht hatte. Er war einfach kein Gentleman«, schrieb Hui-lan Koo.

Weit größeren Respekt zeigte Madame Koo gegenüber den Warlords. Mit dem Alten Marschall von Mukden spielte sie Domino mit Einsätzen von 50 000 chinesischen Dollar, und sie unterstützte Du Yuesheng, als die Franzosen 1932 das Drogengeschäft des Chefs der Grünen Bande unterbinden wollten, weil er Diplomaten in Paris umwarb, damit man seinen Opiumschiffen freie Fahrt gewährte. Sie schlürfte mit dem Sohn des Alten Marschalls Champagner und stellte ihn ihrer Tanzpartnerin Edda Ciano, der Tochter Benito Mussolinis, vor. Edda war »messerscharf, übertrieben schlank, mit wunderschönen blauen Augen und einem strengen Herrenschnitt«. Edda und der Sohn des Alten Marschalls schockierten selbst Schanghai, die Hure des Fernen Ostens, indem sie gegen das ungeschriebene Gesetze verstießen, wonach asiatische Männer in westlichen Betten nichts zu suchen hatten. Über die Folgen eines weiteren geheimen Stelldicheins wurde indes kein Wort verloren. Conte Galeazzo, Eddas Gatte, hatte mit seinem »glühenden südländischen Temperament« eine junge Amerikanerin, Wallis Simpson, erobert, die nun nach einem diskreten Arzt suchte, der bereit war, den Beweis ihrer heimlichen Liebschaft zu beseitigen.[71] Wie es Mrs Simpson gelang, einem Skandal zu entgehen, wurde nie bekannt, doch schon bald sollte sie sich in die Arme des nächsten Liebhabers stürzen.

Hui-lan Koos bester Freund war der »entzückend lasterhafte« »Hundefleischgeneral«, den sie auf den Namen »Alter Sechsundachtziger« taufte, angeblich in Anspielung auf »einen gewissen Teil seiner Anatomie«. Nur eine Person hielt sich dieser kosmopolitischen Clique fern. Die »schöne und gebildete« dritte Madame Chiang Kai-shek »machte keinerlei Anstalten, unserem albernen Zirkel beizutreten, der den ganzen Abend lachte und scherzte«. Hui-lan äußerte sich voller Neid über die »kräftige, wunderbar modulierte Stimme« ihrer Rivalin und deren »makellos proportionierte Füße« und schielte heimlich nach deren weit erlesenerem Jadeschmuck.

Im Jahre 1934 legte Prinzessin Hutton schließlich am Bund an. Im Schlepptau hatte sie Ticki Tocquet, ihre ehemalige Gouvernante, und Jimmy Donahue, ihren neunzehnjährigen bisexuellen Cousin. Bevor ihr Schiff aus San Francisco ausgelaufen war, hatte Barbara noch schnell in Abe Gumps Antiquitätenladen vorbeigesehen und zur Feier ihrer ersten Asienreise 50 000 US-Dollar für ein Paar Jadebecher Qianlongs ausgegeben. Die Stadt, in der sie nun vor Anker ging, war mit ihren 3,3 Millionen Einwohnern inzwischen die sechstgrößte Metropole der Welt, und in den Kaufhäusern waren die exklusivsten Trends zu finden aus »London, Paris und New York; die einheimischen Warenhäuser quollen über von lackierten Enten und gesalzenen Eiern, kostbarer Seide und Jade«.[72]

Wie Schanghai-Lily quartierte sich auch Barbara Hutton im Grand Hotel ein und machte sich auf zu einem Einkaufsmarathon, bei dem sie Dutzende Jadearmringe erstand, darunter ein einzigartiges »melonenschalengrünes« Armband, das einst Kaiserinwitwe Cixi gehört hatte. Sie ließ es sich nicht nehmen, an jedem Arm mehrere Reifen zu tragen, und entsetzte die Chinesen mit ihrem Geständnis, sie liebe das Klimpern und Klirren. Über die Häufigkeit, mit der die Schmuckstücke zerbrachen, machte sie sich keine Gedanken. Aus dem Archiv von Cartier geht hervor, dass Miss Hutton den Armreif von Cixi bereits wenige Wochen nach dem Kauf nach New York schickte und mit einer Diamantenschließe reparieren ließ. In den hermetischen inneren Zirkel der chinesischen Jadehändler vorzudringen gelang ihr allerdings erst, als sie eine Begleitperson anheuerte, die die Händler überreden konnte, ihre verborgenen Schätze zu offenbaren. Yu Derling, die Jadeprinzessin, begeisterte Barbara Hutton mit Erzählungen über Kaiser Qianlongs Bemühungen um die Jadestraße, seine unerwiderte Liebe zu der unglücklichen Duftgemahlin Xiang Fei und Cixis unersättliche Gier nach Schmuckstücken. Die Jadegeschichten regten die Kaufhauserbin sogar zu eigener Poesie an; ihre Verse hinkten allerdings ähnlich wie die eines Qing-Herrschers zweihundert Jahre zuvor. Die Reime offenbaren etwas von der Not, die das arme kleine reiche Mädchen zu verbergen suchte:

»I bring you my poor dreams
Caught up in a green jade bowl,
Carved untold years ago
Out of a Chinese soul.«[73]

[»Ich bringe dir meine armen Träume dar,
Eingeschlossen in einer grünen Jadeschale,
Vor unzähligen Jahren geschnitten
Aus einer chinesischen Seele.«]

Auch die Kauforgie in Asien brachte Barbara keinen Seelenfrieden. Zu Hause in den Vereinigten Staaten erfand der Klatschkolumnist Cholly Knickerbocker einen weiteren Spitznamen: »Die 22-jährige Huttontotte hat bereits eine der größten Schmucksammlungen der Welt zusammengetragen. Was böte sich Besseres an, um all jene Jillionen und Billionen zu verjubeln?« Das Hollywoodstudio RKO brachte *The Richest Girl in the World* in die Kinos, eine Komödie, die kaum ihre Inspirationsquelle zu verbergen suchte; Miriam Hopkins spielte darin die verwaiste Erbin Dorothy Hunter, die an Kaufsucht leidet.

Es gab jedoch eine asiatische Kostbarkeit, die Barbara Hutton entging. In Schanghai kursierte ein Gerücht über einen Edelstein, der schon so lange verschollen war, dass viele ihn für einen Mythos hielten. Es hieß, er würde im Licht erröten und sehe so aus, als würde er sich ganz weich anfühlen, auch sei er von einer exotischen Schicht aus Parfüm und Gewürzen umhüllt. Das Geflüster der Chinesen, das zuerst in der Horse and Hounds Bar zu vernehmen war, erklang bald auch inmitten der Champagnerflöten bei Ciro, bis es auf einer Party zu vernehmen war, die zu Ehren des kürzlich ernannten Vizekönigs von Indien, Lord Willingdon, veranstaltet wurde.[74] Hui-lan Koo, gelangweilt von der Konversation über Mahatma Gandhi, den der Vizekönig als einen »halb nackten Kerl« verunglimpfte, riss das Gespräch an sich und schlug eine Wette vor.[75] Sie beugte sich über den Tisch, packte Sir Victor beim Kragen und wettete mit ihm, dass sie das geheimnisvolle kaiserliche Schmuckstück finden würde. »Sir Victor war unwohl bei dem Gedanken, tausend Dollar aufs Spiel zu setzen, das sah ich ihm an, aber er hatte keine andere Wahl, als ich vorschlug, jeder von uns solle das Geld einsetzen und Lord Willingdon solle die Einsätze entgegennehmen. Wir vereinbarten einen Tag, an dem wir uns wieder sehen würden«, hielt Hui-la Koo in ihren Memoiren fest. Ihnen blieb nur ein Monat Zeit.[76]

Hui-lan bestieg in Begleitung von Prinzessin Yu Derling den Expresszug nach Peking und eilte gleich nach der Ankunft zum Geschäft des Jadekönigs. Herr Tieh war jedoch in einer schrecklichen Stimmung. Der Bürgermeister von Peking hatte befohlen, den zweiten Stock seines Geschäfts abzureißen, weil sich die Nachbarn beschwert hatten, ihre eingeschossigen Läden würden in den Schatten gestellt. Herr Tieh »wand sich vor Kummer…, warf sich zu Boden und klagte über sein Problem«. Hui-lan rief sofort beim Bürgermeister an und gab sich als *Fu-jen* aus, doch wochenlang blieben ihre Anrufe unbeantwortet. Vier Tage bevor die Wette entschieden werden sollte, rief der Bürgermeister Hui-lan endlich in ihrem Pekinger Palast zurück. Weil sie Angst hatte, die Zeit würde verstreichen, tischte sie ihm ein Melodrama auf, über das man selbst in der Pekingoper die Brauen hochgezogen hätte. Herr Tieh wäre erledigt, sprudelte Hui-lan, sein Ruf wäre ruiniert, seine Familie geächtet, die Zukunft seines Sohnes zerstört, ihre Kinder würden in Vergessenheit geraten, wenn dem brutalen Vorgehen des städtischen Abrisskommandos kein Einhalt geboten werde. Als dem Bürgermeister die Ohren sausten, ließ er sich erweichen, und Hui-lan rief auf der Stelle Herrn Tieh zu sich.

> Er sagte, ich hätte seine Ehre gerettet, und aus Dankbarkeit wolle er mir ein sehr tiefes Geheimnis anvertrauen: [Als] der letzte Kaiser von China, Puyi, und seine Frau aus Peking fliehen mussten, nahmen sie, im Gürtel der Kaiserin versteckt, ihren kostbarsten Besitz mit, das schönste Stück Jade auf der Welt. Nun aber benötigten sie unbedingt Geld und seien unter Umständen bereit, es zu verkaufen.[77]

Herr Tieh bestand darauf, dass alle anderen den Raum verließen, und kramte ein kleines Päckchen aus dem Gurt seines Gewandes: »Es war das prächtigste Stück Jade, das ich je gesehen habe. Es war wie ein großer Smaragd und vollkommen durchscheinend.« Aber der Preis, den er nannte, »ließ mich erblassen«.

Die ganze Nacht über konnte ich kaum schlafen. Gegen Morgen träumte ich von meinem Vater... wäre er noch am Leben gewesen, hätte er den Stein sicher für mich gekauft. Dann fiel mir das Taschengeld ein, das er mir über die Jahre gegeben hatte... Es belief sich inzwischen auf beinahe eine Million Dollar. Als der Juwelier am nächsten Tag wiederkam,... gab ich ihm das Geld und sagte ihm, er solle es dem jungen Kaiser zeigen... Das war Papas alter Trick; der Anblick von Geld war zu verlockend, als dass Puyi ihm hätte widerstehen können.

Hui-lan raste mit dem Schanghai-Express zurück zu Lord Willingdons Tafel und traf nur wenige Minuten vor Ablauf der vereinbarten Frist ein. Ihr stattlicher Rivale sprudelte jedoch ebenfalls vor Aufregung über. Mit der schwungvollen Geste eines Zauberkünstlers zogen sowohl Hui-lan Koo als auch Sir Victor Seidentücher hervor, aus denen sie beinahe identische Anhänger aus gründer Kaiserjade in Form von Pfefferfrüchten auspackten. Qianlongs Geschenk an seine Duftende Gemahlin, Xiang Fei, war zwar in Oper, Dichtung und Volkssage besungen, aber fast 150 Jahre lang nicht mehr gesehen worden. Doch nun, vor den Augen des verwirrten Lord Willingdon, schien es zwei Exemplare davon zu geben.

Der Vizekönig verlangte eine Prüfung. Hui-lan hielt Sir Victors Pfefferfrucht gegen das Licht und erklärte, die Spitze sei gesprenkelt – »ein eindeutiger Makel«. Der Kaiser hätte niemals ein Stück aus einem unvollkommenen Stein anfertigen lassen, verkündete sie. Sir Victor »stockte der Atem, und ohne Murren händigte er die tausend Dollar aus. Später hörte ich, dass er alle Händler nach einem Stück suchen ließ, dass meinem vergleichbar sei, aber ich bezweifle, dass ein solches existiert«.

Die Feier anlässlich der legendären Persischen Pfefferfrucht dauerte bis in die frühen Morgenstunden, aber war sich auch nur einer der Gäste an jener Tafel bewusst, dass Schanghai inzwischen buchstäblich unterging? Mit jedem Jahr wurden seine Türme aus Chrom und Glas von Stolz und Lasterhaftigkeit Zentimeter um Zentimeter niedergedrückt und von den Sumpfebenen verschlungen, aus denen sie einst erstanden waren.

9

So tot wie der Mond

Sir Victor Sassoon hielt sich am Dienstag, dem 8. Juli 1937, auf dem Landsitz seiner Familie bei Bombay auf. Der Sommer war unerträglich heiß, aber wenigstens verdiente Sir Victor weiterhin gutes Geld. Die vierzehn Baumwollspinnereien, die er inspizieren wollte, liefen trotz der neun Millionen Arbeitstage, die jedes Jahr durch die – von Mahatma Gandhis gewaltlosem Widerstand inspirierten – Streiks verloren gingen, auf Hochtouren. Die Hunderttausende von Pfund, die Sassoon in Vollblutpferde investiert hatte, warfen in England erste Früchte ab, hatte doch eines seiner Rennpferde das »One Thousand Guineas«-Rennen für sich entschieden. Als daher ein Telegramm eintraf, das vermeldete, am Vortag habe es in China Geplänkel zwischen japanischen und Truppen der Guomindang an der Marco-Polo-Brücke, südwestlich von Peking, gegeben, tat er das Ereignis als belanglos ab.[1]

Doch innerhalb eines Monats kam es zwischen den Truppen Chiang Kai-sheks und den Japanern am Rand der alten kaiserlichen Hauptstadt erneut zu einem Zusammenprall. Zwei Tage lang beschossen sie sich auch vor den Toren der Internationalen Siedlung in Schanghai aus Bunkern und mit Sandsäcken befestigten Verschanzungen, während 21 japanische Schlachtschiffe den Huangpu Richtung Cathay Hotel hinauffuhren. Doch niemand schien Notiz davon zu nehmen. »Ihr Ausländer schaut zu… als wäre es ein Fußballspiel«, äußerte ein KMT-Funktionär gegenüber Emily Hahn vom *New Yorker*. »Ihr klatscht sehr höflich Beifall.«[2]

Hui-lan Koo war in Paris beschäftigt. Sie bezauberte auf Soireen und in Nachtclubs mit ihrer Bijouterie aus Jade und dem Bing-Noi-Diamanten, und sie tanzte »verschleiert« mit jungen italienischen und amerikanischen Botschaftsräten. Sie war 1936 ihrem Gatten gefolgt, der nach Frankreich versetzt worden war, und schon nach kurzer Zeit war sie »ein Gegenstand von Neugier und Klatsch«. Sie verspeiste mit Baron Maurice de Rothschild zu Mittag Trüffel, die er von seinem Landgut einfliegen und an importierter Crème fraîche aus Devonshire anrichten ließ. Sein Rolls Royce schien allerdings ihrer beider Eitelkeit kaum genügend Raum zu bieten. Als Hui-lan vom Baron, »einem passionierten Sammler schöner Frauen«, eingeladen wurde, mit ihm und seiner Geliebten, einer minderjährigen europäischen Prinzessin, eine Opernaufführung zu besuchen, vertraute sie ihrem Tagebuch an, sie habe Maurice geantwortet: »Du bist so groß und feist, dass zwischen dir und der Prinzessin kein Platz für mich sein wird.«[3]

Die exotische Hui-lan faszinierte die Pariser Gesellschaft. »Die Augenbrauen gingen hoch, sobald ich mit meinem Schmuck auftauchte... und in vornehmen Kreisen flüsterte man die Namen meiner vermeintlichen und großzügigen Geliebten – von denen ich einige noch nie zu Gesicht bekommen hatte«, verriet sie ihren Freundinnen. Sie behauptete sogar, Joe Kennedy, der neue amerikanische Botschafter in Großbritannien, habe sie einmal »um seinen Schreibtisch gejagt«.[4] Als die nationalistische Regierung für 30 Millionen Francs eine repräsentative Villa in der Avenue George V erstand, um dort die neue chinesische Botschaft unterzubringen, beschloss Hui-lan, das Gebäude zu einem »Schaufenster« zu machen, das ihren gesellschaftlichen Rang definieren sollte. Sie charterte ein Flugzeug nach Schanghai, wo sie mit dem Baron, der fern seiner zartgliedrigen Prinzessin Urlaub machte, auf Einkaufsbummel gehen wollte.

In ihrem Tagebuch erinnert sie sich, wie sie am 10. Februar 1937 um 9.20 Uhr vom Flugplatz Le Bourget abhob; sie wurde von »Botschaftsangestellten, dem Militär- und dem Luftwaffenattaché samt Gattinnen verabschiedet... doch mein Mann, der Botschafter, blieb fern«. Ihr Geldbeutel war prall gefüllt mit 100 000 chinesischen Dollar. Sie machte in Bagdad Zwischenstation, einer Stadt »voller Frauen mit schäbigen Kopftüchern, schmuddeligen Muslimen, zerlumpten Beduinen, blutigen Schafsfellen und einem Schlafzimmer voller Flöhe«. Dann flog sie weiter über das »gepflegte und saubere« Karatschi, Jodhpur und Kalkutta zu einem Kurzbesuch in ein »bezauberndes« Rangun, wo sie vierzig Rubine und ein Schmuckkästchen aus Silber erstand. Zwanzig Tage nach ihrer Abreise aus Frankreich landete Hui-lan in China, nur um festzustellen, dass die Japaner »auf Peking vorrücken«. Sie befahl ihren Bediensteten, die gesamte Habe aus ihrem Palast zu verpacken und ihr »mit Laternen behängtes und mit … echtem Gold geschmücktes« Qianlong-Bett, die Esszimmermöbel und die Jadepreziosen nach Frankreich zu verschiffen. Auch ihre Lieblinge Pekes, Pao Pei und Ching Ming sollten nachgeschickt werden. Koo beschuldigte die Japaner später, sie hätten aus ihren Goldfischen *Sushi* gemacht, den Wurf Pekinesen, den sie zurückgelassen habe, geraubt und ihren Ming-zeitlichen Palast geplündert.[5]

In Schanghai machte sie eine Stippvisite bei ihrer Mutter, zwei Söhnen und Schwester, die in einer von der Immobiliengesellschaft Sir Victors angemieteten Wohnung lebten. Doch vor allem plante sie einen Einkaufsbummel, und dies war »eine Aufgabe, die Konzentration und Organisation erforderte«. Hui-lan ließ ihre »Kontakte in der nationalistischen Regierung spielen« und ergatterte auf diese Weise einen 500 Jahre alten Terrakotta-Buddha »aus einem alten Tempel«, kaufte Seidenwaren, einen gelben Teppich, der mit dem kaiserlichen Drachenmotiv bestickt war, Tuche, Wandschirme und zwei »prächtige alte« Jadedrachen für ihre neue Eingangshalle. Es blieb kaum Zeit, um eine Kiste mit Jade zu füllen. Die kaiserliche Fracht wurde auf den Liniendampfer *Victoria* verladen, auf dem auch eine Abordnung ausländischer Honoratioren zur Krönung von König George VI. nach London fuhr. Madame Chiang Kai-shek kam am 2. April an Bord, um allen eine gute Reise zu wünschen, 24 Tage später wurde die kostbare Fracht in einem französischen Dock entladen. Einen Monat danach defilierten 1300 geladene Gäste durch die neu geschmückte chinesische Botschaft. Es war ein triumphaler Empfang: »Ich sah voller Genugtuung, wie die Menschen durch die Räume schlenderten… und nicht schwatzten, wie es bei einem Empfang für gewöhnlich der Fall ist, sondern sich umsahen und Objekte sanft, respektvoll berührten, als wären sie in einem Museum.«

Als die Japaner die Chinesen auf der Marco-Polo-Brücke überraschten, weilte Madame Chiang Kai-shek gerade in Nanking und pries ihr Lieblingsprojekt, die »Bewegung des Neuen Lebens«. Sie trug ein einfarbiges Kleid und keinen Schmuck. Mit aufrüttelnden Worten forderte sie ihre Zuhörerinnen auf, sich einem moralischen Kreuzzug anzuschließen, der China auf der Basis puritanischer konfuzianischer Werte erneuern sollte. Ihre Strenge und ihr gravitätisches Auftreten sprachen nicht nur das chinesische Volk, sondern auch die exaltierte Enklave der Internationalen Siedlung an, wo Emily Hahn bemerkte, dass man Madame Chiang mittlerweile »mit der heiligen Johanna von Orléans, Königin Boadicea und allen anderen tapferen Heldinnen aus alter Zeit, deren Namen überliefert sind,« verglich.[6] Die ambitionierte Madame Chiang hatte auch den Befehl über Chinas junge Luftwaffe übernommen, der auch einige Piloten aus Europa und Amerika angehörten, von denen einige Veteranen des Ersten Weltkriegs waren und die sie als »den einzigen Mann [feierten], der Einsatzbereitschaft zeigen wird«.[7] Als sie nur Tage nach dem Zwischenfall an der Marco-Polo-Brücke von *Forum* interviewt wurde, erschien sie vor den Journalisten in ihrem prächtigsten Schmuck aus Kaiserjade und wurde von ihnen beschrieben als eine »Prinzessin mit seidenem Haar und mit gewinnenden schwarzen Augen«, die gelobte, China mit einer machtvollen Kombination aus politischem Geschick und christlichen Werten zu regieren.[8] Den Generalissimus erwähnte sie mit keinem Wort.

Erst am 14. August um 16.30 Uhr erweckte das chinesisch-japanische Renkontre die Aufmerksamkeit von Sir Victor Sassoon und nahm dem strahlenden neuen Bild von Madame Chiang seinen Glanz. Während sich Zehntausende von Chinesen vor den Kämpfen am Huangpu in Sicherheit brachten, indem sie über die Brücken zum Bund strömten, erreichte der Krieg wie aus Versehen die träge Oase der Internationalen Siedlung. Lucian Ovadia, der Cousin von Sir Victor, den dieser nach Schanghai geholt hatte, um seine Geschäfte im Fernen Osten zu leiten, hielt sich gerade in seinem Büro im dritten Stock des Cathay Hotels auf, als die ersten Bomben fielen. Die Druckwelle schleuderte ihn zu Boden, und als sich der Hagel aus Glas und Gips gelegt hatte, rief der schweizerische Manager des Cathay an, um mitzuteilen, dass der Eingang des Hotels getroffen worden sei. Vier chinesische Kampfflugzeuge, die den Befehl erhalten hatten, die 3. Japanische Flotte mit Bordwaffen anzugreifen, hatten offensichtlich den Huangpu gründlich verfehlt und versehentlich das Hauptquartier von Sir Victor getroffen, wobei Querschläger durch die menschenwimmelnde Straße vor dem Hotel sirrten.

Diejenigen, die Madame Chiangs Veteranen applaudiert hatten, als sie am Horizont aufgetaucht waren, wurden plötzlich Opfer eines »absoluten Blutbads«. Mit Möbelwagen brachte man die Verwundeten ins Krankenhaus. Ein Bus und zwei Straßenbahnwagen vor dem Cathay wurden ein Raub der Flammen und mit ihnen die unglückseligen Passagiere. »Körper und Körperteile« lagen verstreut auf der Straße, und Überlebende erinnerten sich später daran, dass die Toten im Race Club abgeliefert und »zu Haufen gestapelt« wurden.[9] Dann landete eine weitere Sprengbombe auf dem Dach des Great World Entertainment Centre, eines sechsstöckigen Gebäudes an der Kreuzung Thibet Road und Avenue Edward VII. Dieser »Hexensabbat… aus tirilierenden Sängerinnen, Zauberkünstlern und Taschendieben« war erst wenige Tage zuvor zu einem Flüchtlingszentrum geworden.[10] Eintausend Menschen starben, und weitere Tausend wurden durch umherfliegende Glasscherben und Stahlsplitter verstümmelt.[11]

»Wenn ich nicht so furchtbar viel zu tun hätte ... würde ich mich vermutlich hinsetzen und mich übergeben angesichts des ganzen Grauens«, schrieb Dr. D. Cater nach Hause.[12]

Während der Bund vom Blut gereinigt wurde, kehrten die Nachtschwärmer in die Bar des Cathay zurück. Sie tranken Gin-Slings und beobachteten, wie ein Schauer weiß glühender japanischer Geschosse auf die chinesischen Linien, südlich der französischen Konzession, hinabregnete.[13] Emily Hahn suchte sich einen besseren Aussichtspunkt, und in einem Brief an ihre Mutter vom 24. August beschrieb sie den Blitzkrieg von ihrem Balkon aus: »Ich sah, wie verschiedene Teile der chinesischen Stadt in Flammen aufgingen. Es war schön und schrecklich zugleich. Überall stürzten sich Flugzeuge wie Raubvögel auf ihre steinerne Beute herab ... Niemand vermag zu sagen, wie lange der Krieg hier noch dauern wird.«[14]

Als Sir Victor Sassoon im Herbst 1937 nach Schanghai zurückkehrte, waren 250 000 Chinesen und 40 000 Japaner gefallen, aber der Hafen war noch immer offen, und sein Immobiliengeschäft florierte wie eh und je. Während Hahns »Stadt der Eingeborenen« dem Erdboden gleichgemacht worden war, herrschte eine große Nachfrage nach Wohnungen und Büros in der Internationalen Siedlung, denn aus Europa und China trafen Wellen neuer Flüchtlinge ein.

Nachrichten über diesen nicht erklärten Krieg, die immer erbitterter werdenden Schlachten, von denen keine Seite zugeben wollte, dass sie auf einen Flächenbrand hinausliefen, sickerten schließlich nach Europa durch, wo Hui-lan »außer sich vor Sorge« war. Sie hatte es im Eifer ihrer Schanghaier Einkaufstour versäumt, ihre Familie außer Landes zu bringen, daher ließ sie jetzt ihre Kontakte zur US-Flotte und zur französischen Regierung spielen, um ihre Mutter und ihre Schwester nach New York zu schicken und ihre Söhne nach Frankreich in Sicherheit zu bringen. Koo atmete erleichtert auf und kehrte in die Gesellschaft zurück, wo sie gerade ein paar neue Freunde gewonnen hatte.

Der Herzog und die Herzogin von Windsor waren nach den Flitterwochen in Venedig in Paris eingetroffen, wo Edward seine Gäste dadurch empört hatte, dass er sie mit dem Faschistengruß empfing.[15] Eine derjenigen, die Anstoß daran genommen hatte, war die frühere Tanzpartnerin des Herzogs, Barbara Hutton, die sich mittlerweile Gräfin von Reventlow nannte. Sie hatte sich 1935 von Alexis Mdivani scheiden lassen und 24 Stunden später in Reno – in Anwesenheit von Prinzessin Yu Derling, der früheren Hofdame der Kaiserinwitwe Cixi – einen verarmten deutschen Adligen geheiratet.

Hui-lan Koo fand die Windsors »charmant und ungezwungen«, auch wenn sich der amerikanische Botschafter in Paris geweigert hatte, Wallis Simpson die Hand zu geben, denn die Verfassungskrise in Großbritannien, die durch ihre Heirat im Juni ausgelöst worden war, war ihm noch in lebhafter Erinnerung. Schließlich hatten Hui-lan und Wallis Gemeinsamkeiten. Beide liebten Kaiserjade und hatten in Schanghai gemeinsam Partys ausgerichtet. Die Herzogin von Windsor »erinnerte sich sogar an ein paar chinesische Worte, insbesondere das ›Boy, mehr Champagner‹ hatte sich ihr eingeprägt«.[16]

Aber das Klima änderte sich. »Am Bahnhof findet man keine Gepäckträger«, beklagte sich Hui-lan Koo in ihrem Tagebuch, und es war der Herzog von Windsor, der sie davon überzeugte, dass Frankreich kein guter Ort für Kinder sei. Nachdem er Wallis nach Amerika geschickt hatte, riet er Hui-lan beim Abendessen, ihre Söhne außer Landes zu schaffen. Die Jungen wurden an Bord eines Schiffes gebracht, das Kurs auf New York nahm. Und Hui-lan? Sie besuchte mit dem französischen Staatspräsidenten das Pferderennen in Longchamps, und sie wurde mit ihrer Persischen Pfefferfrucht auf einer Party fotografiert, zu der Douglas Fairbanks jr. und Mary Pickford einluden, die sich kurz danach scheiden ließ. Sie widmete ihrem Schmuck die allergrößte Aufmerksamkeit und erteilte Cartier den Auftrag, in den Anhänger von Xiang Fei einen Diamanten von 25 Karat einzufügen. »Louis

Cartier war so überwältigt von der Schönheit der Pfefferfrucht, dass er niemanden in den Laden ließ, während er daran arbeitete … Er sagte mir, es handele sich um ein so einzigartiges Stück, dass man seinen Wert nicht schätzen und es daher auch nicht versichern könne«, jubelte Hui-lan. In der Villa an der Avenue George V. wurde in chinesischen Diplomatenkreisen hinter verschlossenen Türen ein weiterer nicht deklarierter Krieg unter die Lupe genommen. Dr. Koo hatte sich heimlich zwei Geliebte zugelegt, und als sich Hui-lan eines Nachts einsam fühlte, vertraut sie ihren Kummer in melodramatischen Worten ihrem Tagebuch an. »Der liebeskranke Botschafter schlich sich wie ein Dieb in der Nacht davon, um zu seinem Flittchen zu gehen.«[17] Das Monatsgehalt chinesischer Botschafter betrug nur 600 Dollar, und siebzehn Jahre lang hatte Hui-lans Schmuck die Karriere ihres Mannes finanziert. Sie hatte selbst auf den anstrengendsten Soireen geglänzt, und jetzt ließ Dr. Koo sie fallen wie eine Konkubine. »Ich lebte in einem Zeitalter, in dem chinesische Frauen darum kämpften, sich von jenem uralten Joch der Unterdrückung zu befreien, wie es westliche Frauen niemals erdulden mussten«, klagte sie.[18]

Als die Japaner im Dezember 1937 Nanking einnahmen, schlachteten sie 30 000 nationalistische Soldaten und 12 000 Zivilisten ab, die sich ergeben hatten. Außerdem vergewaltigten sie 20 000 Chinesinnen, benutzten Gefangene als lebende Übungsobjekte für das Bajonettstechen und begruben die Verwundeten bei lebendigem Leibe in Massengräbern. Während in Nanking ein unvorstellbares Blutbad stattfand, wurden in der Bar des Cathay immer rauschendere Feste gefeiert, an denen Sir Victor Sassoon, die Warlords, Emily Hahn und ihr Schoßäffchen Mister Mills teilnahmen. Einige prominente Gesichter Schanghais fehlten jedoch. Der Bürgermeister der chinesischen Stadt hatte sich am 11. November, nur einen Tag, nachdem er der örtlichen Presse versichert hatte, er würde sein Leben für die Stadt geben, in einem gecharterten

Flugzeug, das mit Goldbarren und Jade gefüllt war, nach Hongkong abgesetzt.[19] In seiner letzten Amtshandlung genehmigte er den Bau von Pontons, um eine Stadt abzustützen, die im Sinken begriffen war; diese Betonflöße sind noch heute zu sehen. Du Yuesheng, der Pate der Grünen Bande, hatte in aller Stille seine Habseligkeiten in der Französischen Konzession zusammengepackt und sich mit einem Schatz von Edelsteinen nach Hongkong abgesetzt. Er stieg im Peninsula Hotel in Kowloon ab und arrangierte die Flucht chinesischer Geschäftsleute – gegen Bezahlung, versteht sich, die normalerweise in Jade zu entrichten war. Viele dieser Geschäftsleute nahmen so viel Jade mit, wie sie in den baumelnden Ärmeln ihrer Seidengewänder verstecken konnten. Der ehemalige Chauffeur Wu Sibao wurde zum stellvertretenden Boss der Grünen Bande in Schanghai befördert und erpresste in dieser Position so viel Geld, Vermögen und Schmuck von den reichen und nicht so reichen Chinesen, dass er den Spitznamen »Kleiner Du« bekam.[20] Der große Boss hielt enge Tuchfühlung zu Chiang Kai-shek. Im Jahr 1938 flog er nach Hankow, einer Stadt am Oberlauf des Yangzi im östlichen Zentralchina, wo der Guomindang-Führer Zuflucht gefunden hatte, als die Japaner Nanking plünderten.

Raritäten-Chang, der Jadehändler, weilte bereits in Hankow, als sich der Zwischenfall an der Marco-Polo-Brücke ereignete, doch im folgenden Herbst setzte er sich nur Wochen, bevor auch Hankow dem Vorstoß der Japaner zum Opfer fiel, nach Hongkong ab. Während Chiang Kai-shek in einem Eilmarsch 800 Kilometer flussaufwärts zog, verließ Raritäten-Chang China gleich ganz. Er ging zunächst in die Schweiz – wobei ihm seine Schatzkiste vorauseilte – und dann weiter nach Paris, der Stadt seiner Jugend, wo er seine Freundschaft mit Hui-lan Koo auffrischte. Obgleich sich Chiang Kai-shek weigerte, den Krieg zu erklären, traf man insgeheim Vorkehrungen für das kaiserliche Vermächtnis. Als die Kämpfe im August 1937 bei Schanghai ausbrachen, wurde dem Kurator Chuang Shang-yen befohlen, ein neues Versteck für den Schatz der Qing ausfindig zu machen. Der Sohn des Kurators erinnerte sich bis in die kleinsten Einzelheiten an den Plan. Die besten Stücke aus der kaiserlichen Sammlung füllten achtzig Kisten, die zur Universität von Hunan in Südostchina geschafft wurden. Chuang Ling erzählte uns:

> Als die Kämpfe andauerten, gab mein Vater Weisung, die Kisten erneut abzutransportieren, und schon wenige Tage nach unserer Abreise erwies sich seine Entscheidung als weitsichtig, denn die Japaner schossen Hunan in Schutt und Asche. Damals waren wir unterwegs nach Anshun in der Provinz Kweichow. Es war eine schläfrige Stadt, aber sie hatte tiefe Höhlen, und der Eingang zu ihnen lag versteckt hinter einem Kloster. Dort lagerte mein Vater die Kisten ein. Immer wenn er die Zeit dafür fand, ließ er die Kisten von Bediensteten öffnen, um die Antiquitäten der Luft auszusetzen.

Als Nanking fiel, war alles längst ins Innere Chinas geschafft worden. »Eine Ladung aus 9639 Holzkisten wurde auf Amphibienfahrzeugen und LKWs nach Loshan in den Bergen von Sichuan gebracht«, erinnerte sich Chuang Ling. »Die dritte Gruppe von Preziosen überstand den Transport genauso unbeschadet. Die Kisten – 7229 an der Zahl – wurden zunächst auf Züge und dann auf LKWs verladen; ihr Ziel war Omei in Sichuan. Doch die Laster verunglückten; sie gerieten auf den Bergpisten ins Rutschen, stürzten in Gräben und mussten herausgezogen werden. Aber kein einziges Objekt war zerbrochen. Nichts war zerknittert oder zerrissen.«

Außerhalb Chinas zeigte man kaum Interesse. Henry Luce, der sich mehr vor Mao Zedong als vor Japan oder den Nazis fürchtete, verkaufte einer gleichgültigen Leserschaft Madame Chiang als das entzückende Gesicht des Kriegs gegen den Kommunismus. Kurz nach dem Fall von Nanking zierte sie die Titelseite von *Time*, die sie und ihren Gatten zum »Ehepaar des Jahres kürte«, obgleich man in amerikanischen Diplomatenkreisen weniger schöne Worte für sie fand. Man warnte Washington, sie habe ein »Temperament, das sie in einer früheren Epoche auf den Drachenthron katapultiert hätte«.[21] Das »Paar des Jahres« wechselte kaum ein Wort miteinander. Madame Chiang redete ihren Gatten nur noch als »dieser Kerl« an, nachdem sie einen Frauenschuh unter seinem Bett gefunden hatte, und besorgte amerikanische Diplomaten verfassten einen offiziellen Bericht:

> Wenn Madame, die sowohl stolz als auch sittenstreng ist, offen mit ihrem Gatten brechen sollte, würde die Dynastie entzweit, mit gravierenden Folgen sowohl für China als auch für das Ausland.[22]

In Großbritannien schwärmte niemand von der First Lady Chinas, obwohl die Öffentlichkeit mittlerweile mit ihrem Generalissimus vertraut war, dank einer von BBC Radio ausgestrahlten Komödie mit einem »Mr Cash-My-Cheque« in der Hauptrolle.[23]

Zwar wurde dem Elend der chinesischen Flüchtlinge eine gewisse Aufmerksamkeit geschenkt, die Hauptsorge galt allerdings den Hunden, was Hui-lan Koo sehr gefallen hätte. Nanking war verwüstet worden, trotzdem interessierte sich *Country Life* mehr für eine Fußnote über ein Ölgemälde im königlichen Hundezwinger in Schloss Windsor, das einen Pekinesen auf einem roten Kissen zeigte. Ein Brief von General J. H. Dunne vom 99. Regiment aus dem Jahr 1861 war ans Tageslicht gekommen, in dem der Offizier schilderte, wie er den Pekinesen der Kaiserinwitwe Cixi nach London verschifft hatte:

> An Bord des Dampfers, der Richtung Heimat fuhr, stritten die Damen regelmäßig darum, wer sich um [Looty] kümmern solle, und ich war gezwungen, das Tier einer jungen amerikanischen Dame in alleinige Obhut zu geben. Es war

der allgemeine Liebling der Passagiere und lief den Salontisch auf und ab, um sich ihren Zärtlichkeiten zu entziehen.[24]

Country Life enthüllte, dass Looty in der Obhut von Königin Victoria bis 1872 gelebt hatte und dass er einer von vier Pekinesen war, die aus dem Sommerpalast »gerettet« worden seien. Admiral Lord John Hay hatte zwei an sich genommen, und die Herzogin von Richmond hatte dem verbliebenen Tier ein Zuhause gegeben. *Vanity Fair* beteiligte sich an der Debatte und wies darauf hin, dass die jungen »Chinesischen Löwenhunde«, Geschenke an die Prinzessinnen Elizabeth und Margaret Rose, die Töchter des neuen Königs, Abkömmlinge der geraubten Zucht Cixis seien.

Barbara Hutton, ebenfalls stolze Besitzerin eines jungen Pekinesen, hielt sich mittlerweile in London auf, nachdem sie die amerikanische Öffentlichkeit ein weiteres Mal gegen sich aufgebracht hatte. Diesmal hatte sie auf ihre US-Staatsbürgerschaft verzichtet, um 400 000 Dollar Steuern zu sparen. Zugleich hatte sie jedoch das Fünfzehnfache für Schmuck in der Bond Street und für Grundbesitz im Regent's Park ausgegeben, wo sie die zweitgrößte Privatresidenz der Stadt, den Landsitz von Lord Rothermere, erworben hatte. Hier erfuhr sie, dass Europa auf einen Krieg zusteuerte, und zwar durch Joe Kennedy. Er bestellte die Hutton in sein Büro am Grosvenor Square und riet ihr, Großbritannien zu verlassen, ihr Regency Palais, das sie zum Andenken an ihren Großvater in Winfield House umbenannt hatte, zu schließen und seine Geliebte zu werden, ein Anerbieten, das sie zurückwies. Sie hatte sich bereits von Graf von Reventlow scheiden lassen, der für seine Unannehmlichkeiten mit einer Million Dollar abgefunden worden war. Da ihre Zeit knapp bemessen war, beauftragte sie Pitt & Scott damit, eine Bestandsliste der riesigen Sammlung französischer Antiquitäten und ihrer »Jadesammlung von unschätzbarem Wert« anzufertigen. Einer der Packer erinnert sich:

> Es gab viele fernöstliche Objekte – kunstvoll geschnitzte chinesische Holztafeln, Jade-Paravents, Seidengobelins und so weiter … Ich erinnere mich an den erstaunlichen Anblick eines riesigen Haufens Schuhe, die in einer Ecke des Hauptschlafzimmers herumlagen, alle Größe 37, alle Sonderanfertigungen … nicht weniger als 300 Paare.[25]

Während Pitt & Scott zwischen Regent's Park und Worcester pendelten, wo das Kriegsdepot der vormaligen Gräfin angelegt werden sollte, schwamm sie vor Capri, bevor sie nach Biarritz abreiste, um ihren Sohn, Lance Reventlow, abzuholen. Gemeinsam reisten sie weiter nach Mailand, wo Graf Galeazzo, der Gatte von Edda Ciano, Visa und Fahrkarten für das italienische Linienschiff *Conte di Savoia* besorgte, das Kurs auf New York nahm. Hutton stieg im Hotel Pierre an der Fifth Avenue ab, in dem sie sich einem weiteren Geliebten, Cary Grant, in die Arme werfen wollte.

In der Horse and Hounds Bar des Cathay sagte währenddessen Sir Victor im Brustton der Überzeugung voraus, die Japaner würden »China ausbluten lassen«. Doch bereits bevor es überhaupt zur Kriegserklärung kam, hatte er Mexiko, Peru und Chile bereist und dort geheime Treuhandkonten angelegt, und war über die Antillen und Florida nach New York gereist, wo er sich mit ausländischen Steuervorschriften vertraut machte.[26] »Er wurde mit so vielen Filmstars gesehen, dass man fälschlicherweise glaubte, er beabsichtige, sich in Hollywood einzukaufen.«[27] In Schanghai wagten es nur W. H. Auden und Christopher Isherwood, die anhaltende Seifenblase der Träumerei zum Platzen zu bringen: »In dieser Stadt – die von ihren Eroberern zwar bezwungen, aber nicht besetzt wurde – tickt der Mechanismus des alten Lebens weiter, doch er scheint dazu verdammt, bald stillzustehen, wie eine Uhr, die man in einer Wüste verloren hat.«[28]

Als Sir Victor 1939 nach Schanghai zurückkehrte, bot die Internationale Siedlung Juden, die aus Deutschland und Polen geflohen waren, eine sichere Zuflucht. Jetzt verkaufte er heimlich seine beiden größten burmesischen Saphire und einen Fundus an Halsketten aus Kaiserjade, um einen finanzielle Beitrag zu leisten zum Kauf britischer Kampfflugzeuge.[29]

Frankreich fiel im Juni 1940. Da sich die Nazis jedoch nicht im Krieg mit China befanden, änderte sich für Hui-lan Koo zunächst wenig – bis sie ihre europäischen Freunde zu vermissen begann. Ihr Chauffeur fuhr sie in ihrem Buick nach Vichy, wo ihr das ganze Ausmaß der sich verschärfenden Krise klar wurde. »Es gab weder Tee noch Kaffee noch Seife noch Salatöl.« Doch binnen weniger Wochen war die Pyjamaparty vorbei, und man riet Hui-lan, nach New York abzureisen, wo sie im Apartment ihrer Mutter in Manhattans Upper Eastside einziehen konnte. Sie setzte sich aus Frankreich ab, schwer beladen mit Koffern, die die besten Stücke ihrer kaiserlichen Sammlung und eine Menagerie an Pelzen enthielten: einen Chinchilla, einen Nerz und, versteckt in einem Silberfuchsumhang, ihre unbezahlbare Persische Pfefferfrucht.

Binnen Monaten stürzte das imposante Gebäude krachend ein. Mussolini hatte sich schon 1939 auf die Seite Hitlers geschlagen, und im September 1940 folgten die Japaner. Die Bombardierung von Pearl Harbor am Sonntag, dem 7. Dezember 1941, zog Amerika in den Flächenbrand hinein, und als die Japaner am nächsten Tag in die Internationale Siedlung hineinrollten, ohne auf Widerstand zu stoßen, war Chiang Kai-shek schließlich gezwungen, Japan den Krieg zu erklären.

Die Japaner beschlagnahmten die Vermögenswerte der Hongkong and Schanghai Bank, setzten im Cathay Hotel alliierte Konsularbeamte fest und verwandelten Jardine Mathesons luxuriösen Palast in ein militärisches Nervenzentrum. Von Dezember 1941 an bildete die Long Bar die Drehscheibe des Nachrichtendiensts der japanischen Marine. Damals begannen die Schanghailänder zu verschwinden. Hugh Collar, der Vorsitzende der British Resident's Association, beobachtete, wie sich allmählich Angst und Schrecken ausbreiteten.

> Ein paar Tage nach [dem Überfall auf] Pearl Harbor wurden etwa 10 britische Staatsbürger ... und mehrere Amerikaner verhaftet ... Daraufhin folgte eine langsame, aber erbarmungslose Serie von Festnahmen »feindlicher Staatsangehöriger«, die hinter den dunklen Pforten des Bridge House, des Präsidiums der Gendarmerie, verschwanden.[30]

Collar kümmerte sich um die ärztliche Behandlung derjenigen, die aus dem ehemaligen chinesischen Hotel entlassen wurden. Ihre Körper waren überzogen von Wunden durch ausgedrückte Zigaretten, wiesen Striemen von Bambusrohrschlägen auf und hatten verrenkte Schultern. Männer hatten nach Strombädern ihre Stimme verloren, ihr Leib war durch Wasserfolter angeschwollen und zerschunden.

Tief im Innern Chinas, 2300 Kilometer flussaufwärts von Schanghai, am Zusammenfluss von Yangzi und Jialing, musste sich Chiang Kai-shek »auf einem Stück Land verkriechen, das die Form eines Tortenstücks hatte«. Chongqing war ein öder Ort »ohne Tanzbar und ohne Licht«, wo es im Winter so kalt wurde, dass seine Bewohner in mehrschichtigen Zobelpelzen und wattierten Jacken sowie Schafsledersstiefeln herumstapften. Auf diesem abgeschiedenen Ort im Zentrum der Provinz Sichuan lag der Fluch des »Wetters der Schwermut« – ein fortwährender Kampf gegen stürmischen Wind und Nebel, der sich nur zwei Monate im Jahr lichtete. Und der einzige Vorzug dieses »gottverlassenen Lochs« bestand darin, dass es für die Piloten der japanischen Luftwaffe unsichtbar war. »Man konnte hier nichts tun, außer sich betrinken und mit seltsamen kleinen Ponys die Hügel hoch- und wieder hinunterreiten«, schrieb Emily Hahn, nachdem sie hier ein Jahr lang in der Hoffnung ausgeharrt hatte, von Madame Chiang ein Interview zu erhalten.[31]

Dieses eine Mal in seinem Leben hatte Chiang Kai-shek Weitblick besessen und vorhergesehen, dass China seine Küste an Japan verlieren könnte. Daher hatte er ein 1150 Kilometer langes

Pistennetz eröffnet, das Chongqing mit der Jade-Straße von Kaiser Qianlong verband. Falls Schanghai in die Hände der Japaner fallen sollte, konnte der Nachschub für Chiang Kai-shek im britischen Rangun angelandet und anschließend mit dem Zug in nordöstlicher Richtung bis Lashio befördert werden. Dort würde man die Fracht auf Laster umladen, die sich dann über seine »Burma-Straße« zu den roten Bergen von Yunnan hinaufschlängeln sollten. »Drachenwolke«, der über Yunnan herrschende Warlord Lung Yun, der es mit Jade- und Opiumschmuggel zu Reichtum gebracht hatte, erlaubte gnädigerweise, dass die Hilfslieferungen sein Territorium passierten. Als die Japaner erfuhren, dass Qianlongs Jade-Straße wieder geöffnet worden war, mussten sie damit rechnen, dass der Generalissimus in seinem Schlupfloch jahrelang durchhalten konnte, sofern man ihm nicht den Nachschub abschnitt.

Inmitten der Wirren war am 8. August 1940 ein Schiff unbemerkt aus Rangun entschlüpft. An Bord befanden sich zwei chinesische Seeleute, von denen die regulären Matrosen nichts wussten. Tan Luan Shung und Tan Su Taung wollten in Schanghai über Agenten Kontakt zu Mao Zedong aufnehmen, doch weil sie das falsche Schiff erwischten, gingen sie in Amoy an Land, einer Hafenstadt im Süden der Provinz Fujian, die unter japanischer Kontrolle stand. Die Matrosen wurden festgenommen und als burmesische Studenten entlarvt. Bei dem einen handelte es sich in Wirklichkeit um Aung San, einen 26-jährigen aus einer Familie von »Freiheitskämpfern«, Generalsekretär der »Our Burma Association«, die sich um militärische Unterstützung für ihren Unabhängigkeitskampf bemühte. Der andere hieß Mya Hlaing, ebenfalls ein radikaler Student, und so trafen sich in Amoy japanische und burmesische Ambitionen.

Statt die blinden Passagiere zu inhaftieren, ließen die Japaner sie eine militärische Ausbildung durchlaufen und schmuggelten Aung San im Februar 1941 wieder nach Rangun. Binnen vier Monaten warb er dreißig Kameraden an, darunter Shu Maung, einen

Postbediensteten mit rechtsextremen Ansichten. Shu Maung, ein Frauenheld und Spieler, hatte die Nationalisten mit seinem Aufnahmegesuch in ihre Bewegung überrascht. Anschließend legte er sich sogleich das Pseudonym Ne Win zu, »Strahlend wie die Sonne«.

Im Dezember 1941 wurden die Aktivisten nach Bangkok befördert, wo sie die Burma Independence Army (BIA) gründeten, die zu Anfang des folgenden Jahres in Begleitung japanischer Truppen erneut heimlich in Rangun einsickerte. Aung San und seine Männer hatten sich bereit erklärt, im Gegenzug für die Unterstützung ihres Unabhängigkeitskampfes den Japanern dabei zu helfen, den Nachschub über Qianlongs Jade-Straße abzuschneiden, und die BIA warb in kürzester Zeit über 30 000 Freiwillige an.

Amerika hatte nach seinem Kriegseintritt unverzüglich die Bedeutung von China und Burma erkannt und daher Anfang 1942 General Joseph Stilwell nach Chongqing entsandt. Dieser ehemalige US-Militärattaché trug wegen seines säuerlichen Temperaments den Spitznamen »Essig-Joe«. Bei seiner Ankunft musste er feststellen, dass es »außer Häusern aus Karton« keine Unterkünfte gab und dass die Restaurants nur schwarzhäutiges Hühnchen servierten. Er sollte als Chiang Kai-sheks Stabschef fungieren, als Berater und Motivator jenes Mannes, der im Januar zum alliierten Oberbefehlshaber des chinesischen Kriegsschauplatzes ernannt worden war. Doch Chiang Kai-shek sprach kein Englisch, und so wurde Madame Chiang als Verbindungsperson angeworben. »Schneewittchen«, wie ihr Deckname bei den Amerikanern lautete, wurde in Essig-Joes Tagebuch verewigt. In seinem kurzen Porträt klingt ein anderes Jahrhundert und ein gelber Vorhang an:

> Eine kluge, intelligente Frau. Versteht den westlichen Standpunkt. Direkt, energisch, machtverliebt, sonnt sich im Licht der Öffentlichkeit und Schmeicheleien, ziemlich empfindlich im Hinblick auf ihre Geschichte. Kann, wenn sie will, ihren

Charme spielen lassen. Und weiß das. Großer Einfluss auf Chiang Kai-Shek.[32]

Essig-Joe erhielt ein kleines »Haus aus Karton« in derselben Straße, in der auch Chiangs imposante Villa aus Stein lag.

Tagtäglich wurde Stilwell in das herrschaftliche Haus auf der Anhöhe gerufen, und es war nur eine Frage von Monaten, bis die Fassade der Zweckehe in Chongqing erste Risse zeigte. Ende März fiel Rangun in die Hände der Japaner, denen Aung Sans BIA tatkräftig zur Seite gestanden hatte, und die KMT-Truppen räumten praktisch kampflos ganz Zentralburma. Am 29. April eroberten Verbände der Japaner und der BIA Lashio und unterbrachen so Qianlongs Jade-Straße. Tausende von britischen Soldaten und Zivilisten flohen über die unwirtlichen Berge und durch die tückische Nekropole von Hukawng, dem Todestal der Kachin. Stolpernden Schrittes folgten sie den Fußstapfen von George Bayfield und schleppten sich nach Manipur, einen Fürstenstaat in der Nordostecke von Britisch-Indien. Im Juli 1942 war das Große Goldland in japanischer Hand.

Während sich die Kaiserlich-Japanische Armee festsetzte, kam es jenseits der Grenze zu einem Zusammenprall der Kulturen. Essig-Joe, der unbedingt die japanischen Linien durchstoßen wollte, plante einen ehrgeizigen Gegenangriff mit dreißig chinesischen Divisionen, doch die immer wieder versprochenen Truppen blieben aus. Als sich die Wochen zu Monaten hinzogen, warnte Stilwell Washington, der Generalissimus decke ein System der institutionalisierten Bestechung; er lasse es zu, dass seine hochrangigen Offiziere den Sold und den mit amerikanischen Krediten gekauften Proviant ihrer Männer stählen. Seine Befürchtungen wurden von John Service geteilt, der sich als politischer Beobachter des US-Außenministeriums in Chongqing aufhielt und Franklin Roosevelt wissen ließ: »Seine [Chiang Kai-sheks] Kontakte zur Unterwelt haben ihn gelehrt, wie nützlich Drohungen und Erpressung sind. Chiang zeigt diese Züge in allem, was er tut.«[33] In seinem privaten Tagebuch machte Stilwell seiner Frustration Luft: »Das Ärgerliche an einem Diktator ohne Format ist«, schrieb er am 29. September 1942, »dass ich unmöglich mit den Horden von Parasiten und Speichelleckern mithalten kann, die ihn umringen.«

Schneewittchen bemühte sich, zwischen Stilwell und ihrem Gatten zu vermitteln. Sie verließ ihre Villa in einer Sänfte, überbrachte Geschenke für Winifred, Stilwells Gattin, einen Cabochon und einen Qing-zeitlichen Jadeanhänger, bevor sie die neuesten Ausflüchte des Generalissimus vortrug. Doch als Madame Chiang erkannte, dass Stilwells Schweigen nicht käuflich war, überging sie ihn einfach und startete ihre eigene Kampagne, um in Washington ihr Gesicht zu wahren.

Noch vor Schneewittchen war Raritäten-Chang in den Vereinigten Staaten eingetroffen; er hatte sich in New York niedergelassen, nachdem er endlich aus seinem Pariser Luftschutzraum ausquartiert worden war. Doch während er sich mit einem Kreis von Pazifisten umgab, die ihn zu überreden suchten, den Himmelsstein zu verkaufen, um eine Kampagne für den Weltfrieden zu finanzieren, wandelte Madame Chiang auf dem Kriegspfad. Sie fädelte einen äußerst ungewöhnlichen Auftritt vor dem US-Kongress ein, der im Februar 1943 stattfand. Sie trug eine sorgsam ausgewählte Garderobe, die zu ihrem von Henry Luce geprägten Image in der amerikanischen Öffentlichkeit passte. *Newsweek* berichtete, sie habe ein elegantes langes schwarzes Kleid getragen: »Ihr Rock war fast bis zum Knie geschlitzt, ihr glattes schwarzes Haar fiel in einer schlichten Locke in ihren Nacken. Ihr Jadeschmuck war von unschätzbarem Wert.«

Juweliere in Hongkong und Schanghai munkelten, Madame Chiangs Sattelring aus Kaiserjade habe einst Kaiserinwitwe Cixi gehört. Ihre Schuhe waren mit Perlen verziert, von denen Puyi behauptete, sie stammten aus der Phönixkrone, und an ihren Handgelenken hingen durchscheinende Armreifen, die angeblich ebenfalls aus den Kaisergräbern entwendet worden waren. In ihrer Rede, die nicht viele aufmerksame Zuhörer gefunden haben dürfte, befasste sie sich mit der chinesisch-amerikanischen Freundschaft, »die in den Annalen der Geschichte unübertroffen ist«, und mit Japans »sadistischem Furor«.[34]

Einen Monat später brachte Madame Chiang bei einer Veranstaltung im Madison Square Garden die Massen in Wallung, bevor sie zu einer Tournee durch Amerika aufbrach, die ihren Höhepunkt Ende März im Hollywood Bowl erreichte. Mary Pickford, Rita Hayworth, Marlene Dietrich und Claudette Colbert gehörten zu den Tausenden, die den kaiserlichen Schmuck beäugten, während sie einer Neuinszenierung des Falls von Nanking beiwohnten, »wo die plündernden Eindringlinge der gemarterten Bevölkerung sämtliche Lebensmittel raubten«. Schneewittchens mitreißender Auftritt wurde von David O. Selznick inszeniert, der vier Jahre zuvor den mit zehn Oskar ausgezeichneten Kinohit *Vom Winde verweht* produziert hatte. Innerhalb von sechs Monaten hatte Madame Chiang 17 Millionen US-Dollar für den »Hilfsfonds für ein Vereintes China« gesammelt und war triumphierend nach Washington zurückgekehrt. Aber sie hatte noch eine Rechnung zu begleichen und fragte Franklin Roosevelt, ob General Stilwell der geeignete Mann sei, denn er scheine die chinesische Mentalität nicht zu verstehen. Ihre Reklamationen wurden ad acta gelegt.

Unterdessen hatte Essig-Joe, der nichts von Schneewittchens doppeltem Spiel mitbekam, selbst die Initiative ergriffen: Mit Hilfe von Pionieren der US-Armee hatte er begonnen, eine neue, 770 Kilometer lange Piste zu bauen, die die blockierte Jade-Straße als Nachschublinie zwischen Indien und Chongqing ersetzen sollte. Sie sollte über »den Buckel« verlaufen, eines der wildesten und am wenigsten erforschten Gebiete der Region, und den britischen Verladebahnhof in Ledo in Assam mit dem schroffen Niemandsland in Nordburma verbinden. Stilwells Piste sollte das gewundene Pet-Kai-Gebirge durchschneiden, einen unzivilisierten Landstrich, in dem die Nachfahren der Kopfjäger siedelten, die 1836 Sepoy Singh die geheime Kasa-Naga-Straße gezeigt hatten. Seither hatten sie keinen oder fast keinen Kontakt mit der Außenwelt gehabt, doch Stilwells Männern gelang es, eine Piste anzulegen, die mehr oder minder nah an der alten Route verlief. Von der Grenze zu Assam führte sie durch das Herz des Hukawng-Tales, zog sich an den Ausläufern des Loi Lem entlang, näherte sich bis auf ein paar Kilometer den Jademinen, bevor sie schließlich in Mogaung anlangte.

Die Briten versuchten von Indien aus in dieses Niemandsland einzudringen, indem sie ständige Nadelstiche gegen japanische Nachschub- und Verbindungswege durchführten. Doch die Geschichte des ersten englisch-burmesischen Krieges im Jahr 1824, als ein ähnlicher Plan der britischen Truppen scheiterte, drohte sich hier zu wiederholen. Ein Bericht aus dem 19. Jahrhundert gelangte zu dem Schluss:

> Die weiten Entfernungen, die man durch Dschungel, Sumpfland und über Berge zurücklegen muss, in einem dünn besiedelten Land, das für eine Armee zivilisierter Männer keinerlei Proviant bereithält, stellten ein gewaltiges Hindernis für den Vormarsch einer europäischen Streitmacht dar.[35]

Die Verantwortung für diesen Auftrag lag bei Brigadegeneral Orde Wingate. Wingate, der am Gürtel seines Feldanzugs einen baumelnden Wecker trug und eine Bibel in seinen Tornister packte, grub eine Militärstrategie aus, die 180 Jahre zuvor Kaiser Qianlong in Anlehnung an Sun Tzus *Die Kunst der Krieges* in Erwägung gezogen hatte. Wingate war Spezialist in unkonventioneller Kriegführung, der seine Methoden in Palästina und Afrika perfektioniert hatte, und nun suchte er Kontakt mit den *Ye Jein* Nordburmas, den Kachin.

Obgleich die Burmesen, die sechzig Prozent der Bevölkerung des Landes stellten, mit Aung San sympathisierten und aus Hass auf die Briten die Japaner unterstützten, hatten die Ethnien, die in dem Hufeisen aus Hügeln und Tälern lebten, das die Grenzregion bildete, dem Generalsekretär der Our Burma Association keine

Gefolgschaft geschworen. Die Beziehungen zwischen den Briten und den Kachin hatten sich seit den Tagen von Captain Adamson gründlich gewandelt. Schon 1897 hatten die Briten den Versuch aufgegeben, die wilden Stämme des Nordens zu befrieden, und sich stattdessen ihre kriegerischen Fertigkeiten zunutze gemacht, indem sie sie für die in Bhamo stationierte Militärpolizei für Nordburma anwarben. Bei Ausbruch des Ersten Weltkriegs dienten 349 Kachin beim 85. Burma-Schützenregiment und dem 1/10-Gurkha-Schützenregiment.[36] Nach ihrem Erfolg in Frankreich und Gallipoli hatten die Kachin die Erlaubnis erhalten, mit ihren *dahs* um den Rücken durch London zu paradieren, und bis 1937 hatten sich über 850 Kachin zu den kämpfenden Truppen verpflichtet.

Jetzt warb Wingate die Kachin als Führer einer Brigade von 2800 britischen Soldaten an. Diese »Chindits«, die ihren Namen den geflügelten *chinthe*-Ikonen verdanken, die einst den Löwenthron bewacht hatten, drangen im Februar 1943, von Nordostindien kommend, nach Burma ein. Nachdem sie den Chindwin durchwatet hatten, bewegten sie sich auf den Irrawaddy zu. Im Mai, nach über 1600 Kilometern Marsch, waren die Chindits erschöpft und malariakrank. Sie waren gezwungen, sich zu zerstreuen, nachdem sie ein Drittel ihrer Leute und den größten Teil ihrer Ausrüstung verloren hatten. Obgleich Wingate die Operation als einen schrecklichen Misserfolg bezeichnete, hatte er doch die militärische Strategie grundlegend geändert und ein für alle Mal das Gespenst eines für westliche Soldaten lebensfeindlichen Dschungels gebannt.

Die Kachin hatten sich als so nützlich erwiesen, dass sogleich ein weiterer unkonventioneller Plan zum Einsatz kam. Ende 1943 sprangen britische Agenten mit Fallschirmen über dem Herzen des Feindeslands ab, um Hunderte von Kachin für inoffizielle Kommandooperationen auszuheben. Diese kleinen Krieger, die dank ihrer jahrhundertealten Tradition des Dschungelkampfs bemerkenswert zäh und ortskundig waren, wie Captain Hannay

Zahlreiche Angehörige der ausländischen Gesandtschaften plünderten in den Wochen nach der Entsetzung Pekings die kaiserlichen Schatzkammern. (Im Uhrzeigersinn von links oben:) Sir Claude MacDonald, der britische Botschafter, hielt in seinem Garten Auktionen ab; Polly Smith, eine amerikanische Erbin, wurde mit geraubten Geschenken überschüttet; zu ihren Bewunderern zählte auch George Morrison, der Korrespondent der Times, der in seinem Tagebuch Diebstähle gestand, die er in seinen Berichten stets verschwieg; Edmund Backhouse, der gescheiterte Oxford-Gelehrte, stiftete seine Sammlung gestohlener Kostbarkeiten der Bodleian Library, um so eine Professur zu ergattern.

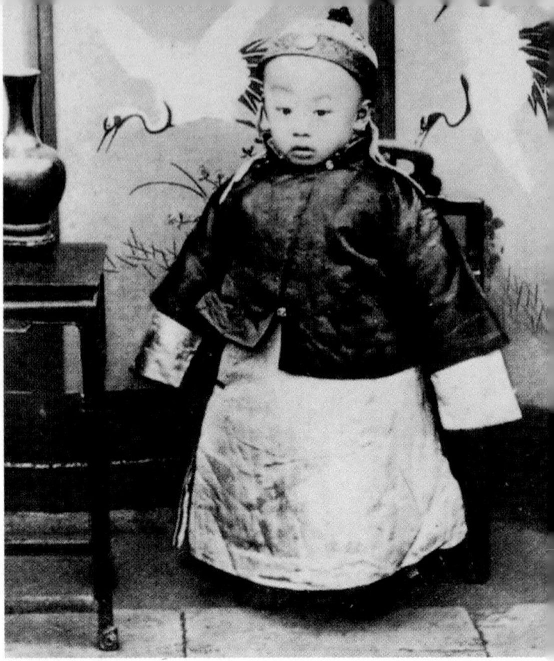

Oben: Der zweijährige Puyi, der in seinen kaiserlichen Drachengewändern versinkt, kurz vor seiner Krönung im Jahr 1908.

Oben links: Reginald Johnston, Privatlehrer des letzten Kaisers von China, im Zobelmantel eines Mandarins ersten Grades, der von seinem dankbaren Schüler einen Ring aus grüner Kaiserjade geschenkt bekam.

Links: Henry Puyi, der letzte Kaiser von China, mit seiner Gattin, Elizabeth Wan Jung, tauschte seine kaiserlichen Gewänder gegen die neueste westliche Mode ein, während er in der Verbotenen Stadt unter Hausarrest stand.

Oben: Der Unterweltpate Du Yuesheng mit seinen »schillernd katzengrünen« Augen, hier rechts zu sehen, hatte um 1930 Schanghai fest in seiner Gewalt und jagte den europäischen Cocktailparty-Zirkeln aufgrund seiner Ähnlichkeit mit Dr. Fu Manchu und seines Rufs als »tausendfacher Mörder« prickelnde Schauer über den Rücken.

Links: »Armes kleines reiches Mädchen«, Barbara Hutton, die Woolworth-Erbin, die bei einem Besuch der Metropolitan Opera in New York im Jahr 1933, kurz vor ihrer Abreise nach Schanghai, ihre legendäre Jadehalskette – ein Hochzeitgeschenk ihres Vaters – trägt.

Links: Madame Wellington Koo, eine reiche Erbin, die von Vogue zur bestangezogenen Frau Chinas gekürt wurde, plaudert mit einer anderen Doyenne des Schanghaier Partyzirkels, ihrer besten Freundin, Edda Ciano, der Tochter Benito Mussolinis.

Unten: Madame Koo im Smalltalk mit der künftigen Queen Mum bei einer Teegesellschaft im Buckingham Palace während des Zweiten Weltkriegs. Edwina Mountbatten schaut zu.

Rechts: Chiang Kai-shek mit seiner zweiten Frau, Jennie Ch'en, kurz bevor er sie darum bat, vorübergehend »Platz zu machen«, damit er May-ling Soong heiraten könne.

Unten: Der Generalissimus und die dritte Madame Chiang Kai-shek, die, was selten geschah, gemeinsam mit General »Essig-Joe« Stilwell scherzen, der beide wenig später als Diebe und Parasiten geißeln wird.

Oben: Frau Chiang Kai-shek und Wellington Koo, Rivalinnen um den Titel der Fu-jen Chinas, der First-Lady, in prangendem Jadeschmuck bei einer US-amerikanischen Wohltätigkeitsveranstaltung für China.

Sir Victor Sassoon, der Herrscher über das Cathay Hotel in Schanghai, und die »Hinterwäldlerin aus den Südstaaten«, die er heiratete, nachdem sie ihn gesund gepflegt hatte, beim Pferderennen.

Das Jadeland der Generäle: Eine Kirche, die einzustürzen droht, da der Jadehügel, auf dem sie steht, abgetragen wird; eine Aufseherin hakt die Namen auf der Personalliste ab, während die Bergarbeiter aus einem Kessel in Hpakant Kyi klettern; erschöpfte junge Frauen tragen schwere Bambuskörbe, die mit Rohjade gefüllt sind, auf einen wartenden Kipper.

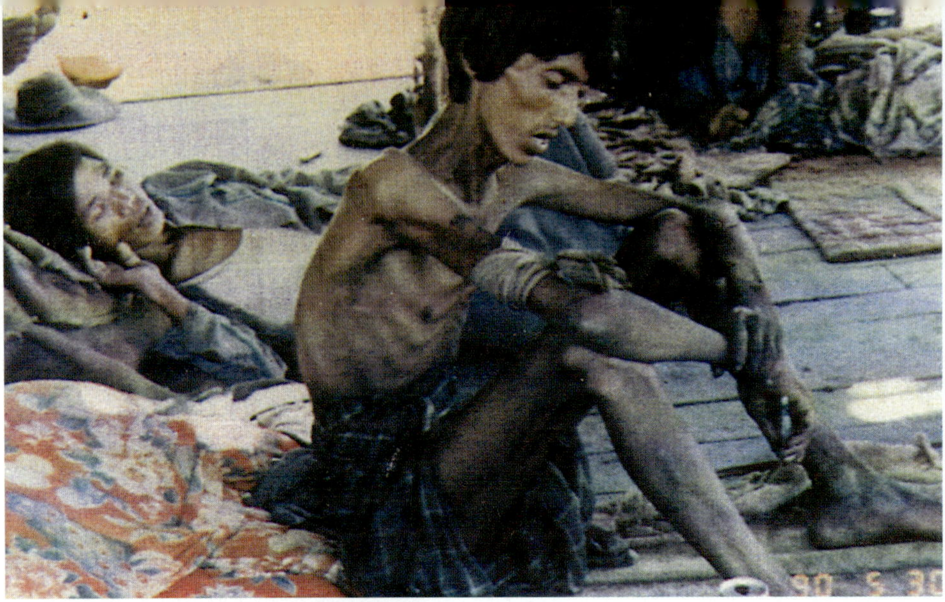

Bilder, die die burmesische Junta der Welt vorenthalten wollte: ein ausgemergelter HIV-infizierter Grubenarbeiter, fotografiert von einem Amtsarzt für einen Bericht, der unterdrückt wurde, aber nach Thailand geschmuggelt werden konnte.

Tutu, die 105-jährige Enkelin des letzten Königs von Burma, die inzwischen auf einer Schutthalde in Ratnagiri an der Westküste Indiens lebt.

Ein ehemaliger Grubenarbeiter aus Hpakant, gezeichnet von einer HIV-Infektion, die er sich durch eine unreine Nadel in einer staatlich beaufsichtigten Fixerstube zuzog, liegt unter dem Grenzzaun bei Ruili – zu schwach, auf chinesisches Territorium zu robben oder nach Burma zurückzukriechen.

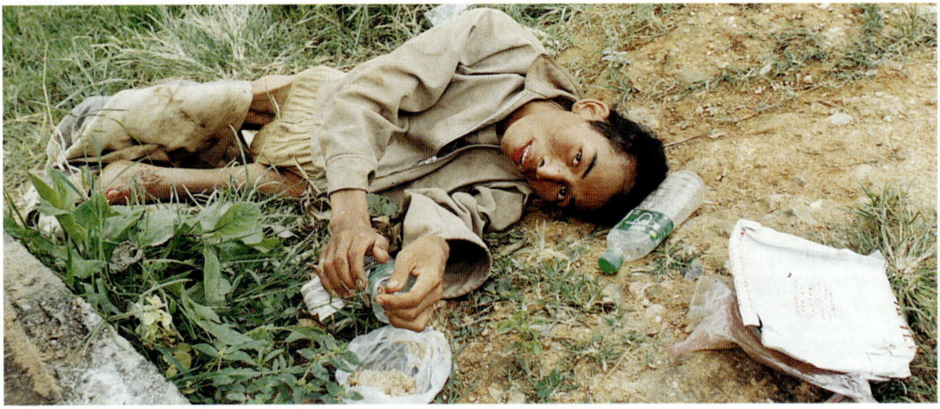

1830 in seinem Dienstbuch festgehalten hatte, brachten den japanischen Streitkräften schließlich schwere Verluste bei.

Als Madame Chiang am 4. Juli 1943 nach Chongqing zurückkehrte, war die Kommunikation zwischen General Stilwell und dem Generalissimus fast zum Erliegen gekommen, weil dessen versprochene Truppen noch immer nicht aufgekreuzt waren. Chongqing war ein »chinesischer Sündenpfuhl«, der von »einer Bande von Gangstern bevölkert wurde, die nur das eine im Kopf hatten, nämlich sich selbst und ihre Maschinerie zu erhalten«. Stilwell hatte insgeheim begonnen, an dem Sinn der US-amerikanischen Unterstützung für die KMT zu zweifeln: »Man hat uns in eine Position manövriert, in der uns nichts anderes übrig bleibt, als dieses verkommene Regime zu unterstützen und seine Galionsfigur zu preisen, diesen allweisen großen Patrioten und Soldaten – mein Gott, diese Schießbudenfigur.«

Stilwell wurde zum zweiten Mal von sich aus aktiv und bildete ein geheimes Kommando, Detachement 101. Es bestand aus US-Militärberatern und über 11 000 Kachin, die von Wingate trainiert und von Frank Dow Merrill befehligt wurden. »Merrills Marodeure operierten tief im Dschungel als Einzelagenten, in kleinen Gruppen oder in Bataillonsstärke. Sie überwachten die Japaner, machten Überfälle, legten Hinterhalte und störten sie in jeder Weise«, erinnerte sich Charles Simpson, ein Veteran des Kommandos. »Das Oberkommando auf dem Kriegsschauplatz verdankte dem Detachement 101 fast 90 Prozent seiner nachrichtendienstlichen Informationen.«[37] Simpson erinnerte sich, wie General Stilwell, der offenbar Captain Hannays Bericht nicht kannte, einem lächelnden Eingeborenen auf den Zahn fühlen wollte, als der prahlte, er habe soundso viele Menschen umgebracht. Der Kachin öffnete ein Bambusrohr und schüttete einen Haufen getrockneter Ohren auf den Tisch. »Durch zwei teilen«, forderte er den General auf.[38]

Die Kachin arbeiteten nicht gratis. Die Amerikaner und die Briten waren insgeheim mit dem Warlord Drachenwolke ins Geschäft gekommen. Sie kauften die Opium- und Jadebestände auf, die Lung Yuns Männer vor der japanischen Okkupation aus den Bergwerken in Sicherheit gebracht hatten. Ian Fellowes-Gordon, ein britischer Offizier, der bei der Anwerbung der Kachin-Truppen half, erinnerte sich, wie die Luftstreitkräfte des US-Heeres »große Mengen Opium einflogen«, die in 1,28 Kilogramm schweren Päckchen von Dakotas abgeworfen wurden. Diese wurden anschließend »mit vorbildlicher Effizienz in reichen, großzügigen Dosen« verteilt.[39] Die Briten verwendeten das Opium in den nördlichen Kachin-Dörfern, um Arbeitsdienste und Nahrungsmittel zu »bezahlen«, während die Amerikaner »mittlerweile eine gewisse Zahl von Guerillakämpfern damit entlohnten«. Wenn die Anwerbung nur schleppend vorankam, wurde die Arbeitskraft der Kachin gegen Jadeit eingetauscht, und mit den Steinen kauften die Alliierten auch Unterschlupf und Proviant. Um Geld für die britische Staatskasse zu beschaffen, verschacherten der Geheimdienst und die Abteilung für Sondereinsätze den Himmelsstein auch auf dem chinesischen Schwarzmarkt.[40]

In Chongqing gefährdete Chiang Kai-sheks Tatenlosigkeit unterdessen die Unterstützung durch die Amerikaner. Der Generalissimus war sich durchaus bewusst, dass Winston Churchill ihn verachtete, weshalb er Dr. Koo auf eine Goodwilltour nach London schickte. Hui-lan fuhr mit der *Queen Elizabeth* von New York über den großen Teich. Doch die Kabinen waren brechend voll mit Uniformierten und das Deck ein schmuddeliges Durcheinander von Soldaten. Sie beklagte sich darüber beim Kapitän, der daraufhin eine Einzelkabine für sie requirierte. Trotzdem machte sie noch immer kein Auge zu. Das Nebelhorn des Linienschiffs befand sich allzu nah an ihrer Kabine, daher bat sie darum, es abzustellen. Die Mannschaft fragte Hui-lan, ob sie von der *Titanic* gehört habe. Nur das Echo des Nebelhorns, das von den in Fahrtrichtung liegenden Eisbergen zurückgeworfen werde, erlaube dem Kapitän, ihnen rechtzeitig auszuweichen.

In London stürzte sie sich gleich wieder in den Trubel des Gesellschaftslebens. Sie trank Tee mit Lady Cunard, traf zufällig Randolph Churchill und machte Smalltalk mit König George VI. und Königin Elizabeth im Buckingham Palast. Königin Mary ärgerte Hui-lan beim Abendessen mit der Ankündigung, sie könne sich gern die aus Kriegsbeute bestehende Sammlung der Jadeobjekte und Keramiken ihres verstorbenen Mannes, Königs George V., ansehen, die die Zeitschrift *Apollo* so indiskret enthüllt habe. Hui-lan Koo erinnerte sich daran, dass Königin Mary sagte: »Ich würde mich freuen, wenn Sie sich die chinesische Kunstsammlung meines Gemahls im Buckingham Palace ansehen würden. Alles ist so geblieben, wie er es eingerichtet hat, und daran wird sich bis zu meinem Tod nichts ändern.«

Im Frühjahr 1944 rückten die verbündeten Truppen von Wingates Chindits, Merrills Marodeuren, den Kachin-Truppen und Chiang Kai-sheks lange erwartete Armee endlich auf die japanischen Stellungen in Nordburma vor und drängten sie Schützenloch um Schützenloch zurück. Stilwell, der froh war, endlich in Aktion zu sein, beschrieb den Dschungeltreck in seinem Tagebuch mit einem Humor, der Captain Adamson abgegangen war, als dieser 56 Jahre zuvor durch das gleiche Gebiet marschiert war:

> Wir verspeisen normale Rationen oder Chow-Chow, und wir halten dort aus, wo wir müssen. Die Pfade sind unwegsam, und wir werden nass und schmutzig, aber wir haben einen gesunden Schlaf, und das Essen schmeckt uns, weil wir im Allgemeinen hungrig sind. Jeden Moment erwarte ich, dass Tarzan auftaucht. Der Dschungel hängt voll von seinen langen, schwingenden Lianen.

Nach einer blutigen und langwierigen Schlacht eroberten die Chinesen und Merrills Marodeure am 17. Mai den Flughafen von Myitkyina. Am 26. Juni nahmen die Chindits unter Führung von Brigadekommandeur »Mad Mike« Calvert Mogaung ein, obwohl ihre Truppenstärke durch Malaria, Typhus und Gefechte von 3500 auf 300 Mann gesunken war. Doch Wingate war nicht zugegen, um die Früchte seiner Arbeit zu sehen, weil er beim Absturz seines Flugzeugs bei Manipur zwei Monate zuvor ums Leben gekommen war. Amerikanische Reporter stießen auf einen ungewöhnlichen Grund für die Tüchtigkeit von Chiang Kai-sheks Soldaten. »Für die chinesischen Truppen in Nordburma ging es bei der Zurückeroberung Mogaungs durch die Alliierten um weit mehr als für ihre britischen oder amerikanischen Kameraden«, schrieb ein Korrespondent des *Christian Science Monitor*. »Für sie war der Stein, dem Mogaung den Beinamen ›Stadt der Jade‹ verdankte, der Inbegriff einer dreitausendjährigen Legende und Verehrung.«[41]

Madame Chiang, die weiterhin getrennt von ihrem Mann lebte, war aus Chongqing verschwunden und hielt sich in Südamerika auf. Zusammen mit ihrer Schwester Ai-ling war sie nach Brasilien geflogen; dort munkelte man, sie investiere das stetig anwachsende Vermögen ihrer Familie in Erdöl, Erze, Schifffahrt und Immobilien.[42] Sie ließ den immer erbitterter tobenden Streit zwischen Stilwell und dem Generalissimus in China hinter sich. »Alle Schwierigkeiten Chinas wären gelöst, wenn Chiang Kai-shek beseitigt würde«, schrieb ein wütender Essig-Joe in sein Tagebuch.

Doch schließlich war es Stilwell, der kaltgestellt wurde. Am 19. Oktober 1944 wirkte schließlich das Gift, das Schneewittchen im Jahr zuvor im Weißen Haus verabreicht hatte. Stilwell wurde von Roosevelt zurückgerufen. »Drei Jahre lang ignoriert, beschimpft, hintergangen, vertröstet und behindert«, schrieb er verbittert in sein Tagebuch. »Benutzen unsere Luftwaffe. Borgen sich Geld von uns. Verweigern uns Leute für das Kriegsgerät, das wir befördern.« Selbst die Chinesen sähen, wofür Washington blind sei, schrieb Stilwell: »[Sie] begrüßen die Roten als die einzige sichtbare Hoffnung,... von [Chiang Kai-sheks] Gestapo befreit zu werden... Habgier, Korruption, Günstlingswirtschaft,

Steuererhöhungen, ein ruiniertes Land, schreckliche Vergeudung von Menschenleben, gefühllose Missachtung aller Menschenrechte.«

Die Freudenfeste der chinesischen Nationalisten über die japanische Kapitulation am 2. September 1945 sollten sich rasch als verfrüht erweisen. Mao Zedongs Truppen stießen von der Mandschurei nach Süden vor, und Du Yuesheng hastete nach Hongkong. Im Jahr 1946 kehrte Lucien Ovadia, der Cousin von Sir Victor Sassoon, nach Schanghai zurück, um inmitten der Schiebereien, der galoppierenden Inflation und der Lebensmittelknappheit zu retten, was zu retten war. Das Cathay Hotel war ausgebucht, weil Flüchtlinge in die ehemalige Internationale Siedlung strömten, um mit eigenen Augen zu sehen, was aus ihren Läden und Häusern geworden war. General Albert Coady Wedemeyer, der Stilwell abgelöst hatte, besetzte Sir Victors Suite und weigerte sich, umzuziehen.

Im Herbst 1948 floh auch der Jadekönig Richtung Süden. Frank Tieh erinnerte sich, dass sein Vater die besten seiner Steine, ungeschliffene Blöcke, Schmuckstücke und Schnitzereien aus den Kellergewölben seines Geschäfts in Langfang holte, in Papier einpackte und sie anschließend in Holzkisten versiegelte, die auf ein Schiff verladen wurden, das Kurs Richtung Schanghai nahm. »Doch ein Sturm brach los«, erzählte uns Frank. »Das Schiff bekam schwere Schlagseite und sank plötzlich vor der Halbinsel Shandong. Wie durch ein Wunder wurde mein Vater gerettet, aber er musste seine Kostbarkeiten zurücklassen.«

Während Herr Tieh auf Neuigkeiten von seiner verschollenen Fracht wartete, schickte er ein Eiltelegramm an seine Familie in Peking und forderte sie auf, sich nicht vom Fleck zu rühren. Aber der Telegrafist war zerstreut. »In dem Telegramm stand, wir sollten sofort aufbrechen«, sagte uns Frank, also traf seine Familie Tage später in Schanghai ein. Die Wut des Jadekönigs legte sich etwas, als er erfuhr, dass sie mit dem letzten Flugzeug aus Peking gekommen waren. Am 31. Januar 1949 stürmte die Volksbefreiungsarmee in die alte kaiserliche Hauptstadt und besetzte sogleich Langfang. Tiehs zweistöckiger Laden wurde geplündert, und 8000 Jaden und Jadeobjekte wurden beschlagnahmt. Die Nachricht vom Fall Langfangs erreichte die Internationale Siedlung am selben Tag, an dem Bergungstaucher die verlorene Fracht von Herrn Tieh bargen. Die Familie ging unverzüglich an Bord eines Schiffs nach Taiwan, nachdem sie eine Glückssträhne erlebt hatte, wie man sie wohl nur einmal im Leben hat. »Mein Vater ließ sich während der Überfahrt einen Bart wachsen, und bis zu seinem Tod weigerte er sich, ihn abzurasieren. Er nannte ihn seinen Zehntausendjahre-Bart. Er gemahnte ihn an das, was er verloren hatte, und auch an das, was er gewonnen hatte«, sagte Frank. »Wir haben noch immer die Bescheinigung der chinesischen Regierung über die Jaden, die sie beschlagnahmen ließ. Unlängst fand ich heraus, dass ein Teil davon in der Verbotenen Stadt ausgestellt wird.«

Lucien Ovadia ging währenddessen mit hektischer Geschäftigkeit zu Werke. Er handelte und feilschte, verkaufte einen umfangreichen Bestand an Immobilien, erlöste aber nur jämmerliche 1,4 Millionen chinesische Dollar für Sir Victor Sassoon, der sein Anwesen und Unternehmen in Bombay für 30,9 Millionen Rupien veräußerte. Auch Hui-lan Koo packte ihre Koffer. Dr. Koo war erneut nach Washington entsandt worden, um Stimmung gegen den Vormarsch der Kommunisten zu machen, und jetzt wickelte sie ihre Jadesammlung, ihre spanischen Wände, Keramiken und Bronzen in Papier ein, bevor sie London verließ, um ihr neues Domizil, das einstige Wohnhaus von Alexander Graham Bell, zu beziehen. Als sie in den Vereinigten Staaten eintraf, erklärte sie sich selbst zu »einer Sensation« und schrieb in ihr Tagebuch: »Mir wurde noch nie eine solche Aufmerksamkeit zuteil. Mein Schmuck und vor allem meine kaiserlichen Jaden, die die berühmtesten in der Welt sind, wurden lebhaft diskutiert. Ein Magazin schrieb in einer Bildunterschrift, ich sei die Frau mit den schönsten Juwelen auf der Welt.« Ihre alte Freundin, die Herzogin von Windsor, eroberte ebenfalls die Gesellschaftsspalten in New York. Wallis Simpson war den Reizen von Jimmy Donahue, Barbara Huttons bisexuellem Cousin, erlegen. »Jimmy begleitet H&H überall hin und bleibt auf, um mit der Herzogin noch lange, nachdem sich Seine Königliche Hoheit zurückgezogen hat, Karten zu spielen«, stichelte ein amerikanischer Kolumnist. Wochen später sah man das Paar Händchen haltend in einem vornehmen Club. »Sie ist wunderbar«, brüllte Donahue theatralisch vor der Menge, »die beste Schwanzlutscherin, die ich kenne.«[43]

An der Westküste waren Barbara Hutton und ihr Tross ebenfalls unterwegs. Nachdem sie ihren Filmstar Cary Grant geheiratet hatte, verbrachte das Paar, das von den Reportern »Cash 'n' Cary« genannt wurde, die Kriegszeit in Buster Keatons Villa in Beverley Hills. Dort vertrieb sich Barbara die Zeit vor allem mit Partys, an denen Gäste wie Marlene Dietrich und Merle Oberon teilnahmen, bevor sie den 15. August 1945, den Tag des Sieges der Alliierten über Japan, mit einer weiteren Scheidung beging, wobei sie sich auf »schwere seelische Not, Leid und Angst« berief. Die Ex-Ehefrau Cary Grants schenkte das im Regent's Park gelegene Winfield der amerikanischen Regierung und wandte ihre Aufmerksamkeit Paris und Marokko zu. Barbara Hutton bezog eine 800-Dollar-Suite im Ritz und staffierte sie mit den Jadeobjekten aus, die den Krieg über in Worcester eingelagert waren, sowie einem neuen Gatten, Prinz Igor Troubetzkoy, einem Amateur-Radrennfahrer und -Bergsteiger, dessen Herz an den Alpen hing, während seine Augen den sozialen Gipfel fest im Blick hatten. In Tanger schlug die Hutton beim Kauf des Sidi-Hosni-Palasts General Franco aus dem Feld. Sie erstand den Palast für 50 000 Dollar und verwandelte ihn in ein künstliches Märchenland. Ihr neuer Nachbar, der Schriftsteller Paul Bowles, beschrieb Sidi Hosni sarkastisch als ihren »Garten Allahs«:

> Sie wollte, dass allem um sie herum ein Element des Unwirklichen anhaftete, und sie gab sich große Mühe, die Wirk-

lichkeit in einen fortwährenden Traum zu verwandeln, der sie so sehr berückte, dass sie ihn ernst nehmen konnte.[44]

Chiang Kai-shek stellte sich schließlich der Realität. Hunderttausende unzufriedener Chinesen schlossen sich Mao Zedong an, dessen Armee auf Nanking und Schanghai vorstieß. Doch während der Generalissimus Vorträge über den Zusammenbruch des Kommunismus hielt, schaffte er heimlich sein Vermögen außer Landes. Die kaiserlichen Schätze wurden aus ihren Höhlen in Sichuan nach Schanghai gebracht, wo sich die US-Marine anerbot, sie auf Chiang Kai-sheks neue Domäne zu schmuggeln, Taiwan, das ehemalige Formosa, bei dessen Befriedung die Guomindang Tausende von Ureinwohnern abgeschlachtet hatte. Chuang Ling, der Sohn des Palast-Kurators, erzählte uns, er habe im Alter von neun Jahren das Erbe der Kaiser auf seiner letzten Reise begleitet. »Es ging alles so schnell. Ich erinnere mich, dass es ein schrecklicher Tag war, stürmisch und verregnet. Die amerikanische und die chinesische Marine hielten sich klar, als wir mit den Kisten an Bord des Schiffes gingen. Die Überfahrt dauerte fünf oder sechs Tage, und ein furchtbarer Taifun peitschte die See. In den Kabinen waren die Matrosen zusammengepfercht und wir mussten übereinander schlafen. Die Luft unter Deck war faulig. Ich rieche sie noch heute. Wir trafen am ersten Weihnachtsfeiertag 1948 in Taiwan ein, und als wir von Bord gingen, hellte sich der Himmel auf.«

Eine Zuckerfabrik wurde als Behelfslager für die Fracht aus 242 591 kaiserlichen Kunstgegenständen requiriert, während ein Hügel am Stadtrand von Taipeh ausgehöhlt wurde. Man errichtete ein Denkmal, um daran zu erinnern, dass die kaiserliche Palastsammlung »mittlerweile zum wertvollen kulturellen Eigentum aller Chinesen geworden ist«.[45]

Auf dem Festland hatte der Vorstoß der Chinesen den entscheidenden Punkt erreicht. Zwei Monate lang griff die Volksbefreiungsarmee Maos die Nationalisten an und errang schließlich am 10. Januar 1949 den militärischen Sieg. Die Nachricht verbreitete sich wie ein Lauffeuer nach Washington, wo Madame Chiang erneut Gelder locker zu machen versuchte. Aber Schneewittchen hatte ihren Glanz verloren, und Präsident Truman zeigte Chinas First Lady die kalte Schulter. Er schrieb in seinen Memoiren: »Sie [Madame Chiang] kam wegen weiterer Zuwendungen in die Vereinigten Staaten. Anders als Roosevelt ließ ich sie nicht im Weißen Haus übernachten. Ich glaube, das hat ihr nicht sonderlich gefallen, aber mir war es ziemlich egal, was ihr gefiel oder nicht gefiel.« Truman beschuldigte später ihre Familie öffentlich, 750 Millionen Dollar an amerikanischen Hilfsgeldern unterschlagen und in Südamerika und den Vereinigten Staaten versteckt zu haben.[46]

Als die Kommunisten schließlich am 27. Mai 1949 in Schanghai einmarschierten, war Chiang Kai-shek bereits in Taiwan. Er war an Bord eines Kanonenbootes gegangen, das im Kielwasser seiner kaiserlichen Schätze fuhr und dessen Laderaum mit drei Millionen Unzen Gold gefüllt war. Ai-ling, Madame Chiangs Schwester, war mit ihrem Gatten und Bruder mit Diplomatenpässen in die Vereinigten Staaten geflohen. Sie ließen angeblich weitere drei Millionen Unzen von Chinas schwindenden Goldreserven mitgehen. Sir Victor Sassoon hielt sich in New York auf, als die Nachricht vom Fall des »Paris des Ostens« über den Fernschreiber lief. »Jetzt haben wir's«, sagte er. »Ich gab Indien auf, und China gab mich auf.« Bald verleibte sich die von der neuen Volksrepublik China, die Mao Zedong vom Tor des Himmlischen Friedens ausgerufen hatte, gegründete Holdinggesellschaft für Staatsbetriebe die Überreste von Sir Victors Immobilienreich ein, und aus dem Cathay wurde das Peace Hotel. Bedrückt nahm Sir Victor zur Kenntnis, dass der Schanghai Club zum Sitz der Matrosengewerkschaft geworden war, und statt Gin-Slings verkaufte die Long Bar jetzt »wässriges chinesisches Dünnbier«.

Über zwei Millionen Flüchtlinge strömten nach Hongkong und verwandelten die Kolonie in ein Refugium für Jadehändler, Steinschneider, Juweliere und Sammler, die Läden in der Canton Road auf Kowloon eröffneten. Frauen und Männer mit Taschen voller Schmuck tauchten unangekündigt an den Pforten der Vermögenden auf. Obwohl sie zerschlissene Kleidung und abgestoßene Pantoffeln trugen, verriet sie ihr arrogantes Auftreten. Der einstige Schanghaier Juwelier Sammy Chow, dessen Familie aus China geflohen war, um im Peninsula Hotel im Hafenviertel von Kowloon ein neues Edelsteingeschäft zu eröffnen, deckte sich mit den Preziosen von Flüchtlingen ein. In seinem großen, mit Walnussholz ausgelegten Verkaufsraum würde sich Chow, zu dessen Füßen Jadescheiben lagen, später erinnern, wie das Geschäft boomte und Barbara Hutton zur Tür hineinkam. »Barbara wohnte in der Marco-Polo-Suite im oberen Stockwerk, und sie kam herunter in den Laden. Sie liebte Armreifen, ihr Klirren. Als sie im Marco Polo wohnte, bestellte sie einen chinesischen Musiker, der während des Abendessens spielen sollte. Manchmal zog sie eine kaiserliche Drachenrobe an und trug eine schöne Halskette aus Jade, die ihr Vater ihr zur Hochzeit Nummer eins geschenkt hatte. Sie trug diese Kette die ganze Zeit über, selbst wenn sie in den Hafen ging, um eine Ausflugsfahrt mit einer Dschunke zu machen.«[47]

Weitere zwei Millionen kamen im Gefolge Chiang Kai-sheks, um sich zu denen zu gesellen, die wie die Familie Tieh ihre Firma in Taipeh neu gegründet hatten. Madame Chiang, die nun zwischen dem US-Staat New York und Taiwan pendelte und immer noch vom Generalissimus getrennt lebte, feierte jeden Geburtstag, indem sie ein Taxi zu Tiehs Haus schickte, um den Jadekönig abzuholen, der einmal mehr von einem Hof vermögender Bewunderer umgeben war. Man erwartete von ihm weiterhin, dass er *Fu-jen* May-ling die beste Jade in seinem Laden anbot, aus der sie selbst ein ganz besonderes Geschenk für sich auswählen durfte.

Aber Schanghai war mittlerweile so »tot wie der Mond«. Die chinesische Schriftstellerin Lynn Pan, die über ihre Kindheit in der Internationalen Siedlung schrieb, erinnerte sich an »Raufereien, starrende Gesichter, jemanden, der spurtet, Frauen, die an einer langen Linie von Schaulustigen vorbeigetrieben werden... eine Erregung in den Straßen«. Die Razzien hatten begonnen, und der »Hexenkessel tirilierender Mädchen« wurde in Strafanstalten eingeschlossen:

> Wenn ich zurückblicke, sehe ich mich in einem blauen Overall, der eine Nummer zu groß geschnitten ist, um darin hineinzuwachsen... Ich sehe graue Kleidung... Ich sehe geöffnete Halsketten, abgemachte Broschen, abgelegte Blumen, abgeschminkte Gesichter, geschlossene Ballsäle, ungetanzte Walzer und Foxtrotts, nicht eingeschaltete Neonröhren. Und als Kontrast dazu ein Bild aus älteren Tagen, das in Schanghai nie mehr wiederkehren wird: eine Frau im Chinchilla-Umhang, deren weiß behandschuhte Hand auf einem Mahagoni-Geländer ruht.[48]

10

Der neue Herr der Minen

Barbara Hutton konnte sich kaum an ihre Tage in Schanghai erinnern. Die Benebelung durch Gin, Coca-Cola und injizierte Frischzellen, die nach Aussage eines raffgierigen Kurpfuschers lebensverlängernd waren, ließ selbst das Gestern hinter einem Schleier des Vergessens verschwinden.

Sie hatte mehrere Selbstmordversuche und drei unglückliche Ehen überlebt. Ihr weißes Haar war zur Abwechslung mal brünett gefärbt, ihr hageres Gesicht aufgedunsen, und ihre Gesundheit verfiel ebenso rasch wie ihr Selbstvertrauen. Im Jahr 1950 wurde sie ihres weißrussischen Radrennfahrers überdrüssig; sie gewährte ihm ein französisches Chateau, ein Auto und eine lebenslange Apanage in Höhe von monatlich eintausend US-Dollar. Er allerdings klagte, diese Abfindung sei mickriger als die seiner Vorgänger. Als sie sich in Tucson, Arizona, wo sie ihren Sohn Lance in seinem Internat besuchte, allein fühlte, suchte sie Trost bei Michael Wilding, der wenig später Elizabeth Taylor heiraten sollte. Zwei Jahre später wurde die Exprinzessin von ihrem künftigen Gatten verführt, Zsa Zsa Gabors Geliebtem Porfirio Rubirosa, einem Polo-Champion, Diplomaten und Sexprotz, der den Spitzname *Toujours Prêt* (»Allzeit bereit«) trug. Rubi hatte bereits Doris Duke den Kopf verdreht, von der er am Hochzeitstag 500 000 US-Dollar kassierte und 13 Monate später noch eine viel erklecklichere Summe, als er bereitwilligst in die Scheidung einwilligte. Und seine Tändelei mit dem zweiten »Goldstaub-Zwilling« warf ebenfalls eine fantastische Rendite ab: die 53 Tage währende Romanze machte ihn um 3,5 Millionen Dollar reicher,

Barbara suchte daraufhin Trost in den Armen eines weiteren jungen Verehrers, der damals *Jenseits von Eden* drehte. Als sie in einem Café in Hollywood James Dean über den Weg lief, war er betrunken, also kaufte sie ihm zur Stärkung einen Hamburger, bevor sie unter die Laken schlüpften. In ihrem Tagebuch erinnerte sie sich an den Abschied: »Ich schaute zu, wie er auf sein Motorrad stieg und hinter der Kurve für immer verschwand.«[1]

Unterdessen starb in New York am 3. September 1950 Raritäten-Chang, für den Chiang Kai-shek in Taipeh einen Gedenkgottesdienst abhielt. Im Jahr darauf erlitt Du Yuesheng, die Opiumpfeife fest zwischen die Lippen gepresst, in seinem Haus in Hongkong einen Kollaps. In Taipeh errichtete Chiang Kai-shek eine Statue zum seligen Gedenken an den Paten der Grünen Bande. Die Inschrift enthielt die Wörter »Treue« und »Anstand«.

Im vormaligen Niederländisch-Indien hatte Sukarno, den die Japaner an die Macht gehievt hatten, die Residenz des einstigen Generalgouverneurs in Jakarta bezogen. Jetzt löste er das gewählte Parlament auf, und die indonesische Wirtschaft stürzte ins Bodenlose, wie übrigens auch das Erbe des Zuckerbarons Oei Tjie Sien, das verstaatlicht wurde. »Mir wurde klar, dass mein persönliches Vermögen nicht bis ans Ende meiner Tage reichen würde«, vertraute Hui-lan Koo ihrem Tagebuch an. Es waren schwere Zeiten für die »vorläufige Erbin«, die noch durch die Nachricht verschlimmert wurden, das Haus ihrer Mutter in Paris sei von Hausbesetzern übernommen worden und die Japaner hätten Schmuck aus einem Banktresor in Tientsin gestohlen. Hui-lan versetzte heimlich ihr Cartier-Diadem und den Bing-Noi-Diamanten. Von ihrer berühmten Jadesammlung hätte sie sich jedoch niemals freiwillig getrennt.

Ebenso wenig wie der ehemalige chinesische Kaiser, Henry Puyi, der am 9. August 1945 aus seinem zweiten Amt, nämlich dem des obersten Regierungsbeamten von Mandschukuo, verdrängt worden war. Seine Frau Elizabeth, inzwischen rettungslos dem Opium verfallen, floh nach Kirin in Japan, wo sie im folgenden Jahr starb. Henry dagegen floh mit einem prall gefüllten Koffer nach Shenyang, wo ihn sowjetische Truppen festnahmen. Der einstige oberste Regierungsbeamte wurde in ein russisches Gefangenenlager nach Chita gebracht, einer öden Stadt nahe der mongolischen Grenze. »Ich hatte genügend Schmuck mitgenommen, um bis an mein Lebensende damit auszukommen«, vertraute Puyi seinem Tagebuch an. Aber für das Leben im Gefängnis war er nicht gerüstet, und als ihm seine Wachen Angst einzujagen begannen, nötigte er ihnen Hände voll Jade auf, »als einen Beitrag zum Wiederaufbau der Sowjetunion nach dem Krieg«. Den Rest versteckte er im doppelten Boden seines Koffers, in Seifenriegeln, hinter Heizkörpern und unter Büschen im Gefängnisgarten.

Puyi wusste nichts von den Ereignissen in China. Dies änderte sich erst am 31. Juli 1950, als er zur Umerziehung nach Fushun beordert wurde, einer elenden Ortschaft am Rand von Shenyang. Nun bläute man ihm die politischen Texte ein, auf deren Grundlage die Volksrepublik China errichtet worden war. Getrennt von seinen Bediensteten und seinen Verwandten, unfähig, auch nur seine Schnürsenkel selbst zu binden, verwahrloste Puyi zusehends. Der heruntergekommene Exkaiser und sein Koffer wurden von Fushun nach Harbin überstellt, in die zweitgrößte Stadt Nordostchinas, wo man ihn in ein ehemaliges japanisches Gefängnis sperrte. Wieder bemühte er sich um die Gunst seiner Umgebung, er machte der Volksrepublik ein besonders erlesenes Geschenk, eine Reihe kunstvoll geschnitzter Qianlong-Siegel, die er über den Schreibtisch desjenigen schob, der ihn gefangen genommen hatte. Der Lagerkommandant saß eine Ewigkeit ungerührt in seinem Stuhl, bevor er Puyi davon in Kenntnis setzte, dass sein Geschenk der Sammlung von Kunstschätzen einverleibt werde, die man hinter Heizkörpern und unter Büschen in Chita gefunden habe, sowie den Jadepräsenten, die er seinen russischen Wachen überreicht habe. Puyi würde einem Vermächtnis nicht entkommen, das im Ermittlungsverfahren über seine Rolle als Kollaborateur der Japaner und kaiserlicher Dieb rasch zu belastendem Beweismaterial wurde. Noch immer befanden sich 468 Objekte im doppelten Boden seines zerbeulten Koffers, und da Puyi ängstlich darauf bedacht war, sein früheres Ich hinter sich zu lassen, überreichte er sie alle dem Kommandanten.

Die Kulturgüter wurden nach Peking geschickt, der wiedererstandenen chinesischen Hauptstadt. Dort wurden sie Yang Boda ausgehändigt, einem sich langweilenden jungen Kurator in der praktisch leer geräumten ehemaligen Verbotenen Stadt. 1954 sollte sie als Kaiserliches Palastmuseum der Öffentlichkeit zugänglich gemacht werden. Ein vor dem Eingang angebrachtes Schild gemahnte die Besucher, »das kulturelle Erbe unserer Ahnen zu würdigen und den historischen Auftrag auf sich zu nehmen, ihre Zeugnisse zu erhalten«. Professor Boda, der spätere Direktor des Museums, war bereits im Ruhestand, als wir ihn in seiner kleinen Wohnung in Peking besuchten. Das Wohngebäude lag jenseits der Mauern der alten Tartarenstadt, die in den fünfziger Jahren abgerissen worden war, um Platz für eine Ringstraße zu machen. »Puyis Kunstschätze? Ja, ich erinnere mich«, murmelte er. »Der Koffer enthielt nichts, was mich interessiert hätte.« Er saß schweigend in dem stickigen Wohnzimmer, und lauschte den in einen Käfig gesperrten Singvögeln, die auf dem Balkon eines Nachbarn trällerten. »Ja, ich fand darin Jadeit, Nephrit und Diamanten«, erklärte er schließlich. »Doch als ich den Koffer öffnete, dachte ich nur an all die Kulturgüter, die China geraubt worden waren, und ich war wütend.« Er wischte sich eine Strähne aus dem Gesicht und stapfte in sein Arbeitszimmer.

Was Professor Boda nicht erwähnte, war das merkwürdige Geldbeschaffungsprogramm, das die Volksrepublik in die Wege geleitet hatte. Mit dem Himmelsstein wurde der Wiederaufbau der Dachgesimse und Stürze bezahlt, der Lohn für die Glaser, die die zertrümmerten Fensterscheiben ersetzten, die Tischler, die die baufälligen Pavillons abstützten, und die Historiker wie Boda, damit sie das studierten, was Chiang Kai-shek ausgemustert hatte.

Jadeit, von Professor Boda und seiner Regierung als billiger Krimskrams aus der Qing-Dynastie geschmäht, verwandelte die verfallenen Überreste der imperialen Vision des Ming-Kaisers Yongle aus dem 15. Jahrhundert in ein Weltkulturerbe.

An einem schneidend kalten Februarnachmittag im Jahre 1999 führte uns ein chinesischer Lakai in eine 1270 Quadratmeter große Wohnung in der New Yorker Fifth Avenue, die mit Qianlongs Drachenteppichen ausgelegt war und deren Regale voll gestopft waren mit altchinesischen Keramiken und Handschriften. Wir hatten eine Verabredung mit dem einzigen Ausländer, der einen Sitz im chinesischen Altertümerausschuss hatte. Robert H. Ellsworth, der Sohn von La Ferne Hatfield, einer Sängerin der Metropolitan Oper, die berühmt für ihre Bühnenauftritte, »mit nichts außer ihren Perlen bekleidet«, war, begann 1949 in Peking kaiserliche Antiquitäten zu kaufen und erinnerte sich, wie die Haltung der chinesischen Regierung seinen Appetit anregte. »Die besten Jaden, die ich zu Gesicht bekam, befanden sich im Besitz des Palast-Museums, und das verkaufte sie, um sich Geld für die Restaurierung zu beschaffen. Besser, sie verkauften die grünen Kieselsteine als andere Objekte von hohem künstlerischem Wert. Der Stein ist keine Kunst, er ist Geld. Aber es wurde eine Menge verkauft, daran besteht kein Zweifel«, erzählte er schleppend.

Er genehmigte sich einen dreifachen Bourbon aus einem Silberbecher, »stammt aus der Zeit der Kreuzzüge, ein absolutes Unikat«. Mit flatternder Weste und wild fuchtelnden Armen schilderte er uns, wie er es durch den Handel mit chinesischer Kunst zu einem Vermögen gebracht hatte. Unterdessen trippelte sein gepuderter und parfümierter Lakai ehrerbietig durch seinen Palast im Herzen Manhattans. Nachdem er uns erzählt hatte, dass Claudette Colbert dreißig Jahre lang sein Gast gewesen sei, trat ein kurzes Schweigen ein, bis uns der golfballgroße Cabochon, der schwer an seinem kleinen Finger hing, ins Auge fiel. »Gefällt Ihnen der Stein?« Er streifte den Jadeball von einem arthritischen Gelenk und ließ sechs Millionen Dollar über den Tisch rollen.

»Ich tauschte ihn bei einem Hongkonger Juwelier gegen 27 der bedeutendsten archaischen Jaden. Er war ein Drittel von einem großen Prunkstein aus einer von Cixis höfischen Halsketten, die der Juwelier 1956 von der chinesischen Regierung gekauft hatte.« Ein frischer Becher Bourbon auf einem silbernen Tablett. Eine neue Schachtel Zigaretten. Ellsworths Labrador rutschte mit seinem Hinterteil über Qianlongs Drachenteppich. »Das Stück an meinem Finger sagt, dass ich der größte Jadehändler der Welt bin. Es ist mein Aushängeschild. Ich trage es, wenn ich im Garten arbeite und wenn ich einen trinken gehe. Es geht darum, sein Gesicht zu wahren. Ich bin chinesischer als die Chinesen, sagen die Chinesen.«

Am 4. Dezember 1959 erhielt der Mann, den man bezichtigte, die Chinesen betrogen zu haben, ein unerwartetes Telegramm. Der Oberste Volksgerichtshof gab bekannt, dass »der 54-jährige Mandschukuo-Kriegsverbrecher Aisin-Gioro Puyi, der zehn Jahre in Haft saß,« begnadigt werde. Fünf Tage später brach Bürger Puyi zu einer Rundreise durch eine Stadt auf, die er kaum wiedererkannte. Zum ersten Mal sah er den 1958 zubetonierten Platz des Himmlischen Friedens. Bürger Puyi sah die Große Halle des Volkes, die an der Westseite des Platzes erbaut worden war, und das Museum der Chinesischen Geschichte und Revolution, das sich östlich an den Platz anschließt. Er begab sich zum Kaiserpalast-Museum und reihte sich geduldig in eine Warteschlange aus Tausenden von Menschen ein, die ihr Gesicht gegen beschlagenes Glas drückten. »Kaum etwas von der Palastsammlung aus Jade, Porzellan und Kalligraphie war erhalten geblieben«, merkte er vergesslich an. Doch dann erblickte er ein Gemälde, auf dem das Frühlingsfest dargestellt war. Es erinnerte ihn daran, dass sein Bruder es herausgeschnitten und nach Tientsin geschmuggelt hatte. »Wie war es zurückgekommen?«, fragte er sich, während er auf dem Fahrrad durchs Mittagstor fuhr.

Tage später wurde Bürger Puyi davon in Kenntnis gesetzt, dass man ihm eine neue Existenz zugewiesen hatte. Der Exkaiser war fortan ein Faktotum im botanischen Garten Pekings, wo er bis zu seinem Krebstod am 17. Oktober 1967 arbeitete. In den Wirren der Kulturrevolution, die damals in ihr zweites Jahr ging, beschlagnahmten die Roten Garden die Leiche des letzten Kaisers. Seine Asche kam in eine verschlossene Gruft auf dem Volksfriedhof von Peking, obgleich Bürger Puyi auf dem Sterbebett den Wunsch geäußert hatte, neben seinem Adoptivvater, Kaiser Guangxu, beigesetzt zu werden, der in Xi Ling, der Westlichen Nekropole, bestattet worden war.

Auch Burma durchlebte unterdessen stürmische Zeiten. Der Zweite Weltkrieg hatte das Land der Unabhängigkeit näher gebracht, aber er hatte auch die jahrhundertealten Spannungen zwischen den Burmesen und den ethnischen Minderheiten verschärft.

Im Jahr 1946 bemühte sich der 31-jährige Führer der Nationalisten, Aung San, den britischen Premierminister Clement Attlee an den Verhandlungstisch zu bekommen. Gleichzeitig warfen die verschiedenen ethnischen Gruppen ihm und den Burmesen vor, mit den Japanern kollaboriert zu haben, obgleich 11 480 Guerillas der Burma Independence Army die Seiten gewechselt hatten, um den Briten im Mai 1945 bei der Erstürmung Ranguns zu helfen. Aung San war sich der chaotischen Geschichte des Großen Goldlandes schmerzlich bewusst. Burma mit seinen vage definierten, durchlässigen Grenzen war von jeher ein Land des ständigen Wandels gewesen. Wellen von Einwanderern aus China, der Mongolei, Tibet und Indien waren in das Land gekommen, das in den Ausläufern des Himalaya liegt. Sie kämpften um Land und gründeten unterschiedlichste Fürstentümer, deren Aufstieg und Niedergang von Blutbädern begleitet wurden und die sich rasant abwechselten, so dass nur wenige zeitgenössische Aufzeichnungen erhalten blieben. Heute ist die Landschaft übersät mit den Ruinen dynastischer Hauptstädte. Doch oftmals geben uns nur Inschriften auf den Gründungssteinen von Pagoden und auf den

Glocken von Klöstern Aufschluss darüber, wer dort lebte, woher sie kamen und von wem sie niedergemetzelt oder verbrannt wurden.

Nur ein Staatenbund würde das empfindliche Spinnennetz von Stammesgebieten zusammenhalten können. Daher wurde eine von den Briten unterstützte Untersuchung in die Wege geleitet, um herauszufinden, wie man die Stämme für Aung Sans Vision gewinnen konnte. Es war eine monumentale Aufgabe, die noch erschwert wurde durch die Isolation einiger Ethnien, etwa den Wa, den »Schwarzturbanen«, Kopfjägern aus dem Shan-Staat. Diese verstanden nicht einmal die Fragen:

F: Wie stellen Sie sich die Zukunft der Wa-Staaten vor?
A: Wir haben uns keine Gedanken darüber gemacht, weil wir ein unzivilisiertes Volk sind. Wir haben nie über die Zukunft der Staatsordnung nachgedacht. Wir denken nur über uns nach.
F: Wollen Sie keine Bildungseinrichtungen, keine Kleidung, gute Nahrung, gute Häuser, Krankenhäuser usw?
A: Wir sind ein sehr unzivilisiertes Volk, und uns bedeuten all diese Dinge nichts.[2]

Am 27. Januar 1947 flog Aung San nach London und erhielt schließlich Attlees Unterschrift unter eine Unabhängigkeitsurkunde. Drei Monate später berichtete der britische »Untersuchungsausschuss für die Grenzgebiete«:

> Die Gebirgsregionen haben hauptsächlich drei Einnahmequellen ... es wird ganz wesentlich darauf ankommen, diese Ressourcen voll zu entwickeln. Landwirtschaft, Wälder und Erze bildeten in der Vergangenheit Burmas Reichtum, doch die Nutzung dieser großen Ressourcen lag in der Vergangenheit immer in den Händen unfähiger Regierungsstellen.[3]

Dies war ein bemerkenswertes Eingeständnis der Briten. Seit der Gefangennahme des Herrn der Minen und der Eroberung seines Großen Goldlandes im Jahr 1885 war das Empire nicht in der Lage gewesen, die Bodenschätze des Landes – insbesondere diejenigen, die sich in den Kachin-Bergen versteckten – aufzuspüren, kartografisch zu erfassen oder abzubauen. »Für ein Land, das so reich an Erzen ist«, habe die von den Briten eingerichtete Bergbaubehörde eine »erbärmliche« Bilanz vorzuweisen, lautete das Fazit des auf dem Rückzug befindlichen Empire.

Aber das war Geschichte. Innerhalb von Monaten gelang Aung San auf friedliche Weise, was die burmesischen Monarchen nur durch Blutvergießen zustande gebracht hatten. Mit einer Ausnahme erklärten sich alle ethnischen Gruppen des Landes einschließlich der wilden Wa bereit, Kandidaten für einen Ausschuss aufzustellen, der eine neue Verfassung für die Union Burma erarbeiten sollte. Am Morgen des 19. Juli 1947 verabschiedete sich Aung San in der viktorianischen Villa seiner Familie oberhalb des Kandawgyi-Sees von seiner Frau und seinen drei Kindern. Es war ein schattiges Refugium in der spannungsgeladenen Nachkriegszeit, ein wilder Steingarten und ein Dickicht aus Palmen und Jasmin, das sie gegen den Trubel Ranguns abschirmte. Auf der rechten Seite des Flurs lag sein Arbeitszimmer, dessen Regale voll gepackt waren mit in Leder gebundenen Biografien: Oliver Cromwell, William Gladstone, Mahatma Gandhi. Darüber lag das kleine Kinderzimmer mit drei hölzernen Kinderbetten für seine beiden Söhne Lin und Oo und seine zweijährige Tochter Suu Kyi. Auf ihrer Tagesdecke verstreut, lagen haarlose Plastikpuppen und ein zerbeultes Kaleidoskop aus Zinn.[4] Aung San fuhr zum »Rangun-Sekretariat«, um den Staatenbund in eine neue Ära zu führen. Um 10.37 Uhr saßen er und seine Kabinettsmitglieder in seinem Büro im zweiten Stock, als unerwartete Besucher die Tür aufstießen und den Raum mit Kugeln durchsiebten. Es war ein schicksalhaftes Ereignis für das Goldland. U Saw, ein rechtsgerichteter politischer Gegner von Aung San, wurde für schuldig befunden und umgehend gehängt. Später stellte sich jedoch heraus, dass sein Haftbefehl anderthalb Stunden vor der Schießerei ausgestellt worden war. Es wurde auch behauptet, der Drahtzieher sei Ne Win gewesen, der ehemalige Postangestellte, der sich während der japanischen Besatzung Burmas wegen seiner ständigen Frauengeschichten und seiner Trunksucht mit Aung San zerstritten hatte. Ne Wins dreißig Sekunden währender Racheakt kostete sieben der eloquentesten Führungspersönlichkeiten Burmas das Leben und machte alle Hoffnungen auf einen friedlichen Übergang zu einem demokratischen Gemeinwesen zunichte.

Der Stellvertreter Aung Sans, U Nu, ein Studentenaktivist, der vor dem Krieg als Vorsitzender die Studentenunion an der Universität Rangun geleitet hatte, sprang in die Bresche. Burma wurde am 4. Januar 1948 um 4.20 Uhr morgens eine unabhängige Republik, aber das Land war noch immer in tiefer Trauer. Premierminister U Nu beschwor die »fernen Tage, die von den Nebeln des Altertums verhüllt werden«, als die ethnischen Gruppen, »die von derselben Mutter abstammten«, in »liebevoller Freundschaft« mit den Burmesen zusammengelebt hätten. Aber hörte ihm irgendjemand zu? Aung Sans Bande des Vertrauens lagen zerfetzt in seinem Sekretariatsbüro, und während U Nu die Union der Republik Burma ausrief, begannen sich die Ethnien zu bewaffnen. Die Karen des Südostens waren schon vor den Morden ausgeschert, und jetzt griffen auch ihre Nachbarn, die Karenni, zu den Waffen. Im Oktober brachen die Arakanesen, die im Westen siedelten, mit Rangun. Als das 1. Schützenregiment der Kachin, die ihren Dienst an der Seite der Alliierten noch immer als eine »Zeit großer Ehre« bezeichneten, von der Regierung den Befehl erhielt, ihre Landsleute vom Stamm der Karen anzugreifen, meuterten auch sie. Burma lag einmal mehr mit sich selbst im Krieg.

Es fiel Ne Win zu, die kleine Armee des Landes zu führen. Innerhalb eines Jahres dämmte er mit Unterstützung Großbritanniens und des Commonwealth, die die Armee mit neuen Waffen ausrüsteten und seine Offiziere militärisch ausbildeten, den Bürgerkrieg weitgehend ein; nur hier und da schwelten noch Unruheherde. Nach zwei Jahren konnte Ne Wins mustergültige Armee mehr als 40 000 Soldaten aufbieten, und bis 1957 hatte er sich als Befehlshaber einer Militärmaschinerie profiliert, die die zivile Regierung in den Hintergrund zu drängen drohte.

In einem anderen Land sah sich eine andere Dynastie geschwächt. Eine Reihe von Herzinfarkten hatte Sir Victor Sassoon an den Rollstuhl gefesselt und in die Arme von Evelyn Barnes getrieben, einer jungen Krankenschwester aus Dallas, Texas, die sich selbst als »Hinterwäldlerin aus dem Süden« bezeichnete. Im Jahr 1959 heiratete Evelyn ihren 77-jährigen Arbeitgeber auf den Bahamas. Ihr Bruder, ein Bauunternehmer aus Texas, hatte sie zum Altar geführt, während der Bräutigam gegenüber seinen Freunden witzelte: »Schließlich muss man 77 Jahre als Junggeselle gelebt haben, ehe man genügend Erfahrung besitzt, um die richtige Ehefrau auszuwählen.« Doch bereits im August 1961 vegetierte Sir Victor unter einem Sauerstoffzelt, und am 12. August, nachdem er eine Spritze mit Schmerzmitteln von Evelyn abgelehnt hatte, war er tot.[5]

Er hinterließ ein Testament, das all jene vor ein Rätsel stellte, die ihn nicht gut kannten. Lucien Ovadia hatte Sir Victors Millionen in ein Netzwerk von Offshore-Treuhandgesellschaften investiert, wodurch sich der Gesamtwert seines britischen Privatvermögens auf magere 12 602 Pfund belief. Fast sein gesamtes Vermögen einschließlich seines britischen Zuchthengstes und seiner auf eine Million Pfund veranschlagten Aktien wurde jetzt von Gesellschaften verwaltet, die auf den Bahamas registriert waren. Der überwiegende Teil des Sassoon-Erbes – darunter seine persönlichen Papiere, Jade- und Nephritobjekte – fiel an die »Hinterwäldlerin aus dem Süden«, die auch ein Treuhandkonto über 214 000 Pfund erhielt. Doch ohne männlichen Erben erlosch mit Sir Victors Tod seine Baronetwürde, und eine mächtige Dynastie geriet in Vergessenheit, die einst für sich in Anspruch genommen hatte, von König David abzustammen.

Sieben Monate später, am 2. März 1962, verkündeten knisternde burmesische Radios um 8.50 Uhr morgens, eine neue Ordnung habe die Macht übernommen. Ne Wins Truppen hatten Premierminister U Nu festgenommen, und die Streitkräfte hatten »die Verantwortung und die Aufgabe übernommen, die Sicherheit des Landes zu gewährleisten«. Innerhalb weniger Monate stellten General Ne Wins Militär und sein Manifest, *Der burmesische Weg zum Sozialismus*, das Parlament und die burmesische Verfassung kalt. Er brachte die Finanzinstitute in seine Gewalt und verwandelte Burma in eine ökonomische Wüste.

Die Studenten der Universität Rangun stellten als Erste die Entschlossenheit des Generals auf die Probe, als sie sich am 7. Juli zu einer friedlichen Demonstration versammelten. Ne Win reagierte mit großem Einfühlungsvermögen. Laut Darstellung der Junta starben nicht mehr als fünfzehn Studenten, nach Aussage von Diplomaten ging die Zahl der Todesopfer jedoch in die Hunderte. Die Universität, so sagten sie, sei zum »Schlachthaus« geworden. Am nächsten Morgen wurde der Treffpunkt der Studentenunion, wo Aung San und U Nu ihre rhetorischen Fertigkeiten geübt hatten, gesprengt.

Anders als die meisten waren die Kachin auf diesen Schlag gegen die Demokratie vorbereitet. Eine Gruppe von Veteranen des Zweiten Weltkriegs unter Führung von Zau Seng, die mit Merrills Marodeuren gekämpft hatten, traf sich heimlich in Rangun, um einen Aufstand zu planen. Die so genannten »Sieben Sterne« – ein Name, der sich auf das Sternbild Orion bezog, das während ihrer nächtlichen Kontakte deutlich sichtbar war – hatten am 5. Februar 1961 die Kachin Unabhängigkeitsarmee (KIA) gegründet.[6] Doch die frisch gebackenen Guerillas der KIA konnten nur einen Haufen stumpfer *dahs*, dreißig Gewehre aus dem Zweiten Weltkrieg und einige wenige Ladungen Munition aufbieten.

Im Jahr 1998 bereisten wir die chinesisch-burmesische Grenze. Wir holperten auf geliehenen Fahrrädern über die schmalen Pfade, die quer durch die Reisfelder liefen, und machten auf der

Suche nach Kachin-Veteranen Station in jeder Ortschaft. Schließlich fanden wir ein Mitglied der Sieben Sterne. Er trug eine Tweedjacke und Krawatte, und sein silbernes Haar war frisch gesprayt. »Die Briten und die Amerikaner hatten uns gut ausgebildet, aber wir hatten keinen Pfennig, und die wenigen Schusswaffen, über die wir verfügten, waren unbrauchbar. Als Erstes beschlagnahmten wir daher die Gelder der burmesischen Bank in Lashio«, erzählte uns der Veteran.

Was genau meinte er? Wir saßen in dem mit einem Vorhang abgetrennten Hinterzimmer eines besseren chinesischen Restaurants, und unsere einfache Frage hing in der Luft, während unser Essen kalt wurde. Schließlich antwortete er: »Wir raubten sie aus. Es war frühmorgens. Niemand war auf der Hut. Tatsächlich frühstückten sie. Wir ging hinein und rannten mit 90 000 Kyat wieder hinaus. So hat alles begonnen. Aber wir brauchten mehr Schusswaffen – und mehr Geld. Wir mussten unser Ziel im Auge behalten.«

Im Januar 1950 hatten sich die versprengten Reste der nationalchinesischen Streitkräfte, die in Yunnan festsaßen, über die burmesische Grenze zurückgezogen und tief im Dschungel des Staates Shan eine geheime Operationsbasis gegründet. Von seinem sicheren Refugium Taiwan aus befahl Chiang Kai-shek seinen isolierten Einheiten, Angriffe gegen die Volksrepublik China durchzuführen, wofür sie die amerikanische CIA mit Waffen versorgte. Doch nach dem jahrelangen beschwerlichen Leben im malariaverseuchten Dschungel kam aus dem Dickicht ein besseres Angebot. Der Offizier der KIA kam allmählich in Schwung: »Wir traten an die Verbände der KMT heran und gründeten in ihrer Nähe einen Stützpunkt. Wir nahmen säckeweise Rohjade mit, die wir gegen Schusswaffen und Munition eintauschten. Die KMT-Truppen waren mehr als glücklich, ihre CIA-Waffen gegen den Himmelsstein tauschen zu können.«

Die KIA brauchte einen regelmäßigen Nachschub an Jade, um ihre Expansion zu finanzieren, aber der Warlord Drachenwolke alias Lung Yun hatte vor der Okkupation durch die Japaner die Gruben geflutet. Daher durchsuchten die Kachin den Dschungel nach neuen Flözen, sie gruben Schächte in die fest gebackene Erde und folgten dabei dem Bett des Flusses Uru. Sie wussten, dass unter ihren Füßen ein Schatz verborgen lag, aber es gab niemanden, der ihn herausgeholt hätte. Über 10 000 chinesische Tagelöhner hatten einst in den Gruben Erz gewaschen, doch sie alle waren vor den Japanern geflohen und wurden nun von den Kommunisten an der Rückkehr gehindert.

Unsere Reise durch Yunnan begann jeden Tag mit einem Frühstück im Morgengrauen. Als wir eines Morgens chinesische Krapfen in Schüsseln mit Kondensmilch tunkten und darauf warteten, dass Schweinefleischrollen in den Dampfkörben aus Bambus gar wurden, zog ein 40-jähriger Kachin-Händler einen Stuhl heran. An einem Finger trug er einen Goldring mit einem Jadeanhänger, ein makelloses Polohemd dehnte sich über seinen strammen Schultern, und seine Cowboystiefel waren ein Flickwerk aus Krokodilimitat. Nachdem er unser Tablett mit in Holzapfelessig getauchten Fleischrollen hinuntergeschlungen hatte, verriet uns der Händler, dass er nach uns Ausschau gehalten habe. Sein Vater sei Lehrer gewesen, bevor er sich in den sechziger Jahren der KIA angeschlossen hatte. Ob wir wissen wollten, wie die Kachin ihre Schätze zu Geld gemacht hätten? »Okay. Wir haben neue Jade gefunden, aber niemand wollte sich sein Kreuz in der Grube ruinieren. Wir hatten als Soldaten genug damit zu tun, gegen die Burmesen zu kämpfen. Gleichzeitig kämpfen und in den Minen arbeiten ging nicht. Wir sitzen auf einem Schatz, aber niemand wollte ihn ausgraben. Es waren *Yu Li Ku*, die uns letztlich halfen.«

Wir blickten ungläubig drein, und er bemühte sich, es uns zu erklären. »Wie nennt ihr sie? Ratten. Überall. Fraßen alles. Liefen überall herum. Zerstörten Felder der Kachin und trieben Familien in die Mine. Dies war der Anfang für uns.« Er hatte seine Geschichte beendet, unsere Schweinefleischrollen aufgegessen und uns genauso verlassen, wie er uns angetroffen hatte: Wir warteten weiterhin auf unser Frühstück. Allerdings beschäftigten uns nun die Nagetiere, die mitgeholfen hatten, die Dschungelrevolution wiederaufleben zu lassen.

Die Kachin-Berge hallten erneut von wilden Beschwörungen wider, und Lagerfeuer nebelten den Dschungel ein. Die KIA kaufte nun ganze LKW-Ladungen mit Waffen von der KMT. Diese bekam dafür im Gegenzug einen ganzen Berg von Jade, die sie an Händler und Steinschneider in der Canton Road in Kowloon weiterverkaufte. Ein rotbrauner Jadeblock, den die Kachin als Tauschwährung verwendeten, wog 28,8 Kilogramm. Die KMT verkaufte ihn für 88 888 Tael Silber (etwa 11 Millionen US-Dollar) weiter. Im Jahr 1997 wurde eine kleine Kollektion von Schmuckstücken, die man aus diesem Stein gefertigt hatte (der wegen seines Preises »8888« genannt wurde), für über 300 000 Dollars verkauft.[7]

Chiang Kai-shek hortete die Rohjade und verkaufte sie nach und nach, um sein Exilreich aufzubauen. Dort wurde das Erbe der Kaiser zu guter Letzt einem geladenen Publikum von Würdenträgern vorgestellt, zu dem auch Madame Chiang gehörte, die für die Premiere aus New York eingeflogen war. Sie hatte ihren untreuen Gatten abgeschrieben und sich ein geräumiges Apartment am Gracie Square in Manhattans Upper Eastside gekauft, von wo aus sie auf die Residenz des Bürgermeisters hinabsehen konnte. Dort lebte sie in einer Seifenblase chinesischen Republikanismus inmitten des Gewirrs heruntergekommener Mietwohnungen mit Blick auf den East River. Doch jetzt betrat sie das Nationale Palastmuseum, einen Pelz um die Schultern gehängt und neugierig auf das Gebäude, das 1965 im nördlichen Stadtrandgebiet von Taipeh errichtet worden war. Es war eine Verbotene Stadt im Kleinformat, die sich in die bewaldeten Hügel schmiegte. Drachen und Phönixe wanden sich um Steinsäulen, Dächer erglänzten in kaiserlichem Gelb, die Anlage der ummauerten Gärten glich einem Song-zeitlichen Wasserpark, und die Teestube war eine Nachbildung von Qianlongs privatem Arbeitszimmer. In den tiefen Kellern unter dem Palast lagerten so viele chinesische Kunstschätze, dass Chefkurator Chuang Shang-yen gezwungen war, die Ausstellungsobjekte regelmäßig auszutauschen. Die Massen drängten in die Jaderäume, in denen Glasvitrinen mit vielen Stücken ausgestellt wurden, die identisch mit den Grabbeigaben aus den Qing-Gräbern waren, unter anderem ein geschnitzter Kohl, zwischen dessen Blättern eine Kristallgrille hervorkroch, und der noch heute zu sehen ist.

Chiang Kai-shek sonnte sich in der Legitimierung durch sein Nationales Palastmuseum, aber er sollte sich nicht lange daran erfreuen. Jennie Ch'en, seine zweite Ehefrau, war 1932 nach China zurückgekehrt, wo sie verarmt und vergessen lebte. Bis jetzt. Aus Verzweiflung beschloss sie, ihre Lebenserinnerungen zu veröffentlichen, die Chiang Kai-sheks Schattenseite zu enthüllen drohten. Er hatte versucht, sie als 13-Jährige zu vergewaltigen, und er hatte sie wegen einer Heirat fallen gelassen, bei der es sich, streng rechtlich gesehen, um Bigamie handelte, da sie sich nie hatten scheiden lassen. Das Manuskript war so brisant, dass Ai-ling, May-lings Schwester, mit einer Klage drohte. Jennies Agent wurde in einem New Yorker Hotel zusammengeschlagen, und es gab mehrere Versuche, die Memoiren zu stehlen. Schließlich zahlte ein Rechtsanwalt, der die Familie Chiang vertrat, Jennie für zwei Exemplare 170 000 US-Dollar. Als sie 1971 starb und in Hongkong in aller Stille beigesetzt wurde – wobei auf ihren Wunsch hin in der Sterbeurkunde ihr Mädchenname stand –, muss Chiang Kai-shek aufgeatmet haben. Er wusste jedoch nicht, dass Jennies Agent Abschnitte aus dem Originalmanuskript exzerpiert hatte. Am 5. April 1975 starb der 87-jährige KMT-Führer als Held der Nation. Doch 1993 tauchte Jennies lange verschollene Geschichte schließlich wieder auf und enthüllte die Illegitimität von Chinas *Fu-jen*.[8]

Hui-lan Koo war mittlerweile auf den Trost von Fremden angewiesen. Die Exgattin des chinesischen Botschafters in den Vereinigten Staaten war 1970 in eine Wohnung am Sutton Place mit

Blick auf den East River umgezogen; sie hatte diese mit kaiserlichen Teppichen ausgelegt, die einst ihren Palast in Peking geschmückt hatten. Von Wellington, der sich eine andere Frau genommen hatte, verstoßen und von Sukarno, der sich ihre Besitztümer in Indonesien angeeignet hatte, arm gemacht, musste die vormalige Madame Koo für sich selbst sorgen:

> Ich wusste nicht, wie man einen Ofen anzündet, geschweige denn, wie man ein Ei kocht … meine beiden *amahs* [Pflegerinnen] verließen mich und … mein chinesischer Koch hatte bereits ein Restaurant aufgemacht. Ich ging regelmäßig in meinen Garten, um mich an dem Geruch des Essens zu ergötzen, das die beiden Junggesellen in der Wohnung nebenan zubereiteten. Und dann rief ich immer: »Wie köstlich das duftet!«[9]

Für ihre Nachbarn war sie die einsame und unordentliche alte Chinesin, die mit ihren Hunden durch den Park schlurfte. Abends kehrte sie in ihre Wohnung zurück, um die Fotos ihres früheren Lebens zu betrachten und sich alte Kinofilme über die gesellschaftlichen Ereignisse anzuschauen, an denen sie einst in ihrem prunkvollen Jadeschmuck teilgenommen hatte. Nur ihre Erinnerungen hielten sie am Leben, und 1972 wurden ihr auch diese genommen. Als die Ex-Madame Koo in ihre Wohnung zurückkam, wurde sie überfallen und »wie eine chinesische Frühlingsrolle« in ihre Bettlaken eingewickelt. Sie musste hilflos mitansehen, wie die Räuber eine Schublade aufbrachen und »unersetzliche Erbstücke herauskramten, die mir meine Mutter geschenkt hatte«. Ihr Leben war nun voller Ungewissheit. »Ich lerne Leute kennen, die wissen, wann sie sterben werden. Ich weiß es nicht – und ich bin froh darüber. Ich würde mir wünschen, dass meine Söhne meine Asche auf einen hohen Berg bringen und in die Brise streuen. Ich frage mich, ob meine Seele zuschauen wird«, sinnierte sie morbide in ihrem Tagebuch.

Ex-Madame Koo wurde bei dem Raub nicht alles gestohlen. Robert H. Ellsworth hatte uns erzählt, dass er sich mit der Erbin angefreundet und ihr geraten hatte, ihre wertvollsten Habseligkeiten in einem Banktresor zu hinterlegen. Die berühmte Persische Pfefferfrucht und ihre Jade-Halsketten einschließlich des Hochzeitsgeschenks ihres Vaters waren also in Sicherheit, als die Räuber vorbeikamen, doch nach dem Einbruch ertrug es Hui-lan nicht länger, den Schmuck zu tragen. Sie verkaufte die Hochzeitskette aus Jade an ihre Schwester, und ihre ehemalige Schanghaier Rivalin Madame Chiang Kai-shek erhielt »eine zweite schöne Kette«. Nur die Persische Pfefferfrucht blieb ihr: ein Andenken daran, wie sie kurzzeitig den reichsten Mann in Schanghai mit dem schönsten kaiserlichen Bijou der Welt in den Schatten gestellt hatte. Robert H. Ellsworth füllte seinen Silberkelch mit Bourbon, bevor er sich für uns an den Tod von Ex-Madame Koo erinnerte. »Als ich sie das letzte Mal zum Mittagessen einlud, trug sie eine derart zerschlissene Jacke, dass man sie für eine Obdachlose hätte halten können«, erzählte er uns.

In den Dschungeln des Kachin-Staates hatte ein Jaderaub die Reihen der KIA erschüttert. Im Jahr 1975 knisterte eine Rundfunkmeldung durch die Berge. Drei der ranghöchsten KIA-Offiziere waren festgenommen worden, darunter General Zau Seng. Vor einem Militärgericht wurden sie beschuldigt, die Erlöse aus dem Verkauf von Jade an die KMT auf ihre persönlichen Bankkonten in Bangkok umgeleitet zu haben. Am 6. August wurden sie hingerichtet.[10] Die KIA musste ihre Hierarchie und ihr Jadegeschäft neu organisieren.

Der Prozess im Dschungel deckte die Korruption im Innern auf, aber er enthüllte auch die gewaltigen Gewinne, die die KMT mit dem Jadehandel erzielte. Als China seine Grenze zu Burma durchlässiger machte, beschloss die KIA daher, die Zwischenhändler zu übergehen, näher an die Grenze zu Yunnan vorzustoßen und Qianlongs Jadestraße wieder zu öffnen. Die Steine, die einen neu errichteten Grenzposten am Rand einer heruntergekommenen chinesischen Ortschaft namens Ruili passierten, brachten den Kachin mehr Geld ein, als sie je zuvor gesehen hatten. Sie gründeten eine Jadefirma namens Bu Ga und verwendeten die Gewinne, um weitere Guerillakämpfer für den Kampf gegen Ne Wins ständig wachsende Armee anzuwerben und zu bewaffnen, um Schulen für 30 000 Kinder zu bauen und moderne Feldlazarette zu errichten, die sogar über Operationssäle verfügten. Bald kontrollierte die KIA 40 000 Quadratkilometer und regierte 300 000 Menschen.[11]

Unsere Reise durch Yunnan führte uns schließlich zu einem Major der KIA, der wie ein aufgedunsener Buddha in sich zusammengesackt dasaß. Seine Zähne waren vom Kauen der Betelnuss verfärbt, deren Saft er bei der bloßen Erwähnung von Ne Wins Namen in scharlachroten Fontänen auf den Boden spie. Der Major zeigte sich so gnädig, uns Geschichten darüber zu erzählen, wie die Kachin durch Bergwerke, die mittlerweile unter dem Namen Hpakant firmierten, zu Reichtum gelangt waren. »Wir verkauften Schürfrechte an chinesische Bergwerksgesellschaften und besteuerten die Steine, die Arbeiter ausgruben. Es war die Zeit, in der die KIA die Kontrolle hatte. Wir behielten die besten Gruben für uns und warfen ein Auge auf allen Personen in der Region. Kachinland war eine Familienangelegenheit.«

Die Kachin hätten mitten im Dschungel Paläste mit Satellitenfernsehen gebaut, sagte der Major und lehnte sich bequem zurück in einem importierten Ledersofa unter dem Bild einer nackten chinesischen Tänzerin. Offenbar gehörte auch er zu jenen, die von dem Aufstand profitiert hatten – sein aus Stein gebauter Bungalow hatte Doppelverglasung und fünf Schlafzimmer. Wir nippten an frischem Saft von Grapefruits, die er auf seiner Obstplantage anbaute. Anschließend zeigte er uns auf einem kurzen Rundgang seine Vermögenswerte – ein Tresor, der mehr als ein Dutzend unbearbeitete Jadeblöcke enthielt, die mit ihrem Gewicht und Wert ausgezeichnet waren. Nachdem wir ins Wohnzimmer zurückgekehrt waren, überließ sich der Major wieder seinen Erinnerungen und schilderte, wie Hpakant zu einem Klondike im Dschungel wurde. »Plötzlich kam der Schwarzmarkt nach Kachinland. Händler verkaufen alles, was man will. Schokolade, Zigaretten, amerikanische und britische. Konserven mit Käse und Schinken, Schweinefleisch und Ente, Roastbeef, wenn man wollte. Wir tranken französischen Cognac, chinesischen Champagner. Auch echten, wenn einer dafür das nötige Kleingeld hatte. Leute sagen, Hongkong sei der beste Markt, aber Kachin-Mine hatte alles. Menschen machten ein Vermögen und verloren ein Vermögen. Es war eine Zeit des großen Glücksspiels.«

Doch die KIA wollte den Einsatz erhöhen. Sie trafen eine Vereinbarung mit einem Warlord vom Stamm der Shan, der sich bereit erklärte, gegen die Überlassung von Jade für ihre Jadekarawanen auf den freien Markt in Thailand Geleit zu stellen. Der weltmännische Khun Sa, ein zurückgezogen lebender Unternehmer, der sich in einem Blazer genauso wohl fühlte wie in seiner olivgrünen Uniform, beherrschte das Land der Shan mit seiner Shan United Army, »Soldaten mit eisernen Beinen«, die Ne Wins Truppen auf Distanz hielten und zufälligerweise auch eines der größten Heroinkartelle der Welt kontrollierten.

Sein Hauptquartier befand sich in Ban Hin Taek an der thailändischen Grenze. Die wenigen Außenstehenden, die dorthin eingeladen wurden, berichteten, sein Schlupfwinkel im Dschungel sei eine mit Drogengeldern finanzierte Boomtown voller Bars, Restaurants, Tanzsäle und Pagoden gewesen. Der internationale Drogenbaron hatte Millionen mit einem Geschäft gemacht, das er nach eigenem Bekunden von den Alliierten im Zweiten Weltkrieg gelernt hatte. Der selbst ernannte Fürst der Finsternis, der damit prahlte, dass er sechzig Zigaretten pro Tag rauche und eine Schwäche für französischen Cognac habe, gründete jetzt Saha Charoenmit, ein Jadehandelshaus in Chiang Mai. Die Leitung lag bei Charlie Wan alias »Agent Donner«, Khun Sas Stabschef Charlie Wan hatte sich den Respekt seines Anführers verdient, als er ihn 1974 aus dem Gefängnis in Mandalay herausgeholt hatte, wo er wegen seiner Rebellion gegen das Regime Ne Wins einsaß. Saha Charoenmit war laut US-Drogenbekämpfungsbehörde (DEA) auch eine Tarnung für Khun Sas Rauschgiftimperium, dessen Mohnfelder und Dschungellabors entlang der burmesisch-thailändischen Grenze nun den Nachschub für den westlichen Markt sicherstellten. Der Deal der KIA mit dem Heroinboss und Warlord der Shan verschaffte der Rebellenorganisation sogar noch größeren Reichtum.

Währenddessen schmolz ein anderer großer Jadeschatz der Welt dahin, weil seine Besitzerin im unentwegten Morphiumrausch vor sich hin dämmerte. Barbara Hutton war zuvor schon Prinzessin und Gräfin, nun wurde sie 1955 auch noch Baronin: Sie brannte mit Baron Gottfried von Cramm durch, einem Profi-Tennisspieler, dem sie eine Mitgift von zwei Millionen Dollar schenkte, während sie sich selbst ein Face-Lifting gönnte. Während er sich mit einer Reihe von Gespielinnen quer durch Europa verlustierte, saß Barbara allein in ihrem Hotelzimmer, mit zu viel Make-up auf den geschwollenen Wangen und Eyeliner auf ihren dünner werdenden Brauen. Die Scheidung war nur eine Frage der Zeit und sollte Barbara 600 000 US-Dollar kosten. Im Jahr 1964 wurde die Exbaronin abermals umworben von Raymond Doan, einem attraktiven Chemiker französisch-vietnamesischer Herkunft. Er hatte in Marrakesch ein Auge auf sie geworfen und ließ seine Frau angesichts des lockenden Geldes sitzen. Doan staubte bei der Heirat des Paares im April 1,5 Millionen US-Dollar ab und kassierte außerdem noch ein monatliches »Taschengeld« von 10 000 US-Dollar. Weil jedoch nur Aristokraten ihren Wunschträumen genügten, schlenderte Barbara alsbald in die laotische Botschaft in Rabat, wo sie Ferien machte, und bot einem alternden Angestellten 50 000 US-Dollar für seinen Adelstitel. Aus dem Chemiker und seiner Millionärin wurden auf diese Weise Prinz und Prinzessin vinh na Champassak; die Erben eines untergegangenen Königreichs, das vor Jahrhunderten von Thailand unterworfen worden war. Doch der Prinz war 1971 schon wieder passé, um zwei

Millionen Dollar reicher, die in Form des Diadems von Katharina der Großen ausbezahlt wurden. Barbara Hutton war mittlerweile so benebelt, dass sie nicht nur ihren Prinzen auf der Stelle vergaß, sondern auch Schmuck im Wert von fünf Millionen Dollar in einer Hotelsuite in Rom liegen ließ. Die Perlen Marie Antoinettes, die sie bei ihrer ersten Hochzeit getragen hatte, und ein Rubindiadem, das Kaiserin Eugénie gehört hatte, waren weg. Ein Jahr später starb Huttons Sohn Lance. Im Juli 1972 war der 37-jährige Erbe in einer Cessna 206 abgehoben, um Freunden ein Anwesen zu zeigen, das er kaufen wollte. Als sein Flugzeug gegen einen Berg in Aspen prallte, wurden er und seine drei Freunde getötet. Mit seinem Tod im Flugzeugwrack endete die Woolworth-Linie.

Sieben Jahre später, am 26. März 1979, wurde Barbara Hutton ins Cedars-Sinai Hospital eingeliefert. Ihren Krankenakten ist zu entnehmen, dass sie nur noch achtzig Pfund wog, mit »Knochen, spröde wie Kalk« und Beinen, die von wund gelegenen Stellen übersät waren.[12] Bei ihrer Entlassung erwartete sie in ihrem Hotel, dem Beverley Wilshire, ein Stapel unbeglichener Rechnungen von Juwelieren. Tiffany forderte 40 000 US-Dollar, Harry Winston 30 000 US-Dollar und ein Juwelier aus Los Angeles klagte auf Zahlung von 660 000 US-Dollar. Zurück in ihrer abgedunkelten Suite im 10. Stock, glitt Barbara allmählich in die geistige Umnachtung. Ihr Schmuck lag nun verschlossen in drei Schatullen neben ihrem Bett, und nicht einmal die Briefe, die ihr Cary Grant gelegentlich schrieb, konnten sie in ihrem Koma noch erreichen.

Ihre Krankenschwester Kathleen Murphy erzählte Huttons Biografen, ihre 66-jährige Arbeitgeberin habe sie am 11. Mai 1979 herbeigewinkt und vor Erleichterung geseufzt. Ihre »anhaltende Fantasie« war endlich vorbei. Doch laut Murphy und Frazer, Huttons Leibwächter, war ihre Hotelsuite in LA binnen 24 Stunden nach ihrem Tod auf rätselhafte Weise leer geräumt und dem Leichnam sämtliche Schmuckstücke abgenommen worden.

Barbaras Beisetzung fand am 25. Mai auf dem Woodlawn Memorial Cemetery in der Bronx statt, doch weder ihre Freunde noch ihre Ehemänner noch die Journaille, die sich ehedem auf die nebensächlichsten Einzelheiten ihres Lebens gestürzt hatte, wohnten ihrem Begräbnis bei. Als ihr Testament sechs Monate später für gültig erklärt wurde, schien eine Bankeinlage in Höhe von 3500 US-Dollar der kümmerliche Rest zu sein, der von ihrem gewaltigen Vermögen übrig geblieben war. Alle Schmuckstücke und kaiserlichen Antiquitäten, die sie ihren Angestellten, Freunden und Institutionen vermacht hatte, waren verschwunden.[13]

Schon wenige Monate danach tauchten Barbaras Besitztümer wieder auf dem freien Markt auf. Im Jahr 1979 versteigerte Sotheby's eine Halskette, einen Ring und Jade-Ohrringe, und im März 1980 in seinem Londoner Haus ihre Schnupftabakdosen für 350 000 US-Dollar.[14] Jadeit wurde zu einer einträglichen Ware. Fünf Jahre später kündigte das Auktionshaus seinen Einstieg ins Geschäft mit grüner Kaiserjade an und widmete die erste Auktion dem Himmelsstein. Das Prunkstück bildete eine höfische Halskette aus 108 Perlen, die einst der Kaiserinwitwe Cixi gehört hatte und einen Erlös von 330 000 US-Dollar erzielte. Lisa Hubbard von Sotheby's New York wurde umgehend nach Hongkong geschickt, um aus der neu auflebenden Himmelsstein-Mode Kapital zu schlagen. Wir trafen sie in einem Strandrestaurant in Santa Monica, wo sie mit ihrem gebräunten Teint, dem gelifteten Gesicht und den perlweißen Zähnen ein quicklebendiges Aushängeschild für das Leben an der Westküste war. »Ich erkannte, dass der Markt für Jade bester Qualität nie gesättigt sein würde. Das Angebot würde nie genügen, der Stein ist wirklich eine Rarität«, sagte Lisa. »Es ist wie Bargeld in der Tasche. Es ist die Flüchtlingsmentalität – deinen Schmuck kannst du mitnehmen. Schließlich ist China weit weg.«

Über einer Platte mit Steinkrabbenscheren nahm sie uns mit auf eine fünfstündige Reise durch die Wohnzimmer von Jadekennern: Ein Kräuterheilkundiger, der damit sein Schwarzgeld wäscht, der

Pornostar, der sich in den Himmelsstein einkaufte, die Enkelin eines Mandschu-Bannerträgers, die den Stein so sehr liebte, dass sie ihre Tochter Jade nannte. Warlords, republikanische Damen, Erbinnen: »Die Generation von Chiang Kai-shek alterte und starb, und ich durchstöberte die Seiten der chinesischen Geschichte. Der Junge Marschall, der mittlerweile nicht mehr so jung war, kochte für mich und erzählte von Madame Hui-lan Koo und Edda Ciano. Überall tauchten berühmte Schmuckstücke auf, darunter ein Hutton-Armreif, der einst Cixi gehört hatte. Eines ihrer Geschmeide kam ausgerechnet über Honolulu in meine Hand. Ich verkaufte es für sage und schreibe eine Million Dollar«, sagte Lisa.

Auch ein lange Zeit verschollen geglaubtes Manuskript aus China tauchte jetzt am Flughafen Basel im Gepäck des schweizerischen Arztes Reinhard Hoeppli wieder auf. Er hatte sich um den eigenbrötlerischen Edmund Backhouse in dessen letzten Lebensjahren gekümmert, wofür ihm dieser *Décadence Mandchoue* geschenkt hatte, die skandalträchtige Geschichte von Cixis geheimer Liebesaffäre mit Backhouse. Hoeppli hatte das Manuskript dreißig Jahre lang weggesperrt, weil er nicht so recht wusste, was er damit anfangen sollte. Jetzt überreichte er es Hugh Trevor-Roper, Historiker in Oxford und vormals britischer Nachrichtendienst-Offizier. Hoeppli bat ihn, den Wahrheitsgehalt zu prüfen, weil er sich mit der Absicht trage, es der Bodleian Library zu stiften, die von Backhouse bereits 27 000 geplünderte chinesische Schriften erhalten hatte. 1976 stellte Trevor-Roper offiziell fest, dass das Manuskript nicht mehr sei als ein Lügengespinst: Backhouse war der Kaiserinwitwe nie begegnet, geschweige denn hatte er mit ihr geschlafen. Während seiner Jahrzehnte in Peking hatte er sich lediglich in einen traurigen und einsamen »anhaltenden Wunschtraum« hineingesteigert. Das änderte jedoch nichts daran, dass Auszüge aus *Décadence Mandchoue*, die mittlerweile veröffentlicht waren, eine neue Generation von Möchtegern-Orientalisten in Aufregung versetzten, deren Interesse an der Existenz der geheimnisvollen Mine des Fernen Ostens nun geweckt war.[15]

In Burma verstieg sich der alternde Ne Win immer mehr in Fantasiegebilde, ganz in der Tradition seiner abergläubischen Vorläufer. Bevor er seine Wirtschaftspolitik formulierte, befragte der General Astrologen, und im September 1987 ließ er einfach alle 25-, 35- und 75-Kyat-Noten aus dem Verkehr ziehen, weil er diese Zahlen für Unglück verheißend hielt. Über Nacht blieben die Burmesen so auf ganzen Säcken wertlosen Bargelds sitzen.

Im März 1988 gingen Tausende von Demonstranten in Rangun auf die Straßen und schwenkten ihre wertlosen Banknoten über ihren Köpfen. Der General zog sich in seine bewachte *Datscha* am Ufer des Inya-Sees zurück und warnte alle: »Wenn die Armee schießt, dann wird sie auch treffen.« Am Glück bringenden achten Tag des achten Monats 1988 wurden seine Drohungen mit einem Generalstreik beantwortet. Hunderttausende gingen auf die Straßen und schwenkten Fotos von Aung San. Sie zogen bis 23 Uhr durch die Hauptstadt, als die Panzer aufrollten. Was nun folgte, wurde in die ganze Welt übertragen und einhellig verurteilt. Unbewaffnete Demonstranten, die Transparente mit der Aufschrift trugen »Holt uns aus der Hölle!«, Studenten, die die Stiefel der Soldaten küssten, wurden reihenweise niedergemäht. Das Blutbad dauerte fünf Tage. »Vier verschiedene Augenzeugenberichte ... beschreiben, wie sich Soldaten in Formation hinknieten und mehrfach feuerten«, meldete die amerikanische Botschaft. »Die Zahl der Toten beläuft sich vermutlich auf über 2000, aber wir werden die genaue Zahl niemals wissen. In vielen Fällen haben die Truppen unmittelbar, nachdem sie das Feuer einstellten, die Opfer zu heimlichen Massenbegräbnissen fortgeschafft, um das Ausmaß des Gemetzels zu verschleiern.«[16] Der Vorfall erinnerte an das Massaker, das König Thibaw auf den Löwenthron gebracht hatte.

In ihrer Villa am Inya-See, in deren wilden Gärten aus Casuarinen und roten Rosen sie unter Hausarrest stand, hörte Aung

Sans einzige Tochter Suu Kyi das Knattern der Gewehre am Ende der University Avenue, doch ihre Mutter lag im Sterben, und sie wollte sie jetzt nicht alleine lassen. Sie war im März wieder nach Burma zurückgekommen, nachdem sie es fast dreißig Jahre zuvor verlassen hatte, um in Indien zur Schule zu gehen und später am St. Hughes College in Oxford zu studieren, wo sie ihren Mann, Michael Aris, kennen gelernt hatte. Der intensive Briefverkehr aus den Monaten vor ihrer Heirat im Jahr 1972 war teilweise geprägt von einer geradezu prophetischen Vorahnung. »Manchmal überkommt mich die Angst, dass die Umstände und politische Erwägungen uns ausgerechnet in einer Zeit auseinander reißen könnten, in der wir so glücklich miteinander sind, dass jede Trennung zur Qual wird«, hatte sie geschrieben.[17] Jetzt, da sich der burmesische Sommer seinem Ende zuneigte und von Gewehrschüssen widerhallte, fühlte sich Aung Sans Tochter genötigt zu handeln.

Als sich am 26. August Hunderttausende vor der Shwe-Dagon-Pagode, einem alten Zentrum des buddhistischen Glaubens, einfanden, stieg eine vornehme Gestalt aufs Podium. Suu Kyi, das mahagonifarbene Haar zu einem blütengeschmückten Chignon gebunden, ihr Gatte und ihre beiden Söhne traten vor eine Menschenmenge, die bei ihrem Anblick verstummte. Es war, als sei Aung San zurückgekehrt, um sein Volk zu retten. Wohl wissend, dass ihr alter Feind ihre Ehe mit einem Ausländer dazu verwenden würde, um ihre Glaubwürdigkeit zu untergraben, nutzte sie ihre Jungfernrede, um Ne Wins Argumenten zuvorzukommen. »Leute haben gesagt, ich verstünde nichts von burmesischer Politik«, sagte sie. »Das Problem ist, dass ich zu viel weiß. Meine Familie weiß besser als irgendjemand sonst, wie tückisch die burmesische Politik sein kann und wie sehr mein Vater darunter zu leiden hatte.« Viele fühlten sich durch sie an den Tag erinnert, als ihr Vater dem heimtückischen Anschlag zum Opfer gefallen war, und bekundeten unter Tränen ihr Mitgefühl.

Die Junta reagierte, indem sie sich in »Staatsrat zur Wiederherstellung von Recht und Ordnung« (SLORC) umbenannte. Burma wurde in Myanmar umgetauft, sonst änderte sich nichts. Als in Rangun am 18. September erneut die Demonstranten, durch Suu Kyis Rede ermuntert, auf die Straßen gingen, rollten gepanzerte Fahrzeuge und Truppentransporter aus ihren Kasernen. Über eintausend Menschen wurden getötet, auch wenn die Junta später behauptete, es seien nur knapp über ein Dutzend umgekommen. Die USA, Großbritannien, Australien, Deutschland und Japan froren die Finanzhilfe ein, während Suu Kyi versuchte, durch Gründung der Nationalen Liga für Demokratie (NLD) politischen Einfluß zu gewinnen. Einer ihrer Stellvertreter kam aus Ne Wins Armee, und ein anderer war der frühere Verteidigungsminister des Diktators.

Suu Kyi wurde zum Ziel von Hetzkampagnen seitens der staatlichen Medien. Schließlich, am 20. Juli 1989, wurde sie in der Villa ihrer Mutter unter Hausarrest gestellt. Doch zur Bestürzung der Militärregierung errang die NLD bei den Wahlen im Mai 1990 einen überwältigenden Sieg und gewann 392 von 485 Sitzen.

Der SLORC formierte sich neu. Er wollte die Ergebnisse nicht anerkennen. Im August gingen burmesische Mönche mit umgedrehten Almosenschalen auf die Straßen von Mandalay und wurden niedergemäht. Als Aung San Suu Kyi am 14. Oktober 1991 in Abwesenheit den Friedensnobelpreis zuerkannt bekam, wurde die Parteistruktur der NLD zerschlagen, und der Widerstand gegen den SLORC wurde in den Untergrund abgedrängt.

In Genf war eine glänzende Kette Stadtgespräch, deren Perlen aus einem legendären Jadeblock – *lan shui lu* – geschnitten waren. Bei einer Auktion von Christie's war Barbara Huttons Hochzeitskette aus Jade irgendwie unter die Ausstellungsstücke geraten, die als Teil des Vermögens von Nina Mdivani, Huttons früherer Schwägerin, zum Verkauf angeboten wurden. Sie erlöste zwei Millionen Dollar, die bislang höchste Summe, die für ein Schmuckstück aus Jade bezahlt wurde.[18]

In Burma, in dem man die Auswirkungen des Wirtschaftsembargos mittlerweile zu spüren begann, wurde die Nachricht vom Rekorderlös für ein Schmuckstück aus Jade von den verarmten Generalen aufmerksam registriert. Sie entsandten sogleich 200 000 Soldaten in die Kachin-Berge. Doch obwohl die burmesische Armee die KIA aus ihrem Stützpunkt im Dschungel verjagte und die Jadestraße nach Chiang Mai blockierte, konnte sie die Kachin nicht aus den Minen von Hpakant vertreiben. Ne Win beherzigte nun den Rat aus der *Kunst der Kriegsführung*. Als er hörte, dass die beiden Volksstämme, die mit den Kachin verbündet waren, aus dem Dschungel-Bündnis ausgeschieden waren, entsandte er heimlich einen Vermittler, der sie umwerben sollte. Die Aufgabe fiel Luo Xinghan zu, einem Opium-Warlord und ehemaligen Verbündeten von Khun Sa, der einer Todesstrafe wegen Drogenhandels dadurch entkommen war, dass er eine Übereinkunft mit dem SLORC getroffen hatte. Im Gegenzug für Millionen von Kyat, die er in Opiumplantagen investieren durfte, hatte Luo versprochen, die Junta bei der Niederschlagung der ethnischen Unruhen zu unterstützen. Jetzt überbrachte der Wendehals den unzufriedenen Wa- und Kokang-Stämmen im Norden ein lukratives Angebot: zehn Millionen Kyat für den Anschluss an Rangun. Beide Gruppen nahmen das Geld an, bewaffneten ihre Milizen erneut und erhoben ihre Waffen gegen die Kachin und deren einzigen verbliebenen Verbündeten, Khun Sa.

Dann machten die Chinesen den letzten Verbindungsweg der KIA aus Burma dicht und schlossen den Grenzposten bei Ruili. Die Kachin wurden in einem Dschungel eingekreist, den sie seit Jahrhunderten beherrscht hatten, daher nahmen sie geheime Friedensgespräche mit dem SLORC auf. Die Aufständischen verlangten als Gegenleistung dafür, dass sie ihre Waffen niederlegten, die Rückgabe ihres Dschungel-Hauptquartiers, eine Amnestie für alle und die Zusicherung, dass die Kachin weiterhin die Jademinen in Hpakant kontrollieren. Der SLORC erklärte sich ohne weiteres damit einverstanden und gegenzeichnete das Waffenstillstandsabkommen am 24. Februar 1994.

Zwei Monate später bot Christie's eine »außergewöhnliche Halskette« zum Verkauf an, die einst einer Frau gehört hatte, die ein »echtes Märchen« gelebt hatte. »Sie glaubte, ihr prächtiger Schmuck könne dem Image ihres Landes nur förderlich sein, und zu diesem Zweck trug sie … Jade, den zaubermächtigen Edelstein des Fernen Ostens«, schrieb Edmond Chin, ein ehemaliger Banker aus Singapur, der mittlerweile als Christie's Jade-Experte fungierte.[19] Hier, auf den Seiten des Katalogs, versetzte er den Leser in eine Welt »eleganter Villen«, »Nobelkarossen«, »feinster Küche« und »Pelze und Juwelen«. Die mit diesem Nimbus versehene Hochzeitskette Hui-lan Koos erzielte eine Million US-Dollar.

Sechs Monate später war Barbara Huttons Hochzeitskette aus Jade wieder auf dem Markt. In einem Katalog von Christie's, dessen ausführliche Einleitung von Edmond Chin Fotos von Kaiserinwitwe Cixi und Madame Chiang Kai-shek sowie Zitate von Konfuzius und Heber Bishop enthielt, wurde das Prunkstück als »ein natürliches Phänomen« bezeichnet. Als Illustration diente ein Foto von Barbara Hutton, das sie mit dem Collier bei einem Besuch der Metropolitan Oper im Jahr 1933 zeigt. Chin beschrieb sie als eine Frau, »der die Welt zu Füßen lag«, die ihrer »grenzenlosen Leidenschaft für Edelsteine frönte« und »ein Leben voller Prunk und erhabener Größe führte, wie es für gewöhnlich königlichen Hoheiten vorbehalten ist«. Der Hammer fiel bei sagenhaften 33 Millionen Hongkong-Dollar (4,3 Millionen US-Dollar). Der anonyme Käufer war Barbaras ehemaliger Juwelier.

Als wir Sammy Chow in seinem Geschäft im Peninsula Hotel auf Kowloon besuchten, verriet er uns, auch Madame Chiang Kai-shek habe darum gebeten, die Perlen zu sehen, und sie habe sie sich zu ihrem hundertsten Geburtstag selbst schenken wollen. »Einheimische sagen, ich hätte einen hirnrissigen Preis dafür bezahlt, mir einen Namen zu machen. Aber diese Halskette ist die schönste, die die Welt je gesehen hat«, sagte Chow. »Ich kann sie jetzt mit 20 Millionen Hongkong-Dollar Profit weiterverkaufen.« François Curiel, der internationale Direktor für Schmuck von

Christie's, gab zu seiner großen Freude bekannt, dass die gesamte Auktion einen Nettoerlös von 9,6 Millionen US-Dollar erzielt habe. »Mehr als tausend Menschen pro Tag besuchten die öffentliche Präsentation« der Hutton-Colliers, weit mehr, als an ihrer Beisetzung teilgenommen hatten. Edmond Chin, der dem Jadehandel frischen Schwung gegeben hatte, stellte im Jahr darauf seinen Kunden einen Sattelring vor, der aus dem »74 000er« des Jadekönigs geschnitten worden war. Dieser Jadeblock war nicht nur den Plünderern des Vorratslagers und den Entführern entgangen, sondern hatte auch den Untergang von Herrn Tiehs Schiff auf dem Weg nach Schanghai und seine Flucht nach Taiwan unbeschadet überstanden.

Drei Monate zuvor, am 10. Juli 1995, war Aung San Suu Kyis sechsjähriger Hausarrest aufgehoben worden. Sie kam heraus in ein Land, das sie kaum wiedererkannte. Ihr Durchhaltevermögen hatte sie zu einem Talisman gemacht, und viele Burmesen trugen ihr Bild versteckt in Amuletten oder hatten es hinter Bilderrahmen gesteckt. Um aus ihrer Geste des guten Willens politisches Kapital zu schlagen, gab der SLORC eine triumphierende Erklärung heraus. Das Land, das von westlichen Nachrichtendiensten beschuldigt wurde, zu einer Diktatur verkommen zu sein, die sich mit Drogengeschäften über Wasser hielt, brüstete sich nun damit, eines der größten Heroinsyndikate der Welt zerschlagen zu haben.

Burmesische und thailändische Journalisten wurden im Januar 1996 in ein geheimes Dschungellager geflogen, über dem eine Fahne flatterte, die ein mit einem Füllfederhalter gekreuztes Sturmgewehr zeigte, die Insignien Khun Sas. Ein amerikanisches Gericht hatte den Fürst der Finsternis 1989 wegen Drogenschmuggels angeklagt, und für seine Ergreifung wurde eine Belohnung von zwei Millionen US-Dollar ausgesetzt. Jetzt legten 10 000 von Khun Sas »Soldaten mit Eisenbeinen« vor laufenden Kameras ihre tragbaren Raketenwerfer nieder. Der Warlord hatte sich offensichtlich ergeben und sollte ins Insein-Gefängnis von Rangun überstellt werden.

Drei Monate später verkaufte Christie's eine durchscheinende Haarnadel aus Jade, auf der sich ein Drachen, aus dessen Nüstern rubinrote Flammen schossen, um Wolken wand. Edmond Chin verkündete, es sei »eine plausible Annahme«, dass sie einst der Kaiserinwitwe Cixi gehört habe. Ihr »Gegenstück«, so schrieb er, sei im Museum des Palastes von Shenyang ausgestellt. Dessen Direktor behauptete, es handle sich dabei um ein Stück eines »geheimen Schatzes, den der letzte Kaiser Puyi in die Mandschurei geschafft habe«.[20] Seine Kataloge quollen nun über vor berühmten Jadeobjekten: ein Armreif aus dem Besitz von Yuan Shikai, ein Paar Fußreifen, die der Warlord Lung Yun alias »Drachenwolke« gekauft hatte, und die Sammlung der verstorbenen amerikanischen Fernsehschauspielerin Audrey Meadows. Meadows' Schwester Jayne appellierte eindringlich an die Kunden von Christie's: »Ich hoffe, Sie werden bei dieser Auktion etwas ersteigern. Mögen Ihnen diese Geschmeide genauso viel Glück bringen wie meiner lieben Audrey. Mögen auch Ihre Flitterwochen niemals enden.« Das Vermächtnis der Kaiser wurde einmal mehr in den Glamour Hollywoods gehüllt. Die chinesische Folklore vermischte sich mit dem Glamour der großen Kinofilme aus den 30er und 40er Jahren.[21] »Jade« verkündete Christie's, »ist eine Wertsache, hoch geschätzt von jedem, der sie findet, sie kaufen oder stehlen kann.«[22]

In Burma beorderte Ne Win seine Truppen zurück in die Kachin-Berge. Nachdem der SLORC einen Waffenstillstand mit der KIA geschlossen hatte, dauerte es nur neunzehn Monate, bis er deren Territorium überrannt und Myitkyina, Kamaing, Mogaung und Bhamo in Garnisonsstädte mit Zehntausenden von Soldaten verwandelt hatte. Die Generäle in Rangun, die damit gegen das Waffenstillstandsabkommen verstießen, hatten ganz offenkundig die Absicht, sich zu Burmas neuen Herren über die Jademinen aufzuschwingen.

Auf der offiziellen Touristenkarte von Burma waren die Kachin-Berge nunmehr von einem großen schwarzen Klecks bedeckt. Die Minen von Hpakant, so war gerüchteweise zu hören, seien von Tausenden von Soldaten eingekreist und von einer Hochsicherheitszone abgeriegelt, in der Truppen den Befehl hatten, ohne Vorwarnung zu schießen.

Am 27. April 1997 enthüllte Christie's in Hongkong seinen »Kaiserlichen Prunkschatz – die Sammlungen von Kaiser Qianlong, dem Höchsten Kaiser«. Unter den Ausstellungsstücken befand sich auch eine aus Jade geschnittene Grotte, die Charles Gordon 1860 aus dem Sommerpalast gestohlen hatte, sowie eine zinnoberrote Lackkiste, in die mit viel Liebe zum Detail Karpfen und Kirschblüten hineingeschnitten waren, die in den sanften Wellen eines Teichs herumwirbelten. Dreiundvierzig Jahre lang hatte diese Schatulle Qianlong sehr viel bedeutet. Er hatte darin sieben Schützenringe und glatte Ringe aufbewahrt, die seine innersten Gedanken eingraviert trugen. Einen dieser Ringe aus leuchtend grünem Jadeit hatte er 1785 den »Schatz seiner Schätze« genannt. Die Schatzkiste und ihr Inhalt, von einem französischen Kavallerieoffizier 1860 aus dem Sommerpalast geraubt und heimlich nach Paris geschafft, waren dort verblieben, bis die Nachfahren des Kavalleristen sie in klingende Münze verwandelten, um eine neue Wohnung zu kaufen.

Pierre Chen, der Chef der Yageo Corporation in Taipeh, hatte in den letzten zehn Jahre ein Vermögen verdient. Nun zahlte er 500 000 US-Dollar für die zinnoberrote Schatzkiste des Kaisers und ihre sieben Ringe, die nach 137 Jahren Abwesenheit in den Fernen Osten zurückkehrten. Weggesperrt in einem Safe in Herrn Chens Büro, das geschützt wird durch bewaffnete Wachleute und Sicherheitstüren, deren Schließmechanismus durch Fingerabdruckleser geöffnet wird.

11

Willkommen im Jadeland

Edmond Chin hat eine Lieblingsgeschichte. »Ein cholerischer Steinschneidermeister aus Mandalay ging jeden Morgen in seine Werkstatt. Er bellte seine Lehrlinge an, bevor er sich unausweichlich an einem rußigen Stein, der ihm seit Jahren als Türstopper diente, den Zeh anstieß«, erzählte er uns. Eines Tages verfluchte er den Stein und »schleuderte ihn aus dem Fenster hinaus«. Als einer seiner Lehrlinge ihn im Schlamm liegen sah, hob er ihn auf und wollte seine Schleiffertigkeit daran üben. »Er überzog ihn mit einem Film aus Karborundum, bevor er ihn gegen die Lauffläche eines Kreisschleifers drückte«, sagte Edmond Chin. »Wolken aus Kristallstaub flogen durch die Luft, und ein smaragdgrüner Streifen kam zum Vorschein.« Der Lehrling rief nach dem Steinschneidermeister, der nach dem Eigentümer des Steins schickte, der wiederum Kontakt zu den Händlern der Stadt aufnahm, die nicht glauben wollten, dass sich hinter dem wertlosen Türstopper der Himmelsstein verbarg.

»Der Stein wurde wie eine reife Melone gespalten. Da verstummten die spöttischen Bemerkungen urplötzlich«, erinnerte sich Edmond Chin. »Sein Kern war von einzigartigen Jadeitadern durchzogen, die nach ihrer Herauslösung über ein Kilogramm wogen.« Der Steinschneidermeister schuf bald eine Halskette aus 27 Perlen nach dem Vorbild der taubeneigroßen Perlen, die einst Barbara Huttons Schmuckkästchen geziert hatten. Was von dem Jadeblock übrig blieb, machte den Eigentümer des Steins zu einem Kyat-Millionär, doch er behielt das Collier und nannte es *Shaung Cai* oder »Doppelter Glücksbringer«, zur Erinnerung an den größten Fund seines Lebens, den er beinahe weggeworfen hätte.

Shaung Cai wäre in der Familiengruft eingeschlossen geblieben, hätte ihn Edmond Chin nicht während eines Ausflugs nach Mandalay im Jahr 1997 zufällig entdeckt. Er brachte seinen Eigentümer dazu, den »Doppelten Glücksbringer« bei der Winterauktion von Christie's im Jahr 1997 anzubieten. Die *South China Morning Post* berichtete, wie diese Versteigerung Jadeit quasi über Nacht in einen Edelstein verwandelte, der wertvoller war als Diamanten:

> Ein asiatischer Käufer zahlte gestern bei einer Auktion in Hongkong 72,62 Millionen Hongkong-Dollar [9,28 Mio. Euro] für eine Halskette aus Jade. Das ist die höchste Summe, die in Asien jemals für ein Schmuckstück beziehungsweise ein Kunstwerk bezahlt wurde. Die Jadekette aus 27 Kugeln, die von Experten als lupenrein bezeichnet werden, wurde nach siebenminütigem fieberhaften Bieten um etwa 15.30 Uhr von einem Privatsammler ersteigert.[1]

Anthony Lin, der Geschäftsführer von Christie's Hongkong, war entzückt. »Burma-Jade ist vermutlich der seltenste Edelstein der Welt. Jadesteine der höchsten Güte sind schwerer zu finden und seltener als ein makelloser Diamant, und diese Auktion beweist eindeutig, dass Sammler ihnen einen höheren Wert beimessen«, frohlockte er. »Unsere Zielgruppe sind jetzt Menschen mit einer Passion für Jade. Sie müssen hochwertige Jade zu schätzen wissen. Sie müssen Kenner sein. Unsere Möglichkeiten sind jetzt schier grenzenlos.«

Edelsteinhändler und Auktionatoren beeilten sich, aus der Versteigerung des *Shaung Cai* Kapital zu schlagen. Sotheby's beauftragte Chanel, ein Schmuckstück aus Jade zu entwerfen, eine blühende Kamelie, die der Auktionskatalog als eine »subtile Verbindung zweier Kulturen« pries. Jade sei »ein Stein, der die Ewigkeit symbolisiert«, und sie sei »erfüllt von magischen Kräften, die ihren Träger vor dem Bösen und vor Krankheit schützen, und von heilenden Kräften, und außerdem ist sie ein Glücksbringer«. Qianlongs Eisvogel-Edelstein sei »ein Juwel des Augenblicks, aber auch für alle Zeiten«. Quek Chin Yeow, Sotheby's Jade-Direktor, sagte uns, es sei ein Edelstein, »der eine unstillbare Sehnsucht weckt«.

Innerhalb von Monaten kündigte das internationale Schmuckhaus Van Cleef & Arpels, das einst die Herzogin von Windsor und Daisy Fellowes zu seinen Kundinnen gezählt hatte, ein neues Parfüm an, dessen Lancierung von einer Serie öffentlichkeitswirksamer Werbemaßnahmen begleitet wurde. H. Rider Haggard beschwor die »Suche nach einem legendenumwobenen Schatz, der seit dreihundert Jahren die Menschen in ihren Träumen heimsucht«, und Van Cleef & Arpels schwärmte über »eine Melodie, die Erinnerungen an ferne, exotische Länder wachruft«. »Birmanie« war nicht bloß ein Parfüm, sondern »eine Hymne an das berückende Mysterium und die Vortrefflichkeit, die von Natur aus mit Edelsteinen in Verbindung gebracht werden«. Es war »eine Oase der Schönheit, in der man Träume und Emotionen wie eine Prinzessin frei zum Ausdruck bringen kann«. Es »erinnerte an eine Reise ins Herz eines geheimnisvollen Landes«, und für 85 Euro pro 100 Milliliter sollte das »Birmanie«-Elixier seine Trägerin in »ein geheimes Tal versetzen, das angeblich von Tigern und Adlern bewacht wird« und »unglaubliche Schätze« barg.

Jetzt nahmen die Generäle in Rangun für 252 000 US-Dollar Jackson Bain, einen ehemaligen Washington-Korrespondenten von NBC, und für 400 000 US-Dollar Ann Wrobleski, ehemalige Staatssekretärin im US-Außenministerium und Architektin der »Just Say No«-Antidrogenkampagne von Nancy Reagan, unter Vertrag, um das internationale Image der Junta aufzupolieren.[2] Am 15. November 1997, zwei Wochen nach Christie's Rekordauktion wurde der Vorhang vor dem wohlklingenden »Staatsrat für Frieden und Entwicklung« (SPDC) aufgezogen. Vorbei waren die Tage des SLORC, der rauen Gewährleistung von »Recht und Ordnung« und der erstickenden »Restaurationsbestrebungen«, die sich alte Männer in Uniformen ausgedacht hatten, weil sie das Ergebnis der Parlamentswahlen nicht anerkennen wollten. Der Vorsitzende der Junta, General Than Shwe, der jetzt dem SPDC vorstand, und sein babygesichtiger Stellvertreter, der Befehlshaber der Armee, General Maung Aye, begrüßten Besucher durch ein neues Portal. Mit wehenden virtuellen Flaggen präsentierte *www.myanmar.com* einen der »gefälligsten Orte, den Mutter Natur geschaffen hat«. Beiläufig wird erwähnt, dass Burma einst »ein Ort gewaltsamer historischer Ereignisse und Wechselfälle« gewesen sei. Jetzt aber genieße es »Frieden, Stabilität und wirtschaftlichen Fortschritt wie nie zuvor in seiner nationalen Geschichte«. Die »Kostbarkeiten aus den Edelsteinminen Myanmars, die seit den Tagen der alten Könige berühmt sind,« warteten darauf, erkundet zu werden.

Auch Rangun hatte einen neuen Anstrich erhalten. Das imposante alte Kolonialhotel der Stadt, Sarkies' The Strand, am Ufer des Irrawaddy, das ein Thomas Cook Guide aus dem Jahr 1912 als das »erste Hotel Burmas – mit elektrischen Lampen, Klingeln und Ventilatoren« gepriesen hatte, wurde wiedereröffnet. Das Briefpapier des Hotels trug die Worte Kiplings: »Dies ist Burma, und es ist ganz anders als alle Länder, die Sie kennen.« In dem Bestreben, die glorreiche britische Vergangenheit des Landes zu verbrämen, bot der Eastern and Oriental Express nun Rundreisen an, auf denen man an Bord einer frisch überholten und in *Road to Mandalay* umbenannten Motoryacht »die Geheimnisse der uralten, atemberaubenden Städte am Ufer des Ayeyarwady [*sic*] entdecken kann«.

Doch es bedurfte mehr als eines Zitats von Kipling, um die vom SPDC professionell polierte Patina der Achtbarkeit zu erhalten. Schon bald wurde Burma von neuen »Wechselfällen« heimgesucht. Nach Berichten über den Fund von neun Tonnen Goldbarren im Haus eines Ministers der Regierung wurden drei Generäle des SPDC verhaftet. Im Januar 1998 ließ die eigene Familie einen General im Stich und floh nach Singapur, wo sie angeblich Millionen von Dollars versteckte. Im Februar wurde ein weiterer, der Gefallen an Goldbarren gefunden hatte, ins Allgemeine Krankenhaus von Rangun eingeliefert. In einer Bildergalerie mit Aufnahmen der Kommandeure des SPDC, die an einer Wand des Militärmuseums hing, fehlten mittlerweile über die Hälfte der Fotos. In jenem Monat enthielt die sich in schwülstigem Pathos ergehende Staatszeitung *New Light of Myanmar* (Motto: »Wer nach unermesslichem Wissen strebt, der kann sich an diesem Born laben«) eine enthüllende Fußnote über das sich selbst zerfleischende Regime. Khin Nyunt, Erster Sekretär des SPDC, Chef der Geheimpolizei des Landes und der Mann, den Ne Win als seinen legitimen Erben ansah, hatte eine seltsame Anzeige aufgegeben. »Dr. Ye Naing Win wird wegen seiner unentschuldbaren Tat von seinen Eltern verstoßen.« Die Leute wurden aufgefordert, »sich nicht bei den Eltern nach der Angelegenheit zu erkundigen«.

Tatsächlich hatte der Sohn des Meisterspions eine Stewardess aus Singapur geheiratet und seinen Vater in eine Falle gelockt, die für Aung San Suu Kyi gelegt worden war. Die von Khin Nyunt erlassenen Gesetze verfügten, dass kein burmesischer Staatsbürger mit ausländischen Verwandten der Regierung angehören dürfe. Ahnten Bain und Wrobleski, wie hart sie für ihr Geld würden arbeiten müssen?

Die Meldungen aus Paris, Washington und Rangun und die Nachricht vom Rekorderlös des *Shaung Cai* fanden zeitgleich mit einer Reise statt, die wir nach Burma unternehmen wollten, in das uns die gleichermaßen unglaublichen Geschichten über die Kachin-Berge lockten. Anderthalb Jahre lang hatten wir aus dem Landesinnern Berichte an die *Sunday Times* geschickt. Gerüchte über eine Tragödie in Nordburma waren dort mittlerweile in aller Munde. Ausländische Journalisten unterlagen einem Einreiseverbot, und jede Reise über die Grenzen der Hauptstadt hinaus war mit erheblichen Einschränkungen verbunden. Daher hatten wir

Monate damit verbracht, Aufständische, die nach wie vor gegen das Regime kämpften, aufzuspüren und dazu zu bringen, uns über die durchlässige thailändische Grenze zu schmuggeln. Ehemalige Studenten, Bauern und Flüchtlinge der Massaker von 1988 stützten sich auf ihre genaue Kenntnis des ausgedehnten Netzes von Pfaden, um den *Tatmadaw*, den Truppen des SPDC, immer wieder Nadelstiche zu versetzen. Auf Baumkronen hockend, lauerten sie ihnen auf und waren nach den Scharmützeln wieder wie vom Erdboden verschwunden. Wochenlang lebten sie im unwirtlichen Landesinnern, durchstöberten Ufer und Dickicht nach Kräutern und Gemüse und kämpften gegen die ortsunkundigen Regierungstruppen, die sie immer wieder durch Finten ausmanövrierten. Die Karen, Kachin, Shan und Wa teilten ihre magere Kost bereitwillig mit uns. Während sie mit schwerst beladenen Rucksäcken voranstürmten, fielen wir zurück und trafen, oftmals dehydriert und manchmal mit Blasen an den Sohlen, als Letzte am Lagerfeuer ein. Dennoch beschwerten sie sich nie.

Wir schliefen auf Bambusmatten, während sie sich um ein Kurzwellenradio scharten, um dem Burma-Programm von BBC zu lauschen. Man vergaß nur allzu leicht, dass Krieg herrschte: stille Nächte, die Erschöpfung nach einem Tagesmarsch, die großzügige Gastfreundschaft von Menschen, die wir kaum kannten, unsere vollen Bäuche und ihre gute Laune. Auf der Fahrt in langen Einbäumen auf dem schnell strömenden Tenasserim durchquerten wir unerforschten Regenwald, eingezwängt zwischen Männern und Frauen in zerlumpten olivfarbenen Uniformen. Unsere Kameras und Rucksäcke hatten wir in ihre Munitionsrollen gestopft. Der Dschungel entzündete unsere Fantasie, während sie nach Stiefelspuren auf den schlammigen Ufern Ausschau hielten. Wir malten uns in Tagträumen aus, dass wir unterwegs in ein Land verborgener Schätze wären, während sie sich bemühten, die Geräusche des Dschungels zu identifizieren.

Gelegentlich erhaschten wir einen flüchtigen Blick des Lebens, das sie früher einmal geführt hatten. Neuigkeiten von einem dringenden Termin warfen uns eines Morgens aus unseren Baumwollhängematten. Wir erfuhren, dass beim jährlichen Fußballendspiel der Aufständischen-Liga aller Voraussicht nach die Karen-Politiker gegen die Karen-Armee antreten würden. Es war Nationalfeiertag, und der Dschungel verwandelte sich in ein Dorffest. Boote wurden zu improvisierten Tischböcken und -platten, und Fähnchen schmückten die Baumwipfel. Das Militär beschuldigte die Zivilisten, unfair zu spielen, aber die Politiker beharrten auf der Trophäe und dem 2:0-Endstand.

Anfang 1998 trafen wir nach einem sechsstündigen Marsch durch den Dschungel in einer kleiner Pfahlhüttensiedlung ein, wo Gäste gespannt auf Braut und Bräutigam warteten, um ihnen ein Polo-Pfefferminz auf die Zunge zu legen. Auf diese Weise pflegte man im Dschungel das Jawort zu besiegeln. Wir waren zur Hochzeit eines örtlichen Rebellenführers gekommen, doch wir trafen auf zwei Paare, die mit gekreuzten Beinen auf dem Boden saßen. Die zweite Zeremonie war spontan anberaumt worden, weil die Braut erst an diesem Morgen angekommen war. »Ich wusste, dass man mich verhaftet hätte, wenn ich in Rangun geblieben wäre. Also bin ich durch den Dschungel gestapft«, erklärte uns die 22-jährige Studentin, als schildere sie einen Einkaufsbummel. »Als ich ankam, fand ich meinen Freund, der mich für tot gehalten hatte. Wir beschlossen an Ort und Stelle, ebenfalls zu heiraten. Vielen Dank, dass Sie gekommen sind.« Schweiß- und schmutzverkrustet, erholten wir uns noch immer von dem Fußmarsch, während sie, in einen frisch gebügelten fuchsiafarbenen Longyi und eine Bluse gekleidet und das Haar zu einem glatten Chignon gekämmt, beherrscht und erwartungsfroh dasaß.

Aber hier handelte es sich um einen kostspieligen Zermürbungskrieg. Ein unermüdlicher Menschenrechtsaktivist, mit dem wir uns in einem Einkaufszentrum in Bangkok trafen, hatte monatelang hinter burmesischen Linien gelebt und einen mit Berichten und Fotos voll gestopften Rucksack mitgebracht. Wir prüften diesen schriftlichen Beweis für einen verborgenen Konflikt in einer stillen Ecke von Dunkin' Donuts. »Burma ist die schmutzige Stelle hinter dem Ofen, die nie gesäubert wird«, sagte er, während er uns Fotos von Dörflern zeigte, die der Zusammenarbeit mit den Aufständischen bezichtigt worden waren – Stammeshäuptlinge, deren Köpfe auf Pfähle gepflanzt und deren Häuser von Regierungstruppen niedergebrannt worden waren. Ein Knäuel von Leichen, das sich in Treibholz verfangen hatte, irgendwo auf dem Tenasserim. Eine Frau, die nur Sekunden, nachdem sie auf eine Mine getreten ist, wie gebannt auf ihre ausgefransten Fußknöchel starrt. Hier und jetzt aber sahen wir es mit eigenen Augen.

Ein Kleidungsfetzen, der sich im Schilfrohr verfangen hatte, beißende Rauchschwaden, ein Schrei in der Ferne oder die Schritte eines burmesischen Bataillons, das durchs Dickicht preschte, waren oftmals die einzigen Hinweise darauf, dass der friedliche Dschungel in Wirklichkeit ein Kriegsschauplatz war. Eines Tages gingen wir an einer Flussenge an Land. Turmhohe Felsen ragten wie gigantische Schlagringe am Kiesstrand empor. Wir folgten einer Spur ungleicher Sandalenabdrücke, die mit Blut gesprenkelt war. Sie führte uns zu einer Lichtung, die mit Leichen übersät war. 27 Männer und Frauen lagen mit hinter dem Rücken zusammengebundenen Händen wie verstreute Puzzleteile zwischen zerbrochenen Rädern und Jochen von Ochsenkarren, fluchtbereit gepackt, um einen Scheiterhaufen herum. Eine Notiz der *Tatmadaw*, die an einer Holzsäule steckte, verkündete, man habe die Dörfler aufgefordert, sich in einem Umsiedlungszentrum einzufinden. Die Regierung ließ diese Lager grundsätzlich in öden Tälern errichten, und diese Menschen, die Zwangsarbeit leisten sollten, waren vermutlich heimlich in ihr Dorf zurückgekehrt und hatten ihre Karren mit Reis und Hühnern beladen – nur um von burmesischen Soldaten gefangen genommen zu werden, die grausam Vergeltung übten. Nachdem ein Kundschafter das Flussufer nach Farnen und Kräutern abgesucht hatte, nahmen wir an diesem Abend bei Kerzenlicht ein üppiges Mahl ein und sannen über einen Tag nach, den wir damit verbracht hatten, Leichen auf einer Lichtung zu zählen. Ein junger Hauptmann bereitete seine Truppen auf die vor ihnen liegenden Monate vor, während uns Bilder einer grausamen Verfolgungsjagd und Hinrichtung durch den Kopf gingen. Er sprach über Taktik und Nachschub, während wir uns über Abgabefristen und Manuskripte Gedanken machten. Hatte uns nur die Neugierde hierher getrieben, und würden unsere Berichte auch nur das Mindeste bewirken? Der Hauptmann füllte unsere Becher mit Reiswhisky, griff in eine verstaubte alte Kiste und holte ein Casio-Keyboard hervor. Seine Männer begannen zu singen und verjagten unsere morbide Trägheit. »Take me home country road, to the land where I belong…« Nicht zum ersten Mal hallte Jimmy Cliff im burmesischen Dschungel wider, und nicht zum ersten Mal begannen wir einen zehnstündigen Fußmarsch mit brummendem Schädel.

Wohin wir auch kamen, bewegten wir uns gegen einen Strom von Flüchtlingen. Zehntausende flohen im Gefolge des Befriedungsplans der Regierung aus ihren Dörfern. Und unter den tagtäglichen Berichten über Plünderung und Folter schnappten wir merkwürdige Schilderungen über einen weiter nördlich gelegenen Staat auf, in den kein Reporter jemals seinen Fuß gesetzt hatte. Als wir tiefer in den Busch eindrangen, begegneten wir zahllosen Menschen, die uns von einem Geheimprojekt der Regierung in den Kachin-Bergen berichteten. Angeblich wurden dort über eine Million Menschen wie Gefangene festgehalten. Es ging das Gerücht, dass inmitten der Wildnis eine Stadt entstanden war, die, krebsartig wuchernd, Metastasen in den Tälern gebildet hatte und den Dschungel zerstörte. Einige behaupteten, sie sei von schießwütigen Truppen eingekreist, die den Befehl hätten, ohne Vorwarnung zu schießen. Bei Tage rumpele sie wie ein Güterzug und bei Nacht leuchte sie, als würde sie von einer Million Kerzen erhellt, sagten sie, ein Leuchtfeuer in der Finsternis, das kilometerweit zu sehen sei. Über ihr hänge eine ungesunde Staubwolke, die die Kachin-Berge einhülle. Jeden Tag fahre eine lange Kolonne von Lastwagen in die Stadt, die Menschen beförderten, die wie

Frachtgut gestapelt seien. Abends verließen sie die Stadt wieder, beladen mit Bündeln abgelegter Longyis, Sandalen, Shorts und Hüten, die in Ölhaut und Schnur eingewickelt seien. Aber dies waren nur Gerüchte.

Im Rahmen unserer Recherchen suchten wir eines der dreizehn Flüchtlingslager auf, die verstreut an der thailändischen Grenze lagen und in die über 90 000 Burmesen geflohen waren. Dort fanden wir einen Arzt aus Myitkyina, der Hauptstadt des Kachin-Staates. Obgleich er in äußerster Sorge war wegen der Kollegen, die er zurückgelassen hatte, zeigte er uns einen Bericht, der aus Burma hinausgeschmuggelt werden konnte. Bedienstete des öffentlichen Gesundheitswesens hatten die Region auf Geheiß des SPDC besucht. Doch laut Aussage des Arztes wurden die Ergebnisse vertuscht, und die Bediensteten hatte man gefeuert. Eine von ihnen gezeichnete Karte deutete darauf hin, dass sie bei den Jademinen von Hpakant gewesen waren. Das Gebiet war von Pfeilen, gestrichelten Linien und schraffierten Kästchen eingekreist, die laut Legende für Heroinküchen, Opiumrouten und Mohnfelder standen. Das Dokument war eine schlechte Kopie, der Text stellenweise unleserlich, mehrere Seiten fehlten, doch die Einleitung war vollständig, und sie begann mit einer Warnung. In der Region grassiere eine Infektionskrankheit, die von den Einheimischen Jade-Krankheit genannt werde. Es handele sich um eine Erkrankung, die in den Provinzkrankenhäusern weder diagnostiziert noch behandelt werden könne:

> In der Vergangenheit litten die Kachin nur unter solchen tödlichen Krankheiten wie Malaria, Geschlechtskrankheiten usw. In jüngster Zeit bedroht sie jedoch eine neue tödliche Erkrankung. Insbesondere die jüngere Generation läuft Gefahr, fast gänzlich hinweggerafft zu werden, wenn nichts zur Eindämmung dieser Krankheit unternommen wird. Sie scheint direkt mit der berüchtigten Droge Heroin in Zusammenhang zu stehen, die mittlerweile in jedem Dorf im

Staat Kachin erhältlich ist und oft von Regierungssoldaten, Polizisten und örtlichen Amtsträgern verkauft wird.

Wiederholt wurden die Minen von Hpakant als Zentrum der Epidemie genannt, aber dieser wichtige Abschnitt des Berichts fehlte. Es gab nur noch einen aus dem Zusammenhang gerissenen Passus:

> Der Ort ist immer voller Menschen und Lastwagen. Da gegenwärtig Waffenstillstand herrscht, finden sich alle Arten von Menschen und Gewohnheiten. Jeder versucht hier sein Glück, und man bedient sich aller Methoden. Fast jeder ist krank, und Menschen liegen tot am Straßenrand.

Mehrere Fotos hatten indes die Reise aus Burma überlebt. Auf dem ersten sah man zwei Männer, die gierig einen Joint rauchten. Die Wangen ihrer hageren Gesichter waren aufgebläht von einem tiefen Zug Gras. Auf einem anderen Foto ist es unmöglich, den Unrat einer Mülldeponie von den steifen Gliedmaßen zu unterscheiden, die darunter begraben liegen. Das Dritte: Männer und Frauen mit eingefallenen Wangen und Armen und Beinen, dünn wic Bambusstäbe, die offenbar an eiserne Bettgestelle gefesselt waren, ausgemergelt durch eine zehrende Krankheit. Es gab Aufnahmen von bis aufs Skelett abgemagerten Jungen, die in der Hocke saßen und sich gegenseitig mit geschwärzten Nadeln stachen, ohne den Kamerablitz wahrzunehmen. Diese eindringlichen und verstörenden Bilder waren die unwürdigen Schnappschüsse von Menschen, die zu schwach waren, um sich etwas daraus zu machen. Und auf dem letzten Foto ein nackter Junge, der misstrauisch dreinblickt, als fragte er uns, ob uns gefiele, was wir sahen. Wir waren uns jenes schlimmen Voyeurismus bewusst, der uns alle überkommt, wenn wir mit Bildern von Krankheit und Not konfrontiert werden. In solchen Augenblicken erfasst uns eine makabre Neugierde auf die Pornografie des Todes, eine schuldbewusste Faszination an dem grotesken Anblick verrenkter Gliedmaßen und aufgedunsener Torsi, den wirren Fragmenten eines Unglücks, das ohne Kontext oder Erklärung dargeboten wird. Wer möchte nicht sehen, wie es aussieht, ohne es am eigenen Leib erleben zu müssen, wer nicht gemeinen und unappetitlichen Tatsachen ins Auge sehen, die beinahe gänzlich aus unserem keimfreien Leben getilgt wurden? Wir schoben die Fotos zurück in ihren Umschlag und brachten sie in einen Copy-Shop. Wir hofften, das halbwüchsige Mädchen, das hinter der Theke plauderte, würde sie sich nicht allzu genau ansehen. Doch wir täuschten uns. Sie schaute sich jedes Einzelne an. »Burma«, sagte sie spontan.

Dieser braune Papierumschlag barg einen flüchtigen Blick auf eine unwiderstehliche und entsetzliche Geschichte. Aber wir wussten nicht, wie wir zu den Minen von Hpakant gelangen konnten. Wir brachen auf in ein Dorf, das drei Stunden Fußmarsch von Chiang Mai entfernt war. Dort lag, einsam in einem Reisfeld, ein Bungalow, der als Nachrichtenzentrale einer der erfolgreichsten Rebellengruppen Burmas fungierte. Im Innern verfolgten Dutzende junger Männer auf einem thailändischen Kabelkanal ein Fußballspiel der Premier League. Ein kampfgestählter Student, der normalerweise nicht so schnell kleinzukriegen war, warf einen Blick auf die Fotos und gab sie geradewegs zurück. »Es ist unmöglich«, sagte er. »Sie werden es nie bis Hpakant schaffen. Es ist zu gefährlich. Wir können Ihnen leider nicht helfen. Und ich glaube, das kann auch sonst niemand.«

Er zog einen Vorhang zurück, der den Blick freigab auf farbig markierte Akten und Stapel alter Zeitungen – amtliche Regierungsberichte, die heimlich aus Rangun geschafft worden waren. Im Innern, so sagte er, befinde sich ein weiterer Teil der Geschichte, eine Bibliothek vager Informationen, trockener SPDC-Memoranden und -Runderlasse, und erfreulicherweise fanden wir dort auch einen schlaksigen Bibliothekar, der uns zur Seite stehen sollte. So begannen wir, das Archiv zu durchstöbern, und trugen Steinchen für Steinchen einer Geschichte zusammen, die schildert, wie die Kachin von Ne Win hintergangen wurden, der lange, bevor Lisa Hubbard und Edmond Chin den Markt für den Himmelsstein auch nur entdeckt hatten, ein Auge auf die Minen von Hpakant geworfen hatte.

Eine Gesetzessammlung enthüllte, dass Ne Win 1976 die Myanmar Gems Corporation gegründet und dem Bergbauministerium unterstellt hatte. Er brauchte dringend Geld und erinnerte sich an Burmas Reichtum an Bodenschätzen. Zweifellos hatte Ne Win den britischen Untersuchungsbericht über die Grenzgebiete gelesen und wollte unter keinen Umständen die Fehler des British Empire wiederholen. Doch die KIA machte ihr Vermögen mit Jadeit, und die Burmesen, von ihrer Angst vor einem waffenstarrenden Dschungel auf Distanz gehalten, sicherten sich in jenem Jahr nur 9000 Kilogramm des Edelsteins.

1991 verfügte der SLORC über eine neu ausgerüstete Armee. China hatte über Qianlongs alte Jadestraße Panzer und Geschütze nach Rangun geliefert. Jetzt begann die Junta, scharf gegen die KIA vorzugehen, und legte damit die Fundamente für ein Edelstein-Handelszentrum in Rangun mit Blick auf Suu Kyis Domizil am Inya-See. Dort sollten die jährlichen Versteigerungen von Jade und Rubinen stattfinden, die das Regime heimlich in Nordburma schürfen wollte. Aber es brauchte einen reichen Partner, um die Kachin zu vertreiben, die Förderanlagen in den Minen zu modernisieren und in dieselbetriebene Grabmaschinen zu investieren. Natürlich brauchten sie auch einen Absatzmarkt. Die chinesische Regierung erklärte sich bereit, die Grenze zu schließen und so der KIA im Gegenzug für eine Beteiligung an den Minen von Hpakant den Nachschub abzuschneiden.

Das Edelstein-Handelszentrum wurde 1994 fertig gestellt, kurz bevor die KIA eine Waffenruhe mit der Junta unterzeichnete. Fünf Monate später eröffneten die Chinesen ein Konsularbüro in Mandalay und luden Generalleutnant Khin Nyunt nach Peking ein. Im Jahr 1995, als China sich offiziell auf die Seite des SLORC gestellt hatte, besuchte Ministerpräsident Li Peng Rangun, und das Edelstein-Handelszentrum von Myanmar lockte inzwischen Einkäufer von 240 Firmen aus 70 Ländern an und brachte dem SLORC einen Gewinn von 18 Millionen US-Dollar ein. Im September 1995, als die Junta das staatliche Monopol auf den Export von Jade aufhob, importierten die Chinesen Edelsteine im Wert von über 46 Millionen US-Dollar, was ein Drittel der Gesamtausfuhren Burmas an China darstellt.[3]

Der Archivar der Aufständischen war zugleich Buchhalter, und er wertete dichte Kalkulationsbogen aus, die zeigten, dass das Myanmar Gems Enterprise, ein vom Militär geleitetes Unternehmen, Hpakant bis Oktober 1995 völlig unter seine Kontrolle gebracht und bis 1997 Schürfrechte für 1843 neue Jadegruben an chinesische Unternehmen vergeben hatte. Es war eine einträgliche Übereinkunft für den SLORC, denn die Betreiber mussten eine Steuer auf die gesamte Fördermenge abführen und für eine Schürfkonzession bis zu 500 000 US-Dollar pro Jahr zahlen. Die besten Flöze beanspruchte das Militär allerdings für sich. Das produktivste Unternehmen in den Kachin-Bergen war »U-Pine«, was so viel bedeutete wie »Erste Beute«. Diese Jademine, die man den Kachin weggenommen hatte, wurde vom Schwiegersohn General Maung Ayes betrieben, dem stellvertretenden Vorsitzenden des SPDC, dessen offizielles Monatseinkommen weniger als 20 US-Dollar pro Monat betrug.[4]

Am aufschlussreichsten waren jedoch die Förderzahlen, die zeigten, dass die Regierung nur wenige Jahre, nachdem sie die Kachin hintergangen hatte, aus Hpakant eine Goldgrube gemacht hatte. Bis 1997 wurden 4,4 Millionen Kilogramm Jadeit aus den Bergen gemeißelt.[5] Siebzig Prozent der Fördermenge gehörten chinesischen Unternehmen. Auf die Generäle in Rangun entfielen zwanzig Prozent. Die Kachin behielten lediglich fünf Prozent und mussten obendrein noch Steuern an die Regierung abführen. Der SLORC feierte die Rekordsteigerung bei der Jadeproduktion, das Wiederauffüllen der leeren Staatskasse und die Überlistung der

KIA mit dem Bau eines Jadegarten-Vergnügungsparks in Rangun. Dessen Kernstück war ein 33 Tonnen schwerer Jadeitblock, der bei den Kachin beschlagnahmt und auf dem Luftweg in die Hauptstadt befördert worden war, wo man ihn zu einem nationalen Kulturschatz erklärte.

Die Zahlen waren beängstigend. Das Projekt der Regierung wurde eindeutig Tag für Tag größer, aber wie sollten wir je dorthin gelangen? Die von den britischen Vermessungsteams gezeichneten Karten waren von einer indischen Regierung, die paranoide Angst vor Gebietsfragen hatte, aus den Dokumenten des Archivs in Neu-Delhi entfernt worden. Die einzigen Geländepunkte auf der Karte der Mitarbeiter des Gesundheitsdienstes waren Heroinlabors und Opiumfelder. Alles, was uns blieb, waren Captain Adamsons orientierungslose Streifzüge. Seine Skizze verortete Hpakant irgendwo zwischen den »Brüsten von Saba«, den Zwillingsbergen Loi Lem und Loi Law, jenseits der Irrawaddy-Enge und des Pashio-Strudels mit seinen »zahmen Welsen«, die Kasa-Naga-Straße hinab, die einst Sepoy Singh ausgekundschaftet hatte. Und dieser gesamte Landstrich wurde auf unheilvolle Weise von Hukawng, dem Tal des Todes der Kachin, überschattet. Das alles bot kaum eine zuverlässige Orientierung.

Aber es gab ein noch drückenderes Problem. In Burma zogen die Sicherheitskräfte die Zügel der Repression wieder kräftig an. Im Januar war ein japanischer Journalist, der sich als gewöhnlicher Tourist ausgegeben hatte, fünfzehn Stunden lang verhört und anschließend abgeschoben worden. Im Februar wurde ein Reuters-Korrespondent in seinem Ranguner Hotelzimmer von neun Mitgliedern der Geheimpolizei Khin Nyunts angegriffen. Im selben Monat war eine Amerikanerin, die die Erlaubnis erhalten hatte, Suu Kyi zu besuchen, von Offizieren des Militärischen Nachrichtendienstes (MI) vor ein Auto gestoßen worden. Die betagten Eltern des 48-jährigen Touristen Steven Tissamy klapperten auf der Suche nach ihrem Sohn, der im Vorjahr spurlos verschwunden war, noch immer die Straßen von Mandalay ab.

Bedrückender war die Enthüllung, dass die Junta bereits wusste, wer wir waren. Bei unseren Recherchen in der Bibliothek der Aufständischen stießen wir in der Zeitschrift *New Light of Myanmar* auf einen Artikel über uns. Das ganzseitige Feature unter der Schlagzeile »Wahrheit und Ethik« von Mya Thinn bezog sich auf eine frühere Reise von uns und warf uns unter anderem vor, wir seien »illegal nach Myanmar eingereist und hätten Kontakt zu illegalen Rebellengruppen gesucht«. Wir hätten ein »einziges Lügenmärchen« geschrieben. Ein Ministerium, das wir einst unter falscher Identität aufgesucht hätten, liege nicht »am Ende einer langen Allee, sondern gleich neben der Hauptstraße, in einer kurzen Gasse«. Es gebe in Burma »keine undemokratischen Machenschaften«, und die Regierung habe gelobt, »ihren Kurs unbeirrbar beizubehalten, gleichviel, ob sie gelobt oder getadelt wird und ob Leute wie Levy und Scott-Clark unsere Pläne umzustoßen versuchen«. Es widerspreche »den Idealen und Grundsätzen der UN-Charta, einen souveränen Staat, der als voll gültiges Mitglied der internationalen Staatengemeinschaft unveräußerliche Rechte besitzt, grundlos zu diffamieren«. Der Autor machte sich nicht einmal die Mühe, Missstände, die wir 1997 in unseren Artikeln angeprangert hatten – der routinemäßige Einsatz der Folter, das Abschlachten der Karen und die Vernichtung ganzer Dörfer –, zu leugnen.

Unsere Namen standen nun auf der schwarzen Liste der Einwanderungsbehörde, die zusammen mit unseren Fotos in Khin Nyunts Geheimdienstzentrale ausgehängt war. In Rangun hatten wir Aung San Suu Kyi interviewt. Wir hatten die Kontrollposten und den Sicherheitskordon passiert, der ihr Domizil in der University Avenue hermetisch abschirmte, und wurden dann, Minuten vor unserem Heimflug, doch noch am Mingaladon Airport abgefangen. Wir erinnerten uns an das flaue Gefühl, das uns überkam, als wir von einer Frau angehalten wurden, die schwarze Kniestrümpfe und Pfennigabsätze trug. Wir wurden in kleine Kabinen gestoßen, entkleidet und durchsucht, aber die Filme und Tonbänder, auf die sie es abgesehen hatten, hatten wir vorab verschickt. Frustriert über den Fehlschlag, ließ uns der Geheimdienst von einem schmierigen Fotografen beschatten, der sich hinter einer Sonnenbrille und einer teuren schwarzen Lederjacke zu verstecken suchte. Er fotografierte uns beim Gang durch die Abflughalle. Von Säule zu Säule huschend, lichtete er uns am Abfertigungsschalter, vor der Passkontrolle und am Zoll ab. In der Abflughalle bekam er uns erneut vor die Linse. Selbst auf dem Rollfeld pirschte er hinter uns her und drückte ein paar Mal ab, als wir die Gangway hinaufstiegen. Und sogar als das Flugzeug der Thai Airways abhob, knipste er weiter, vermutlich so lange, bis die Maschine nur noch ein winziger Punkt am Horizont war. Im Nachhinein fanden wir dies alles recht komisch, umso mehr als wir dachten, nie mehr wiederzukommen.

Jetzt mussten wir uns eine neue Identität zulegen, um überhaupt eine Chance zu haben, auf dem Luftweg nach Burma einzureisen. In Thailand, dem Land des falschen Lächelns und der falschen Alibis, brauchten wir weniger als eine Woche, um uns neue Ausweise, Referenzen, Visitenkarten und Empfehlungsschreiben zu besorgen. Wir konnten uns nun wahlweise als britische Edelsteinkundige, bevollmächtigte Vertreter einer australischen Bergwerksgesellschaft oder Universitätsdozenten ausweisen. Mit gefärbten Haaren und neuer Frisur buchten wir getrennte Flüge nach Rangun. Wir lernten eine Liste von Hotels auswendig und verabredeten, uns zu einem festgesetzten Zeitpunkt an einem bestimmten Ort zu treffen. Wenn es nur einer von uns zu dem vereinbarten Treffpunkt schaffte, dann sollte er oder sie versuchen, sich allein zu den Minen durchzuschlagen.

Die Angst begann am Don-Muang-Flughafen am Stadtrand von Bangkok. Diese schleichende Paranoia, die mit einem flauen Gefühl in der Magengrube beginnt und sich zu einem irrationalen Zwangsverhalten auswächst, wird auch »Burma-Panik« genannt. Nicht zweimal dieselbe Straße entlanggehen. Alle zwei Tage das Hotelzimmer wechseln. Einen Stuhl am Türknauf festklemmen.

Keine Telefonate führen. Glauben, dass alle einen kennen. Und die Verfolgungsangst wächst sich zu einer Wahnidee aus: Beiläufige Gespräche werden zu einem Verhör, ein lächelndes Gesicht zu einem heimtückischen Versuch der Enttarnung. Entsprechend wurde die Reihe Anzug tragender Geschäftsleute vor dem Abfertigungsschalter zu einer Schlange zurückkehrender Mitarbeiter und Informanten des Militärischen Nachrichtendienstes. Das unsichere Bestreben, unauffällig zu erscheinen, und der Wunsch, anonym zu bleiben, lassen einen den Reisepass ein wenig zu fest umklammern, etwas zu breit lächeln und ein wenig zu laut lachen.

Unsere Flugzeuge kreisten mehrmals über Rangun, bevor sie über die Rollbahn des Mingaladon Airport hüpften. Wir benutzten ähnliche Taktiken: Wir mischten uns möglichst unauffällig unter einen ausgelassenen Haufen von Rucksacktouristen und sausten mit ihnen zur Passkontrolle. Auf unseren getrennten Reisen passten wir die Gelegenheit ab, um einen Stempel in unseren Reisepass zu bekommen. Doch auch anschließend atmeten wir nicht auf. Es ist nicht schwer, auf dem Flughafen zu landen. Es ist schwer, ihn zu verlassen. Mitarbeiter des Militärischen Nachrichtendienstes lungern in ihren karierten Longyis herum und bilden in den Ankunftshallen einen Kordon, wie Graham Greenes dumpf vor sich hin brütende Tontons Macoute, die hinter ihren Pilotenbrillen Schlimmes im Schilde führen und übler sind als die Generäle, deren Wasserträger sie sind.

Dann folgte die überglückliche Taxifahrt in die Stadt, vorbei am Edelstein-Handelszentrum, das am Inya-See liegt, vorbei am Ministerium (»nicht am Ende einer langen Allee, sondern gleich neben der Hauptstraße, in einer kurzen Gasse«) und an der Abzweigung vorbei in die University Avenue, wo eine staatliche Anschlagtafel »Den Wunsch des Volkes« verkündete:

- Widersetzt euch denjenigen, die sich auf ausländische Elemente verlassen, als Handlanger arbeiten und negative Anschauungen vertreten.

- Widersetzt euch denjenigen, die die Stabilität des Staates und den Fortschritt des Volkes untergraben wollen.
- Widersetzt euch fremden Nationen, die sich in die inneren Angelegenheiten des Staates einmischen wollen.
- Vernichtet alle in- und ausländischen zerstörerischen Elemente, denn sie sind unser gemeinsamer Feind.

Abstruse Propagandabotschaften des Regimes, die von allen Passanten ignoriert wurden. Dahinter lag die berühmte Villa, die überzogen war von grünem Moos und abblätterndem Putz. Das Gebäude war mit roten Fähnchen geschmückt, die wie Ballons flatterten, um Gäste zu einem Kindergeburtstag einzuladen. »Dort wohnt Aung San Suu Kyi«, bemerkte der Taxifahrer und schaute, auf eine Reaktion wartend, in den Rückspiegel. »Ich bin kein gewöhnlicher Taxifahrer. Ich war Professor für Zahnheilkunde, bis sie meine Abteilung dichtmachten. Sieben Jahre an der Universität. Zwanzig Jahre praktizierend.« Das Gespräch versandete in einer schuldbeladenen Stille. Ein Windzug durch ein halb geöffnetes Fenster blies eine Zeitung vom Beifahrersitz und enthüllte eine Pilotensonnenbrille.

Über Rangun hängt ständig ein stickig-feuchter Dunstschleier. Wer hier die Aufmerksamkeit eines Fremden auf sich lenkt, verrät die Angst, die das Land regiert; ein Land, in dem die Unterdrückung so tief verwurzelt ist, dass die Burmesen gelernt haben, damit zu leben. Sie machen ein Picknick im Volkspark, während Soldaten mit schussbereiten Gewehren in den Büschen lauern. Sie nippen Tee und analysieren das Regime der Junta im Umkreis der Sule Pagode, während Panzer im Hof gegenüber stehen. Und westliche Touristen, die nach Burma kommen, können durchaus durch die Hauptstadt bummeln und nicht das Geringste hinter der Fassade der Märkte und Pagoden, der Tempel und Museen bemerken. Vielleicht sind sie entzückt von der Geschäftigkeit einer exotischen Gartenstadt, die von Palmen gesäumt wird und deren Dächer golden funkeln, und vielleicht sind sie ganz vom

Geist Kiplings durchdrungen. Aber Burma ist ein Kaleidoskop. Auf seinen Ölfeldern, Teakbaumwäldern, perlenreichen Meerengen und Jadetälern scheint ein zauberhafter Glanz zu liegen, doch hinter der schillernden Oberfläche verstecken sich malariaverseuchte Slums, verschlossene Universitätspforten, zerfallende Straßen und die Trupps aneinander geketteter Sträflinge, die sie als Zwangsarbeiter ausbessern müssen.

Am fünften Tag liefen wir uns im oberen Flur eines Familienhotels in die Arme. Es fiel uns schwer, keine Jubelrufe auszustoßen oder nicht grinsend durch die Empfangshalle zu laufen. Stattdessen verschwanden wir hinter einer verschlossenen Tür, und während die Wasserhähne und die Dusche prasselten, gossen wir uns Gläser kalten Mandalay-Biers ein und tauschten flüsternd unsere Erfahrungen aus. Wir hatten beide den Mann auf dem schwarzen chinesischen Fahrrad bemerkt, der unablässig die Bogyoke Aung San Road auf und ab fuhr, den roten Mini gesehen, der langsam die Pyay Road entlangfuhr, und waren in die Männer gelaufen, die aus Büschen stürzten und dabei wie übereifrige Reporter ihre Notizbücher umklammerten.

Aber jetzt galt es, keine Zeit zu verlieren. Wir hatten eine Woche unserer 28 Tage gültigen Visa aufgebraucht. Wir mussten auf dem schnellsten Weg Nordburma erreichen. Da das Regime fortwährend seine Meinung ändert, lohnt es sich oft, es mit der einfachsten Methode zu versuchen. Gebiete, die jahrzehntelang Sperrgebiet waren, werden über Nacht als Touristenattraktionen ausgewiesen. Es ist abhängig vom Erfolg des Befriedungsprogramms des SPDC und der Geschwindigkeit, mit der er die Spuren der Rebellion beseitigt. Also suchten wir am achten Tag das staatliche Tourismusbüro auf, das in einem stickigen Herrenhaus aus der Kolonialzeit untergebracht war. Dort empfingen uns Burmesinnen wie aus dem Bilderbuch, die von ihren Stühlen aufsprangen, als wir durch die gewaltigen Doppeltüren kamen.

»Bitte eintreten. Bitte eintreten. Wasser? Wir können Ihnen helfen«, sagte eine von ihnen strahlend.

»Wir möchten Hpakant besuchen«, erklärten wir ohne Umschweife.

»Pagan ist sehr schön. Die Tempel sind sehr schön. Die Menschen sind sehr schön.«

»Nein, Hpakant. Die Jademinen. Hpakant«, wiederholten wir immer wieder.

»Jade kaufen? Ja, der Edelsteinmarkt. Sehr schön. Nur zehn Minuten mit dem Taxi.«

Verärgert über ihre aufgesetzte Taubheit, deuteten wir auf einer Landkarte, die wir in London gekauft hatten, auf die Kachin-Berge. Sie erblasste und kicherte, bevor sie in einem Hinterzimmer verschwand. Fünfzehn Minuten später, nach einer im Flüsterton geführten Unterhaltung hinter einem Vorhang, tauchte eine Managerin mit finstrer Mine auf, die ein Merkblatt in die Höhe hielt, auf dem stand: »Das Ministerium für Hotels und Tourismus gibt sich jede erdenkliche Mühe, Rundreisen ausländischer Besucher Myanmars zu erleichtern.« Ihr kurzer, dicker Finger lief über das Blatt, bis er auf einen kleinen Absatz am unteren Ende tippte: »Ausländische Touristen dürfen Hpakant nicht besuchen.«

Wie stand es mit den »Schätzen aus den Edelsteinminen ..., die seit den Tagen der alten Könige berühmt waren«? Sie entfaltete eine amtliche Landkarte von Burma und knallte sie auf den Tisch. Alle schraffierten und farbig markierten Stellen kennzeichneten die Sperrzonen, die Ausländer nicht betreten durften. Weite Regionen Burmas waren vom Markierstift des Zensors zu Sperrgebiet erklärt worden. Aber wir waren doch Bergbau-Fachleute oder vielleicht sogar Edelsteinkundler; unsere Taschen waren voll gestopft mit Referenzen, die wir uns in Bangkok besorgt hatten. Sie kniff die Augen zusammen und griff zum Telefonhörer, in den sie unverständliche Worte brabbelte, bevor sie einen Streifen aus einem unbedeutenden Winkel Burmas riss. Sie schrieb einen Namen darauf. »Myanmar Economic Holdings erwartet Sie heute Nachmittag. Gehen Sie ins Büro und melden Sie sich dort. Bye bye«, sagte sie, während sie uns aus ihrem Zimmer geleitete und uns noch schnell ein Exemplar des *Myanmar Today* in die Hand drückte, in dem des goldenen Jubiläums der Unabhängigkeit gedacht wurde. An ganzseitige Porträts von ernsten Generälen mit ihrem Gefolge schlossen sich Listen mit den Namen der Kommandeure und Minister der Junta an. Eine Doppelseite war dem »Gesetz über Rauschgifte und psychotrope Substanzen von 1993« gewidmet, und eine andere schilderte ausführlich den angeblichen Erfolg des Drogenvernichtungsprogramms der Regierung und machte genaue Angaben in Kilogramm, Litern, Ampullen und Tabletten. Auf der Rückseite war der Text eines Liedes abgedruckt, das Aung San hätte zusammenzucken lassen:

Frei wie schlagende Vogelschwingen
Hat die glänzende Freiheit schon 50 Jahre vollendet.
Unabhängigkeit lässt sich nicht dadurch erlangen,
dass man sich hinsetzt und einen Zauberspruch aufsagt.
Alle Brüder unseres Volkes brachten gleich große Opfer,
damit das ganze Land frei und glücklich wurde.
Die Knospen der Unabhängigkeit stehen jetzt in voller Blüte.
Ein patriotisches Herz und patriotisches Blut sind unabdingbar …
Beim Aufbau einer modernen ruhmreichen Nation, die wie reines Gold erstrahlt.

Man hatte uns ein Treffen mit dem Militär aufgedrängt. Das war das Letzte, was wir wollten. Myanmar Economic Holdings war ein von der Armee geleitetes Unternehmen, das die Bodenschätze des Landes kontrollierte. Aber wir mussten hingehen. Alles ging jetzt viel zu schnell. Wir mussten unsere Tarnung weiter verbessern. Schon einmal wären wir beinahe im Ministerium, »das nicht am Ende einer langen Allee lag«, entlarvt worden. Damals hatten wir uns als Ökologen ausgegeben. Daraufhin legte man uns scheinbar beiläufig und unverfänglich Fotos von seltenen Knollengewächsen und Pflanzen vor, die jedoch tatsächlich dazu dienten, uns auf den Zahn zu fühlen. Damals war es unsere Rettung, dass es uns gelang, das Gespräch in eine andere Richtung zu lenken. Doch wie sollten wir es mit einem burmesischen Geologen aufnehmen, der unser Wissen über kohlehaltigen Ton ergründen will?

Es zeigte sich sogleich, dass der Mann, dem wir an jenem Nachmittag gegenübersaßen, ein Karrieresoldat war, der offenkundig eine Menge von Befriedung, aber wenig von Gesteinen verstand. Er saß in seinem mit Jalousien versehenen Büro unter neunzehn gerahmten Fotos der Mitglieder des SPDC – mit Orden und düsteren Krawatten geschmückten Militärs – und stellte sich als Colonel Maunt Maunt Aye vor, während wir über Jade und die Minen von Hpakant schnatterten. Wir sprachen zu viel und klapperten mit unseren Tassen grünen Tees, bis der uniformierte Colonel die Hände hochhielt.

Weshalb hatten wir unseren Besuch nicht angekündigt? Welche Firma vertraten wir? Weshalb waren wir mit Touristenvisa eingereist, wenn wir nicht vorhatten, Sehenswürdigkeiten zu besichtigen? Sein Englisch war zu gut, als dass wir einfach hätten ausweichen können, aber zum Glück ließ er uns keine Zeit zu antworten. Es sei alles sehr schwierig, sagte er. Wir verstanden. Es sei absolut außergewöhnlich, sagte er. Wir stimmten ihm zu. Aber es gebe eine gewisse Möglichkeit, sofern wir bereit wären, uns an den Kosten der Vorbereitung einer so schwierigen Reise zu beteiligen. Schweigen erfüllte sein kleines Büro. Verlangte der Colonel Geld von uns? »Etwa… 1200 US-Dollar, theoretisch… meine Verwaltungskosten… Ihre schwierige Reise«, stammelte er in seinen Tee.

Der Preis entsprach dem Gehalt, das ein Soldat seines Dienstgrades in zehn Jahren verdiente. Wir alle saßen schweigend da und wägten die Folgen dessen ab, was gerade durch die Blume gesagt worden war. Der Colonel durchstöberte eine Schublade. Wir lächelten und lauschten auf das Surren des Deckenventilators. Schließlich sammelte er sich. »Selbst wenn ich Ihnen helfe, wird es alles sehr schwierig werden«, sagte er. Er müsse unser Ersuchen an seine Vorgesetzten und diverse Ministerien weiterleiten. Selbstverständlich wären die Kosten einer militärischen Eskorte zu den Minen exorbitant hoch. »Wissen Sie, wie schwierig dies ist? Ich bin ein viel beschäftigter Mann und habe keine Zeit.« Machte er einen Rückzieher? »Es hängt gänzlich von Ihnen ab, doch wenn die Hälfte des Geldes an der Pforte abgegeben wird, vielleicht morgen, dann könnte dies einen glücklichen Ausgang Ihres Ansinnens befördern.« Der Colonel strich die Aufschläge aus. »Sagen wir eine Woche. Ja, eine Woche. Vielleicht mehr... wenn es klappt. Sie müssen sich in Myitkyina reisebereit halten. Wir müssen uns nicht noch einmal treffen. Suchen Sie meine Offiziere an der Pforte auf. Vielleicht morgen. Die Hälfte morgen – legen Sie es in einen verschlossenen Umschlag. Mein Name auf der Vorderseite. Sie brauchen nichts zu sagen. Zahlen Sie den Rest nach Abschluss der Reise.« Er stand auf, und wir reichten uns die Hände, Komplizen in einer stillschweigenden Übereinkunft. Ohne ein weiteres Wort gingen wir.

Wir eilten zurück ins Hotelzimmer und besprachen durch das Getöse der prasselnden Dusche unseren nächsten Schritt. Wenn wir dem Colonel Geld gäben, würden wir jemals wieder etwas von ihm hören? Schließlich konnten wir nicht die Polizei rufen. Würde man uns wegen versuchter Bestechung des SPDC verhaften? Wie würde es aussehen, wenn herauskäme, dass wir die Junta für eine Geschichte bezahlt hätten? Gab es denn eine andere Möglichkeit, sich Zugang zu Burmas bestbewachtem Projekt zu verschaffen? Mit Fotos aus Hpakant vor Augen, eilten wir zur Bank.

Das Militär hatte die meisten Sitze im Flugzeug der Myanmar Airways requiriert, so dass zahlende Zivilisten gezwungen waren, sich in die Gänge zu kauern. Wir mussten Schulter an Schulter mit Colonels und Captains kämpfen, doch dann schienen wir die einzigen Passagiere zu sein, die einen Fensterplatz wollten. Es war der 10. Tag, und unsere alte Fokker F-28 folgte ruckelnd dem Verlauf des großen Irrawaddy. Ein viktorianischer Reisender hatte den Strom als »eine Arterie der Welt [bezeichnet]… die von ihrem geheimnisvollen Ursprung im Himalaya… ins Meer fließt, in das sie sich durch hundert Mündungsarme ergießt«.[6] Jetzt schwebten wir über dem Wasserweg, der einst »das Leben des einfachen Volkes mit seinen vergänglichen Freuden und Sorgen« gewesen war. Unsere Fokker brach durch die Wolken und überflog die Überreste Avas, das der verrückte König Sagaing Min hatte erbauen lassen. Nur die zerfallenden Ruinen des Wachturms waren zu sehen, und unwillkürlich mussten wir an Major Burney denken, der 1829 auf der Fahrt zur »Edelsteinstadt« einen flüchtigen Blick darauf erhascht hatte. Wir überflogen ein Inselchen im Irrawaddy, auf dem König Bodawpaya 1795 Michael Symes eingesperrt hatte, und erinnerten uns daran, wie sich die Gesandten des Empire standhaft geweigert hatten, ihre Schuhe auszuziehen. Rechter Hand lag Amarapura, die »Stadt der Unsterblichen… so beständig wie das Firmament«, die jetzt nur mehr ein Haufen verlassener chinesischer Tempel und weißgrauer Tamarinden war.[7] Wir tankten in Mandalay auf, König Mindons mythischem Berg. Die Achse, um die sich die Welt einst gedreht hatte, war vom SPDC übertüncht worden, und Trupps aneinander geketteter Häftlinge hatten ihren Graben neu angelegt. Die F-28 sauste über die obere Stromenge. Der Silberfaden des Flusses lag unter uns, und Bayfield und Griffith fielen uns ein, die durch das tosende Wasser der Elefanten- und Kuh-Schlucht zum Amtssitz des britischen Regierungsvertreters zurückgeeilt waren. Als wir im glühend heißen Myitkyina landeten, einem einstmals gefürchteten Vorposten an der »Grenze zu den Wilden«, bemühten wir uns, nicht die Gefangenen in Handschellen zu mustern, die Schlaglöcher in der ramponierten Rollbahn ausbesserten.[8] Zur Rechten ging das flache Grasland allmählich in Dschungel über, der heutzutage Qianlongs Jade-Straße verbarg. Vor uns lagen die großartigen Berge Loi Lem und Loi Law, die sich scharf »in der blauen Ferne« abzeichneten, und am Horizont sahen wir endlich die roten Berge von Yunnan.

Die ausgedörrte Hauptstadt des Kachin-Staates war überzogen von einer ungesunden Schicht aus feinem gelbem Staub, die sich auf Haut, Haare und Taschen legte. Wir hatten gehofft, in der Menge unterzutauchen und die Zeit bis zum Eintreffen des vom Colonel entsandten Boten unauffällig zu verbringen. Doch in einer Grenzstadt, die von Regierungstruppen wimmelte, stellte sich das als offensichtlich hirnrissige Idee heraus. Wir waren die Hauptattraktion in einem Ort, in dem es an Zerstreuungen mangelte. Scharen schnatternder Kinder jagten uns auf dem stickigen Vormittagsmarkt nach und begrapschten unsere Kleider. Alte Frauen zerhackten dort Hühner mit *dahs* und warfen uns unter ihren kegelförmigen Hüten neugierige Blicke zu. Apotheker, die klebrige Opiumkügelchen verkauften, unterbrachen ihren Tauschhandel, um die Fremden mit weit aufgerissenen Augen anzuglotzen. Wir konnten nur hoffen, dass uns der habgierige Colonel einen Passierschein überbringen lassen würde – bevor die Zeit knapp wurde.

Myitkyinas zerfallende koloniale Handelshäuser waren jetzt von den Indern geleitete Gemischtwarenläden, die Plastikeimer und Wasserpistolen feilboten, die im chinesischen Hinterland produziert wurden. Der einzige Stadtplan, der von der Regierung genehmigt worden war, war ein nichts sagendes Gitter namenloser Straßen. Aber hier befand sich die Hsu-Taung-Pyi-Zeditaw-Pagode, in der die Gläubigen bei Einbruch der Dunkelheit beteten. Wir fanden die Islam-Nawku-Htingu-Moschee und, gleich daneben, die Curry-Stube mit ihrem intensiven Geruch und den Samosa-Pyramiden. Wir besuchten die Christkönigskirche mit ihren hochbögigen Fenstern und ihrem nostalgischen Kirchturm, der in seinem Baustil an die Kirchtürme der Grafschaften um London erinnerte. Und wir ruhten uns im Schatten eines Banyanbaums aus, schlenderten über den Vormittags- und Nachmittagsmarkt, berührten einen Stein, der von Buddha gesegnet worden war. All dies dauerte nur einen glutheißen Nachmittag.

Wir besuchten die berühmte Stelle, an der sich die beiden Flüsse N'mai Hka und Mali Hka zum Irrawaddy vereinen, der einzige

Ort außerhalb Myitkyinas, den wir aufsuchen durften. Wir verbrachten einen Nachmittag auf dem Friedhof der Kirche Unserer Lieben Frau, Königin des Himmels. Wir wanderten zwischen liebevollen Epitaphen für englische Mütter und Töchter hindurch, die »in Jesus entschlafen waren«. Buddhistische Nonnen mit kahl geschorenen Köpfen und gezupften Brauen, die wie Tantra-Gurus in weiße und karmesinrote Baumwolle gehüllt waren, watschelten am Ufer des Flusses entlang. Wir glitten über ausgehöhlte Steine, bevor wir in die Stadt zurückkehrten.

In der Eile des Packens hatte jeder von uns nur ein Buch eingesteckt. Schon am elften Tag hatten wir beide gierig verschlungen und lasen sie dann immer wieder, bis wir Jeanette Winterson und William Dalrymple zu verabscheuen begannen. Die einzigen anderen englischsprachigen Bücher in der Stadt waren Bibeln, das Vermächtnis amerikanischer Missionare, die um die Wende zum 20. Jahrhundert in die Kachin-Berge geströmt waren. Also mussten wir die Zeit mit Wortspielen und Essen totschlagen. Die Stadt war voll von Restaurants, also formten wir im »Happy Garden« Kugeln aus fermentierter Fischpaste und klebrigem Reis. Im staatlichen Fernsehen, das hier ausgestrahlt wurde, verlasen ernste Moderatoren auf Englisch und Burmesisch Ratschläge, wie man Schlangen im Gras verjagt, während ein fader Chor von Sängerinnen verschiedener Volksgruppen, die »in den Schoß des Gesetzes zurückgekehrt waren«, im Anschluss an die Nachrichten zu jeder vollen Stunde eine Hymne an den SPDC sangen. Ein Dutzend staubiger Garküchen am Straßenrand servierten »Chini«-, »Biriyani«- und »europäische« Küche, und in allen aßen wir das gleiche Curry und den gleichen Reis, der wie ausgelutschter Kaugummi an unseren Gaumen klebte. Doch wir aßen langsam und genüsslich jedes einzelne Korn und entkernten die Chilis, während sich schwatzende Gäste Notizen machten. Bald fragte uns der freundliche Leiter der Pension, wann wir abreisen würden, denn er musste jeden Tag 21 Polizeiberichte ausfüllen, die all unsere Bewegungen und Schritte, unsere Mahlzeiten und selbst die Zeiten, zu denen wir uns duschten, genauestens verzeichneten.

Endlose Tage am Fluss, an denen wir lang gestreckte Einbäume beobachteten, die Gewehre für irgendeine Garnison von Regierungstruppen luden und entluden. Immer wieder begegneten wir zwei Jungen, die Körbe mit Jujube trugen und uns in gebrochenem Englisch einzelne Worte zuriefen. »Mister America«, plärrte der eine. »See you last week.« Und sein kleiner Kamerad klopfte ihm auf den Rücken, stolz auf einen Freund, der sich mit Ausländern unterhalten konnte. Die Zeit verrann, während uns die ganze Zeit über eine Schlange Englisch sprechender Kachin-Missionare mit inquisitorischem Bekehrungseifer verfolgte. Sie warteten vor der Pension. Sie folgten uns auf den Markt. Sie hefteten sich an unsere Fersen, wenn wir zum Flussufer gingen. Ihre Webtaschen waren gefüllt mit kleinen grünen Büchern, die in Florida von Bill Bright von der Campus Crusade for Christ Inc. verlegt worden waren. »Lieber Freund, auch du kannst Gott persönlich kennen lernen, so vermessen dies auch klingen mag. Gott ist so begierig darauf, eine persönliche Beziehung der Liebe zu dir aufzubauen, dass Er bereits alles Nötige veranlasst hat.« Im Innern befand sich ein Schaubild eines Zuges, der von der »Lokomotive der Tatsachen« gezogen wurde, die auf den Gleisen des Gefühls dahintuckerte und zwei Wagen hinter sich herzog, die randvoll mit »Glauben« beladen waren. Es war uns zu heiß, um wegzulaufen.

14. Tag. Kein Wort vom Colonel. Wir beschlossen, es auf eigene Faust zu versuchen. Von Langweile und Angst getrieben, bemühten wir uns um eine Mitfahrgelegenheit nach Hpakant. Ein Taxifahrer lachte uns ins Gesicht und fuhr dann schleunigst die Straße im Rückwärtsgang hinunter, wie auch der Fahrer eines unbeladenen Kippers und ein Restaurantdirektor in einem verbeulten Morris Oxford. Obgleich wir vermutlich nur etwa 90 Kilometer von den Minen entfernt waren, hätten wir ebenso gut in London herumsitzen können.

20. Tag. Sechs Tage waren verstrichen, und unsere Hoffnung

schwand. Wir standen im Morgengrauen auf, nachdem wir die ganze Nacht kein Auge zugetan hatten, und schlenderten zum Markt, wo wir Schlangen chinesischer LKWs bemerkten, die Menschen aufluden, die aussahen wie die Karen aus dem Süden. Sie schienen fremd zu sein, und so gingen wir hinüber, mit einem allgegenwärtigen Missionar an den Fersen. Er sagte, die Menschen in den Lastwagen plapperten aufgeregt über die bevorstehende Fahrt. Sie unterhielten sich über grüne Steine, die ihr Leben verändern würden. Eine alte Frau wollte einen Laden aufmachen, ein halbwüchsiger Junge wollte ein Flugticket nach Amerika, und ein heranwachsendes Mädchen wollte sich eine Garderobe voller Schuhe kaufen. Die Laster fuhren nach Hpakant und laut einem der Fahrer würden diejenigen, die von den Minen zurückkehrten, am späten Abend in Myitkyina eintreffen.

Jeden Abend um 19 Uhr kam die Stromversorgung der Stadt zum Erliegen, und Myitkyina tauchte in ein Zwielicht, in dem nervöse Soldaten durch die Straßen patrouillierten. Kerzen und Paraffinlampen verwandelten Myitkyina in einen gespenstischen Vergnügungsplatz für diejenigen, die es durch den Goldrausch zu Reichtum gebracht hatten. Kleine Gruppen chinesischer Händler und Männer, die vermutlich Jadekönige waren, hockten sich nieder und beleuchteten reiskorngroße grüne Steine mit Fackeln. Betrunkene Bauern in glänzenden neuen Hosen ergossen sich aus Karaoke-Clubs und Privatbars, den einzigen Gebäuden, die, abgesehen vom Domizil des örtlichen *Tatmadaw*-Kommandeurs, von Generatoren mit Strom versorgt wurden. Auf seinem Anwesen gab es jede Menge Licht und Musik und Mädchen. Er hatte das Nebengebäude in ein Bordell umgewandelt, dessen Eingang mit vielen bunten Lichtern geschmückt war. Ein Sergeant, der auf einem Gartenstuhl saß, war zum Kupplerdienst abkommandiert worden. Die füllige Ehefrau des Kommandeurs, an deren Handgelenken schwere Jadearmreifen baumelten, war die raue Puffmutter, die alle in Schach hielt: Sie ohrfeigte unschlüssig herumstreunende Kunden, brüllte ungefügige Mädchen an und jagte uns keifend davon.

Wir kehrten in eine Bar mit Blick auf den Irrawaddy ein und verbrachten dort ein paar Stunden, an Biergläsern nippend, bis uns der Eigentümer aufforderte zu gehen. Die Schatten von Booten bewegten sich auf uns zu. Sie lagen tief im Wasser, ihre Decks waren schwer beladen mit einer geheimnisvollen Fracht, die von Soldaten mit vorgehaltenen Gewehren bewacht wurde. »Sie sollten sich nicht hier aufhalten. Es ist nicht gut, wenn Sie das hier sehen«, warnte uns der Barmann, während er uns die Tür wies. Es war knapp 22 Uhr, aber Myitkyina war bereits wie ausgestorben und in eine tiefe Stille gehüllt, die nur von einem fernen Rattern durchbrochen wurde, das von jenseits der Straße zum Flughafen drang. Wir versteckten uns im Eingang eines Handelshauses, an dem noch immer der Unternehmungsgeist des 19. Jahrhunderts verkündete: »Preiswerte Baumwolle höchster Güte« und »Modeartikel, Bau- und Straßenbauunternehmer«, und beobachteten, wie Lastwagen in die Stadt rollten. Sie spuckten ein wuselndes Gewirr schmutziger und erschöpfter Männer und Frauen auf die verdunkelten Straßen. Die meisten schlurften rasch davon. Wir baten unseren kirchlichen Schatten, der sein Büchlein aus Florida fest in Händen hielt, eine Frau anzusprechen, die zurückgeblieben war und wie benommen auf den Stufen eines Geschäfts saß. Sie komme aus Hpakant, flüsterte sie. Eine dicke Schmutzschicht verschleierte ihr Alter. »Ich musste drei Monate lang arbeiten, nur um das Geld aufzubringen, von dort wegzukommen, und ich gehe niemals dorthin zurück.«

Wir folgten ihr über einen staubigen Pfad, der zu einem zerfallenden Gebäude führte. Im Innern rührten Deckenventilatoren die stickige Luft um. Männer und Frauen lagen reglos, wie Kriegsverwundete, in Fluchten aus Eisenbetten. Wir fragten einen einsamen jungen Arzt, was seinen Patienten fehle, und er erwiderte, sie seien Bergarbeiter aus Hpakant. Es war ihm sichtlich unangenehm, mit uns zu sprechen. Dennoch öffnete er einen Medikamentenschrank, in dem sich Gazerollen und antiseptische Flüssigkeit befanden. Keine Nadeln oder Spritzen, denn diese seien vom SPDC verboten worden, erzählte er uns. In einem Land, das einer der weltweit größten Opiumproduzenten ist, gab es keine Medikamente, nicht einmal Morphium. Draußen, fernab neugieriger Ohren, ließ sich der Arzt auf den Boden plumpsen. »Jeden Tag kommen sie in einem fürchterlichen Zustand hierher. Hunderte und Aberhunderte. Zurück aus den Minen. Ich weiß nicht, was dort vor sich geht. Wir dürfen nicht hin«, sagte der Doktor, den Kopf in die Hände gestützt. »Wir dürfen nicht über das reden, was hier geschieht. Es ist eine Krise, mit der sich niemand befassen will. Ausländische Ärzte sind hierher gekommen und wollten uns helfen. Aber die Regierung hinderte sie daran, die Stadt zu verlassen. Sie wollten nach Hpakant fahren, aber es war verboten. Sie sagten uns, es handle sich um Aids, und es sei eine menschliche Katastrophe biblischen Ausmaßes. Ich bin nicht dafür gerüstet. Ich habe nur Verbandsmull.« Er rappelte sich auf und ging zurück in die Klinik, während wir in dem düsteren Garten zurückblieben und dem lauter werdenden Zirpen der Zikaden lauschten.

21. Tag. Wir wachten früh auf. Unsere Zeit war abgelaufen. Der Colonel hatte das Geld genommen und keinen Finger gerührt. Der Eigentümer der Pension benötigte unser Zimmer. Unsere Anwesenheit in der Stadt verursachte Probleme. Alles, was wir hatten, waren die vereinzelten Fragmente einer Geschichte, ein vager Eindruck vom Geheimprojekt des Regimes und ein paar Fotos, die nicht unsere eigenen waren. Die Staubwolke, die über unseren Köpfen hing, erinnerte uns nun fortwährend an unser Scheitern, und die langen Momente betretenen Schweigens machten das Zusammenleben in unserer beengten Absteige unerträglich. Insgeheim gaben wir uns gegenseitig die Schuld, brausten beim geringsten Anlass auf, und als einer von uns den Vorschlag machte, wir sollten doch packen, warfen wir all unsere Habseligkeiten in weniger als fünf Minuten in unsere Rucksäcke und ließen Winterson und Dalrymple für die Missionare zurück. Es gab einen Flug um 12 Uhr, auf dem zwei Plätze frei waren, und so setz-

ten wir uns zu einem letzten, angespannten Frühstück nieder und starrten ausdruckslos auf einen Slogan, der an die Wand gemalt war: »Bodenschätze sind begrenzt. Kreativität ist grenzenlos.« Wir rührten den Kaffee und die schlaffen Doughnuts nicht an und gingen just in dem Moment aus der Pforte, als eine Rikscha vorfuhr. Mit wehender Stirnlocke verließ der Fahrgast das Gefährt. Er trug eine kleine Mappe auf dem Rücken und klopfte sich beim Aussteigen den Staub von seiner neuen Sportjacke. Dies war der neue Gast, der unser Zimmer übernehmen würde. Wir blickten finster, als wir in seine Rikscha einstiegen und dem Fahrer sagten, uns zum Flughafen zu bringen. Wir mussten bis zum Abflug noch einige Stunden totschlagen, aber wir ertrugen die angespannte Erwartung nicht länger. Der Rikschafahrer stellte sich auf die Pedale, in dem Bemühen, die schwere Ladung in Schwung zu bringen, als eine Stimme aus dem Nichts ertönte: »Wo ist Levy?« Wir drehten uns zum Hof um. Die Rikscha fuhr rückwärts, und unsere Augen trafen auf eine teure Sonnenbrille. »Levy und Clark«, schnarrte er, während er einen rosa Plastikkamm durch seine Haare zog. »Ich bin Corporal Aung Nye.«

Der Corporal setzte sich unaufgefordert und nahm eine Tasse grünen Tee, bevor er sich unsere Doughnuts in den Mund schob. »Ich bin Corporal Aung Nye. Ich habe sechs Jahre lang Englisch studiert. Ich habe viele interessante Bücher gelesen. Ich habe Tage gebraucht, um hierher zu kommen. Sie können sich sehr, sehr glücklich schätzen, dass ich gekommen bin.« Mit einer ruckartigen Bewegung des Handgelenks schickte er einen Jungen, eine Thermoskanne heißes Wasser zu holen, und rief dem Leiter der Pension zu, er möge ihm ein paar Handtücher bringen. Er hieß uns, Platz zu nehmen und gut aufzupassen. Dann nahm er seine Pilotensonnenbrille ab. »Man hat mir befohlen, sie nach Hpakant zu bringen«, sagte er, wobei sich in seinen schwarzen Augen ein Sturm zusammenbraute. »Ich weiß nicht, wie Sie diese Genehmigung erhalten haben. Ich will es gar nicht wissen. Es wird Sie eine Menge Dollar kosten, aber ich werde meine Pflicht tun, und Sie werden mich bezahlen. Sie werden den Colonel bezahlen. Sie werden den General bezahlen, und Sie werden die Wachen an den Kontrollpunkten bezahlen. Sie werden mir in allem, das ich Ihnen sage, aufs Wort folgen. Ist all das kristallklar?«

Bevor wir ein Wort sagen konnten, zog er ein Blatt Papier aus seiner Mappe. Es war die grobe Skizze einer Bergkette, zwei Dreiecke mit Schneekräuseln, ein Fluss mit Fischen, die aus dem Wasser springen, und ein See, auf dem eine Pagode trieb. Der Colonel hatte offenkundig Stunden damit verbracht, unsere Route aufzuzeichnen. Ein Pfad und eine Stelle, die er als Picknickplatz gekennzeichnet hatte, waren mit einer schwarzen Linie und einem Essbesteck markiert, das kaum als solches zu erkennen war. Ein funkelnder Edelstein signalisierte den Standort der Minen von Hpakant. Quer über das Kopfende der Seite hatte einer der höchstdekorierten Offiziere Ranguns mit verschiedenen Farbstiften »Willkommen im Jadeland« und in der Ecke »Urheberrechtlich geschützt – Myanmar Economic Holdings« geschrieben.

Wir hatten gedacht, in Burma gebe es keine Überraschungen mehr. Doch nun stand plötzlich ein Regierungssoldat vor uns, der den Auftrag hatte, uns zu den Minen von Hpakant zu bringen. Dann zückte er ein weiteres Papier, offenkundig ein Passierschein, den der Generaldirektor der Myanmar Economic Holdings, General Than Oo, gegengezeichnet hatte. Wir würden vor dem Morgengrauen aufbrechen. Wir hätten einen weiten Weg vor uns. Es sei ein schmutziger und unwirtlicher Ort, und er verstehe nicht, weshalb wir dorthin wollten. Aber nein, nein, er werde uns helfen, er werde einen Fahrer und ein Fahrzeug auftreiben. Wir sahen ihm hinterher, als er aus dem Hof stolzierte, und wir wurden gewahr, dass wir kein einziges Wort gesagt hatten. »Seien Sie pünktlich«, schrie er über die Schulter hinweg, bevor er ein vorbeifahrendes Auto anhielt. Trotz des Protests des verdutzten Kachin am Lenkrad befahl ihm der Corporal vom Beifahrersitz aus, weiterzufahren, durch die holprigen Seitenstraßen, hinein in eine wirbelnde Staubwolke.

Wir rannten zurück in die Pension und baten um ein Zimmer für eine letzte Nacht. Dann setzten wir uns hin, um uns den Passierschein genauer anzusehen. Aber natürlich war er in Burmesisch geschrieben. Was stand da wirklich? War es überhaupt ein Passierschein? Wie konnten wir einem Soldaten trauen, der so voller Verachtung war und der im Takt seiner Befehle mit den Fingern auf den Tisch trommelte? Es gab in Myitkyina keine funktionierenden Telefone. Wir hatten also keine Möglichkeit, irgendjemanden in unsere Pläne einzuweihen. Wir konnten seine Geschichte auch nicht überprüfen. Einen Verdacht versuchten wir beide niederzuringen, nämlich, dass wir enttarnt worden waren und dieses Mal nicht mit einer öffentlichen Kritik davonkommen würden. Würde man uns an einen entlegenen Ort bringen, um uns wie so viele andere spurlos verschwinden zu lassen? Zaw Tun, Myo Myint Nyein, Aung Myo Tint und sechs Weitere, die beschuldigt wurden, gegen den SPDC zu opponieren, hatte man im Insein-Gefägnis von Rangun in Hundezwinger gesperrt. U Thein Tin, ein Führer der National League for Democracy (NLD), hatte man in einem Schnellverfahren im Gefängnisgebäude verurteilt, ihm dann eine Kapuze aufgesetzt und ihn so brutal zusammengeschlagen, dass er nur wenige Tage vor unserer Einreise nach Burma an den Folgen seiner Verletzungen gestorben war. In Burma hatten kleine Vergehen drakonische Folgen: Der illegale Besitz eines Modems oder eines Fax-Gerätes war der Grund für die Inhaftierung von Leo Nichols gewesen. Der 65-jährige war der Pate von Aung San Suu Kyi; er starb weniger als zwei Monate nach seiner Inhaftierung im April 1996 in der Krankenstation des Insein-Gefängnisses. Als sich der Abend dahinschleppte, nahmen unsere Sorgen maßlose Ausmaße an, aber Burma macht das manchmal mit einem.

Wir waren um 3 Uhr früh reisebereit. Der Corporal holte uns um 4 Uhr in einer zerbeulten Limousine ab. Er saß vorn neben einem halbwüchsigen Fahrer, der auf einem Stapel von Kissen thronte. Wir quetschten uns mit einem Kachin-Übersetzer auf den

Rücksitz, der uns auf der Fahrt zu der Stelle, wo die Lastkraftwagen ihre menschliche Fracht aufluden, seelenruhig gestand, dass ihm beim Fahren leicht übel werde. Einen Strom gelben Staubes aufwirbelnd, brauste der versammelte Konvoi aus Myitkyina hinaus wie eine Panzerdivision, die die Wüste stürmt. Wir rumpelten durch die Stadt, schossen am Flughafen vorbei und hinein in eine militarisierte Zone, das Hauptquartier des Nordkommandos der *Tatmadaw*. Ganze Legionen von Soldaten marschierten am Straßenrand, ihre Stiefel und Uniformjacken waren mit einer Kruste von Staub überzogen, den die gepanzerten Fahrzeuge aufwühlten, die über die ausgedörrte Erde rasten. Unter uns bebte die Erde, als der burmesische Militärapparat erwachte. Endlose Kolonnen flogen an den Autofenstern vorbei, Barrikaden und Stacheldraht erstreckten sich bis zum Horizont, an jeder Kurve waren Gräben und Geschützstellungen, die auf die Zwillingsgipfel Loi Lem und Loi Law zeigten. Inmitten des geordneten Chaos der Truppenmobilisierung drehten sich Köpfe um, um einen flüchtigen Blick zu erhaschen. Gemunkel ging von Mund zu Mund, ein Gerücht, das sich langsam wie Senfgas durch die Infanteriebataillone ausbreitete: *Kullas* waren unterwegs nach Hpakant.

Dann sprang plötzlich ein Soldat mit Sturmgewehr auf die Straße und forderte den Wagen brüllend zum Anhalten auf. Wir mussten aussteigen und uns vornüber auf die Motorhaube legen, während er unsere Beine mit seiner Stiefelspitze auseinander stieß. Jetzt würden wir herausfinden, was unser Passierschein wert war und was unser Corporal ausrichten konnte. Er sprach in ruhigem Ton mit dem Wachposten, der langsam zurückwich, das Gewehr weiterhin auf uns gerichtet. Wir wurden ins Auto zurückgedrängt, während der Corporal zum Wachhaus trottete. Wir sahen fuchtelnde Hände und hörten laute Stimmen, doch ein paar Minuten später kam er heraus, das Gesicht in einem siegreichen Grinsen erstarrt. »Fahr weiter«, schrie er den Fahrer an, seine dünnen Lippen leckend. »Ich will mein Frühstück.«

Die Schotterstraße führte uns bis Mogaung, das zu George Bayfields Zeiten von einer Holzpalisade umgeben gewesen war. Jetzt war die Stadt von Barrikaden und Straßensperren eingefriedet. Bayfield und William Griffith hatten hier Zwischenstation gemacht, um in einer erbärmlichen Siedlung, die vor Anspannung brodelte und von 2000 Soldaten mit nacktem Oberkörper beschützt wurde, Proviant aufzunehmen. Die hässlichen ziegelgedeckten Wohnblöcke und halbfertigen Backsteinhäuser, die entlang der engen Linien um Raum kämpften, wimmelten noch immer von Soldaten, allerdings starrten sie jetzt von chinesischen Sturmgewehren.

Der Fahrer wurde zu einem Restaurant mit Blick auf den Mogaung dirigiert, aber der Kachin-Dolmetscher weigerte sich, auszusteigen. Er ließ sich in den Rücksitz sinken, während wir den Corporal ins Innere begleiteten und uns auf schmächtige Stühle hockten. Ein junges Mädchen brachte uns Schüsseln mit Eiern und Gläser mit Kaffee, in denen sich Kaffeesatz abgelagert hatte, während eine burmesische Rockgruppe, die sich im Fernsehen wild hin- und herwarf, jedermann im »otel California« begrüßte. Erst jetzt fiel uns auf, dass die übrigen Gäste alle durch Pilotenbrillen linsten. »Dies ist die Kantine des Militärischen Nachrichtendienstes, hier ist das Essen immer gut«, gluckste der Corporal, während er ein Ei aufschlug und das flüssige Gelb aussaugte. Wir mussten unwillkürlich an die Briefe von Captain S. F. Hannay denken, der einen Monat lang in Mogaung als Geisel festgehalten worden war, um ihn von den Jademinen fern zu halten. Auch wir schlugen unsere Eier auf und schluckten das zähflüssige Innere hinunter.

Sepoy Singh hatte Mogaung in nördlicher Richtung auf der geheimen Kasa-Naga-Straße verlassen, bevor er um den Großen Goldberg herumging und die Grenze zu Assam ansteuerte. Wir würden uns nordwestlich halten und entlang dem Mogaung-Tal nach Kamaing fahren müssen. Es gab keine Asphaltstraße, sondern nur eine ausgefahrene Piste, die sich durch eine mit Büschen und Elefantengras bewachsene dürre Savanne zog. Als wir ein ödes Tal halb durchfahren hatten, trafen wir auf zwei Soldaten, die auf Stühlen unter einem Sonnenschirm saßen. Sie waren Kilometer von der nächsten Ortschaft entfernt und sahen aus, als wollten sie Lose verkaufen. Doch als sie uns näher kommen sahen, sprangen sie auf. Zwei Päckchen Zigaretten, zwei Dollarnoten und eine Hand voll Bonbons. Der Corporal warf das Geforderte aus dem Fenster hinaus und befahl dem Fahrer, weiterzufahren.

Der Corolla zog einen Drachenschwanz hinter sich her, als wir nach Kamaing hineinrasten. Einst war es eine »schäbige und armselige Stadt« mit zwei Palisaden gewesen, die einen Hügel und ein Fort umgaben, und jetzt war es die letzte Station vor den Minen von Hpakant, in der man sich mit frischen Lebensmitteln eindecken konnte. Der Corporal herrschte den Fahrer an, Gas zu geben. Grapefruits, Langbohnen und Kinder stoben nach allen Seiten. Er brüllte aus dem Fenster Kachin-Händler an; sie trugen wollene Zylinderhüte, die mit rosa und lila Pompons bestickt waren, und ihre Westen schimmerten von silbernen Milchdeckeln. »Ich will Orangen«, schnauzte er. »Offizier auf der Durchreise. Ich will Orangen.« Er erspähte einen Verkaufsstand und ließ die Frau einen Beutel füllen, dann warf er ein Bündel Kyat aus dem Fenster und schrie den Wagen an, während er auf die Berge deutete.

Bayfield und Griffith traten von Kamaing aus einen »ermüdenden Marsch« an. Vier Tage lang kletterten sie bis auf eine Höhe von 850 Metern, durch eine »drückende und feuchte« Landschaft »mit großblättrigen Teepflanzen«, bis sie eine »mit Dschungel bedeckte, unheilvolle Gegend« erreichten. Doch innerhalb eines Tages sahen sie Spuren der Abbautätigkeit, riesige Brocken, »die von vier oder fünf Mann an Bambusstäben getragen werden«, während kleinere Steine in »kunstfertigen Gestellen [transportiert wurden], die auf dem Nacken des Kulis ruhen«. Unsere Straße aus Kamaing wand sich die Berge hinauf und ging allmählich in eine Schlammpiste über. Unser Corolla glitt über den tückischen Morast, der regelmäßig LKWs verschlang. Die turmhohen Nadelbäume und breitblättrigen Teakbäume waren zu spindeldürren Setzlingen geschrumpft. Man hatte riesige Dschungelareale abgeholzt, und ohne den Schatten des Kronendachs gab es keinerlei Schutz vor der Sonne, die erbarmungslos auf das Dach des Autos herunterbrannte. Wir versuchten die Fenster hochzudrehen, um den Staub abzuhalten, nur um in der stickigen Hitze zu schmoren. Wir öffneten sie wieder, als unser Wagen die Kolonne von LKWs überholte, die überquollen von Reissäcken und Menschen, die der Corporal ungeniert mit ausgelutschten Orangestücken bespuckte.

Alles kam knirschend zum Stehen, als wir uns dem ersten befestigten Kontrollpunkt näherten. Jede Behörde hatte ihren eigenen Bunker und ihre eigene Schranke – der militärische Geheimdienst und das strategische Kommando, die Polizei und die Einwanderungsbehörde, eine Einheit der Kriminalpolizei, Drogen- und Kommunalinspektoren. Fliegen schwirrten uns um die Ohren und setzten sich in unsere Augen, Schweiß vermischte sich mit dem gelben Staub und zeichnete Flecken auf unsere Kleidung, und über uns ragte eine von Palisaden umgebene Befestigung auf, die von messerscharfem Stacheldraht bekränzt war. Die Abhänge waren mit »Burma-Dornen« – eingegrabenen spitzen Bambuspflöcken – gespickt, und oben saßen zwei Männer rittlings auf einem Paar Maschinengewehre. Soldaten, die Analphabeten waren, verlangten schriftliche Bestätigungen unserer Identität und Kopien von Passierscheinen, die sie nicht lesen konnten. Der Dschungel wimmelte von Insekten und Männern mit Klemmbrettern. Der Corporal disputierte mit ihnen allen, bevor er langsam den Hügel von Dornen zum Gipfel erklomm. Zwanzig Minuten später rutschte er zurück, getragen von einem Strom von Schlamm und Abwässern aus den Lagertoiletten, die regelmäßig aus dem Krähennest abgelassen wurden. »Dollars, Zigaretten und Bonbons«, brummte der Corporal, als er zurück in den Wagen kletterte, seinen verspritzten Longyi auswringend. »Dollars,

Zigaretten, Bonbons, oder sie schicken uns nach Myitkyina zurück.«

Er überzeugte sich davon, dass wir nur die vorgeschriebene Menge gaben, zwei Dollars, zwei Päckchen Zigaretten und eine Handvoll Sahnebonbons für jeden, aus dem Fenster und in den Schlamm geworfen, so wie es die Vorschriften verlangten. Falls wir jemals das Ende dieser Straße erreichen würden, musste genügend für den Corporal übrig bleiben.

Es dauerte acht Stunden, bis wir die 26 Kontrollpunkte, mit denen der Dschungel gespickt war, hinter uns gebracht hatten, und an jedem wiederholte sich das gleiche Spiel. Wütende Soldaten stürmten auf den Wagen zu, wollten wissen, was *kullas* hier zu suchen hätten, und begafften ungläubig die Passierscheine, die von Rangun ausgestellt worden waren. Sie knallten ihre chinesischen Feldtelefone auf die Motorhaube in dem vergeblichen Bemühen, ihre Kommandeure zu kontaktieren. Wie einst der Gouverneur von Mogaung, Mayouk Teza Naratta, der für alles und jedes das Plazet seiner Vorgesetzten einholte, wollte niemand die Verantwortung dafür übernehmen, Ausländern den Zutritt zum Lieblingsvorhaben des SPDC zu gewähren. Da beschloss unser Kachin-Übersetzer, der alles mit wachsendem Unwillen ertragen hatte, sich zu erkennen zu geben, indem er schmale grüne Broschüren aus Florida hervorzog. »Gott, erbarme Dich unsrer Seelen«, wimmerte er, während wir knirschend zum Stehen kamen. »Wenn uns der Staub nicht umbringt, werden es die Soldaten tun.« Er suchte bei Bill Bright sein Seelenheil.

Zu dem Zeitpunkt, als die Berge in ein Tal abfielen, schliefen der Übersetzer und der Corporal, erschöpft vom stundenlangen Beten und Zetern. Sie sahen nicht den breiten Schlammstreifen, an dem Restaurants errichtet worden waren, oder die Warnschilder, mit denen die Tankstelle im Dschungel behängt war. Kleine Holztafeln, die alle in Englisch beschrieben waren, verkündeten: »Aids ist ein nationales Anliegen; die Drogenbehörde hilft.« Sie waren geschmückt mit Bildern von verwelkenden Mohnblumen und Strichmännchen, die mit riesigen Spritzen gespickt waren, die sie wie Voodoopuppen aussehen ließen. Anschließend schleppte sich unser Corolla auf den Gipfel eines scharfkantigen Grats und kam bebend zum Stehen. Unter uns lag ein steiler Hang, der in eine schimmernde Wüste abfiel, den eine wogende gelbe Wolke verdunkelte. Der Corporal wurde wach, drehte die Fensterscheibe herunter, streckte den Kopf zu dem Aussichtspunkt hin und schnaubte: »Willkommen im Jadeland.«

Hier befand sich die Stelle, deren geografische Koordinaten die britischen Forschungsreisenden mit »25. bis 26. Grad nördlicher Breite und 96. bis 97. Grad östlicher Länge« angegeben hatten, die sagenumwobenen Jadeberge. Aber sie sahen nicht aus wie die, die Captain Adamson gesehen hatte. Vor uns lag eine vergewaltigte Landschaft – die Berge zu Schutthaufen verkommen, und die Täler, so weit das Auge reichte, zu düsteren Schluchten ausgehöhlt. Unwillkürlich flößten einem die titanischen Ausmaße des SPDC-Projekts ein Gefühl scheuer Ehrfurcht ein. Die Landschaft glich einem Termitenhügel, der von Hunderttausenden huschender Gestalten wimmelte, die alles abräumten und sortierten, zerlegten und fortschafften. Und durch das Ganze schlängelte sich ein zähflüssiges oranges Band. Adamson hatte den Uru beschrieben als »kristallklar und so reich an Fischen, dass sie abends zur Oberfläche stiegen wie Forellen in einem englischen Bach«. Jetzt war er zu einem vergifteten Abwasserstrom geworden, in dem gewiss jegliches Leben erloschen war.

12

Das Tal des Todes

Wir rasten auf einer schlammigen Rutschbahn ins Jadeland. Unser jugendlicher Fahrer jauchzte vor Freude, bis wir alle die klaffende Senke vor uns sahen. Er riss die Handbremse an, schmiss den Rückwärtsgang ein und stieg mit beiden Füßen aufs Bremspedal. Wir schleuderten gegen eine Bank von taubem Gestein. Der Kachin-Dolmetscher betete, der Corporal fluchte, und wir stützten uns ab und zogen die Köpfe ein, als ein brauner Wasserstrahl aus der Kluft in der Erde spritzte wie die Fontäne eines auftauchenden Wals. Er schoss durch die Fensterscheiben, erstickte Bill Brights Predigten und überzog uns mit einer Schicht aus feinem Schlamm. Dem Corporal stand vor Schreck der Mund offen. Zischend kletterte er aus dem Wagen heraus und brüllte die Bergarbeiter an, die aus dem überfluteten Schacht auftauchten. Obwohl sie Burmesisch sprachen, verstanden wir die Bedeutung des Wortwechsels, als die halbnackten Männer wieder abtauchten. »Sie folgen einem Flöz«, tobte er, wobei er seinen triefend nassen Longyi ein weiteres Mal auswrang. »Sie haben diese verdammte Straße aufgegraben. Dämliche Arbeiter. Ich pack's nicht, dass ich das hier auf mich genommen habe.«

Der Fahrer löste sich von der Lenksäule, startete den Wagen neu und folgte der Springquelle in die Stadt. Die Kotflügel schleiften an den Reifen, und der Auspuff klopfte gegen das Fahrgestell. Der Wasserlauf strebte den Läden und Häusern entgegen, die an uns vorbeirauschten. Wir tauchten ein in eine dampfende Stadt, die zusammengeschustert war aus wiederverwerteten Holzplanken, Bambusstäben und Eisenblechen, die von Stacheldraht und Schilfrohr zusammengehalten wurden.

Plötzlich teilte sich die Straße vor uns ins sechs Abzweigungen, doch der Corporal befahl dem Fahrer, weiterzufahren. »Das ist alles neu«, sagte er, während sich der Wagen nach rechts neigte. »Als ich das letzte Mal hier war, gab es nur eine Straße.« Der Wagen neigte sich nach links. Wir zerstreuten die Menschenansammlungen, die sich hie und da gebildet hatten, nachdem sich die Nachricht von unserer Ankunft wie ein Lauffeuer durch Hpakant verbreitet hatte. Der Corolla schleuderte uns hin und her, wir stießen mit den Köpfen gegen das Dach, schlitterten in schreckgelähmte Einkäufer und Kinder, die an der Straße herumlungerten. Sie sprangen auf und rannten hinter uns her, während wir uns wie trunkene Walzertänzer auf einer Piste drehten, die urplötzlich von einer neu erbauten Mauer durchschnitten wurde. Doch der Corporal keifte »schneller«, und so schlingerte der Wagen weiter durch einen offenen Abwasserkanal. Wir holperten über den Abfall von Hpakant, wurden auf ein ausgedörrtes Flussbett gespuckt und klammerten uns an die Vordersitze. Stickiger Staub stieg durch das gebrochene Chassis unter unseren Füßen empor. »Sie sind bei mir in sicheren Händen«, meinte der Corporal strahlend. Er übersah geflissentlich den Unrat, der jetzt die Fensterscheiben überzog, und das Öl, das langsam aus einem Loch unter der Haube sickerte. War das Gebiet aus der Luft bombardiert worden, hatten Scharfschützen die Häuser und Pfade unter Feuer genommen, hatten Granaten die Fassaden der Gebäude weggesprengt, hatten Panzerminen den Boden zerlöchert? »Nein«, winkte der Corporal wütend mit der Hand ab. »Nein, nein, nein. Die Jademinen sind in den Schoß des Gesetzes zurückgekehrt. Es hat hier schon immer so ausgesehen.«

Hpakant erfand sich fortwährend neu, machte eine ständige Metamorphose durch, und in der atemlosen Hast, den Jadeitadern ins Tal, durch die Stadt und die gegenüberliegende Bergwand zu folgen, wurden Häuser dem Erdboden gleichgemacht,

Wasserläufe wurden zu Straßen, und Straßen wurden zu Minen. Das einzige Bauwerk von Dauer war ein 15 Meter hohes Betonbajonett. »Das Symbol der Demokratie«, prahlte der Corporal, auf die Statue zeigend, um die ein Haufen unsympathischer Subjekte herumlungerte. Dahinter lag ein Stadion, das aus Wellblech und Raupenketten gebaut war und dessen Türschlitz von einem Soldaten mit Sturmgewehr bewacht wurde. »Frische Lebensmittel«, erklärte er. Hinter den hoch aufragenden Blechwänden lagerten Kisten mit Bananen, Bohnen und Schweinebäuchen, die mit Lastkraftwagen aus Myitkyina herangeschafft worden waren. Männer in funkelnagelneuen Jeans und Khakihemden luden die Fracht auf Jeeps der burmesischen Armee um, die mit den Insignien des örtlichen Bataillonskommandeurs geschmückt waren.

Die Stadt war ein buntes Kaleidoskop von hektischen Arbeitern, Schwarzhändlern und Glücksrittern aus allen Ecken Burmas. Man begegnete einer Vielzahl von Physiognomien und Trachten, aber alle hatten den gleichen teilnahmslosen Gesichtsausdruck. Bis zu dem Zeitpunkt, da wir an diesem Tag in die Stadt hineinfuhren, hatten sie vermutlich geglaubt, alles gesehen zu haben. Dann vibrierte der Wagen, der Fahrer quiekte, und der Corporal befahl uns, aus dem Corolla auszusteigen, der endlich knirschend zum Stehen gekommen war. Wir würden uns der schweißtropfenden Kolonne der Fußgänger anschließen müssen. Die Menge drängte auf Tuchfühlung: tätowierte Männer aus Nagaland, deren schlichte Ponyfrisur ihre Gesichter einrahmte, mit klaffenden Löchern in den Ohrläppchen; sehnige Männer von den Bergen des Shan-Staates in ihren Ho-Chin-Minh-Leinwandmützen und ausgestellten indigofarbenen Hosen; ungepflegte, in karmesinrote Decken gehüllte Kachin, an deren Armen mit Stickereien verzierte Taschen baumelten und die ein in einer Scheide steckendes *dah* über den Rücken geworfen hatten. Männer, deren Beine mit grobem schwarzem Sackleinen umwickelt waren, tätschelten unsere Gesichter. Frauen, deren offener Mund einer klaffenden betelroten Wunde glich, strichen mit ihrem sonnengebleichten Haar über unsere Arme. Verwegene Pseudoguerillas im Cowboylook, die leere Patronentaschen umgeschnallt hatten und echte Armeehosen trugen, spielten Ball mit einem Jungen, der ein T-Shirt mit der Aufschrift »Böse bis auf die Knochen« zur Schau trug. Ein Hausierer mittleren Alters schloss rennend zu uns auf und zeigte auf seine schlecht sitzende Weste, die in großen roten Buchstaben verkündete: »Tötet alle Hippies«. Ein Gewirr von Händen, die drückten und zogen, an unseren Hemden zerrten und rissen. Hinter ihnen konnten wir schemenhafte Banden von Jungs und jungen Männern ausmachen, die hager und teilnahmslos in Eingängen herumhingen.

Soldaten griffen nach ihren Gewehren, bis sie den Corporal sahen, der sie auf Burmesisch anschrie und unsere Passierscheine über dem Kopf schwenkte. Und ständig rief man uns Fragen zu in einer Kakophonie von zehn verschiedenen Sprachen. Jeder wollte wissen, wer wir seien, und schließlich schob die Menge einen krummbeinigen Händler aus Yunnan vor. Er machte sich an uns heran, auf einem Tabakklumpen kauend, und stieß ein paar Worte aus, deren Sinn sich uns nur ansatzweise erschloss. »Mercia, Franc, Ingliesch?«, erkundigte er sich. »Was tun? Name? Michael Jackson, Lady Diana? Warum hier? Manchester United?« Die begeisterte Menge applaudierte, bis der Corporal mit seinem Stiefel ausholte und dem lahmen Bein des Händlers unter einem Wust burmesischer Kraftausdrücke einen so kräftigen Tritt versetzte, dass dieser in die Wand der Gesichter geschleudert wurde.

Wir drängten weiter durch die sirupartige Hitze auf einen schäbigen Basar, vorbei an Alchemisten, Zauberern, Gesundbetern, Quacksalbern und »Kopfchirurgen«. Ihre Buden waren überfüllt mit fahlen Patienten, die unter Schildern in Sanskrit, Chinesisch und Englisch zusammengesackt waren. Auf diesen Ladenschildern wurden Wundertherapien für Krebs, Fußfäule, Kopfschmerzen, »Frauenschwäche« und Jadekrankheit angepriesen. »Fuß- und Zahnspezialist«, »Krebsleim hier zu kaufen«, verkündeten sie. »Bei Schwachgefühlen können wir Sie stärken.« Wacklige Pyramiden von Toblerone stürzten auf Marlboro-Stangen, die übereinander geschichtet waren wie Ziele in einer Schießbude. Flaschen chinesischen Schaumweins lagen auf Johnnie-Walker-Kisten neben Gazerollen und sterilem Verband. Käse und Garnelen in Dosen, dänischer Schinken und Frühstücksfleisch, antiseptische Lösung und Abertausende Fläschchen Tylenol, genügend um den Kater von ganz Manhattan zu lindern.

Wir quetschten uns zwischen Holzkarren voller Pillen und Arzneitränken sowie Päckchen mit Teakholzschnitzeln hindurch, die in ihre englischen Gebrauchsanweisungen eingewickelt waren: »Mit Wasser aufkochen und dreimal täglich trinken«. Es waren Panazeen für alle bekannten Krankheiten, aber besonders für »Leiden im Herzen und in den Hosen«. Pferdehufe und Tigerpenis. Vakuumglocken mit schwebenden Föten. Seesterne und Seepferdchen, Schlangen und Echsen. Dann fielen zwei große prankenförmige Schatten über den Weg: Zwei riesigen Pfoten hingen am Rand einer großen Kiste. Wir zögerten, die Menge kicherte, und der Händler schob den Pappkarton langsam nach vorn, aber im Innern lag kein Körper. »Suppe, Suppe«, schlürfte der Corporal mit theatralischer Geste, wobei er eine imaginäre Schöpfkelle an seine Lippen führte. »Sehr gut. Bärentatzensuppe.« Ein Müllhaufen, der hinter uns in der Sonne verdorrte, begann zu rascheln, und ein Krallenaffe kroch daraus hervor. Er war an einen Pfosten gekettet und schürzte seine mit Blasen bedeckten Lippen. War hier noch irgendetwas Essbares zu finden?

Vor uns mündete die Straße in einen weiteren tiefen Schacht, der vorübergehend den Markt verdrängt hatte. Ein Tierhändler behauptete, in dem Staub Gold gefunden zu haben, und jetzt ging man seinem Gerücht auf den Grund. Über hundert Männer und Frauen waren am Rand des Schachts damit beschäftigt, fieberhaft Gold zu waschen. Sie verwendeten flüssiges Quecksilber, weil man ihnen gesagt hatte, es trenne Goldstaub von Schlamm. Aber es gab kein Gold, und das giftige Metall lief über ihre Füße und Hände.

Der Markt endete dort, wo der übel riechende Fluss Uru durch die Stadt lief. Auf seiner Oberfläche hüpften leere Penicillin-Fläschchen; die rasiermesserscharfen Reste zerschnittener Coca-Cola-Dosen verkeilten sich ineinander und bildeten ein Treibgut aus angekohlter Silberfolie, das sich quer über den Fluss legte. Der Corporal sagte, das orange Abwasserband, in dem Frauen ihre Kleider gegen Felsblöcke schlugen, sei auf Geheiß des Schwiegersohns des Oberbefehlshabers, General Maung Aye, umgeleitet worden, um eine Jadeader freizulegen. Vor uns lag alles, was von den Kachin-Bergen übrig geblieben war. Die einstmals grünenden Gipfel und die ineinander verschachtelten Hänge waren zu schmalen Schloten aus Fels und Erde verkommen, herausgeschnitzt durch jahrelange harte Arbeit. Unter uns fiel der Talboden in eine bernsteinfarbene Schlucht ab, die alles in ihrer Bahn zu verschlingen schien. Ihre Wände fielen, einem römischen Amphitheater gleich, Hunderte von Metern in die Finsternis, und in dem Staub waren nur die flackernden Schatten von Bergarbeitern zu sehen. Als wir näher kamen, konnten wir Tausende schlammverschmierter nackter Männer und Frauen mit Bambushüten erkennen, die Feldsteine und Erdreich in Körben aus Rohrgeflecht trugen. Andere trieben 2,5 Meter lange Stahlmeißel in den Hang und brachen Brocken aus Fels und Erde heraus. Zur Linken wuschen sich Männer und Frauen in dem dünnflüssigen Schlamm, den sie über ihre Haare und Gliedmaßen gossen. Rechts stiegen skelettartige Holzleitern aus dem Krater heraus und über die Steilwände hinauf. Die Grubenarbeiter, die sie erklommen – die Menschen, die die scharf gewundenen Serpentinenpfade hinaufkrochen, die fernen Gestalten, die in der Schlucht und auf den Kuppen das Felsgestein abschlugen, die Ausleger der Portalkräne, die surrten, während sie die Blöcke heraufholten –, sie alle bewegten sich im Gleichklang wie das Uhrwerk einer riesigen Uhr mit gläserner Rückseite, deren Federn und Unruhen und Räder mit großer Präzision von Edelsteinen angetrieben werden.

Die Hitze trieb uns zurück, und so kauerten wir uns in den

Schatten eines Kippers, bis sich ein Strom von Menschen über den Rand des Kessels ergoss. Sie eilten mit gesenkten Gesichtern an uns vorbei. Jeder Einzelne wurde von einer jungen Frau registriert, die die Namen auf einer Personalliste abhakte. Schweißüberströmt, mit Blasen überzogen und keuchend warfen sie ihre Ladungen auf die wartenden LKWs, alles um sie herum vergessend, den Sinn nur auf den langen, mühsamen Abstieg in die glühende Grube gerichtet.

Wir hatten lediglich eine kleine Sofortbildkamera dabei, da wir befürchtet hatten, ein technisch aufwändigerer Apparat würde nicht als Werkzeug eines Bergbauingenieurs durchgehen, der sich für den Prozess der Gewinnung und weniger für die menschlichen Begleiterscheinungen interessieren sollte. Zum ersten Mal versuchten wir, ein paar Bilder zu schießen, und zwängten uns zum Rand der Grube durch. Die Menschen, die unter dem Gewicht der mit Erde gefüllten Tragkörbe stöhnten, gingen geradewegs an uns vorbei. Kein Wort über Manchester United, kein neugieriges Lächeln und keine ausgestreckten Arme, nur die verbissene Entschlossenheit, zu den LKWs zu gelangen und das Ende der Schicht zu erreichen.

Natürlich sah uns der Corporal mit unserer Kamera und stürzte herbei. Wir überlegten, ob wir sie unter unseren Hemden verstecken sollten, doch binnen Sekunden stand er neben uns. »Von dort drüben haben Sie eine bessere Aussicht«, sagte er und führte uns, zu unserer Verwunderung, hinter ein Krangerüst. »Möchten Sie sich genauer ansehen, wie wir arbeiten?« Er fädelte sich zwischen die absteigenden Grubenarbeiter ein, und wir folgten ihm, nach Luft ringend. Der Staub verstopfte unsere Kehlen und Augen. Endlich erreichten wir den tiefsten Punkt. Wir waren von einem feuchten gelben Film überzogen, der in der sengenden Luft zu einer glasigen Lasur erstarrte. Hunderte von Arbeitern, die gruben und Lasten trugen und die alle von einer glänzenden Schmutzschicht bedeckt waren, drehten sich zu uns um. Unsere fremdartige Sprache ließ sie aufhorchen, während wir darüber nachsannen, dass sich seit den Tagen, als die Zwangsarbeiter von König Bodawpaya in den Gruben schufteten, nur wenig geändert hatte. »Grabt, grabt. Sie wollen euch sehen. Grabt für die Ausländer«, kreischte der Corporal. »Härter. Wollt ihr, dass sie glauben, ihr seid zu nichts zu gebrauchen?« Wir wollten ihn niederbrüllen und den Menschen, die uns verächtlich ansahen, sagen, dass wir keine Hörigen des Staatsrates für Frieden und Entwicklung (SPDC) seien, doch stattdessen knipsten wir gehorsam drauflos, während der Corporal die Rolle des Aufsehers spielte. Plötzlich fiel ein Grubenarbeiter auf die Knie und hob mit seinen von blauen Flecken überzogenen Armen einen Stein aus dem Staub, aber der Corporal war vor ihm zur Stelle. »Grün, grün. Ich habe ihn als Erster gesehen«, brüllte er, stieß den Teenager zur Seite und riss den Splitter Jadeit an sich. Der Junge fiel zu Boden, sein Longyi rutschte hoch und enthüllte seine spindeldürren Beine und Arme, die einem Gerippe aus Bambusstäben glichen. »Ein Geschenk aus Hpakant«, sagte der Corporal und überreichte uns den Nugget. Vor lauter Scham konnten wir dem Grubenarbeiter, der seine Jadescherbe verloren hatte und sich fortstahl, nicht ins Gesicht sehen. Er kletterte über den Serpentinenpfad aus der Schlucht hinaus. Wir hatten die Nase voll vom Corporal, aber er folgte uns, die Augen auf den Boden geheftet. Es schien ihm schwer zu fallen, die Goldgrube zu verlassen, die alle berauschte, die in sie hinabstiegen. »Jadeaugen«, sagte er, als er uns, nach Luft schnappend, einholte. »Ich hab Jadeaugen.«

Wir gingen auf eine weißgrüne Hochzeitstorte zu, die in Schwindel erregender Höhe auf der Kuppe eines Hügels errichtet worden war. Ihre Mauern waren mit Bändern minderwertigen Jadeits verkleidet, ihr rohes Betonfundament fühlte sich noch feucht an, und in den Giebel war ein Plastikschild eingelassen, welches das »luxuriöse Jade City Hotel« anpries. Eine chinesische Herberge, die auf Kundschaft unter burmesischen Regierungsbeamten und Würdenträgern wartete, hatte offenkundig gerade ihre Pforten geöffnet. Das unbeleuchtete Foyer bestand aus einem weitläufigen Raum aus Marmor. Die finster dreinblickende Rezeptionistin, die dort ihren Dienst versah, wollte wissen, weshalb man uns zur Unterkunft der Generäle gebracht hatte. Der Corporal wandte ihr den Rücken zu. »Bleiben Sie hier«, befahl er uns, »rühren Sie sich nicht vom Fleck, bis ich zurückkomme. Dann gehen wir essen.«

Die schmollende Empfangsdame rasselte mit einem ganzen Kleiderbügel voller Schlüssel und stapfte eine schon wieder zerfallende Betontreppe hinauf. Sie führte uns in die zweite Etage, in der Hilfsarbeiter auf Knien die Räume mit grünem Linoleum auslegten. Sie schloss unser Zimmer auf und trippelte ohne ein Wort davon. Im Innern stand ein übergroßes Doppelbett, das mit chinesischen Wirkflorpelzdecken drapiert war, die noch in ihrer Hülle steckten. Ein Fernsehen mit wulstiger Bildröhre auf einem furnierten Sockel war noch in seine Styropor- und Kunststoffverpackung gehüllt. Es gab sogar eine Klimaanlage, einen Satellitenempfänger und ein Badezimmer, das sich unmittelbar ans Schlafzimmer anschloss. Wir sahen uns schon ausgiebig duschen und anschließend mit einem kalten Bier auf dem Bett in MTV hineinschauen, als ein Mann mittleren Alters mit seinem Schlüssel unsere Tür aufschloss. »Minibar benutzen«, sagte der burmesische Hoteldirektor, den seine allerersten Kunden in Aufregung versetzten. »Ganze Einrichtung benutzen. Schöne Zeit. Willkommen im Jade City.« Doch im Kühlschrank befanden sich blassgrüne Handtücher, eine Zahnbürste, ein Kamm und eine kleine grüne Flasche Shampoo mit der Aufschrift »Happy Hair«. Aus den Wasserhähnen tröpfelte eine schlammige Brühe in eine nikotingelbe Badewanne. Im ganzen Hotel gab es keinen Strom, aber auch keine Gäste, die sich darüber hätten beschweren können. Wie von Sternbergs Pappmaché-Schanghai war das Jade City Hotel ein potemkinsches Dorf.

Da aus den Hähnen kein Wasser kam, setzten wir uns in der Dunkelheit hin und erörterten unsere Pläne mittels geschriebener Notizen, die wir austauschten. Der Corporal unterrichtete jetzt aller Wahrscheinlichkeit nach sämtliche Regierungsstellen in Hpakant, den Militärischen Nachrichtendienst und die *Tatmadaw* von unserer Ankunft. Unseren Aufsichtspersonen wäre es zweifellos am liebsten, wenn wir unsere Zeit damit verbrächten, Minen zu besuchen, über die Kosten neuer Bulldozer zu sprechen und die Ansichten burmesischer Mineralogen und chinesischer Unternehmer festzuhalten. Sie würden es gar nicht gerne sehen, wenn wir unbeaufsichtigt herumstreiften. Bei unseren Stippvisiten hatten wir bislang nur Anzeichen der Geschichten gesehen, die aus dem burmesischen Dschungel gesickert waren. Wir mussten unsere Aufseher irgendwie loswerden. Aber wenn wir uns auf eigene Faust umsähen, wie sollten wir uns dann verständlich machen? Unseren Kachin-Dolmetscher einzuspannen würde bedeuten, sein Leben durch alles, was wir schrieben, in Gefahr zu bringen. Wir würden einen anderen Weg finden müssen.

Wir rochen Aftershave und Whisky schon Sekunden, bevor der Elvis-Presley-Abklatsch hereinschneite. Der Corporal hatte offenkundig anderswo geduscht und war ausgehfertig für einen Abend in der Stadt. »Gehen wir chinesisch essen«, verkündete er. Dann hüpfte er die baufällige Treppe hinab und ging hinaus zu der Stelle, an der unser zusammengeflickter Corolla wartete. »Steigen Sie ein. Nach Einbruch der Dunkelheit sollte man nicht zu Fuß gehen. Man weiß nie, in wen man läuft«, sagte er kichernd, als wir losbrausten. Wir rasten durch die Gassen, die in einem verschmierten Bild aus Neonlampen und bunten Lichtern an uns vorbeizogen. Der Wagen kam vor einem funkelnagelneuen Restaurant zum Stehen, das sich in einer langen Terrasse gesichtsloser Häuser aus Sperrholzbrettern befand. Wir traten ein, wobei wir über weggeworfene Knochen und Nudelhaufen rutschten. Ein Kunststoffvorhang wurde um uns zugezogen. Schweigend saßen wir in unserer Wahrsagerzelle und starrten auf die burmesische Speisekarte. »Whisky«, brüllte der Corporal vor sich hin, und eine halb leere Flasche »Johnnie Black« wurde durch den Vorhang gereicht. Er hob die Schüsseln mit Hühnchen, Schwein und

Reis an den Mund, nachdem er alles mit Fischpaste bestrichen hatte, und schlang ihren Inhalt gierig hinunter. Die Bissen befeuchtete er mit Whisky, damit sie leichter rutschten, und je mehr er hinunterkippte, um so klarer wurde die Flasche. Wir bestellten eine zweite Flasche »Johnnie Black«, und schon bald schwadronierte er ungehemmt drauflos. Wir nippten, während er gluckerte, lauschten, während er brabbelte und die Geschichte seines Lebens zum Besten gab: Schule, Armee, Eroberungen, eine Freundin in Rangun, und eine Heirat, die er für nächsten September geplant hatte. Um 21 Uhr verlangte er endlich die Rechnung, und wir schlängelten uns zurück ins Jade City Hotel. »Ich bin gleich nebenan«, blubberte er. »Schlafen Sie gut. Wir brechen um 6 Uhr auf, wenn die neue Schicht beginnt.«

Wir saßen auf den Wirkflorpelzdecken, warteten darauf, ein schweres Schnauben zu hören, und grübelten, ob er wohl einen leichten Schlaf hatte, ob ein Wächter das Hotel bewachte, ob die Armeepatrouillen, die wir bei Tag in Hpakant gesehen hatten, auch in der Nacht Kontrollgänge machten. Es war schwierig genug gewesen, im burmesischen Dschungel unterzutauchen, aber hier war es unmöglich, Freund und Feind zu unterscheiden. Als wir glaubten, durch die papierdünnen Wände das Rasseln verstopfter Atemwege zu hören, verkleideten wir uns trotzdem, so gut wir konnten. Wir schlüpften in langärmelige dunkle Hemden, zogen uns Baseballmützen tief ins Gesicht und burmesische Sandalen an die Füße. Wir stießen unsere Tür auf. Wir bräuchten etwas frische Luft. Uns sei übel. Wir wollten noch schnell eine Tasse Kaffee trinken: Alle möglichen unglaubwürdigen Ausreden kamen uns in den Sinn, für den Fall, dass man uns erwischte.

Wir verbrachten einen großen Teil dieser ersten Nacht mit der Suche nach einem Mann, dessen Namen wir in den Wochen vor unserer Abreise nach Nordburma erhalten hatten. Er wusste nicht, dass wir kamen. Wir betraten sein schwach erleuchtetes Haus. Wir waren nicht sicher, ob es das richtige Haus oder überhaupt der richtige Mann war, doch als wir unsere Geschichte erzählt hatten, fiel er auf die Knie. »Es ist ein Wunder«, flüsterte er. »Wie haben Sie sich als Ausländer Zutritt zu den Minen verschafft? Sie sind ein Risiko eingegangen, deshalb werde auch ich ein Risiko eingehen. Ich werde Ihnen Hpakant zeigen.« Er gab uns dunkle Longyis, und wir zogen unsere schmutzigen Jeans aus. Gemeinsam gingen wir hinaus in die Stadt der Lichter.

Hpakants dampfende Gassen aus Holzhäusern, deren obere Fenster »bauchig hervortraten wie schmutzige Seifenblasen und an den Rändern vergilbten«[1], hallten vor Gelächter und dem Gejohle Betrunkener wider. Wie Schanghai um 1930 war Hpakant ein schillernde Stadt, »ein panoramaartiges Wandgemälde des Besten und Schlimmsten im Fernen Osten... unzüchtig und frivol... hier prallten die gegensätzlichsten Sitten aufeinander«. Feiernde in Satinanzügen verzehrten Reis und Braten, rauchten amerikanische Zigaretten in den Hunderten von winzigen Bars hinter Sperrholztüren, die tagsüber verriegelt gewesen waren. Soldaten, die dienstfrei hatten, wankten Hand in Hand mit bis zur Taille geöffneten Hemden und schräg sitzenden breitkrempigen Hüten durch Schlamm und Staub. Flaschen mit Bier und Reiswhisky wurden durch die Reihen gereicht. Mädchen in hochhackigen Schuhen, die sich Jasminblüten ins Haar geflochten und den Mund karmesinrot angemalt hatten, schlenderten Arm in Arm unbekümmert schwatzend an uns vorüber, als promenierten sie auf dem Bund. Das düstere Winseln von Karaoke-Stars erschallte über den Uru, wobei die höchsten Töne der Bergbaustadt durch das bebende Poltern von Hpakant-kyi, der größten Mine von allen, unterstrichen wurden. Das eintönige Orchester hallte durch die Nacht. Dieses Pochen und Knirschen war eine ständige Mahnung für diejenigen, die ihre Arbeit beendet hatten, dass die nächste Schicht nicht lange auf sich warten lassen würde. Der im Mondlicht terrakottafarben leuchtende Staub verlieh Hpakant einen magischen Nimbus. Man konnte sich ohne allzu große Mühe vorstellen, wie die uralten Legenden über ein verborgenes gleißendes Tal in »Old Cathay« die ersten westlichen Forschungsreisenden elektrisiert haben mussten. Aber mit seinen Arkaden und seiner Strandpromenaden-Heiterkeit erinnerte das Hpakant von heute eher an Coney Island. Paare, die sich zufällig zusammengefunden hatten, promenierten in einem fiebrigen Klima. Eine Umarmung in einem verdunkelten Eingang, die nervöse Spannung in einer Stadt im Rausch des Glücksspiels, mit ihrem Versprechen von Reichtum und ihrer Gefahr des Ruins. Und wie in den Romanzen aus dem Schanghai der dreißiger Jahren war die Stadt eine »Symphonie der Wolllust«, und sie tanzte »im Rhythmus der Hemmungslosigkeit«. Abende, die in der Love Lane begannen, gingen immer in der Blood Alley zu Ende.

Unser Freund trieb uns vorwärts, an einer Terrasse umzäunter Grundstücke vorbei, die sich um den Rand von Hpakant-kyi erstreckten, durch Bambus-Verschläge hindurch, bei denen es sich nach Aussage des Corporals um Lagerräume handelte. Jetzt standen dort überall Wachposten, die Passanten nachpfiffen. »Schnell, schnell, ziehen Sie den Kopf ein«, verlangte unser Freund. »Halten Sie sich links, durch die Tür und dann immer geradeaus.« Der spitze Schatten eines knochendürren jungen Grubenarbeiters glitt vorüber. Er band seinen offenen Longyi zu einem Knoten, als wir den Hof eines zweistöckigen Gebäudes betraten, dessen Fenster zugenagelt waren. Im Innern befand sich ein spartanisch eingerichteter Wartebereich mit einigen Stühlen, deren Lehnen zerbrochen waren, und dahinter lag ein halbes Dutzend stickiger Räume, die alle leer zu sein schienen. Wir hörten Stimmen von der anderen Seite einer Tür, aber wir gingen auf eine Kabine zu. Im Innern stand direkt an der Wand ein Bett; die verschmutzten Laken waren noch warm. Eine tropfende Kerze beleuchtete weichgezeichnete Poster burmesischer Schönheiten, die irgendjemand aus einem alten Kalender gerissen hatte. In einer Ecke befand sich ein kleiner hölzerner Spind, den ausgeschnittene Bilder der burmesischen Popgruppen »Emperor« und »Iron Cross« schmückten. Und Fotos: ein lächelndes Mädchen in einem neuen Trägerkleid, das vor der Shwe-Dagon-Pagode stand; eine lachende Hochzeitsgesellschaft am Ufer eines Flusses, die sich gegenseitig mit Thermosflaschen zuprosteten. Ein Plastikkamm, Toilettenpapier, ein Stück Seife und ein fein säuberlich zusammengelegter Longyi. Dann taumelte ein Mädchen in den Raum, von hinten von einer unsichtbaren Hand geschoben. Da es sehr eng wurde, setzten wir uns in einer Reihe auf ihr ungemachtes Bett, während ihre Freundin sie beruhigte.

Ihr Haar war kurz geschnitten und strubbelig, ihre Wangen waren mit Kreisen von *thanaka* – einem burmesischen Make-up auf der Basis von Sandelholzpaste – beschmiert. Sie hätte eine der Frauen sein können, denen wir am Ufer des Tenasserim begegnet waren. Sie legte eine hohle Hand auf den Mund, tuschelte, sie sei 25 Jahre alt, stamme aus Taungoo im Shan-Staat, wo ihre drei Schwestern noch heute lebten, und könne sich nicht erinnern, wie lange sie schon in Hpakant sei. Vier Monate, nachdem ihr Vater an Malaria gestorben sei und der Familie nur 40 000 Kyat (210 Euro) Schulden hinterlassen hatte, war sie von zu Hause fortgegangen. »Ich bin auf der Suche nach Arbeit mit meinem einzigen Bruder hierher gekommen«, erzählte sie uns. »Er wollte studieren.«

Wir warteten. Sie schlug die Füße aneinander. »Er brauchte Geld. Meine Mutter brauchte Geld. Wir mussten unsere Schulden bezahlen. Wir hörten, dass man hier gutes Geld verdienen kann, und wir sparten, bis wir das Geld für die Fahrt zu den Minen zusammenhatten.«

Sie spielte an einem Bambussplitter herum. »Wir arbeiteten beide in den Minen, aber mein Bruder veränderte sich. Innerhalb eines Monats. Er wollte nicht mit mir reden. Er war ständig müde. Er sagte, er ziehe bei Freunden ein, aber ich habe sie nie zu Gesicht bekommen. Dann verschwand er, und ich musste mich allein durchschlagen. Ich war erschöpft. Ich arbeitete fünfzehn Stunden am Stück. Die Nachtschichten waren etwas besser, weil es kühler war. Eines Tages begegnete ich auf dem Markt einer Frau, die sagte, sie wolle sich meiner annehmen. Sie wolle mir Kleider kaufen und könne mir helfen, eine Menge Geld zu verdienen. Sie brachte mich hierher. Sie sagte, es sei ein Geschäft, aber ich wusste nicht, was sie meinte.«

Das Mädchen zog sich weiter in die Ecke zurück. »Sie sperrten mich in diesen Raum ein, und dann kamen Männer und wollten Sex. Jeden Abend kamen sechs, manchmal auch zehn Männer. Ich bin seit Wochen hier, aber ich weine noch immer, wenn sie reinkommen. Ich fürchte mich vor dem Sex mit ihnen. Es tut mir weh. Einige sind sehr gewalttätig.«

Das Zittern der Trennwand, zudringliche Männerstimmen, das Hallen betrunkenen Lachens, das an zerspringendes Steingut erinnerte, kam aus dem Raum nebenan. Wir drängten sie, weiterzuerzählen. Sie sagte, der Bordellbesitzer verlange 600 Kyat (3,20 Euro) für Sex, und von diesem Geld bezahle sie ihre Mahlzeiten, ihren Spind und ihr Zimmer. Der Bordellbesitzer führte zehn Prozent ihrer Einnahmen an die Armee ab, die Genehmigungen für alle in der Stadt arbeitenden Prostituierten erteile. Vom Rest nahm er fünfzig Prozent für sich, und wir errechneten, dass sie für jeden Mann, mit dem sie schlief, weniger als 40 Cent bekam. Benutzte sie Kondome? Hatte sie von Aids gehört?

»Der Bordellbesitzer sagte, er könne mir Kondome verkaufen, aber ich wusste nicht, was ich damit anfangen sollte, und ich konnte sie mir nicht leisten. Die Männer lachten mich aus, wenn ich sie fragte, was man damit macht. Und so wasche ich mich jeden Tag, nach jedem Mann, draußen im Hof, aber wir müssen auch Seife und Toilettenpapier bezahlen, deshalb benutze ich oft nur kaltes Wasser. Ist das sicher? Ist das in Ordnung? Was soll ich tun? Andere Mädchen, die hier arbeiteten, sind verschwunden. Ich habe die älteren Mädchen über eine Jade-Krankheit reden hören. Ich verlasse dieses Haus nie. Können Sie mir helfen, meinen Bruder zu finden, und ihn hierher bringen? Ich möchte nur nach Hause und mit meiner Mutter Reis schneiden.« Sie starrte auf ihre ausbleichenden Fotos, die sie an die Tür des hölzernen Spinds geheftet hatte.

Wie sollten wir ihren Bruder in einem Labyrinth von über einer Million Menschen finden? Wir gaben ihr alles Geld, das wir bei uns hatten, ein Shampootütchen Marke »Happy Hair« und zwei Orangen, bevor wir sie mit ihren armseligen Fotos und unseren lächerlichen Geschenken allein ließen. Als wir zurück in den Wartebereich gingen, befahl der Bordellbesitzer seinen zwanzig Mädchen in brüllendem Ton, vor neuen Kunden zu defilieren. Zwei Grubenarbeiter, die Bündel von Geldscheinen an ihre Longyis geheftet hatten, warteten ungeduldig darauf, an die Reihe zu kommen. »Raus mit euch«, fuhr der Bordellbesitzer unsern Freund an. »Los raus, oder ich ruf die Polizei.« Wir schlichen hinaus auf die Gassen. Zum ersten Mal fiel uns auf, dass sie von eingezäunten Häusern gesäumt waren, deren Fenster zugenagelt waren und deren Türen von pfeifenden Posten bewacht wurden.

Entlang der Gruben, neben den Bars, hinter dem Jade City Hotel, auf der anderen Seite der Brücke, die den Uru überspannte, und im angrenzenden Stadtgebiet befanden sich ähnlich eingefriedete Anwesen voller Mädchen, die aus ganz Burma nach Hpakant gekommen waren. Wir warteten an einer dunklen Straßenecke, während unser Freund weiterging. »Ich hole jemanden, der sich mit Ihnen unterhalten wird. Zeigen Sie keinesfalls Ihr Gesicht«, beschwor er uns, bevor er im Getümmel verschwand. Zehn Minuten später huschten zwei Gestalten auf uns zu: ein Mädchen in einem gewebten roten Longyi mit einem kleinen Bündel unter dem Arm, begleitet von unserem Freund. »Um die Ecke, wo es still und dunkel ist. Sie dürfte eigentlich nicht außer Haus sein«, sagte er und drängte uns alle durch eine schmale Gasse auf einen dreieckigen Fleck Ödland. »Sie hat große Angst, aber ich habe ihr gesagt, dass Sie noch größere Angst haben. Ich erzählte ihr, dass Sie einen weiten Weg zurückgelegt haben, nur um ihre Geschichte zu hören. Aber stellen Sie ihr keine Fragen zu heiklen Themen. Wenn sie reden will, wird sie es tun.« Wir waren uns darüber im Klaren, dass wir bei unserem letzten Interview etwas zu aggressiv gewesen waren, dass wir unseren Gesprächspartner zu sehr bedrängt hatten, um an die Story zu kommen. Aber wer wusste schon, wie lange es dauern würde, bis wir alle plötzlich in einer dunklen Gasse in die Enge getrieben würden?

Das Mädchen vor uns zitterte auf dem Erdhaufen, auf dem es saß. Das schwere *thanaka*, mit dem sie ihr Gesicht beschmiert hatte, verdeckte kaum die Narben und blauen Flecken auf ihrer reispapierdünnen Haut. Sie erzählte uns, sie sei in Mandalay in einem Haus mit einem verwilderten Bougainvilleen-Garten aufgewachsen. Ihr Vater sei Lehrer gewesen, und sie sei eine gute Schülerin gewesen. Sie habe sich an der Universität für das Fach Geschichte eingeschrieben, aber vor zwei Jahren seien ihre Brüder aus der Stadt in den Dschungel geflohen. Daraufhin hätten die *Tatmadaw* die Familie beschuldigt, die Aufständischen zu unterstützen. »Sie schlugen unsere ganze Wohnung kurz und klein und sagten, wir würden es teuer bezahlen, wenn meine Brüder nicht zurückkämen.« Einen Monat später seien die Soldaten zurückgekehrt und hätten ihren Vater und ihre Mutter verhaftet. »Ich wurde in ein Lager der Armee verschleppt und vergewaltigt. Ich blieb eine Woche dort. Ich weiß nicht, wo sich das Lager befand, aber es war nicht allzu weit von zu Hause. Dann steckten sie mich zusammen mit anderen Mädchen aus Mandalay und Rangun in einen Armee-Lastwagen. Wir waren mehrere Tage lang unterwegs, konnten aber nicht sehen, wohin wir fuhren. Ich bin seit acht Monaten hier und habe das Bordell fast nie verlassen. Als die anderen Mädchen krank zu werden begannen, gab man uns Penicillin-Spritzen und sagte uns, das Penicillin werde uns gegen alles schützen. Aber ich weiß, dass das gelogen ist. Penicillin kann viele Krankheiten nicht heilen. Einige der Mädchen, die mit mir hierher gekommen sind, sind bereits verschwunden. Andere sind sehr dünn und schwach. Einige sagen, es ist Malaria, aber ich weiß, dass das nicht stimmt. Die Symptome sind ganz anders. Es ist etwas, das ich noch nie zuvor gesehen habe. Ich bin mir sicher, dass auch die Grubenarbeiter davon betroffen sind. Ist Ihnen schon aufgefallen, dass alle Menschen in Hpakant gleich aussehen?«

Bevor wir antworten konnten, hatte sie das Thema angerissen, das uns auf den Nägel brannte. »Ich weiß, was Kondome sind. Aber die Männer schlagen uns, wenn wir verlangen, dass sie Kondome benutzen, und anschließend prügelt uns der Bordellbesitzer, weil wir seine zahlenden Kunden verärgert haben. Ein Teufelskreis der Schläge«, sagte sie lachend, »und es ist sowieso alles zu spät. Glauben Sie vielleicht, die Soldaten, die über mich herfielen, hätten Kondome benutzt? Sie könnten mir einen Gefallen tun. Ich habe einen Brief an meine Brüder geschrieben. Vielleicht sind sie mittlerweile in Thailand. Auch andere Mädchen haben kurze Briefe geschrieben. Würden Sie sie mitnehmen?« Sie schob das Bündel in unsere Hände, Zettel mit ein paar gekritzelten Zeilen auf Burmesisch, hingeschmierten Strichmännchen mit lächelnden Gesichtern und einem großen Herzen, das von einem Pfeil durchbohrt war. »Thank you«, sagte sie. »Vielen Dank dafür, dass Sie gekommen sind, um uns hier zu besuchen und unsere Botschaften mitzunehmen.«

Wir waren jetzt seit drei Stunden unterwegs und mussten zurück zum Hotel, doch unser Freund bestand darauf, dass wir ein weiteres Mädchen kennen lernten, das sich am gleichen Tag Hilfe suchend an ihn gewandt habe. Wir eilten durch die vor Menschen wimmelnden Gassen, vorbei an Abraumhalden, die am Rand von Hpakant-kyi aufgeschüttet waren. Dabei fielen uns zum ersten Mal die geisterhaften Silhouetten von Männern und Frauen auf, die wie Krabben über jene Schollen und Berge huschten, die die Tagesschichten herausgetragen hatten. Mit abgebrochenen Messern und bloßen Händen durchpflügten sie die Halden auf der verzweifelten Suche nach einem grünen Splitter. Einige lagen bereits erschöpft am Boden, während andere im Abraum neben ihnen herumstocherten. »Das sind ehemalige Grubenarbeiter«, sagte unser Freund.

Sie saß allein an einem Feuer. Ihr Haar war in gefälliger Weise mit einem grünen Band zusammengebunden, und ein goldener Anhänger hing an ihrem Hals. Sie sagte, sie sei neunzehn, aber sie wirkte viel jünger, und sie erzählte, dass sie im Jahr zuvor mit ihrer Schwester nach Hpakant gekommen sei. Unser Freund hielt ihre Hand, während sie über die gähnenden Minen sprach und die spindeldürren Frauen, die auf dem Grund der Minen arbeiteten, und die große Angst, die sie hatten, als sie in die Stadt kamen. Dass sie beide beschlossen hätten, Hpakant zu verlassen. Sie hätten begonnen, Geld für die Rückfahrt nach Kengtung zu sparen. Ihre Hände zitterten, als sie über ihr Medaillon strichen. »Mach es auf und zeig es ihnen«, flüsterte unser Freund freundlich, und sie klappte das Medaillon auf und hielt es uns hin. Darin war ein Foto eines jungen Mädchens in einem Kattunkleid, das sein Haar zu einem Knoten gebunden trug und mit einer Hand sein lachendes Gesicht bedeckte. »Meine Schwester«, sagte sie und klappte das Medaillon zu. »Sie starb gestern. Sie ist nur siebzehn Jahre alt geworden.«

Das Mädchen stand wortlos auf und kroch über einen Geröllhang. Sie führte uns in ein Gestrüpp, das einen überfluteten Schacht verbarg. An seinem Rand niederkniend, sagte sie: »Meine Schwester war sehr krank und konnte nicht mehr in den Minen arbeiten. Sie konnte nur noch mit größter Mühe ihren Korb hochheben. Sie hat sehr hart gearbeitet. Wir beiden haben sehr hart gearbeitet. Sie sagte, sie würde für ein paar Wochen woanders arbeiten. Ich sah sie mit Fremden über den Markt schlendern. Sie hatte Lippenstift aufgelegt und trug Blumen im Haar. Vor ein paar Tagen hat sie mich aufgesucht. Sie sagte mir, sie sei krank. Wir gaben ihr heißes Wasser und Zucker, aber wir wussten nicht, was ihr fehlte oder was wir tun sollten ... wem wir davon erzählen konnten. Vielleicht war es Malaria. Aber sie begann zu husten. Sie hustete die ganze Nacht. Sie hatte Fieber. Dann starb sie. Sie kamen nachts und holten ihren Leichnam. Sie sagten, niemand dürfe wissen, dass hier Menschen sterben. Es sei schlecht fürs Geschäft. Aber ich folgte ihnen. Sie banden Steine an ihrem Leichnam fest und warfen sie in diesen Schacht. Als sie gegangen waren, fand ich dies hier, versteckt unter ein paar Zweigen.« Das Mädchen langte in seine Shan-Webtasche und zog ein Paar grüne *panat* heraus. »Das waren die Lieblingspantoffeln meiner Schwester. Sonst ist mir nichts geblieben.«

Sie rannte davon in die Dunkelheit, und wir lauschten, bis das Klappern ihrer *panat* auf dem Geröll erstarb. Wir wandten uns ihrem Freund zu, der gedankenversunken an dem überfluteten Schacht saß. Er wollte den Bordellbesitzer, der die Schwester des Mädchens beschäftigt hatte, zur Rede stellen. Er wollte eine Erklärung von ihm, und obgleich wir es uns nicht leisten konnten, uns einzumischen, trotteten wir hinter ihm drein. Wir huschten im Zickzack durch die schmalen Gassen, durch die wir gekommen waren, zornig, außer Atem und bange dem entgegensehend, was nun geschehen würde. Unser Freund schien den Weg genau zu kennen. Wir bogen um eine Ecke, und da saß ein Mann mit hängenden Schultern vor uns, der sich mit einigen Freunden eine Flasche Mandalay-Bier teilte. Er hielt eine brennende Zigarette zwischen seinen Fingern, die er vor lauter Gold- und Jaderingen spreizen musste. Ein Buddha-Amulett hing an seinem Hals. Er wollte uns nicht hereinlassen. Warum sollte er auch? Wir durften uns schließlich gar nicht hier aufhalten. Er werde die Polizei rufen, schrie er gellend auf Englisch, als er unseren Freund am Hemd packte und zu Boden warf. Er spuckte uns an, aber wir standen reglos da und beschrieben in aller Ruhe, was wir gesehen hatten: den überfluteten Schacht, das Paar Pantoffeln, das in dem Goldmedaillon versteckte Foto.

Der Bordellbesitzer schnippte seine Zigarette in die Dunkelheit. Schweigend führte er uns zu einem Schutthaufen. Mit schweißgetränktem T-Shirt hockte er sich auf einen ausrangierten Traktorreifen und ließ eine Geschichte vom Stapel, die von Rührseligkeit und Selbstmitleid troff. Er behauptete, zwanzig Frauen für sein Bordell eingestellt zu haben, drei von ihnen seien gestorben. Sobald seine restlichen Mädchen genügend Profit eingebracht hätten, wolle er die toten Mädchen durch neue Mitarbeiterinnen ersetzen, die ihm von den *Tatmadaw* zur Verfügung gestellt würden.

»Was soll ich tun? Wenn ich dichtmache, stehen hundert Männer bereit, um meinen Platz einzunehmen. Wenn ich aus dem Geschäft aussteige, wird es jemand übernehmen, der viel schlimmer ist«, sagte er und zückte eine pralle Brieftasche, aus der er einige Fotos herausnestelte. »Auch ich habe Familie«, sagte er, während er die Fotos fächerförmig ausbreitete. »Wovon werden sie leben, wenn ich Pleite gehe?«

Ob er Kondome anbiete? Ob er keine Angst vor Aids habe? »Sicher«, sagte er heuchlerisch. »Aber wenn ich von meinen Kunden verlangen würde, Kondome zu benutzen, kämen sie nicht mehr zu mir. Sie würden woandershin gehen. Aids ist eine ausländische Krankheit, die man hier nicht bekommt. Ich habe im Fernsehen Meldungen darüber gehört. Die Regierung hat Reihenuntersuchungen durchgeführt, und sie haben in Myanmar keinen einzigen Fall festgestellt.« Wir sagten: »Also sind all seine Mädchen gesund? Und wie steht es mit der Leiche in dem überfluteten Schacht?« Er antwortete: »Die Männer wollen nicht mit kranken Mädchen schlafen. Ich weiß nicht, was ihnen fehlt. Es liegt an ihnen, gesund zu bleiben. Sie müssen sich gründlich waschen; wir bieten ihnen Seife und Handtücher zum Sonderpreis. Sehen Sie, ich muss viel Geld abdrücken, damit man mir die Bude nicht zumacht. Ich zahle 2000 Kyat (10,50 Euro) pro Woche an die Armee und auch an die Gemeindeverwaltung. Ich schmiere alle, um keine dummen Fragen wie diese beantworten zu müssen.« Er war gelangweilt, verärgert und durch das Gespräch über Schutzgeld offensichtlich ermutigt. »Ich muss arbeiten.« Mit diesen Worten ging er und ließ ein kleines Foto seines jungen Sohns achtlos neben dem Reifen zurück.

Wir schlichen uns alleine zurück zum Jade City Hotel und stahlen uns die bogenförmige Betontreppe hinauf. Lose Betonkörner knirschten unter unseren Schuhen, als würden sie ein Zimmer voller Fragen vorwegnehmen. Der verwaiste, unbeleuchtete Korridor lag schummerig vor uns. Wir pressten die Ohren ans Fenster des Zimmers, in dem der Corporal schlafen sollte, hörten jedoch keinen Ton. Als wir unseren Schlüssel sachte ins Schloss steckten, sprang die Tür auf. Uns fiel der Korrespondent von Reuters in seinem Hotel in Rangun ein. Wir waren uns sicher, dass wir die Tür abgeschlossen hatten. Wir leuchteten den Betonbunker mit einer Taschenlampe aus. Unser Bett war gemacht worden. In dem öden Badezimmer hingen jetzt Handtücher. Jemand hatte unsere Taschen in einen billigen chinesischen Kleiderschrank geworfen und geöffnet. Niemand erwartete uns, aber irgendjemand war in unser Zimmer gekommen. Wir lagen wach und malten uns unsere Festnahme aus, bis schließlich der Corporal hereinplatzte. »Gut geschlafen?«, fragte er. Was sollten wir antworten? Mit schweren Lidern gingen wir hinunter in die Eingangshalle. Wir hielten Ausschau nach der Rezeptionistin, dem Direktor, Angestellten, die zweifellos für den Militärischen Nachrichtendienst spionierten. Doch abgesehen von unserem jugendlichen Fahrer wartete niemand.

Da wir nicht sicher waren, wer was gesehen hatte und wusste, beschlossen wir, das Spiel weiterzuspielen. Whisky gab den Takt unserer Abende vor, und voller Ungeduld verbrachten wir die Tage damit, Gruben zu besichtigen, über Jade zu sprechen und den unerschöpflichen Geschichten des Corporals zu lauschen, der uns mehr und mehr den Nerv raubte. Wir waren in keiner Weise auf das vorbereitet, was wir in Hpakant zu Gesicht bekamen. Die Zeche Hpakant-kyi, die sich über 2,6 Quadratkilometer erstreckte, war nur der Anfang. Auf der anderen Seite des Flusses lag ihre Schwestermine, die zwar etwas kleiner war, aber in die ebenfalls mehrere Fußballfelder passten. Hinter den Grabsteinhügeln, jenseits der roten Steilhänge erstreckte sich ein Paralleltal, das längs und an den Seiten abgetragen wurde. Und jenseits dieses Tals lagen weitere vernarbte Täler und Steilhänge, so weit das Auge reichte. Auf einem steil abfallenden Felssporn krallte sich eine hölzerne Kirche in den Boden, der immer weiter abgetragen, gesiebt und fortgefahren wurde. »Als ich das letzte Mal hier war, war dies noch ein Hügel, und die Kirche saß auf der Kuppe«, sagte der Corporal, sichtlich erstaunt über den Unternehmungsgeist der Regierung. »Schauen Sie, wie sie arbeiten. Mit welchem Tempo.« Er drehte uns um und zeigte auf einen noch unberührten Bergrücken. »Sehen Sie das«, sagte er. »Das kommt als Nächstes dran. Es gehört dem Militär, und die Abbauarbeiten werden sehr bald beginnen.«

Wir fragten, ob wir die Steinschneider und Schnitzer besuchen könnten. Wir überquerten den Uru auf der Fahrt ins Dorf Seng Tong (»Großer Jadebrocken«). Sein Netz aus unbefestigten schmalen Straßen war gesäumt von überdachten Ständen, wo geschliffene kleine Steine, kleine Haufen wolkiger Cabochons, Armringe und Halsketten feilgeboten wurden, die es nie in einen Katalog von Christie's schaffen würden. Dahinter lagen die Schuppen mit Schleifmaschinen, in denen sich Männer reihenweise über Schleifscheiben kauerten. Sie schnitten und polierten, schliffen und formten graue Platten aus billigem Jadeit. Dahinter verästelte sich ein Labyrinth von Gässchen, die mit Bambusgeflecht eingefriedet waren und an denen sich lang gestreckte Häuserreihen mit verriegelten Türen aus zusammengestückelten Blechteilen entlangzogen. »Pleite gemacht«, brummte der Corporal mit ungerührtem Achselzucken, bevor er zu einem Stand weiterging, an dem er die Steine befühlte und ins Licht hielt. »Ich kaufe einen Verlobungsring für meine Freundin. Sie weiß nicht, dass wir heiraten werden, aber die Jade wird sie überzeugen.«

Der Corporal latschte davon und ließ uns mit einem mürrischen chinesischen Händler zurück, der uns in ein Gespräch über Glücksspiel verwickelte. In der Woche zuvor hatte er einen Jade-Rohling gekauft, nachdem er mit der Taschenlampe in sein Fenster geleuchtet und gemäß der uralten Tradition, mit blind unter einem Stück Sackleinen verhandelnden Händen, mit dem Minenbesitzer handelseinig geworden war. »Schauen Sie«, sagte er und holte den Jadeblock aus einer Tasche am Boden hervor. »Ich hab 20 000 US-Dollar für den Stein bezahlt. Ich war mir meiner Sache sicher und brachte ihn in die Werkstatt, um ihn aufzuschneiden. Doch im Innern war nichts. Gar nichts. Auch Chinesen machen Fehler. Sie werden als Ausländer nicht von dem Doppelten Glücksbringer gehört haben. Aber die Menschen hier meinen damit einen großen Stein von unschätzbarem Wert. Ich bin doppelt unglücklich, und morgen gehe ich nach Hongkong zurück.« Er wankte davon, die Gassen hinunter, leise fluchend.

An jenem Abend kehrten wir in Seng Tongs von Bambusgeflecht gesäumte Gassen zurück und stellten fest, dass sie zum Leben erwacht waren. Das Labyrinth aus stickigen Holzhütten, die an aufgestellte Särge erinnerten, beheimatete Tausende erschöpfter Grubenarbeiter, die eine weitere Fünfzehnstundenschicht beendet hatten. Es gab keine Duschen oder Toiletten, sondern nur Eimer Wasser, die aus dem Uru geschöpft wurden. Kein Gebläse kühlte die eingezwängten und ausgelaugten Körper, und niemand schien sich um Lebensmittel zu kümmern. Im Innern waren Dutzende schwitzender Grubenarbeiter in Zellen eingepfercht, die von Moskitos schwirrten, ein Gewirr von Gliedmaßen, klammer Haut, punktförmig verengten Pupillen und zerrissenen Longyis, alles eingehüllt in den widerlichen Gestank von Erbrochenem und Salmiakgeist. Unser Freund machte uns mit der Gruppe der in Hpakant tätigen Wanderarbeiter bekannt. In einer Hütte fanden wir einen Grubenarbeiter, der einen Stumpen nach dem andern rauchte. Noch immer vom Schmutz der Tagesarbeit bedeckt und zu zerschlagen, um sich zu säubern, paffte er gemächlich vor sich hin.

Zaw Min, der fließend Englisch sprach, war 32 Jahre alt und hatte gerade mit dem Studium an der Universität Rangun begonnen, als 1988 die Unruhen in der Stadt losbrachen. »Wir waren damals zuversichtlich. Ich demonstrierte bei der Sule Pagode, wir riefen in Sprechchören. Dann begann der Kugelhagel, und Freunde fielen zu Boden. Wir konnten einfach nicht glauben, dass unsere Armee auf uns schoss. Burmesische Soldaten töteten burmesische Bürger.« Zaw Min drückte seine Zigarre aus und stopfte den Stummel in den Knoten seines Longyi. Er nippte an einem mit klarem Branntwein gefüllten Metallbecher. »Ich versteckte mich eine Zeit lang. Die Universität wurde geschlossen. Ich träumte davon, mein Studium der Naturwissenschaften abzuschließen und anschließend zu promovieren. Aber wir hatten kein Geld und keine Zeit. Die Ironie liegt darin, dass ich selbst dann, wenn ich mein Diplom gemacht hätte, in Burma lediglich 10 US-Dollar pro Monat verdient hätte. Also beschloss ich, mein Glück zu versuchen, und als ich hier ankam, war ich überschwänglich. Ich sagte mir, dass ich mir mit jedem Stein, den ich in der Mine ausgraben würde, etwas ganz Besonderes leisten könnte: ein Motorrad, ein Haus, eine Perlenkette von unschätzbarem Wert. Aber ich fand keinen einzigen wertvollen Stein, und ich bin noch immer hier, ich Narr.«

Das Bündel verschmutzter Kleider neben Zaw Min zuckte. Ein dunkelhäutiges Gesicht tauchte aus dem Haufen auf: Lui Vang, ein 28-jähriger Bauer aus dem Chin-Staat, den die Umstände zum Freund Zaw Mins gemacht hatten. Vang schob sich einen gefalteten chinesischen Rucksack als Stütze unter den Kopf und erzählte dann, die *Tatmadaw* hätten vor sechs Monaten sein Dorf besetzt und die Reisvorräte seiner Familie geplündert. Seine Frau und seine Kinder seien in den Dschungel geflohen, er dagegen habe mit zwanzig Freunden zusammengelegt, um die sechstägige Fahrt im LKW zu den Minen zu bezahlen.

Er kam aus einer abgelegenen Region, die an Indien grenzt. Wie hatte er von Hpakant erfahren? Der Bauer lachte. »Was glauben Sie denn! Alle haben von der Jade gehört. Burma ist ein armes Land, und jeder träumt vom großen Geld. Wir kamen zu zwanzigst hierher, doch derzeit arbeiten nur noch drei meiner Freunde. Der SPDC hat ein Kopfgeld auf uns ausgesetzt.« Die Stimme Lui Vangs verlor sich, und er kuschelte sich auf der Diele zusammen, die sein Bett war. »Ich bin jetzt müde«, sagte er. »Gehen Sie. Ich möchte schlafen.« Doch Zaw Min nahm kein Blatt vor den Mund. »Ich werde Ihnen sagen, was mit seinen Freunden geschehen ist. Zwölf von ihnen sind tot. Vier sind verschwunden. Einer schwebt zwischen Leben und Tod. Was glauben Sie, was hier vor sich geht?«

Lui Vang wälzte sich herum und schlüpfte vorsichtig in ein Paar Jeans. Er zuckte zusammen, als er seine geschwollenen Knie beugte. »Sie möchten sehen, was mit uns geschieht? Wir alle wollten ein neues Leben, aber dies hier ist kein Leben. Ich möchte fort von hier, zurück zu meiner Frau und meinen Kindern, aber es ist zu spät. Ich träume davon, dass sie Hühnchen kocht und dass ich stundenlang an unserem Tisch sitze und esse. Aber dies alles sind dumme Träume, die mich nicht am Leben halten. Wenn Sie wissen wollen, was Hpakant wirklich ist, dann kommen Sie jetzt mit mir.« Wir standen auf und gingen hinaus. Zaw Min rief uns hinterher: »Wenn Sie einem Kerl namens Myint Thein begegnen, einem Aufschneider, der ein rotes Coca-Cola-T-Shirt trägt, dann sagen Sie ihm, dass ich seit drei Wochen nach ihm suche.«

Natürlich sahen wir die wunden Stellen auf Lui Vangs übel zugerichteten Armen und Beinen, und wir versuchten, nicht zu starren, während er mit seinem Bambusstock vorwärts taumelte. Zusammen schlurften wir erwartungsvoll in eine benachbarte Gasse. Lui Vang machte den Pfad vor sich frei, indem er mit ausholenden Schlägen seines Stocks die verwilderten Hunde, die an seinen Beinen schnüffelten, vertrieb. Wir kamen zu einem chinesischen Gemischtwarenladen und folgten Lui Vang mit unbehaglichem Gefühl ins Innere. Wir wussten nicht so recht, was wir tun oder wohin wir gehen sollten; die starrenden Gesichter, die auf Fragen warteten, waren uns unangenehm. Also suchten wir uns die finsterste Ecke und hockten uns schweigend hin, von Moskitoschwärmen bedrängt. Wir fühlten uns wie ungebetene Gäste auf einer Privatfeier und versuchten unsere Verlegenheit mit übertriebenem Grinsen zu kaschieren. Und dann zogen wir unsere Hemden übers Gesicht, um den Gestank nach muffigem Urin und Schweiß abzuhalten, den sonst niemand wahrzunehmen schien, und zu beobachten, wie sich die geheime Geschichte von Hpakant vor unseren Augen entfaltete.

Zwei Gestalten knieten auf Binsenmatten um eine Feuerstelle. Ein älterer Mann löste weißes Pulver in einer Lösung auf und prüfte dann den Personalausweis des jüngeren Mannes. Der ältere Mann kritzelte etwas in ein Notizbuch und flüsterte anschließend dem jungen Mann etwas ins Ohr. Offenbar war er mit dem Ritual vertraut, und er krempelte seinen Denim-Ärmel hoch. Der ältere Mann hob einen Gummischlauch auf, an dem eine schwarz gefärbte Nadel befestigt war, und stach die Nadel in eine Ader des jüngeren Mannes. Er sog so lange, bis der Schlauch mit Blut gefüllt war, und schüttete die Heroinlösung hinein. Dann holte er tief Atem und blies in den Schlauch. Das Gemisch aus Blut und Heroin schoss in den Blutkreislauf des jüngeren Mannes, und ein Lächeln flog über sein Gesicht. »Geh jetzt, komm morgen wieder«, forderte ihn der Besitzer der Opiumhöhle auf, während er das an der Nadel haftende Blut an seinem Longyi abstreifte. Der jüngere Mann, der kurz und flach atmete, schwebte förmlich aus der Hütte. Der ältere Mann nahm das offene Ende des verschlissenen Schlauchs wieder in den Mund und blies ihn leer. Jetzt rief er nach Lui Vang, der seinen Ärmel bereits hochgekrempelt hatte und aufsprang. Der ältere Mann prüfte seinen Personalausweis, bevor das Ritual wiederholt wurde. Neue Heroinlösung. Dieselbe Nadel.

Es war eine makabre Peep-Show, und wir schämten uns, als uns Lui Vang zeigte, wie er sich mit einer Nadel, die ihn wahrscheinlich das Leben kosten würde, den Seelenfrieden kaufte. Er zog eine Grimasse, als die Nadel in seine Armvene eindrang, und als sich die Lösung mit seinem Blut vermischte, zuckte er zusammen und keuchte. Er drehte sich zu uns. Seine Pupillen verengten sich, und seine knorrigen Schultern fielen zurück. Eine plötzliche Euphorie schien seinen ganzen Körper zu durchwärmen. »Wollen Sie auch mal?«, stammelte er, den brüchigen Schlauch zu uns hinschiebend. »Spüren Sie Hpakant. Nehmen Sie den Schlauch.« Wir kannten diesen abgestumpften Gesichtsausdruck. Diesen verschleierten Blick der Trunkenheit. Er aber sah die Angst auf unseren Gesichtern. Unser Freund sprang auf und wollte ihm den Schlauch entwinden. Beide Männer redeten heftig aufeinander ein. Sie fauchten sich an, hoben die Fäuste und fuchtelten mit den Händen in Drohgebärden, deren Bedeutung völlig eindeutig war.

Gerüchte und Bilder hatten uns nach Hpakant gelockt; verschwommene Bilder von einem Leben in der Vorhölle, die ein unbekannter Fotograf eingefangen hatte. Doch obwohl wir Tausende von Meilen zurückgelegt hatten, um alles mit eigenen Augen zu sehen, hatten wir das Gefühl, passive Zuschauer am Rand des Feldes zu sein, auf dem sich das Leben anderer Menschen abspielte. Bis Lui Vang uns aufgefordert hatte, mit ihm zu kommen.

Es ist leicht, sich mit dem Gedanken zu beruhigen, dass die schmerzlichen Bilder, die man sammelt, Menschen wachrütteln sollen, die Tausende von Meilen entfernt leben. Und plötzlich tut sich inmitten der Wirrnis gescheiterter Lebensläufe ein Anschein von Ordnung auf und liefert einem eine Rechtfertigung dafür, dass man Artikel schreibt, während man anderen dabei zusieht, wie sie ihre letzte Chance wegwerfen. Doch wenn die Story beginnt, hört das wirkliche Leben nicht auf, und dadurch, dass uns Lui Vang bat, an seiner Lebensgeschichte teilzuhaben, warf er die Dogmen über den Haufen, die man während der journalistischen Ausbildung lernt. Und wir saßen einfach als stumme Zeugen da.

Jetzt taumelte er in eine Ecke der Hütte und murmelte: »Auf diese Weise vergessen wir«, während eine Hütte voller paranoider Augen in die Finsternis starrte und unsere fremden Gesichter ausmachte. Hände stießen uns an, aufzustehen. Der ältere Mann saugte an dem brüchigen Schlauch. Unser Freund zog uns an den Hemden. »Die Leute hier fürchten sich vor Ihnen. Wir müssen gehen. Später werden wir noch Gelegenheit haben zu reden. Mit dem Besitzer der Fixerstube. Nicht hier. Raus! Sofort!« Die Entscheidung war uns abgenommen worden, und wir rannten aus der Tür. Als wir uns nach Lui Vang umdrehten, war er schon woanders: Er war in einer Ecke zusammengesackt und starrte einen

Gecko an, der sich an einen Moskito heranpirschte. Sein gekauftes Lächeln erstarb langsam auf seinem Gesicht.

Draußen hallten die von Holzhäusern gesäumten Gassen von dem Lachen und Johlen Betrunkener wider. Jetzt allerdings bemerkten wir unter den bauchig hervortretenden Fenstern den Zug von Männern und Jungen, die schlafzuwandeln schienen, strauchelten und fielen. Den Ausländern, die in Schanghai gelebt hatten, hatte sich die Stadt als schmaler Streifen aus Wohlstand und Romantik dargeboten, und auch hier huschten hinter den bunten Lichtern und den Neonreklamen die zahllosen Schatten der Opiumsüchtigen, die die Vorüberkommenden teilnahmslos anstarrten. Dies war ein Panorama, das von großspurig einherschreitenden Gecken in Satinanzügen bevölkert war. Und noch immer flatterten Frauen Hand in Hand umher wie glänzende Schmetterlinge. Doch jetzt fiel uns auf, dass sie alle den leicht geneigten Gestalten in den Gassen auswichen, dass sie graziös an den leblosen Gesichtern vorbeischlüpften und dass sie sich in dunklen Ecken umarmten, in denen sich die anderen übergeben hatten. Dass Jasminduft und französisches Aftershave kaum den Gestank des Erbrochenen übertönten. Dass die Menschen den Strichmännchen auf den Postern immer ähnlicher geworden waren und dass sie sich alle unter die warmen Laken ihrer Sucht gleiten ließen. In dem versteckten Tal, das einst die Fantasie von Forschungsreisenden beflügelt hatte, trieb mittlerweile eine giftige Bestie ihr Unwesen.

Hpakant hatte im Lauf der Zeit zahllose Methoden entwickelt, seine Tagelöhner in den Bann zu schlagen. Die Abwärtsspirale, die mit dem Konsum von Opium begann, ging schleichend über in das Inhalieren von Heroindämpfen aus aufgeschnittenen Coca-Cola-Dosen, die über offenem Feuer erhitzt wurden. Zu den Heroinpfeifen griffen dann jene, die sich noch hingebungsvoller selbst zugrunde richten wollten. Doch im Umkreis jeder Grube, neben jeder Bar und jedem Bordell gab es Schuppen und Hütten, die Variationen desselben Suchtthemas anboten. Als die Paranoia des

»Drückens« in der Öffentlichkeit um sich griff, entschieden sich viele für eine anonymere Form der Stimmungsaufhellung: Sie schoben ihre Arme in Löcher, die in eine hölzerne Trennwand geschnitten waren, und überreichten ihre Personalausweise als Gegenleistung für einen anonymen Schuss. Wer mehr brauchte, der konnte sich sogar an Plastikbeuteln mit Heroinlösung selbst bedienen, die an Dachsparren baumelten. Man nahm ein paar Tropfen, bevor man den Schlauch an den Nächsten in der Schlange weiterreichte. Und wenn Venen verklumpten oder erschlafften, wenn sich kein geeignetes Blutgefäß mehr finden ließ, wenn Arme, Beine, Füße und Leiste keinen weiteren Einstich ertragen konnten, dann warteten Quacksalber im Basar mit stumpfen Rasierklingen, um die Kopfhaut aufzuritzen und Heroinpuder in die Wunde zu streuen.

Erst die Morgendämmerung enthüllte den nächtlichen Abraum von Hpakant: Sie lagen mit dem Gesicht nach unten in den engen Gassen und auf dem Ödland, darauf wartend, in die überfluteten Schächte geworfen, in Dschungelgräber hinabgelassen oder wie Müll verbrannt zu werden. Diejenigen, die die Nacht überlebten, die Reichen und die Armen, die Gebeugten und die Kräftigen, kehrten in die Gruben zurück, Seite an Seite, knietief im Schlamm versinkend. Sie bewegten Eisenmeißel, die wir kaum heben konnten. Und da sie ihr Weg an dem menschlichen Blutzoll der letzten Nacht vorbeiführte, erschien es unglaublich, dass keiner von ihnen die große Jadelüge durchschaute.

Eines Morgens stellte uns der Corporal einem chinesischen Minenbesitzer vor. Wir nahmen auf Gartenmöbeln aus Plastik im Schatten von Sonnenschirmen Platz. Von hier aus hatte man einen wunderbaren Blick auf seine Grube nahe Seng Tong. An Coca-Cola nippend, setzte er uns in aller Ruhe die wesentlichen ökonomischen Aspekte von Hpakant auseinander, wobei er sein Ralph-Lauren-Hemd glatt strich und seinen durchscheinenden Siegelring aus Jade bewunderte, der wie ein grünes Gummibärchen schimmerte. Der Minenbesitzer zeigte auf seine Arbeiter, die sich am Boden der Grube abrackerten, und spreizte dabei seinen kleinen Finger extravagant ab. »Sie kommen zu den Minen und glauben, sie könnten hier reich werden. Natürlich bezahlen wir sie nach der Menge Jadeit, die sie finden. Aber der Erlös geht durch drei. Die Agenten bekommen 10 Prozent. Ich nehme 40 Prozent, und nachdem der Rest unter einer Gruppe von 50 Minenarbeitern aufgeteilt wurde, bleibt für jeden Mann und jede Frau nur ein kleines Bündel Kyat. Ich verspreche nie etwas anderes.«

Er fegte eine harmlose Frage über Drogen mit einem rechtfertigenden Monolog vom Tisch. »Schauen Sie. Diese Menschen kommen mit großen Erwartungen. Sie sind alle Jadekönige, bis sie die harte Wirklichkeit der Grubenarbeit in dieser Stadt kennen lernen. Wir können nicht alle Gewinner sein, und ich bedauere das nicht. Um den Mythos am Leben zu halten, genügt es, wenn es ein Mann zu Reichtum bringt. Dann werden hundert weitere zu mir kommen und mich um einen Arbeitsplatz bitten.« Sein Geld komme also nur aus dem Abbau von Jadeit? »Ich bin ein guter Geschäftsmann«, lachte er in seine Dose Coca-Cola. »Danke für Ihren Besuch.« Das Treffen war vorbei.

Doch am Abend jenes Tages erzählte der Besitzer einer Opiumhöhle die gleiche Geschichte ein wenig anders. Im Hinterzimmer seiner florierenden Geschäftsräume beschrieb er die Stadien der Sucht. In Hpakant grassiere die zerebrale Malaria, die Tage und Nächte seien lang und erschöpfend, und Hunger und Schmerzen gehörten hier zum Alltag. Die Minen seien von Schlafmohnfeldern und Heroinküchen umgeben. Die Kachin verwendeten seit Jahrhunderten Opiumpaste, um das Hungergefühl zu betäuben und Durchfall zu bekämpfen, und viele Grubenarbeiter folgten ihrem Beispiel. Wenn die Leute dann erkannten, wie schwer es sei, selbst das Geld für die Rückfahrkarte nach Hause zusammenzubringen, böten die Bergbauunternehmer eine Lösung an. Sie schlügen ihren Arbeitern vor, ihre Löhne in Form von reinem Heroin auszuzahlen, wobei der Wert des Pulvers gegen den gesamten Jadeit aufgerechnet werde, den sie in Zukunft fänden.

»Hpakant ist ein elender Ort, und Heroin betäubt den Schmerz. Heroin rückt Erinnerungen in weite Ferne«, philosophierte der Besitzer der Opiumhöhle. »Für die Minenbesitzer ist es besser so. Ihre Arbeiter sind sehr passiv. Sie sind süchtig nach Hpakant.«

Aber wie konnte er sein Geschäft in einer Stadt geheim halten, die von den *Tatmadaw* besetzt und von militärischen Kontrollpunkten umschlossen war? »Ich verberge nichts.« Er schien überrascht zu sein. »Die Regierung hat meiner Firma eine Konzession erteilt. Die Soldaten liefern die Drogen an, oder sie bezahlen LKW-Fahrer dafür, dass sie dies tun. Ein Teil des Heroins, das ich anbiete, wird von den chinesischen Minenbesitzern im Voraus bezahlt, damit wir den Arbeitern, die mir ihren Personalausweis zeigen, kostenlos einmal täglich Heroin spritzen. Den Rest kaufen wir von Dealern, die von der Armee überprüft worden sind. Wenn ein Grubenarbeiter mehr als sein Tageskontingent braucht, kann er 15 Gramm für 2500 Kyat [13 Euro] kaufen. Das Heroin ist immer rein, schließlich befinden wir uns in Burma. Mein einziges Problem sind Nadeln. Nadeln sind schwer aufzutreiben, und daher müssen wir dafür sorgen, dass sie eine Zeit lang halten. Achthundert Kunden pro Nadel, schätze ich. Manchmal weniger, wenn sie brechen.«

Wir schlichen zurück zum Jade City Hotel, niedergedrückt von den verwirrenden Schlaglichtern auf Hpakant, die sich allmählich zu einem alptraumartigen Bild eines Regimes zusammensetzten, das offenbar einen Teufelskreis der Zerstörung förderte. Die Prostituierten, die Bergarbeiter, der Besitzer der Opiumhöhle und der Bergbauunternehmer hatten das Räderwerk des Todes beschrieben, und erst der Anblick eines roten Coca-Cola-T-Shirts, das um einen reglos daliegenden Körper gewickelt war, brachte uns zurück auf den Boden der Wirklichkeit. War es Myint Thein, der »Großtuer«, nach dem Ausschau zu halten man uns gebeten hatte? Wir knieten uns neben ihm nieder und schrien in sein Ohr. Aber nichts konnte ihn aus seinem Drogenrausch reißen. Er lag einfach da, mit starrem, irrem Blick und Schaum vor dem Mund.

Wir gingen in Zaw Mins Hütte und teilten ihm mit, dass wir seinen seit langem verschollenen Freund gefunden hätten. Doch der vormalige Student der Naturwissenschaften, der gerade einen Brief schrieb, hatte unser Gespräch bereits vergessen. Uns fielen die erhabenen Einstiche entlang seiner Arme ins Auge. Gab es irgendjemanden in Hpakant, der nicht süchtig oder infiziert war? Nach langem Schweigen sprach Zaw Min. »Schicken Sie diesen Brief bitte an meine Eltern. Ich habe ihnen geschrieben, dass es mir gut geht.« Er ließ sich rücklings aufs Bett fallen. »Denken Sie nicht, ich wäre schwach. Alle nehmen es. Einige von uns bekommen es statt ihres Anteils Jade. Lange Zeit habe ich widerstanden, doch dann begriff ich, dass uns die Minenbesitzer schröpfen. Selbst bei einem großen und hochwertigen Stein wurden wir billig abgespeist. Heute weiß ich, dass die Agenten des SPDC und die Minenbesitzer den Preis für Jade so festlegen, dass er nur einen Bruchteil des tatsächlichen Wertes beträgt. Ich war unglaublich wütend, aber ich hatte nicht das Geld für eine Fahrkarte. Ich habe lange mit mir gekämpft. Zunächst versuchte ich, nur ein wenig Heroin zu nehmen, denn mir wurde schlecht davon. Doch meine Freunde redeten mir zu. Sie gieren danach. Sie spritzen es sich in den Oberschenkel und die Füße, wo man es nicht sehen kann. Doch nach einer Weile versuchen wir nicht mehr, die Narben zu verbergen. Niemand hier kann uns helfen.«

Offenbar durchschauten alle irgendwann die Jadelüge, doch dann war es schon zu spät. Es gab keine Krankenhäuser in Hpakant, und die Dutzende von Läden, die mit roten Kreuzen gekennzeichnet waren, verkauften nur Penicillin, Tylenol, Verbandsmull und Teakholzspäne. Wir dachten, es gäbe hier keine Ärzte, bis wir ganz zufällig auf einen burmesischen Mediziner in mittlerem Alter trafen. Wir stießen die Tür einer Kate auf und überraschten ihn dabei, wie er eine Flüssigkeit in den Mund eines ausgemergelten Grubenarbeiters tröpfelte. Er ließ den Becher fallen und stürzte zur Tür. Dann erkannte er unseren Freund. »Ich kann nicht mit ihnen sprechen. Ich sollte nicht hier sein. Ich muss gehen«, sagte er auf Englisch und drängte sich an uns vorbei. Doch unser Freund rief ihm auf Burmesisch etwas nach, worauf er widerwillig ins Zimmer zurückkam. »Machen Sie es kurz«, sagte er. »Was möchten Sie wissen? Sie können mich nicht identifizieren. Die Behörden erlauben uns nicht, hierher zu kommen.«

In fünf hektischen Minuten enthüllte er das Ausmaß einer Epidemie, die der Arzt in Myitkyina angedeutet hatte. Er schätzte, dass über sechzig Prozent der ständig wechselnden Einwohner von Hpakant, mehr als 500 000 Menschen, Heroin zu sich nahmen und dass sich neunzig Prozent von ihnen die Droge spritzten. Das Heroin, mit dem Hpakant versorgt wurde, kam geradewegs aus den Labors im Goldenen Dreieck und war fast rein; seine Wirkung war daher sehr viel stärker als die des Heroins, das nach Amerika oder Australien gelangte. Die meisten Grubenarbeiter, die er untersucht hatte, nahmen zwischen 5 und 10 Gramm pro Tag auf. Die durchschnittliche Tagesdosis eines Drogenabhängigen in den Vereinigten Staaten oder Großbritannien betrug dagegen nur 0,5 Gramm. Natürlich waren Nadeln illegal, und die Süchtigen schliefen ohne Kondome mit den Prostituierten (von denen viele zur Prostitution gezwungen wurden). Somit lag ein geschlossener Infektionskreislauf vor. »Wie sollen sie wissen, was Aids ist, wenn die Regierung behauptet, es handele sich um eine ausländische Krankheit, von der Burma nicht betroffen sei?«, fragte er. »Sie nennen es hier Jade-Krankheit, aber ich untersuche die Leichen und schaue mir genau die Symptome an, die die Drogenabhängigen zeigen, und die Krankheiten, die sie entwickeln. Es ist völlig klar, dass wir in den Minen eine HIV-Epidemie katastrophalen Ausmaßes haben, und alle, die spritzen und ungeschützten Geschlechtsverkehr haben, stecken sich mit hoher Wahrscheinlichkeit an. Die Leute essen nichts. Die Minen sind malariaverseucht. Schauen Sie sich die Reinheit des Heroins und die Menge an, die die Leute konsumieren. Die Menschen werden so schwach, dass sie bei dem kleinsten gesundheitlichen Problem, von Fehlernährung bis Lungenentzündung, nicht mehr hochkommen. Schauen Sie sich doch um. Wie viele Bergarbeiter haben Sie gesehen, die älter als 35 Jahre sind? Die meisten leben nicht lange genug, um Aids im Vollbild zu entwickeln, aber sie leben lange genug, um das Virus weiterzugeben. Wenn sie die Minen verlassen und in ihre Städte und Dörfer zurückkehren, nehmen sie die Geißel von Hpakant mit.« Es war weit nach Mitternacht, die Dieselgeneratoren brummten, und die Nachtschicht stieg in den Kessel von Hpakant-kyi hinab. Wir beobachteten, wie die Männer und Frauen, geleitet von Seilen, an denen Glühbirnen hingen, und mit langen Meißeln und Körben in den Händen in die Grube kletterten. Auf der anderen Seite des Tals von Hpakant-kyi, in den Gassen von Seng Tong, jenseits des Basars der Bettler, leuchteten Hunderte von Lampen wie phosphoreszierende Pünktchen in einem dunklen Meer.

Am nächsten Morgen, einem Sonntag, stand der Corporal unvermittelt in unserem Zimmer. Wir würden in einer Stunde abreisen. Also trieben wir unseren Kachin-Dolmetscher auf, der die Tage mit Gebeten verbracht hatte, und gingen mit ihm zum letzten Mal nach Hpakant-kyi. Obgleich der Monsun erst in drei Monaten begann, wurden alle von einem plötzlichen Regenguss überrascht, der die Stadt der Hütten und Schächte zu peitschen begann. Wir suchten Zuflucht in einer Teestube und beobachteten, wie ein Vater und sein Sohn am anderen Ufer des Uru ihre Bibeln in Plastiktüten einwickelten, auf denen ein Foto von Rambo prangte, bevor die beiden durch den Regen zur Kirche eilten. Über uns ragte ein riesiges Kreuz auf, das mit minderwertigem Jadeit verkleidet war und über den tiefen Gruben von Hpakant zu schweben schien, in denen sich die Mitglieder der Kirchengemeinde abplackten. Die Kirche wurde von der Militärjunta widerwillig toleriert, aber die Priester und Pastoren hatten zu große Angst, als dass sie der schwindenden Zahl derer, die zum Abendmahl gingen, Beistand geleistet hätten. Vater und Sohn überquerten die Eisenbrücke über den Uru und rannten auf uns zu, unter einem

Transparent hindurch, das auf Englisch verkündete: »Aids is a national concern« [Aids ist ein nationales Anliegen]. Der Junge blieb stehen und zeigte auf die seltsamen Buchstaben; er fragte, was sie bedeuteten. »Das ist in einer Fremdsprache geschrieben«, antwortete sein Vater. »Ich glaube, es geht um die A1-Krankheit. Mach dir keine Gedanken um A1. Die kriegst du nur, wenn du böse bist.« Wir folgten ihnen zu einer mit Schindeln gedeckten Kirche und sahen, wie ein junger Geistlicher vor Beginn der Messe einem Paar am Kirchenportal Rat erteilte. Der blutverschmierte Mann trug einen Verband, und die Frau starrte schweigend ihre verschmutzten Füße an. Als sie Platz genommen hatten, näherten wir uns und fragten den Pastor, was geschehen sei. Die Frau hatte ihrem Ehemann vier Messerstiche beigebracht, nachdem sie sein Tagebuch entdeckt hatte, in dem er die Nächte verzeichnete, die er mit Prostituierten verbracht hatte. Beide waren seit einiger Zeit krank, und die Frau vermutete nun, ihre Krankheit sei das Resultat seiner Seitensprünge. »Was soll ich ihnen sagen?«, fragte uns der Pastor. »Ich vermute, dass sie aidskrank sind. Ich kann sie nur mit dem Hinweis trösten, das müsse Gottes Wille sein. Sind das die rechten Worte? Ich weiß nicht, was Aids ist, aber die Transparente da draußen sagen, dass es nach Hpakant gekommen ist. Ich habe große Angst davor, krank zu werden. Ich möchte diese Menschen nicht einmal berühren. Weshalb sind Sie hierher gekommen? Fürchten Sie sich nicht davor, ebenfalls zu sterben?« Und er murmelte weiter: »Gott hatte Hpakant mit einer Plage geschlagen, und die Menschen mussten lernen, mit dem Tod zu leben.« Was konnten wir ihm so kurz vor unserer Abreise sagen? Unsere Botschaft wurde übertönt vom Dröhnen eines Keyboards, das eine Hymne anstimmte, und er verließ uns, während sie »Vorwärts Streiter Christi« zu singen begannen. Er werde für uns beten, flüsterte er. Den ganzen Tag. Der Weg aus den Minen hinaus war noch tückischer als die Route, über die wir gekommen waren.

Das Geheimnis des Jadelandes lüftete sich in dem Maße, wie die Menschen nach einer Erklärung für das suchten, was sie umbrachte. Die warnenden Schilder und Poster konnten nur wenige lesen, und niemand verstand ihre Bedeutung. Die einzigen Führungsfiguren dieser bunt zusammengewürfelten Gemeinschaft waren Pastoren, die zwar willens waren, Rat zu erteilen, aber nicht wussten, was sie sagen sollten. Hpakant war das schwarze Herz Burmas, das Hunderttausende von Menschen mit falschen Hoffnungen anlockte und sie dann, leer gesaugt, krank und gebrochen wieder ausspie. Tausende blieben für immer hier, und diejenigen, die in ihre Heimatgemeinden zurückkehrten, nahmen ihre Sucht und eine Krankheit mit, die schlecht ausgebildete Landärzte nicht einmal diagnostizieren, geschweige denn behandeln konnten. Während unser Wagen aus Hpakant hinauskroch, färbte sich der blaugraue Himmel schwarz, und Regenwasser strömte in die Jadegruben. Als wir uns umdrehten, sahen wir, wie der Uru seine aufgeschütteten Dämme durchbrach und sich Abertausende Liter Giftschlamm in die Mulde von Hpakant-kyi ergossen. Bergarbeiter krochen übereinander, um aus der Grube zu gelangen. Doch schon donnerte eine Schlammlawine den Hang hinunter und ging krachend auf sie nieder.

Wir hatten genug gesehen und wollten so schnell wie möglich nach Rangun zurück, doch der Corporal hatte einen anderen Plan. Er wollte den Indawgyi-See besuchen, eine große Wasserfläche mit artenreicher Flora und Fauna, die das Regime als Naturschutzgebiet förderte. Es war der Ort, der auf der kindlich-krakeligen Karte des Colonel mit einem Messer und einer Gabel markiert war, die kaum als solche zu erkennen waren. Doch der Corolla hielt schließlich an einer Stelle an, die auf den ersten Blick wie ein LKW-Parkplatz anmutete. Vor uns standen abgekoppelte Anhänger, die mit Holz beladen waren, und dahinter lag ein kahler Hang.

»Was ist das?«

»Es ist Teakholz, alles ist Teakholz. Sie sehen Teakholz im Wert von mehreren Hunderttausend Dollar, und alles wird nach Thailand geschafft.«

»Warum?«

»Es ist unsere Zukunft. Das Geld, das die Regierung mit dem Verkauf dieses Holzes erlöst, dient zur Finanzierung des Naturschutzgebiets.«

Bäume, Jade, Menschen. Alles in Burma war eine Ware. Aber dies war der Tag des Corporals, und er wollte uns sein Großes Goldland zeigen. Er requirierte ein Boot und steuerte uns durch den Sturm zu einer Pagode, die auf dem kristallklaren Wasser des Indawgyi zu schweben schien, den Bayfield und Griffith vom Gipfel eines Bergs erspäht hatten. Er hieß uns, die Schuhe auszuziehen, bevor wir ausstiegen, und wir paddelten in den eingefriedeten Bezirk der Pagode. »Was verkörpern die figürlichen Darstellungen, mit denen der Fries verziert ist?«, fragten wir.

»Sie stellen die menschlichen Laster dar«, verkündete der Corporal in feierlichem Tonfall. »All die Dinge, die wir nicht tun sollen: Rauchen, Trinken, Stehlen, neidisch und habgierig sein. Ganz wie Ihre sieben Todsünden.«

»Aber Sie rauchen und trinken«, wandten wir freundlich ein.

»Ach, das ist in Ordnung«, antwortete der Corporal. »Diese Sünden wurden übertüncht.«

Er hatte Recht. Tatsächlich war eine dicke Farbschicht aufgetragen worden, die die Einzelheiten der Kerbschnitzereien überdeckte.

Der Sturm wütete drei Tage, doch schließlich erreichten wir den Mingaladon Airport, wo uns diesmal kein Empfangskomitee erwartete. Wir gingen an Bord eines Flugzeugs der Thai Airways, und normalerweise hätten wir dankbar die frisch gedruckten Exemplare der *Bangkok Post* entgegengenommen, die mit ihren unzensierten Nachrichten aus aller Welt immer eine spannende Lektüre war. Doch als das Flugzeug diesmal startete, spürten wir nichts von der Vorfreude, die uns für gewöhnlich überkam, wenn wir Burma verließen. Als wir eine Stunde später auf dem Don Muang Airport landeten, betraten wir eine andere Welt.

In Thailand erschien uns das Beweismaterial für die Anschuldigungen – die Mitverantwortung des Regimes an der Katastrophe von Hpakant, seine Verwicklung in Schiebereien und Drogengeschäfte – als so erdrückend, dass wir Diplomaten, Mitarbeiter von Hilfsorganisationen und Ärzte, die an internationalen Aids-Programmen mitarbeiteten, aufsuchten. Sie waren entsetzt, als wir ihnen unsere Beweise – Fotos und Zeugenaussagen – vorlegten, und ihre Ratschläge stellten unsere Nachforschungen in einen breiteren Kontext.

Es wäre schwer zu glauben gewesen, dass die Regierung das verderbliche Gewirr der Opiumhöhlen und Bordelle von Hpakant kontrolliert und sogar davon profitiert, wenn sie sich energischer von den Männern distanziert hätte, die Burmas Heroinsyndikate beherrschten. Doch der thailändische Geheimdienst ist im Besitz eines Videos, das Generalleutnant Khin Nyunt beim Inspizieren von Straßen- und Dammbauprojekten zeigt, die von Wei Hsueh-kang, dem Kopf der United Wa State Army (UWSA), betrieben werden. Diese Gruppe wird von der US-Drogenbehörde (DEA) als das »bedeutendste Drogenkartell in Südostasien und vermutlich in der ganzen Welt« eingestuft.[2] Die thailändische Regierung hat vor kurzem einen Haftbefehl für den Partner von Khin Nyunt ausgestellt, gegen den schon 1997 in Abwesenheit vor einem New Yorker Gericht Anklage wegen Drogenhandels erhoben worden war. Und das State Department hat eine Belohnung von zwei Millionen Dollar für Hinweise ausgesetzt, die zu seiner Festnahme führen.

Der Berater für ethnische Fragen des Ersten Sekretärs des SPDC, Luo Xinghan, der Mann, der den Deal vermittelte, der zur Isolation der Kachin führte, ist zufälligerweise auch der Führer einer Kokang-Miliz, der die US-Drogenbehörde eine »erhebliche Verwicklung in den Heroinhandel« nachsagt. Sowohl er als auch sein Sohn, Htun Myint Naing alias Steven Law, stehen in den Vereinigten Staaten auf einer schwarzen Liste unerwünschter Personen. Dann ist da noch Khun Sa, Shans früherer Todesprinz, der kaum zwei Wochen nach seiner Festnahme beim Golfspiel mit den

Generälen gesehen wurde. Er war in eine bewachte Villa umgezogen, die unmittelbar neben dem am Inya-See gelegenen Domizil des zurückgezogen lebenden Ne Win lag. Wenn Aung San Suu Kyi nun bei Sonnenuntergang zum Seeufer schlendert, kann sie am gegenüberliegenden Ufer die Anwesen der beiden berüchtigtsten Einsiedler Burmas sehen.

Auch wenn die *Myanmar Today*, die wir in Händen hielten, tönte, das Regime sei entschlossen, Drogen auszurotten, zeigen Aufnahmen von US-Überwachungssatelliten, dass gegenwärtig auf mindestens 163.100 Hektar Land in Oberburma Schlafmohn angebaut wird. Den größten Teil davon kontrolliert Khin Nyunts Dreierbande.[3] Die DEA schätzt, dass raffiniertes Opium aus diesen Plantagen 250 Tonnen Heroin ergibt; das entspricht einem Vielfachen der jährlichen Drogennachfrage eines Landes von der Größe der Vereinigten Staaten und genügt, um das vergessene Hpakant mit Heroin zu überschwemmen.

Es ist ein profitables Geschäft. Europäische Analytiker haben errechnet, dass über sechzig Prozent der Staatseinnahmen Burmas aus Quellen stammen, die nicht ausgewiesen sind.[4] Im Jahr 1989 gab die Junta ihre Politik der Beschlagnahme von Vermögenswerten zweifelhafter Herkunft auf und ersetzte sie durch eine »Abgeltungssteuer«, die burmesischen Staatsbürgern erlaubt, Geld bei burmesischen Banken zu hinterlegen, ohne Rechenschaft über dessen Herkunft ablegen zu müssen. Seither sind Luxushotels und Einkaufszentren auf geheimnisvolle Weise aus den Trümmern der burmesischen Wirtschaft erstanden.

Im Jahr 1992 gründete Luo Xinghan Asia World, ein Außenhandelsunternehmen, zu dem eine Supermarktkette und die »Traders«-Fünfsternehotels in Rangun und Singapur gehören. Asia World, dessen Jahresumsatz auf 600 Millionen US-Dollar geschätzt wird, investiert auch in großem Umfang in die Minen von Hpakant. Im Dezember 1997 vollendete Luo eine Fernstraße zwischen Mandalay und der chinesischen Grenzstadt Ruili, die von der Volksrepublik seither als »Haupttransportweg für den Drogenschmuggel« aus dem Goldenen Dreieck bezeichnet wird. Doch Luo, der unlängst von der Junta als Sprecher für ihr Drogenvernichtungsprogramm gewonnen wurde, hat in Hopang, im Herzen des einst von Khun Sa kontrollierten Territoriums, ein Museum für Rauschgiftbekämpfung gegründet und versichert, nie etwas mit Heroin zu tun gehabt zu haben. In einem der wenigen Interviews, die er gab, erklärte er gegenüber *Asiaweek*, er konzentriere seine ganze Tatkraft auf legale Geschäfte. »Je älter ich werde, um so mehr gibt es zu tun!«[5]

Ein anderer Partner von Luo Xinghan, der Clanchef Yang Maoliang, dessen Peace Myanmar Group in Rangun mittlerweile ein Franchiseunternehmen von Mitsubishi Electric und eine Brennerei betreibt, die Myanmar-Rum, Gin und Trinkwasser produziert, wird von der DEA beschuldigt, zwischen 1989 und 1991 23 Heroinraffinerien errichtet zu haben. Im Jahr 1994, dem Jahr, als Peace Myanmar gegründet wurde, wurde Yangs Bruder in China wegen Heroinhandels hingerichtet, und im April 1996 fing die Volksrepublik an der Grenze zur Provinz Guangzhou 599 Kilogramm Heroin der Yang-Familie ab; es handelte sich um die größte Menge Rauschgift, die je von chinesischen Behörden sichergestellt wurde.[6] Yang Maoliangs Raffinerien, errichtet mit dem Geld, das ihm Khin Nyunt als Belohnung dafür schenkte, dass er sich 1989 gegen die Kachin gestellt hatte, produzierten mittlerweile schätzungsweise 2000 Kilogramm Heroin pro Jahr. Yang selbst rühmte sich öffentlich, ihm sei durch den Heroinhandel in fünf Jahren gelungen, was die Junta seit der Unabhängigkeit 1948 vergeblich versucht habe: Die Niederschlagung des Aufstands der Kachin, der durch den Einsatz der Drogenwaffe in sich zusammengebrochen sei.[7]

Wei Hsueh-kang von der UWSA gründete die Myanmar Kyone Yeom Group in Rangun, eine verästelte Finanzholding mit Beteiligungen in der Bau- und Immobilienwirtschaft, im Transportgewerbe und im Tourismus. Nachdem die Führer der UWSA Nadelstreifenanzüge angezogen hatten, folgte die Organisation Luos

Beispiel und errichtete in der Kasinostadt Mong La an der chinesisch-burmesischen Grenze ebenfalls ein Museum für Drogenbekämpfung. Dieses staatlich geförderte Projekt wurde 1997 von Khin Nyunt eröffnet. Doch das Museum und das Vergnügungszentrum im Dschungel wurden mit Drogengeldern gebaut, die die UWSA weiterhin in den Jadegarten-Vergnügungspark in Rangun und die Minen von Hpakant schleust. Als wir 1998 das Museum der UWSA besuchten, das in einer für Ausländer gesperrten, entlegenen Region des Shan-Staates liegt, war es von Mohnpflanzungen umgeben, und im Innern befand sich eine Ausstellung mit Fotos, die Süchtige zeigten, die sich einen Schuss setzten. Wir hatten diese Bilder schon einmal gesehen. Der Kurator des Museums verschwieg geflissentlich, dass diese Aufnahmen von staatlichen Ärzten stammten, die man gefeuert hatte, nachdem sie Hpakant besucht hatten. Daneben befand sich eine elektronische Anzeigetafel mit blinkenden Lichtern und Diagrammen, die erläuterten, wie man eine Reisküche im Dschungel in zehn Schritten in ein Heroinlabor verwandeln konnte.

Im November 2000 wurden wir erneut in den Shan-Staat geschmuggelt, um ehemalige Angehörige von Khun Sas Armees zu treffen, die »Soldaten mit den Eisenbeinen«, die nach dem Verrat ihres Führers in den Untergrund gehen mussten. Sie erzählten uns, wie er seine Kapitulation vorbereitet hatte. Im Jahr 1990 erwarb der Fürst der Finsternis von der KIA das, wie gemunkelt wurde, größte Stück Rohjade der Welt, ein 200 Tonnen schwerer Brocken, den er im Dschungel versteckte. Nach Khun Sas »Festnahme« wurde sein ältester Sohn, Chao Cham Huang, mit einem Käufer aus Taiwan handelseinig. Der Gewinn aus dem Jade-Deal wurde in die Handelsgesellschaft Good Shan Brothers, ein Einkaufszentrum, ein Fünfsternehotel in Rangun, ein Edelsteingeschäft und ein Transportunternehmen investiert, das mittlerweile laut westlichen Nachrichtendiensten auch Heroin befördert. Auch der SPDC soll eine erkleckliche Prämie von 500 Millionen Dollar von Khun Sa erhalten haben, gleichsam als Kaution für seine lebenslange Amnestie. Doch das Regime hat keinen Einfluß auf die chinesischen Behörden, die gegenwärtig Ermittlungen gegen Khun Sas Tochter durchführen, weil sie versucht haben soll, 34 Millionen US-Dollar in Hongkong zu waschen.

Während die Generäle weiterhin von ihren Verbindungen zu den Drogenbaronen Burmas profitieren, verkündete die Junta der Welt, man habe das Land von der Drogenplage befreit und HIV-Infektionen seien so gut wie unbekannt. Generalmajor Ket Sein, Burmas Gesundheitsminister, erklärte mehrfach, dass »Aids eine Krankheit ist, die von Ausländern eingeschleppt wird«, und dass Ende 1997 nur 2337 Fälle in Burma bekannt gewesen seien. Die Junta wendet weniger als zehn Prozent ihres Jahresbudgets für Gesundheit, Erziehung und Sozialhilfe auf, und das jährliche Budget des Nationalen Aidsprogramms beläuft sich auf lediglich 40 000 US-Dollar. Ket Sein behauptet, die untragbaren Kosten von HIV-Tests und -Medikamenten schränkten die Handlungsmöglichkeiten des Landes stark ein; es stimmt, dass die Kosten eines HIV-Tests dem doppelten Monatsgehalt eines burmesischen Arztes entsprechen. Doch während die burmesische Regierung einerseits beteuert, es gebe keine Gesundheitskrise, und sich auf die Begrenztheit ihrer Mittel beruft, hat sie seit 1988 Rüstungsgüter im Wert von 1,3 Milliarden US-Dollar beschafft, und das Verteidigungsbudget verschlingt weiterhin mindestens 40 Prozent des Bruttoinlandsprodukts (4,8 Milliarden US-Dollar).

Bevor wir uns in die Kachin-Berge wagten, hatten sich sowohl die Weltgesundheitsorganisation (WHO) als auch die Aidsprogramme der Vereinten Nationen und der Europäischen Union um eine Besuchserlaubnis für die Minen von Hpakant bemüht. Doch die Junta lehnte ihre Anfragen und ihre Angebote ab, Behandlungsprogramme einzurichten. Ein westlicher Arzt, dessen Gesuch von einem Militärkommandeur zurückgewiesen wurde, der ihn mit der Bemerkung »Die Antwort ist nein, weil sie nicht ja ist« abfertigte, erinnerte sich: »Die Gerüchte über die Minen waren so entsetzlich, dass ich mehrfach eine Besuchserlaubnis für das Gebiet beantragte. Man sagte mir jedoch, dies sei unmöglich. Die WHO hatte die Regierung bereits darauf hingewiesen, dass das Land auf einen nationalen Notstand zusteuere. Doch der SPDC verwies auf seine Transparente und Plakate, die Poster in den Straßencafés und erklärte, man brauche keine fremde Hilfe bei der Bewältigung der Gesundheitsprobleme des Landes. Es sei ein innerstaatliches Problem, das die ›ausländische Gemeinschaft‹ nichts angehe.«

Internationale Entwicklungshilfeorganisationen mussten sich mühsam die Mosaiksteinchen einer Krise zusammenklauben. Doch die Beweise, die sie sammelten, waren überzeugend. UNAIDS berichtete, 1998 sei bei einer unvollständigen Studie über die Verbreitung von HIV in Burma herausgekommen, dass mindestens 440 000 Menschen infiziert sind. Nach den gegenwärtig im Budget der Junta vorgesehenen Mittel für Aids-Aufklärung, -Verhütung und -Behandlung bedeutet dies, dass für jeden HIV-Infizierten weniger als ein US-Cent zur Verfügung steht. Dass die Grubenarbeiter im Mittelpunkt der Epidemie stehen, wird von einem Bericht der WHO bestätigt, wonach 91 Prozent der Drogenkonsumenten in Myitkyina HIV-positiv sind. Ein anonymer medizinischer Bericht aus dem Jahr 1996 gelangte zu dem Schluss, dass 99,5 Prozent der Arbeiter in den Minen von Hpakant, die sich Drogen spritzen, HIV-positiv sind. Dennoch beteuert die Junta weiterhin nachdrücklich, es gebe kein Aids-Problem.

Im Sommer 1998, nachdem ein Artikel von uns in der Farbbeilage einer britischen Sonntagszeitung erschienen war, erhielten wir zahllose Zuschriften, in denen Abscheu und Erstaunen zum Ausdruck gebracht wurden.[8] Mit einer Ausnahme. Der Schreiber aus der »Sisters Avenue, London SW 11« war empört. Der (pensionierte) Brigadegeneral Maung Win Shu protestierte im Namen des SPDC und kritisierte den Artikel als »ein Sammelsurium böswillig ausgewählter Falschdarstellungen, Fehlinterpretationen, Lügen und auf Gerüchten basierender Desinformation von zwei Altmeistern der Arglist, den Journalisten Adrian Levy und Cathy

Scott-Clark«. Der Brigadegeneral rief die Leistungen des Regimes im Jahr 1988 in Erinnerung:

> Wir brauchen … keinen Polizisten oder Soldaten, denn Sie müssen wissen, dass der SPDC große Fortschritte in dem Bemühen gemacht hat, Myanmar Maing-ngan Stabilität und Ruhe zurückzubringen, nachdem das Land 1988 ins völlige Chaos abzugleiten drohte, weil sichtbare und im Verborgenen wirkende destruktive Elemente in ihrer grenzenlosen Machtgier die bestehende Ordnung umstürzen wollten. Diese verräterischen Lakaien des Kolonialismus, diese willfährigen Marionetten westlicher Regierungen, die auf Befehl der CIA handelten, Kommunisten und »dieses Frauenbild« (Sie wissen, wen ich meine), wurden alsbald vernichtet, um die Souveränität und Unabhängigkeit der Union zu bewahren.

Dann beschwor der Brigadegeneral ein arkadisches Idyll, wo »man allenthalben glückliche, lächelnde Gesichter antrifft: Es gibt keine Bettler, die Straßen sind sauberer und das Gras ist grüner.« Burma sei das Opfer in einem Krieg gegen den westlichen Imperialismus, der Hand in Hand mit »dem Subjekt arbeitet, das mit dem knollennasigen Ausländer verheiratet ist«. In Bezug auf die sichtbaren Beweise für Sklaverei – in der ganzen Welt veröffentlichte Fotos von Trupps aneinander geketteter Sträflinge, die das Regime für den Bau von Straßen und touristischen Anlagen in Burma einsetzt –, erklärte der Brigadegeneral, die Regierung werde denselben Fehler nicht mehr wieder machen. »Jetzt werden alle diese Bürger vom Blick der Öffentlichkeit fern gehalten«, konstatierte er.

Und gilt dies nicht auch für Hpakant? Die Jadestadt wird dem Blick der Öffentlichkeit entzogen, während sie ausgeplündert und verwüstet wird. Wenn man die Wahrheit mit 26 militärischen Kontrollpunkten abriegelt, wenn man sie mit Stacheldraht umschließt und mit dem Befehl, ohne Vorwarnung zu schießen, unter

Verschluss hält, dann ist es natürlich unmöglich, zu der Wahrheit vorzustoßen, die wir in unserem Bericht über Hpakant darlegten. Wenn man nichts davon erfährt, findet auch keine Debatte statt. Wenn man die Beweise für Folterungen und Einschüchterungen nicht sieht, weil sie verschwunden sind, dann bezweifelt man schnell, dass sie überhaupt stattgefunden haben. Wenn man Spritzen und Kondome verbietet, dann gibt es keine sichtbaren Beweise für Sucht oder Infektionen. Wenn man die Stimmen der Andersdenkenden nicht hören kann, weil sie unter Hausarrest stehen oder durch Rauschgifte benebelt sind, dann kann man mit Fug und Recht behaupten, dass es keine Repression gebe. Und genauso leicht kann man beteuern, Jade sei einfach ein durchscheinender, schöner Edelstein, der seltener als Gold und kostbarer als Diamanten sei.

Der Brief des Brigadegenerals wirkte stellenweise verzweifelt und gekränkt, doch er konnte sein Gift nur mühsam zurückhalten. Bevor er den Brief beendete, ließ er sich zu einer letzten, spontanen Schmähung von Aung San Suu Kyi hinreißen, die mit einem gehässigen Seitenhieb begann und wie so vieles in Ptolemäus' Großem Goldland als Farce endete. Die Wahrheit sei in Burma noch immer nicht ans Tageslicht gekommen, behauptete er, während die Lügen, die wir geschrieben hätten, nicht von uns selbst stammten. Vielmehr seien sie uns eingeflüstert worden von »jenem Flittchen, das sein ganzes Leben im Ausland verbrachte, einen rassischen Bastard heiratete und dann unter dem Deckmantel der Demokratie nach Myanmar zurückkehrte«. Am schlimmsten aber sei, dass diese Banausin aus der University Avenue »für Millionen von Pfund ... Immobilien in Oxford und westliche Mode- und Aerobic-Artikel gekauft hat«. Offensichtlich empfand der Brigadegeneral Berichte, wonach Aung San Suu Kyi sich auf einem nordischen Laufband, das ihr von einem Anhänger geschenkt worden war, fit zu halten versuche, als schlicht unerträglich.

13

Wie aus Jade Legenden werden

Als ein südafrikanischer Juwelier Anstoß nahm an einem in seiner Verbandszeitung erschienenen Artikel mit dem Titel »Wie man Legenden um Edelsteine spinnt«, der die Händler ermahnte, Juwelen zwecks besserer Vermarktung mit einem romantischen Nimbus zu verbrämen, fiel man über ihn her. »Ihnen entgeht ein wesentlicher Punkt«, schrieb Richard Hughes, ein amerikanischer Fachmann für burmesische Edelsteine, der den Artikel für das Magazin *Gemkey* verfasst hatte. »Wir verkaufen keine Edelsteine, denn die haben für niemanden den geringsten Wert. Wir verkaufen Illusionen. Der einzige Wert, den ein Edelstein besitzt, liegt in der Illusion, die er im Geiste des Käufers wachruft. Menschen kaufen keine Steine, sondern ein Märchen, eine Vision einer Grube oder eines Landes, ein Stück Geschichte, etwas, das sie ihren Freunden erzählen können. De Beers weiß das, deshalb verkauft das Unternehmen keine Diamanten, sondern Liebe.«[1]

Auch Edmond Chin weiß es. »Es ist alles Theater«, flüstert er weithin hörbar, während er sich im Ausstellungsraum des J. W. Marriott Hotels an Hongkongs altehrwürdigem Pacific Place auf die Herbstauktion 1999 von Christie's vorbereitet. Er trägt einen maßgeschneiderten Anzug und ein aufgeknöpftes Hemd, während die Leute, die um ihn herumstehen, geschniegelt und gebügelt sind. Seine eleganten Bewunderinnen spreizen manikürte Finger, auf die er flink Ringe steckt. »Meine Klienten sind sehr verschieden, aber eine Sache ist ihnen gemeinsam: die Liebe zur Jade«, raunt er uns rasch in einer kurzen Gesprächspause zu. Schon ist er wieder umringt und lullt eine weitere *tai-tai*-Dame mit gezierten Adjektiven ein. »Man ist nur so gut wie seine letzte Vorstellung. Es gibt immer verärgerte und enttäuschte Klienten, die beklagen, der Auktionator habe zu schnell mit dem Hammer zugeschlagen oder der Preis sei lächerlich oder ihr Rivale, Herr Soundso, sei verrückt geworden, nachdem er so viel bezahlt habe. Es gibt eine Rivalität zwischen den Klienten, sogar zwischen Angehörigen derselben Familie. Sie kämpfen alle gegeneinander, um die bessere Jade zu bekommen, aber es wäre sehr indiskret von mir, Ihnen mehr zu verraten.«

Ein strahlendes Zähneblecken, dann dreht er den Kopf ruckartig herum, gerade bevor der nächste Chip-Millionär den Raum betritt. Edmond Chin wartet in lässiger Haltung, hält einen Jadering hoch, dessen Stein wie eine Ginkgo-Nuss geschnitten ist, ein Cabochon von 77 Karat, Wertschätzung auf Anfrage. »Ich bin fest davon überzeugt, dass Jade eine Frage des Schicksals ist. Sind Sie und der Stein füreinander bestimmt? Wenn ein Jadestein seinen Besitzer mag, dann glänzt er an ihm strahlender als an allen anderen Personen.« Der Tycoon hat den Cabochon an seinen Finger gesteckt. »Jade hat wunderbare Eigenschaften: Sie spiegelt die Gesundheit ihres Trägers wider, nimmt unheilvolle Einflüsse in sich auf, bietet Schutz und wehrt Zauber ab.« Jetzt notiert er sich die Losnummer. »Ich trage meinen Glück bringenden Jadering die ganze Zeit«, schnurrt Edmond. Der Elektronik-Millionär schlendert zufrieden davon.

Als Edmond Chin 1994 ins Geschäft einstieg und die Seiten immer aufwändiger gestalteter Kataloge mit Fotos und Fabeln aus den goldenen Zeitaltern des Himmelssteins ausschmückte, eroberte er 76 Prozent eines Marktes, der von Lisa Hubbard beherrscht wurde. Christie's jugendfrischer Direktor für Jadesteine ist ein widersprüchlicher Schwadroneur, der mühelos konfuzianische Werte mit westlichem Hedonismus und östlichen Mystizismus mit dem Plündergut des Empire verschmelzt. Er verkauft »erlesene Schmuckstücke«, »eine prächtige Halskette«, »einen außergewöhnlichen Cabochon«. Er zeigt einem Qianlong, der auf seinem Pferd reitet, und bezaubert einen mit Anekdoten darüber, wie er das zinnoberrot lackierte Schatzkästchen des Kaisers in einer Pariser Mansarde aufspürte. Er zeigt einem die Drachendame, die in ihrem Fotoatelier posiert, und erzählt, wie er die Spur des Dämonen bezwingenden Zauberstabs bis zu einem Sammler in London verfolgte. Hier ist Madame Chiang, wie sie den US-Kongress in ihren Bann schlägt, und, übrigens, wussten Sie, dass sie sich zu ihrem Geburtstag noch immer Jade-Bijous kauft? Sein Kaiserlicher Katalog ist mit Castigliones Porträt des Kaisers geschmückt und zitiert Lord Macartney: »So habe ich Salomo in all seiner Herrlichkeit gesehen.« Die Scharade, die Macartney meinte, das Marionettenspiel, das er als Kind gesehen hatte, wird mit keinem Wort erwähnt. Doch all dies spielt keine Rolle, denn als Edmond Chin neun Millionen US-Dollar für den »Doppel-Glücksbringer« erzielte, wurde er zum neuen Jadekönig gekrönt.[2]

Ein kurzes Schlendern durch die Arkaden des Pacific Place, an Gucci, Cartier und Tiffany vorbei, unter Plakaten mit dem Bild einer Silbergabel, die Goldketten wie Spaghetti aufdreht, und schon steht man im Ballsaal des Conrad International Hotel. Zweimal pro Jahr wetteifern die Auktionshäuser Seite an Seite, und hier im Conrad kämpft Sotheby's darum, den Jademarkt zurückzuerobern. Ein Wirbel von Wandgemälden, blaue und rosa Schmetterlinge, die von William Morris entliehen wurden, gesponnenes Silberhaar fällt auf Leinencapes, sonnengebräunte Männer biegen ihre Zehen in Slippern aus Veloursleder. Eunice, Angela, Cynthia und Renée defilieren mit den wertvollen Stücken, und Quek Chin Yeow, Edmond Chins ehemaliger Schulrivale aus Singapur, der mittlerweile ebenfalls Jadedirektor ist und eine Smokingjacke und eine Karbonado-Brosche an der Schulter trägt, sieht sich nach Geboten um. Doch der Raum ist halb leer. Bald sieht man, wie *tai-tai*-Damen, beladen mit Katalogen, mit wehenden Schals und einer Duftspur von »Poison« Käufer auseinander stieben lassen und zum J. W. Marriott eilen, wo es nur noch Stehplätze gibt.

François Curiel, der weltgewandte Vice-Chairman von Christie's, steigt dort forschen Schritts aufs Podium, und mit einem Schwung des Hammers treiben seine Helfer ihre Klienten in die richtige Position. Links steht eine Bank mit summenden Telefonen. Ein abgetrennter Pferch für die Journalisten im Hintergrund ist zum Bersten gefüllt; alle Augen sind auf das elektronische Zählwerk gerichtet, auf dem die Gebote aufblitzen. Man möchte auf jeden Fall das Fotofinish erwischen, man ist ohnehin durch Vertraulichkeitsabsprachen verpflichtet, die Identität der Klienten von Christie's zu wahren. Curiel hebt den Hammer, und edle Jimmy Choo-Schuhkreationen scharren auf dem Teppichboden wie Rennpferde vor dem Start. Eine Reihe raffiniert aufgemachter Mähnen zittert dem Startschuss entgegen, Kammgarnhosen und Krepprröcke, prächtige Allerwerteste schweben förmlich über ihren bedeutenden Stühlen im Louis-XIV.-Stil.

Silberne Fingernägel, Handtaschen aus Ponyleder, rosa Bouclé und maßgeschneiderte Perücken, ein golddurchwirktes Gewebe und ein perlenbestickter Umhang. Endlich werden die Sonnenbrillen heruntergerissen, als sich der Hammer senkt und der Himmelsstein erscheint. »Beginnen wir mit 50, 50, 50. Wer gibt mir 50 000?« François Curiel ist aufgekratzt, aber die Gebote kommen nur zögerlich. Ein verdrießlich dreinblickender Mann zur Linken nimmt das Tempo auf. »60, 70, 80, 90 000. Für mich. Für Sie. Mich. Sie.«

Sammy Chow ist hier und kommt langsam in Fahrt. Frank und Charlotte Tieh sind hier, in diskreter Entfernung, und wärmen sich auf für den Endspurt. Vorn sitzen Frischvermählte vom chinesischen Festland, die Hochzeitsgeschenke füreinander kaufen. Dahinter sitzt die porzellanhäutige Michelle Ong Cheung, die angesagte Schmuckdesignerin der vornehmen Gesellschaft. Carol Huang, Pierre Chens Privatkuratorin, sitzt neben Samuel Kung, mittlerweile die Nummer eins unter Hongkongs Händlern von Rohjadeit.

»Der Cabochon eines bedeutenden Gentleman. Wer möchte beginnen?« Die anonyme Telefonbank leuchtet auf. »Edmondo-am-Telefon bietet 750, 750, 750 000. Ich habe hier 900, 900, 900 000. Sie wurden überboten, Deb-or-a-am-Telefon, und auch der Herr dort hinten. Hier ist ein Gebot von einer Million.« Zwei. Drei. Vier – die Dollars fliegen nur so. »Bietet jemand fünf, fünf, fünf? Niemand mit fünf Millionen? Ja, hier werden 4,5 geboten. Von Ihnen, mein Herr, im Sportsakko, nicht Ihnen, Madam, im roten Rock.« Der Hammer fällt bei 4 970 000 Hongkong-Dollar (636 000 Euro), und der Mann, der Mister Fuji genannt wird, hat die Ziellinie als Erster überschritten. Dieser chinesische Geschäftsmann aus Hongkong ist im Fotofilmgeschäft tätig und ist hier mit seiner Tochter Betty auf Einkaufsbummel.

Die Auktion wird für einige Minuten unterbrochen, und Straußenfedern stürzen sich auf Croissants, die mit Garnelen belegt sind. Eine Frau, die ihren Katalog wie eine Keule schwingt, stößt uns zur Seite, um die letzte Schale Consommé zu ergattern. Dann geht die Versteigerung weiter.

»Ein herrlicher Ring mit einem Cabochon aus Jadeit. 77 Karat. Und nur damit Sie es wissen: Mein Buch ist voll mit Geboten. Edmondo-am-Telefon ist mit 5 Millionen Hongkong-Dollar dabei.« Ein Raunen geht durch den Saal. Die Gebote überschlagen sich. »Fünf, sechs, sechs, sieben, acht, acht Millionen. Der Herr dort hinten im Sportsakko hat das höchste Gebot abgegeben.« Dann zeigt Curiel auf die Telefone. »Das Gebot steht nach Offerten aus New York, Genf, London und Paris bei zwölf Millionen Dollar.« Edmondo-am-Telefon spricht mit rasender Geschwindigkeit und ringt seinem unsichtbaren Klienten weitere zwei Millionen ab. »Noch ein Versuch, Edmondo-am-Telefon, bei vierzehn Millionen? Ja? Nein. Zu spät. Das Gebot liegt jetzt bei Ihnen, Anthony, mit sechzehn Millionen Hongkong-Dollar.« Hinter Edmond Chin steht der schicke Anthony Lin, der Leiter der Hongkonger Niederlassung von Christie's. Er schnatterte in atemloser Hast in das Head-Set seines Handys. »Sechzehn Millionen Hongkong-Dollar.« Im Saal hält man den Atem an. Niemand kann es so recht glauben, außer

Herrn Fuji, der sich seelenruhig mit Betty berät, bevor seine Kelle emporschnellt. »Siebzehn Millionen Dollar«, ruft Curiel. Doch Edmondo-am-Telefon ist noch immer im Spiel. »Es liegt bei Ihnen, Edmondo-am-Telefon für achtzehn Millionen.« Der Hammer verharrt in der Luft, und Köpfe drehen sich. Herr Fuji grinst breit. Knisternde Spannung. Gesichter, ganz im Banne des Jagdfiebers. Herr Fuji schweigt. Dann geht seine Kelle hoch. »Achtzehneinhalb Millionen Hongkong-Dollar.« Ein kurzer Augenblick der Stille, bevor das Gebot von 2,37 Millionen Euro den Zuschlag erhält. Edmond hat den Hörer aufgelegt und sich von einem weiteren verbitterten und enttäuschten Klienten verabschiedet. Herrn Fuji wird eine regelrechte Huldigung dargebracht: Ein Helfer kniet mit einem Tablett von Sandwiches vor ihm nieder. François Curiel ist entzückt. Die Auktion ist außerordentlich gut gelaufen. Drei Weltrekorde wurden aufgestellt. Aber Edmond Chin hat keine Zeit für ein Interview. Wir sollen ihn anrufen. Mit seiner Assistentin sprechen. Termin unbestimmt. Wir dackeln wie junge Pekinesen hinter ihm her in die überfüllte Lobby des J. W. Marriott Hotels. Dort steckt man die Köpfe zusammen und schwatzt über den Rückkauf eines historisch bedeutsamen Artefakts, über Jadelegenden und Geschichten, die man abwesenden Freunden erzählen möchte. Aber niemand scheint die Geschichte von Hpakant zu kennen.

Vierzehn Tage später erhalten wir einen Anruf von Edmond Chin. Er möchte uns zu einem Bummel durch die Canton Road von Kowloon einladen; wir sollen sofort kommen. Er ist ziemlich schäbig mit dreiviertellangen Sporthosen und einem Wollpullunder bekleidet und lotst uns in einen Aufzug, der uns zum Gipfel von Samuel Kungs Imperium bringt. Nachdem wir eine kugelsichere Luftschleuse passiert haben, werden wir in sein Büro geführt. Während sie sich auf Kantonesisch über eine bevorstehende Auktion unterhalten, bewundern wir einen 142,5 Kilogramm schweren burmesischen Jadeblock, der wie eine Riesenkartoffel geschnitten ist. Kung kaufte ihn für elf Millionen Hongkong-Dollar (1,4 Mio. Euro). Er öffnet einen begehbaren Safe, der überquillt von Himmelssteinen, die in Plastikschachteln verstaut sind, und das vertraute Sausen der wasserbetriebenen Werkbank ertönt aus dem Hintergrund.

Wir werden zum Mittagessen eingeladen und gehen an Privaträumen vorbei, in denen *mah-jong*-Spielsteine klirren. Wir setzen uns hin zu einem Festmahl aus Haifischflossensuppe, Fischköpfe-Eintopf und Tauben, die in Salz und Essig getunkt werden. »Einen Jadeblock wie diesen bekommt man nur einmal im Leben«, sagt Samuel Kung strahlend wie ein stolzer, frisch gebackener Vater. »Und wenn ein Stein wie dieser auf den Markt kommt, gibt es viel Geheimniskrämerei, und man muss eine Einladung erhalten, um an der Auktion teilnehmen zu können. Die Liebe zur Jade wurde mir in die Wiege gelegt. Ich habe mir den ungeschliffenen Stein stundenlang angesehen, ihn befühlt und erspürt. Darüber nachgedacht, wie er geschnitten werden soll. Aber ich würde nie eine Mine betreiben. Ich würde keinen Schritt über Mandalay hinaus machen. Das ist viel zu gefährlich.« Als er den Tisch verlässt, bedrängt uns Edmond Chin mit einer Frage, und es ist das erste und einzige Mal, dass jemand Hpakant erwähnt.

»Haben Sie vor ein paar Monaten diesen grässlichen Artikel über die Minen gelesen? Stammt er etwa von Ihnen?«

Was sollten wir sagen?

»Der Ort war also eine Drogenhöhle? Fanden Sie das nicht ziemlich melodramatisch? Sie haben eine Menge Probleme verursacht. Man hat mir geraten, nicht mit Ihnen zu sprechen, aber ich habe nichts zu verbergen. Sagen Sie, war es wirklich so schlimm?«

Seit unserem Besuch in Hpakant waren achtzehn Monate vergangen, und die meisten Menschen, die wir dort interviewt hatten, waren mittlerweile aller Wahrscheinlichkeit nach tot. Wenn die Vorhersagen der Epidemiologen zutrafen, musste sich die Lage mittlerweile dramatisch verschlechtert haben, und die burmesische Regierung hatte gewiss ihren Kurs nicht geändert. Die Vorahnung in den Liebesbriefen, die Aung San Suu Kyi 1971 geschrieben hatte, waren eingetroffen. Ihr Ehemann Michael Aris war in Oxford an Krebs gestorben, nachdem man ihm ein Visum für einen letzten Besuch bei seiner Frau verweigert hatte. Ein westlicher Arzt, der einen Bericht abgefasst hatte, der den Teufelskreis der Zerstörung in Hpakant schlaglichtartig erhellte, wurde prompt von der Junta ausgewiesen. Selbst der Bibliothekar der Rebellen, der uns geholfen hatte, zu verstehen, wie die KIA hinters Licht geführt worden war, war dem Krieg zum Opfer gefallen. Er war zum SPDC übergelaufen, und das Regime hatte ihn zweifellos mit der Drohung, seiner Familie etwas zu Leide zu tun, dazu gezwungen, alle Personen seines Umfelds zu verraten.

Ja, sagten wir, es sei wirklich so schlimm, und wir erinnerten uns an eine Illusion, die Christie's gesponnen hatte. »Für die Abergläubischen ist die Identität der früheren Sammler wichtig, da viele Menschen keinen Stein besitzen wollen, der Unglück oder Krankheit bringt«, hatte es in einem Katalog geheißen. »Dies gilt besonders für Jadeschmuck, der direkt auf der Haut getragen wird und den ein geheimnisvoller Nimbus umgibt. Einige glauben sogar, dass er das Wesen seines früheren Besitzers in sich aufnehme.«[3] Bei uns hatten diese Worte Bilder von Gliedmaßen heraufbeschworen, die wie Bambusstäbe wirr übereinander liegen, von verzweifelten Fingern, die an einem grünen Splitter herumtasten. Doch Edmond Chins Klienten lasen sie und waren hingerissen von dem Leben der Jade-Liebhaberinnen. Hatte man ihn jemals nach den Minen von Hpakant gefragt? Edmond blickte uns voller Mitleid an. Das war ein viel zu weites Feld, und außerdem stand viel zu viel Geld auf dem Spiel. Samuel Kung kehrte zurück, und das Gespräch wandte sich wieder dem Thema Jade und Schicksal zu.

Wir flogen nach New York, um die hundertjährige Madame Chiang Kai-shek zu interviewen, die größte Sammlerin von allen, die den Himmelsstein noch immer auf ihrer Haut trug. Es sind kaiserliche Preziosen, um die sich geheimnisvolle Legenden ranken, Schmuckstücke, die von den Toten zurückgekehrt sind und die die Reise von der alten in die neue Welt überlebt haben. Doch trotz eines halben Versprechens kamen wir nicht an den Wachleuten vorbei, die den Gracie Square bewachten. Einige Freunde sprachen unter dem Siegel der Anonymität über die 103-jährige Matriarchin, die den Krieg, Chiang Kai-shek und die Amputation beider Brüste überlebt hatte und ihre Wohnung nur noch selten verließ. Sie verbrachte ihre Tage in einer Schattenwelt, schlief in einem Rollstuhl und wurde von Bediensteten mit weißen Handschuhen und ihrer Nichte Rosamond Hwang, Ai-ling Kungs ältester Tochter, umsorgt. Madames verbotene Stadt war angefüllt mit Souvenirs aus ihrer Zeit als Chinas *fu-jen*; darunter befand sich auch ein Castiglione-Porträt einer hellhäutigen Frau in rotem Kleid, das an der Wand ihrer Speisekammer hing.

Während wir auf einen Telefonanruf warteten, der nie kam, gingen wir auf der Suche nach Heber Bishop ins Metropolitan Museum of Art. Er hatte dem Museum seine Jadesammlung unter der Auflage vermacht, dass es sie in einem Nachbau seines Ballsaals im Louis-XV.-Stil ausstellte. Doch der Salon mit seinen Spiegeltüren, Kristalllüstern, vergoldeten Rokokowänden und Pariser Schaukästen war 1937 demontiert worden und verschollen. Zwar hatte Bishops zweibändiger Katalog mit begrenzter Auflage, der an die gekrönten Häupter Europas verteilt worden war, 900 Kunstwerke angepriesen, in der Galerie im dritten Stock war aber nur eine Hand voll zu sehen. James Watt, der »Brooke Russell Astor«-Direktor für asiatische Kunst, dessen Stelle von Barbara Huttons munterem Society-Freund gestiftet wurde und dessen Büro so voll gestopft war wie die einstige Suite der Prinzessin im Pariser Ritz, fragte uns, weshalb wir an der Bishop-Sammlung interessiert seien. »Sie besteht aus nichts anderem als den Relikten der Qing-Dynastie, die von den Engländern und Franzosen durch die westliche Welt geschleust und dann von den Amerikanern gesammelt wurden«, sagte Watt zwischen Telefonaten. »Bishop hatte die hochfliegende Ambition, die Jaden des chinesischen Kaisers zurückzukaufen, und seine Absicht war heroisch, aber die Sammlung ist nach allen Maßstäben nicht vorzeigbar.«

Bishop hatte geglaubt, die Steine des Kaisers zu kaufen, während man ihm lediglich Geschichten verkaufte, die Illusion des Sommerpalasts. Watt war zu dem Schluss gelangt, dass es sich bei vielen der Artefakte Heber Bishops mit hoher Wahrscheinlichkeit um Kopien handelte, die zwar aus der Zeit der Qing-Dynastie datierten und auch im Qing-Stil gearbeitet waren, aber nicht aus dem persönlichen Besitz der Qing-Kaiser stammten.

Das Metropolitan Museum wäre dann also bereit, seine wertlose Qing-Kunst einschließlich der Juwelen von Graf Kleezkowsky, den ersten kaiserlichen Jaden, die man in Schmuck nach westlichem Stil hatte fassen lassen, an China zurückzugeben? Eine Sammlung, die gegenwärtig, für die Öffentlichkeit unzugänglich, in einem Lager aufbewahrt wurde, das ein Techniker mit Pferdeschwanz namens Damien bewachte. »Nein. Fordern wir etwa Qianlong und Puyi auf, alles zurückzugeben, was sie stahlen und verkauften? Neunzig Prozent des chinesischen Kulturguts verschwanden schon vor dem Zeitpunkt aus Peking, als sich die Nationalisten die Crème des Verbliebenen unter den Nagel rissen. Wenn wir die Dinge zurückgeben müssten, dann könnten das Met, das British Museum und das Victoria & Albert-Museum dichtmachen. Wir könnten unseren Bildungsauftrag nicht mehr erfüllen.« Er rauschte zum nächsten Treffen.

Wir verließen das Metropolitan Museum durch den Astor Court, einen Gelehrtengarten im Stil der Ming. Wir kamen durch die Robert-H.-Ellsworth-Sammlung chinesischer Schriftrollen (die dem Andenken an La Ferne gewidmet ist). Dann traten wir hinaus auf die Fifth Avenue und gingen über die Straße zum »Met Annexe«, wie er von der feinen Gesellschaft Manhattans genannt wird. Der Silberbecher in der Hand von Robert H. Ellsworth war bereits randvoll.

»Was halten Sie von den großen Sammlern, die die Seiten der Auktionshauskataloge zieren?«, fragten wir.

»Es gibt keine großen Jadesammler, nur Schlampen, die Halsketten aus Jade tragen«, antwortete er.

»Was wollen Sie damit sagen?«

»Ach, Sie wissen nicht, was eine Schlampe ist? Ich werde es Ihnen sagen! Die letzte Schlampe, die in Ihrem Bett schläft, bekommt alles, einschließlich des Jadeschmucks. Sie passen alle in diese Kategorie. Ich kannte Barbara Hutton sehr gut. Die Kerle, die in ihrem Boudoir schliefen – das waren Schlampen, und ich kannte auch die meisten von ihnen. Sie war eine nette Dame, der von Schlampen beiderlei Geschlechts übel mitgespielt wurde.«

Ellsworth kam mit blitzenden Augen in Fahrt. Einsam in seinem riesigen Palast trotz des Hofes kniefälliger Bekanntschaften, trank er sich langsam ins Vergessen.

»Was ist mit den exotischen Fabeln, die den Himmelsstein umranken?«, fragten wir.

»Ich glaube kein Wort von dieser verdammten chinesischen Mythologie. Die stammt von Leuten auf der Straße, die Geschichten erfinden. Niemand lügt so schamlos wie eine chinesische Schlampe«, keifte er.

»Und was ist mit den sechs Millionen Dollar, die an Ihrem Finger funkeln?«

Er sagte uns: »Das ist schnell erzählt. Wenn ich sterbe, bringt Lisa Hubbard diesen Ring wieder auf den Markt. Es wird eine Auktion für ein Einzelstück in einem ledergebundenen Buch geben, in dem steht, dass man sich im Leben nur mit dem Besten zufrieden geben sollte. Und ich hatte es.«

»Liegt auf der smaragdgrünen Kaiserjade ein Fluch?«

Er brummte: »Nein. Es ist der Fluch von Einsamkeit und Reichtum.«

Natürlich warteten wir vergeblich auf den Anruf der größten Sammlerin, und so flogen wir nach Hause, um uns auf die Suche nach einer anderen legendären Figur zu machen. In London fiel uns zufällig ein Brief der Nachfahren des einstigen Königs Thibaw in die Hände. In den fünfziger Jahren des 20. Jahrhunderts hatten sieben Verwandte Thibaws die britische Regierung ein weiteres Mal darum ersucht, den »Schmuck, der einem verantwortlichen britischen Colonel zur Verwahrung anvertraut wurde« – Edward Sladen, dem ehrenwerten Plünderer Mandalays –, zurückzuerstatten. »Es ist nur recht und billig, dass diese Gegenstände zurückgegeben werden beziehungsweise dass man [uns] den Erben von König Thibaw eine angemessene Entschädigung dafür zahlt.« Die Bittsteller hatten ihre Ansprüche geltend gemacht, nachdem sie in der *Encyclopaedia Britannica*, »11. Auflage, Bd. 12, S. 848«, auf einen Hinweis auf die Plünderung Mandalays gestoßen waren. Im Jahr 1959, als zwei Forscher im Auftrag der burmesischen Regierung nach London kamen und in den Tresorräumen des Victoria & Albert-Museums mehrere Gegenstände aus dem Kronschatz von Mandalay identifizierten, erklärte sich das Museum endlich bereit, sie zurückzugeben.[4] Doch als fünf Jahre später eine Delegation einflog, um der feierlichen Übergabe eines mit Edelsteinen verzierten Dolches, der einst König Bodawpayas Vater gehört hatte, im britischen Außenministerium beizuwohnen, waren Thibaws königliche Erben nirgends zu sehen. Stattdessen landete General Ne Win, der Vorsitzende des burmesischen Revolutionsrates, am 11. November 1964 einen weiteren Coup und nahm das Symbol des »guten Willens und der Freundschaft« persönlich aus den Händen von Patrick Gordon Walker, dem Außenminister der Labour-Regierung, entgegen. Einen Monat später wurden dreizehn weitere Kunstwerke an Ne Win verschickt, und im Juli des folgenden Jahres traf eine zweite Sendung aus 130 Artefakten im Großen Goldland ein. Das Regime freute sich so sehr, dass es dem Victoria & Albert-Museum ein mit Blattgold überzogenes Betelkästchen in Form einer heiligen Gans schenkte, die einst vor dem Löwenthron gesessen hatte, »als Anerkennung dafür, dass das Museum den burmesischen Kronschatz 76 Jahre lang sicher verwahrte«.[5] Doch das »V&A« hielt an seiner Sammlung geplünderter burmesischer Ikonen, *parabaiks* aus dem Besitz König

Mindons, buddhistischer Altäre, *chinthei*-Figuren, vergoldeter Opfergefäße und Captain Frederick Marryats Buddha fest, den er während des ersten englisch-burmesischen Kriegs gestohlen hatte. In Rangun verkündete General Ne Win, da man nicht über geeignete Museumsräumlichkeiten verfüge, würden die Schätze von Exkönig Thibaw in einer ehemaligen Bank in der Pansodan Street weggeschlossen, die zu gegebener Zeit ins National Museum umgewandelt würde. Aber wo befinden sie sich heute? Das National Museum zeigt heute nur eine Nachbildung des Löwenthrons und eine kümmerliche Auswahl von Objekten, die als »königliche Regalia« bezeichnet werden, doch die allermeisten Preziosen der Konbaung-Dynastie bleiben verschollen.

Und was wurde aus den Erben Thibaws? Dreizehn Stunden lang rumpelten wir über die Fernstraße Bombay-Goa an der indischen Malabar-Küste entlang. Wir wurden von Wohnmobilen überholt, die prall gefüllt waren mit jubelnden Sommerfrischlern, die sich auf den Strand freuten. In Kolhapur bogen wir in die Straße nach Ratnagiri ab und gerieten in einen Stau, der von Tata Sumos verursacht wurde, den schwerfälligen Geländewagen mit Vierradantrieb, die die indische Mittelschicht zum jährlichen Mangofest in die Stadt brachten. Die sirupartige Luft wurde von Mangofeldern parfümiert. Wir fragten, wie wir zur Thibaw Palace Road kämen, und gelangten schließlich zu einem Kap mit Blick aufs Arabische Meer. Der Ruhesitz von Colonel Godfrey klebte noch immer an dem Felsen. Die roten Backsteine des Hauses blätterten ab, und die weißen Gitterfenster schälten sich. Türen hingen schief in den Angeln, und nichts regte sich in der lähmenden Feuchtigkeit, über die Thibaw einst geklagt hatte. Prüfungsergebnisse waren an die Wand geklebt, und Wachleute, die es sich in Liegestühlen bequem gemacht hatten, verwehrten uns den Zutritt. »Nebenstelle der Universität Mumbai. Zutritt nur für Studenten«, grölte ein Wachmann. Wir gingen zum unbewachten Hintereingang und schlenderten in den Innenhof, in dem ein Springbrunnen einen dürren Baum benetzte. Alle Räume standen leer. Alle Spuren Thibaws waren getilgt. Wir stiegen ins Auto und fuhren los, auf der Suche nach seinem Grab.

Jeder verwies uns in eine andere Richtung, und zwei Stunden lang fuhren wir in Ratnagiri zwischen farbenprächtigen Tamarinden und Eselskarren im Kreis. Dann führte uns ein Postbote auf einer Honda Hero zu einer Schutthalde. Dort lag zwischen Säcken mit Reisabfällen ein Bungalow, der an ein Flickwerk erinnerte und langsam verfiel. Davor beobachtete eine knorrige Frauengestalt, die an einem *charpoy* klebte, die vorbeidonnernden Fahrzeuge. Lalit, unser freundlicher Fahrer, sprang aus dem Wagen in eine Meute geifernder Hunde hinein und rief über die Veranda: »Burmesisches Grab, burmesisches Grab«. Ein Mann mittleren Alters mit verschlafenen Augen trat hinter einem Vorhang hervor und sprach mit Lalit in Marathi. »Steigen Sie aus«, schrie Lalit uns zu, und wir alle stürmten auf den Bungalow zu. »Dieser Mann sagt, seine Mutter sei die Enkelin des alten burmesischen Königs. Sie möchte Sie kennen lernen.«

War es möglich, dass diese Frau mit dem zerzausten schütteren Haar, die, vergessen von der Welt, in einer pfefferminzgrünen Baracke aus Adobeziegeln hauste, ein Nachkomme der Konbaung-Dynastie war? Ihr ältester Sohn, Chandrakhan, ein pensionierter Busfahrer, brüllte seiner Mutter ins Ohr: »Brama, Brama. Hör mir zu, Mutter. Sie sind gekommen, um mit dir über Brama zu sprechen.« Daraufhin hob sie keck den Kopf, und ihr Gesicht zerknitterte wie braunes Seidenpapier, als sie lächelte. Sie presste ihre krallenförmigen Finger zu einem *wai*. »Mandalay«, flüsterte sie, »Phayagyi. Thibaw.« Chandrakhan raste in den Anbau und kam mit Bildern zurück, einem Foto des Exkönigs, das durch hundert Jahre Salzeinwirkung korrodiert war, und einem Gemälde der ältesten Tochter des Königs, der Ersten Prinzessin, die in einem wallenden Seidengewand und mit einem Pfau zu ihren Füßen einen äußerst sittsamen Eindruck machte. Die verhutzelte alte Frau war nach Auskunft eines Bündels amtlicher Schriftstücke niemand anderes als das Ergebnis eines Skandals, der schließlich 1919 Anlass zur Rückführung von Königin Supayalat und ihrer Familie nach Rangun gegeben hatte. Chandrakhan schätzte, dass seine Mutter 105 Jahre alt war, und ihre Personenstandsurkunden bestätigten, dass sie Tutu war, das uneheliche Kind von Phayagyi und dem Chauffeur des abgesetzten Königs. »Die Welt entwickelt sich zurück«, pfiff Tutu durch ihre Zähne. »Einst waren wir ein wildes Volk. Aber alles ist aus den Fugen.«

Wir schrien uns stundenlang an und entwirrten ihren historischen Knoten. Im Jahr 1919 war Tutu aus dem Ruhesitz von Colonel Godfrey hinausgeworfen worden, und sie erinnerte sich, wie die Briten die Habe ihrer Familie im Hof versteigert hatten. Tutu, die einen Einheimischen geheiratet hatte, wurde bis zum Tod ihres Mannes im Jahr 1930 in einem Bungalow untergebracht. Dann setzte man sie erneut vor die Tür und gab ihr einen Morgen Land, auf dem sie ihre Bruchbude bauen durfte. »Ich weiß noch, wie ich von Gopal im Wagen des Königs herumgefahren wurde. Wir hatten Bedienstete. Wir waren hoch stehende Persönlichkeiten aus Burma«, sprach Tutu leise zu sich selbst. »Wir aßen frische Meeresfrüchte und Hühnersuppe, die uns unsere Bediensteten zubereiteten. Ich bastelte Papierblumen im burmesischen Stil und hatte kleine Geldbeutel, die mit Perlen gefüllt waren. Wir waren glücklich, aber ich kann mich an die bedrohlichen Vorzeichen erinnern, etwa als mein Großvater aufs Dach stieg und gegen alles und jeden wetterte, weil er um sein Leben fürchtete. Jetzt ist unser Königreich untergegangen.«

Tutu lebte seit siebzig Jahren in ihrer Hütte, aber sie hatte keinen gültigen Mietvertrag, und so stand sie kurz davor, zum dritten Mal in ihrem Leben obdachlos zu werden, weil ein örtlicher Richter gegenüber den Forderungen von Bauträgern eingeknickt war. »Kein Schmuck ist mir geblieben – alles ist verloren«, sagte sie achselzuckend. »Ich möchte den Palast gar nicht zurückhaben, ich will hier sterben.« Chandrakhan unterbrach sie, das Haar seiner Mutter streichelnd: »Bitte retten Sie die Seele dieser alten

Dame. Es ist eine Schande, dass eine Königin in einer Hütte leben muss.«

Er nahm uns mit auf einen Rundgang durch das verstreute Erbe Thibaws, zum Haus eines örtlichen Beamten, der seinen Namen nicht nennen wollte. Im Innern nahmen wir auf dem Diwan des Exkönigs Platz, daneben stand eine Anrichte, deren Beine mit elefantenförmigen Schnitzereien verziert waren. Ein Hutständer aus Hirschhorn stand in der Ecke, und ein belgischer Spiegel hing an der Wand. »Alles stammt aus dem Godfrey-House«, murmelte der Beamte und schob uns einen Teller eisgekühlter Alphonso-Mangos hin, bevor er uns riet, den Bezirksrichter aufzusuchen.

Der korpulente Herr Nirmalka, der Kleidung aus handgesponnener Baumwolle trug und seine Stirn mit Reismehl, Zinnoberrot und Asche bestrichen hatte, sagte uns, er wolle nur über die Vergangenheit sprechen, und ließ uns an der Haustür stehen. »Ich erinnere mich an Tutus Mutter, bevor sie nach Burma zurückkehrte. Ich weiß noch, wie sie in meiner Kindheit Edelsteine wie Süßigkeiten verteilte. Alle Richter bedienten sich an der Habe der Familie. Der tiefe Sturz der Mächtigen«, seufzte Herr Nirmalka, während er uns einen Beutel Mangos in die Hände drückte und uns die Tür vor der Nase zuschlug.

Hinter der Bushaltestelle in Kolhapur, versteckt hinter einer neu errichteten Wohnsiedlung, fanden wir schließlich den ehemaligen König und seine Nebenkönigin. Hinter einem zerbrochenen Tor, am Ende eines von rauchenden Müllhaufen gesäumten Wegs lagen zwei moosbedeckte Steingräber. Thibaws Epitaph in Burmesisch und Englisch, das niemand hier lesen konnte, war teilweise übertüncht worden:

> Am 19. März 1919 wurden in diesem Grab die sterblichen Überreste von Thibaw, dem letzten König von Oberburma, zur letzten Ruhe gebettet. Thibaw war am 1. Dezember 1885 abgesetzt und nach Ratnagiri deportiert worden, wo er am 5. Dezember 1916 im Alter von 58 Jahren starb.

Tutu hatte uns gesagt, dass sich irgendwo in der Steingruft die Überreste des Kronschatzes von Mandalay befänden, Schmuck, den man ihrem Großvater mit ins Grab gegeben habe. »Hier ruhen auch die sterblichen Überreste von Teik Su-paya-gai, Thibaws Nebenkönigin, die am 25. Juni 1912 im Alter von 50 Jahren in Ratnagiri starb«, lautete die Inschrift auf dem benachbarten Grab, dessen *hti* – Ehrenschirm – von einem verirrten Fußball heruntergeschlagen worden war und dessen Mauer jemand aufgebohrt hatte, der in das Grabmal einzubrechen versucht hatte. Doch angeblich war das Seelenhaus der Nebenkönigin von Anfang an leer gewesen; ein örtlicher Richter, der zugleich Souvenirjäger war, soll die versilberte Sandelholzurne mit ihrer Asche kurz vor ihrer Beisetzung im Jahr 1919 gestohlen haben.

Auf der Suche nach den Relikten der Qing-Dynastie kehrten wir nach Peking zurück. Dort erwartete uns eine Überraschung. Bei einem früheren Besuch hatten wir den Volksfriedhof der Hauptstadt besichtigt, hatten uns damals aber vergeblich nach den sterblichen Überresten des letzten Kaisers umgesehen. Doch jetzt hielt unsere Übersetzerin eine Notiz mit bruchstückhaften Informationen für uns bereit, die sie aus einer chinesischen Zeitung ausgeschnitten hatte. Es handelte sich um ein Interview mit Li Shuxian, der 75-jährigen ehemaligen Krankenschwester, die den Exkaiser 1962, vier Jahre nach seiner Begnadigung, geheiratet hatte. Sie sagte über die Zeit der jungen Liebe zu Bürger Puyi: »Alles ging sehr schnell. Wir hatten sechs Verabredungen in sechs Monaten, und dann beschlossen wir zu heiraten. Er war ein Mann, der meine Liebe dringend brauchte, und er gab mir seinerseits so viel Liebe, wie er konnte. Einmal brachte er mich durch seine Taktlosigkeit so in Wut, dass ich damit drohte, mich von ihm scheiden zu lassen. Mit Tränen in den Augen bekniete er mich, ihm zu verzeihen. Endlich ist er dort, wo sein Platz ist.«

Li erzählte, dass sich Zhang Shiyi, ein Geschäftsmann aus Hongkong, im Dezember 1994 mit einem Vorschlag an sie gewandt habe. Er sagte, er gebiete über den nötigen politischen Einfluß, um die Überführung von Puyis sterblichen Überresten vom Volksfriedhof in die kaiserliche Nekropole in Xi Ling zu veranlassen, und er sei bereit, die Zeremonie zu bezahlen. Er knüpfte daran jedoch eine Bedingung. Der Geschäftsmann wollte die Nekropole, in der die sterblichen Überreste von vier Qing-Kaisern, neun Kaiserinnen, 57 Konkubinen und 76 Vornehmen lagen, wieder eröffnen und Grabplätze an vermögende Auslandschinesen versteigern, die nach kaiserlichem Stil im Land ihrer Vorfahren beigesetzt werden wollten. »Er sagte mir klipp und klar, dass Puyis Bestattung an diesem Ort eine enorme kommerzielle Bedeutung habe«, sagte Li. »Ich mochte seine Ehrlichkeit und ich nahm das Angebot an.«

Im April 1995 hatte sich Li Shuxian zusammen mit Freunden und Verwandten auf einem Hügel, 120 Kilometer westlich von Peking, eingefunden, um ihren Gatten im Rahmen einer privaten Zeremonie in ein bescheidenes Grabmal umzubetten, das, nur mit einer Gedenktafel aus Marmor gekennzeichnet, dreihundert Meter vom Mausoleum Kaiser Guangxus entfernt war. Der Sohn des Himmels war jetzt nur noch ein Aushängeschild für einen chinesischen Unternehmer. Ein Bürger war als kaiserlicher Köder wiedererweckt worden, um diejenigen in den Osten zurückzulocken, die in den Westen geflohen waren.

Bald wurde die Aufmerksamkeit der staatlichen Medien von einer anderen Auktion in Beschlag genommen, die Chinas kaiserliches Kulturgut in bare Münze verwandeln sollte. Die Volksrepublik war »verstimmt und empört« über das Vorhaben von Sotheby's und Christie's, in Hongkong drei bronzene Tierköpfe zu versteigern, die Qianlong als Teile von Pater Benoists chronometrischem Brunnen in Auftrag gegeben hatte. Jetzt waren sie erlesene Objekte in Auktionen, die in Anstoß erregender Unverfrorenheit dem Raubgut aus dem Yuanming Yuan gewidmet waren. Sotheby's bronzener Tigerkopf war auf dem Einband des Katalogs abgebildet. Christie's Ochsen- und Affenkopf wurden auf einer Hochglanz-Doppelseite präsentiert. Die Einleitung zum Katalog stammte von Rosemary Scott, der früheren Kuratorin der Percival David Foundation der London University. Sie schilderte ausführlich die Zerstörungen, die die Alliierten angerichtet hatten, trotzdem verlieh ihre wissenschaftliche Reputation der umstrittenen Auktion von Christie's den gewünscht würdigen Anstrich.

Anthony Lin, der Leiter von Christie's Hongkong, posierte mit den Bronzeköpfen für Zeitungen, während Sotheby's eine Erklärung veröffentlichte: »Wir gehen sehr sensibel mit Eigentumsfragen bei Kulturgütern um.« Obwohl sich Beamte der chinesischen Altertümerverwaltung bemühten, die Auktionen zu verhindern, gingen sie im Mai 2000 über die Bühne. Das, was der Westen geraubt hatte, wurde an den Osten zurückversteigert: Die chinesische Regierung bezahlte mehr als 3,2 Millionen Euro für die Rückgabe der Köpfe, die ihr Eigentum waren.

Was war aus den Qing-Mäzenen geworden, mit deren Sammlungen alles begonnen hatte? Die chinesische Bundesstraße 102, die Peking Richtung Osten verlässt, verläuft entlang des alten Pfads aus gelbem Sand, über den einst Cixis Katafalk gezogen worden war. Wir fuhren über holprigen Asphalt, vorbei an Fabriken und verdrießlich blickenden Wachleuten, die aus schmierigen Plastikschalen warmes Tsing-Tao-Bier tranken. »Geht es hier nach Qing Dong Ling?«, fragte unser Fahrer einen Mann, der eine schmutzige flache Mütze trug, deren karmesinroter Stern von einer Rußflocke verdeckt wurde. »Qing Dong Ling?«, versuchte er es erneut in seinem schnarrenden Pekinger Akzent. Beide Männer bespritzten die Schuhe des jeweils anderen mit ihrer Spucke und wahrten ihren Abstand. »Qing Dong Ling?«, bohrte er nach. Er zog seine Satinhosen hoch. »Beschränkte Arbeiter, die noch keinen Schritt über die Pforten ihrer Fabriken hinaus gemacht haben.«

Eine Fahrt auf der Bundesstraße 102 ist nicht nur eine Reise nach Osten, sondern auch eine Reise in die Vergangenheit. Der Fahrer, der behauptete, seine Vorfahren seien Mandschu-Bannerträger gewesen, wurde von seinen Freunden »Herr Qing« genannt, und er glaubte, dass seine Straße ins alte Land führe. Doch einstweilen, so sagte er, hätten wir uns irgendwo in den Randbezirken des »Großen Sprungs nach vorn« verirrt. Während wir darauf warteten, dass uns jemand die Richtung wies, sprach er über Geschichte und darüber, dass seine Familie für den Hof von Qianlong gearbeitet hatte. Er erzählte uns, seine Eltern hätten Jade unter ihrem *hutong* vergraben, um sie zu verstecken, er habe jedoch die Lage des Verstecks vergessen, und sowieso sei sein *hutong* abgerissen worden.

Zwei Stunde später rollten wir durch frisch bestellte Felder, vorbei an Kolonnen von Fahrrädern und ihren mit Karotten beladenen Anhängern. Die Fahrer, deren Gesichter dunkelrot angelaufen waren, balancierten ihre Freunde auf der Mittelstange. »Qing Dong Ling. Qing Dong Ling«, sangen sie wie die Chromklingeln an ihren Lenkstangen. Sie äfften unseren Fahrer nach, bis er sie von der Straße drängte. »Verfluchte Bauern.« Er boxte mit der Faust durch die Luft. »Immer gedankenlos. Ein von faulen Bauern und Wachleuten regiertes Land.«

Eine weitere Stunde Fahrt auf der nach Osten verlaufenden Straße, und das alte China unseres Fahrers zeichnete sich auf der Hebei-Ebene ab, auf der die Qing ihre Totenstadt erbaut hatten. Wir fuhren die Straße der Unsterblichen hinab, wobei wir die Ehrengarde aus schweigenden Kriegern mit Schotter einstäubten, und hinein in Apfelgärten, die in einem Kompost aus Asche und Exkrementen blühten. Im Umkreis der Kaisergräber waren Bauernhöfe entstanden. Läden, die gebratene Nudeln, hochhackige Schuhe aus Kunststoff und Nylonhosen verkauften, umrahmten Qianlongs Mausoleum. Jungunternehmer bewachten die Halle der Vorzüglichen Gunst mit bauchigen Körben, die von Dattelpflaumen, Birnen und Bildern der Duftenden Gemahlin überquollen. Auf ihren Verkaufsbrettern lagen Anhänger aus gesprenkeltem grünem Glas, die vage an Pfefferfrüchte erinnerten.

Chinesische Tagesausflügler, die Kannen mit stark duftendem

Jasmintee in Händen hielten, stürmten in die marmorne Katakombe Qianlongs. Ihr Gekreische hallte von den Mauern wider, und sie hinterließen eine Spur aus Obstkernen und Spucke, die durch die gewaltigen, von Sprengladungen der Guomindang zertrümmerten Steintüren und hinunter ins 54 Meter tiefer gelegene Kuppelgewölbe führte. Unter einem Baldachin mit Gebeten in Mandschurisch, Chinesisch und Sanskrit standen vier Särge: die des Kaisers, Fuchas und zweier Gemahlinnen. Qianlongs ausgebleichter karmesinroter Sarg, dessen gespaltene Holzleisten noch immer die Spuren der rohen Gewalt aufwiesen, mit der sie auseinander gerissen worden waren, zog die Menge vorwärts. Ein Teenager zischte ängstlich, während Geistergeschichten durch seinen Kopf spukten. Ein Vater flüsterte seinem weinenden Sohn etwas zu, während er mit spitzem Finger auf eine Tafel zeigte, die erklärte, weshalb Qianlongs Sarg leer war. Dann rannten sie zurück, dem Sonnenlicht entgegen und weiter zu Cixis Mausoleum.

Wir betraten die Long'en-Halle, deren Rosenholz-Säulen von vergoldeten Drachen umschlungen wurden und die gedacht war als großartiges Grabmal für die Kaiserinwitwe. Dort stand eine Wachsstatue Cixis, herausgeputzt als Göttin der Barmherzigkeit, die nun in alle Ewigkeit ihrem Obereunuchen Li Lianying, der sich vor ihr prosternierte, ihre Gunst erwies. Neben dem Bildnis gab es einen Schaukasten, der all das zeigte, was Sun Dianyings Männer zurückgelassen hatten: ein gelber Kissenbezug aus Satin, eine blaue Tagesdecke, zwei Paar Schuhe mit Plateausohlen, ein Bettjäckchen, an dem die Perlknöpfe fehlten, drei Siegel und eine vergoldete Schatulle, die Cixis Haare und Fingernägel enthielt. Unterhalb ihrer Kostbaren Zitadelle eilten die Reisegruppen den steilen, mit Kopfsteinen gepflasterten Hang hinunter, vorbei an tropfnassen Wänden, die von Einschusslöchern übersät waren. In der klammen Grabkammer stießen wir zu ihnen. Aber niemand mochte lange in dem modrigen Zwielicht verweilen. Die Kaiserinwitwe hatte sich zu Lebzeiten auf ihren Tod vorbereitet, indem sie ihre Gruft mit Jade, Bronze und Perlen voll gestopft hatte und in ihren Sarg Zehntausende von Gebeten hatte einschreiben lassen, die Dämonen abwehren und sie auf ihrer Reise zum »Ort der neun Quellen« beschützen sollten. Doch jetzt wurde ihr Lacksarg, in dem ihr zerschundener Leichnam lag, von Leim und Schrauben zusammengehalten. Das Leuchten aus Cixis Grabkammer war nun rund um die Welt zerstreut, und ihr glitzernder Traum von einst war nur mehr eine abstoßende und einsame Höhle, die von einer feuchten, schwarzen Leere widerhallte.

Während die Touristen zu ihren Bussen strömten, riefen wir bei der Verwaltung von Qing Dong Ling an. Wir suchten nach dem Historiker, der angeblich im Kaiserlichen Archiv in Peking die Biografien der Insassen der Nekropole erforscht hatte. Könnte er eines der letzten ungelösten Rätsel klären – das der Duftenden Gemahlin? Ihre Geschichte war von so vielen der großen Jadesammler nacherzählt, ausgeschmückt, ausgefeilt und poliert worden, dass wir allmählich bezweifelten, dass Xiang Fei überhaupt gelebt hatte. Der alte Herr Ju zog an einer Zigarre und sagte, er habe nur ein paar Minuten für uns. Er habe die Forschungen fortgeführt, die seine Kollegen vor zwanzig Jahren begonnen hätten, und sie seien bei ihren Recherchen sehr sorgfältig vorgegangen. »Ich werde Ihnen die wahre Geschichte von Xiang Fei erzählen«, sagte er.

Am 19. Juni 1758 sei Yi Boer Han, ein 22-jähriges muslimisches Mädchen, aus ihrem Dorf im fernen Nordwesten Chinas – einer erst kurz zuvor von Qianlong eroberten Provinz – zusammen mit ihrem Bruder in die Verbotene Stadt verschleppt worden. Diese Tatsache sei in der Regionalgeschichte von Sinkiang verzeichnet.[6] Im Februar 1760 wurde sie dem Kaiser vorgestellt, der sie mit »einer Halskette aus der Zhou-Zeit, einer Goldkette und einer Reihe kostbarer Ohrringe, fünfzehn Goldmünzen, zweihundert Münzen aus Weißgold, Seide, Baumwolle und Leder« überhäufte. Diese Einzelheiten seien in der kaiserlichen Geschenkliste für jenen Monat und jenes Jahr festgehalten. Am 2. April 1760 sei auch Yi Boer Hans Bruder mit Geschenken bedacht worden.[7] Er bezog eine herrschaftliche Villa mit 22 Zimmern in Dongshi 6. Tiao, unweit der Verbotenen Stadt, und erhielt für seine Schwester fünfhundert Tael Silber, ein jährliches Gehalt von 240 Tael und einen monatlichen Bonus von zwanzig Tael, womit er insgesamt doppelt so viel verdiente wie ein kaiserlicher Hofbeamter.

Der Kaiser begann nun, dem entführten Mädchen den Hof zu machen. Ihre Schönheit, ihre blasse Haut, ihre saphirblauen Augen und der natürliche Duft, den sie verströmte und der an den Wohlgeruch der Jujubeblüte erinnerte, wurden ebenfalls in den Qing-Annalen verzeichnet. Welche Absichten der Kaiser verfolgte, enthüllt die Honigmelonenliste, in der überliefert ist, dass Qianlong im Juni 1760 zweihundert Litschi-Bäume importieren ließ und Yi Boer Han schenkte. Dieses opulente Geschenk war im China des 18. Jahrhunderts sehr symbolträchtig.

Die außergewöhnliche Aufmerksamkeit, die der Sohn des Himmels einer Gefangenen aus einem fernen Krieg zuteil werden ließ, sollte andauern. Die Qing zeichneten akribisch jedes Detail des Palastlebens auf. Ihre Höfischen Küchen-Annalen vom Januar 1761, die Chiang Kai-shek in Peking zurückgelassen hatte, vermerken, dass der Palast einen Küchenchef aus Sinkiang, namens Nu Yi Ma Ge, eingestellt habe, um mit Hilfe »besonderer Gemüsesorten wie Pfeffer, viel Zwiebeln und keinem Knoblauch« islamische Delikatessen für Yi Boer Han zuzubereiten.[8] Fast zwei Jahre später, im Dezember 1762, wurde das Mädchen vom Land in den Rang einer Bing erhoben. Jetzt wurde Yi Boer Han am Hof Xiang Bing genannt, die Wohlriechende Konkubine, und laut Ausweis der Qing-Adelsliste war sie die einzige Muslimin im Harem des Kaisers.[9] Doch das besondere Augenmerk des Kaisers ging noch weiter. Am 4. Juni 1767 begann Xiang Bing, statt ihres traditionellen Sinkiang-Kleids Mandschu-Gewänder zu tragen. Zur Feier dieses Tages erhielt sie vom Kaiser zwanzig Geschenke, darunter eine Halskette aus Jade und einen Kopfputz aus Katzenauge.[10]

Im Juni 1769 wurde Xiang Bing erneut befördert, diesmal in den Rang einer Fei, und aus dem Mädchen, das nach der Jujubeblüte duftete, wurde so die Duftende Gemahlin.[11] Xiang Feis Name taucht regelmäßig in der Geschenkliste auf, der Kaiser überschüttete sie mit Juwelen, Jade und Früchten. Vielleicht versuchte er noch immer, ihre Gunst zu gewinnen, oder vielleicht hatte er dieses Ziel auch schon erreicht und belohnte sie für ihre Willfährigkeit. Doch Einträge in den Familienbüchern der Qing-Herrscher ab 1785 erwähnen, dass Xiang Fei an einer »seltsamen, schleichenden Krankheit« litt, und mehrmals wird die königliche Apotheke angewiesen, Arzneien für die Gemahlin zuzubereiten.[12] Die Höfischen Küchen-Annalen enthüllen, dass Qianlong über ihre Krankheit besorgt gewesen sei und dass der aufmerksame Kaiser trotz der Anforderungen seines Amtes ausgewählte Geschenke an Xiang Fei sandte, Dattelpflaumen und Honigmelonen. Ein Eintrag, der das Datum des 14. April 1788 trägt, erwähnt, der Herr der 10 000 Jahre habe zehn Mandarinen an Xiang Feis Krankenbett gebracht, wo sich seine Leibärzte Xiang Shau Ji und Zhang Chun ihrer annahmen. Doch fünf Tage später war Xiang Fei tot. Die Verbotene Stadt stellte nun den *Xiang Fei Yi Wu Zhe* auf, eine Vermögensliste der Duftenden Kaisergemahlin, die verfügte, wie ihre Kleidung und ihr Schmuck, ihr Nephrit und Jadeit auf ihr Grab, die Palastmagazine und ihre Familie aufgeteilt werden sollte.

Herr Ju führte uns schweigend zu einem von einer Mauer umgebenen Zypressenhain im Schatten der imposanten Mausoleen Cixis und Qianlongs. Hier befanden sich 36 Grabhügel, die an Zelte eines mandschurischen Feldlagers erinnerten und die Sun Dianyings Männer 1928 übersehen hatten. Yu zog ein Eisentor hoch, und wir gingen über schlüpfrige Marmorstufen in eine spartanisch eingerichtete düstere Kammer, in der ein einzelner Lacksarg stand. »Im Oktober 1979 hatten wir eine Überschwemmung, daher öffneten wir dieses Grab. Im Inneren gab es große Schäden. Wir fanden ein Skelett, das neben einem Sarg lag, der mit goldenen Koran-Versen verziert war«, flüsterte Herr Yu. »Dort hinten, in dieser Ecke, lag ein Haufen zerfallende Gewänder und der mit

Katzenauge verzierte Kopfschmuck einer kaiserlichen Gemahlin. Wir fanden dort drüben auch einen angegrauten Haarzopf. Das Grab in Kashgar ist leer. Xiang Fei starb im Alter von 55 Jahren, und sie wurde hier beigesetzt.«

Wir traten in den Zypressengarten hinaus und dachten an den Persischen Pfeffer, der über die Jahrhunderte von Cixi, Elizabeth Wan Jung, Hui-lan Koo und zahllosen anderen gerühmt worden war, die alle danach gestrebt hatten, eines der schillerndsten Jadegeschmeide der Welt zu besitzen. Was war aus dem Unterpfand der Liebe eines Kaisers geworden?

Als wir über den Seiten alter Sotheby's-Kataloge brüteten, fiel uns eine Auktion im November 1987 auf. Artikel Nr. 337, der vorsichtig nur als »Eigentum einer Dame« ausgezeichnet war, wurde als ein Anhänger beschrieben, »der angeblich von der Kaiserinwitwe Cixi erworben wurde«. Es handelte sich um eine Pfefferfrucht aus Jadeit mit einer Diamantspange, »die durch den rankenförmigen Stiel gezogen ist« und die eine bemerkenswerte Ähnlichkeit mit den Beschreibungen von Xiang Feis Anhänger aufwies. Es war eine der ersten Auktionen von Lisa Hubbard gewesen, und wir fragten sie, was ihr an dem Artikel in Erinnerung geblieben sei. »Es war die Pfefferfrucht von Hui-lan Koo. Nach ihrem Tod trat eine Verwandte mit der Bitte an mich heran, das Stück zu verkaufen. Hui-lan hatte ihr gesagt, sie habe es bei einem Herrn Tieh erstanden, der es wiederum vom letzten Kaiser von China bekommen habe«, sagte uns Lisa Hubbard. Hier war er endlich, leicht verblasst auf den schlecht fotografierten Seiten des Katalogs, der Persische Pfeffer der Duftenden Gemahlin, den Huilan in ihren Memoiren als den Stein gepriesen hatte, der Sir Victor Sassoon das Herz brach. Doch die Geschichte nahm eine Wendung, die uns völlig überraschte. »Madame Koos Pfeffer ließ sich nicht versteigern«, berichtete uns Lisa. »Der Anhänger hatte einen ziemlich deutlichen Makel. Es war nicht das Original. Wussten Sie das nicht?«

Wieso war sie sich da so sicher? Ein Jahr, bevor die Verwandten Hui-lan Koos den wolkigen Pfeffer zur Versteigerung anboten, hatte eine Hongkong-chinesische Familie Lisa Hubbard kontaktiert und sie gebeten, ihren Jadeschmuck zu schätzen. Unter den Halsketten und Armringen befand sich ein vollkommener Anhänger in Pfefferform. »Er war wirklich prächtig, das herrlichste Jadeobjekt, das mir je untergekommen ist. Kleiner als Huilans Pfeffer, nur fünf Zentimeter groß, aber man hatte das Gefühl, als könnte man ihn zusammendrücken und dann würde Saft herausrinnen. Er gehörte einem betagten Verwandten, der 1925 einen Maharadscha in Schanghai überboten hatte. Der alte Mann sprach nur gebrochen Englisch, aber er hatte eine Geschichte für mich. Er sagte, er habe den Pfeffer von einem ängstlichen chinesischen Händler gekauft und Qianlong habe ihn der Duftenden Gemahlin als Andenken geschenkt. Ich versuchte ihn dazu zu bewegen, das Objekt zu verkaufen, aber er wollte sich nicht von dem Anhänger trennen. Er war so vollkommen, und der Stein funkelte so sehr, dass ich eine Zeichnung anfertigte, weil ich befürchtete, ihn nie mehr wiederzusehen.«

Zwei Jahre später nahm die Familie unvermittelt Kontakt zu Lisa Hubbard auf. Der alte Mann war gestorben, und sie wollten den Pfefferfruchtanhänger, den sie geerbt hatten, auf den Markt bringen, weil sie ihn für altmodisch hielten. Als Neuigkeiten über die Geschichte des Anhängers durchsickerten, fanden sich Dutzende von Sammlern zur Auktion von Sotheby's in Hongkongs Mandarin Oriental ein. In einem alten Exemplar des hoteleigenen Magazins fanden wir einen Bericht über die Auktion:

> Ein Murmeln ging durch die dicht gefüllten Reihen und schwoll zu einem Raunen an, als der Auktionator Julian Thompson ständig steigende Gebote entgegennahm. Dann folgte ein Crescendo aufgeregten Geflüsters, raschelnder Kataloge und hektischer Telefonanrufe … und schließlich fiel der Hammer, während der ganze Saal vor Staunen und Freude den Atem anhielt.[13]

Ein anonymer Bieter bezahlte das Dreifache des Mindestpreises und erwarb Xiang Feis Persische Pfefferfrucht für eine Million US-Dollar. Lisa Hubbard wollte jedoch nicht verraten, wer der Käufer war.

Es war der Versprecher eines Sammlers in Taiwan, der uns schließlich zu Johnny Hwang führte, einem Geschäftsmann aus Taipeh und Jadesammler, der jetzt das Andenken der Duftenden Gemahlin an seinem Körper trägt. Endlich hatten wir den Stein gefunden, der 1785 von der Grenze Yunnans herbeigeschafft worden war, der schwer am Hals der unglücklichen Xiang Fei gehangen hatte, bis Qianlong ihn bei ihrem Tod weggeschlossen hatte, und den Yehenara auf ihrer Flucht vor Lord Elgin hastig eingepackt hatte. Henry Puyi hatte ihn in der Halle des kaiserlichen Seelenfriedens gefunden. Doch er verschwand sogleich im Gürtel von Elizabeth Wan Jung, als ein Konvoi die kaiserliche Gesellschaft ins Exil fuhr, wo sie ihr Erbe zu Geld machten.

Da ist es nicht weiter verwunderlich, dass sich Hui-lan Koo genötigt fühlte, die Irrfahrt des Persischen Pfeffers auf ihre Weise zu nutzen und ihren Anhänger in den geheimnisvollen Nimbus der bemerkenswerten Geschichte einer anderen Person einzuwickeln. So bestieg sie den Schanghai Express mit der Fabel und ihrem unechten Anhänger, und sie eilte mit beidem zum Esstisch von Lord Willingdon, wo sie ihren Freunden und ihrer Rivalin das gab, was sie wirklich wollten: eine Illusion und nicht bloß einen nackten Stein.

Wir wollten zurück an den Anfang, zum Tor von Qianlongs Jade-Straße. Also flogen wir nach Süd-Yunnan, wo wir uns mit einer Art Gebärdensprache die Dienste Herrn Tangs sicherten, eines Taxifahrers, der energisch nickte, als wir mit den Armen Richtung Süd-Westen fuchtelten. Wir hofften, er würde uns zur chinesischen Grenzstadt Ruili fahren, durch die König Bodawpayas Gesandte einst gekommen waren. Wir machten Halt, um Krapfen und Kondensmilch einzukaufen, wir blieben stehen, um zu tanken und eine Zeitung zu kaufen, und wir hielten an, um einen unerwarteten Passagier aufzunehmen. Schließlich brausten wir los durch eine Landschaft, die mit üppigem Dschungel überzogen war. Die Freundin von Herrn Tang sang »chinglische« Liebeslieder, während er mit seinem Nissan durch die Haarnadelkurven schleuderte. Frauen vom Stamm der Dai droschen Reis und machten auf den Feldern Heu, während Herrn Tangs Mädchen in seinem Kleid aus Baumwollsamt so lange hin und her wackelte, bis dieses über ihre weißen Kniestrümpfe hochrutschte und einen Ausschnitt ihres cremefarbenen Oberschenkels freilegte. Als wir schließlich vier Stunden später nach einer Fahrt durch das einstige Territorium des Warlords Drachenwolke Ruili erreichten, hatte sie eine Hand in Herrn Tangs Hose stecken und tirilierte munter weiter.

Herr Tang riss uns die verabredeten 180 Renminbi (24 Euro) aus der Hand und machte sich aus dem Staub, während wir in das erstaunliche Gewirr von Karaoke-Bars und Leuchtreklamen eintauchten. Ströme von Chinesen und Burmesen in Mercedes und Land-Cruisern surrten durch die Grenzstadt. Männer in offenen Seidenhemden weideten sich am Anblick junger Mädchen, deren eng anliegende Cheongsam-Kleider bis zum Knie geschlitzt waren. Bauern mit flachen Mützen fuhren ihre dickbäuchigen Schweine auf Motorrädern zum Schlächter, zwischen Scharen burmesischer Jungen hindurch, die den Passanten Umschläge mit grünen Steinen andrehen wollten. Und als die Dämmerung in Dunkelheit überging, wurde aus Ruili ein heruntergekommenes altes Flittchen. In Straßenbars krächzten heiser-fröhliche Stimmen ein altes chinesisches Volkslied, »die Weise von den freigelassenen Leibeigenen«. Die Stadt schwamm in Whisky und strotzte von dubiosen Cabochons fragwürdiger Herkunft, die zu Schleuderpreisen feilgeboten wurden. In jeder Seitenstraße gab es Dutzende von Frisörläden, deren Zuckerbäckerschilder mit bunten Lichtern behängt waren. Die Wände der Salons waren in einem tiefen Hellrot gehalten, und auf ihren Sesseln mit verstellbarer Rückenlehne kauerte eine Traube müder Schülerinnen, die sich eingerollt hatten wie Kätzchen und Passanten mit einem Föhn neckten. Als wir an dem »Happy Hair«-Laden vorbeikamen, kreischte und pfiff jemand. Es war das Mädchen von Herrn Tang, das sich in schenkellangen Kunststoffstiefeln aus dem Fenster lehnte, hoch erfreut, uns wiederzusehen. Sie schnatterte in Mandarin wild drauflos und war offenkundig dankbar, dass wir ihr geholfen hatten, 180 Renminbi zu verdienen. Abseits der Mädchen- und Jademärkte, der dampfenden Woks und Schnapsgläschen führte uns der Klang eines englischen Tanztees zu einem großen Zelt auf einem Parkplatz, der von einem hoch gewachsenen, kahlköpfigen Mann mit hypnotischen katzengrünen Augen bewacht wurde. »Kommen Sie herein«, sagte er, seinen konfuzianischen Bart befingernd, und wir hätten es als unhöflich empfunden, der Einladung nicht zu folgen. Im Innern tanzten Jade-Barone mit ihren Freudenmädchen Macarena. Es war Zeit, dass wir uns einen Platz zum Übernachten suchten.

Das Morgengrauen enthüllte eine Stadt, die sich von einer weiteren durchzechten Nacht erholte. Wir ruckelten auf Fahrrädern zum Stadtrand, vorbei an einer Wand, auf der die Gesichter von Toten prangten, zwanzig Drogenhändlern, die in dieser Woche hingerichtet worden waren. Wir folgten Lastwagen, die, schwer beladen mit Arbeitern, Richtung Grenze fuhren. Eine üppige grüne Landschaft ging unvermittelt in Schlammpfuhle über, dazwischen Gebäude aus Chromstahl, die bereits Anzeichen des Verfalls zeigten. Saubere Straßen führten in ein Gebiet voller Schutt, und der Geruch nach karamellisierter Ente wurde übertönt von beißendem Fäulnisgestank. Und direkt vor uns erhob sich ein riesiges rosarotes Tor: »Willkommen im Goldland«. Daneben stand eine Reklametafel, die mit längst verschwundenen Tälern voller Edelsteine bemalt war, einfach gemalten Brocken eines leuchtenden grünen Steins, die aus dem Boden gehauen schienen, und darunter eine Arkade von Jadeschneidern, die auf ihre morgendlichen Lieferungen warten. Nervöse chinesische Soldaten mit automatischen Waffen bewachten den Eingang zu Luo Xinghans berüchtigter Drogenstraße. Und ihnen gegenüber stand der allzu vertraute Haufen von Offizieren des Militärischen Nachrichtendienstes in Longyis und Pilotenbrillen, die sich über Chinas vergebliche Bemühungen mokierten, den Handel mit Drogen einzudämmen, die über eine durchlässige Grenze einsickerten.

Für uns war dies das Ende der Straße. Westlichen Staatsbürgern war es verboten, weiter nach Süden in die Berge des Goldenen Dreiecks vorzustoßen. Als es zu regnen begann, radelten wir fort von den jaulenden Schleifbänken und folgten dem Grenzzaun in östlicher Richtung. Wir kamen vorbei an großen, stillen LKW-Parkplätzen und rostenden Containern, bauchig gewölbten Anhängern mit verborgener Fracht, und gelangten in ein Areal mit in Reihen angeordneten Garagen. Die Rolltüren dieser schmutzigen Betonkästen sprangen auf und gaben den Blick frei auf verzweifelte Mädchen in rosa Nachthemden. Sie seiften ihre Arme und Beine über Schüsseln mit kaltem Wasser ein, schmierten sich *thanaka* auf Wangen, die wie Reispapier schimmerten, und warteten darauf, dass die Fahrer der Jadeit-Transporter mit ihren Taschen voller Geld nach China hineinrollten. Sturmwolken wälzten heran, trotzdem beugten sich halbwüchsige Jungen über Billardtische, die unter freiem Himmel standen, und schossen Bälle über den klatschnassen Filz. »Rauchen?«, fragte einer von ihnen laut auf Englisch und kam schlurfend zu uns herüber. Sein eingefallenes Gesicht schimmerte dunkel. »Mal probieren?« Seine Hand schnellte vor und bot uns ein geöffnetes Tütchen mit Pulver an. »Maybe later, alligator«, sagte er grinsend, als seine Freunde herüberkamen und um Geld baten. Wir fragten, ob sie in Hpakant gewesen seien, und alle nickten. »Mandalay, Myitkyina, Hpakant, Ruili«, riefen sie im Sprechchor, während wir parallel zur Grenze davonradelten, vorbei an einem rostigen Schild, das mahnte: »Bitte, liebe ausländische Freunde, geht nicht weiter.«

Kaum vierzig Meter weiter erblickten wir eine flach hingestreckte Gestalt, die unter dem Grenzzaun lag, mit den Beinen in Burma und dem Rumpf in China. Vermutlich setzte er sich gerade einen Schuss, und so fuhren wir weiter, weil wir nicht dabei zusehen wollten. Doch zehn Minuten später, als wir wieder vorbeikamen, lag der Mann unter dem Zaun noch immer am selben Fleck, und diesmal rief er uns auf Burmesisch etwas zu. Er schien in einem Erdloch unter der Grenze festzustecken. Sein Körper war mit einem Leinensack zugedeckt, und sein Kopf lag auf einer zerknüllten Wasserflasche. Durch Gebärden gab er uns zu verstehen, dass er Hunger habe. Er war kaum dem Teenageralter entwachsen. Wir hatten solche zerschlissenen Fingernägel und spitze Gesichter wie dieses schon früher gesehen. Daher reichten wir ihm schuldbewusst etwas Geld und hofften, dass es damit sein Bewenden haben würde, aber er schob die Scheine beiseite und hob den Sack hoch. Seine Beine waren zu unbrauchbaren Stäbchen verkümmert und von eiternden Wunden überzogen, und der Geruch, den seine infizierten Wundbeulen verströmten, stach uns in der Nase. »Essen, Wasser, bitte. Sehr krank.« Er kramte mühsam ein paar Brocken Schulenglisch hervor. »Kann nicht bewegen«, sagte er, wobei er seine zitternden Hände zu einem *wai* zusammenzupressen versuchte. Wir fuhren zu einem nahe gelegenen Imbissstand, der nur Minuten von der Stelle entfernt war, wo er lag, und kehrten mit Schachteln voll Curry und Wasserflaschen zurück. Er schlang seine Arme um das warme Styropor und begann zu weinen. »Zwei Wochen. Keine Hilfe«, schluchzte er und drehte sich mit dem Rücken auf die zerknüllte Wasserflasche. »Zwei Wochen. Nur Sie. Sehr müde.« Die Lippen schürzend, flüsterte er: »Gute Nacht.« Und seine zu winzigen Punkten verengten Pupillen flackerten, während der Regen sein Gesicht peitschte.

Anmerkungen

Kapitel 1
Eines Kaisers Besessenheit

1 Una Pope-Hennessy, *A Jade Miscellany*, Cole & Cole, London 1946.
2 Gabriel de Magaillans, *Nouvelle Relation de la Chine Contenant la Description des Particularités les plus Considérables de ce Grand Empire*, 1688.
3 Ebd.
4 *The Travels of Marco Polo*, zitiert in *A Jade Miscellany*.
5 John Goette, *Jade Lore*, Kelly and Walsh, Schanghai 1936.
6 *A Jade Miscellany*.
7 *Chinese Jade Books in the Chester Beatty Library*, Hodges Figgis, Dublin 1963.
8 Ebd.
9 Gespräch mit Professor Yang Boda, Kurator am Palastmuseum in Peking, November 1999.
10 Sir George Staunton, *An Authentic Account of an Embassy from the King of Great Britain to the Emperor of China*, G. Nichol, London 1797.
11 Gespräch mit Professor Yang Boda.
12 Yang Boda, *Arts of Asia*, Hongkong, März-April 1992.
13 Beatrice S. Bartlett, »Imperial Notations on Ch'ing Official Documents«, *National Palace Museum Bulletin*, Nr. 1, Bd. 7, Taipeh, März-April 1972.
14 *Jade Lore*.
15 Ebd.
16 Ebd.
17 Ebd.
18 Wan Yi, Wang Shuqing und Lu Yanzhen, *Daily Life in the Forbidden City*, Harmondsworth, London 1988.

19 Cecile und Michel Beurdeley, *Castiglione: A Jesuit Painter at the Court of the Chinese Emperors*, Lund Humphries, London 1972.

20 Ebd. Das Rollbild wurde später von Spink & Sons erworben und 1968 in London an das Museum of Art von Cleveland, Ohio, verkauft.

21 *Daily Life.*

22 Zitiert in *Castiglione.*

23 *National Palace Museum Bulletin*, Nr. 24, Bd. 4, Taipeh, September 1989.

24 Jesuitenpater Jean-Denis Attiret, zitiert in *Castiglione.*

25 Ssu-yu Teng, *Ch'ing Administration*, Oxford University Press, Hongkong 1968.

26 Aisin-Gioro Pu Yi, *From Emperor to Citizen*, Foreign Language Press, Peking 1965.

27 Zitiert im Katalog zu Christie's *Imperial Sale* am 27. April 1997 in Hongkong.

28 Ebd.

29 Howard Hansford, »Jade and Jade Carving in the Ch'ing«, *Transactions of the Oriental Ceramic Society*, London, 1963-4.

30 Harbens Chibber, *The Mineral Resources of Burma*, Macmillan, London 1934.

31 Ebd.

32 Ein Verzeichnis der Frühstücksgerichte, die Qianlong gereicht wurden, findet sich in *Daily Life.*

33 Huo Da, *The Jade King*, Panda Books, Peking 1992.

34 Jean-Paul Desroches, *Orientations*, Hongkong, November 1998.

35 Der Brief aus dem Jahre 1742 wird in *Castiglione* zitiert.

36 Yang Boda, *Arts of Asia*, Hongkong, März 1992.

37 Li Lin-ts'an, zitiert in *National Palace Museum Bulletin*, Nr. 5, Bd. 7, Taipeh, November- Dezember 1992.

38 Christie's-Katalog *Imperial Sale*, Hongkong, 27. April 1997.

39 Roger Keverne, *Jade*, Lorenz Books, London 1995.

40 *Jade Lore.*

41 Chen Yi-Sein, »The Chinese in Upper Burma before AD 1700«, *Journal of Southeast Asian Researches*, Bd. 2, 1966.

42 *The Momein Annals*, übersetzt von William Warry, Nationalarchiv von Indien (NAI), Neu-Delhi 1890.

43 Jing Liang Li, *Tung Hua Lu*, übersetzt von E. H. Parker, NAI, Neu-Delhi 1890.

44 *Shêng Wu Chih*, übersetzt von William Warry, NAI, Neu-Delhi, 18. September 1890.
45 Ebd.
46 Ebd.
47 Der Gelehrte Chao I, der Schriftführer während des letzten chinesischen Feldzugs in Burma, in *China First Historical Archive*, Peking 1769.
48 Arthur Phayre, *History of Burma*, London 1883.
49 *Tung Hua Lu.*
50 *Shêng Wu Chih.*
51 *Tung Hua Lu.*
52 Die Übersetzung des Gedichts findet sich im Christie's-Katalog *Imperial Sale*, Hongkong, 27. April 1997.
53 Jonathan Spence, *The Search for Modern China*, W.W. Norton, New York 1990.
54 Zhu Jiajin, *Treasures of the Forbidden City*, Viking, London 1983.
55 Zitiert im Christie's-Katalog *Imperial Sale*, Hongkong, 27. April 1997.
56 Marina Warner, *The Dragon Empress*, Vintage, London 1993.
57 Yu Shan Pu, *Xiang Fei*, Qing Dong Ling Public Works Department Peking.

Kapitel 2
Der Herr der Minen

1 Vincenzo San Germano, *The Burmese Empire a Hundred Years Ago*, Westminster, London 1893.
2 Bodawpayas Briefe, Nationalarchiv von Indien (NAI), Neu-Delhi 1975.
3 *The Burmese Empire a Hundred Years Ago.*
4 *Tung Hua Lu.*
5 Michael Symes, *An Account of an Embassy to the Kingdom of Ava 1795*, G. Nichol, London 1800.
6 Ebd.
7 Ebd.
8 Ebd.
9 *The Momein Annals*, übersetzt von William Warry, NAI, Neu-Delhi 1890.
10 Burneys Tagebücher aus seiner Zeit als Resident in Ava, NAI, Neu-Delhi 1831.

11 Bodawpayas Briefe, NAI, Neu-Delhi 1975.
12 *Shêng Wu Chih*, übersetzt von William Warry, NAI, Neu-Delhi 1890.
13 Ebd.
14 Ebd.
15 Chen Yi-sein, »The Chinese in Upper Burma Before AD 1700«, *Journal of Southeast Asian Researches*, Bd. 2, 1966.
16 *The Travels of Marco Polo.*
17 »The Chinese in Upper Burma Before AD 1700«.
18 Übersetzt von C. A. Winchester, dem britischen Konsul in Schanghai, NAI, Neu-Delhi 1867.
19 *Shêng Wu Chih.*
20 Expeditionsbericht von Captain S. F. Hannay, NAI, Neu-Delhi 1835-6.
21 Bertil Lintner, *The Kachin*, Teak House, Chiang Mai 1997.
22 Ebd.
23 Rede von E. B. Sladen, Archiv der Royal Geographical Society, London 1869.
24 Telegramm von Sladen an den Residenten in Ava, NAI, Neu-Delhi 1868.
25 Ebd.
26 Ebd.
27 Expeditionsbericht von William Griffith und George Bayfield, NAI, Neu-Delhi 1837.
28 Jules Janssen, »Bamboo«, *Geographical Magazine*, London, Juni 2000.
29 *Tung Hua Lu.*
30 Ebd.
31 Sir George Staunton, *An Authentic Account of an Embassy from the King of Great Britain to the Emperor of China*, G. Nichol, London 1797.
32 *Tung Hua Lu.*
33 Ebd.
34 Charles Baber, *Travels and Researches in Western China*, zitiert in George Morrison, *An Australian in China, Being the Narrative of a Quiet Journey Across China to British Burma*, London 1895.
35 Ebd.
36 Roger Keverne, *Jade*, Lorenz Books, London 1995.
37 *An Authentic Account.*
38 Ebd.
39 *Shêng Wu Chih.*
40 Ebd.

41 *An Authentic Account.*
42 Ebd.
43 Ebd.
44 Jonathan Spence, *The Search for Modern China*, W. W. Norton, New York 1990.
45 *An Authentic Account.*
46 Ebd.
47 Ebd.
48 Ebd.
49 Marjorie Caygill, *The Story of the British Museum*, British Museum Press, London 1981.
50 *An Authentic Account.*
51 Zitiert in *The Search for Modern China.*

Kapitel 3
Ein undurchdringlicher und finsterer Ort

1 George Bayfield, *The History of Burma*, Nationalarchiv von Indien (NAI), Neu-Delhi 1835.
2 Briefe von Henry Burney, NAI, Neu-Delhi 1831.
3 *The History of Burma.*
4 *The Itinerary of Ludovico di Varthema of Bologna*, 1863 von John Winter Jones übersetzt, Asian Education Service, Neu-Delhi 1997.
5 Harbens Chibber, *The Mineral Resources of Burma*, Macmillan, London 1934.
6 Ebd.
7 Ebd.
8 Bertil Lintner, *The Kachin*, Teak House, Chiang Mai 1997.
9 Henry Burneys Tagebuch, NAI, Neu-Delhi 1830.
10 Briefe von Lord Amherst, NAI, Neu-Delhi 1824.
11 Bayfields Tagebücher aus Ava, NAI, Neu-Delhi 1834-7.
12 Briefe von Henry Burney, NAI, Neu-Delhi 1834-7.
13 Ebd.
14 Brief von Leutnant McLeod an Burney, NAI, Neu-Delhi, 24. Dezember 1833.
15 Brief von Burney an MacNaghton, NAI, Neu-Delhi, 9. Mai 1836.
16 Brief von Hannay an Burney, NAI, Neu-Delhi, 24. März 1836.
17 Brief von Burney an MacNaghton, NAI, Neu-Delhi, April 1836.
18 Brief von Hannay an Burney, NAI, Neu-Delhi, 17. Mai 1836.

19 Brief von Hannay an Burney, NAI, Neu-Delhi, Mai 1836.
20 Brief von Burney an MacNaghton, NAI, Neu-Delhi, 18. Mai 1836.
21 Mehrere frühere Expeditionen Griffiths durch Assam, Manipur und Indien galten der Erforschung des Teestrauchs.
22 Briefe von Bayfield, NAI, Neu-Delhi.
23 Ebd.
24 Anweisungen von Burney an Bayfield bezüglich der Expedition von Ava nach Assam, NAI, Neu-Delhi, 8. Dezember 1836.
25 Vorgeschlagene Ausrüstung für Captain Grants geplante Expedition durch Westburma, NAI, Neu-Delhi 1831.
26 Captain Hannays Bericht über die Kachin, NAI, Neu-Delhi 1835.
27 Griffiths Reisetagebuch, NAI, Neu-Delhi 1836-7.
28 Zitiert in Arthur Phayre, *History of Burma*.
29 Zitiert im Jadeit-Katalog von Christie's, Hongkong, April 1996.
30 Richard Burton, *Arabian Nights*, Random House, New York 1997.

Kapitel 4
Die Plünderer des Sommerpalasts

1 J. O. P. Bland und Edmund Backhouse, *China Under the Empress Dowager*, Heineman, London 1911.
2 Ebd.
3 R. H. Van Gulik, *Erotic Colour Prints of the Ming Period,* Tokio 1951.
4 *China Under the Empress Dowager.*
5 Yu Derling, *Two Years in the Forbidden City*, Dodd Mead & Co., New York 1924.
6 Pierre Loti, *Le Figaro*, 1900, zitiert in Gilles Beguin und Dominique Morel, *The Forbidden City, Heart of Imperial China*, Thames and Hudson, London 1997.
7 E. H. Parker, *John Chinaman*, 1901, S. 63, zitiert in Marina Warner, *The Dragon Empress*, Vintage, London 1993.
8 Frank Dorn, *The Forbidden City*, Charles Scribner, New York 1970.
9 Zitiert in *Erotic Colour Prints.*
10 *The Dragon Empress.*
11 *The Forbidden City, Heart of Imperial China.*
12 Yu Shan Pu, *Xiang Fei*, Qing Dong Ling Public Works Department, Peking.
13 *The Dragon Empress.*

14 Harry Hussey, *Venerable Ancestor, The Life and Times of Tsu Hsi, Empress of China*, Doubleday, New York 1949.

15 Im *Buch der Sprichwörter* ist von »kleinen Füchsen, die Trauben stehlen,« die Rede; dieses Symbol wurde durch aus Persien importierte Bronzespiegel in China eingeführt.

16 *Venerable Ancestor.*

17 Pierre Loti, *The Last Days of Peking*, 1901, zitiert in Jonathan Spence, *The Search for Modern China*, W. W. Norton, New York 1990.

18 Edmund Backhouse, *Décadence Mandchoue*, British Library.

19 Der den Mandschu feindlich gesinnte Propagandist Wen Ching, zitiert in Sterling Seagrave, *Die Konkubine auf dem Drachenthron*, Wilhelm Heyne Verlag, München 1997.

20 *Venerable Ancestor.*

21 *Two Years in the Forbidden City.*

22 Ebd.

23 Dieses Banner ist noch heute in den Westlichen Palästen zu sehen.

24 Roger Keverne, *Jade*, Lorenz Books, London 1995.

25 *China Under the Empress Dowager.*

26 E. Backhouse und J. O. P. Bland, *Annals and Memoirs of the Court of Peking*, Houghton Mifflin Co., New York 1914.

27 Alle Einzelheiten über erotische Handbücher in China stammen aus *Erotic Colour Prints…*

28 Shidi Rong, *Inside Stories of the Forbidden City*, New World Press, Peking 1986.

29 *Daily Life.*

30 Professor Chen Keji, *Imperial Medicaments*, Foreign Language Press, Peking 1996.

31 Ebd.

32 Katharine Carl, *With the Empress Dowager*, KPI, London 1986.

33 *Two Years in the Forbidden City.*

34 William Millburn, *Oriental Commerce*, Black, Carry & Co., London 1813.

35 Andrew Wilson, *The Ever Victorious Army, A History of the Chinese Campaign under Lt-Col C. G. Gordon*, William Blackwood & Sons, London 1880.

36 Henri Cordier, *Histoire Générale de la Chine*, Librairie Paul Geuthner, Paris 1920.

37 *Illustrated London News (ILN)*, 13. Oktober 1860.

38 Brief, zitiert in *Castiglione.*

39 Der Hinweis auf Monsieur Bastard stammt aus Henry Loch, *Personal Narrative of Occurences During Lord Elgin's Second Embassy to China 1860*, John Murray, London 1869.

40 Comte d'Herrison, *The Loot of the Imperial Summer Palace at Pekin*, Paris 1864.

41 General Sir Hope Grant, *Incidents in the China War of 1860*, Henry Knolly, London 1875.

42 Rev. McGhee, zitiert in *The Forbidden City, Heart of Imperial China.*

43 Eighth Earl of Elgin, *Letters and Journals*, Theodore Walround 1873.

44 Die näheren Umstände der Diebstähle schildert ausführlich Heber Bishop in *Investigations and Studies in Jade*, De Vine Press, New York 1906.

45 *ILN*, 22. Dezember 1860.

46 Ebd.

47 Ebd.

48 Ebd.

49 Ebd.

50 Ebd.

51 Verkauft bei der *Imperial Sale* von Christie's, Hongkong, 27. April 1997.

52 Ausgestellt 1815 im Burlington House.

53 *China Herald*, wiederabgedruckt in *ILN*, 22. Dezember 1860.

54 Ebd.

55 *Investigations and Studies.*

56 Alfred Egmont Hake, *The Story of Chinese Gordon*, W. H. Allen, London 1891.

57 *ILN*, 22. Dezember 1860.

58 *Story of Chinese Gordon.*

59 Rev. McGhee, zitiert in *The Forbidden City, Heart of Imperial China.*

60 *Personal Narrative of Occurrences.*

61 *The Forbidden City, Heart of Imperial China.*

62 Diese Anekdote wird geschildert in »A famous Pekinese«, *Country Life Magazine*, London, 10. Sept. 1938.

63 Rev. McGhee, zitiert in *The Forbidden City, Heart of Imperial China.*

64 *Personal Narrative of Occurrences.*

65 *ILN*, 15. Dezember 1860.

66 George MacDonald Fraser, *Flashman and the Dragon*, HarperCollins, London 1994.

67 Ebd.
68 *Story of Chinese Gordon.*
69 *Personal Narrative of Occurrences.*
70 Interview mit Professor Yang Boda, Peking, Oktober 1999.
71 *Harper's New Monthly Magazine*, 1875, zitiert in Malcolm Baker und Brenda Richardson, *A Grand Design*, V&A, London 1999.
72 Ebd.
73 Ebd.
74 Calvin Tomkins, *Merchants and Masters*, Henry Holt, New York 1970.
75 *Investigations and Studies.*
76 Das Zitat, das Henri Vever zugeschrieben wird, wurde veröffentlicht in dem Katalog von Christie's, Hongkong, November 1996.
77 *Investigations and Studies.*
78 A. Damour, »Notice et analyse sur le jade vert: réunion de cette matière minérale à la famille des wernerites«, Comptes rendus, *Academie Science*, Bd. 56, 1863.

Kapitel 5
»Das Ferne, das Fremdartige ...«

1 V. C. Scott O'Connor, *The Silken East,* Kiscadale, Strathclyde 1993.
2 Ebd.
3 Darüber berichtet Noel Singers in dem Artikel »Maha Bandula the Younger«, *Arts of Asia*, Hongkong, Nov.-Dez. 1994.
4 Briefe von Thibaw an Königin Victoria, Nationalarchiv von Indien (NAI), Neu-Delhi 1887.
5 Die Einzelheiten über das Leben und die Intrigen am Hof stammen aus den Tagebüchern von Robert Shaw, dem britischen Residenten in Mandalay, Nationalarchiv von Indien, Neu-Delhi, Juli 1878-Juni 1879.
6 *Frazier's Magazine*, Bd. XXV, NAI, Neu-Delhi, Jan.-Juni 1882.
7 Telegramm von Rawlins an Bernard, NAI, Neu-Delhi, 23. März 1882.
8 *Calcutta Daily News*, NAI, Neu-Delhi, 11. Mai 1882.
9 Bildunterschrift auf einem Foto von W. W. Hooper, British Library 1885.
10 Telegramme von Charles Bernard, NAI, Neu-Delhi.
11 Lord Lytton, Generalgouverneur von Indien, 1876-80, beschrieb Afghanistan 1878 als »ein irdenes Töpfchen, das zerschmettert werden sollte«, NAI, Neu-Delhi.

12 Bildunterschrift auf einem Foto von W. W. Hooper, British Library, 1885.

13 Revisionsbericht über die Kriegsbeute aus Mandalay, NAI, Neu-Delhi, Juni 1886.

14 Bildunterschrift auf einem Foto von W. W. Hooper, British Library, 1885.

15 Ebd.

16 Der Brief datiert vom Januar 1893 und befindet sich im NAI, Neu-Delhi.

17 Telegramm des Vizekönigs, NAI, Neu-Delhi, 19. Februar 1886.

18 »The Special Catalogue of Exhibits by the Government of India and Private Exhibitors«, Colonial and Indian Exhibition, National Arts Library, London 1886.

19 Ebd.

20 Der Thron befindet sich noch immer im Victoria & Albert Museum. Rudyard Kipling beschreibt Zam Zammah in seinem Roman *Kim*.

21 Die Sladen-Dokumente, British Library.

22 V. C. Scott O'Connor, *Mandalay and Other Cities of the Past in Burma*, White Lotus, Bangkok 1996.

23 Ebd.

24 Major C. H. Adamson, *A Short Account of an Expedition to the Jade Mines in Upper Burma*, J. Bell & Co., Newcastle-upon-Tyne 1889.

25 Telegramm von William Warry, NAI, Neu-Delhi, 9. Juni 1891.

26 *The Silken East*.

Kapitel 6
Ein Bauer im Schachspiel des Empire

1 Alle medizinischen Details stammen aus Shidi Rong, *Inside Storys of the Forbidden City*, New World Press, Peking 1986.

2 Yu Derling, *Two Years in the Forbidden City*, Dodd Mead & Co., New York 1924.

3 Ebd.

4 Aus dem Tagebuch von Robert Hart, zitiert in Sterling Seagrave, *Die Konkubine auf dem Drachenthron*, Wilhelm Heyne, München 1997.

5 Diese kaiserlichen Erlasse wurden von Professor Yang Boda übersetzt und analysiert und sind zitiert in *Arts of Asia*, Hongkong, März-April 1992.

6 Diese Beschreibung Burmas findet sich in Sü Ki-yü, *Geography of China*, einem Dokument aus dem 18. Jahrhundert, NAI, Neu-Delhi.

7 *Mandalay Palace Records*, übersetzt von William Warry, 1886, NAI, Neu-Delhi.

8 Ebd.

9 Tagebuch von Captain Crawford Cooke, März 1874, NAI, Neu-Delhi.

10 U Tha Pus Tagebuch, übersetzt von William Warry, 1886, NAI, Neu-Delhi.

11 Ebd.

12 Weng Tonghes Tagebuch, zitiert in *Inside Storys of the Forbidden City*.

13 Ebd.

14 U Tha Pus Tagebuch.

15 Briefe an den britischen Residenten in Bhamo, 1. März 1875, NAI, Neu-Delhi.

16 Ein Armreif, der aus diesem Block hergestellt und später von Barbara Hutton getragen wurde, kam bei der Jadeversteigerung von Christie's am 6. November 1997 in Hongkong unter den Hammer.

17 *Two Years in the Forbidden City*.

18 Ebd.

19 *Annals and Memoirs*.

20 *Inside Storys of the Forbidden City*.

21 *Investigations and Studies*.

22 Ebd.

23 *Two Years in the Forbidden City*.

24 Ebd.

25 Ebd.

26 Im Gespräch mit Professor Yang Boda, Oktober 1999.

27 *China Under the Empress Dowager*.

28 Kang Yu Wei, zitiert in Sterling Seagrave, *Die Konkubine auf dem Drachenthron*.

29 Ebd.

30 William Warrys Briefe nach Rangun, NAI, Neu-Delhi.

31 George Morrison, *An Australian in China*.

32 Hugh Trevor-Roper, *Hermit of Peking*, Alfred Knopf, New York 1977.

33 Das Bild ist abgedruckt in Gilles Beguin und Dominique Morel, *The Forbidden City, Heart of Imperial China*, Thames and Hudson, London 1997.

34 *Art Nouveau*, Hrsg. Paul Greenhalgh, V & A, London 2000.
35 *Two Years in the Forbidden City*.
36 *Empire Review*, April 1901.
37 *Two Years in the Forbidden City*.
38 *Empire Review*, April 1901.
39 Sarah Conger, *Letters from Peking*, A. C. McClurg & Co., Chicago 1909.
40 *Palace Museum Magazine*, Collectors and Connoisseurs Nr. 5, Peking 1985.
41 Archiv der London Missionary Society.
42 *Illustrated London News* (*ILN*), 21. Juli 1900.
43 *Two Years in the Forbidden City*.
44 *The Guardian*, 27. September 2000.
45 George Morrisons Briefe an Valentine Chirol, 13. Oktober 1900, London, *Times*-Archiv.
46 *Hermit of Peking*.
47 Mary Hooker, *Behind the Scenes in Peking*, John Murray, London 1910.
48 George Morrisons Briefe an Valentine Chirol, 13. Oktober 1900, *Times*-Archiv, London.
49 *Behind the Scenes in Peking*.
50 George Morrisons Briefe an Valentine Chirol, 13. Oktober 1900, London, *Times*-Archiv.
51 Ebd.
52 *ILN*, 21. Juli 1900.
53 *Two Years in the Forbidden City*.
54 Rev. Arthur Smith, zitiert in Michael J. Moser und Yeone Wei-Chih Moser, *Foreigners Within the Gates*, Oxford University Press, Hongkong 1993.
55 *ILN*, 8. September 1900.
56 H. B. Morse, *The International Relations of the Chinese Empire*, Bd. 3, Longmans, London 1910-18.
57 Ebd.
58 *Hermit of Peking*.
59 Peter Fleming, *The Siege at Peking*, Rupert Hart-Davis, London 1960 (dt. *Die Belagerung zu Peking*, Köhler, Stuttgart 1961).
60 J. P. Palmer, *Jade*, Paul Hamlyn, London 1967.
61 Arnold Silcock, »Some Important Jades«, *Connoisseur*, Juni 1952.
62 William Oudendyk, *Ways and Byways in Diplomacy*, London 1939.

63 *ILN*, 1. Dezember 1900.

64 *Illustrated Catalogue of Chinese Art*, Burlington Fine Arts Club, London 1915.

65 *Behind the Scenes in Peking.*

66 *A Grand Design, The Art of the V & A*, Hrsg. Malcolm Baker und Brenda Richardson, Victoria and Albert Museum, London 1999.

67 Sir Claude MacDonald, »Some Personal Reminiscences« in: *The Journal of the United Services Institution*, London, August 1914.

68 Henry Savage Landor, der einzige Korrespondent, der die Szene miterlebte, zitiert in *The Siege at Peking.*

69 J. P. Palmer, *Jade*, Paul Hamlyn, London 1967.

70 *The Siege at Peking.*

71 George Morrisons Tagebuch, 28. August 1900.

72 George Morrisons Briefe an Moberly Bell, 20. Oktober 1900, *Times*-Archiv London.

73 *The Memoirs of Count Witte*, Hrsg. A. Yarmolinsky, zitiert in *The Siege at Peking.*

74 Zitiert in Jonathan D. Spence, *The Chan's Great Continent*, W. W. Norton, New York 1998.

75 Aus den persönlichen Aufzeichnungen, aus denen Anthony du Boulay vor der Oriental Ceramics Society referierte; zitiert in *Transactions of the OCS*, London, 14. Mai 1991.

76 Ebd.

77 Ebd.

78 *The Hermit of Peking.*

79 Ebd.

80 Vortrag von Anthony du Boulay, *Transactions of the OCS*, Bd. 55, 1990-91.

81 Ebd.

82 *New York Times*, 3. September 1901.

83 Ebd.

84 Referat von George E. Paulsen, Arizona State University, *Transactions of the OCS*, London.

85 Carol Green Wilson, *Gump's Treasure Trade*, Thomas Y. Crowell Co., New York 1949.

86 *Time*, 6. August 1945.

87 Rev. Arthur Smith, zitiert in *Foreigners Within the Gates.*

88 Italienischer Augenzeuge, zitiert in *The Siege at Peking.*

Kapitel 7
Dämmerung über der Verbotenen Stadt

1 *China Under the Empress Dowager.*
2 Hofprotokoll der Beerdigungszeremonie, zitiert in *Daily Life.*
3 Aisin-Gioro Pu Yi, *From Emperor to Citizen*, Foreign Language Press, Peking 1965 (dt. Ausgabe: *Ich war Kaiser von China. Vom Himmelssohn zum neuen Menschen*, Hanser, München 1987).
4 Chen Keji, *Imperial Medicaments*, Foreign Language Press, Peking 1996.
5 *From Emperor to Citizen.*
6 Ebd.
7 Ebd.
8 Ebd.
9 Reginald Johnston, *Twilight in the Forbidden City*, Victor Gollancz, London 1934.
10 *From Emperor to Citizen.*
11 George Morrisons Briefwechsel, *Times*-Archiv, London.
12 Ebd.
13 Yu Shan Pu, *Xiang Fei*, Qing Dong Ling Public Works Department, Peking.
14 Denys Bray, Briefe an die Regierung in Bombay, NAI, Neu-Delhi.
15 *The Statesman*, Kalkutta, 20. Mai 1919.
16 Rudyard Kipling, *Selected Poetry*, Penguin, London 1992.
17 *Daily Telegraph*, 6. Februar 1924.
18 *Twilight in the Forbidden City.*
19 *From Emperor to Citizen.*
20 *Twilight in the Forbidden City.*
21 *From Emperor to Citizen.*
22 Ebd.
23 Huo Da, *The Jade King*, Panda Books, Peking 1992.
24 Interview mit Frank Tieh, dem Sohn von Tieh Bao Ting, Taipeh, November 1999.
25 Christie's Jadeit-Katalog, Hongkong, April 1998.
26 Auktionskatalog in der National Arts Library, London.
27 Carol Green Wilson, *Gump's Treasure Trade*, Thomas Y. Crowell, New York 1949.
28 Ebd.
29 *The Mineral Resources of Upper Burma*, NAI, Neu-Delhi 1925.

30 Ebd.

31 *From Emperor to Citizen.*

32 Ebd.

33 *Twilight in the Forbidden City.*

34 *From Emperor to Citizen.*

35 *American Biographical Dictionary of The Chinese Republican Movement*, 1940, British Library.

36 *From Emperor to Citizen.*

Kapitel 8
Die Hure des Fernen Ostens

1 Drehbuch zu »Schanghai Express«, zitiert in Barbara Baker, *Shanghai, Electric and Lurid City*, Oxford University Press, Hongkong 1998.

2 Ebd.

3 W. H. Auden und Christopher Isherwood, *Journey to a War*, Faber & Faber, London 1939.

4 *Shanghai, Electric and Lurid City.*

5 Harriet Sergeant, *Shanghai*, John Murray, London 1991.

6 *All About Shanghai*, University Press, Shanghai 1934.

7 Charles Halcombe, *The Mystic Flowery Land: A Personal Narrative*, 1888, zitiert in *Shanghai, Electric and Lurid City.*

8 *All About Shanghai.*

9 Ebd.

10 Ebd.

11 *Shanghai, Electric and Lurid City.*

12 Hugh Murray, The Voyage of the Lord Amherst, 1836, zitiert in *Shanghai, Electric and Lurid City.*

13 Ebd.

14 Vertrag von Nanking.

15 Stanley Jackson, *The Sassoons*, E. P. Dutton, New York 1968.

16 *Shanghai, Electric and Lurid City.*

17 Nayland Smith zu Dr. Petrie in *The Insidious Dr. Fu Manchu* von Sax Rohmer.

18 Ebd.

19 Mary Van Rensselaer Thayer, *Hui-lan Koo*, Dial Press, New York 1943.

20 Dokument im Archiv des Wesleyan College, zitiert in Sterling Seagrave, *Die Soongs, Eine Familie beherrscht China*, Benziger, Zürich 1986.

21 *American Biographical Dictionary of the Chinese Republican Movement.*

22 Judy Rudoe, *Cartier 1900-1939*, British Museum Press, London 1997.

23 Seagrave prägte den Namen in *Die Soongs*; erwähnt wird er auch im Register der Biografien von Republikanern im National Palace Museum in Taipeh.

24 Das Verhalten des jungen Chiang Kai-shek wird dokumentiert in Ch'en Chieh-Ju, *Chiang Kai-shek's Secret Past*, Hrsg. Lloyd E. Eastman, Westview Press, Boulder 1993.

25 *The Chan's Great Continent.*

26 Eine Beschreibung dieses Zuges findet sich in *Collected Articles on the History of the Ming and Qing Dynasties*, China First National Archive, Peking.

27 Emily Hahn, *The Soong Sisters*, Doubleday, New York 1943.

28 *Hui-lan Koo.*

29 *Jade Amulets*, Liberty-Katalog, London 1919.

30 *Connoisseur*, Bd. XXI, London 1908.

31 *ILN*, 2. Dezember 1922.

32 *A Grand Design.*

33 Christie's Jadeit-Katalog, Hongkong, April 1994.

34 *Hui-lan Koo.*

35 David C. Heymann, *Armes, kleines, reiches Mädchen. Leben und Legende der Barbara Hutton*, Goldmann, München 1989.

36 Ebd.

37 *House and Garden* (US Edition), Mai 1918.

38 Die Ausstellung fand 1913 statt und wird in *Cartier 1900-1939* erwähnt.

39 *China Economic Journal*, Bd. 6, Juni 1930.

40 *Chiang Kai-shek's Secret Past.*

41 Ebd.

42 Seungjoo Yoon, »The Green Gang Nexus in the Shanghai General Labour Union«, *Papers on Chinese History*, Bd. 2, Harvard University Press, Frühjahr 1993.

43 Bernard Wasserstein, *Secret War in Shanghai*, Profile Books, London 1998.

44 *American Biographical Dictionary.*

45 Ilona Ralf Sues, *Sharks Fins and Millet*, Little Brown, Boston 1944.
46 Ebd.
47 Jonathan D. Spence, *The Search for Modern China*, W. W. Norton, New York 1990 (dt. Ausgabe: *Chinas Weg in die Moderne,* Hanser, München 1995).
48 Juliet Bredon, *Peking*, Kelly and Walsh Ltd., Schanghai 1922.
49 *Chiang Kai-shek's Secret Past.*
50 Ebd.
51 Ebd.
52 Associated Press, 19. September 1927.
53 Luo Zhewen, *China's Imperial Tombs and Mausoleums*, Foreign Language Press, Peking 1993.
54 *Armes, kleines, reiches Mädchen.*
55 *Daily Express*, Mai 1931.
56 *Shanghai, Electric and Lurid City.*
57 Zitiert in *The Sassoons* und erwähnt in Isabella Taves, *No Feast Lasts Forever*, New York Times Book Company, New York 1975.
58 Programmheft des Royal Opera House für die Spielzeit des Kirow-Balletts, Clement Crisp, London 2000.
59 *Chinese Carvings in Jade*, Spink & Son, London 1930.
60 *China Economic Journal.*
61 Ebd.
62 George Kunz, *The Curious Lore of Precious Stones*, New York 1915.
63 *Fortune*, März 1931.
64 *Apollo*, XVIII, 1933.
65 *Shanghai, Electric and Lurid City.*
66 *The Sassoons.*
67 *National Palace Museum Bulletin*, Bd. 1, Nr. 1, Taipeh 1966.
68 Ebd.
69 Zitiert in *Armes, kleines, reiches Mädchen.*
70 *No Feast Lasts Forever.*
71 Charles Higham, *The Duchess of Windsor: the secret life*, New York 1988.
72 *All About Shanghai.*
73 »Bowl of Jade«, zitiert in *Jade Lore.*
74 Der Vizekönig wurde 1931 ernannt.
75 Zitiert in Patrick French, *Liberty or Death*, HarperCollins, London 1997.

76 *No Feast Lasts Forever.*

77 Ebd.

Kapitel 9
So tot wie der Mond

1 *The Sassoons.*

2 *The Soong Sisters.*

3 *No Feast Lasts Forever.*

4 Ebd.

5 Ebd.

6 *The Soong Sisters.*

7 Ebd.

8 Fulton Oursler, *Liberty*, 7. August 1937.

9 Francis Richard Burch, interviewt von Christopher Cook für die Hongkong and Schanghai Banking Corporation, zitiert in *Shanghai, Electric and Lurid City.*

10 Josef von Sternberg, zitiert in *Shanghai, Electric and Lurid City.*

11 *Shanghai.*

12 *Bombs on China*, Livingstone Press, zitiert in *Shanghai.*

13 Ebd.

14 Emily Hahn, *China To Me*, Doubleday, New York 1944.

15 *Poor Little Rich Girl.*

16 *No Feast Lasts Forever.*

17 Ebd.

18 Ebd.

19 *Secret War in Shanghai.*

20 *Shanghai.*

21 Der amerikanische Diplomat John Paton Davies, zitiert in *The Soong Dynasty.*

22 Jack Service, *Lost Chance in China*, New York 1975, zitiert von Seagrave in *The Soong Dynasty.*

23 Ebd.

24 *Country Life*, London, 10. September 1938.

25 Hazel Dews wird zitiert in *Poor Little Rich Girl.*

26 *The Sassoons.*

27 Ebd.

28 W. H. Auden und Christopher Isherwood, *Journey to a War*, Faber and Faber, London 1939.

29 *The Sassoons.*
30 Hugh Collar, zitiert in *Shanghai, Electric and Lurid City.*
31 *China to Me.*
32 General Joseph W. Stilwell, *The Stilwell Papers*, Hrsg. Theodore H. White, Da Capo Press, New York 1948.
33 Jack Service, *Lost Chance in China*, zit. in *The Soong Dynasty.*
34 Sterling Seagrave, *The Soong Dynasty.*
35 Arthur Phayre, *History of Burma.*
36 *The Kachin.*
37 Charles M. Simpson, *Inside the Green Berets*, Berkley Books, New York 1983.
38 *The Kachin.*
39 Ian Fellowes-Gordon, *Amiable Assassins*, London 1957.
40 Richard J. Aldrich, *Intelligence and the War Against Japan*, Cambridge University Press, Cambridge 2000.
41 *Christian Science Monitor*, 16. September 1944.
42 *The Soong Dynasty.*
43 *Poor Little Rich Girl.*
44 Ebd.
45 Gedenktafel im National Palace Museum, Taipeh.
46 *The Soong Dynasty.*
47 Interview mit Sammy Chow, *The Peninsula*, Hongkong, November 1999.
48 Lynn Pan, *Tracing it Home*, zitiert in *Shanghai, Electric and Lurid City.*

Kapitel 10
Der neue Herr der Minen

1 *Poor Little Rich Girl.*
2 *The Kachin.*
3 Frontier Area Committee of Inquiry, NAI, Neu-Delhi, 24. April 1947, Teil II.
4 Briefe von Aung San Suu Kyi, *Manichi Daily News*, Tokio 1994.
5 Stanley Jackson, *The Sassoons*, E. P. Dutton & Co., New York 1968.
6 *The Kachin.*
7 Christie's Jade-Katalog, Artikel 1857, Hongkong, November 1997.
8 Ch'en Chieh-ju, *Chiang Kai-shek's Secret Past*, Hrsg. Lloyd Eastman, Westview Press, Boulder 1993.

9 Hui-lan Koo mit Isabella Taves, *No Feast Lasts Forever*, New York Times Book Company, New York 1975.
10 Bertil Lintner, *Burma in Revolt*, Silkworm Books, Bangkok 1994.
11 Ebd.
12 *Poor Little Rich Girl.*
13 Ebd.
14 Ebd.
15 Hugh Trevor-Roper, *Hermit of Peking*, Alfred A. Knopf, New York 1977.
16 Zitiert in *Burma in Revolt.*
17 Aung San Suu Kyi, *Freedom From Fear*, Penguin, London 1990.
18 Christie's *Schmuck-Katalog*, Genf 1988.
19 Christie's Jade-Katalog, Hongkong, Frühjahr 1994.
20 Christie's Jade-Katalog, Hongkong, April 1996.
21 Christie's Jade-Katalog, Hongkong, November 1996.
22 Ursprünglich aus Pearl Buck, *My Several Worlds.*

Kapitel 11
Willkommen im Jadeland

1 Oliver Poole, *South China Morning Post*, Hongkong, November 1997.
2 *Far East Economic Review*, Hongkong, 7. Mai 1998.
3 *Union of Myanmar Review of Financial, Economic and Social Conditions 1995-96*, Yangon.
4 Interview mit der KIA, Oktober 1999.
5 *Union of Myanmar Review of Financial, Economic and Social Conditions 1996-97*, Yangon.
6 V. C. Scott O'Connor, *The Silken East*, Kiscadale, Strathclyde 1993.
7 König Bodawpayas Brief an den Vizekönig von Indien, NAI, Neu-Delhi.
8 *The Silken East.*

Kapitel 12
Das Tal des Todes

1 *All About Shanghai*, University Press, Schanghai 1934.
2 *International Narcotics Control Strategy Report*, Washington, März 1998.
3 Ebd.
4 Economic Intelligence Unit, *Country Report*, drittes Quartal, London 1998.
5 *Asiaweek*, Hongkong, 23. Jan. 1998.
6 Interview mit der US Drug Enforcement Administration.
7 Interview mit David Tegenfeldt, World Concern, Bangkok, September 1999.
8 »Night & Day«, *Mail on Sunday*, London, Juli 1998.

Kapitel 13
Wie aus Jade Legenden werden

1 *Gemkey*, Bangkok, Nov.-Dez. 1999.
2 Dieses Zitat findet sich in Christie's Katalog *Imperial Sale*, Hongkong, April 1997, und ist dort aus dem Zusammenhang gerissen.
3 Christie's Jadeit-Katalog.
4 Diese Geschichte schildert Humphrey Jones in *Arts of Asia*, Hongkong, Mai-Juni 1971.
5 John Lowry, »Burmese Art in the V & A Museum«, *Arts of Asia*, Hongkong, März-April 1975.
6 *Sinkiang Chi Lue*, zitiert in Yu Shan Pu *Xiang Fei*, Qing Dong Ling Public Works Department, Peking.
7 Ebd.
8 *Qing Court Cooking File*, Qianlongs 30. Regierungsjahr, und *Food File*, Qianlongs 46. Regierungsjahr, China First Historical Archive, Peking.
9 *Qing Qao Zhong*, Kapitel 651, China First Historical Archive, Peking. In diesem Dokument firmiert Xiang Bing auch als Rong Bing.
10 *Palace Gift List*, China First Historical Archive, Peking, 4. Juni 1767.
11 *Qing Nobles List*, Kapitel 661, China First Historical Archive, Peking.
12 *Qing Huan Shi Si Pu*, Bd. 4, China First Historical Archive, Peking.
13 Mandarin Oriental, Bd. 5, Nr. 2, Hongkong 1989.

Bibliografie

A Grand Design, The Art of the V & A, Hrsg. Malcom Baker und Brenda Richardson, London 1999.

Aisin-Gioro Pu Yi, *From Emperor to Citizen,* Foreign Language Press, Peking 1965 (dt. Ausgabe: *Ich war Kaiser von China*, Hanser, München 1987).

Aldrich, Richard J., *Intelligence and the War Against Japan*, Cambridge University Press, Cambridge 2000.

All About Shanghai, The University Press, Schanghai 1934.

Art Nouveau 1890-1914, Hrsg. Greenhalgh, Paul, V & A Publications, London 2000.

Auden, W. H., und Isherwood, Christopher, *Journey to a War*, Faber and Faber, London 1939.

Aung San Suu Kyi, *Freedom from Fear*, Penguin, London 1990.

Aung San Suu Kyi, *Letters from Burma*, Penguin, London 1997.

Aung San Suu Kyi, *The Voice of Hope*, Penguin, London 1997.

Aung, Maung Htin, *Lord Randolph Churchill and the Dancing Peacock*, Manohar, Neu-Delhi 1990.

Backhouse, Edmund, und Bland, J. O. P., *Annals and Memoirs of the Court of Peking*, Houghton Mifflin, New York 1914.

Backhouse, Edmund, *Décadence Mandchoue*, unveröffentl. Manuskript, British Library.

Baker, Barbara, *Shanghai, Electric and Lurid City*, OUP, Hongkong 1998.

Beal, Samuel, *Travels of Fah-hian and Sung Yun*, Trubner, London 1869.

Beguin, Gilles, und Morel, Dominique, *The Forbidden City, Heart of Imperial China*, Thames and Hudson, London 1997.

Bernier, François, *Travels in the Moghul Empire 1656-1668*, Archibald Constable, London 1891.

Beurdeley, Cecile und Michel, *Castiglione: A Jesuit Painter at the Court of the Chinese Emperors*, Lund Humphries, London 1972.

Bishop, Heber, *Investigations and Studies in Jade*, De Vine Press, New York 1906.

Bland, J. O. P., und Backhouse, Edmund, *China Under the Empress Dowager*, Heineman, London 1911 (dt. Ausgabe: *China unter der Kaiserin-Witwe*, Berlin 1912).

Bredon, Juliet, *Peking*, Kelly and Walsh, Schanghai 1922.

Burton, Richard, *Arabian Nights*, Random House, New York 1997.

Carl, Katharine, *With the Empress Dowager*, KPI, London 1986.

Caygill, Marjorie, *The Story of the British Museum*, British Museum Press, London 1981.

Ch'en Chieh-ju, *Chiang Kai-shek's Secret Past*, Hrsg. Lloyd E. Eastman, Westview Press, Boulder 1993.

Chibber, Harbens, *The Mineral Resources of Burma*, Macmillan, London 1934.

Chinese Jade Books in the Chester Beatty Library, Hodges Figgis, Dublin 1963.

Collis, Maurice, *The Land of the Great Image*, Asian Education Service, Neu-Delhi 1995.

Conger, Sarah, *Letters from Peking*, A. C. McClurg, Chicago 1909.

Cordier, Henri, *Histoire Générale de la Chine*, Librairie Paul Geuthner, Paris 1920.

D' Herrison, Comte, *The Loot of the Imperial Summer Palace at Pekin*, Paris 1864.

De Magaillans, Gabriel, *Nouvelle Relation de la Chine Contenant la Description des Particularités les plus Considérables de ce Grand Empire*, 1688.

Derling, Yu, *Two Years in the Forbidden City*, Dodd Mead, New York 1924.

Dorn, Frank, *The Forbidden City*, Charles Scribner, New York 1970.

Fellowes-Gordon, Ian, *Amiable Assassins*, London 1957.

Fielding-Hall, Harold, *Burmese Palace Tales*, Harper and Brothers, London 1900.

Fitch, Ralph, *England's Pioneer to India*, Hrsg. J. Horton Ryley, Fisher Unwin, London 1899.

Fleming, Peter, *The Siege at Peking*, Rupert Hart-Davis, London 1960 (dt. Ausgabe: *Die Belagerung zu Peking*, Köhler, Stuttgart 1961).

Fraser, George MacDonald, *Flashman and the Dragon*, HarperCollins, London 1994.

French, Patrick, *Liberty or Death*, HarperCollins, London 1997.

Goette, John, *Jade Lore*, Kelly and Walsh, Schanghai 1936.

Grant, General Sir Hope, *Incidents in the China War of 1860*, Henry Knolly, London 1875.

Green Wilson, Carol, *Gump's Treasure Trade*, Thomas Y. Crowell, New York 1949.

Greenwood, Nicholas, *Shades of Gold and Green*, Asian Education Service, Neu-Delhi 1998.

Guan Yuehua, Zhong Liangbi, *Behind the Veil of the Forbidden City*, Panda Books, Peking 1996.

Gump, Richard, *Jade, Stone of Heaven*, Doubleday, New York 1962.

Haggard, H. Rider, *King Solomon's Mines*, Lancer Books, 1968.

Hahn, Emily, *China to Me,* Doubleday, New York 1944.

Hahn, Emily, *The Soong Sisters*, Doubleday, New York 1943.

Hake, Alfred Egmont, *The Story of Chinese Gordon*, W. H. Allen, London 1891.

Heymann, David C., *Poor Little Rich Girl*, Random House, New York 1983 (dt. Ausgabe: *Armes, kleines, reiches Mädchen*, Goldmann, München 1989).

Hooker, Mary, *Behind the Scenes in Peking*, John Murray, London 1910.

Huo Da, *The Jade King*, Panda Books, Peking 1992.

Hussey, Harry, *Venerable Ancestor, The Life and Times of Tsu Hsi*, Doubleday, New York 1949.

Jackson, Stanley, *The Sassoons*, E. P. Dutton, New York 1968.

Johnston, Reginald, *Twilight in the Forbidden City*, Victor Gollancz, London 1934.

Keeton, Charles L., *King Thebaw and the Ecological Rape of Burma*, Manohar Book Service, Neu-Delhi 1974.

Keji, Chen, *Imperial Medicaments*, Foreign Language Press, Peking 1996.

Keverne, Roger, *Jade*, Lorenz Books, London 1995.

Kipling, Rudyard, *Selected Poetry*, Penguin, London 1992.

Kunz, George, *The Curious Lore of Precious Stones*, New York 1915.

Lattimore, Owen und Eleanor, *Silks, Spices and Empire*, Tandem, London 1968.

Lintner, Bertil, *Burma in Revolt*, Silkworm Books, Bangkok 1994.

Lintner, Bertil, *The Kachin, Lords of Burma's Northern Frontier*, Teak House, Chiang Mai 1997.

Loch, Henry, *Personal Narrative of Occurrences During Lord Elgin's Second Embassy to China 1860*, John Murray, London 1869.

Luo Zhewen, *China's Imperial Tombs and Mausoleums*, Foreign Language Press, Peking 1993.

MacDonald, Sir Claude, »Some Personal Reminiscences« in: *The Journal of the United Services Institution*, London, August 1914.

Millburn, William, *Oriental Commerce*, Black, Carry and Co., London 1813.

Morrison, George, *An Australian in China, Being the Narrative of a Quit Journey Across China to British Burma*, London 1895.

Morse, H. B., *The International Relations of the Chinese Empire*, 3 Bde., Longmans, London 1910-18.

Moser, Michael J., und Yeone, Wei-chih, *Foreigners Within the Gates*, OUP, Hongkong 1993.

Oudendyk, William, *Ways and Byways in Diplomacy*, London 1939.

Palmer, J. P., *Jade*, Paul Hamlyn, London 1967.

Phayre, Sir Arthur, *History of Burma*, London 1883.

Pope-Hennessy, Una, *A Jade Miscellany*, Cole & Cole, London 1946.

Ralf Sues, Illona, *Shark Fins and Millet*, Little, Brown, Boston 1944.

Renaudot, Eusebius, *Ancient Accounts of India and China*, Bible and Anchor 1733.

Rong, Shidi, *Inside Stories of the Forbidden City*, New World Press, Peking 1986.

Rudoe, Judy, *Cartier 1900-1939*, British Museum Press, London 1997.

San Germano, Vincenzo, *The Burmese Empire a Hundred Years Ago*, Westminster, London 1893.

Scott O'Connor, V. C., *Mandalay and Other Cities of the Past in Burma*, White Lotus, Bangkok 1996.

Scott O'Connor, V. C., *The Silken East*, Kiscadale, Strathclyde 1993.

Seagrave, Sterling, *The Dragon Lady*, Vintage, New York 1993 (dt. Ausgabe: *Die Konkubine auf dem Drachenthron*, Wilhelm Heyne Verlag, München 1997).

Seagrave, Sterling, *The Soong Dynasty*, Harper and Row, New York 1985 (dt. Ausgabe: *Die Soongs, Eine Familie beherrscht China*, Benzinger, Zürich 1986).

Selection of Papers Regarding the Hill Tracts Between Assam and Burmah and on the Upper Brahmaputra, Bengal Secretariat Press, Calcutta 1873.

Sergeant, Harriet, *Shanghai*, John Murray, London 1991.

Simpson, Charles M., *Inside the Green Berets*, Berkley Books, New York 1983.

Spence, Jonathan, *The Chan's Great Continent*, W. W. Norton, New York 1998.

Spence, Jonathan, *The Search for Modern China*, W. W. Norton, New York 1990 (dt. Ausgabe: *Chinas Weg in die Moderne*, Hanser, München 1995).

Ssu-yu Teng, *Ch'ing Administration*, OUP, Hongkong 1968.

Staunton, Sir George, *An Authentic Account of an Embassy from the King of Great Britain to the Emperor of China*, George Nichol, London 1797.

Stilwell, Joseph W., *The Stilwell Papers*, Hrsg. Theodore H. White, Da Capo, New York 1991.

Sun Tzu, *Art of War*, übers. von Ralph D. Sawyer, Westview, Boulder 1994 (dt. Ausgabe: *Die Kunst des Krieges*, Droemer Knaur, München 1988).

Symes, Michael, *An Account of an Embassy to the Kingdom of Ava 1795*, George Nichol, London 1800.

Taves, Isabella, *No Feast Lasts Forever*, New York Times Book Co., New York 1975.

Tomkins, Calvin, *Merchants and Masters*, Henry Holt, New York 1970.

Trevor-Roper, Hugh, *Hermit Of Peking*, Alfred Knopf, New York 1977.

Tsao Hsueh-Chin, Kao Ngo, *A Dream of Red Mansions*, Foreign Language Press, Peking 1994.

Van Gulik, R. H., *Erotic Colour Prints of the Ming Period*, Tokio 1951.

Van Rensselaer Thayer, Mary, *Hui-lan Koo*, Dial Press, New York 1943.

Varthema, Ludovico di, *The Itinerary of Ludovico di Varthema*, 1863 übers. von John Winter Jones, Asian Education Service, Neu-Delhi 1997.

Walround, Theodore, *Letters and Journals of the Eighth Earl of Elgin*, London 1873.

Wan Yi, Wang Shuqing und Lu Yanzhen, *Daily Life in the Forbidden City*, Harmondsworth, London 1988.

Warner, Marina, *The Dragon Empress*, Vintage, London 1993 (dt. Ausgabe: *Die Kaiserin auf dem Drachenthron*, Ploetz, Würzburg 1974).

Wasserstein, Bernard, *Secret War in Shanghai*, Profile Books, London 1998.

Wilson, Andrew, *The Ever Victorious Army, A History of the Chinese Campaign under Lt-Col C. G. Gordon*, William Blackwood, London 1880.

Younghusband, G. J., *Eighteen Hundred Miles on a Burmese Tat*, W. H. Allen, London 1888.

Yu Shan Pu, *Xiang Fei*, Qing Dong Ling Public Works Department, Peking.

Zhu Jiajin, *Treasures of the Forbidden City*, Viking, London 1983.

Abbildungen

Alle Bilder, soweit nichts anderes angegeben, entstammen der Sammlung der Autoren. In einigen Fällen war es nicht möglich, die Inhaber der Urheberrechte ausfindig zu machen. Autoren und Verlag sind gern bereit, fehlende Angaben in späteren Ausgaben nachzutragen.

Danksagung

Ein Großteil dieses Buches stützt sich auf Tagebücher, Reisenotizen und Dokumente, die in Indien, China, Großbritannien und Amerika archiviert sind. Unser Dank gilt insbesondere dem Indischen Nationalarchiv, das uns auf die richtige Spur geführt hat, und unserem Fahrer Lalit, der uns immer in die richtige Richtung gefahren hat. In London bewiesen die Oriental and India Office Library, die Royal Geographic Society sowie die National Arts Library stets Geduld und Verständnis. In Peking unterstützte uns Professor Yang Boda maßgeblich, und auch viele andere in der Verbotenen Stadt halfen uns weiter. Danken möchten wir auch Terry Tong nebst Freunden, deren Humor und Gastfreundlichkeit uns bewiesen, dass die Welt wirklich nur ein Dorf ist.

Die Geschichte des Jadeits ist in weiten Teilen noch nicht niedergeschrieben. Ohne die Unterstützung durch Edmond Chin wäre es uns nicht möglich gewesen, in Hongkong, Taiwan beziehungsweise Amerika Erinnerungen aufzuspüren. Rose Wong vom Auktionshaus Christie's sowie Peter Cheung und Quek Chin Yeow von Sotheby's standen uns ebenfalls mit Ratschlägen und Empfehlungen zur Seite. Samuel Kung tischte stets großzügig auf – sowohl Mahlzeiten als auch Anekdoten. Roger Keverne in London vermittelte uns seine Kunden und Freunde. Chuang Ling und seine Familie in Taipeh halfen uns, das Puzzle der Geschichte, wie der Kaiserschatz von China nach Taiwan transportiert wurde, zusammenzusetzen. Michelle Ong Cheung und Avraham Nagar steckten uns mit ihrer Begeisterung für Steine an. Frank und Charlotte Tieh nahmen sich freundlicherweise Zeit, sich an den großen

Tieh Bao Ting zu erinnern. Mrs Tuyet Nguyet verdient Dank für vielerlei, besonders aber für ihre ansteckende Schwärmerei, die jeden dazu bewegen würde, sich an ihrer Sammlung von Schnupftabakdosen zu berauschen. Sammy Chow in Kowloon hatte ebenfalls viel zu erzählen und erwies sich obendrein als bewundernswert diskret. Das genaue Gegenteil war zum Glück Robert H. Ellsworth, der Kurator des Met Annex beim Metropolitan Museum in New York. Und Lisa Hubbard von Sotheby's erläuterte uns in aller Ausführlichkeit ihre Geschichte und den Markt. Ferner danken wir James Watts vom Metropolitan Museum.

Natürlich können wir die Namen derjenigen, die uns in Burma unterstützt haben, nicht nennen, auch wenn wir nur durch ihre Hilfe erreichen konnten, was viele für unmöglich hielten. Wir danken auch den weitgehend unsichtbaren Aktivisten in Chiang Mai: dem trockenen Kanadier, den sarkastischen Amerikanern (besonders jenem, der noch nie in Chicago war), den unermüdlichen Australiern, den geduldigen Thais (die uns unentwegt mit Bildern und Videomaterial versorgten), ferner Angehörigen der Ethnien Karen, Kachin und Shan sowie den zahlreichen Exilburmesen, deren Zukunft davon abhängt, dass wir sie in diesem Buch nicht namentlich nennen. Dasselbe gilt für alle Mitglieder jener rebellischen ethnischen Gruppierungen, die in all den Jahren dafür sorgten, dass wir uns ungefährdet an der Grenze zwischen Thailand und Burma bewegen konnten. Unser ausdrücklicher Dank gilt auch den nicht namentlich genannten Ärzten innerhalb und außerhalb Burmas, Ärzten aus Frankreich, Italien und den Vereinigten Staaten, die dazu beitrugen, dass wir einen Rahmen um unsere Geschichte spannen konnten (besonders jenem Mediziner, der aus Burma ausgewiesen wurde).

Stein des Himmels wäre niemals geschrieben worden, wenn Toby Mundy das Potenzial der Story nicht erkannt hätte, obwohl er sich damals in Staines befand und der Bericht in der Farbbeilage einer Zeitung versteckt war. Dank an Richard Askwith und Kate Carr, die sie dort veröffentlichten. Dank an Robert Kirby, der unserer Hand Sicherheit verlieh, und an Ion Trewin, der mit seinem unglaublichen Auge mithalf, den »Stein des Himmels« zu polieren. Dank auch an alle Mitarbeiter von Weidenfeld & Nicolson, die unverbrüchlich an das Projekt glaubten und sich unentwegt bemühten, unseren sich ständig wandelnden Ideen eine Linie zu geben.